Direito dos Negócios Aplicado

Direito dos Negócios Aplicado

VOLUME I: DIREITO EMPRESARIAL

2015

Coordenação:
Elias Marques de Medeiros Neto
Adalberto Simão Filho

DIREITO DOS NEGÓCIOS APLICADO
VOLUME I: DO DIREITO EMPRESARIAL
© Almedina, 2015

COORDENAÇÃO: Elias Marques de Medeiros Neto e Adalberto Simão Filho
DIAGRAMAÇÃO: Almedina
DESIGN DE CAPA: FBA
ISBN: 978-856-31-8295-1

Dados Internacionais de Catalogação na Publicação (CIP)
(Câmara Brasileira do Livro, SP, Brasil)

Direito dos negócios aplicado, volume I : direito empresarial / coordenação Elias Marques de Medeiros Neto, Adalberto Simão Filho. -- São Paulo : Almedina, 2015.
ISBN 978-85-6318-295-1
1. Direito empresarial 2. Direito empresarial - Brasil 3. Direito empresarial - Legislação - Brasil I. Medeiros Neto, Elias Marques. II. Simão Filho, Adalberto.

15-01238   CDU-34:338.93(81)

Índices para catálogo sistemático:
1. Brasil : Direito empresarial 34:338.93(81)

Este livro segue as regras do novo Acordo Ortográfico da Língua Portuguesa (1990).

Todos os direitos reservados. Nenhuma parte deste livro, protegido por copyright, pode ser reproduzida, armazenada ou transmitida de alguma forma ou por algum meio, seja eletrônico ou mecânico, inclusive fotocópia, gravação ou qualquer sistema de armazenagem de informações, sem a permissão expressa e por escrito da editora.

Junho, 2015

EDITORA: Almedina Brasil
Rua José Maria Lisboa, 860, Conj.131 e 132, Jardim Paulista | 01423-001 São Paulo | Brasil
editora@almedina.com.br
www.almedina.com.br

HOMENAGEM E AGRADECIMENTO ESPECIAL

Este é um grande momento para os Autores que se reuniram em torno de um ideal literário, consistente da publicação dos três volumes da obra intitulada Direito dos Negócios Aplicado, pela importante e reconhecida Editora Almedina. A Coletânea é destinada a contribuir, ainda que minimamente, para com a criação de um propício ambiente para o desenvolvimento das atividades empresariais no Brasil, com vistas ao crescimento sustentável e a inclusão social. Desta forma, não podemos deixar de prestar ao colega Janahim Dias Figueira a justa homenagem e o necessário agradecimento pelo pessoal empenho na realização desta obra, contribuindo ativamente para a concepção do seu plano inicial, seleção temática, acompanhamento irrestrito e pronta sugestão de nomes de autores, lembrando que muitos dos quais, somente vieram a abrilhantá-la em razão de pessoal convite e solicitação direta deste nosso homenageado a quem tanto estimamos e reconhecemos as qualidades excepcionais e os esforços.

Primavera de 2014

A Coordenação

APRESENTAÇÃO

Em tempos de tantas incertezas geradas não só pelas dificuldades já constatadas e vivenciadas, inerentes ao próprio exercício da atividade empresarial, bem como do emaranhado de leis que compõem um caótico panorama legislativo, aliado à forma interpretativa destas normas que nem sempre condizem com a moderna visão da empresa e a sua importância na ordem econômica como organização de natureza institucional pelos excelentes resultados gerados na busca de seu fim social, tanto na arrecadação de impostos e atribuição de postos de trabalho, como no fomento das relações, há que se caminhar, mesmo em ambiente sensível às turbulências políticas que tanto refletem nesta atividade tornando mais árido o caminho esperado, para a busca de um padrão de nova empresarialidade com valores éticos, impregnados de solidarismo e cooperativismo, visando o desenvolvimento inclusivo e sustentável da nação.

O mundo empresarial busca um ambiente negocial oportuno aos investimentos e os Autores de escol convidados para abrilhantar esta obra, cada qual em determinado tema, procurarão trazer contribuições preciosas. Por uma questão metodológica, optamos por agrupar temas que possam se comunicar no âmbito de determinada área do direito empresarial e negocial, de forma tal que tenhamos no núcleo central um elemento condutor de natureza interpretativa.

Este elemento é brilhantemente conduzido pelo Professor Desembargador Newton De Lucca em seu artigo que trata acerca das normas de interpretação dos contratos, com análise reflexa e paralela entre o Código Civil e o Código do Consumidor, que foi construída com toda a qualidade de espírito crítico e poética e deste grande doutrinador nacional e internacional.

O Professor Fábio Ulhoa Coelho, importante jurista da atualidade, que iniciou uma cruzada sem trégua pelo país na busca da criação e apresentação de um sistema legislativo codificado adequado ao crescimento e a criação deste almejado ambiente de negócio na área comercial, demonstra a sua preocupação atualíssima, acerca dos problemas relativos à sucessão empresarial e nos brinda com as suas específicas luzes.

Avaliando ainda a conduta empresarial, o professor e ilustre magistrado Carlos Henrique Abrão apresenta instigante artigo sobre a nova lei anticorrupção empresarial. Já na contribuição para a análise das consequências e contingências decorrentes da atividade empresarial aos sócios, o Professor Rennan Faria Thamay avalia aspectos práticos da teoria da superação da personalidade jurídica e seus reflexos indesejáveis.

Especificamente no âmbito do direito societário, o Professor Janahim Dias Figueira passa a tratar da gestão empresarial, do ponto de vista das melhores práticas desenvolvidas através de um sistema de governança corporativas, avaliando os reflexos positivos da instalação da mesma nas agências que tratam das análises empresariais e formam o *"rating"*. O Professor Carlos Augusto Sobrinho, traz a sua respeitável vivencia profissional na elaboração de instigante artigo de caráter analítico sobre a delicada questão da abertura e fechamento do capital social das companhias. Acerca do planejamento sucessório na empresa o autor Luiz Rodolfo Cruz e Creuz analisa os reflexos dos acordos sociais entre quotistas e a sua condição de imposição a terceiros. No campo das deliberações sociais, é oportuna a análise efetuada pelo Professor Alexandre Couto Silva acerca do alcance e limites do principio majoritário no direito societário. Este bloco é finalizado com a esperada contribuição do autor Estêvão Augusto Bernardino que parte de uma análise comparativa dos regimes societários da Sociedade anônima a partir da legislação portuguesa e brasileira, apresentando os seus pontos de contato e de conflitos, bem como a sua visão especial pragmática.

No âmbito dos títulos e valores mobiliários e considerando-se o atual ambiente de sociedade da informação, cujos negócios jurídicos são impactados pela tecnologia, o autor Paulo Sérgio Ferraz de Camargo traz os principais aspectos do titulo de crédito virtual, a demonstrar a sua função econômica e importância no fomento dos negócios empresariais. Já, como forma de buscar capitalização extraordinária da empresa o Professor Rodrigo Baraldi apresenta o criativo artigo onde demonstra a possibilidade de emissão de debêntures por sociedades limitadas, em sintonia exata com a recente modificação deste tipo social que ficou mais adequado aos investimentos empresariais.

No campo da contratualidade e, ainda em ambiente informacional, a professora Cintia Rosa Pereira de Lima, em demonstração da qualidade de sua pesquisa inovadora, apresenta os novos modelos de negócios eletrônicos como *click-wrap agreements e browse-wrap* a demonstrar que os mesmo se enquadram na teoria geral dos contratos brasileiros. Ainda, numa visão teórica do negócio jurídico, o Professor Milton Flávio Lautenschläger nos brinda com interessante e atual estudo da contratualidade.

Do ponto de vista securitário o artigo do autor Thyago Didini nos brinda com claras reflexões acerca da teoria da onerosidade excessiva em aplicação aos contratos de seguro. Este bloco é finalizado com a contribuição de Rafael Villar Gagliardi em co-autoria com Eduardo Ono Terashima a partir de elucidativo artigo onde procuram investigar e demonstrar os aspectos relativos à exceção de contrato não cumprido a partir da comparação entre o direito codificado e os que se balizam em *Common Law*.

Autores preocupados com a crise da empresa também apresentam a colaboração pontual. Já o Professor Erik Oioli em co-autoria com José Afonso Leirião inicia com a apresentação dos aspectos atuais da recuperação de empresas a partir da lei 11.101/05. Já no caminho da eficácia e eficiência do processo de recuperação os ilustres Thomas Felsberg em co-autoria de Paulo Campana trazem o artigo onde analisam a reestruturação das dívidas com vistas a gerar a recuperação pretendida. Uma concepção atual que poderá ser de utilidade aos lidadores do direito, finaliza este bloco e nos é trazida pelo Professor Nuno da Silva Vieira a partir da análise pontual do direito falimentar português numa visão histórico – evolutiva.

Finalmente, já no campo dos possíveis litígios empresariais o Professor Luciano de Souza Godoy em co-autoria de Fernanda Ferraz Carolo apresenta uma visão estratégica acerca da produção antecipada de provas e de sua utilidade, inclusive para possibilitar a própria solução do conflito. Por outro ângulo, o Professor Adalberto Simão Filho concebeu seu artigo no âmbito do acesso à justiça e trata de uma das múltiplas portas para que se possam solucionar litígios judiciais ou em vias de ocorrência, através de um procedimento que denominamos de automediação. Encerra este 1º volume com a preciosa colaboração do Professor Felipe Villasuso Lago, que traz interessante artigo sobre a responsabilidade do Conselho Consultivo nas instituições financeiras.

Espera-se que esta obra, em seu conjunto completo, possa atender aos anseios do leitor e contribuir para demonstrar a importância da atividade empresarial e dos negócios, no crescimento da economia e no desenvolvimento do país.

Os Coordenadores

PREFÁCIO

A visão tradicional do Direito Comercial, como ramo autônomo da área do Direito, passa por profunda reformulação de ideias e conceitos. As fronteiras que outrora delimitavam o seu objeto de estudo estão se esvanecendo diante das modernas práticas negociais. Algumas estruturas jurídicas apoiam-se em sofisticados arranjos contratuais e societários, que se apresentam como negócios coligados. São soluções inovadoras cuja construção pressupõe domínio teórico e manejo profissional de temas multidisciplinares, não apenas dentro da área do Direito, mas também em outras ciências sociais afins.

A abordagem puramente dogmática torna-se insuficiente para compreender a essência de determinados modelos negociais, identificar o tratamento jurídico aplicável, perceber os fatores de risco subjacentes e propor alternativas de mitigação adequadas. A correta aplicação do Direito nesses casos deve combinar conhecimento da realidade fática, análise econômica, discussão sobre desenhos institucionais e valoração de objetivos de política pública.

Nota-se atualmente o esforço de ilustres juristas para afirmar a identidade própria do Direito Comercial, a ponto de defender a edição de um código específico. Após a unificação do direito das obrigações no Brasil, com o advento do Código Civil de 2002, acadêmicos e profissionais do Direito deram-se conta da inadequação de certas soluções tipicamente civilistas para resolver problemas de natureza empresarial.

Sem tomar partido no debate sobre a conveniência de um novo Código Comercial (que em certa medida assumiu contornos emocionais), percebe-se que o Código Civil adota um viés consumerista ao flexibilizar a força obrigatória dos contratos, sob inspiração de princípios éticos traduzidos em cláusulas gerais, cuja aplicação discricionária pode trazer insegurança jurídica no mundo dos negócios. O paternalismo do legislador é discutível quando se trata de ajustes celebrados entre partes sofisticadas, que optaram conscientemente por assumir riscos em troca de retorno financeiro. Por outro lado, o tratamento da inadimplência empresarial também está sujeito a soluções sistêmicas (e não individualizadas para cada relação contratual), por aplicação do processo de recuperação de empresas previsto na Lei nº 11.101/2005.

A relevância da regra sobre limitação de responsabilidade patrimonial, sobretudo no que tange às sociedades empresárias, é outro ponto mal resolvido no ordenamento jurídico nacional. No setor empresarial, a preservação da responsabilidade limitada tem sido considerada fator decisivo para realização de investimentos produtivos que geram riqueza e consequente aumento do bem estar social. O sacrifício do interesse de credores em casos isolados torna-se amplamente justificado pela melhoria geral do ambiente de negócios.

A visão de conjunto do Direito Comercial sofre ainda os influxos do movimento de especialização temática, que tem culminado no surgimento de novos ramos com elevado grau de autonomia disciplinar, a exemplo do Direito Societário, Mercado de Capitais, Contratos Empresariais, Direito Bancário, Direito Securitário, Direito da Construção e Infraestrutura, Direito Recuperacional, Propriedade Intelectual, etc. A segmentação é motivada pelo reconhecimento de especificidades conceituais e aplicativas, que podem colocar em dúvida a unidade teórica do Direito Comercial.

Por outro lado, os novos ramos resultantes do desmembramento do Direito Comercial buscam combinações com disciplinas que não são propriamente jurídicas. De fato, a prática do Direito Societário não pode mais dispensar instrumentos de contabilidade, finanças e governança corporativa. O mesmo se diga a respeito da racionalidade econômica que permeia os contratos empresariais, assim como as reações do mercado em operações bancárias ou baseadas na emissão de valores mobiliários. Nesse contexto, fica evidente a necessidade da abordagem integrada, envolvendo outras matérias com componente jurídico, tais como Comércio Internacional, Tributação, Crimes Econômicos, Litígios Empresariais e Arbitragem.

O jurista moderno não pode ser limitar a fazer uma leitura meramente formal das normas jurídicas. Ademais, deve estar aberto para questões globais e seu equacionamento sob a ótica do Direito Comparado. Os temas que compõem este volume refletem a nova face do Direito Comercial, trasmudado em Direito Empresarial, com escopo mais amplo e atualizado, além de fortemente conectado com outras áreas do conhecimento.

Mario Engler Pinto Junior
Professor e Coordenador do Mestrado Profissional da FGV Direito SP
Doutor em Direito Comercial pela USP

Normas de Interpretação Contratual no Código Civil de 2002 e no Código de Defesa do Consumidor de 1990

Newton De Lucca

1 – Considerações introdutórias. Conteúdo e limites do presente trabalho: a questão terminológica.

Razão assistia ao eminente professor Ricardo Luis Lorenzetti, hoje ministro presidente da Suprema Corte da Nação Argentina, ao afirmar o *mal-estar* causado pela teoria contratual: *"Los manuales suelen comenzar mostrando su perplejidad frente a la diversidad de significados del vocablo, el amplio espectro de situaciones que abarca y la multiplicidad de cuerpos legales que resultan aplicables."*[1]

Abstenho-me, assim, deliberadamente, de examinar o próprio conceito do contrato, pois a polissemia inerente ao mesmo haveria de ocupar, por si só, uma investigação à parte. Sendo sobre esse instituto, porém, que incidirá o presente exame – ou, mais precisamente, sobre as normas existentes para

---

[1] Cf. *Tratado de los Contratos*, Parte General, Santa Fé, Argentina: Rubinzal-Culzoni Editores, 2004, p. 7.

sua interpretação –, indispensável que se parta de algum conceito, por mais simples que seja, para que se chegue a resultados concretos.[2]

Assim sendo, tendo em vista os limites adrede estabelecidos para esta exposição, estarei abdicando de proceder a uma análise prévia – seja sob a perspectiva diacrônica, seja sob a sincrônica[3] – das várias concepções de contrato existentes na literatura jurídica universal,[4] para partir da ideia, de há muito fixada em sede doutrinária, de que o instituto é um acordo de duas ou mais partes[5] com o propósito de regular os seus direitos e obrigações.[6]

Outra investigação de ampla envergadura – da qual, por força da mesma razão já apresentada, passar-se-á *in albis* – diz respeito ao importantíssimo conceito de *interpretação*, que desafia a inteligência humana desde os primórdios da Civilização. Como devem ser interpretadas as Sagradas Escrituras, eis uma interrogação expectante que se pôs, efetivamente, desde os primeiros tempos...[7]

---

[2] *"Sin el concepto"* – diz-nos Ortega y Gasset (*Meditaciones del Quijote*, Madri, Espanha: Ed. de la Universidad de Puerto Rico, Revista de Occidente, 1957, p. 115) – *,"no sabríamos bien donde empieza ni donde acaba una cosa; es decir, las cosas como impresiones son fugaces, huideras, se nos van de entre las manos, no las poseemos. Al atar el concepto, unas con otras las fija y nos las entrega prisioneras."*

[3] Veja-se, a propósito, a percuciente análise do citado Professor Lorenzetti (idem, *ibidem*, nota de rodapé nº 1), mostrando a perspectiva diacrônica, isto é, descrevendo a significação histórica, através dos tempos, do Direito Romano, do Direito Medieval etc., e a perspectiva sincrônica, vale dizer, empreendida de forma simultânea, compreendendo essa mesma significação no mundo anglo-saxônio, oriental, muçulmano, europeu, latino-americano etc.

[4] Como se sabe, há uma concepção do contrato no Direito Romano; outra na chamada economia liberal; outra, ainda, na economia do Estado do bem-estar social; outra no neoliberalismo e assim por diante.

[5] A possibilidade de existirem mais de duas partes no contrato ficou inequivocamente demonstrada por Tullio Ascarelli (*O Contrato Plurilateral, in Problemas das Sociedades Anônimas e Direito Comparado*, 2ª. ed., São Paulo: Saraiva, 1969, pp. 255 a 312) no desenvolvimento de sua concepção do contrato plurilateral (ob. cit., pp. 266 e ss.), de que os modelos societários são o mais eloquente exemplo. Por outro lado, a ideia de que o contrato "faz lei entre as partes" vem desde o Direito Romano e pode ser encontrada em vários Códigos Civis contemporâneos. Exemplificativamente, a alínea primeira do art. 1.134 do Código Civil belga dispõe, em livre tradução: *"As convenções legalmente estabelecidas tornam-se leis para os que as celebraram."*

[6] Escusava dizer, assim, que a chamada *"teoria analítica do contrato"* na qual são estudadas não apenas as proposições normativas, em si mesmas consideradas, mas também as funções geradora e transformadora da linguagem normativa, por razões ainda mais evidentes, será deixada inteiramente de lado.

[7] No livro *Imitação de Cristo* (título original *De Imitatione Christi, in* Tomás de Kempis, Ed. Martin Claret, 2002, cap.V, 1, p. 18), por exemplo, vamos encontrar a seguinte passagem a

Assim, não obstante a relevância de investigar-se o próprio conceito de interpretação[8] e a despeito da famosa lição de Emilio Betti, para quem a palavra *interpretar* merece a mais cuidadosa análise, pois ela se presta a uso muitas vezes defeituoso (é utilizada na linguagem corrente em vários sentidos, capazes de gerar confusões conceituais), apenas de passagem aludirei a tão tormentosa questão. E, independentemente do vasto campo de indagações que tal matéria suscita, também aqui ficarei com a síntese do grande autor italiano, segundo a qual o processo interpretativo responde ao problema epistemológico de entender.[9]

Isto não significa que o presente trabalho esteja simplesmente reduzido a *entender* o que dizem os artigos de lei relativos à interpretação dos contratos. Em Direito, por certo, isto não nos basta, e toda a obra de Betti nô-lo demonstra...[10]

respeito: *"Nas Santas Escrituras deve-se buscar a verdade e não a eloquência. Devemos lê-las com o mesmo espírito com que foram escritas. Nelas devemos buscar a utilidade e não a sutileza de linguagem. Devemos ler, com igual boa vontade, os livros simples e piedosos como os sublimes e profundos. Não te preocupes em saber se aquele que escreve é pessoa de nomeada pela sua erudição; seja apenas o amor à verdade que te leve à leitura. Considera o que diz o livro e não leves em conta quem o escreveu."*
[8] Diz o famoso jusfilósofo Recaséns Siches, em seu livro *Tratado General de Filosofia del Derecho*, 5ª ed., México: Editorial Porrua, S.A., 1975, p. 627: *"El estúdio sobre la interpretación de las normas jurídicas no es un tema complementario. Es muchísimo más: es un tema esencial lo mismo en la teoria que en la práctica del Derecho. Sin interpretación, no hay posibilidad de que exista ningún orden jurídico. Cierto que algunas veces ha habido legisladores que prohibieron la interpretación de las normas que emitían; pero es evidente que tales legisladores o no sabían lo que estaban diciendo – una descomunal estupidez – o querían decir otra cosa, probablemente querían decir que ordenaban una aplicación estricta y severa (lo qual, en fin de cuentas, constituye también una tontería de gran tamaño)."* Não obstante a extrema profundidade com que esse autor enfrentou o tema da interpretação, a ele consagrando o último capítulo (21) dessa sua obra, o mesmo foi ainda mais desenvolvido no livro *Nueva Filosofia de la Interpretación del Derecho*, México: Dianoia, Fondo de Cultura Econômica, 1956.
[9] Cf. *Teoria Generale della Interpretazione*, Giuffrè, Milão, 1955, especialmente as pp. 1 a 57 (*Prolegomeni a una Teoria Generale della Interpretazione*) e pp. 59 a 289 (Capítulo I, *Il problema epistemologico dell'intendere quale aspetto del problema generale del conoscere*). Ainda sobre o mesmo tema da interpretação, veja-se, do mesmo autor, a obra *Interpretazione della legge e degli atti giuridici*, Giuffrè, Milão, 1971, na qual estarei me baseando, fundamentalmente, para as considerações, a seguir expendidas, no texto principal.
[10] Veja-se, exemplificativamente, essa sugestiva passagem (*Interpretazione della legge e degli atti giuridici*, Giuffrè, cit., p. 92): *"Qui, interpretare non è soltanto tornare a conoscere uma manifestazione di pensiero, ma tornare a conoscerla, per integrarla e realizzarla nella vita di relazione. L'interpretazione, qui, non ha uma funzione meramente ricognitiva del pensiero (di un pensiero in sè conchiuso nella sua storica peculiarità), ma la funzione di svilupparne direttive per l'azione pratica o per un'opzione; e cosi*

Em canhestro resumo de autor tão significativo, permito-me alinhavar, apenas, algumas singelas ideias. Citando alguns exemplos, o grande autor peninsular mostra que, designar como interpretação, *"uma explicação subjetiva do mundo proposta por um pensador, filósofo ou poeta,"* constituiria uma impropriedade. Aludir-se à "interpretação da vontade", como recorrentemente se faz, apresenta caráter ambíguo. Na atividade cognoscitiva da interpretação, como se disse, reside o problema epistemológico de entender.

Utilizando-se da recorrente distinção cara ao jurista entre "ação" e "evento", Betti caracteriza a interpretação como sendo "a ação cujo evento útil é entender." E prossegue, esclarecendo que se cuida de uma atividade que exige a espontaneidade espiritual de quem é chamado a entender, sendo que tal exigência não pode ser efetivamente cumprida sem sua ativa colaboração. Trata-se, assim, de um processo cognoscitivo peculiar no qual atua, de um lado, o espírito vivente e pensante daquele que interpreta e, de outro, uma espiritualidade objetivada em forma representativa. Tais lados se conjugam, segundo a mediação daquela forma representativa, na qual a espiritualidade objetivada vem encontrar-se com o sujeito que interpreta como algo independente dele, com objetividade tal que poderia ser qualificada de irremovível. *Conhecer*, como fenômeno de interpretação, é *reconhecer*, é *reconstruir* o espírito que, mediante a forma de sua objetivação, fala ao espírito daquele que interpreta. Algo diferente, portanto, do "conhecer" de um fenômeno que ocorre no mundo físico.

Espera-se do intérprete uma objetividade de tal ordem que a sua reprodução daquilo que foi objeto da representação seja a mais fiel possível ao valor expressivo ou sintomático, mas essa exigência de objetividade só se perfaz pela própria subjetividade de quem interpreta. Há verdadeira antinomia, segundo o autor italiano: de um lado, a subjetividade, inseparável da espontaneidade de entender; de outro, a objetividade, por assim dizer, a autenticidade do sentido que se trata de encontrar. Poder-se-ia dizer, *grosso modo*, que Betti desenvolve a construção da sua teoria geral da interpretação a partir dessa antinomia

assolve il compito di mantenere sempre in vita, mediante l'intendere, le esigenze di un ordine dell'operare, e precipuamente assolve il compito di conservare in perenne efficienza nella vita di una società norme, precetti e valutazioni normative, che sono destinate a regolarla o a servirle di orientamento."

na qual está baseada toda a dialética do processo interpretativo.[11] A teoria da interpretação, para ele, não pode ser exclusivamente jurídica, embora ela tenha no Direito uma aplicação especial. Daí a sua formulação de uma teoria geral de interpretação válida para todas as ciências culturais, mencionando os mais variados tipos de interpretação e ordenando-os de conformidade com suas funções respectivas.

A primeira função existente em todo processo interpretativo é, para ele, a meramente *cognoscitiva* ou *recognoscitiva*. A segunda é a função *reprodutiva* ou *representativa*. Nesta, o processo de entender é um "meio" para atingir um "fim" ulterior, qual seja, o de fazer entender a um grupo de destinatários. Trata-se de uma interpretação subjetiva e pessoal, já que aquele que interpreta entende e transmite aos outros uma obra tal qual ele a concebe. A terceira função é chamada de *função normativa*, na qual também o entender serve a um fim ulterior, no caso, o de fornecer "*la massima della decizione*" ou, em geral, da ação com o propósito de assumir determinada posição na vida social.[12]

Abstenho-me, igualmente, de reproduzir a percuciente e aturada análise – também por extrapolar os lindes da presente investigação –, empreendida por Emílio Betti, a propósito da interpretação histórica e normativa do Direito, na qual ele examina, em profundidade, a interpretação da Ciência Jurídica, cotejando a interpretação histórica com a interpretação normativa ou diretiva da conduta feita pelo jurista.

Apenas para finalizar, cumpre pôr em realce a importantíssima função do intérprete, para Betti. Ela não se exaure quando ele simplesmente empreende a reconstrução da ideia originária da fórmula legislativa – o que, efetivamente, não está dispensado de fazê-la –, mas deve necessariamente adaptá-la à

---

[11] Daí porque, para o autor, trata-se sempre de entender a objetivação de uma espiritualidade, sendo uma impropriedade da linguagem aludir-se à *interpretação* dos chamados fenômenos naturais.

[12] A partir dessas três funções, Betti classifica as várias formas de interpretação da seguinte maneira: 1. formas de interpretação em função meramente recognitiva: a) interpretação filológica; b) interpretação histórica; 2. formas de interpretação em função reprodutiva ou representativa: a) tradução; b) interpretação dramática; c) interpretação musical; 3. formas de interpretação em função normativa: a) interpretação jurídica; b) interpretação teológica; interpretação psicológica.

realidade presente, infundindo a vida desta, transfundindo a norma em elemento da vida social presente a cujo serviço a norma se destina.[13]

Ficam assim entrevistas, ainda que de forma pálida, as principais ideias de Emílio Betti a respeito da teoria geral da interpretação. Faço, agora, breve alusão ao pensamento de alguns outros autores que se ocuparam desse árduo tema.

> *"Interpretar uma expressão de Direito"* – *ensinou nosso grande jurista Carlos Maximiliano,[14] calcado em Enneccerus[15]* – *"não é simplesmente tornar claro o respectivo dizer, abstratamente falando; é, sobretudo, revelar o sentido apropriado para a vida real, e conducente a uma decisão reta", aduzindo, em seguida: "Não se trata de uma arte para simples deleite intelectual, para o gozo das pesquisas e o passatempo de analisar, comparar e explicar os textos; assume, antes, as proporções de uma disciplina eminentemente prática, útil na atividade diária, auxiliar e guia dos realizadores esclarecidos, preocupados em promover o progresso, dentro da ordem; bem como dos que ventilam nos pretórios os casos controvertidos, e dos que decidem litígios e restabelecem o Direito postergado."*

Despicienda será por certo, igualmente, a tarefa de pôr em realce a importância da interpretação contratual. Sabe-se que, no acordo de vontades estabelecido entre as partes, pode haver inteira simetria entre o que desejaram, por ocasião da avença, e a posterior expectativa dos direitos e obrigações por elas assumidas. Em tal hipótese, não há necessidade da interpretação propriamente dita. O sentido e o alcance das cláusulas contratuais coincidem plenamente, quer no processo interno de formação do acordo de vontades, quer no processo ulterior de exteriorização dessas vontades.

Quando, porém, inexistir tal simetria, frustrando as expectativas das partes quanto ao sentido e ao alcance das cláusulas contratuais, torna-se

---

[13] Diz esse autor em outra passagem bastante expressiva (*Interpretazione della legge e degli atti giuridici*, Giuffrè, cit., p. 93): *"In codesta funzione genericamente normativa cui è destinata, nell'ufficio cioè di fornire la massima della decisione e dell'azione, l'attività interpretativa presuppone e contiene in sè tanto il momento meramente ricognitivo, quanto anche un momento riproduttivo o rappresentativo. Invero l'interprete ha bisogno anche qui di ricostruire, anzitutto, l'idea originaria della formola legislativa, o il senso iniziale dell'atto giuridico, pur non avendo, con questo, finito di adempiere il suo compito."*
[14] Cf. *Hermenêutica e Aplicação do Direito*, Rio de Janeiro: Editora Forense, 19ª ed., 2004, p. 8.
[15] Cf. Ludwig Enneccerus, *Lehrbuch des Bürgerlichen Rechts*, 8ª ed., 1921, vol.1, § 48.

absolutamente decisivo o processo da interpretação contratual a fim de que sejam afastadas as dúvidas, omissões, obscuridades ou contradições existentes naquelas cláusulas.

Köhler, um dos principais representantes do chamado método histórico-evolutivo, ao combater o verbalismo exegético ensinou que:

> *"Interpretar é escolher, dentre as muitas significações que a palavra possa oferecer, a justa e a conveniente. Por isso mesmo, a lei admite mais de uma interpretação no decurso do tempo. Supor que há somente uma interpretação exata, desde que a lei é publicada até os seus últimos instantes, é desconhecer o fim da lei, que não é objeto de conhecimento, mas um instrumento para se alcançar os fins humanos, para fomentar a cultura, conter os elementos antissociais e desenvolver as energias da nação."*[16]

A atividade do intérprete do contrato não pode ser inteiramente livre, pois existem comandos legais que indicam um caminho a ser percorrido por ele, seja na interpretação da própria lei, seja na do contrato. É certo que, por outro lado, o grande jusfilósofo Luis Recaséns Siches, em obras de maior envergadura sobre a doutrina hermenêutica, explicou que *"a função jurisdicional e o modo de exercê-la escapam a qualquer criação legislativa, não pertencem a ela, não podem ser colocados dentro dela. Em consequência, quando o legislador quer dizer aos juízes de que modo estes haverão de interpretar a lei, suas palavras nesta matéria resultarão necessariamente inoperantes"* (grifos do autor), concluindo que *"o legislador pode incluir em seus mandatos legais tudo quanto considerar oportuno: mas a função jurisdicional é uma coisa diferente, e só pode ser da competência do órgão que a exercer autorizadamente."*[17] De outro lado, é igualmente certo que, sem que a atividade jurisdicional fique comprometida por causa de determinados comandos legais, o magistrado deverá obedecer a certos balizamentos em sua atividade de intérprete, quer da lei, quer do contrato.

Lapidar, a propósito, a disposição do art. 5º do Decreto-Lei nº 4.657, de 4 de setembro de 1942 (texto epigrafado como *Lei de Introdução ao Código Civil*

---

[16] *Apud* Alípio Silveira, *Hermenêutica no direito brasileiro*, vol. II, Revista dos Tribunais, São Paulo, dezembro de 1968, p. 67.

[17] *Apud* Alípio Silveira, *Hermenêutica no direito brasileiro*, vol. II, cit., p. 77.

Brasileiro),[18] segundo a qual: *"Na aplicação da lei, o juiz atenderá aos fins sociais a que ela se dirige e às exigências do bem comum."*

Referindo-se a uma "identidade fundamental" existente entre a "lógica do razoável", de Recaséns Siches, e o conteúdo desse art. 5º, diz-nos com inteira propriedade o jurista Alípio Silveira:

> *"A técnica hermenêutica do 'razoável', ou do 'logos do humano', é a que realmente se ajusta à natureza da interpretação e da adaptação da norma ao caso. A dimensão da vida humana, dentro da qual se contém o Direito, assim o reclama. O fetichismo da norma abstrata aniquila a realidade da vida. A lógica tradicional, de tipo matemático ou silogístico, não serve ao jurista, nem para compreender e interpretar de modo justo os dispositivos legais, nem para adatá-los às circunstâncias dos casos concretos. O juiz realiza, na grande maioria dos casos, um trabalho de adatação da lei ao caso concreto, segundo critérios valorativos alheios aos moldes silogísticos."*

Tal disposição do art. 5º da nossa Lei de Introdução, longe de cercear a atividade jurisdicional, permite ao magistrado escapar do *positivismo jurídico*

---

[18] Tive a oportunidade de assinalar, em prefácio escrito à obra da Profª. Cláudia Lima Marques (*Confiança no comércio eletrônico e a proteção do consumidor - negócios jurídicos de consumo no comércio eletrônico*, São Paulo: Ed. Revista dos Tribunais, 2004, pp. 14 e 15), a impropriedade de tal epígrafe nos seguintes termos: "Esse texto, como se sabe, não obstante a sua designação, na verdade não disciplina questões de Direito Privado e sim de Direito Público – tal é a natureza inquestionável dos seus artigos iniciais – ou, igualmente, de Direito Internacional Privado... Trata-se de uma *lex legum*, de um *sobredireito*, que não se vincula ao direito civil, mas a todos os outros ramos do Direito." Os professores e magistrados Pablo Stolze Gagliano e Rodolfo Pamplona Filho, em sua vanguardeira obra intitulada *Novo Curso de Direito Civil*, vol. I, São Paulo: Ed. Saraiva, p. 59, esclarecem que: *"Mais técnico seria, inclusive, se fosse denominada 'Lei de Introdução às Leis', sendo efetivamente uma regra de superdireito, aplicável a todos os ramos do ordenamento jurídico brasileiro, seja público ou privado."* A Prof. Maria Helena Diniz já houvera assinalado, com precisão (*Lei de Introdução ao Código Civil Interpretada*, São Paulo: Saraiva, 7ª ed., 2001, p.4), que: *"Como se vê, engloba não só o direito civil, mas também os diversos ramos do direito privado e público, notadamente a seara do direito internacional privado. A Lei de Introdução é o Estatuto de Direito Internacional Privado; é uma norma cogente brasileira, por determinação legislativa da soberania nacional, aplicável a todas as leis."* Utiliza-se, igualmente, como vimos, a expressão *superdireito*, devida, segundo consta, a Zitelmann. Diz-nos, a propósito, Washington Luiz da Trindade (*O Superdireito nas Relações de Trabalho*, Salvador: Ed. e Distr. de Livros Salvador Ltda., 1982, p. 15): *"O termo deve-se a E. Zitelmann e tem sido assimilado a direito hermenêutico, como regra áurea de aplicação e de interpretação de textos legais ou de relações materiais de direito comum, manejada pelos órgãos realizadores do Direito."*

exacerbado com o qual, ao longo da História, tanto se exerceu, sem maiores dificuldades, a odiosa e injusta dominação dos mais fracos pelos mais fortes...

Mesmo não sendo este o momento adequado, é claro, para a exposição do que entendo por *positivismo jurídico*, parece-me necessário – a fim de que as ulteriores considerações não fiquem prejudicadas em seu real significado –, abrir um pequeno parêntese[19] a fim de que seja devidamente explicado em que sentido estou e estarei empregando a palavra *positivismo* no presente trabalho.[20]

A expressão *"positivismo"* – cunhada, pela vez primeira, por Augusto Comte, em seu *Cours de la philosophie positive*, publicado entre 1830 e 1842 – apresenta caráter evidentemente polissêmico, conforme oportunamente salientado por Genaro Carrió nos seguintes termos:[21]

> *"A expressão positivismo jurídico é intoleravelmente ambígua. Foi utilizada e tem sido usada ainda para designar uma variedade heterogênea de atitudes, teses, concepções e doutrinas, todas as quais se relacionam, de distintas maneiras, com o fenômeno social denominado "direito." Algumas delas são incompatíveis entre si. Outras estão ligadas por laços familiares. Por tudo isso, para identificar-se a linha geral das idéias de determinado jurista não basta, na maioria dos casos, dizer que se trata de um positivista. Ademais, quando alguém dirige os seus ataques, de forma indiscriminada, contra o 'positivismo jurídico', o que ele estiver querendo dizer poderá tornar-se muito confuso se não esclarecido em qual dos sentidos está sendo utilizada dita expressão."*

---

[19] Por mais estranha que possa parecer a presente nota, não posso me furtar a fazê-la, máxime quando penso na possibilidade de uma leitura feita por não brasileiros... Com efeito, fico perplexo ao pensar o que deve supor um estrangeiro – que, eventualmente, esteja se esforçando por entender a língua portuguesa –, ao ler em autores de nomeada, no Brasil – até mesmo por membro da Academia Brasileira de Letras –, a alusão de que será aberto *"um parêntesis"*, como se não existisse a expressão *"parêntese"*, no singular... Abre-se *"um* parêntese" e, como ele deve ser posteriormente fechado, o que escrevemos ficou entre *"parênteses"*. Mesmo a expressão "dois *parêntesis*" revela-se inadequada, segundo o gramático Napoleão Mendes de Almeida, pois devemos adaptar a expressão grega à nossa língua: dois **parênteses** e não dois *parêntesis*. Mas este último equívoco até que seria desculpável se, pelo menos, fossem dois *parêntesis* e não apenas um...

[20] Tentarei sintetizar, neste passo, as considerações que já desenvolvi em *Direito do Consumidor – Teoria Geral da Relação Jurídica de Consumo"*, São Paulo: Editora Quartier Latin, 2ª ed., 2008.

[21] Em livre tradução da obra *Notas sobre Derecho y lenguage*, 4.º ed., Buenos Aires: Abeledo--Perrot, p. 321.

Bobbio identificara, num dos mais luminosos estudos que conheço a respeito da matéria,[22] três significados distintos para a expressão *"positivismo jurídico"*: um primeiro, como enfoque *metódico*; um segundo, como *ideologia*; e, por último, um terceiro, com o sentido de uma *teoria*. Para afastar-se, então, o perigo a que se referiu Carrió, seja-me permitido esclarecer que a alusão ao positivismo jurídico, linhas atrás, foi feita no segundo sentido destacado por Bobbio, vale dizer, empregada a expressão como uma espécie de *ideologia*, consistente numa atitude valorativa diante do direito positivo, segundo a qual, em sua vertente extremada e mais encontradiça no meio judiciário brasileiro, existiria uma obrigação moral de obedecer, de forma axiologicamente cega, aos ditames das leis e dos regulamentos existentes, independentemente das consequências que possam advir de sua indiscriminada aplicação...

Volvo, agora, ao árduo tema da interpretação. A despeito de uma famosa e irônica passagem de Montaigne,[23] para quem *"dispendemos mais esforços interpretando as interpretações do que interpretando a realidade, e escrevemos mais livros sobre livros do que sobre qualquer outro assunto"*, parecendo concluir, com grande desapontamento, que *"o que fazemos é, tão-só, nos entreglosar"*, a presente investigação propõe-se, exatamente, a tentar interpretar o que dizem os textos dos principais diplomas legais brasileiros a respeito da tarefa da interpretação.

Adepto que sou do estudo do direito comparado, penso que a presente obra coletiva prestará inestimável serviço aos estudiosos do Direito. Ninguém põe em dúvida a enorme importância desse estudo, desde os tempos da Antiguidade,[24] quando já se considerava absolutamente indispensável para o legislador o conhecimento do direito de outros países.

---

[22] *Sul positivismo giuridico*, LII Rivista di Filosofia 14, 1961.

[23] *Essais*, Livro III, cap. XIII.

[24] Ao tratar do surgimento da Ciência Jurídica comparativa no mundo, Marc Ancel (*Utilidade e Métodos do Direito Comparado*, tradução do professor Sérgio José Porto, Sergio Antonio Fabris Editor, Porto Alegre, 1980) dá notícia de suas *"origens longínquas"*, destacando que Licurgo, em Esparta, e Sólon, em Atenas, teriam viajado pelo mundo conhecido daquela época para conhecer as instituições antes de se porem a legislar, o mesmo acontecendo com os decênviros que, antes de cumprirem o encargo de elaborar a Lei das XII tábuas, cuidaram de se informar sobre as leis estrangeiras, particularmente as gregas, que também haviam influenciado a primeira legislação escrita em Roma. Consta, também, que Platão se utilizou de comparações em *As Leis*, enquanto Aristóteles discutiu as constituições existentes em sua época (Cf. *Política*, 1266ª, 30, sobre a Constituição de Fáleas; idem, 1267b, 20, sobre a de Hipodamo de Mileto; idem, 1271b, 20, com o exame crítico da Constituição de Creta e, em 1272b, a Constituição

2 – Normas de interpretação no novo Código Civil (Lei 10.406, de 10 de janeiro de 2002)

No que se refere às normas de interpretação, em seu sentido estrito,[25] poder-se-ia dizer, num primeiro exame perfunctório de algumas de suas disposições, não ter havido alterações significativas trazidas pelo Código Civil de 2002 em relação ao Código anterior de 1916. Como veremos, a par da repetição literal de um artigo, outras disposições foram mantidas quase inalteradas, com ligeiros acréscimos feitos. Tal não significa, porém, que algumas novas

de Cartago). Alude-se, ainda, ao ensaio de justaposição de duas legislações do mundo antigo, no século V depois de Cristo, denominado «Collatio legum Romanarum et Mosaicarum», para apenas ficarmos nos exemplos relativos à Antiguidade. Muito tempo depois – mas muito antes ainda de falar-se em direito comparado –, Montesquieu serviu-se, em seu famoso *Esprit des Lois*, do método de comparação de instituições políticas de diferentes povos, podendo ser mencionada a sua reflexão sobre as leis em suas relações com os diversos seres, no Livro Primeiro, e sobre as leis que derivam diretamente da natureza do governo, constante do Livro Segundo. Carlos Ferreira de Almeida (*Introdução ao Direito Comparado*, 2ª ed., Coimbra: Almedina, 1998, p. 13), professor da Faculdade de Direito da Universidade de Lisboa, afirma que *"a mais impressionante premonição do futuro direito comparado pertence a Leibniz que, em obra publicada em 1667, formulava o projecto de um theatrum legale mundi descritivo dos direitos de todos os povos, em todos os tempos e lugares."* Esclarece esse mesmo autor que a institucionalização do direito comparado deu-se na segunda metade do século XIX, com o surgimento das primeiras associações científicas e revistas de direito comparado, com primazia cronológica para a *Société de Législation Comparée*, fundada em Paris no ano de 1869, data em que tem início a publicação de seu Boletim mensal. Nesse mesmo ano, tem início o ensino do direito comparado na Universidade de Oxford, sendo que, já em 1851, houvera tal disciplina sido implantada na Universidade de Madri. Em 1890 deu-se sua criação em Paris.

[25] Estou me utilizando da expressão *"normas de interpretação em sentido estrito"* com o propósito de diferenciá-la de *"normas de interpretação em sentido amplo"*. Enquanto, na primeira, vamos encontrar comandos ditados pelo legislador ao magistrado, no ato de interpretar os contratos, na segunda o que existe são diretrizes gerais ditadas por normas de caráter principiológico, assim entendidas aquelas que orientam não apenas o magistrado, em seu ato de julgar, como as próprias partes, na conduta que estas devem assumir durante toda a vigência do contrato. Tome-se, como exemplo, o princípio da boa-fé – verdadeiramente um metaprincípio do nosso sistema jurídico atual – , absolutamente fundamental no plano do Código de Defesa do Consumidor de 1990, como também, posteriormente, no Código Civil de 2002. Conforme será visto mais adiante, no texto principal, não se trata de uma norma de interpretação em sentido estrito, mas sim de um princípio geral que deve orientar tanto o juiz, na solução do caso concreto, quanto as partes contratantes, no que se refere à conduta de lealdade por elas assumida.

contribuições importantes não tenham sido oportunamente acrescentadas, conforme será visto mais adiante.

Antes de passar, contudo, à necessária comparação entre os dois diplomas civis brasileiros – incluindo-se em tal cotejo, igualmente, os artigos do Código Comercial de 1850 que ficaram revogados pela unificação da matéria obrigacional promovida pelo Código Civil de 2002 –, parecem oportunas algumas breves considerações sobre essa unificação.

Sobre a extinção da dualidade do direito privado brasileiro, a maioria da doutrina nacional – desde Teixeira de Freitas, em 1858, com a *Consolidação das leis civis* – clamava pela unificação obrigacional, pois não havia, propriamente falando, uma duplicidade de sistemas.

Expressivas, a propósito, as palavras do eminente professor Fábio Konder Comparato:[26] "*Temos, pois, que não há, propriamente, contraposição de dois sistemas jurídicos distintos, em matéria de obrigações: o do Código Civil e o do Código Comercial. O que há é um só sistema, no qual os dispositivos do Código do Comércio aparecem como modificações específicas das regras gerais da legislação civil, relativamente às obrigações e contratos mercantis. A duplicidade legislativa aparece, tão-só, no que tange a essas regras de exceção, dentro do sistema global.*"

Dois artigos do velho Código Comercial de 1850 pareciam corroborar, com efeito, a afirmação do citado professor: o art. 121, de um lado, segundo o qual "*as regras e disposições do direito civil para os contratos em geral são aplicáveis aos contratos comerciais*" e o art. 428 desse mesmo diploma que, por sua vez, dispunha: "*As obrigações comerciais dissolvem-se por todos os meios que o direito civil admite para a extinção e dissolução das obrigações em geral, com as modificações deste Código.*"

De minha parte, sempre sustentei que a unificação das obrigações civis e comerciais deveria ser promovida pelo Código Civil de 2002, à míngua de uma diferença ontológica entre elas que justificasse a duplicidade legislativa. De outro lado, porém, sempre defendi a ideia de que a realidade empresarial, por força de sua própria dinâmica, deveria ser objeto de um microssistema à parte e não objeto de um livro dentro do próprio Código Civil.[27]

---

[26] Cf. *Novos Ensaios e Pareceres de Direito Empresarial*, Forense, Rio de Janeiro,1978. p. 251.

[27] Veja-se, a propósito, artigo intitulado *A atividade empresarial no âmbito do Projeto de Código Civil*, publicado na obra coletiva *Direito Empresarial Contemporâneo*, por mim coordenada com o professor Adalberto Simão Filho, 2ª ed., São Paulo: Juarez de Oliveira, 2004, pp. 31 a 88. Sobre essa noção de microssistema são numerosos os trabalhos existentes. Cf., entre outros,

Passo à comparação a que se aludiu nas linhas inaugurais do presente capítulo entre os dois códigos civis brasileiros. O primeiro confronto a ser feito é o do art. 85 do CC de 1916 com o art. 112 do CC de 2002.

O artigo 85 do CC de 1916 assim dispunha:

> *"Nas declarações de vontade se atenderá mais à sua intenção que ao sentido literal da linguagem".*

O Código Civil de 2002 estabelece, em seu art. 112, *in verbis*:

> *"Nas declarações de vontade se atenderá mais à intenção nelas consubstanciada do que ao sentido literal da linguagem".*

Ambas as disposições, sem dúvida, têm sua origem no velho brocardo latino, a Celso atribuído, segundo o qual *"scire leges, hoc non est verba earum tenere, sed vim ac potestatem"* ou, numa livre tradução de minha parte, *"saber as leis não é reter as suas palavras, mas a sua força e o seu poder."*

Poder-se-ia dizer, numa primeira aproximação, que a alteração promovida é meramente redacional. Tem-se a impressão de que a expressão "nelas consubstanciada", no Código de 2002, teria apenas o significado de aprimoramento de estilo do legislador. Numa segunda aproximação, no entanto, é possível perceber que há, efetivamente, um sentido maior na modificação promovida. É que não havia, no art. 85 do Código de 1916, uma referência à vontade que deveria ser exteriorizada e interpretada, embora tal omissão jamais tenha causado algum problema no entendimento desse art. 85.

Orlando Gomes, *A caminho dos microssistemas*, Novos temas de Direito Civil (Forense, Rio de Janeiro, 1983, pp. 40 e ss.). Ver, igualmente, Nelson Nery Júnior, *Código Brasileiro de Defesa do Consumidor comentado pelos autores do anteprojeto* (obra coletiva, 4ª ed., Forense Universitária, 1995, pp. 285 e ss.) e Gustavo Tepedino (*O Código Civil, os chamados microssistemas e a Constituição: premissas para uma reforma legislativa, in Problemas de Direito Civil*, Editora Renovar, Rio de Janeiro/ São Paulo, 2000, pp. 1 a 16). Para uma visão histórica e sistêmica desse fenômeno denominado *"piccolo mondo di norme"*, no dizer de Natalino Irti, fundamentais as leituras tanto da obra clássica desse autor sobre o tema (*L'età della codificazione*, 4ª ed., Giuffrè, Milão, 2000, p. 46), como do estudo de Antunes Varela (*O movimento da descodificação do direito civil, in Estudos jurídicos em homenagem ao Professor Caio Mário da Silva Pereira*, Editora Forense, 1984) no qual esse autor descreve a trajetória – ora caracterizada pelo fastígio, ora pelo declínio – do movimento codificador.

Diz-nos a respeito o eminente professor Arruda Alvim:[28]

> "Demonstrar-se-á que o art. 85 do Código Civil de 1916 – que não continha essas expressões[29] – jamais foi entendido em sua literalidade, e que a redação atribuída ao vigente artigo 112 do Código Civil veio expressar adequada e corretamente a relação necessária entre vontade (conteúdo) e declaração (continente), no plano dos negócios jurídicos e dos contratos, no sentido de que, se uma dada vontade não foi declarada, não é possível tomá-la em consideração. No caso do que se disse, não é possível conhecer-se o conteúdo, se não existe o continente." (grifos do autor)

Mostrando que a redação do vigente art. 112 coadunou-se, inteiramente, com o entendimento dominante na doutrina civilística pátria, no que concerne à teoria dos negócios jurídicos e à dos contratos, prossegue esse mesmo professor:

> "O que veio a significar a redação do atual art. 112 do Código Civil, em relação àquela que estava no art. 85, com a inserção, neste último texto, das expressões "nelas consubstanciada", foi que passou a ser o texto vigente expressão de pensamento que guarda sintonia com a doutrina contemporânea; e mesmo em relação à vigência do artigo 85 do Código Civil de 1916, era esse o pensamento, pois a literalidade do texto jamais autorizou que a sua interpretação se circunscrevesse ao seu âmbito literal." (grifos do autor)

De toda sorte, tirante esse aspecto específico já assinalado – e que, de resto, não interfere no cerne da presente exposição –, o fato é que o *espírito* do dispositivo continua sendo rigorosamente o mesmo, isto é, a interpretação gramatical não deverá prevalecer sobre a verdadeira intenção das partes. As explicações de Clóvis Beviláqua, a respeito do revogado art. 85 do CC/16, permanecem atuais:

> "A vontade manifesta-se por sinais ou símbolos, entre os quais ocupam lugar proeminente as palavras. Esses sinais ou palavras podem não traduzir, fielmente, o que o

---

[28] Cf. *A sintonia da redação do art. 112 do Código Civil com os princípios contemporâneos do negócio jurídico bilateral e do contrato*, Revista do Advogado nº 77, Ano XXIV, julho de 2004, editada pela Associação dos Advogados de São Paulo, p. 13.
[29] Refere-se o autor à expressão "nelas consubstanciada".

agente quer exprimir. A lei, por isso, manda atender, de preferência, à intenção, desde que haja elementos para determiná-la, fora da expressão verbal imperfeita, indecisa, obscura ou insuficiente."[30]

E nos remata o grande civilista pátrio:

"Este preceito é mais do que uma regra de interpretação. É um elemento complementar do conceito do ato jurídico. Afirma que a parte essencial ou nuclear do ato jurídico é a vontade. É a ela, quando manifestada de acordo com a lei, que o direito dá eficácia."[31]

Sílvio de Salvo Venosa, no mesmo sentido, preconiza:

"Nessa pesquisa, o intérprete examinará o sentido gramatical das palavras e frases, os elementos econômicos e sociais que cercaram a elaboração do contrato, bem como o nível intelectual e educacional dos participantes, seu estado de espírito no momento da declaração etc."[32]

A segunda comparação a ser feita diz respeito ao art. 1.090 do CC de 1916 e o art. 114 do Código Civil de 2002. Pelo revogado art. 1.090, *"os contratos benéficos interpretar-se-ão estritamente"*. Já o atual art. 114 estabelece que *"os negócios jurídicos benéficos e a renúncia interpretam-se estritamente"*. Sobre tais disposições, diz-nos o eminente professor Álvaro Villaça Azevedo:[33]

"Por sua vez, o art. 114 do novo Código Civil (art. 1.090 do Código Civil antigo) acolhe o princípio de hermenêutica, segundo o qual devem ser interpretados, estritamente, os contratos benéficos, pois que, contendo estes uma liberalidade, não pode esta aumentar-se por obra de interpretação, o que viria a conferir maiores vantagens do que as pretendidas pelo beneficiador. O mesmo acontece com a necessária interpretação estrita da renúncia, que ressalta do primeiro dispositivo legal citado. Também, o mesmo princípio instala-se no art. 819 do novo Código Civil (art. 1.483 do Código anterior),

---

[30] Cf. *Código Civil dos Estados Unidos do Brasil Comentado*, 11ª ed., vol. I,.Francisco Alves, 1956, p. 265.
[31] Idem, p. 266.
[32] Cf. *Teoria geral dos contratos*, 2ª ed., São Paulo:Atlas, 1996, p. 80.
[33] Cf. *Teoria geral dos contratos típicos e atípicos*, Curso de Direito Civil, São Paulo: Ed. Atlas, 2002, p. 55.

> *que reconhece a impossibilidade de a fiança, que deve, sempre, provar-se por escrito, ser interpretada extensivamente; tudo porque é a fiança uma garantia pessoal que presta o fiador ao afiançado, em contrato de que participa este, como devedor. Assim, a fiança é verdadeiro favor, que não pode ser ampliado por interpretação, que venha a aumentar os ônus de seu conteúdo."*

O alcance da alteração promovida, no presente caso, é evidentemente muito maior. Em primeiro lugar, porque o Código Civil de 2002, adotando a teoria alemã do negócio jurídico,[34] precisou que não seriam os contratos benéficos que seriam interpretados estritamente, mas sim os *negócios jurídicos*, conceito mais amplo, evidentemente, do que aquele existente para o contrato.[35] Em segundo lugar, porque o artigo incluiu a renúncia como outra espécie de negócio jurídico a ser interpretado de forma estrita.

Quanto ao sentido dessa primeira alteração – a adoção da teoria do negócio jurídico como modalidade específica dos atos jurídicos –, cabem algumas observações adicionais.

Inegável terá sido a evolução ocorrida no que se refere ao acolhimento da teoria alemã do negócio jurídico. O eminente ministro Moreira Alves, autor da Parte Geral do Anteprojeto, cuidou de fazer a pertinente e sábia distinção

---

[34] Sobre a teoria geral do negócio jurídico, na qual são estudados os elementos que o compõem, quais sejam, os essenciais (*essentialia negotii*), os naturais (*naturalia negotii*) e os acidentais (*accidentalia negotii*), segundo designação já *clássica* em sede doutrinária, veja-se a percuciente classificação do saudoso professor Antonio Junqueira de Azevedo (*Negócio jurídico – existência, validade e eficácia*, tese apresentada para o provimento do cargo de Professor Titular na Faculdade de Direito da Universidade de São Paulo, p.41), para quem haveria: "a) *elementos gerais*, isto é, comuns a todos os negócios; b) *elementos categoriais*, isto é, próprios de cada tipo de negócio; c) *elementos particulares*, isto é, aqueles que existem em um negócio determinado, sem serem comuns a todos os negócios ou a certos tipos de negócio." Nessa mesma obra, também pode ser encontrada, entre outras, interessante investigação sobre o que vem a ser considerado *elemento integrante* de algo, chamando a atenção para o caráter abstrato de tal análise, e definindo, com precisão, esse mesmo conceito: *"Elemento do negócio jurídico é tudo aquilo que compõe sua existência no campo do direito."*

[35] A sinonímia poderia ser estabelecida entre contratos e negócios jurídicos *bilaterais* e não simplesmente entre os primeiros e os negócios jurídicos genericamente considerados. Werner Flume (*El negocio jurídico, Parte General del derecho civil*, tradução espanhola, Madrid, ed. Fundación Cultural del Notariado, 1998, tomo II, cap. VIII, § 33, I, p. 705) concorda com Savigny no sentido de que as normas dos negócios jurídicos são aplicáveis aos contratos, podendo ser considerados estes últimos quase equivalentes em geral aos negócios jurídicos entre vivos.

entre os negócios jurídicos e os atos jurídicos. Estes últimos haviam sido conceituados, no Código Civil de 1916, como todos aqueles que, contando com o pressuposto da licitude, tenham por fim imediato adquirir, resguardar,[36] transmitir, modificar ou extinguir direitos.[37] Também eles produzem, sem sombra de dúvida, determinados *efeitos* jurídicos, mas isso não significa possam eles ser considerados *negócios* jurídicos. Eles não exigem vontade negocial para a sua formação e só apresentam os efeitos que estão na lei especificamente previstos.

O Código Civil de 2002 reconhece, destarte, diferentes categorias para o *ato jurídico*,[38] distinguindo as *declarações de vontade de natureza negocial* das que, mesmo consistindo em verdadeiras declarações de vontade, não podem ser consideradas como tendo natureza *negocial*. A estas últimas, o Direito as chama de *declarações de vontade de natureza não negocial*.[39]

A terceira comparação refere-se ao antigo art. 1.483 do CC/16, segundo o qual: *"A fiança dar-se-á por escrito, e não admite interpretação extensiva"*. A redação do atual art. 819 é absolutamente idêntica: *"A fiança dar-se-á por escrito, e não admite interpretação extensiva"*.

Essas comparações que acabamos de fazer entre os arts. 85, 1.090 e 1.483 do CC de 1916 e os arts. 112, 114 e 819 do CC de 2002, respectivamente, poderiam

---

[36] A omissão à *conservação* dos direitos, como esclarece Clóvis Beviláqua (*Código Civil dos Estados Unidos do Brasil Comentado*, 11ª ed., vol. I, Francisco Alves, 1956, pp. 261 e 262), estaria superada pela possível abrangência de seu conceito no verbo *resguardar*...

[37] Tal era a dicção do art. 81 do nosso Código Civil de 1916, já revogado: *"Todo ato lícito, que tenha por fim imediato adquirir, resguardar, transferir, modificar ou extinguir direitos, se denomina ato jurídico."*

[38] Os atos jurídicos lícitos foram previstos no art. 185 do Código Civil de 2002, aplicando-se-lhes, no que couber, as disposições do Título relativo aos negócios jurídicos quando, com estes, não se confundirem.

[39] Pontes de Miranda (*Tratado de Direito Privado*, São Paulo: Ed. Revista dos Tribunais, Parte Geral, Tomo III, 4ª ed., 1983, pp. 4 e ss.) insistia na distinção entre *declarações de vontade* e *manifestações de vontade*, asseverando que: *"Com o emprego alternado, ou desatento, das expressões 'declarações de vontade' e 'manifestações de vontade', os juristas levaram o conceito de negócio jurídico a imprecisões lamentáveis. Desse modo, o primeiro cuidado que se há de ter, em exposição científica, é o de se responder à questão básica: ¿Existem negócios jurídicos em que o suporte fático seja manifestação simples, em vez de* declaração de vontade? *A resposta é afirmativa, ainda se não se dilata, como, erradamente, fazem alguns, o conceito de declaração de vontade, até conter o de manifestações não-declaradas de vontade; e negativa, se não se mantém a distinção, já assente no direito comum, entre declarações de vontade, atuações (manifestações simples, adeclarativas) de vontade e atos reais, e se tomam a esses e aos outros atos-fatos como se fossem manifestações de vontade."* (grifo do autor).

sugerir, à primeira vista, que as modificações trazidas por este último teriam sido de pequena monta. Não foi, porém, o que ocorreu. O exame cuidadoso de outros dispositivos do Código Civil de 2002 leva, necessariamente, se não à conclusão oposta, pelo menos a uma diversa daquela primeira. Refiro-me aos arts. 113 e 423 – que dizem respeito, especificamente, a normas de interpretação contratual –, e aos arts. 156, 157, 421 e 422, os quais, conquanto não sejam normas de tal natureza, contemplaram as figuras do estado de perigo, da lesão enorme,[40] da função social do contrato e dos princípios de probidade e de boa-fé, respectivamente, institutos que já vinham sendo de há muito reivindicados, de certa forma, pela doutrina civilista dominante.

Passo a examinar, então, mais esses seis artigos, começando pelos dois concernentes a normas de interpretação contratual, qual sejam, os arts. 113 e 423.

Diz o primeiro deles:

> "Os negócios jurídicos devem ser interpretados conforme a boa-fé e os usos do lugar de sua celebração."

A doutrina brasileira, de maneira geral, saudou com entusiasmo este dispositivo, a ele se referindo como a consagração da chamada boa-fé objetiva, já anteriormente albergada pelo Código de Defesa do Consumidor[41] e, antes deste, na verdade, pelo Código Comercial de 1850, conforme será mostrado em seguida.

O eminente e saudoso professor Miguel Reale, por exemplo, *Supervisor da Comissão Revisora e Elaboradora do Código Civil*, criada em 1969 para rever o Código Civil – composta pelos juristas Agostinho de Arruda Alvim, José Carlos Moreira Alves, Sylvio Marcondes, Clóvis do Couto e Silva, Torquato Castro e Ebert Chamoun –, destacou, com muita insistência, o acolhimento

---

[40] A expressão é originária de um instituto do Direito Romano – o da *laesio enormis* –, na qual era suficiente, para a caracterização do vício da vontade, que, numa compra e venda, a assimetria entre as prestações das partes contratantes fosse superior à metade do preço considerado justo. A doutrina moderna tem se utilizado, indistintamente, das expressões *lesão* ou *estado de necessidade* na designação do vício.

[41] A eminente professora Cláudia Lima Marques, em sua famosa obra (*Contratos no Código de Defesa do Consumidor*, 4ª. Ed., Revista dos Tribunais, São Paulo, 2002, p. 671), assevera, com razão, que "*poderíamos afirmar genericamente que a boa-fé é o princípio máximo orientador do CDC.*" (grifos da autora).

de três princípios básicos do novo Código Civil, a saber: a *eticidade*, a *socialidade* e a *operacionalidade*.[42] Por *eticidade* o ilustre jurista pátrio quis designar, fundamentalmente, o respeito aos princípios enformadores[43] da probidade e da boa-fé que devem necessariamente presidir as relações jurídicas entre as pessoas, garantindo-se maior segurança às partes contratantes.

Tenho, para mim, que esse repúdio ao normativismo *asséptico*[44] do Direito Positivo terá sido a maior virtude do novo Código Civil brasileiro. "*Ao elaborar*

---

[42] Veja-se, exemplificativamente, trecho do discurso do ilustre professor na cerimônia especial dedicada à sanção da lei que institui o novo Código Civil, com a presença do então Presidente da República Fernando Henrique Cardoso: "É com a responsabilidade que me advém da longa idade e de aturado estudo que posso assegurar, senhor Presidente, que vai ser sancionada uma Lei Civil que será da maior valia para o País, sobretudo em razão dos princípios de eticidade, socialidade e operabilidade que presidiram a sua elaboração."

[43] Conforme já me pronunciei anteriormente (*Direito do Consumidor – Teoria Geral da Relação Jurídica de Consumo*, cit., p. 62, nota de rodapé nº 115): "Alude-se na doutrina jurídica, de forma praticamente unânime, a princípios *informadores*, grafado este último vocábulo com a letra "i". Mesmo em títulos de trabalhos publicados, de natureza acadêmica, já tive a ocasião de verificar essa preferência pela retro aludida grafia. Nelson Nery Jr., por exemplo (*Os Princípios Gerais do Código Brasileiro de Defesa do Consumidor*, Revista de Direito do Consumidor n.º 3, setembro/dezembro, 1992, pp. 50 e 51), classifica os princípios em "*Informativos*" e "*Fundamentais*", semelhantemente a Sperduti que alude a princípios científicos, princípios normativos e princípios *informativos*.

Quando me utilizo da expressão, no entanto, o faço com a letra "e", pois entendo que os princípios – concebidos, sem embargo dos diferentes matizes existentes, em seu sentido filosófico, como "*proposições diretoras de uma ciência às quais todo o desenvolvimento posterior dessa ciência deve estar subordinado*" – não dão informação de algo, mas antes dão *forma* (ó), isto é, *enformam* no sentido de moldarem ou mesmo de construírem uma *forma* (ô) preparada para a produção de algo. Genaro Carrió afirmou (*Notas sobre Derecho y Lenguaje*, 4ª ed., 1990, Abeledo-Perrot, Buenos Aires, pp. 209 a 212), com inteiro acerto, a existência de pelo menos sete focos de significação para o que possa ser considerado um princípio. Mas essa pluralidade de significados não desautoriza – antes, reforça – a conclusão de que, ao menos prevalecentemente, os princípios *enformam* em lugar de simplesmente *informarem*. Já Miriam de Almeida Souza, (*A política legislativa do consumidor no direito comparado*), cit., pp. 21/22, após interessante citação de Henri de Page sobre o sentido da lei diante da vida, afirma, com acerto: "Coerente com essa lição do ilustre professor belga, que enxerga no direito um fim social a preencher e com a tendência predominante, segundo a qual o verdadeiro sentido de sua evolução é a proteção dos hipossuficientes econômicos e, em estágio mais evoluído, dos menos capacitados em geral, é que será analisada a política legislativa que **enformou** a estruturação dos códigos de defesa do consumidor em diferentes sociedades em mudança." (negrito nosso)

[44] Estou me valendo de uma expressão de Bobbio (*De senectute e altri scritti autobiografici*, Einaudi, Turim, 1996, p. 86) ao referir-se à dificuldade de conciliar-se, entre outros, o formalismo *asséptico* de Kelsen com o pragmatismo iluminista de Cattaneo.

o Projeto" – diz-nos o professor Miguel Reale – *"não nos apegamos ao rigorismo normativo, pretendendo tudo prever detalhada e obrigatoriamente, como se na experiência jurídica imperasse o princípio de causalidade próprio das ciências naturais, nas quais, aliás, se reconhece cada vez mais o valor do problemático e do conjetural",*[45] acrescentando, pouco mais adiante, não ter prevalecido, no âmbito do Projeto, *"a crença na plenitude hermética do Direito Positivo, sendo reconhecida a imprescindível eticidade do ordenamento."*[46]

Quanto ao princípio da *socialidade*, pode-se dizer, *grosso modo*, que ele diz respeito – ao contrário do que sucedia no Código Civil de 1916, de caráter eminentemente individualista – ao aspecto marcadamente social de sua disciplina.

Nas palavras do grande jurisconsulto pátrio:

> *"O 'sentido social' é uma das características mais marcantes do Projeto, em contraste com o sentido individualista que condiciona o Código Civil ainda em vigor. Seria absurdo negar os altos méritos da obra do insigne Clóvis Beviláqua, mas é preciso lembrar que ele redigiu sua proposta em fins do século passado, não sendo segredo para ninguém que o mundo nunca mudou tanto como no decorrer do presente século, assolado por profundos conflitos sociais e militares.*
> *Se não houve a vitória do socialismo, houve o triunfo da 'socialidade', fazendo prevalecer os valores coletivos sobre os individuais, sem perda, porém, do valor fundante da pessoa humana. Por outro lado, o Projeto se distingue por maior aderência à realidade contemporânea, com a necessária revisão dos direitos e deveres dos cinco principais personagens do Direito Privado tradicional: o proprietário, o contratante, o empresário, o pai de família e o testador."*[47]

Ver-se-á, mais adiante, com especial ênfase, a disposição constante do art. 421 do Código Civil de 2002, que expressamente outorga realce à chamada *função social do contrato*. Tal princípio não se encontra adstrito ao âmbito

---

[45] *O Projeto do Novo Código Civil*, Saraiva, 2ª ed., reformulada e atualizada, São Paulo, 1999, p. 8.
[46] *O Projeto do Novo Código Civil*, cit., p. 9.
[47] Diz o professor Reale, em seguida, que o empenho da Comissão foi no sentido de situar tais direitos e deveres no contexto da nova sociedade que emergiu de duas guerras mundiais, bem como da revolução tecnológica e da emancipação plena da mulher, sendo por tal motivo que ele propôs que *"o 'pátrio poder' passasse a denominar-se 'poder familiar', exercido em conjunto por ambos os cônjuges em razão do casal e da prole."*

contratual, mas espraia-se, exemplificativamente, também para o terreno do direito das coisas.[48]

Quanto ao princípio da *operacionalidade*, quis o eminente professor referir-se à técnica legislativa utilizada no sentido de uma linguagem isenta de dubiedades, tanto quanto possível precisa e atual, acessível a todos e de fácil compreensão. A aplicação da lei, por parte do juiz, torna-se bem mais flexível, outorgando-se-lhe a possibilidade de nova atitude epistemológica do julgador, conferindo-lhe a lei o mais amplo poder de decidir, fazendo a justiça *in concreto*, em todas aquelas hipóteses em que houver indeterminação do dispositivo legal. Esse poder exige do magistrado, não apenas o conhecimento jurídico – o qual, de resto, lhe é inerente –, mas, fundamentalmente, a prudência de saber discernir no *"mundo da vida"*, ou no *Lebenswelt* de que nos falam os alemães, as circunstâncias peculiares de cada caso concreto.[49]

Nas palavras do próprio professor Miguel Reale, o princípio da *operacionalidade* significou, para os elaboradores do novo Código, que, *"toda vez que tivemos de examinar uma norma jurídica, e havia divergência de caráter teórico sobre a natureza dessa norma ou sobre a conveniência de ser enunciada de uma forma ou de outra, pensamos no ensinamento de Jhering, que diz que é da essência do Direito a sua razoabilidade: o Direito é feito para ser executado; Direito que não se executa – já dizia Jhering na sua imaginação criadora – é como chama que não aquece, luz que não ilumina; o Direito é feito para ser realizado; é para ser operado."*[50]

---

[48] Assinale-se que a função social da propriedade, erigida a princípio da ordem econômica, de acordo com o inciso III do art. 170 da Constituição Federal brasileira forneceu a diretriz fundamental para o que consta dos §§ 1º, 2º, 3º, 4º e 5º do art. 1.228. Quadra transcrever, nesse passo – pelo caráter amplamente revolucionário de ambos para o professor Miguel Reale – os §§ 4º e 5º desse artigo 1.228, *verbis*:
"§ 4º - O proprietário também pode ser privado da coisa se o imóvel reivindicado consistir em extensa área, na posse ininterrupta e de boa-fé, por mais de cinco anos, de considerável número de pessoas, e estas nela houverem realizado, em conjunto ou separadamente, obras e serviços considerados pelo juiz de interesse social e econômico relevante.
§ 5º - No caso do parágrafo antecedente, o juiz fixará a justa indenização devida ao proprietário; pago o preço, valerá a sentença como título para o registro do imóvel em nome dos possuidores." Conforme oportunamente salientado pelo Professor Miguel Reale, esse § 5.º outorgou ao magistrado verdadeiro poder de expropriação, constituindo uma autêntica novidade na ordenação jurídica pátria.
[49] Escusava dizer, portanto, que a expressão utilizada no texto principal não se confunde com o sentido de *estado pré-categorial da existência*, tal como o definia Husserl.
[50] Cf. *O Projeto do Novo Código Civil*, cit., p. 10.

Parece pertinente trazer à balha, neste momento, os arts. 130 e 131 do velho e revogado Código Comercial de 1850, segundo os quais:

> "Art. 130. *As palavras dos contratos e convenções mercantis devem inteiramente entender-se segundo o costume e uso recebido no comércio, e pelo mesmo modo e sentido por que os negociantes se costumam explicar, posto que entendidas de outra sorte possam significar coisa diversa."*
> "Art. 131. *Sendo necessário interpretar as cláusulas do contrato, a interpretação, além das regras sobreditas, será regulada sobre as seguintes bases:*
> 1. *a inteligência simples e adequada, que for mais conforme à boa-fé, e ao verdadeiro espírito e natureza do contrato, deverá sempre prevalecer à rigorosa e restrita significação das palavras;*
> 2. *as cláusulas duvidosas serão entendidas pelas que o não forem, e que as partes tiverem admitido; e as antecedentes e subsequentes, que estiverem em harmonia, explicarão as ambíguas;*
> 3. *o fato dos contraentes, posterior ao contrato, que tiver relação com o objeto principal, será a melhor explicação da vontade que as partes tiveram no ato da celebração do mesmo contrato;*
> 4. *o uso e prática geralmente observada no comércio nos casos da mesma natureza, e especialmente o costume do lugar onde o contrato deva ter execução, prevalecerá a qualquer inteligência em contrário que se pretenda dar às palavras;*
> 5. *nos casos duvidosos, que não possam resolver-se segundo as bases estabelecidas, decidir-se-á em favor do devedor."*

Sempre entendi – e o repeti à exaustão nas numerosas palestras pronunciadas a respeito da matéria – que tais dispositivos do nosso velho Código Comercial, editado ainda no tempo do Brasil Imperial, já continham claramente a adoção da chamada *boa-fé objetiva*,[51] muito tempo depois consagrada pelo Código de Defesa do Consumidor.

---

[51] A doutrina brasileira distingue a boa-fé *subjetiva* da boa-fé *objetiva*. Ao fazer uma comparação entre essas duas modalidades, o professor Antônio Junqueira de Azevedo (*A boa-fé na formação dos contratos*, Revista de Direito do Consumidor nº 3, São Paulo: Ed. Revista dos Tribunais, 1991, p. 78), ao tempo em que ainda vigorava o Código Civil de 1916, assinalou, com precisão: *"Em assuntos específicos, como contrato de seguro, contrato de sociedade (art. 1404), aquisição a non domino (art. 622), pagamento indevido (art. 968), posse (art. 490 e ss.), usucapião (art. 500 e ss.), construção e plantação (art. 546 e ss.) dívida de jogo (art. 1.677) etc., o próprio Código Civil prevê a boa-fé para certas consequências jurídicas. Trata-se, porém, em todos esses casos, salvo os dois primeiros (seguro e sociedade),*

Também no *Esboço*, de Teixeira de Freitas, a boa-fé já não era mais considerada como algo meramente relacionado à psicologia dos contratantes – *boa-fé subjetiva*, haurida do velho Direito Romano, tida como princípio de hermenêutica[52] – mas como norma de conduta das partes, conforme se deduz do art. 1.954, no parágrafo sobre os efeitos dos contratos, *in verbis*:

> da chamada *boa-fé subjetiva*, isto é, daquele estado interior ou psicológico relativo ao conhecimento, ou desconhecimento, e à intenção, ou falta de intenção, de alguém. Vale dizer, ainda, que, atualmente, como conseqüência da mudança de mentalidade, a recente lei de proteção ao consumidor, que, por sua amplitude, é denominada 'Código de Proteção ao Consumidor' (Lei 8.078/90) tem o princípio da boa-fé refletido em inúmeros de seus artigos. Aqui, trata-se, na verdade, de boa-fé objetiva que interessa à formação do contrato, isto é, como regra (objetiva) de conduta."

[52] A expressão *hermenêutica* parece derivar de *Hermes*, mensageiro da palavra e da vontade de Zeus, na Mitologia Grega. Permito-me recordar, como já o fiz anteriormente (*Direito do Consumidor*, cit., pp. 479 e ss.) uma das versões daquele relato mitológico, dada a perquirição da origem etimológica do vocábulo hermenêutica: Os deuses do Olimpo haviam encarregado os irmãos, Prometeus e Epimeteus, da criação dos seres vivos sobre a Terra. Filhos do Titã Iápetos e de Têmis, assim repartiram suas tarefas: enquanto o primeiro cuidaria da criação do homem, o segundo distribuiria aos animais as qualidades que deveriam ter. Além disso, Prometeus encarregara-se de verificar o resultado do trabalho de seu irmão.
E Prometeus, usando barro, fez o primeiro homem. Epimeteus, a seu turno, distribuiu as qualidades aos animais de sorte a salvaguardar-lhes idêntica possibilidade de sobrevivência. Aos animais dotados de velocidade, faltar-lhes-ia a força. Aos contemplados com esta, minguar-lhes-ia a velocidade, e todos os atributos foram sendo distribuídos de maneira tal que o equilíbrio vital entre todos os animais ficasse preservado.
Houvera se consumado, assim, a primeira imprevidência de Epimeteus. Esgotadas todas as qualidades possíveis com os animais irracionais, o que restaria ao homem fazer pela sua sobrevivência?
Prometeus, extremamente dotado de ousadia, de pertinácia e disposto a lutar pelos homens, resolveu subir ao Olimpo para tentar subtrair dos deuses os atributos superiores que possuíam. E logrou obter as técnicas da sobrevivência, atribuindo-lhas aos homens. Como se a ousadia já não fosse o bastante, na partilha das vítimas dos sacrifícios oferecidos, Prometeus enganou Zeus, ardilosamente, fazendo com que este escolhesse as piores porções para os deuses, ficando as melhores com os homens...
Revoltado, Zeus ordenou a Héfaistos que fizesse uma mulher, também de barro (que se chamou Pandora), com a missão de castigar Prometeus. Enquanto a deusa Atena, filha de Zeus e de Métis, com um sopro transmitia vida a Pandora, a esta eram atribuídos todos os demais encantos pelos outros deuses, derivando daí a significação de seu nome, Pandora, que significa "todos os dons". Hermes, no entanto, encarregou-se de agregar-lhe a lisonja e a astúcia.
Como Prometeus prudentemente previra os problemas que Pandora traria, ela foi enviada a seu irmão Epimeteus – "o que pensa depois" – que não vacilou em aceitá-la. E a famosa "caixinha de Pandora", com todo o seu cortejo de malefícios, acabou se espalhando entre os homens...
Mesmo dotados das técnicas para produzir os meios de sua subsistência, revelaram-se os homens incapazes de conviver harmonicamente entre si, destituídos que eram da arte política.

> *"Os contratos devem ser cumpridos de boa-fé, pena de responsabilidade pelas faltas (arts. 844 e 847), segundo as regras do art. 881. Eles obrigam não só ao que expressamente se tiver convencionado, como a tudo que, segundo a natureza do contrato, for de lei, eqüidade, ou costume."*

Difícil não se reconhecer que, em tal caso, já se previa o que hoje se denomina boa-fé objetiva. De toda sorte, é claro que os avanços obtidos com o CDC, de 1990, e com o Código Civil, de 2002, são consideráveis, nesse particular.

O eminente ministro José Carlos Moreira Alves, em primoroso artigo intitulado *A boa-fé objetiva no sistema contratual brasileiro* – jurista que, por diversas vezes, assumiu posição bastante crítica em relação ao Código de Defesa do Consumidor –, reconheceu a importância e o próprio pioneirismo desse diploma pelo fato de ele ter consagrado, *expressivamente*, a boa-fé objetiva. Embora longo, vale a pena transcrever o seguinte trecho do ilustre jurista pátrio:

Segundo consta, Zeus jamais teria perdoado a Prometeus. Fosse por causa desse episódio da atribuição indevida de qualidades aos homens, fosse porque Prometeus, mesmo acorrentado a um rochedo solitário no monte Cáucasos – sofrendo de maneira atroz com uma águia que lhe vinha devorar diariamente o fígado –, recusava-se a revelar o segredo de qual seria o filho de Tétis que poderia representar ameaça ao domínio de Zeus, o fato é que Prometeus terminou despejado num abismo, juntamente com as Oceanides, que resolveram reconfortá-lo e compartilhar de seu destino.

Da trilogia de Ésquilo, efetivamente, muita coisa se perdeu. Há fragmentos de uma das peças em que, no início de uma cena, aparece Prometeus voltando a ver a luz, passados trinta mil anos.

Quanto ao destino da espécie humana, porém, consta que Zeus se compadeceu da aflitiva situação de guerra vivida pelos homens e, temendo pela sua sobrevivência, resolve enviar Hermes, na qualidade de seu mensageiro pessoal, com o propósito de atribuir aos seres humanos os sentimentos de justiça e de dignidade pessoal, sem os quais torna-se praticamente impossível a subsistência de uma civilização, daqui se originando, como já se disse, a provável significação do que hoje se denomina *Hermenêutica*.

Antes de partir para sua missão, Hermes interrogou Zeus se deveria atribuir aos homens o dom da arte política na mesma proporção em que houvera sido a eles distribuída, anteriormente, a habilidade técnica, isto é, se bastaria que um grupo deles fosse aquinhoado com o dom a ser utilizado em benefício de toda a coletividade. Peremptório teria sido Zeus em sua resposta: todos os homens deveriam conhecer e ser instruídos na arte política – e não apenas alguns deles – sob pena de, à míngua da necessária concórdia e harmonia entre eles, ocorrer a própria extinção da raça humana. Ainda mais do que isso, preconizou Zeus: Hermes deveria instituir a pena de morte para aqueles que não soubessem praticar a arte de governar, comparando-os a uma espécie de doença infecciosa de toda a coletividade.

"*Mais recentemente foi editado no Brasil, em observância a dispositivo constitucional, o Código de Proteção e defesa do Consumidor (Lei 8.078, de 11 de setembro de 1990), onde há direta referência à boa-fé em dois dispositivos: no art. 4º, III, e no art. 51, IV. No primeiro deles se preceitua que um dos princípios da Política Nacional das Relações de Consumo é a 'harmonização dos interesses dos participantes das relações de consumo e compatibilização da proteção do consumidor com a necessidade de desenvolvimento econômico e tecnológico, de modo a viabilizar os princípios nos quais se funda a ordem econômica (art. 170 da Constituição Federal), sempre com base na BOA-FÉ e equilíbrio nas relações entre consumidores e fornecedores'. E no segundo se dispõe que são nulas de pleno direito, entre outras, as cláusulas contratuais relativas ao fornecimento de produtos e serviços que 'estabeleçam obrigações consideradas iníquas, abusivas, que coloquem o consumidor em desvantagem exagerada, ou sejam incompatíveis com a BOA-FÉ ou a equidade. No primeiro desses dois dispositivos, a boa-fé se apresenta como cláusula geral, que permite a atividade criadora do juiz ainda que limitada, o que, no entanto, não ocorre com o segundo, em que se configura ela como conceito indeterminado, porque o legislador não deixou ao juiz que, com a sua aplicação, lhe extraísse conseqüências, mas, ao contrário, as prefixou ao determinar a nulidade de pleno direito das cláusulas que estabeleçam obrigações iníquas ou abusivas. É certo, porém, que, deixado de lado o art. 131, 1º, do Código Comercial por não ter tido, a não ser recentemente, maior influência, a esse respeito, na doutrina e na jurisprudência, foi o Código de Defesa e Proteção do Consumidor o primeiro diploma legal brasileiro que consagrou expressivamente a boa-fé objetiva, além de impor em vários de seus dispositivos deveres secundários que dela decorreriam se não tivessem sido expressos, como, a título de exemplo, os de formação, de segurança, de veracidade, de lealdade e de probidade (artigos 8º, 9º, 10, 31, 36 e 37)."*(grifos nossos)

A professora Cláudia Lima Marques, em sua obra já citada anteriormente,[53] ao cuidar da imposição do princípio da boa-fé objetiva, destacou:

"*Como no paradigma para as relações contratuais de consumo de nossa sociedade massificada, despersonalizada e cada vez mais complexa, propõe a ciência do direito o renascimento ou a revitalização de um dos princípios gerais do direito há muito conhecido e sempre presente desde o movimento do direito natural: o princípio geral da boa-fé. Este princípio ou novo 'mandamento' (gebot) obrigatório a todas as relações contratuais na*

---

[53] Cf. *Contratos no Código de Defesa do Consumidor*, 4ª. ed., cit., pp. 180 a 207, onde a autora analisa minudente e exaustivamente esse princípio da boa-fé objetiva.

sociedade moderna, e não só as relações de consumo, será aqui denominado de princípio da boa-fé objetiva para destacar a sua nova interpretação e função."

Pode-se dizer, de certo modo, que essa justa reivindicação da citada professora para que as novas funções da boa-fé ultrapassem as fronteiras das relações de consumo, foi atendida pelo art. 113 do novo Código Civil pátrio. Ele torna a boa-fé objetiva, com efeito, um princípio não mais apenas do direito comercial (como já o era, segundo o nosso entendimento) e do direito do consumidor, mas da *ordenação*[54] jurídica como um todo, pela função central que nela o Código Civil inquestionavelmente exerce.[55] Tal princípio é reforçado mais

---

[54] Contra a quase unanimidade da doutrina nacional, venho me utilizando, invariavelmente (cf., numa das últimas vezes, *in Da ética geral à ética empresarial*: São Paulo: Quartier Latin, 2009, p. 234, nota 1), da palavra *ordenação* jurídica, de todo preferível, a meu ver, à palavra *ordenamento* jurídico. Com efeito, ela parece mais consentânea com o idioma português, não havendo razão para o emprego do italianismo, conforme já destacado pela autorizada voz do gramático Napoleão Mendes de Almeida. Afinal de contas, nós tivemos as *ordenações* afonsinas, manuelinas e filipinas e não *ordenamentos* afonsinos, manuelinos e filipinos...

[55] A afirmação constante do texto principal precisa ser entendida *cum granus salis*... Ninguém desconhece, é claro, a progressiva perda dessa função centralizadora, outrora desempenhada pelo Código Civil, desde o famoso Código de Napoleão, de 1804. A doutrina é abundante a respeito desse fenômeno, podendo ser citados, entre outros, Ricardo Luis Lorenzetti (*Fundamentos do Direito Privado*, São Paulo: Editora Revista dos Tribunais, 1998, p. 45), *verbis*: "*O Direito Civil atual não se funda em uma só lei codificada; ao contrário, há muitas leis para distintos setores de atividade e de cidadãos. A igualdade legislativa é um sonho esquecido, na medida em que as normas jurídicas são particularizadas e com efeitos distributivos precisos. A ideia de ordenar a sociedade ficou sem efeito a partir da perda do prestígio das visões totalizadoras; o Direito Civil se apresenta antes como estrutura defensiva do cidadão e de coletividades do que como 'ordem' social. O Código divide sua vida com outros Códigos, com microssistemas jurídicos e com subsistemas. O Código perdeu a centralidade, porquanto ela se desloca progressivamente. O Código é substituído pela constitucionalização do Direito Civil, e o ordenamento codificado pelo sistema de normas fundamentais. A explosão do Código produziu um fracionamento da ordem jurídica, semelhante ao sistema planetário. Criaram-se microssistemas jurídicos que, da mesma forma como os planetas, giram com autonomia própria, sua vida é independente, o Código é como o sol, ilumina-os, colabora em suas vidas, mas já não pode incidir diretamente sobre eles.*"; Gustavo Tepedino (*Problemas de Direito Civil Constitucional. Introdução: Código Civil, os Chamados Microssistemas e a Constituição: Premissas para uma Reforma Legislativa*, Rio de Janeiro: Ed. Renovar, 2000, p. 5: "*Esse longo percurso histórico, cujo itinerário não se poderia aqui palmilhar, caracteriza o que se convencionou chamar de processo de descodificação do Direito Civil, com o deslocamento do centro de gravidade do direito privado, do Código Civil, antes um corpo legislativo monolítico, por isso mesmo chamado de monossistema, para uma realidade fragmentada pela pluralidade de estatutos autônomos. Em relação a estes o Código Civil perdeu qualquer capacidade de influência normativa, configurando--se um polissistema, caracterizado por um conjunto de leis tidas como centros de gravidade autônomos,*

adiante, conforme será visto, no exame do art. 422, ocasião em que serão feitos maiores aprofundamentos doutrinários sobre a matéria. Ainda sobre o art. 123 do Código Civil, cabe referir dois Enunciados, aprovados na V Jornada de Direito Civil de 2011: O de nº 409 diz: *"Os negócios jurídicos devem ser interpretados não só conforme a boa-fé e os usos do lugar de sua celebração, mas também de acordo com as práticas habitualmente adotadas entre as partes."*

O Enunciado de nº 402, por sua vez, estabeleceu que *"os contratos coligados devem ser interpretados segundo os critérios hermenêuticos do Código Civil, em especial os dos arts. 112 e 113, considerada a sua conexão funcional."*

Com relação ao art. 422, foram aprovados inúmeros Enunciados, tanto na I Jornada, quanto na III, na IV e na V Jornada de Direito Civil, nos anos de 2002, 2004, 2006 e de 2011, respectivamente. São eles:

Enunciado 24: *"Em virtude do princípio da boa-fé, positivado no art. 422 do novo Código Civil, a violação dos deveres anexos constitui espécie de inadimplemento, independentemente de culpa."* (I Jornada)

e chamados, por conhecida corrente doutrinária, de microssistemas." Merecem destaque deveras especial, por razões de ordem várias, duas lições sobre o tema: a primeira delas, de Natalino Irti (*L'età della decodificacazione*, 4ª ed., Milão: Giuffrè, 1979, p. 33), segundo a qual: "O Código Civil perdeu o caráter de centralidade no sistema das fontes: não é mais sede das garantias do indivíduo, porque constam da Constituição, nem dos princípios gerais, visto que expressos, por singulares categorias de bens ou classes de sujeitos, em leis autônomas." A segunda lição é do saudoso jurista baiano Orlando Gomes (*A Agonia do Direito Civil*, conferência proferida no Encontro Nacional de Mestres de Direito Civil, realizado em homenagem a ele, Ed. Ciência Jurídica, pp. 74 e 76): "Essas e tantas outras leis especiais distinguem-se do Código Civil e o enfrentam, constituindo microssistemas que introduzem novos princípios de disciplina das relações jurídicas a que se dirigem. Sua proliferação ocasionou a emersão de novas lógicas setoriais. Caracterizam-se, com efeito, pela especialidade e pela diferenciação e concretude. Promulgados para a regência peculiar de determinadas classes de relações jurídicas ou para a proteção particular de uma categoria de pessoas, alguns desses diplomas legais apanham institutos antes integrantes do Código Civil, enquanto outros atendem a novas necessidades, sem regulamentação anterior", concluindo que "A multiplicação das leis especiais está causando a agonia do Código Civil. Quebrada a unidade do sistema, deixou este de condensar e exprimir os princípios gerais do ordenamento." Cf., por derradeiro, o luminoso estudo de Tullio Ascarelli: *A idéia de Código no direito privado e a tarefa da interpretação*, in Problemas das Sociedades Anônimas e Direito Comparado, Saraiva, 1969. Ascarelli sempre demonstrou ter constante preocupação com as tarefas da interpretação – sempre poderosamente criadoras para ele – levando-o a comparar os caminhos do Direito aos de Antígone e de Pórcia, na peça esculpida pelo gênio de Sófocles.

Enunciado 25: "O art. 422 do Código Civil não inviabiliza a aplicação, pelo julgador, do princípio da boa-fé nas fases pré e pós-contratual." (I Jornada)

Enunciado 26: "A cláusula geral contida no art. 422 do novo Código Civil impõe ao juiz interpretar e, quando necessário, suprir e corrigir o contrato segundo a boa-fé objetiva, entendida como a exigência de comportamento leal dos contratantes." (I Jornada)

Enunciado 27: "Na interpretação da cláusula geral da boa-fé, deve-se levar em conta o sistema do Código Civil e as conexões sistemáticas com outros estatutos normativos e fatores metajurídicos." (I Jornada)

Enunciado 168: "O princípio da boa-fé objetiva importa no reconhecimento de um direito a cumprir em favor do titular passivo da obrigação." (III Jornada)

Enunciado 169: "O princípio da boa-fé objetiva deve levar o credor a evitar o agravamento do próprio prejuízo." (III Jornada)

Enunciado 170: "A boa-fé objetiva deve ser observada pelas partes na fase das negociações preliminares e após a execução do contrato, quando tal exigência decorrer da natureza do contrato." (III Jornada)

Enunciado 361: "O adimplemento substancial decorre dos princípios gerais contratuais, de modo a fazer preponderar a função social do contrato e o princípio da boa-fé objetiva, balizando a aplicação do art. 475." (IV Jornada)

Enunciado 362: "A vedação do comportamento contraditório (venire contra factum proprium) funda-se na proteção da confiança, tal como se extrai dos arts. 187 e 422 do Código Civil." (IV Jornada)

Enunciado 363: "Os princípios da probidade e da confiança são de ordem pública, estando a parte lesada somente obrigada a demonstrar a existência da violação." (IV Jornada)

Enunciado 432: "Em contratos de financiamento bancário, são abusivas cláusulas contratuais de repasse de custos administrativos (como análise de crédito, abertura de cadastro, emissão de fichas de compensação bancária etc.), seja por estarem intrinsecamente vinculadas ao exercício da atividade econômica, seja por violarem o princípio da boa-fé objetiva." (V Jornada)

Examine-se, agora, o art. 423. Eis o seu texto:

> "Quando houver no contrato de adesão cláusulas ambíguas ou contraditórias, dever-se-á adotar a interpretação mais favorável ao aderente."

Norma semelhante a esta pode ser encontrada, exemplificativamente, no art. 1.401 do Código Civil peruano, *verbis*:

> *"Las estipulaciones insertas en cláusulas generales de contratación o en formulários redactados por una de las partes se interpretarán, en caso de duda, a favor de la otra."*

Guillermo Lohmann Luca de Tena afirma, a meu ver com inteiro acerto, que: *"Se trae a colación este artículo a este lugar pues responde a un principio que informa no solo los contratos sino todos los negócios bilaterales: la interpretación de declaraciones recepticias oscuras no debe favorecer a la parte que hubiera motivado la oscuridad."*[56]

Essa disposição do art. 423 do novo Código Civil brasileiro figurava, a princípio, no corpo do anteprojeto, apenas na parte relativa aos contratos de seguros. Tratava-se do art. 803 do anteprojeto de Código Civil. Foi por causa de uma oportuníssima sugestão do professor Fábio Konder Comparato que ela foi transportada, como de rigor, para a parte geral dos contratos.

Abstenho-me, por ora, de maiores considerações a respeito desse artigo em face do que pretendo desenvolver mais adiante, ao cuidar das normas de interpretação no Código de Defesa do Consumidor brasileiro, especificamente daquela enunciada no art. 47, segundo a qual as cláusulas contratuais – todas elas e não apenas as *ambíguas* e *contraditórias* – devem ser interpretadas em favor do consumidor.

Serão vistos, então, conforme foi dito linhas atrás, aqueles outros quatro artigos (156, 157, 421 e 422) do Código Civil de 2002, os quais, ainda que não se refiram, propriamente, a normas de interpretação contratual, encerram figuras nas quais o papel da interpretação a partir de princípios ganha especial relevo.

Começo pelo art. 156. Por ele está dito:

> *"Configura-se o estado de perigo quando alguém, premido da necessidade de salvar-se, ou a pessoa de sua família, de grave dano conhecido da outra parte, assume obrigação excessivamente onerosa.*

---

[56] Cf. *La Interpretación de la ley y de los actos jurídicos en el derecho peruano*, in *Interpretación de los contratos*, Revista de Derecho Comparado, nº 3, Buenos Aires, Argentina: Rubinzal-Culzoni Editores, fevereiro de 2001, p. 84.

Parágrafo Único – Tratando-se de pessoa não pertencente à família do declarante, o juiz decidirá segundo as circunstâncias."

Verifica-se, por esse artigo – e, igualmente, pelo art. 157, a seguir comentado –, que se está diante daquilo a que a doutrina designa como *defeitos do negócio jurídico* e que correspondem, respectivamente, ao *stato di pericolo* e *stato di bisogno*, do Código Civil italiano.[57]

Seja no estado de perigo, seja no da lesão, não se está diante de *erro* da declaração de vontade por parte da vítima. Trata-se, antes, de uma deformação ocorrida na declaração de vontade desta.

Como bem esclarece o professor Carlos Alberto Bittar, saudoso companheiro de USP, ao tratar do instituto jurídico da lesão, representa ela um *"vício consistente na deformação da declaração por fatores pessoais do contratante, diante de inexperiência ou necessidade, explorados indevidamente pelo locupletante."*[58]

Também o eminente professor Humberto Theodoro Júnior é preciso em sua explicação a respeito dessas duas figuras:

"Em todas elas, não há propriamente erro da vítima no declarar a vontade negocial, o que se passa é o quadro de perigo enfrentado no momento do aperfeiçoamento do negócio que coloca a pessoa numa contingência de necessidade premente de certo bem ou valor e, para obtê-lo, acaba ajustando preços e condições desequilibradas. O contrato, em tais circunstâncias, se torna iníquo, porque uma das partes se aproveita da conjuntura adversa para extrair vantagens injustas à custa da necessidade da outra."[59]

E prossegue o citado jurista:

"No estado de perigo, o que determina a submissão das vítimas ao negócio iníquo é o risco pessoal (perigo de vida ou de grave dano à saúde ou à integridade física de uma pessoa). Na lesão (ou estado de necessidade), o risco provém da iminência de danos patrimoniais, como a urgência de honrar compromissos, de evitar a falência ou a ruína dos negócios." (grifos do autor)[60]

---

[57] Cf. arts. 1.447 e 1.448.
[58] Cf. *Curso de Direito Civil*, Rio de Janeiro: Ed. Forense Universitária, 1999, vol. I, p. 155.
[59] Cf. *Comentários ao Novo Código Civil*, Rio de Janeiro: Ed. Forense, 1ª ed., vol. III, tomo I, obra coletiva coordenada pelo Ministro Sálvio de Figueiredo Teixeira, 2003, p. 204.
[60] Idem, *ibidem*.

O Código Civil brasileiro de 2002, a par dos comentários que estão sendo feitos pela doutrina especializada, já foi objeto das cinco mencionadas *Jornadas de Direito Civil*, organizadas pelo Centro de Estudos Judiciários do Conselho da Justiça Federal, todas sob a primorosa coordenação do eminente ministro e professor Ruy Rosado de Aguiar Jr. Na I e na III *Jornadas* houve a aprovação de Enunciados por parte dos Grupos de Trabalho, sendo oportuno mencionar, neste momento, aqueles que se referem aos artigos ora mencionados no presente trabalho.

No que se refere a esse art. 156, na terceira Jornada, realizada em dezembro de 2004, foi aprovado um Enunciado, do seguinte teor:

"Ao 'estado de perigo' (art. 156) aplica-se, por analogia, o disposto no § 2º do art. 157."

Vejamos, a seguir, o art. 157, segundo o qual:

"Ocorre a lesão quando uma pessoa, sob premente necessidade, ou por inexperiência, se obriga a prestação manifestamente desproporcional ao valor da prestação oposta.
§ 1º - Aprecia-se a desproporção das prestações segundo os valores vigentes ao tempo em que foi celebrado o negócio jurídico.
§ 2º - Não se decretará a anulação do negócio, se for oferecido suplemento suficiente, ou se a parte favorecida concordar com a redução do proveito."[61]

Enquanto o anterior artigo 156 cuidou do estado de perigo, esse artigo 157 contemplou a figura da lesão.

Vê-se, por ele, que houve notória evolução no direito brasileiro, pois o Código Civil de 1916 não contemplara, quer a figura do estado de perigo, quer a da lesão. Clóvis Beviláqua,[62] por exemplo – possivelmente influenciado pelo pensamento positivista predominante à época – sustentara que *"os últimos projetos de Código Civil Brasileiro somente aludiam à lesão nas partilhas, porque nesta*

---

[61] Além do já mencionado art. 1.448 do Código Civil italiano – fonte inspiradora do nosso Código Civil de 2002 –, trataram igualmente da lesão, entre outros: o Código Civil francês (arts. 1.305 e 1.313), o português (arts. 282º e 283º), o argentino (art. 954) e o peruano (arts. 1.447, 1.449, 1.450 e 1.451).

[62] Cf. *Teoria Geral do Direito Civil*, 5ª ed., Francisco Alves, 1929, § 56.

domina a lei da mais plena igualdade entre os herdeiros, e o Código, afinal, eliminou, inteiramente, esse instituto."

Manuel Inácio Carvalho de Mendonça,[63] magistrado federal aposentado, na mesma esteira de Clóvis, considerou o instituto da lesão "*decadente e antipático às legislações modernas*", alegando que não o haviam contemplado "*os Códigos da Holanda, o português, o argentino, o espanhol, o suíço das Obrigações, o de Montenegro, o de Zurique, o alemão e até mesmo alguns que copiam fielmente o francês, tal como o Haiti.*" Concluiu no sentido de que "*nosso Cód. Comercial só admite rescindir um contrato por lesão quando esta é acompanhada de erro, dolo ou simulação.*"

Não prevaleceu, no Brasil, no entanto, tal entendimento. No âmbito da legislação consumerista, foi a lesão combatida em vários dispositivos do Código de Defesa do Consumidor. Vale a pena transcrever o texto de alguns dispositivos desse diploma legal, especialmente o do art. 6º, inciso V; o do art. 39, inciso V; o do art. 51, inciso IV e o desse mesmo artigo 51, em seu § 1º, inciso III.

Diz o primeiro deles:

> *Art. 6º São direitos básicos do consumidor:*
> *I - ....*
> *II - ....*
> *............*
> *V – a modificação das cláusulas contratuais que estabeleçam prestações desproporcionais ou sua revisão em razão de fatos supervenientes que as tornem excessivamente onerosas."*

Dispõem o art. 39 e o seu inciso V:

> *"É vedado ao fornecedor de produtos ou serviços dentre outras práticas abusivas:*[64]
> *I - ......*
> *II - ......*

---

[63] Cf. Mendonça, Manuel Inácio Carvalho de. *Doutrina e Prática das Obrigações ou tratado geral dos direitos de crédito*, 4ª ed., Rio de Janeiro: Forense, vol. 2, nº 582, 1956, p. 219.

[64] Redação dada pelo art. 87 da Lei nº 8.884, de 11 de junho de 1994. Essa lei foi quase inteiramente revogada pela Lei 12.529/2011 (foram expressamente revogados os arts. 1º a 85 e 88 a 93 daquela lei), mantendo-se em vigor, porém, os arts. 86 e 87, que alteraram o Código de Processo Penal e o Código de Defesa do Consumidor, respectivamente.

....
V – exigir do consumidor vantagem manifestamente excessiva."

Com relação ao art. 51, estabelecem o *caput* do mesmo e o seu inciso IV:

> "São nulas de pleno direito, entre outras, as cláusulas contratuais relativas ao fornecimento de produtos e serviços que:
> I - .....
> II - .....
> ....
> IV – estabeleçam obrigações consideradas iníquas, abusivas, que coloquem o consumidor em desvantagem exagerada, ou sejam incompatíveis com a boa-fé ou a equidade."

Por derradeiro, cumpre verificar a complementação de tais disposições feita pelo inciso III, do § 1º, desse mesmo artigo 51, *verbis*:

> "§ 1º *Presume-se exagerada, entre outros casos, a vantagem que:*
> *I - ....*
> *II - ....*
> *III – se mostra excessivamente onerosa para o consumidor, considerando-se a natureza e conteúdo do contrato, o interesse das partes e outras circunstâncias peculiares ao caso.*"

O alcance de tais dispositivos, no âmbito das relações de consumo, é enorme.

Nota-se que as cláusulas abusivas são fulminadas de nulidade absoluta pelo Código de Defesa do Consumidor brasileiro, valendo dizer, em consequência – e em face do caráter de ordem pública de toda a matéria nele constante[65] –, que ela jamais poderá ser atingida pelo fenômeno da preclusão. Assim sendo, independentemente de ser invocada pela parte no processo, a qualquer tempo e seja o grau de jurisdição que for, terá o magistrado o dever de declará-la de ofício.[66]

---

[65] O art. 1º do CDC dispõe: "*O presente Código estabelece normas de proteção e defesa do consumidor, de* **ordem pública** *e interesse social, nos termos dos arts. 5º, inciso XXXII, 170, inciso V, da Constituição Federal e art. 48 de suas Disposições Transitórias.*" (grifos nossos)

[66] Cf., em idêntico sentido, a conclusão do professor Nelson Nery Jr. (ob. cit., p. 402): "*Sendo matéria de ordem pública (art. 1º, CDC), a nulidade de pleno direito das cláusulas abusivas nos contratos*

De toda sorte, é claro que o instituto da lesão, agora adotado também pelo Código Civil de 2002, representa grande avanço, pois amplia consideravelmente o seu campo de aplicação, já que não está mais restrito a uma relação jurídica entre desiguais (o fornecedor e o consumidor), mas também entre aqueles que, em princípio, são considerados iguais na órbita civil...

A III Jornada de Direito Civil, há pouco referida, aprovou dois Enunciados a respeito desse art. 157. O primeiro deles, de nº 149, está vazado nos seguintes termos:

> "Em atenção ao princípio da conservação dos contratos, a verificação da lesão deverá conduzir, sempre que possível, à revisão judicial do negócio jurídico e não à sua anulação, sendo dever do magistrado promover o incitamento dos contratantes a seguir as regras do art. 157, § 2º, do Código Civil de 2002."

E o segundo desses Enunciados, de nº 156, diz:

> "A lesão de que trata o art. 157 do Código Civil não exige dolo de aproveitamento."

Na IV Jornada de Direito Civil, de 2006, foram aprovados dois Enunciados sobre o artigo 157 (os de nºs 290 e 291), com os seguintes dizeres, respectivamente:

> "A lesão acarretará a anulação do negócio jurídico quando verificada, na formação deste, a desproporção manifesta entre as prestações assumidas pelas partes, não se presumindo a premente necessidade ou a inexperiência do lesado." (290)
>
> "Nas hipóteses de lesão previstas no art. 157 do Código Civil, pode o lesionado optar por não pleitear a anulação do negócio jurídico, deduzindo, desde logo, pretensão com vista à revisão judicial do negócio por meio da redução do proveito do lesionador ou do complemento do preço." (291)

Ainda sobre esse art. 157, a V Jornada de Direito Civil de 2011, aprovou o Enunciado 410, *in verbis*: "*A inexistência a que se refere o art. 157 não deve necessariamente significar imaturidade ou desconhecimento em relação à prática de negócios

de consumo não é atingida pela preclusão, de modo que pode ser alegada no processo a qualquer tempo e grau de jurisdição, impondo-se ao juiz o dever de pronunciá-la de ofício."

jurídicos em geral, podendo ocorrer também quando o lesado, ainda que estipule contratos costumeiramente, não tenha conhecimento específico sobre o negócio em causa."

E, mais recente de todos, foi aprovado na I Jornada de Direito Comercial de 2012 o Enunciado 28, do teor seguinte: *"Em razão do profissionalismo com que os empresários devem exercer sua atividade, os contratos empresariais não podem ser anulados pelo vício da lesão fundada na inexperiência."*

Passo, agora, ao art. 421. Nele está dito: *"A liberdade de contratar será exercida em razão e nos limites da função social do contrato."*

Este dispositivo – igualmente saudado com entusiasmo pela doutrina brasileira – mereceu a autorizada crítica do professor Antonio Junqueira de Azevedo, vazada em termos verdadeiramente irrespondíveis.[67] Tento fazer um resumo, ainda que grosseiro, da crítica feita pelo ilustre professor, que considerou o dispositivo insuficiente, deficiente e calcado em paradigma anterior à realidade contemporânea.

Uma das insuficiências do artigo decorreria do período a que as partes estariam obrigadas a guardar os princípios da probidade e da boa-fé: somente naquele que vai da conclusão à execução. Ora, tanto na fase pré-contratual quanto na pós-contratual esses princípios deveriam estar presentes...

Quanto às deficiências, explica o citado jurista que existe uma tríplice função para a cláusula geral da boa-fé no âmbito contratual ou, segundo as suas próprias palavras, *"porque justamente a ideia é ajudar na interpretação do contrato,* adjuvandi, *suprir algumas das falhas do contrato, isto é, acrescentar o que nele não está incluído,* supplendi, *e eventualmente corrigir alguma coisa que não é de direito no sentido de justo,* corrigendi*"*, concluindo que apenas a primeira está presente no artigo, faltando-lhe as outras duas, já amplamente previstas em termos de direito comparado.

Finalmente, quanto ao paradigma ultrapassado adotado pelo Código Civil brasileiro atual, observa o professor Junqueira que o diploma *"infelizmente volta a insistir na presença do juiz para muita coisa inútil, como alguns casos de anulação e rescisão contratual"*, concluindo, na oportunidade, que *"o projeto está no paradigma do estado inchado."*

---

[67] Cf. *Insuficiências, deficiências e desatualização do Projeto de Código Civil na questão da boa-fé objetiva nos contratos, in* Revista Trimestral de Direito Civil, Ano 1, vol.1, janeiro a março de 2000, pp. 3 a 12.

Relativamente ao art. 421, a I Jornada aprovou os seguintes Enunciados, de nºs 21, 22 e 23, *verbis*:

> "21 – *A função social do contrato, prevista no art. 421 do novo Código Civil, constitui cláusula geral, que impõe a revisão do princípio da relatividade dos efeitos do contrato em relação a terceiros, implicando a tutela externa do crédito.*"
> "22 – *A função social do contrato, prevista no art. 421 do novo Código Civil, constitui cláusula geral que reforça o princípio da conservação do contrato, assegurando trocas úteis e justas.*"
> "23 – *A função social do contrato, prevista no art. 421 do novo Código Civil, não elimina o princípio da autonomia contratual, mas atenua e reduz o alcance desse princípio, quando presentes meta-individuais ou interesse individual relativo à dignidade da pessoa humana.*"

Posteriormente, houve os Enunciados 166 e 167, aprovados na III Jornada de Direito Civil de 2004, respectivamente:

> "*A frustração do fim do contrato, como hipótese que não se confunde com a impossibilidade da prestação ou com a excessiva onerosidade, tem guarida no direito brasileiro pela aplicação do art. 421 do Código Civil.*" (166)
> "*Com o advento do novo Código Civil de 2002, houve forte aproximação principiológica entre esse Código e o Código de Defesa do Consumidor, no que respeita à regulação contratual, uma vez que ambos são incorporadores de uma nova teoria geral dos contratos.*"(167)

Posteriormente, ainda, foram aprovados os Enunciados 360 e 361, na IV Jornada de Direito Civil de 2006, do seguinte teor, respectivamente:

> "*O princípio da função social dos contratos também pode ter eficácia interna entre as partes contratantes.*"
> "*O adimplemento substancial decorre dos princípios gerais contratuais, de modo a fazer preponderar a função social do contrato e o princípio da boa-fé objetiva, balizando a aplicação do art. 475*".

E, finalmente, o Enunciado 431, aprovado na V Jornada de Direito Civil de 2011, *in verbis*: "*A violação do art. 421 conduz à invalidade ou ineficácia do contrato ou de cláusulas contratuais.*"

Trata-se, como se percebe, de um esforço interpretativo feito no sentido de tentar explicar o sentido e o alcance das disposições do Código.

Em pronunciamento feito na Ouvidoria Parlamentar da Câmara dos Deputados, no dia 4 de junho de 2002, tive a oportunidade de tecer as seguintes considerações a respeito da matéria:

> "Um dos tópicos que estão a merecer atenção especial, por parte desta douta Ouvidoria, diz respeito à questão da função social do empresário. Nenhum jurista de nomeada ousaria discordar, ao que suponho, da necessidade de pôr em realce essa função.
>
> Afinal de contas, o parágrafo único do art. 116 de nossa Lei 6.404, de 15 de dezembro de 1975, disciplinadora da sociedade por ações, já dispusera de forma deveras lapidar sobre o tema, conforme vimos há pouco.
>
> Assim, nessa linha de raciocínio, poder-se-ia sugerir a inclusão de um § 1.º ao atual art. 966 (transformando-se o parágrafo único em § 2º), do seguinte teor:
>
> § 1.º - 'O exercício da atividade empresarial, para ser legítimo, deve cumprir, necessariamente, a sua função social.'"
>
> Se é verdade que o art. 421 do Código Civil de que se cuida, como disposição geral dos contratos, deve ser entendido como aplicável também às sociedades – já que nestas se reconhece a natureza jurídica eminentemente contratual, ainda que se trate, na lição sempre inolvidável de Ascarelli, de um contrato plurilateral, e não simplesmente bilateral –, parece-nos que a inserção de um dispositivo específico no Livro II apresentaria, a nosso ver, pelo menos duas vantagens ponderáveis.
>
> Em primeiro lugar, ela daria uma 'demonstração de coerência interna e externa' do Código, como oportunamente destacado por Waldírio Bulgarelli.
>
> Em segundo lugar – e sobretudo –, pelo fato de que essa função social deve ser cumprida, não apenas pelas sociedades em geral, mas igualmente pelo empresário individual. A norma do art. 421 alcança, tecnicamente falando, a figura das sociedades em geral – quer as empresárias, quer as não-empresárias –, mas não abarca a atividade do empresário individual que a exerce, como é curial, independentemente da existência de um contrato de sociedade..." [68]

Cabe abrir novo parêntese, a propósito, para dizer que o Código Civil de 2002, infelizmente, não terá sido rigorosamente simétrico na inclusão de um

---

[68] Foi o que defendi em artigo intitulado *A atividade empresarial no âmbito do Projeto de Código Civil*, publicado em obra coletiva *Direito Empresarial Contemporâneo*, 2ª ed., São Paulo: Ed. Juarez de Oliveira, 2004, pp. 31 e ss.

Livro II, intitulado *Direito de Empresa*, no qual existem apenas, esparsamente, algumas normas sobre direito *da* empresa.

Veja-se, por exemplo, a crítica feita pelo eminente professor Fábio Konder Comparato, em exposição igualmente feita na Câmara dos Deputados, após expressar o seu desencanto diante da malograda tentativa do Código no sentido de tentar harmonizar a disciplina civilística com o regime jurídico do direito empresarial. Pondo em realce a inadequação dessa parte, asseverou o ilustre jurista:

> *"O Livro consagrado à atividade negocial – disciplina dos empresários e das sociedades – surge como um corpo estranho no Código, sem ligação interna e necessária com as demais partes da obra. Se o empresário é definido como o que exerce, profissionalmente, atividade econômica organizada para a produção ou circulação de bens ou de serviços, causa espécie que a Parte Geral, estendendo-se longamente sobre o negócio jurídico, segundo a tradição da pandectística alemã, não contenha uma única disposição sobre a atividade jurídica, que com aquele se não confunde. Tanto em matéria de capacidade quanto de validade ou de eficácia, atividade se distingue de ato ou de negócio jurídico. Ora, o conceito de atividade empresarial, em substituição ao vetusto ato de comércio, constitui a pedra angular do moderno direito comercial.*
> *Se isto sucede com o empresário em geral, algo de semelhante ocorre com as sociedades. O Projeto as retira do Livro das Obrigações e do título dos contratos. Como ligá-las, então, com as demais categorias do Direito Privado? Ato jurídico coletivo ou contrato plurilateral? O Projeto ignora totalmente esta última categoria, consagrada pelo Código italiano, e que é sem dúvida fundamental para a solução de várias questões particulares do direito societário, como o desfazimento parcial do vínculo – por resolução, rescisão ou resilição – e a sua invalidade parcial."*[69]

Veja-se, por derradeiro – e em remate do presente capítulo –, o art. 422 do Código Civil:

> *"Os contraentes são obrigados a guardar, assim na conclusão do contrato, como em sua execução, os princípios de probidade e de boa-fé."*

---

[69] Cf. *Direito Empresarial*, São Paulo: Saraiva, 1990.

Pode-se dizer – não obstante a crítica que se fará, logo mais adiante, da redação deste dispositivo – que ele, no tocante à boa-fé, terá sido bem mais avançado do que o famoso Código de Defesa do Consumidor brasileiro. Diz--nos a respeito a autorizada voz do eminente ministro Ruy Rosado de Aguiar Jr.:[70] "*O Código Civil de 2002 tem disposições mais amplas e completas. Como já constavam do Projeto de 1975, que se transformou no Código de 2002, verificamos que o legislador civil de 1975, nesse ponto, foi mais avançado do que o do Código de Defesa do Consumidor e melhor, até, do que o foi o de outros países em que se dispôs sobre a cláusula da boa-fé.*"

Relativamente ao art. 422, essa mesma I Jornada aprovou os seguintes Enunciados, de nºs 24, 25, 26 e 27, do seguinte teor:

> "24 – *Em virtude do princípio da boa-fé, positivado no art. 422 do novo Código Civil, a violação dos deveres anexos constitui espécie de inadimplemento, independentemente de culpa.*"
>
> "25 – *O art. 422 do Código Civil não inviabiliza a aplicação, pelo julgador, do princípio da boa-fé nas fases pré e pós contratual.*"
>
> "26 – *A cláusula geral contida no art. 422 do novo Código Civil impõe ao juiz interpretar e, quando necessário, suprir e corrigir o contrato segundo a boa-fé objetiva, entendida como a exigência de comportamento leal dos contratantes.*"
>
> "27 – *Na interpretação da cláusula geral da boa-fé, deve-se levar em conta o sistema do Código Civil e as conexões sistemáticas com outros estatutos normativos e fatores metajurídicos.*"

Mais uma vez se verifica, pelo teor de tais Enunciados, a preocupação dos *operadores* do Direito de explicitar o efetivo conteúdo das disposições no novo Código. Não teria sentido, com efeito, que a boa-fé devesse estar presente apenas nas fases de *conclusão* e de *execução* do contrato, como está expresso nesse artigo 422. Como esclarece o Enunciado supra, de nº 27, deve-se levar em conta, na interpretação da cláusula geral da boa-fé, o sistema do Código Civil, não fazendo nenhum sentido de que essa mesma boa-fé fosse dispensável

---

[70] Cf. *O Novo Código Civil e o Código de Defesa do Consumidor (Pontos de Convergência)*, Revista da Escola da Magistratura do Estado do Rio de Janeiro, número especial 2004, Anais dos Seminários EMERJ Debate o Novo Código Civil, parte II, julho/2002 a abril/2003, p. 238.

nas fases pré e pós-contratual, como oportunamente esclarece o Enunciado supra, de nº 25.

Nem todas as questões delicadas, talvez, terão sido resolvidas por esses dispositivos do Código Civil de 2002, ora analisados perfunctoriamente, mas a utilização dos princípios neles consagrados poderá levar a tal resultado. Diz-nos, a propósito, o eminente professor Gustavo Tepedino, da Faculdade de Direito da Universidade Estadual do Rio de Janeiro:[71]

> *"Fundamentalmente, portanto, a função social do contrato e a boa-fé, antes restritas às relações de consumo, tiveram seu campo de atuação ampliado, abrangendo todas as relações contratuais. Muito embora algumas questões controvertidas não tenham sido diretamente resolvidas pelo novo Código, os intérpretes poderão fazê-lo, bastando recorrer a tais princípios."*

3 – Normas de interpretação no Código de Defesa do Consumidor (Lei 8.078, de 11 de setembro de 1990)

Antes de dar início à análise das normas de interpretação no Código de Defesa do Consumidor – seja no que se refere à interpretação dos contratos, seja no que respeita às relações de consumo, genericamente consideradas[72] –, parecem pertinentes algumas breves considerações sobre o significado da

---

[71] Cf. *Os Novos Contratos no Novo Código Civil*, Revista da Escola da Magistratura do Estado do Rio de Janeiro, edição Especial, Anais dos Seminários EMERJ Debate o Novo Código Civil, Parte I, fevereiro a junho de 2002, p. 185.
[72] A distinção é justificada pela maior abrangência da expressão *relação de consumo* em cotejo com a que possui a expressão *contratos de consumo*. Nelson Nery Júnior já houvera formulado, desde a primeira edição da obra *Código Brasileiro de Defesa do Consumidor comentado pelos autores do anteprojeto* (4ª. ed., Forense Universitária, 1995, p. 283), o seguinte ensinamento a respeito:"Objeto de regulamentação pelo Código de Defesa do Consumidor é a **relação de consumo**, assim entendida a relação jurídica existente entre fornecedor e consumidor tendo como objeto a aquisição de produtos ou utilização de serviços pelo consumidor", esclarecendo oportunamente, em nota de rodapé, o caráter plurissêmico da expressão **consumidor**. Aduz, ainda, que "o CDC não fala de 'contrato de consumo', 'ato de consumo', 'negócio jurídico de consumo', mas de **relação de consumo**, termo que tem sentido mais amplo do que aquelas expressões. São elementos da relação de consumo, segundo o CDC: a) como **sujeitos**, o fornecedor e o consumidor; b) como **objeto**, os produtos e serviços; c) como **finalidade**, caracterizando-se como elemento teleológico das relações de consumo, serem elas celebradas

proteção ao consumidor, no Brasil, erigida a preceito constitucional, desde 1988, conforme se pode ver em duas normas de grande relevo.

Em primeiro lugar – de importância fundamental por tratar-se de cláusula pétrea[73] –, destaca-se o inciso XXXII, do art. 5º, da Constituição Federal, *verbis*:

> *"O Estado promoverá, na forma da lei, a defesa do consumidor."*

Encartado entre os direitos e garantias fundamentais do cidadão brasileiro, a sua importância, absolutamente decisiva a respeito da matéria, foi destacada incisivamente pelo professor Fábio Konder Comparato,[74] *in verbis*:

> *"Por outro lado, a defesa do consumidor é, indubitavelmente, um tipo de princípio--programa, tendo por objeto uma ampla política pública (public policy). A expressão designa um programa de ação de interesse público. Como todo programa de ação, a política pública desenvolve uma atividade, i. e., uma série organizada de ações, para a consecução de uma finalidade, imposta na lei ou na Constituição. A imposição constitucional ou legal de políticas é feita, portanto, por meio das chamadas 'normas-objetivo', cujo conteúdo, como já se disse, é um 'Zweckprogramm' ou 'Finalprogramm'(Cf. Koch--Rüssmann, Juristische Begründungslehre, Munique, 1982,pp. 85 e ss.). Quer isto*

---

para que o consumidor adquira produto ou se utilize de serviço 'como destinatário final' (art. 2º, caput, última parte, CDC)."

[73] Os constitucionalistas brasileiros de expressão (José Afonso da Silva, Paulo Bonavides, Alexandre de Moraes e outros) referem-se às cláusulas pétreas quando cuidam do tema das "limitações ao poder de reforma constitucional", classificando-as em: limitações temporais, quando, por exemplo, a própria Constituição estabelece em seu texto a proibição de ser reformada antes de um certo lapso de tempo da sua vigência (Exemplo: art. 174, da Constituição brasileira do tempo do Império); limitações circunstanciais, quando a Constituição proíbe emendas em determinadas circunstâncias, como no caso da vigência do estado de sítio, da defesa e intervenção federal (art. 60, §1º, CF/88) e, finalmente, as limitações materiais (*explícitas* e *implícitas*) que são as matérias excluídas do poder de reforma, denominadas pela doutrina, justamente, de cláusulas *pétreas*, constantes do art. 60, §4º, CF/88. A elas se refere o Prof. Alexandre de Moraes, *verbis*: "Tais matérias formam o núcleo intangível da Constituição Federal, denominado tradicionalmente por 'cláusulas pétreas'." (in Direito Constitucional, Ed. Atlas, 12ª ed., 2002, São Paulo, pp. 544/5). Cf., em idêntico sentido: "As limitações materiais também são chamadas cláusulas pétreas. E aquelas previstas no art. 60, §4º, da CF são as cláusulas pétreas explícitas" (*in Curso de Direito Constitucional*, Ricardo Cunha Chimenti e outros, Saraiva, 2004, São Paulo).

[74] *A Proteção ao Consumidor na Constituição Brasileira de 1988*, Revista de Direito Mercantil n.º 80, pp. 66 a 75.

dizer que os Poderes Públicos detêm um certo grau de liberdade para montar os meios adequados à consecução desse objetivo obrigatório. É claro que a implementação desses meios exige a edição de normas -- tanto leis, quanto regulamentos de Administração Pública; mas essa atividade normativa não exaure, em absoluto, o conteúdo da policy, ou programa de ação pública. É preciso não esquecer que esta só se realiza mediante a organização de recursos materiais e humanos, ambos previstos e dimensionados no orçamento-programa." [75]

Nossa Constituição Federal, no entanto, afirma que temos, entre os fundamentos da República Federativa do Brasil, a dignidade da pessoa humana (art. 1.º, inciso III).

Tem-se a triste sensação, no entanto, de que a noção ética do que seja dignidade humana ainda não terá sido suficientemente desenvolvida entre os brasileiros.[76] Alguns autores de nomeada procuraram mostrar a importância do conceito, mas não me parece que tenhamos chegado, contudo, a uma conscientização de seu verdadeiro conteúdo e alcance.

O eminente professor da Faculdade de Direito da Universidade de São Paulo – hoje ministro aposentado da mais alta Corte de Justiça do Brasil – Eros Roberto Grau, por exemplo, refere-se especificamente ao tema, asseverando:

"A dignidade da pessoa humana é adotada pelo texto constitucional concomitantemente como fundamento da República Federativa do Brasil (art. 1º, III) e como fim da ordem econômica (mundo do ser) (art. 170, caput – 'a ordem econômica ... tem por fim assegurar a todos existência digna')."

---

[75] Para um estudo da importância das políticas públicas e da possibilidade de um controle jurisdicional sobre elas, veja-se, do mesmo autor, o importantíssimo *Ensaio sobre o juízo de constitucionalidade de políticas públicas*, Revista de Informação Legislativa n. 138, abril/junho de 1998, pp. 39/48.

[76] No que se refere à solidariedade humana, o seu sentido ético foi bem explicitado por Montesquieu (*Mes pensées, Oeuvres Complètes*, Ed. Gallimard, Paris, vol. 1, p. 981): *"Se eu soubesse de alguma coisa que fosse útil a mim, porém danosa à minha família; eu a rejeitaria de meu espírito. Se eu soubesse de alguma coisa útil à minha família, porém não útil à minha pátria, procuraria esquecê-la. Se eu soubesse de alguma coisa útil à minha pátria, mas danosa à Europa, ou então útil à Europa, mas danosa ao gênero humano, consideraria isso como sendo um crime."*

E prossegue trazendo à lembrança o art. 1º da Lei Fundamental da República Federal alemã: *"A dignidade do homem é inviolável. Respeitá-la e protegê-la é obrigação de todo o poder público."*[77]

José Afonso da Silva,[78] em lição que também merece ser transcrita, observa que a dignidade prevista na Constituição Federal *"obriga a uma densificação valorativa que tenha em conta o seu amplo sentido normativo-constitucional e não uma qualquer ideia apriorística do homem, não podendo se reduzir o sentido de dignidade humana à defesa dos direitos pessoais tradicionais, esquecendo-se nos casos de direitos sociais, ou invocá-la para construir 'teoria do núcleo da personalidade' individual, ignorando-a quando se trata de direitos econômicos, sociais e culturais."*

A norma de interpretação (considerada tal expressão em seu sentido estrito) constante no Código de Defesa do Consumidor é a que está no art. 47, segundo a qual:

> *"As cláusulas contratuais serão interpretadas de maneira mais favorável ao consumidor."*

O eminente professor Nelson Nery Jr. elogiou bastante este dispositivo, asseverando, textualmente, que:[79]

> *"Como medida de notável avanço, a norma determina que a interpretação do contrato se faça de modo mais favorável ao consumidor. Não apenas das cláusulas obscuras ou ambíguas, como sugerido pelo art. 423 do Projeto de Código Civil nº 634-B, de 1975, que, aliás, limita essa prerrogativa ao aderente, nos contratos de adesão."*

A também eminente professora Cláudia Lima Marques sempre doutrinou no mesmo sentido, *verbis*:[80]

---

[77] No original alemão: *"Die Würde des Menschen ist unantastbar. Sie zu achten und zu schützen ist Verpflichtung aller staatlichen Gewalt."*
[78] *Curso de Direito Constitucional Positivo*, 6ª. ed., 2ª. tiragem, São Paulo: Editora Revista dos Tribunais, p. 93
[79] Cf. *Código Brasileiro de Defesa do Consumidor Comentado pelos Autores do Anteprojeto*, obra coletiva, 4ª ed., Forense Universitária, 1995, p. 327.
[80] Cf. *Contratos no Código de Defesa do Consumidor*, cit., pp. 744 e 745.

> "O novo Código Civil de 2002 prevê, em seu art. 423, o recurso à interpretação mais favorável ao aderente (interpretação contra proferentem), mas só em contratos de adesão e em cláusulas ambíguas ou contraditórias. O art. 47 do CDC representa, porém, uma evolução em relação a essa norma e à do art. 85 do CCB (e art. 112 do novo CCbr./2002), pois beneficiará a todos os consumidores, em todos os contratos, em todas as normas, mesmo as claras e não contraditórias, sendo que agora a vontade interna, a intenção não declarada, nem sempre prevalecerá. Em outras palavras, é da interpretação ativa do magistrado a favor do consumidor que virá a 'clareza' da cláusula e que será estabelecido se a cláusula, assim interpretada a favor do consumidor, é ou não contraditória com outras cláusulas do contrato."

Em nota de rodapé relativa à "clareza" da cláusula, cita a Professora Cláudia dois interessantes arestos do Superior Tribunal de Justiça (RESP 196302/SP, julgado em 18/02/99, de relatoria do E. Min. Ruy Rosado de Aguiar e RESP 255065/RS, julgado em 05/04/01, de relatoria do E. Min. Carlos Alberto Menezes Direito) cujas ementas possuem o seguinte teor, respectivamente:

> "Seguro de vida em grupo – Acidente – Microtrauma – Audição – Os microtraumas que o operário sofre quando exposto a ruído excessivo inclui-se no conceito de acidente, para o fim de cobertura securitária estabelecida em contrato de seguro em grupo estipulado pela sua empregadora. Precedentes..."
>
> "Seguro saúde – Cobertura – Cirrose provocada por vírus 'C' – Exclusão – Precedentes. 1. Adquirida a doença muito tempo após a assinatura do contrato, desconhecida do autor, que, em outras oportunidades, obteve tratamento com reembolso, diante de situação semelhante, não há fundamento para a recusa da cobertura, ainda mais sendo de possível contaminação em decorrência de tratamento hospitalar, ocorrendo a internação diante de manifestação aguda, inesperada. 2. Recurso especial conhecido e provido."[81]

Influenciado pelo brocardo "*in claris cessat interpretatio*", cheguei a me manifestar, anteriormente, no sentido de que "*só nas hipóteses de dubiedade ou contradição é que o princípio exegético se aplica. Se o contrato é claro, não há o que possa ser*

---

[81] A professora Cláudia reforça essa sua ideia, na 4ª edição de sua citada obra, a partir da adoção do princípio da boa-fé objetiva, também pelo novo Código Civil brasileiro, conforme se pode ver a p. 742, 1.1 *Interpretação pró-consumidor. Visão geral.*

interpretado. Se houver cláusula abusiva contra o consumidor, a disposição contratual será afetada pelos arts. 51, 52 ou 53, conforme o caso, e não pelo art. 47."[82]

Já tive, no entanto, a oportunidade de reconhecer, publicamente, tanto em palestras quanto em textos doutrinários, aquele meu equívoco[83] do passado. É o momento de repeti-lo novamente, agora...

Em primeiro lugar, há que se repelir a origem romana da expressão *"in claris cessat interpretatio"*. O jurista Carlos Maximiliano é absolutamente categórico a respeito:[84]

> *"O brocardo – In claris cessat interpretatio, embora expresso em latim, não tem origem romana. Ulpiano ensinou o contrário: Quamvis sit manifestissimum edictum proetoris, attamen non est negligenda interpretatio ejus – 'embora claríssimo o edito do pretor, contudo não se deve descurar da interpretação respectiva'.*
>
> *A este conceito os tradicionalistas opõem o de Paulo: Cum in verbis nulla ambiguitas est, non debet admitti voluntaris quoestio – 'Quando nas palavras não existe ambigüidade, não se deve admitir pesquisa acerca da vontade ou intenção.'*
>
> *O mal de argumentar somente com adágios redunda nisto: tomam-nos a esmo, isolados do repositório em que regiam muitas vezes casos particulares, e, descuidadamente, generalizam disposição especial. Quem abra o Digesto, logo observa que a máxima de Paulo só se refere a testamentos, revela um respeito, talvez exagerado, pela última vontade; evita que lhe modifiquem a essência, a pretexto de descobrir o verdadeiro sentido da fórmula verbal. Ao contrário, a parêmia de Ulpiano refere-se à exegese do que teve força de lei, ao Direito subsidiário, aos editos pretórios.*
>
> *No campo legislativo, embora perfeita a norma, cumpre descer a fundo, à ideia. Prevalece ali o ensinamento de Celso: Scire leges non hoc est, verba earurm tenere, sed vim ac potestatem – 'saber as leis não é conhecer-lhes as palavras, porém a sua força e poder', isto é, o sentido e o alcance respectivos.*

---

[82] Cf. *Direito do Consumidor – Aspectos Práticos – Perguntas e Respostas*, 2ª ed. revista e ampliada, São Paulo: Edipro-Edições Profissionais Ltda., 2000, p. 77.

[83] Os professores e magistrados Pablo Stolze Gagliano e Rodolfo Pamplona Filho, já anteriormente citados (*Novo Curso de Direito Civil*, vol. I, p. 67), afirmam, com razão inegável: *"Como podemos verificar, o ditado 'in claris cessat interpretatio' tem origem específica no campo do direito das sucessões, notadamente no que diz respeito às disposições de última vontade. Entretanto, na atividade jurídica, é muito comum valer-se dessa máxima para evitar uma interpretação mais aprofundada de algum dispositivo normativo."* E concluem peremptoriamente: *"Trata-se de equívoco manifesto, pois até mesmo para verificar se a hipótese fática submetida à apreciação é equivalente a outras já conhecidas é preciso interpretar."* (grifos nossos)

[84] Cf. *Hermenêutica e Aplicação do Direito*, cit., pp. 33 e 34.

> *A exegese, em Roma, não se limitava aos textos obscuros, nem aos lacunosos; e foi graças a essa largueza de vista dos jurisconsultos do Lácio que o Digesto atravessou os séculos e regeu institutos cuja existência Papiniano jamais pudera prever."* (grifos do autor)

Como se infere, pois, desse trecho transcrito, apenas no que se referia às disposições de última vontade, no âmbito do direito sucessório, fazia sentido a argumentação de Paulo: ela visava salvaguardar incólume, fundamentalmente, a vontade do testador. Para tanto, preciso era que não se lhe conspurcasse a essência, a pretexto de interpretar-se o significado da fórmula verbal... Exagerado ou não, como disse Carlos Maximiliano, foi o respeito à ultima vontade que orientou o pensamento de Paulo. Mas, tanto o ensinamento de Ulpiano quanto o de Celso tinham espectro mais largo, aplicando-se às interpretações legislativas e pretorianas em geral.[85]

Em segundo lugar, parece-nos agora irrecusável que não há como se chegar à conclusão de que uma determinada norma seja clara sem um mínimo de atividade própria da interpretação, concebida esta, como vimos em Betti, como um processo epistemológico de entender.

Vejam-se, a propósito, as seguintes considerações do jurista português, professor José de Oliveira Ascensão:[86]

> *"Há uma tendência para confundir 'interpretação' e 'interpretação complexa' e supor que se a fonte é clara não ocorre fazer interpretação. Há mesmo um brocardo que traduz esta orientação: in claris non fit interpretatio. Perante um texto categórico da lei, por exemplo, o intérprete limitar-se-ia a tomar conhecimento.*
>
> *Esta posição é contraditória nos seus próprios termos. Até para concluir que a disposição legal é evidente foi necessário um trabalho de interpretação, embora quase instantâneo, e é com base nele que se afirma que o texto não suscita problemas particulares. Se toda a fonte consiste num dado que se destina a transmitir um sentido ou conteúdo intelectual, a que chamaremos o seu espírito, tem sempre de haver uma tarefa intelectual, por mais simples que seja, como extrair da matéria o espírito que a matéria encerra."*

---

[85] Para uma ampla investigação a respeito do brocardo *"in claris cessat interpretatio"* (de origem medieval e não romana), veja-se a obra de Alípio Silveira, *hermenêutica no direito brasileiro*, cit., vol. II, São Paulo: Revista dos Tribunais, dezembro de 1968, pp. 27 e ss.

[86] Cf. *O Direito – Introdução e Teoria Geral – Uma perspectiva Luso-Brasileira*, 2ª ed. Bras., Rio de Janeiro: Renovar, 2001, p. 403.

Passo, agora, a outro ponto. Outras normas há, no Código de Defesa do Consumidor, que devem ser tidas por normas de interpretação em sentido amplo, conforme a distinção que adotei neste trabalho. Refiro-me, especialmente, em primeiro lugar, à norma constante do inciso III do art. 4º, segundo a qual um dos princípios da Política Nacional das Relações de Consumo é a *"harmonização dos interesses dos participantes das relações de consumo e compatibilização da proteção do consumidor com a necessidade de desenvolvimento econômico e tecnológico, de modo a viabilizar os princípios nos quais se funda a ordem econômica (art. 170 da Constituição Federal), sempre com base na boa-fé e equilíbrio nas relações entre consumidores e fornecedores."*

Temos aqui aquela espécie de norma à qual a doutrina mais moderna designa de *norma-objetivo*. O já citado professor e ex-ministro Eros Roberto Grau,[87] em comunicação apresentada no *"Seminário Internacional de Direito do Consumidor"*, realizado na cidade de São Paulo, no período de 24 a 27 de setembro de 1990, assim se manifestara a respeito:

> *"Esta norma do art. 4.º, realmente, não cabe nem no modelo de norma de conduta, nem no modelo de norma de organização. Porque, na verdade, ela é uma norma-objetivo. Ela define fim a ser alcançado. Essas normas que definem fim – e que eu acho que não são programáticas, são normas de eficácia total, completa, absoluta, inquestionável, indiscutível – começam a surgir modernamente."*

Posteriormente, em memorável conferência pronunciada em Canela, no Estado do Rio Grande do Sul, no dia 12 de março de 1992, durante o IV Congresso Internacional de Direito do Consumidor, intitulada *Interpretação do Código de Defesa do Consumidor*, esse mesmo professor voltou ao tema, com maior vigor ainda, sustentando ser esse artigo o mais importante do CDC, exatamente por encerrar uma verdadeira *norma-objetivo*, isto é, aquela que indica ao intérprete o sentido teleológico da norma editada.[88]

Essa opinião – com a qual, em numerosas palestras, tenho me manifestado irrestritamente de acordo – foi compartilhada pela maior parte da doutrina,

---

[87] *Contribuição para a interpretação e a crítica da ordem econômica na Constituição de 1988*, Tese, São Paulo, 1990, p. 216.
[88] Cf. *Interpretando o código de defesa do consumidor: algumas notas*, Revista de Direito do Consumidor nº 5, pp. 183 e ss.

devendo ser relembrada, entre outras, a posição do professor Fábio Konder Comparato, anteriormente transcrita, comentando a existência de *normas- -objetivo*, igualmente no plano constitucional.

Ninguém mais sustenta, nos dias que correm, que o Direito seja composto apenas por normas de *conduta* e normas de *organização*. Sempre ouvimos, nos bancos acadêmicos de antanho, com efeito, que o Direito se compunha dessas duas modalidades de normas, sendo o Código Penal o clássico exemplo da norma de conduta enquanto a Lei de Sociedade por Ações seria o tradicional exemplo de norma de organização.

O grande jurista Norberto Bobbio cuidou de pôr a nu a evidente insuficiência dessa distinção, demonstrando que as normas de *organização*, pelo simples fato de serem *normas*, não poderiam deixar de ser, igualmente, normas de *conduta*.

São suas palavras, textualmente: *"Né appare immediatamente chiaro il criterio in base al quale questo tipo di norma viene distinto da un altro tipo di norma, chiamato 'norma di condotta', se non altro perchè anche le norme di organizzazione, per il solo fatto di essere norme, sono norme di condotta"*, concluindo, de forma peremptória: *"Pertanto, se la distinzione ha un senso, essa non può essere fondata sul fatto che vi siano norme che regolano la condotta e altre che regolano qualcosa di diverso dalla condotta, ma evidentemente, deve poggiare su qualche altra base che la infelice terminologia nasconde."*[89]

Nunca me convenci, com efeito, da prestabilidade de tal distinção, quer de sua possível funcionalidade específica, quer de seu acerto científico. Se é verdade, como consta do exemplo, que a Lei de Sociedade por Ações se constitui, essencialmente, numa norma de organização, como deixar de reconhecer que ela não seja, também, uma norma de conduta, especialmente quando – sem embargo dos numerosos exemplos que poderiam ser fornecidos – cuida do dever de diligência do administrador?[90]

Assim, sem embargo de todas as outras considerações que poderiam ser aduzidas a respeito dessa velha dicotomia, o certo é que a função que,

---

[89] *Dalla Struttura alla Funzione*, Nuovi studi di teoria del diritto, Edizioni di Comunità, Milão, 1977, p. 125.
[90] Diz o artigo 153 da Lei n.º 6.404, de 15 de dezembro de 1976: "*O administrador da companhia deve empregar, no exercício de suas funções, o cuidado e diligência que todo homem ativo e probo costuma empregar na administração dos seus próprios negócios.*"

modernamente, desempenham as normas-objetivo, tal como o citado art. 4º do CDC brasileiro, assume decisiva importância no contexto da civilização contemporânea.

O que se pode dizer, em síntese, é que todas essas normas do CDC destinadas à proteção contratual dos consumidores estão calcadas, quer nas próprias normas de natureza principiológica, constantes do início do Código, quer nas diretrizes constitucionais já mencionadas, no sentido da proteção ao consumidor.

Ficou definitivamente para trás aquela hipocrisia consubstanciada na igualdade das partes diante do contrato, assim como na afirmação peremptória de que este deve necessariamente ser cumprido, independentemente de considerações de ordem pública.

Não se concebe mais, na sociedade contemporânea, que o contrato possa se apresentar com o aparato do definitivo. Mesmo nos já distantes tempos de Göethe, esse grande gênio haveria de exprimir tal idéia em versos inolvidáveis:[91]

> *"Quand le monde s'agite de tous les orages,*
> *crois-tu qu'un simple mot d'écrit soit*
> *une obligation assez puissante?"*

Na lição de São Tomás de Aquino[92] – o grande teólogo da Igreja Católica –, entre as condições indispensáveis para que um ato seja moralmente bom, é evidente que a subordinação a um fim legítimo preponderar sobre todos os outros. Um ato moral perfeitamente bom é o que plenamente satisfaz as exigências da razão, no fim comum de cada uma das partes e que, não satisfeita de querer o bem, realiza-o.

Mas quando uma coisa é considerada *boa*? Para São Tomás uma coisa é assim quando ela pode ser considerada perfeita. Perfeito, por seu turno, é aquilo a que nada falta. É o que é por sua *forma* que, por sua vez, determina a sua *essência*. Na filosofia tomista, em suma, para que algo seja perfeito e bom,

---

[91] *Fausto*, tradução francesa de Gérard de Nerval, Éditions Gallimard, Paris, 1951, p. 993.
[92] Cf. Gilson Étienne, *Le Thomisme*, Paris, 1948, pp. 363/364.

deverá reunir, simultaneamente, a *forma* que lhe convém, seus *antecedentes* autênticos e seus *consequentes* naturais...[93]

Trazida a discussão para o âmbito dos contratos, o que poderia ser considerado *bom* na sociedade contemporânea?... A ideologia dominante é que determina o que é bom ou não o é... E, nesse sentido, lapidar a frase do jurista argentino Mosset Iturraspe:[94]

> "El contrato sufre los avatares de la ideología imperante."

4 – Referências Bibliográficas

AGUIAR JR., Ruy Rosado de. *O Novo Código Civil e o Código de Defesa do Consumidor (Pontos de Convergência)*, Revista da Escola da Magistratura do Estado do Rio de Janeiro, número especial 2004, Anais dos Seminários EMERJ Debate o Novo Código Civil, parte II, julho/2002 a abril/2003.

ALMEIDA, Carlos Ferreira de. *Os Direitos dos Consumidores*, Livraria Almedina, Coimbra, 1982.

– *Introdução ao Direito Comparado*, 2ª ed., Almedina, Coimbra, 1998.

ANCEL, Marc. *Utilidade e Métodos do Direito Comparado*, tradução do Prof. Sérgio José Porto, Sérgio Antonio Fabris Editor, Porto Alegre, 1980.

ARISTÓTELES. *Política*, edição bilíngue (grego e português), tradução e notas de António Campelo Amaral e Carlos de Carvalho Gomes, Editora Vega, Lisboa, 1998.

ARRUDA ALVIM, José Manuel. *A sintonia da redação do art. 112 do Código Civil com os princípios contemporâneos do negócio jurídico bilateral e do contrato*, Revista do Advogado nº 77, Ano XXIV, julho de 2004, editada pela Associação dos Advogados de São Paulo.

ASCARELLI, Tullio. *O contrato plurilateral*, in Problemas das Sociedades Anônimas e Direito Comparado, 2ª. ed., Saraiva, São Paulo, 1969.

– *A idéia de Código no direito privado e a tarefa da interpretação*, in Problemas das Sociedades Anônimas e Direito Comparado, 2ª. ed, Saraiva, São Paulo, 1969.

ASCENSÃO, José de Oliveira. *O Direito – Introdução e Teoria Geral – Uma perspectiva Luso-Brasileira*, 2ª ed. bras., Renovar, Rio de Janeiro, 2001.

AZEVEDO, Álvaro Villaça. *Teoria geral dos contratos típicos e atípicos*, Curso de Direito Civil, Ed. Atlas, São Paulo, 2002.

AZEVEDO, Antonio Junqueira de. *A boa-fé na formação dos contratos*, Revista de Direito do Consumidor nº 3, Ed. Revista dos Tribunais, São Paulo, 1991.

---

[93] Cf. A. D. Sertillanges, *La philosophie de S. Thomas*, Paris, 1940, p. 53.

[94] Cf. *Interpretación Economica de los Contratos*, Rubinzal-Culzoni Editores, Santa Fé, Argentina, julio de 1994.

– *Insuficiências, deficiências e desatualização do Projeto de Código Civil na questão da boa-fé objetiva nos contratos*, Revista Trimestral de Direito Civil, Ano I, vol. I, jan/mar 2000.
– *O Direito Pós-Moderno e a Codificação*, Revista de Direito do Consumidor, nº 33, Ed. Revista dos Tribunais, São Paulo, janeiro-março de 2000.
– *Negócio Jurídico – Existência, Validade e Eficácia*, tese apresentada para o provimento do cargo de Professor Titular na Faculdade de Direito da Universidade de São Paulo.
BETTI, Emilio. *Teoria Generale della Interpretazione*, Giuffrè, Milão, 1955.
– *Interpretazione della legge e degli atti giuridici*, Giuffrè, Milão, 1971.
BEVILÁQUA, Clóvis. *Código Civil dos Estados Unidos do Brasil Comentado*, 11ª ed., vol. I, Francisco Alves, 1956.
– *Teoria Geral do Direito Civil*, 5ª ed., Francisco Alves, 1929.
BITTAR, Carlos Alberto. *Curso de Direito Civil*, Ed. Forense Universitária, Rio de Janeiro, 1999.
BOBBIO, Norberto. *Sul positivismo giuridico*, LII Rivista di Filosofia 14, 1961.
– *Dalla Struttura Alla Funzione – Nuovi Studi di Teoria del Diritto*, 2ª ed., Ed. di Comunità, Milão, 1984.
– *De senectute e altri scritti autobiografici*, Einaudi, Turim, 1996.
BONAVIDES, Paulo. *Curso de Direito Constitucional*, 6ª ed., Malheiros, São Paulo.
CARRIÓ, Genaro – *Notas sobre Derecho y lenguage*, 4.º ed., Abeledo-Perrot, Buenos Aires.
CHIMENTI, Ricardo Cunha e outros, *Curso de Direito Constitucional*, Saraiva, São Paulo, 2004.
COMPARATO, Fábio Konder. *A Reforma da Empresa*, Revista de Direito Mercantil nº.50, abril-junho/1983.
– *Direito Empresarial*, Saraiva, São Paulo, 1990.
– *Novos Ensaios e Pareceres de Direito Empresarial*, Forense, Rio de Janeiro,1978.
– *A Proteção ao Consumidor na Constituição Brasileira de 1988*, Revista de Direito Mercantil n.º 80.
– *Ensaio sobre o juízo de constitucionalidade de políticas públicas*, Revista de Informação Legislativa n. 138, abril/junho de 1998.
DA SILVA, José Afonso. *Curso de Direito Constitucional Positivo*, 7.ª ed., Revista dos Tribunais, São Paulo,1991.
DE LUCCA, Newton. *Direito do Consumidor – Teoria Geral da Relação Jurídica de Consumo*, Editora Quartier Latin, 1ª ed., São Paulo 2003.
– *A atividade empresarial no âmbito do Projeto de Código Civil*, in Direito Empresarial Contemporâneo, Coordenação de SIMÃO FILHO, Adalberto e DE LUCCA, Newton, 2ª ed., Juarez de Oliveira, São Paulo, 2004.
– *Direito do Consumidor – Aspectos Práticos – Perguntas e Respostas*, 2ª ed. Revista e ampliada, Edipro-Edições Profissionais Ltda., São Paulo, 2000.
DINIZ, Maria Helena. *Lei de Introdução ao Código Civil Interpretada*, Saraiva, 7ª ed., São Paulo, 2001.
ÉTIENNE, Gilson. *Le Thomisme*, Paris, 1948.
FLUME, Werner. *El negocio juridico, Parte General del derecho civil*, tradução espanhola, Madrid, Ed. Fundación Cultural del Notariado, 1998, tomo II, cap. VIII.

GAGLIANO, Pablo Stolze e **PAMPLONA FILHO**, Rodolfo. *Novo Curso de Direito Civil*, Parte Geral, Vol. I, Saraiva, São Paulo, 2002.

GOMES, Orlando. *A Agonia do Direito Civil*, conferência proferida no Encontro Nacional de Mestres de Direito Civil, realizado em homenagem a ele, Ed. Ciência Jurídica.

– *Introdução ao Direito Civil*, 14ª ed., Forense, Rio de Janeiro, 1998.

– *Transformações Gerais do Direito das Obrigações*, 2ª ed. aumentada, Revista dos Tribunais, São Paulo, 1980.

– *A Caminho dos Microssistemas, Novos temas de Direito Civil*, Forense, Rio de Janeiro, 1983.

– *Contratos*, Editora Forense, Rio de Janeiro, 1984.

– *Obrigações*, 4ª ed., Forense, Rio de Janeiro, 1976.

GRAU, Eros Roberto. *Contribuição para a interpretação e a crítica da ordem econômica na Constituição de 1988*, tese, São Paulo, 1990.

GOETHE, Johann Wolfgang. *Fausto*, tradução francesa de Gérard de Nerval, Éditions Gallimard, Paris, 1951.

IRTI, Natalino. *La società civile, elementi per un analisi di Diritto Privatto*, Giuffrè, Milão, 1992.

– *L'età della decodificacazione*, Giuffrè, Milão, 1979.

KEMPIS, Tomás de. *Imitação de Cristo*, Ed. Martin Claret, São Paulo, 2002.

LOHMANN LUCA DE TENA, Guillermo. *La Interpretación de la ley y de los actos jurídicos en el derecho peruano*, in *Interpretación de los contratos*, Revista de derecho Comparado, nº 3, Rubinzal-Culzoni Editores, Buenos Aires, Argentina, fevereiro de 2001.

LORENZETTI, Ricardo Luis. *Tratado de los Contratos*, Parte General, Rubinzal-Culzoni Editores, Santa Fé, Argentina.

– *Fundamentos do Direito Privado*, Editora Revista dos Tribunais, 1998.

MARQUES, Cláudia Lima. *Confiança no comércio eletrônico e a proteção do consumidor - negócios jurídicos de consumo no comércio eletrônico*, Ed. Revista dos Tribunais, São Paulo, 2004.

– *Contratos no Código de Defesa do Consumidor*, 4ª. ed., Revista dos Tribunais, São Paulo, 2002.

MAXIMILIANO, Carlos. *Hermenêutica e Aplicação do Direito*, Editora Forense, 19ª. ed., Rio de Janeiro, 2004.

MENDONÇA, Manuel Inácio Carvalho de. *Doutrina e Prática das Obrigações ou tratado geral dos direitos de crédito*, 4ª ed., Forense, vol. 2, Rio de Janeiro, 1956.

MONTESQUIEU, Charles-Louis de Secondat, Barão de la Brède e de. *O espírito das leis*, 2ª ed. revista, tradução de Fernando Henrique Cardoso e Leôncio Martins Rodrigues, Editora Universidade de Brasília, 1995.

– *Mes Pensées, Oeuvres Complètes*, vol. 1, Ed. Gallimard, Paris.

MORAES, Alexandre de. *Direito Constitucional*, Ed. Atlas, 12ª ed., São Paulo, 2002.

MOSSET ITURRASPE, Jorge. *Interpretación Economica de los Contratos*, Rubinzal-Culzoni Editores, Santa Fé, Argentina, julio de 1994.

NERY JÚNIOR, Nelson. *Código Brasileiro de Defesa do Consumidor Comentado pelos Autores do Anteprojeto*, obra coletiva, 4ª ed., Forense Universitária, 1995.

– *Os Princípios Gerais do Código Brasileiro de Defesa do Consumidor*, Revista de Direito do Consumidor n.º 3, setembro/dezembro, 1992.

ORTEGA Y GASSET, José. *Meditaciones del Quijote*, Ed. de la Universidad de Puerto Rico, Revista de Occidente, Madri, Espanha, 1957.

PONTES DE MIRANDA, Francisco Cavalcanti. *Tratado de Direito Privado* - Parte Especial, Tomo XXXVIII, 3ª ed., Ed. Revista dos Tribunais, São Paulo, 1984.

REALE, Miguel. *O Projeto do Novo Código Civil*, Saraiva, 2ª ed., reformulada e atualizada, São Paulo, 1999.

– Discurso proferido na cerimônia especial dedicada à sanção da lei que instituiu o novo Código Civil no Brasil.

RECASÉNS SICHES, Luis. *Tratado General de Filosofia del Derecho*, 5ª ed., Editorial Porrua S.A., México, 1975.

– *Nueva Filosofia de la Interpretación del Derecho*, Fondo de Cultura Económica, México, 1956.

– *Experiencia jurídica, naturaleza de la cosa y Lógica "razonable"*, Fondo de Cultura Económica, Universidad Nacional Autónoma de México, México, 1971.

SERTILLANGES, A. D. *La philosophie de S. Thomas*, Paris, 1940.

SILVEIRA, Alípio. *Hermenêutica no direito brasileiro*, vols.I e II, Revista dos Tribunais, São Paulo, dezembro de 1968.

SOUZA, Miriam de Almeida. *A Política Legislativa do Consumidor no Direito Comparado*, Nova Alvorada Edições, 1996.

TEPEDINO, Gustavo José Mendes. *Problemas de Direito Civil Constitucional. Introdução: O Código Civil, os chamados microssistemas e a Constituição: premissas para uma reforma legislativa, in Problemas de Direito Civil*, Ed. Renovar, Rio de Janeiro/São Paulo, 2000.

– *Os Novos Contratos no Novo Código Civil*, Revista da Escola da Magistratura do Estado do Rio de Janeiro, Edição Especial, Anais dos Seminários EMERJ Debate o Novo Código Civil, Parte I, fevereiro a junho de 2002.

– *As Relações de Consumo e a Nova Teoria Contratual*, Revista de Estudos Jurídicos da PUC-PR, vol. IV, n.º 1, agosto de 1997 e *Temas de Direito Civil*, Ed. Renovar, Rio de Janeiro/ São Paulo, 1999.

THEODORO JÚNIOR, Humberto. *Comentários ao Novo Código Civil*, vol. III, tomo I, obra coletiva coordenada pelo Ministro Sálvio de Figueiredo Teixeira, Ed. Forense, 1ª ed., Rio de Janeiro, 2003.

TRINDADE, Washington Luiz da. *O Superdireito nas Relações de Trabalho*, Ed. e Distr. de Livros Salvador Ltda., Salvador, 1982.

VARELA, João de Mattos Antunes – *Das Obrigações em Geral, vol. I, 7ª ed., Editora Almedina*, Coimbra, 1991.

– *O movimento da descodificação do direito civil, in Estudos jurídicos em homenagem ao Professor Caio Mário da Silva Pereira*, Editora Forense, 1984.

VENOSA, Sílvio de Salvo. *Teoria geral dos contratos*, 2ª ed., Atlas, São Paulo, 1996.

A sucessão empresarial no mercado de empresas

Fábio Ulhoa Coelho

1. Mercado de empresas no Brasil

Negociação de empresas existe, na economia brasileira, há muito tempo. É célebre, aliás, na jurisprudência brasileira, o caso da *Fábrica Nacional de Tecidos de Juta*, em que se discutiu, no início do século passado, se a cláusula de proibição de reestabelecimento do alienante seria implícita ou deveria, para existir, constar expressamente do contrato [1]. Mas, embora ocorram, já há tempos, negociações de empresas, não se pode falar na existência de um *mercado de empresas* antes do aparecimento ou da consolidação de determinadas atividades voltadas a este tipo de negócio.

Que atividades são estas que tipificam o surgimento de um mercado de empresas? São aquelas que configuram um espaço próprio de negócios: quando bancos passam a ter postura ativa na identificação de potenciais vendedores e compradores; quando passam a oferecer operações de crédito estruturadas especificamente para a negociação de empresas; quando alguns empresários

---

[1] Neste caso, atuaram grandes nomes do direito nacional, como RUI BARBOSA e CARVALHO DE MENDONÇA. Consultar OSCAR BARRETO FILHO, *Teoria do Estabelecimento Empresarial*. 2ª edição. São Paulo: Saraiva, 1988, págs. 241/253.

passam a se dedicar à encubação de empresas; quando investidores se interessam por *venture capital*; quando escritórios de advocacia, empresas de contabilidade e de auditoria se aparelham para atender aos serviços específicos do mercado, etc. Sem este conjunto de atividades, não se pode falar propriamente em mercado de empresas, embora ocorra uma ou outra negociação por assim dizer "isolada".

Trata-se de mercado relativamente novo, em todo o mundo. Na França, por exemplo, o *mercado de empresas* começa a se constituir com o fim da Segunda Guerra Mundial, mas apenas após a crise do petróleo de 1973 opera-se sua consolidação [2]. No Brasil, certamente a consolidação do mercado de empresas é fenômeno bem mais recente. Marcam-no fatos como a inserção da economia brasileira no processo de globalização, a privatização das empresas de telefonia, a concessão de rodovias e portos à iniciativa privada, o saneamento do sistema financeiro e a criação e encubação de negócios via *internet*. Fatos, portanto, do início dos anos 1990. Claro que a negociação de empresas existe há muito mais tempo. Mas não se pode falar, antes da última década do século XX, num *mercado de empresas* no Brasil, caracterizado pela permanente presença e atuação de bancos de investimentos, estímulo de empresários, brasileiros e estrangeiros, em direção a esse gênero de negócios, oferecimento de linhas de crédito ou disponibilização de outras estruturas de capital específicas para eles etc.

Como em qualquer outro mercado, troca-se determinado objeto por dinheiro. Mas, se no plano negocial, o objeto é a própria empresa – vale dizer, a atividade econômica –, juridicamente, faz-se indispensável uma mediação. Afinal, nenhuma atividade é suscetível de apropriação enquanto bem jurídico. A empresa é, então, mediada por um ativo, de cuja titularidade decorre o direito de tomar as decisões centrais relativas à organização da atividade econômica. Este ativo pode ser o estabelecimento empresarial ou participações societárias. No primeiro caso, negocia-se a empresa *mediante* a transferência da titularidade do estabelecimento em que a atividade é explorada, com seus

---

[2] Segundo JEANFRANÇOIS DELENDA : « *Les années 70/80: organisation des trasactions*. Pedant ces mêmes années et jusqu'à la première crise pétrolière en 1973, des firmes étrangères (américaines, anglaises, allemandes pour la plupart) s'intéressèrent au marché français. La multiplication des cessions et l'apport des groupes étrangers facilitèrent la création d'un veritable marché » (*Achat et vente d'entreprises*. Paris : Delmas, 1994, pág. 15).

recursos materiais, tecnológicos e humanos. O negócio jurídico correspondente é o *trespasse*. No segundo, negociam-se as ações ou quotas representativas do capital social de uma sociedade (anônima ou limitada, respectivamente), em sua totalidade ou pelo menos em quantidade suficiente para a transferência do poder de controle. Os negócios jurídicos correspondentes, aqui, são vários, porque compreendem não somente a compra-e-venda das ações ou quotas, mas também as operações societárias (incorporação, fusão e cisão).

Uma das questões centrais na mesa de qualquer negociação ambientada no mercado de empresas é a *sucessão empresarial*. Em razão da indispensável mediação jurídica, os passivos gerados pela atividade econômica são "agregados" a esta de tal modo que o adquirente passa a ser, como regra geral, de algum modo responsabilizado por obrigações do alienante.

Em termos gerais, no mercado de empresas fala-se em "sucessão" em referência a esta agregação. No rigor técnico-jurídico, contudo, não existe "sucessão" quando o negócio jurídico tiver sido o de compra-e-venda de participações societárias. O novo controlador não se torna sucessor do antigo, relativamente às obrigações da sociedade; esta pessoa jurídica é que "continua" a ser devedora das mesmas obrigações passivas que já compunham seu patrimônio antes da alienação do controle. Portanto, sucessão empresarial, rigorosamente falando, verifica-se apenas no trespasse e nas operações societárias.

Ao se dedicar ao exame da sucessão empresarial no mercado de empresas, este artigo ocupa-se da questão no contexto destes negócios jurídicos. Vigora, no direito brasileiro, a regra geral de sucessão no caso de trespasse (seção segunda). Esta regra comporta três exceções, relacionadas à irregularidade na contabilidade (seção terceira), falência (seção quarta) e recuperação judicial (seção quinta). No âmbito das operações societárias, a incorporadora sucede à incorporada, a sociedade resultante da fusão sucede às fusionadas e a receptora sucede à cindida (seção sexta).

2. As regras sobre sucessão por titularidade do estabelecimento empresarial

O estabelecimento empresarial, complexo de bens organizados para a exploração de atividade econômica, constitui, segundo lição assente na doutrina brasileira, uma universalidade de fato passível de se tornar objeto unitário de negócios jurídicos [3]. Os diversos elementos, tangíveis e intangíveis, componentes do complexo organizado, têm sua singularidade como que abstraída, episodicamente suspensa, para se tornarem objeto de negócio constitutivo ou translativo enquanto um conjunto, uma organização.

Quando é translativo o negócio jurídico referente a esta universalidade de fato, importando a transferência da titularidade do estabelecimento enquanto complexo de bens organizado, dá-se o nome de *trespasse*.

Até o advento do Código Civil, o direito positivo brasileiro disciplinava o contrato de trespasse em leis espalhadas. No contexto do direito falimentar, em que se concentravam principalmente, regulava-se a hipótese em que, falido o antigo titular do estabelecimento, não lhe restassem bens suficientes à integral satisfação do passivo. A legislação falimentar considerava *ineficaz* perante os credores do falido o trespasse operado sem a anuência deles, perdendo, em decorrência, o adquirente, para a massa falida, o estabelecimento que havia comprado, cabendo-lhe unicamente o direito de habilitar o preço pago entre os créditos quirografários [4].

Em relação à questão da imputabilidade ao adquirente de responsabilidade pelo passivo do alienante, não havia, então, nenhuma regra geral, o que fazia parte da doutrina concluir pela inexistência de sucessão no trespasse [5],

---

[3] Para OSCAR BARRETO FILHO: "o estabelecimento não é uma *universitas juris*, mas sim uma *universitas facti*. Esta universalidade de fato, por sua vez, se integra no patrimônio do comerciante, o qual constitui uma universalidade de direito" (*Obra citada*, pg. 108).

[4] Era o previsto no art. 52, VIII, do Dec.-Lei n. 7.661/45, que, igualmente caracterizava como *ato de falência* o trespasse irregular em seu art. 2º, V. Disposições equivalentes se encontram, hoje, respectivamente nos arts. 94, III, *c* e 129, VI, da Lei n. 11.101/05.

[5] De acordo com OSCAR BARRETO FILHO: "tanto o código civil como o código comercial não editaram regras especiais relativamente à sucessão no débito, como fizeram em relação à sucessão no crédito. Isto, porém, não significa, de nenhum modo, que vedassem a cessão da dívida (sucessão singular do lado passivo da obrigação), a qual, vista do ângulo do sujeito passivo, toma o nome de *assunção do débito* (o *acollo* dos italianos). O direito brasileiro, em princípio, não prevê a transferência de dívidas a título singular, operada por força de lei; são raras as exceções, como no caso de alienação de prédio rústico que é objeto de parceria agrícola (código civil [1917], art. 1.415). A sucessão nos débitos *ope legis* é um efeito *necessário* da sucessão a título universal (herança, incorporação ou fusão de sociedades) quando ocorre a transmissão global do patrimônio de um para outro sujeito. Como afirmamos reiteradamente, o estabelecimento *não* compreende elementos do passivo de seu titular, de modo que a transmissão dos débitos ao adquirente do estabelecimento não resulta, quer da natureza

quanto à generalidade das obrigações [6]. Exceções legais explícitas existiam, apenas no âmbito do direito do trabalho (CLT, art. 448) e tributário (CTN, art. 133). Este entendimento doutrinário não se refletia integralmente na jurisprudência, sendo diversos os julgados que imputavam ao adquirente a responsabilidade pelas obrigações do alienante, mesmo sem expressa previsão legal neste sentido [7].

Com a entrada em vigor do Código Civil, em 2003, e a introdução, no direito positivo brasileiro, de normas sistematizadas sobre o estabelecimento empresarial, o trespasse deixou de ser regulado apenas em leis esparsas, prioritariamente entendido como questão relacionada à falência. E, entre as notáveis inovações do Código Reale, encontra-se a expressa previsão, como regra geral, da imputação de responsabilidade, ao adquirente do estabelecimento, pelas obrigações do alienante [8].

---

da obrigação, quer da lei" (*obra citada*, pgs. 228/229). No mesmo sentido: J. X. CARVALHO DE MENDONÇA (*Tratado de direito comercial brasileiro*. 7ª edição. Rio de Janeiro: Freitas Bastos, 1960, vol. VI, 2ª parte, pg. 155) e WALDEMAR FERREIRA (*Tratado de direito comercial*. São Paulo: Saraiva, 1962, vol. 7, pgs. 346/348)

[6] "No Brasil, até a entrada em vigor do Código Civil, considerava-se que o passivo não integrava o estabelecimento [...]; em consequência, a regra era a de que o adquirente *não* se tornava sucessor do alienante. Isto é, os credores de um empresário não podiam, em princípio, pretender o recebimento de seus créditos de outro empresário, em razão de este haver adquirido o estabelecimento do primeiro. Admitia-se, então, somente três hipóteses de sucessão: a assunção de passivo expressa no contrato, as dívidas trabalhistas e fiscais. Com a entrada em vigor do Código Civil, altera-se por completo o tratamento da matéria: o adquirente do estabelecimento empresarial responde por todas as obrigações relacionadas ao negócio explorado naquele local, desde que regularmente contabilizadas, e cessa a responsabilidade do alienante por estas obrigações no prazo de um ano (art. 1.146)" (meu *Curso de direito comercial*. 16ª edição. São Paulo: Saraiva, 2012, vol. 1, pg. 179).

[7] Veja os julgados indicados por MARCELO ANDRADE FÉRES em *Estabelecimento empresarial – trespasse e efeitos obrigacionais*, São Paulo: Saraiva, 2007, pg. 106, nota 156).

[8] Na lição de ARNOLDO WALD, comentando o art. 1.144 do CC: "[t]ema crucial referente ao trespasse diz respeito ao adimplemento das pretensões creditórias contra a empresa. O empresário, evidentemente, possui toda uma gama de credores, que encontram no estabelecimento relevante fonte de cumprimento das obrigações assumidas. Há duas razões para isto: primeiramente, a atividade exercida no estabelecimento gera dividendos que servirão para o cumprimento das obrigações do empresário; por outro lado, consiste o estabelecimento em expressiva parte do ativo, que pode ser utilizado na liquidação da dívida. Assim, a transferência do estabelecimento pode surtir importantes efeitos na esfera de interesse de terceiros, motivo pelo qual a disciplina do estabelecimento também regula a proteção do credor" (*Comentários*

Dispõe a regra geral sobre transferência de titularidade do estabelecimento empresarial vigente no Brasil:

> *Art. 1.146. O adquirente do estabelecimento responde pelo pagamento dos débitos anteriores à transferência, desde que regularmente contabilizados, continuando o devedor primitivo solidariamente obrigado pelo prazo de um ano, a partir, quanto aos créditos vencidos, da publicação, e, quanto aos outros, da data do vencimento.*

Deste modo, no direito vigente, a regra geral é a de sucessão, no caso de trespasse, relativamente às obrigações de qualquer natureza. Hoje, apenas em caráter excepcional, o adquirente de estabelecimento empresarial deixa de responder pelas dívidas do alienante.

E o direito vigente contempla apenas três exceções à regra geral da *sucessão no trespasse*: (*a*) obrigação cível – assim entendida, aqui, a não passível de classificação como trabalhista ou fiscal – não contabilizada regularmente, desde que regular o trespasse (CC, art. 1.146); (*b*) alienação em hasta judicial, na falência do titular (LF, art. 141, II) [9]; (*c*) alienação em hasta judicial, quando caracterizado como unidade produtiva isolada e previsto no plano de reorganização, na recuperação judicial do alienante (LF, art. 60, parágrafo único).

3. Exceção da regra de sucessão por vício de contabilidade

Impera nas relações entre as partes do trepasse o postulado *caveat emptor*; ou seja, "o comprador que se acautele". Quer isto dizer que o adquirente

---

ao Novo Código Civil. Coordenação de Sálvio de Figueiredo Teixeira. Rio de Janeiro: Forense, 2005, vol. XIV, pg. 738).

[9] Na síntese de RICARDO BERNARDI: "dispõe o art. 1.146 do CC que o adquirente do estabelecimento (ou empresa, conforme terminologia da LRF) responde pelo pagamento dos débitos anteriores à transferência, desde que regularmente contabilizados, continuando o devedor primitivo solidariamente obrigado pelo prazo de um ano. [...] Por outro lado, a Lei 11.101/05 excepcionou por completo a regra da sucessão em caso de alienação de estabelecimento realizada através de arrematação em realização de ativo na falência. [...] Desta forma, a regra geral prevista no art. 1.146 do CC, assim como as regras específicas que constam da CLT são inaplicáveis em caso de venda de bens em processo de falência" (*Comentários à Lei de Recuperação de Empresas e Falências*. Coordenação Francisco Satiro de Souza Jr. e Antônio Sérgio A. de Moraes Pitombo. São Paulo: RT, 2005, pgs. 482/483).

do estabelecimento empresarial deve exigir do alienante o cumprimento das formalidades legalmente estabelecidas para a regularidade do negócio jurídico. Se o não faz, chama a si a integral responsabilidade pelo passivo em aberto ou insatisfeito, deixado pelo anterior titular do mesmo estabelecimento empresarial [10].

Disciplinar a questão da sucessão no trespasse sob o influxo do *caveat emptor*, como se verifica no direito brasileiro da atualidade, é medida de proteção à boafé no giro do crédito comercial e da aparência de direito. Embora os deveres associados à regularidade do trespasse, em especial a notificação dos credores, incumbem ao alienante, contrata mal o adquirente que não condiciona, suspensiva ou resolutivamente, o aperfeiçoamento do contrato à comprovação do atendimento das providências exigidas, pela lei, do empresário que se desfaz do mais importante bem de seu patrimônio. E contrata mal exatamente em razão da regra geral da sucessão no trespasse, que o Código Reale, em boa hora, introduziu no direito positivo nacional.

O trespasse é um negócio jurídico dependente de publicidade, no sentido de que apenas sua publicação pela imprensa oficial, após a averbação no Registro Público de Empresas, confere eficácia perante terceiros. É o ditame do art. 1.144 do Código Civil:

> *Art. 1.144. O contrato que tenha por objeto a alienação, o usufruto ou arrendamento do estabelecimento, só produzirá efeitos quanto a terceiros depois de averbado à margem da inscrição do empresário, ou da sociedade empresária, no Registro Público de Empresas Mercantis, e de publicado na imprensa oficial.*

O objetivo patente desta previsão legal consiste em preservar os credores de fraudes que se costumam perpetrar por meio da transferência de estabelecimentos empresariais [11]. Assim sendo, o trespasse não tornado público na

---

[10] "O adquirente que não se acautela, no sentido de exigir do alienante a prova da anuência dos credores ou de sua solvência, perde, em favor da massa falida, o estabelecimento empresarial que houvera comprado" (meu *Curso de direito comercial*. 16ª edição. São Paulo: Saraiva, 2012, vol. 1„ pg. 180).

[11] Na advertência de ARNOLDO WALD: "sabemos, de fato, que a venda do estabelecimento presta-se a encobrir manobras fraudulentas para prejudicar credores, principalmente quando o empresário aproxima-se do estado falimentar. A regra do artigo 1.144 visa, portanto, dificultar a ocorrência desse tipo de fraude. Procurou o legislador dar mais transparência ao

forma da lei deixa de produzir efeitos perante terceiros, incluindo os credores[12]. A supressão de ineficácia deste contrato equivale, no plano jurídico, à manutenção do antigo empresário na titularidade do mesmo estabelecimento, enquanto *fictio juris*. Na falta da regular publicidade, consoante o art. 1.144 do Código Civil, o trespasse não projeta efeitos a não ser entre os seus próprios contratantes. Perante terceiros, incluindo os credores, é como se não tivesse havido a transferência da titularidade do estabelecimento empresarial.

Deste modo, aqueles bens organizadamente reunidos por determinado empresário continuam a ser considerados, no que diz respeito às relações com terceiros, inclusive com credores, como se ainda fossem dele (como se não tivessem sido alienados). Mas não somente os bens, tangíveis e intangíveis, componentes do estabelecimento empresarial reputam-se não transferidos, no caso da ineficácia do trespasse perante terceiros, abrigada no art. 1.144 do Código Civil. Também o giro comercial e a riqueza dinamicamente produzida pelo complexo de bens, igualmente não se consideram alienados do patrimônio do antigo titular do estabelecimento. Afinal, a organização empresarial não tem outro sentido senão o de proporcionar uma atividade econômica que gere frutos. Em suma, também o faturamento gerado pelo adquirente do estabelecimento empresarial é juridicamente considerado, quando não publicado o trespasse na forma do art. 1.144 do Código Civil, da titularidade do alienante.

As disposições do Código Civil sobre estabelecimento (arts. 1.142 a 1.149) devem ser interpretadas de forma sistemática. O objetivo da introdução destas disposições não foi outro senão conferir sistematicidade à matéria, especificamente no que diz respeito ao trespasse [13]. Deste modo, a exceção à regra

---

trespasse em razão de sua natureza e importância perante os demais agentes empresariais. Com esse escopo, o legislador estabeleceu como obrigação da empresa promover a devida publicidade ao ato de alienação do estabelecimento. [...] Somente após a prática dos dois atos previstos no artigo 1.144 é que o trespasse passa a surtir efeitos perante terceiros" (*Obra citada*, pgs. 738/739).

[12] Ressalta MARCELO ANDRADE FÉRES que: "de forma genérica, como os credores são terceiros diante do trespasse, perante eles o negócio só tem eficácia após as publicações determinadas pelo art. 1.144 da codificação, ou seja, depois de sua averbação na Junta Comercial e de sua veiculação pela imprensa oficial" (*Obra citada*, pg. 127).

[13] Aponta MODESTO CARVALHOSA que: "quando do início dos trabalhos da Comissão instituída pelo Ministério da Justiça para a elaboração do anteprojeto do Código Civil, não se cogitava em ali incluir a disciplina jurídica do estabelecimento. No entanto, ao término dos três anos

da sucessão concernente às obrigações cíveis não contabilizadas, extraível do art. 1.146, não pode ser interpretada dissociada das exigências formais do art. 1.144. Quer isto dizer que a exceção somente se aplica quando se trata de trespasse regular [14]. Sendo irregular o trespasse, será por tudo indiferente se a obrigação passiva do alienante estava, ou não, contabilizada. Quando as partes não se preocuparam em tornar público o trespasse, na forma exigida pelo art. 1.144 do Código Civil, o contrato não produz efeitos perante terceiros, inclusive os credores do alienante, e se aplica *in totum* a regra geral da sucessão.

Seria retirar qualquer sentido à previsão contida no art. 1.144, que condiciona a eficácia do trespasse à sua publicização (averbação no Registro Público de Empresas e publicação na imprensa oficial), considerar que o contrato produziria efeitos perante o credor, a despeito do atendimento desta exigência legal, se a respectiva obrigação não tivesse sido regularmente contabilizada. A sanção legal prevista para determinada conduta ilícita (não cumprimento das regras da publicização) deixaria de operar em função de outra conduta ilícita (inexistência da contabilização da obrigação). Não há qualquer fundamento, no direito empresarial, em deixar de incidir a sanção a certo ilícito, só porque o autor da ilicitude perpetrou outro ilícito, resultando a sobreposição de ilícitos em uma conduta não sancionável. Nenhuma interpretação que conduza a esta conclusão absurda pode prevalecer.

Concluindo, deve-se distinguir, na matéria afeta à imputação ao adquirente de responsabilidade pelas obrigações cíveis do trespassante, entre, de um lado, o trespasse regular (feito com observância das formalidades previstas nos

---

de trabalhos da Comissão, em 23 de maio de 1972, já constava do esboço do anteprojeto um tratamento sistemático para o instituto, a fim de sanar a omissão legislativa sempre verificada no direito brasileiro. Tal inovação legislativa se deve ao acatamento das sugestões formuladas pelo saudoso Prof. Oscar Barreto Filho, ilustre jurista, pioneiro no estudo da matéria em nosso país. Não obstante existirem normas esparsas que disciplinavam alguns elementos do estabelecimento individualmente, entendia-se que um tratamento legal consistente traria maior estabilidade às relações empresariais, principalmente àquelas envolvendo a *transferência do estabelecimento*" (*Comentários ao Código Civil*. Coordenador Antônio Junqueira de Azevedo. São Paulo: Saraiva, 2003, vol. 13, pgs. 614/615).

[14] SÉRGIO CAMPINHO alude à circunstância de que a limitação às obrigações contabilizadas só se aplica nos trespasses eficazes, ou seja, os que atenderam às formalidades do art. 1.144: "Sendo o trespasse realizado eficazmente, o adquirente responde pelos débitos anteriores ao ato, desde que regularmente contabilizados nos livros do empresário transmitente" (*O direito de empresa*. 2ª edição. Rio de Janeiro: Renovar, 2003, pg. 328).

arts. 1.144 e 1.145 do Código Civil) e, de outro, o irregular. O adquirente somente pode se beneficiar da exceção relacionada à contabilização do passivo cível, contida no art. 1.146, no caso de trespasse regular. Isto porque, quando irregular, por carecer da devida publicidade, o trespasse não produz efeitos perante terceiros, inclusive os credores. Deste modo, na hipótese de irregularidade do trespasse, é como se não tivesse havido nenhuma transferência da titularidade do estabelecimento empresarial, conservando este, em decorrência, e todos os seus elementos, a natureza de garantia dos credores cíveis.

4. Exceção da regra de sucessão na falência

Não há sucessão se a alienação do estabelecimento empresarial ocorrer no contexto da realização do ativo de processo falimentar, mediante hasta pública ou constituição de sociedade entre os credores do falido ou seus empregados (com ou sem a participação dos antigos sócios ou terceiros). A negativa de sucessão alberga-se nos arts. 141, II, e §§ 1º e 2º, e 145, § 1º, da LF:

> *Art. 141. Na alienação conjunta ou separada de ativos, inclusive da empresa ou de suas filiais, promovida sob qualquer das modalidades de que trata este artigo*[15]*:*
>
> *II – o objeto da alienação estará livre de qualquer ônus e não haverá sucessão do arrematante nas obrigações do devedor, inclusive as de natureza tributária, as derivadas da legislação do trabalho e as decorrentes de acidentes de trabalho.*
>
> *§ 1o O disposto no inciso II do* caput *deste artigo não se aplica quando o arrematante for:*
>
> *I – sócio da sociedade falida, ou sociedade controlada pelo falido;*
>
> *II – parente, em linha reta ou colateral até o 4o (quarto) grau, consangüíneo ou afim, do falido ou de sócio da sociedade falida; ou*
>
> *III – identificado como agente do falido com o objetivo de fraudar a sucessão.*

---

[15] Na parte final do *caput* do art. 141 há uma imprecisão material. As "modalidades de alienação de ativos" estão mencionadas no art. 140, de modo que se deve ler "o artigo anterior" no lugar de "este artigo". A imprecisão tem história: no projeto aprovado pela Câmara dos Deputados, o dispositivo estava abrigado no § 4º do art. 153 e esse, com seus §§ 1º a 3º, disciplinava as modalidades de realização do ativo. Era correto, então, o § 4º falar em "este artigo". No Senado, o substitutivo Tebet transformou o § 4º em art. 142, mas não alterou a redação da parte final do *caput*.

§ 2o Empregados do devedor contratados pelo arrematante serão admitidos mediante novos contratos de trabalho e o arrematante não responde por obrigações decorrentes do contrato anterior.
Art. 145. O juiz homologará qualquer outra modalidade de realização do ativo, desde que aprovada pela assembléia-geral de credores, inclusive com a constituição de sociedade de credores ou dos empregados do próprio devedor, com a participação, se necessária, dos atuais sócios ou de terceiros.
§ 1o Aplica-se à sociedade mencionada neste artigo o disposto no art. 141 desta Lei.

Esses dispositivos regulam uma das questões mais instigantes do direito falimentar [16]. De um lado, quando a lei expressamente nega a sucessão, amplia as chances de interessados adquirirem o negócio do falido ou da sociedade falida e, consequentemente, as de mais credores virem a ter seus créditos satisfeitos com os recursos advindos da aquisição. Se o adquirente da empresa anteriormente explorada pela sociedade falida tiver que honrar todas as dívidas dessa, é evidente que menos empresários terão interesse no negócio. Aliás, é provável que a própria alienação da empresa se inviabilize: se tiver que pagar tudo a que se obrigara o falido, o adquirente tende a falir também. Mas, de outro lado, a lei não pode ignorar as fraudes que a negativa expressa de sucessão pode abrigar. O controlador da sociedade falida pode, por interpostas pessoas, adquirir a mesma empresa que anteriormente explorava, liberando-se da obrigação de honrar seu passivo.

Note, ademais, que a alienação de estabelecimento empresarial de sociedade falida pode ser feita com a concomitante transferência de parte do passivo. Quer dizer, os órgãos da falência podem identificar eventual interesse, no mercado, pela aquisição da empresa com a assunção pelo adquirente do passivo trabalhista ou fiscal da falida, ou parte dele. Nesse caso, os órgãos da falência podem requerer ao juiz que ela seja oferecida nessa condição. Em havendo mesmo o interesse identificado e feita a alienação da empresa nesses moldes, é claro que o adquirente torna-se sucessor da falida relativamente ao passivo transferido. Não o será, porém, relativamente às demais obrigações desta, pelas quais não poderá ser responsabilizado.

---

[16] RUBENS REQUIÃO, *Curso de direito falimentar*. 15ª edição. São Paulo: Saraiva, 1993, vol. 1, págs. 322/323; MIRANDA VALVERDE, *Comentários à lei de falências*. 4ª edição revista e atualizada por J. A. Penalva Santos e Paulo Penalva Santos. Rio de Janeiro: Forense, 1999, vol 1, pág.191.

Para demonstrar como a negativa de sucessão do adquirente do estabelecimento empresarial do falido é a solução que mais interessa aos seus credores, acho conveniente argumentar com quantificações. Trata-se de técnica argumentativa muito comum nas obras dos economistas teóricos. Os valores que servem à ilustração não são de nenhum caso real, mas sua escolha não é inteiramente arbitrária. São, em suma, valores que *fazem sentido* em função da experiência que têm os profissionais atuantes no mercado de empresas (como avaliadores, economistas, administradores ou advogados). Exatamente porque fazem sentido, esses valores podem ser aceitos por qualquer outro profissional que se interesse pelo assunto.

Imagine, então, que a sociedade empresária "A" seja titular da marca registrada "AA" associada ao produto "X". Trata-se de marca de grande penetração no mercado consumidor. A situação econômica, financeira e patrimonial de "A", no entanto, é crítica. Embora titule uma marca de grande valor, vem perdendo crescentemente fatias do mercado do produto "X" para a concorrência em razão do extraordinário atraso tecnológico em que se encontra seu estabelecimento empresarial. A concorrência, em razão do uso de equipamentos e técnicas de última geração, consegue produzir mais a menor custo. Imagine que o investimento para estruturar um estabelecimento empresarial voltado à produção de "X", com emprego das mais avançadas tecnologias, seja da ordem de $ 250.

De outro lado, considere que a marca "AA" tem o valor de mercado estimado, pelo modelo do fluxo de caixa descontado, também em $ 250. Quer dizer, se "A" quiser superar seu atraso tecnológico, deverá investir $ 250. Se "B", um dos seus concorrentes cujo estabelecimento está tecnologicamente atualizado, deseja explorar a marca "AA" e negocia sua compra com "A", seu investimento também será de $ 250. Por fim, se "C" quiser adquirir a marca "AA" e explorá-la num estabelecimento empresarial tecnologicamente atualizado que ainda precisa ser estruturado, o investimento será de $ 500.

Digamos que esses são os valores racionais para o investimento de cada um deles. Se "A" investir mais que $ 250, estará fazendo mal negócio; se "B" investir mais que $ 250, também; para "C", igualmente será mal negócio investir mais que $ 500. Em qualquer um dos casos, se tivessem que investir mais, "A", "B" ou "C" encontrariam no mercado melhor alternativa de emprego para seu dinheiro do que vender produtos "X" com a marca "AA". Em outros termos, aqueles valores correspondem ao máximo que vale a pena essas pessoas investirem para explorarem a marca "AA".

"A" possui ativo contabilizado de $ 100. Mas ele é representado por equipamentos obsoletos e utensílios que atingiriam, se revendidos, no máximo $ 20. Seu único bem valioso, a marca "AA", não está apropriado no balanço patrimonial – e isso é acertado sob o ponto de vista contábil. Digamos que o passivo de "A" seja $ 400. Seu patrimônio líquido, em decorrência, é negativo em $ 300. Ela está, portanto, falida. Mesmo que "A" venda, *antes de falir*, a marca "AA" para "B" ou "C" (por $ 250) e a totalidade do seu ativo para eles ou outrem (por $ 20), não conseguirá levantar recursos suficientes para pagar todos os seus credores. Faltariam ainda $ 130. De outro lado, "A" não dispõe, em seu patrimônio, dos $ 250 necessários à dinamização da sua empresa e que poderia salvá-lo da quebra.

Pois bem. Decretada a falência de "A", arrecadam-se os bens do ativo e a marca "AA", que compõem o seu estabelecimento empresarial. Caso o adquirente desse estabelecimento empresarial se tornasse sucessor de "A", o provável é que ninguém tivesse interesse pelo negócio. "B" teria que desembolsar $ 270 na aquisição e honrar dívidas no saldo de $ 130. Seu investimento seria de $ 400. Como definido, não valeria a pena fazer esse negócio. Empregando $ 400 em outro investimento, ele lucra mais, já que seu limite máximo para investir na produção de "X" com a marca "AA" é $ 250. "C" também não se interessaria em adquirir o estabelecimento empresarial de "A" por $ 270 se isso significasse se tornar responsável por pagar mais $ 130 aos credores. Seu investimento para produzir "X" com a marca "AA" seria astronômico: $ 630. Certamente estaria fazendo mal negócio, porque o seu limite foi definido em $ 500.

Em suma, se o adquirente do estabelecimento empresarial de sociedade falida se torna sucessor, as chances de aparecer alguém interessado em arrematá-lo em hasta pública diminuem sensivelmente e podem até mesmo desaparecer. Vejam que particularmente para "B" e "C", não é desinteressante que *ninguém* arremate a marca "AA" no leilão judicial. Com a falência de "A" e a retirada da marca "AA" do mercado dos produtos "X", tudo fica bem mais fácil para eles – tanto para "B", que já se encontra estabelecido nesse mercado, como para "C" cujo ingresso nele será facilitado. Interessa, afinal, destacar que a imputação da obrigação de sucessor ao adquirente do estabelecimento da falida "A" redundará no *desaparecimento* do considerável valor intangível da marca "AA". Os credores de "A" simplesmente não irão receber nada por seus créditos. A regra jurídica da sucessão terá sido a única responsável pelo desinteresse de potenciais adquirentes, pelo melancólico fim do valor da marca e pelo prejuízo integral dos credores da falida.

Volte-se, agora, para a regra da negativa de sucessão. Nesse caso, "B" e "C" irão disputar o estabelecimento empresarial de "A" na hasta judicial e é muito provável que o licitante vencedor acabe pagando até mesmo um valor acima de $ 250. Claro, os credores não irão receber a integralidade de seus créditos (porque afinal o devedor faliu e é natural que sofram perdas...), mas estarão numa situação melhor do que a anterior, em que não recebiam simplesmente nada. A negativa de sucessão torna o investimento atrativo para "B" e "C", porque ficam em seus respectivos limites (ou os extrapolam um pouco apenas). Aumenta, em outras palavras, as chances de pessoas se interessarem em adquirir o estabelecimento empresarial em oferta. Com isso, preserva o valor desse estabelecimento e proporciona o levantamento de mais recursos para atendimento dos credores.

Evidencia-se, no exemplo acima, que os interesses dos credores do falido estão mais bem protegidos sob a égide da regra da negativa de sucessão. Mas não se pode ser ingênuo e fechar os olhos para a hipótese de uso fraudulento do instituto. É claro que controladores de sociedades empresárias menos escrupulosos poderão identificar na negativa de sucessão um meio de segregar fraudulentamente o lado podre do lado bom de sua empresa, para livrar-se das dívidas sem pagá-las na totalidade. Para evitar esse uso fraudulento, a própria lei delineia hipóteses em que a negativa de sucessão é afastada; quer dizer, nelas, o adquirente do estabelecimento empresarial será sucessor do alienante nos termos da regra geral (CC, art. 1.146; CLT, art. 448 e CTN, art. 133), *ainda* que procedida a venda em hasta judicial no processo falimentar ou de recuperação.

Nesse sentido, a lei ressalva a situação de adquirentes que estejam agindo e por conta de um ou mais sócios da sociedade empresária quebrada [17]. Quer

---

[17] Para RACHEL SZTAJN, "as exceções fundam-se em assimetria informacional, responsabilidade, ao menos em alguma medida, gerencial e obtenção de vantagens extraordinárias por via indireta. No que diz respeito à assimetria informacional, perceptível que o sócio da sociedade falida, ou o falido empresário individual, tem, em relação ao valor dos bens, estado

dizer, se quem arrematou a empresa ou ativos da falida tiver alguma ligação com os empreendedores e investidores desta, a sucessão se estabelece. Trata-se de dispositivo destinado a evitar fraudes no manuseio de instituto jurídico de real importância para obtenção dos recursos necessários ao atendimento dos direitos dos credores. Não são beneficiados pela regra de supressão da sucessão, portanto, o sócio da falida (controlador ou não), seu parente, sociedade controladora ou controlada desta ou quem, por qualquer razão, for identificado como *agente* do falido.

A ressalva legal é ampla o suficiente para alcançar qualquer tipo de fraude em que o arrematante do estabelecimento é pessoa *formalmente* não ligada ao controlador ou sócios da sociedade falida ou em recuperação, mas age por eles. Qualquer meio de prova ou mesmo alguns indícios servem à demonstração da hipótese contida no inciso III do § 1º do art. 141 da LF. A preocupação em evitar o uso fraudulento do instituto deve ser particularmente acentuada quando se trata de realização extraordinária do ativo mediante a constituição de sociedade entre os credores ou empregados do falido. Isso porque a lei admite – e o faz acertadamente, para viabilizar a otimização do ativo arrecadado – que dela participem terceiros, que nunca tenham sido sócios da sociedade empresária falida. Nesse caso, se houver indícios de que o adquirente do estabelecimento empresarial – isto é, a sociedade dos credores ou empregados com a participação de terceiros –, na realização extraordinária do ativo, agiu por conta e risco do controlador da sociedade falida, o juiz não deve deferir o requerimento do administrador judicial nem homologar a deliberação da assembleia geral dos credores.

de conservação, usos alternativos, mais informações do que qualquer terceiro, ainda que profissional. Por isso não conviria dar-lhe a oportunidade de se beneficiar em detrimento dos credores. Quanto à responsabilidade gerencial, o que se pretende coibir é o *moral hazard*, a ação displicente, descuidada, negligente, de que resulta a falência. Por fim, a proibição de que terceiros fiquem ligados de alguma forma ao devedor falido, atuando como seus agentes, destina-se a inibir comportamentos que venham a facilitar a apropriação de valores que caberiam aos credores da falida. É que essas pessoas, atuando como agentes (em nome próprio, mas por conta de outrem), podem, em momento subsequente, transferir a titularidade dos bens àqueles, o que lhes daria vantagens que contrariam o escopo da restrição à sucessão. A ideia de fraude é clara: agir de forma a obter vantagem para si e provocar prejuízo para outrem. Constitui forma ardilosa, de *rent seeking*, de pôr-se em posição favorável em detrimento de outrem" (*Comentários à lei de recuperação de empresas e falência*. Coordenação de Paulo Fernando Salles de Toledo e Carlos Henrique Abrão. São Paulo: Saraiva, pg. 387).

Além disso, mesmo após o encerramento da falência, se o credor demonstrar, por atos posteriores à aquisição da empresa, feita por via extraordinária, que a operação visou fraudar os interesses dos credores, ele pode, por ação individual movida contra o adquirente do estabelecimento, obter o pagamento de seu crédito (ou do respectivo saldo não pago no processo falimentar). Demonstrado que o adquirente era *agente* do falido, não incidirá o art. 141, II, da LF, regra que o preserva da sucessão, por força do § 1º, III, desse dispositivo. A ressalva destinada a evitar o uso fraudulento da negativa de sucessão é aplicável a qualquer demanda de que seja parte o adquirente, e não somente ao processo falimentar.

Outra alternativa de que dispõe o credor para agir individualmente, mesmo depois de encerrado o processo de falência – e aqui tanto faz se a alienação foi ordinária ou extraordinária –, é a propositura de ação de cobrança contra o arrematante ou adquirente pela obrigação da falida, em que alega desde a petição inicial a incidência do art. 141, § 1º, III, da LF. Quer dizer, a venda em hasta judicial será válida e eficaz para todos os fins, mas a regra excepcional de negativa da sucessão não protegerá o adquirente se o credor provar – na ação de cobrança – a tentativa de fraude no uso do instituto. O referido dispositivo da lei falimentar, em outros termos, não tem aplicação apenas no processo de falência ou recuperação judicial, mas em qualquer outro em que caiba a repressão à fraude perpetrada na venda do estabelecimento empresarial. Em qualquer feito, a prova de que o alienante ou adquirente agiu por conta e risco do controlador da falida afasta a oponibilidade da negativa de sucessão como matéria de defesa.

5. Exceção da regra de sucessão na recuperação judicial

Sempre que, num caso específico, encontrarem-se presentes os requisitos estabelecidos pelo art. 60 e seu parágrafo único, da LF, a transferência de titularidade do estabelecimento empresarial operada no âmbito de recuperação judicial será feita sem que o adquirente se torne sucessor do alienante. Deixa, neste caso, de se aplicar a regra geral da sucessão (CC, art. 1.146) para aplicar-se a regra excepcional (LF, art. 60).

Mas, se na alienação de estabelecimento empresarial feita no âmbito da recuperação judicial, não se observarem os requisitos estabelecidos pelo art. 60 da LF, a transferência do estabelecimento empresarial importará a responsabilidade do adquirente como sucessor do alienante. Neste caso, deixa de se aplicar a regra que excepciona a sucessão (LF, art. 60) e aplica-se, necessariamente, a regra geral, que a impõe (CC, art. 1.146).

Em suma, nem toda alienação de estabelecimento empresarial realizada no contexto da recuperação judicial implica a não-sucessão do adquirente. Mesmo feita com base em plano de recuperação judicial homologado pelo Poder Judiciário, o adquirente não se tornará sucessor do adquirente apenas se todos os requisitos do art. 60 da LF forem satisfeitos. Se pelo menos *um* dos requisitos do art. 60 da LF não tiver sido satisfeito, em determinada alienação de estabelecimento empresarial no âmbito de certa recuperação judicial, a situação do adquirente subsumir-se-á à regra geral que lhe imputa a condição de sucessor do alienante.

Quais são os requisitos da regra excepcional, contida nas normas regentes da recuperação judicial, que afasta a aplicação da regra geral da sucessão, fixada no art. 1.146 do CC? Confiramse o art. 60, seu parágrafo único, o inciso II e o § 1º do art. 141 e o art. 142 da LF:

> *Art. 60. Se o plano de recuperação judicial aprovado envolver alienação judicial de filiais ou de unidades produtivas isoladas do devedor, o juiz ordenará a sua realização, observado o disposto no art. 142 desta Lei.*
>
> *Parágrafo único. O objeto da alienação estará livre de qualquer ônus e não haverá sucessão do arrematante nas obrigações do devedor, inclusive as de natureza tributária, observado o disposto no § 1º do art. 141 desta Lei.*
>
> *Art. 141. Na alienação conjunta ou separada de ativos, inclusive da empresa ou de suas filiais, promovida, sob qualquer das modalidades de que trata este artigo:*
>
> *II – o objeto da alienação estará livre de qualquer ônus e não haverá sucessão do arrematante nas obrigações do devedor, inclusive as de natureza tributária, as derivadas da legislação do trabalho e as decorrentes de acidentes de trabalho.*
>
> *§ 1º. O disposto no inciso II do caput deste artigo não se aplica quando o arrematante for:*
>
> *I – sócio da sociedade falida, ou sociedade controlada pelo falido;*
>
> *II – parente, em linha reta ou colateral até o 4º (quarto) grau, consanguíneo ou afim, do falido ou sócio da sociedade falida; ou*

III – identificado como agente do falido com o objetivo de fraudar a sucessão.

Art. 142. O juiz, ouvido o administrador judicial e atendendo à orientação do Comitê, se houver, ordenará que se proceda à alienação do ativo em uma das seguintes modalidades:

I – leilão, por lances orais;

II – propostas fechadas;

III – pregão.

Destas disposições legais, pode-se concluir que a imputação de sucessão ao adquirente, prevista na regra geral do direito brasileiro (CC, art. 1.146) somente é excepcionada, no âmbito da recuperação judicial, se presentes os seguintes quatro requisitos: (1º) a alienação deve estar prevista no Plano de Recuperação Judicial aprovado pelos credores e homologado pelo juiz; (2º) a alienação deve dizer respeito a "filiais" ou "unidades produtivas isoladas"; (3º) a alienação deve ser feita em hasta pública judicial, conforme escolha do juiz da recuperação judicial (leilão, propostas fechadas ou pregão); (4º) o adquirente não pode ser *longa manus* do devedor [18].

O primeiro requisito para a incidência da regra excepcional da imputação de sucessão, como visto, é a previsão no plano de recuperação judicial, que a assembleia geral de credores aprovou e o juiz homologou. Quer dizer, é indispensável que a alienação tenha sido identificada como um *meio* de recuperação da empresa em crise, tal como previsto no art. 50, XI, da LF [19].

---

[18] No magistério de Eduardo Secchi Munhoz: "para evitar fraudes, porém, a alienação [fundada no art. 60] deve estar prevista no plano de recuperação e ser realizada nos termos dos arts. 141 e 142. Assim, a ausência de sucessão e a exoneração dos ônus deixar de ser aplicadas quando o arrematante for: (i) sócio do devedor ou sociedade por ele controlada; (ii) parente, em linha reta ou colateral até o 4º grau, consanguíneo ou afim, do devedor ou de sócio do devedor; (iii) identificado como agente do devedor, com o objetivo de fraudar a lei (art. 141, § 1º). Ademais, a alienação deverá ser realizada judicialmente, adotando-se uma das seguintes modalidades: (i) leilão, por lances orais; (ii) propostas fechadas; e (iii) pregão (art. 142)" (*Comentários à Lei de Recuperação ... citada* RT, pg. 295).

[19] Na percuciente classificação proposta por Ricardo Negrão, a venda parcial de bens do empresário recuperando enquadra-se na categoria "com predominante influência sobre o perfil objetivo da empresa". Esta classificação é assim apresentada pelo ilustre jurista: "Numa visão a partir da teoria da empresa abraçada pelo Código Civil de 2002, é possível classificar os meios de recuperação judicial escolhidos pelo legislador em seis categorias distintas, conforme os dois tipos clássicos de favor legal e do aspecto da empresa mais visado pela proposta reformadora: (a) dilatório ou misto; (b) meramente remissório; (c) com preponderante influência sobre o perfil subjetivo da empresa; (d) com preponderante influência sobre o perfil objetivo

Convém, a propósito, destacar que a LF não prevê a venda de *todo o ativo* do devedor como *meio de recuperação*. O referido inciso do art. 50 da LF fala, claramente, em venda *parcial* dos bens. Claro, porque a venda de todos os bens do devedor é medida de *liquidação* da empresa, e não de sua *recuperação* ou *preservação*.

O segundo requisito indispensável à incidência da regra excepcional da imputação de sucessão diz respeito ao objeto de alienação. Devem ser, necessariamente, "filiais" ou "unidades produtivas isoladas". O conceito de "filial" é conhecido e não desperta maiores discussões. Já o de "unidade produtiva isolada" é conceito criado especificamente pelo art. 60 da LF [20]. Tem-se discutido, na doutrina e jurisprudência, o significado do novo conceito [21][22]. Uma coisa,

---

da empresa; (e) com preponderante influência sobre o perfil funcional da empresa; (f) com preponderante influência sobre o perfil corporativo da empresa" (*Aspetos objetivos da lei de recuperação de empresas e de falências*. 2ª edição. São Paulo: Saraiva, 2008, pág. 182).

[20] Para SILVANIO COVAS: "por unidade produtiva isolada deve-se entender a parcela da atividade empresarial que, embora não apresente distinção jurídico-societária, como ocorre com as filiais, são dotadas de autonomia operacional" (*Comentários à nova lei de recuperação de empresas e de falências*. Coordenação de Newton de Lucca e Adalberto Simão Filho. São Paulo: Quartier Latin, 2005, pg. 310).

[21] Talvez o legislador não devesse ter se valido da locução "unidade produtiva isolada" no art. 60 da LF, quando lei, doutrina e jurisprudência operam já, há muito tempo, com outra expressão ao reportarem o mesmo substrato semântico. Refirome ao conceito de "estabelecimento empresarial". Esta crítica, aliás, é feita por diversos doutrinadores, entre os quais JORGE LOBO: "o art. 60, sob a denominação 'alienação judicial de filiais ou de unidades produtivas isoladas do devedor', trata, em verdade, do decantado 'trespasse de estabelecimento empresarial', cabendo destacar que a LRE peca, às vezes, por desprezar vocábulos e expressões consagradas, como ocorri *in casu*, ao empregar a palavra 'filiais' e a expressão 'unidades produtivas isoladas' em vez da clássica 'estabelecimento', hoje, inclusive, objeto de minuciosa disciplina do Código Civil, arts. 1.142 e s." (*Comentários à Lei de Recuperação de Empresas e Falência*. Obra coletiva coordenada por Paulo F.C. Salles de Toledo e Carlos Henrique Abrão. São Paulo: Saraiva, 2005, pg. 160); e EDUARDO SECCHI MUNHOZ: "[c]umpre observar que a redação do dispositivo [art. 60], ao mencionar 'unidade produtiva' ou 'filiais', não adotou a melhor técnica, na medida em que essas expressões não possuem um significado jurídico próprio; melhor seria o emprego da expressão *estabelecimento*, cujo conceito foi amplamente desenvolvido pela doutrina, encontrando-se positivado no art. 1.142 do CC. Dir-se-ia então que, se o plano de recuperação envolver a alienação de *estabelecimentos empresariais* do devedor, o arrematante não sucede nas obrigações deste, inclusive as de natureza tributária e trabalhista, nem fica sujeito aos eventuais ônus anteriormente incidentes sobre tal universalidade de fato" (*Obra citada*, pgs. 295/296).

[22] Consultar PAULO FERNANDO CAMPOS SALLES DE TOLEDO e BRUNO POPPA. *UPI e estabelecimento: uma visão crítica*. Em "Direito das Empresas em crise: problemas e soluções". Coordenado

porém, é inquestionável: quando o legislador falou em "unidade produtiva" e a qualificou como "isolada", certamente ele descartou a hipótese de alienação de "todos os estabelecimentos" do devedor em recuperação. Se é "unidade" e é "isolada", não há como referir-se à totalidade dos estabelecimentos do devedor, tampouco à significativa maioria deles (todos menos um, por exemplo).

Ademais, interpretando-se sistematicamente a LF, não se pode deixar de articular o conceito de "unidade produtiva isolada" constante do art. 60, da definição, encontrada no art. 50, XI, de que *meio* para a recuperação é a "venda *parcial* de bens".

Não é suficiente, assim, que se atribua, arbitrariamente, a determinados conjuntos de bens do devedor em recuperação judicial, o nome de "unidade produtiva isolada", para que se atenda ao requisito da regra de exceção à imputação ao adquirente de sucessão pelas obrigações do alienante. É certo que, numa prática pouco fiel ao disposto na lei, têm-se visto algumas recuperações judiciais em que se criam unidades produtivas artificiais, apenas com o objetivo de se tentar, depois, argumentar que incidiria, na hipótese, o art. 60 da LF e o adquirente estaria imune à imputação de sucessão.

O terceiro requisito, para que seja aplicável a norma excepcional do art. 60 da LF, está relacionado ao *modo* como se seleciona o adquirente. Ele não pode ser escolhido pelo devedor ou pelos credores. Ele tem necessariamente que se submeter a um processo público de competição pelo melhor preço; processo este que será escolhido pelo juiz da recuperação judicial (após ouvir o administrador judicial e, se houver, o Comitê de credores) entre *uma* das alternativas autorizadas pela lei (leilão, propostas fechadas ou pregão) [23].

Nada impede que o adquirente de bens da recuperanda seja escolhido por esta ou pelos credores. Nada impede que o preço a ser pago pelos mesmos bens venha já definido e certo, numa proposta que se converte em plano de recuperação judicial. Estas providências são plenamente admissíveis. Só que,

---

por Paulo Fernando Campos Salles de Toledo e Francisco Satiro. São Paulo: Quartier Latin – IBR, 2012, pgs. 267/295.

[23] Na lição de Jorge Lobo: "de acordo com o art. 60, *caput*, a venda de estabelecimento empresarial, prevista no plano de recuperação, conforme dispõe o art. 50, VII, far-se-á, obrigatoriamente, por meio de alienação judicial, sob as modalidades de: a) leilão, por lances; b) propostas fechadas; e c) pregão, ouvidos o administrador judicial, o comitê de credores, se tiver sido constituído, e o Ministério Público" (*Obra citada*, pg. 161).

nestes casos, não incidirá a regra excepcional do art. 60 da LF e o adquirente será necessariamente sucessor do alienante, nos termos do art. 1.146 do CC [24].

O derradeiro requisito tem o objetivo de evitar fraudes no uso da recuperação judicial. Este instituto não pode ser utilizado para o devedor, em dificuldades financeiras, consiga, por meio de sobrepostas pessoas (físicas ou jurídicas), ou mesmo entes despersonalizados (como são os fundos de investimento), preservar em seu patrimônio o que a empresa tinha de valioso, sem honrar as dívidas contraídas na exploração da atividade econômica. O adquirente não pode ser *agente* do devedor, isto é, qualquer sujeito de direito (personalizado ou despersonalizado) que adquira o estabelecimento por conta do próprio empresário em recuperação judicial [25].

Como a norma do art. 60 da LF tem caráter de exceção, sua interpretação deve ser restritiva. Quer dizer, estes requisitos devem ser considerados sempre restritivamente, sem interpretação ampliativa ou aplicação analógica dos dispositivos que os estabelecem.

Enfatizo, com bastante empenho, que a previsão, nas normas sobre recuperação judicial, de exceção à regra da sucessão no caso de alienação de bens do devedor nos termos do art. 60 da LF é de *suma importância* para o instituto [26]. Não há dúvidas de que a empresa em crise somente conseguirá se

---

[24] Observa ALEXANDRE HUSNI: "como a regra acerca da inexistência de sucessão parece-nos de caráter excepcional, a mesmo só se fará livre de sucessão se for feita no âmbito de alienação judicial [leilão por lances orais, venda por propostas fechadas ou pregão] ou de alienação indireta [constituição de sociedade de credores ou dos empregados]. A primeira porque está prevista no inciso II [do art. 141], com expressa liberação do arrematante acerca das obrigações do devedor, a se depreender tratar-se de ato decorrente de leilão, venda por proposta o pregão judicial; e a segunda porque o parágrafo 1º do art. 145 determina a aplicabilidade do art. 141 [...] às Sociedades de Propósito Específico formadas por credores ou por empregados. Assim, as demais formas de alienação extrajudicial [qualquer outra modalidade devidamente aprovada pela assembleia geral de credores e homologada pelo juiz], independentemente do modelo, acabam por gerar em si a sucessão sobre certas dívidas, principalmente de natureza tributária e trabalhista" (*Comentários à nova Lei.... citado*, pg. 539).

[25] O requisito para incidência da norma excepcional recebe o aplauso unânime da doutrina. Cfr., por todos, RACHEL SZTAJN: "boa a regra do § 1º [do art. 141 da LF], voltada para inibir comportamentos oportunistas que pudessem facilitar a apropriação, por certas pessoas, de benefício que a norma confere aos adquirentes dos bens da empresa [devedora]" (*Obra citada*, pg. 389).

[26] Na tramitação do projeto de lei, defendi veementemente esta exceção, mesmo contra a má impressão que a noção causou, de início, entre os Senadores (*A questão da sucessão na nova*

valer da alienação *parcial* de bens como *meio* de recuperação se a lei dispuser de mecanismos que permitam a venda a quem não assumirá a condição de sucessor. Dito isto, é necessário frisar que nem toda alienação de bens, no âmbito da recuperação judicial, se sujeita às estritas condições estabelecidas pelo legislador para afastar a incidência da regra geral de sucessão contida no art. 1.146, do CC.

6. Sucessão nas operações societárias

As operações societárias que podem gerar sucessão são mutações na estrutura da sociedade empresária. Compreendem a incorporação, fusão e cisão. Se envolverem uma sociedade anônima, essas operações seguem a disciplina da LSA (arts. 223 a 234); caso a operação não envolva sociedades desse tipo, aplicam-se as regras do Código Civil (arts. 1.116 a 1.122). Se a operação é a cisão total, qualquer que sejam os tipos de sociedades envolvidas, reger-se-á a operação pela LSA, já que o Código Civil não a disciplina (possui, na verdade, uma única norma sobre o assunto, relacionada aos direitos dos credores: art. 1.122) [27].

A incorporação é a operação pela qual uma sociedade (incorporada) é absorvida por outra (incorporadora). Fusão, por sua vez, é a união de duas ou mais sociedades, para a formação de uma nova. Essas operações se realizam, normalmente, com o objetivo de alcançar a economia de escala. As empresas possuem capacitações que, unidas, podem ser otimizadas e potencializadas. Além disso, as operações permitem a eliminação de departamentos burocráticos de uma delas, concentrados os serviços no da outra, e a redução do

---

lei de falências. Em "Direito Empresarial – Aspectos atuais de Direito Empresarial brasileiro e comparado". Coordenação de Ecio Perin Junior, Daniel Kalansky e Luis Peyser. São Paulo: Método, 2005, pgs. 49/57).

[27] De acordo com MODESTO CARVALHOSA: "sendo a incorporadora sociedade anônima, prevalecem as regras contidas nos arts. 223 a 227 da Lei Societária vigente, quanto aos procedimentos de protocolo (art. 224), justificação (art. 225), formação de capital (art. 225), direitos dos credores (art. 231), direito de retirada (art. 230), sua publicação oficial (art. 289) e arquivamento (art. 234).[...] Estando envolvida no negócio de fusão uma sociedade anônima, prevalece inteiramente a disciplina constante da Lei n. 6.404/76. [...] " (*Obra citada*, pgs. 512 e 524).

tamanho ou quantidade de estabelecimentos. A incorporação apresenta, em relação à fusão, uma significativa vantagem operacional. Como a lei considera a sociedade resultante da fusão uma nova pessoa jurídica, ela deve, concluída a operação, regularizar-se na Junta Comercial e nos diversos cadastros fiscais (CNPJ, FGTS, INSS, estado ou prefeitura). Ora, essas providências demandam tempo, durante o qual a nova sociedade não pode realizar nenhum negócio regular; como, por outro lado, as sociedades participantes da operação, com a fusão, deixam de existir, a empresa fica simplesmente paralisada. Na incorporação, a sociedade incorporadora sucede a incorporada, proporcionando, assim, o regular desenvolvimento dos negócios das duas, sem solução de continuidade. Em virtude dessa considerável diferença, a fusão praticamente não existe.

A cisão é a operação pela qual uma sociedade empresária transfere para outra, ou outras, constituídas para essa finalidade ou já existentes, parcelas do seu patrimônio, ou a totalidade deste. Quando a operação envolve a versão de parte dos bens da cindida em favor de uma ou mais sociedades, diz-se que a cisão é parcial; quando vertidos todos os bens, total. Neste último caso, a sociedade cindida é extinta. Por outro lado, se a sociedade empresária para a qual os bens são transferidos já existe, a operação obedece às regras da incorporação (LSA, art. 229, § 3º).

Os efeitos das operações societárias relativamente aos direitos dos credores das sociedades envolvidas variam de acordo com a natureza do crédito. Quando se trata de crédito trabalhista, tributário ou titularizado pelo INSS, o regime jurídico correspondente confere ao credor garantias para que a incorporação, fusão ou cisão da sociedade devedora não o prejudique. Quando se cuida de crédito civil, o assunto vem tratado na legislação societária e os direitos dos credores variam de acordo com a operação realizada.

Na incorporação, a incorporadora sucede a incorporada (LSA, art. 227; CC, art. 1.116), e, na fusão, a sociedade resultante da operação é sucessora das originárias (LSA, art. 228; CC, art. 1.119). Nesses dois casos, o credor da pessoa jurídica extinta (por absorção ou união) exerce o direito de crédito contra a incorporadora ou a sociedade resultante da fusão. Se não ficar satisfeito com a nova situação, por considerar que o atendimento do seu crédito não está tão garantido, como na anterior, o credor pode pedir a anulação judicial da operação. O seu prazo será de 60 ou 90 dias, conforme o regime jurídico aplicável à operação (LSA, art. 232; CC, art. 1.122). Assim, por exemplo, quando a sociedade incorporadora possuir ativo inferior ao passivo, o credor da incorporada terá a garantia patrimonial de seu crédito reduzida, já que o patrimônio líquido da sucessora será forçosamente menor que o da sociedade absorvida.

Na cisão, a sucessão deve ser negociada, entre as sociedades participantes da operação. Desse modo, cada sociedade responde, após a operação, pelas obrigações que lhe forem transferidas. Omissos os documentos da cisão total relativamente a certa obrigação da cindida, cada uma das sociedades receptoras responde na proporção do patrimônio recebido (LSA, art. 229, § 1º). Essas são, contudo, regras para a disciplina de eventual regresso. O credor da sociedade parcialmente cindida continua podendo demandá-la, a despeito da distribuição de passivo negociada na cisão. De fato, para proteger os interesses dos credores cíveis da cindida, estabelece a lei a solidariedade entre as sociedades participantes da operação. No caso de cisão total, as sociedades para as quais os bens da cindida foram vertidos são solidárias, pelas obrigações da pessoa jurídica extinta (LSA, art. 233, caput). Na parcial, a sociedade cindida e aquela para a qual verteu bens respondem solidariamente pelas obrigações da primeira anteriores à cisão. A estipulação, nos instrumentos de cisão, de que a sociedade para a qual houve versão patrimonial não responde senão pelas obrigações expressamente transferidas não é eficaz contra o credor da cindida que, nos 90 dias seguintes à publicação dos atos de cisão opuser-se à ressalva da solidariedade (LSA, art. 233, caput e parágrafo único). Se a cisão não envolve sociedade anônima, o credor prejudicado poderá também pleitear a anulação da operação no prazo de 90 dias (CC, art. 1.122).

A Técnica de Automediação aplicada aos Negócios e Conflitos Empresariais

Adalberto Simão Filho

1. Introdução

Os meios alternativos de resolução de conflitos[1] são técnicas e mecanismos utilizados na busca da satisfação de controvérsias, independente da via jurisdicional clássica e que se integram no movimento de acesso a justiça no âmbito de suas ondas renovatórias tão bem apresentadas por Mauro Cappelletti e Garth Bryant[2].

---

[1] Também conhecidos pela sigla MARC ou, ainda, internacionalmente, como ADR-Alternative Dispute Resolution.
[2] **Cappelletti,** Mauro;Bryant,Garth. Acesso à justiça.Porto Alegre:Fabris.1988.Estas ondas renovatórias que se impulsionaram a partir da metade do século XX, foram divididas tematicamente da seguinte forma: 1ª onda. Eliminação da pobreza como obstáculo ao acesso à justiça através de programas de assistência judiciária gratuita a necessitados e isenção de pagamento da despesas judiciais. 2ª onda. Instrumentalização de defesa e proteção de direitos individuais homogêneos , direitos difusos e coletivos. 3ª onda. Açambarca os direitos anteriores numa complementação visando eficiência e efetividade e apresenta como acesso a justiça e a utilização de formas alternativas de resolução de conflitos entre outros importantes pontos.

Aliás, foi Mauro Cappelletti[3] um dos grandes defensores do que convencionou denominar de "*justiça coexistencial*" como forma de assegurar acesso à justiça, composta de técnicas diferenciadas de solução de conflitos que não as jurisdicionais, gerando um incrível contraponto ao que se tem pregado nos últimos dois séculos em certas civilizações ocidentais que ainda glorificaram o ideal de se lutar intensamente pelo direito de cada qual (*Kampf ums Recht* de Jhering).

Ao autor sempre preocupou a idéia de que uma busca de resolução ética de conflito representasse uma justiça de segunda classe pela falta de salvaguardas e garantias profissionais, independência, jurisdição, equidade processual e treino que dispõem os juízes ordinários, aos que lidarão na busca da solução alternativa do conflito.

Todavia, foi o próprio Cappelletti[4] quem afirmou que " *há situações em que a justiça conciliatória (ou coexistencial) é capaz de produzir resultados que, longe de serem de "segunda classe" são melhores, até qualitativamente, do que os resultados do processo contencioso.*"

Entre os meios diversos e alternativos de resolução de conflitos e de autocomposição, cuja origem remonta o surgimento do Estado[5] onde atribuíam-se às próprias partes o poder de decidir acerca de seus conflitos, renuncia de direito, transação, arbitragem comercial[6] etc., insere-se a automediação

---

[3] **Cappelletti**,Mauro. Os métodos alternativos de solução de conflitos no quadro do movimento universal de acesso à justiça. Revista de Processo. São Paulo:RT. Ano 19, n.74, pag.88. O Autor menciona que deveríamos ser suficiente humildes para reconhecer que podemos ter muito o que aprender com tradições africanas e asiáticas acerca da resolução ética de conflitos haja vista o caráter apaziguador.

[4] **Cappelletti**,Mauro. In Os métodos alternativos de solução de conflitos no quadro do movimento universal de acesso à justiça. Revista de Processo. São Paulo:RT. Ano 19, n.74, pag.90, 1994 Assevera o autor que uma das áreas em que a justiça conciliatória há muito se estabeleceu, mesmo em países ocidentais e se expande nos últimos anos é a dos conflitos em matéria de família onde centros de conciliação e mediação operam com excelência como se observa dos exemplos norte americanos: NFCC-National Family Conciliation- Family Mediations Association para serviços de mediação e Solicitors Family Law Associatios – SFLA que já em meados dos anos oitenta possuía mais de quarenta filiados independentes.

[5] Vide a propósito excelente artigo do professor e juiz de direito no RS., Marcelo Malizia Cabral , intitulado Os meios alternativos de resolução de conflitos:Instrumentos de ampliação do acesso à justiça e de racionalização do acesso aos tribunais- pag. 137 .

[6] No passado, mercadores de cidades comerciais como Veneza, Florença, Barcelona etc., ao invés de aguardarem as decisões judiciais de suas questões litigiosas, confiavam a decisão aos

como prática e técnica para resolução de conflitos em equipe onde os profissionais envolvidos agem como negociadores e mediadores diretos de seu próprio conflito.

Trata-se de técnica instrumental levada a efeito por meio de automediação, que se aperfeiçoou no curso do tempo e espaço. As notícias acerca de seu desenvolvimento e utilização eficiente e racional, são atribuídas entre outros a Daniel Dana professor doutor de comportamento organizacional na Universidade de Hartford (Connecticut) e Presidente do Mediation Training Institute (MTI) dos EUA, utilização esta que se deu no âmbito da mediação gerencial nos idos de 1979 sob o título *Self Mediation*.

Desde há muito as leis processuais civis se reformam e se instrumentalizam, no âmbito do acesso à justiça, para possibilitar a rápida solução dos litígios e a busca da efetividade, enfatizando e realçando as composições amigáveis entre as partes, como um dos deveres do magistrado como previsto nos Arts. 125,IV e Art. 331 do CPC e criando estruturas tutelares e, mais recentemente, procedimentos eletrônicos sempre com vistas a reduzir a carga de morosidade própria do processo e aumentar a eficiência às partes que buscam uma justiça mais completa e dinâmica.

Entre os mecanismos pacíficos de resolução de conflitos, Marcelo Malizia Cabral[7], apresenta, com base em Paulo Otero, uma distinção entre meios jurisdicionais formados por tribunais judiciais e tribunais arbitrais que envolvem a intervenção de tribunais na resolução do conflito e a coisa julgada e meios não jurisdicionais que não envolvem a intervenção de tribunais e estabilidade de sentenças, consistindo estes em negociações diretas, bons ofícios, mediação e conciliação. Cabral também apresenta o escólio de Petrônio Calmon, no sentido de que nos meios adequados de pacificação social, há um sistema multiportas em que a jurisdição estatal se apresenta apenas

---

seus iguais que poderiam efetivá-la de forma rápida, dinâmica e especializada. Os julgamentos dos mercadores e estas arbitragens foram também fontes de desenvolvimento do direito material e do *jus mercatorum*.

[7] **Cabral,** Marcelo Malizia. In Os meios alternativos de resolução de conflitos:Instrumentos de ampliação do acesso à justiça e de racionalização do acesso aos tribunais. Revista do Ministério Público do RS. Porto Alegre, n.73-Jan.2013-abr.2013, p.139. O Autor apresenta as características e razões pela qual ganhou força nas últimas décadas, o movimento nominado de "fuga à jurisdição" onde se atribuiu umn papel mais ativo às partes na tomada de decisões relativas a sua vida privada e negócios, p.140

como uma possibilidade ou um meio seguro para a solução de um conflito, mas não é a única e, possivelmente, a depender do caso, nem a mais efetiva.

Neste contexto que, como forma meramente contributiva, ousamos apresentar uma proposta de automediação de cunho jurídico, que requer certas aptidões e o desenvolvimento por parte do advogado do nosso tempo, quando na função de automediador, de uma nova postura profissional calcada não tanto nos princípios litigiosos que envolvem o processo de qualquer natureza, mas na ética; na intelecção dos reais valores envolvidos na questão; no compromisso com o direito e com a sociedade, na eficiência e maximização de resultados e, finalmente, na celeridade como forma de agregar valor ao cliente e aos interesses confiados, gerando uma qualidade excepcional aos serviços.

A prática de automediação jurídica, no modelo ora proposto[8], que apresenta clara distinção ao modelo clássico voltado mais para a Técnicalidade de negociação gerencial entre pessoas, por meio de um trato direto, situa-se no âmbito do que se convencionou denominar de Justiça Conciliativa[9].

Como prestador de serviços de natureza jurídica, muito embora tenha o advogado em sua grande parte, recebido uma formação de natureza processual muito sólida na graduação, não deve se olvidar de que os serviços que prestar visando a solucionar conflitos, não precisam necessariamente serem todos realizados e desenvolvidos no âmbito do Poder Judiciário e das suas estruturas processuais.

---

[8] A técnica de automediação como forma de proporcionar uma justiça alternativa e buscar a solução ética do conflito, foi inscrita e apresentada no Instituto Innovare, concorrendo ao prêmio edição X. Mesmo não se saindo vencedora, adquiriu o status de prática deferida, após as análises e avaliações efetivadas nos termos do regulamento interno, inclusive externamente junto a profissionais que se utilizam da mesma no dia a dia da advocacia, como o ilustre Prof. Dr. Marcus Elidius M. de Almeida, coordenador do pós graduação em Direito empresarial da PUC/SP-Cogeae. Vide www.premioinnovare.com.br/praticas/automediacao-juridica-uma-proposta-para-a-solucao-etic...

[9] A prática de automediação tem sido referenciada por alguns autores que tratam da matéria como o Prof. Dr. Luiz Antonio Scavone Junior, em sua obra denominada Manual de Arbitragem.RT:São Paulo, 2010 esclarece acerca dos lineamentos desta automediação, com base em escólio nosso e, ainda, há textos de nossa autoria sobre o assunto nas Revistas da FMU e na Revista de Direito empresarial, concorrencial e do consumidor. Magister Editora Vol. 02 –abril de 2005. Pag. 36 com o título - Automediação – Uma proposta para a solução ética de conflitos. 2005.

Há serviços multidisciplinares com certas características, na seara do conflito, que podem e devem ser prestados pelos advogados, com o preparo advindo de sua formação intelectual e a segurança do conhecimento jurídico, gerando a melhor possibilidade de sua resolução e a satisfação do cliente a partir de uma advocacia criativa ofertada como forma alternativa de inter-relacionamento profissional no âmbito dos negócios, gerando um interesse que até então não existia e aumentando e ampliando o campo de trabalho, dignificando-se a profissão em face da diversidade de oferta e da demanda acompanhada dos traços de eticidade.

Neste escopo, o advogado devidamente mandatado nos molde do art. 653 do Código Civil[10] se habilita para prestar a assessoria na solução ética aos negócios jurídicos e conflitos. Aliás, esta é a grande diferença entre uma parte automediar, negociar ou transacionar acerca d o próprio conflito e, esta parte designar um advogado para que este venha a fazê-lo em seu nome na qualidade de mandatário, observando-se um procedimento específico de natureza técnica.

Propomos desta forma, uma concepção de automediação[11] jurídica como a técnica alternativa da busca de resolução de controvérsias, realizada exclusivamente pelos advogados mandatados pelas partes em conflito, quer na fase contratual ou anterior ao ajuizamento da causa ou quando já instaurado o litígio, instrumentalizada através de um sistema cristalizado em um procedimento técnico não adversarial, embasado em princípios éticos e morais previamente estipulados, com vistas à busca da eficiência, maximização de resultados, redução de custos e agregação de valor na colocação de um bom termo à questão conflituosa.

Não se trata assim, de uma simples negociação ou transação que poderia ser efetivada pelas partes interessadas ou tomada a frente por terceiros ou advogados como mandatários destas, mas sim de um sistema procedimental

---

[10] Art. 653: Opera-se o mandato quando alguém recebe de outrem poderes para, em seu nome, praticar atos ou administrar interesses. A procuração é o instrumento do mandato.

[11] Esta técnica foi também apresentada ao público na palestra que ministramos no Curso de Especialização em Direito Empresarial realizada nos dias 21 e 22 de abril de 2004 no núcleo de pós-graduação do Jus Podium sediado na Cidade de Salvador-Bahia, em convênio com a FECAP- Fundação Escola do Comércio Álvares Penteado e na palestra realizada na Escola Superior da Advocacia da Ordem dos Advogados do Brasil- ESA/OAB-SP. no dia 16 de setembro de 2004.

que possui sofisticada Técnicalidade e é lastreado totalmente na ética profissional, na confiança e no dever, onde se realça a figura do advogado não como um ser voltado para o litígio com beligerância e conflito, mas sim como um orientador; um solucionador de conflitos; um apaziguador das relevantes questões sociais e dos interesses confiados e, ainda, principalmente, como uma pessoa com capacitação técnica e profissional suficiente para poder contribuir na elaboração de caminhos e modelos sustentáveis de solução, idealizando os futuros cenários, até o limite das previsões legais, que podem decorrer da automediação em contraposição à inicialização de um litígio judicial ou ao prosseguimento de uma pendenga que já tramita junto ao Poder Judiciário.

A automediação jurídica não deve se confundir com uma mediação justamente pela ausência da figura do terceiro mediador do conflito e pelo fato de que esta proposta, como mencionado, mais se sintoniza e se adéqua à profissão dos advogados que estão sujeitos a preceitos éticos apresentados em seu código profissional e, portanto, às sanções disciplinares caso estes falhem na condução das regras de conduta.

2. Premissas consideradas

Há duas premissas a serem consideradas na automediação jurídica. quais seja a análise econômica do direito e a tentativa de busca de alternativas para a resolução ética de conflitos. Estas premissas decorrem da constatação de que as ações e procedimentos judiciais geram um custo empresarial inaceitável e que reflete no preço do produto ou do serviço e, via de consequência, no consumidor final de alguma forma.

Ao demonstrar a importância do custo empresarial na atividade empresarial, Fabio Ulhoa Coelho[12] assevera que para definir o preço dos produtos

---

[12] In Curso de Direito Comercial vol.01- 16ª Ed. Saraiva.São Paulo. 2012. Pag.53. O Autor menciona que qualquer alteração no direito-custo, interfere, em diferentes medidas, com as contas dos empresários e, em decorrência, com o preço dos produtos e serviços oferecidos no mercado de maneira tal que a cada nova obrigação que se impõe ao empresário, seja ela de cunho fiscal, trabalhista, previdenciário, ambiental, urbanístico ou contratual, representará um aumento de custo para a atividade empresarial com o consequente aumento de preços para os consumidores ou adquirentes.

e serviços que fornece ao mercado o empresário realiza um cálculo cada vez mais complexo que contem alem dos insumos da atividade, a mão de obra, tributos e margem de lucro esperada alem das contingencias que podem interferie acentuadamente nas contas do empresário, com reflexos na lucratividade esperada e no preço dos produtos e serviços ofertados ao mercado.,

Há sempre custo que decorre de um conflito empresarial advindo de negócios jurídicos. Por mais certas e pontuais que possam ser as partes na adoção de critérios de solução e por mais que se especifiquem novos sistemas processuais e procedimentais eletrônicos para a busca da efetividade na solução, quer através de antecipações de tutelas ou da obtenção de medidas liminares, estas sempre se encontrarão sob o impacto do problema gerado pela incerteza, pela morosidade processual e seus claros reflexos adicionais nos custos do processo decorrentes da própria estruturação do Poder Judiciário encarecendo o custo da transação.

No ideário de acesso à justiça há um sem número de obstáculos como demonstrado, desde obstáculos sociais e funcionais diretamente relacionados à burocracia que permeia o processo, como também aqueles relacionados à morosidade.

Segundo preleciona Luciana Camponez Pereira Moiralles[13] alguns dos fatores que concorrem para a demora dos processos são o excessivo número de recursos, formalismo exagerado, excesso de feitos a cada juiz, insuficiência material e pessoal dos órgãos do Poder judiciário, falta de adoção de tecnologia da informação. O efeito nocivo principal decorrente da morosidade – segundo a Autora, refere-se ao estímulo à parte que quer protelar o pagamento ou cumprir uma obrigação. Há agentes econômicos que pautam sua conduta em relação aos procedimentos judiciais, levando em conta a sua demora, que por si, é elemento que representa claro incentivo àquele que não deseja cumprir uma obrigação.

Talvez como forma de se contribuir para a correção desta conduta para que se evite a obtenção de resultados economicamente aceitáveis, mas lamentáveis

---

[13] Moralles, Luciana Camponez Pereira. Acesso à justiça e principio da igualdade. Fabris:Porto Alegre.2006,pag.78. A Autora cita interessante pesquisa realizada pelo Professor Armando Castelar Pinheiro acerca da apropriação da morosidade processual por parte daquele que não deseja cumprir uma obrigação. Esta conduta também é seguida pelos poderes públicos quando querem atrasar ou alongar as suas obrigações liquidas.

do ponto de vista social, há que se adicionar no cálculo empresarial destes agentes econômicos que se beneficiam da morosidade de um sistema, um valor moral relacionado à ética, cooperação e ao solidarismo.

Quando Michael J.Sandel[14] menciona que a lógica de mercado fica incompleta sem uma perspectiva moral, o faz para que possamos refletir, entre outras questões, até que ponto uma solução de mercado deve ser rejeitada em razão do caráter moralmente condenável da utilização de imperfeições relacionadas aos procedimentos judiciais que levam à morosidade para os que litigam de boa fé.

Talvez a resposta a esta questão possa se justificar a partir da verificação de perdas reais na atividade empresarial, decorrentes do nível de responsividade dos fornecedores e dos consumidores, a uma política dura levada a efeito por parte do empresário, de apenas se cumprir uma obrigação após o curso das últimas instancias de justiça.

Para exemplificar. Imagine-se uma seguradora de veículos que, por uma questão de cálculo empresarial, resolve negar pagamentos de sinistros relativos a furtos e roubos de veículos, numa proporção espantosa, sob o legitimo e jurídico argumento contido na união dos Arts. 765 e Art. 768 do Código Civil brasileiro[15].

O segurado neste caso, em razão das negativa de cobertura, deverá ingressar com ação na justiça para poder receber o valor que lhe seria legítimo. A depender da litigiosidade da empresa Seguradora e de questões externas voltadas para a administração do conflito judicial, as instancias serão percorridas em períodos de até quinze anos, ocasião em que, haverá um transito em julgado da sentença e a obrigação efetiva de pagar.

A responsividade do mercado para com relação a esta política de redução de custos e de postergação de pagamentos com a utilização do fator temporal,

---

[14] Sandel, Nichel J. O que o dinheiro não compra. Os limites morais do mercado.Civilização brasileira:Rio de Janeiro. 2013. Sandel é ilustre professor da Universidade de Harvard e visitante na Universidade de Sorbonne. É um dos filósofos mais importantes de sua geração e um dos mais concorridos professores de Harvard quando leciona o seu crédito.p.82

[15] Art. 765: O segurado e o segurador são obrigados a guardar na conclusão e na execução do contrato, a mais estrita boa-fé e veracidade, tanto a respeito do objeto como das circunstancias e declarações a ele concernentes. Art. 768. O segurado perderá o direito à garantia se agravar intencionalmente o risco objeto do contrato.

pode ser negativa e condenatória, gerando a necessidade ao Segurador de rever a estratégia para que não perca a sua carteira de clientes atuais e futuros.

E, mesmo que se obtenha uma relativa efetividade com o bom lançamento de medidas liminares ou de tutelas de urgência, a realidade é que o processo tramitará por todas as instâncias em respeito ao direito Constitucional a um devido processo legal e os resultados são sempre incertos e dependem de um sem número de fatores internos e externos que podem refletir nos mesmos na medida em que não é a ciência jurídica uma ciência de valores exatos e certos no que tange à interpretação da norma jurídica.

Do ponto de vista da efetividade e desconsiderando-se qualquer outro juízo de valoração de cunho moral (situação que por si não se sintoniza com os princípios éticos), aquele que deve pagar uma obrigação financeira qualquer ou cumprir um contrato, se verificar a sua situação negocial ou contratual sob um prisma meramente econômico, numa análise de custo e benefício, poderá certamente concluir que a morosidade no curso da demanda lhe será plenamente favorável mesmo que venha a sucumbir plenamente.

E isto decorre do fato de que um litigante cuja condenação seja certa, pode aplicar em outras atividades ou no mercado financeiro, os recursos que seriam destinados ao pagamento do crédito ou da obrigação exigidos na demanda, com resultados muito superiores aos decorrentes de sua obrigação final de pagar, quando esta lhe for exigida depois de passados tantos anos de litígio.

Estas aplicações podem gerar ganhos tais que, no curso do espaço e do tempo, possibilitarão o pagamento da totalidade do valor da eventual condenação, com sobras expressivas decorrentes dos resultados auferidos no mercado financeiro ou nos investimentos correlatos.

A outro lado, em pior situação fica aquele credor cujo crédito decorre de sentença onde foi acatada pelo Juízo uma tese controvertida. Neste caso, o devedor não só se beneficiará com o curso do tempo e do espaço, efetivando recursos inúmeros, sem o risco de ser apontado como litigante de má-fé, haja vista que a estrutura do processo mesmo após as sucessivas reformas empreendidas assim o permite, como também poderá no final, ter um inesperado êxito modificando a tese controvertida que havia gerado o crédito a seu desfavor.

Neste cenário restritivo é pálida a justiça que se obtém e o processo perde qualidade e acaba por se transformar em algo lateral à própria justiça, afastando-se da sua missão instrumental e afetando o direito em face da tardia solução do conflito que se obtém por seu intermédio.

Talvez, não por outras razões que Barbosa Moreira[16] tenha advertido que "...o processualista deve deixar de lado a lupa com que perscruta os refolhos de seus pergaminhos e lançar à sua volta um olhar desanuviado. O que se passa cá fora, na vida da comunidade, importa incomparavelmente mais do que aquilo que lhe pode proporcionar a visão especialista. E, afinal de contas, todo o labor realizado no gabinete, por profundo que seja, pouco valerá de nenhuma repercussão externa vier a ter... O processo existe para a sociedade e não a sociedade para o processo."

A automediação jurídica se reveste assim, em mais uma opção de técnica para a busca de uma justiça conciliativa como se observará.

3. Os mecanismos diferenciados para a resolução ética de conflito

Independente da jurisdição tradicional que opera a solução dos litígios podem ser classificados os mecanismos alternativos de resolução de conflitos no âmbito de um novo conceito de acesso à justiça, observando-se o seguinte critério lastreado em modelos usuais autônomos (conflito solucionado pelas partes) e heterônomos (conflito solucionado com o concurso de um terceiro):

I-Modelo Intervencionista

- A) **Arbitragem**: Lei 9.307/96[17]. Submissão das partes ao árbitro ou a um conjunto de árbitros como ocorre na formação de um tribunal arbitral, mediante convenção de arbitragem. Principio da autonomia da vontade. Livre escolha das regras de direito material e processual, podendo optar pelas regras de equidade, princípios gerais de direito, usos e costumes e, ainda, regras internacionais de comércio. Trata-se de um método heterônomo de resolução.

---

[16] BARBOSA MOREIRA, José Carlos. O juiz e a cultura da transgressão. Revista da Emerj, n. 9, 2000,p.12.
[17] Há em andamento um projeto para a modificação da lei arbitragem, contemplando também em seu bojo a figura da mediação.

- B) **Mediação:** Intervenção de um terceiro na busca de uma composição amigável, ética, ideal e factível para quaisquer das partes em litigiosidade. Via de regra o mediador não reza o direito aplicável mas pode colaborar com o seu conhecimento técnico específico para que as partes possam obtê-lo. Há vários projetos que dispõem sobre a mediação extrajudicial entre particulares como o meio alternativo de solução de controvérsias e sobre a composição de conflitos no âmbito da Administração Pública[18] (a título de ilustração, observa-se que a diretiva 52 do Conselho da Europa, aprovada em 2008 recomenda a utilização da mediação para a solução de conflitos em matéria civil e comercial a demonstrar o grau de importância de soluções mediadas).

II-Modelo de Auto Composição

- A) **Negociação:** Forma de autocomposição desenvolvida pelas partes e/ou por terceiros a mando destas, redundando numa transação válida.
- B) **Automediação.** Busca de solução ética para conflitos patrimoniais existentes e em processamento ou em vias de existir. Na automediação no modelo jurídico, os próprios advogados das partes, despidos de belicosidade e com características especiais de personalidade e de conhecimento que lhes possibilitem a criação de cenários e modelos negociais para a contribuição na solução do conflito, são os automediadores. Trabalham buscando confiança mútua sobre forte e intenso regramento ético e moral, lastreado no Estatuto da Ordem dos Advogados do Brasil e, ao final, firmam documento de transação registrável ou homologável a depender dos interesses envolvidos.

Na automediação as partes obedecem a um regime de autocomposição bilateral cuja finalidade é solucionar o conflito existente ou por vir e, para tanto, renunciarão ao direito de ação judicial ou de prosseguimento na mesma, nos termos do que conseguirem transacionar de boa fé.

[18] Vide a propósito **PL 7169/2014**

Observou-se desta classificação que há várias formas de se obter uma solução ética de litígios, como através de transações, negociações, mediações e arbitragem.

A automediação jurídica trabalha com o plano da ética e da moral, num contexto conciliatório negocial. Segundo preleciona **Eduardo Bittar**[19] a solução para os conflitos que decorrem do desentendimento humano, do entrechoque de interesses, da disparidade de interpretações sobre fenômenos sociais, do abuso, da lesão à liberdade alheia, pode dar-se ou por força da ética ou por força do direito que pode intervir para pacificar as relações humanas, inclusive com recurso à sanção, pressupondo julgamento por terceiros, imposição de uma vontade, autoridade e imperatividade da decisão, com o deslocamento do aparato estatal de onde se decorrem custos e ônus para as partes, além de desgastes emocionais e delonga temporal.

Entende o autor que uma solução ética pressupõe que a decisão se origine das próprias partes envolvidas, o que se alcança com consenso e sensatez, dispensando-se a autoridade, o custo, o prejuízo e a demora, extraindo-se de forma pacífica entre as partes, pela real disposição de, por meios informais alcançar a plenitude do meio termo necessário para a solução da controvérsia.

Permitimo-nos encerrar este tópico com as sábias reflexões de Cappelletti[20] ao avaliar que o papel do jurista, no âmbito de uma liberdade sublime e responsável, não deve estar tão só reduzido à mera verificação da mecânica da aplicação da lei, situação que, aliás, se conflita com o moderno enfoque do direito e da hermenêutica na aplicação das leis:

> "*Devemos estar conscientes de nossa responsabilidade; é nosso dever contribuir para fazer que o direito e os remédios legais reflitam as necessidades, problemas e aspirações atuais da sociedade civil; entre essas necessidades estão seguramente as de desenvolver alternativas aos métodos e remédios, tradicionais, sempre que sejam demasiado caros, lentos e inacessíveis ao povo; daí o dever de encontrar alternativas capazes de melhor atender às urgentes demandas de um tempo de transformações sociais em ritmo de velocidade sem precedente*"

---

[19] Bittar,Eduardo C. Bianca. Curso de Ética Jurídica.São Paulo:Saraiva.2002, pág.38
[20] **Cappelletti**,Mauro. In Os métodos alternativos de solução de conflitos no quadro do movimento universal de acesso à justiça. Revista de Processo. São Paulo:RT. Ano 19, n.74, pag. 97, 1994

4. A figura do automediador

Primeiramente é de se observar que a automediação é apenas e tão só mais uma forma de solucionar um conflito por meio de Técnicalidade. Poderia a parte conflitante negociar unitariamente com a outra parte através de um trato direto ou, ainda, contratar imediatamente um negociador especializado, sem a interferência de um advogado. Poderia também partir para a solução através de uma câmara de mediação com vistas a obter a resolução do conflito.

Todavia, algumas questões devem ser levadas em conta na tomada desta decisão:

i) As partes estão em conflito tal que não mais conseguem tratar umas com as outras e, ainda, nem indicarem negociadores autônomos.
ii) O negocio jurídico é de tal forma complexo e possui tantos desdobramentos legais que torna-se aconselhável a presença de advogados das partes desde o início dos conflitos.
iii) Uma das partes pode não concordar em confiar a condução da questão a um mediador externo.
iv) As partes podem concordar com a mediação externa, mas não conseguem consenso sobre quem ou qual instituição realizaria esta mediação.
v) Para questões extrajudiciais onde deve preponderar a rapidez na decisão para que as partes possam tomar este ou aquele caminho, a mediação ou a arbitragem não seriam o instrumento inicialmente mais adequado pois os negócios em andamento poderiam irremediavelmente se comprometer.
vi) O mediador não capacitado na matéria em conflito pode-se arvorar na função de julgador e, a partir de então passar a direcionar uma das partes para a ideia de que perderá o litígio caso o mesmo seja apresentado ao Poder Judiciário, o que cria uma animosidade clara e uma reação da parte adversa.
vii) O advogado da parte atingida pelo pré julgamento oficioso da causa mediada, pode se sentir intimidado com uma eventual apresentação de posição julgadora por parte do mediador e dar por finalizada a mediação no estágio em que a mesma se encontra.
viii) As partes incorrerão em custos adicionais.

Estes itens meramente ilustrativos, não esgotam as razões pelas quais as partes poderão não ingressar de início, em um procedimento de mediação por terceiros ou até mesmo em uma arbitragem e optarem por adotar preventivamente este sistema ético proposto de automediação jurídica para apaziguar o conflito latente.

A proposta de automediação que, a princípio pode parecer representar um conflito de interesses ou de agencia por poder – a primeira vista, sugerir que aquele que seria o advogado representante da parte em conflito, quando na automediação para a busca da solução do mesmo, possa reduzir os interesses que lhes foram confiados, na realidade possui uma boa dose de realismo e de instrumentalidade como se observará.

O advogado automediador é pessoa de confiança da parte contratante. O profissional do direito habilitado para a prestação de serviços desta natureza, deverá ter um profundo compromisso com a ética profissional e com a moral pois, em uma automediação jurídica se estabelecerão certas regras que só fazem sentido caso os interlocutores acreditem e possuam intimamente o padrão ético necessário e queiram utilizá-lo para auxiliar nesta linha comportamental.

Expressivo conhecimento do negócio jurídico e suas nuances deve ter o profissional que opte por esta via de solução ética de conflitos, não só para poder argumentar e contra argumentar a favor de seu cliente, como também para demonstrar – sem a idéia de ataque ou de vitória certa, as fragilidades do adverso.

Talvez um estudo profundo da doutrina e da jurisprudência acerca de casos análogos possa ser feito para parametrar o automediador no sentido de verificar a visão específica como também avaliar o tempo de uma solução judicial clássica. Não que o fato de se ter uma posição jurisprudencial ou doutrinária favorável ou contrária ao caso, possa ser utilizado por alguma das partes como trunfo na automediação, mas sim para melhor linear as conversas e os comprometimentos futuros em harmonia com o bom direito vigente, sempre na busca da eficiência e da efetividade.

Na utilização da técnica de automediação, o conceito de êxito ou de procedência de ação junto ao poder judiciário, é relativo pois, em muitos casos – como demonstrado de início, não só a parte contrária tem total ciência de que pode perder uma demanda futura ou em curso, como também que um lapso temporal excessivo obtido no Poder Judiciário sem qualquer tipo de procedimento inidôneo e nos limites exatos da lei, lhe satisfaz plenamente gerando-lhe o ganho indireto necessário para a satisfação de uma condenação futura.

O automediador deve estar imbuído de serenidade, boa dose de sensibilidade, proatividade e preditividade lastreada em fatos reais, para localizar os argumentos e elementos negociais ou técnicos que possam contribuir ou interferir na real motivação da outra parte. Se não se conseguir apresentar um elemento motivador de destaque que possua vantagens qualitativas em razão das saídas clássicas judiciais, não se terá uma automediação com bons resultados.

A forma de comunicação entre advogados automediadores, decorrente da segurança gerada pelo cumprimento dos estritos preceitos éticos, é de primordial importância para que se afaste toda a litigiosidade e o espírito bélico para com relação à questão envolvida ou às partes e se crie o clima de confiança propicio para a busca da solução.

No mundo empresarial global, onde preponderam negócios jurídicos de várias matizes, profundamente dinâmico por excelência a partir da utilização das tecnologias da informação, há um sem número de contratos que são diuturnamente celebrados onde, num dado momento qualquer, pode haver uma desintelecção ou grave divergência.

Neste contexto, uma orientação jurídica precipitada poderia contribuir para que uma das partes imediatamente se socorresse do Poder Judiciário através de alguma ação pertinente.

Ocorre que, como mencionado, em muitos casos empresariais, o simples fato da propositura da demanda pode culminar com a finalização e extinção do negócio e das suas infinitas possibilidades e, por pior, em alguns casos específicos, com o próprio afastamento dos interessados e investidores potenciais que adotam por princípio, a premissa empresarial de não adentrar em negócios onde as partes discutem no Poder Judiciário algum aspecto de relevo em razão do aumento do custo da oportunidade, imprevisibilidade de resultados e morosidade.

Esta incerteza e imprecisão, salvo exceções, contribui para afastar investidores ou interessados em negócios de monta que se tornaram litigiosos.

Possuirá assim, maior possibilidade de manutenção dos negócios, quando as questões em litígio possam ser solucionadas através de procedimentos éticos onde se inclui a automediação para àquelas passíveis de transação e suas matérias correlatas, em razão de sua natureza.

O automediador não se confunde com um mediador como já restou demonstrado, justamente porque não é um terceiro mediando um conflito, mas sim um advogado representando a própria parte, sujeito a preceitos éticos apresentados em seu código profissional e, portanto, às sanções disciplinares caso falhe na condução das regras de conduta.

5. O sistema e a técnica de automediação

5.1. O regramento legal do sistema

A construção de uma sociedade livre, justa e solidária é um dos objetivos fundamentais da República[21] e já nas relações internacionais um dos principais princípios[22] refere-se à solução pacífica dos conflitos a demonstrar a expectativa de harmonização nas relações. A premissa da automediação, como demonstrado, está calcada nno direito de acesso à justiça e na licitude do ato mesmo quando existam litígios em andamento, por um sistema multiportas alternativo. Preconiza o **Art. 840 do Código Civil** que é lícito aos interessados prevenirem ou terminarem o litígio mediante concessões mútuas. A transação é permitida quanto a direitos patrimoniais de caráter privado e deve observar o regramento do Código Civil como menciona o Art. 840 do Código Civil.

Todavia, nada obsta que uma automediação seja instalada para apaziguar um conflito voltado – por exemplo, para o direito de família quando as partes estão prestes a ingressarem com as ações características deste segmento ou já tenham entre si volume considerável de ações que possam versar sobre separação ou divórcio, divisão de patrimônio etc., observando-se, contudo que a finalização desta automediação se condicionará às necessidades procedimentais decorrentes da natureza jurídica da questão em litígio e das características e qualidades dos envolvidos.

---

[21] Art. 3º inciso I da Constituição Federal
[22] Art. 4º inciso VII da Constituição Federal

A título de exemplo. Supondo que um casal onde um deles ou os dois são empresários ou titulares de participações societárias, que se encontra em litígios vários com separação judicial em curso, diversas cautelares patrimoniais e voltadas para direitos indisponíveis, ação de dissolução parcial de sociedade, apuração de haveres, cautelares sobre gestão e administração das empresas e etc.

Nada impedirá que automediadores extremamente especializados e versados nestas matérias, possam se propor a localizar em conjunto um modelo que gere a solução da separação do casal, proteção de filhos, como também da sustentabilidade empresarial e do patrimônio comum.

Se este resultado for conseguido, um instrumento de transação poderá ser celebrado onde se fará constar todas as medidas necessárias para solucionar cada qual dos processos onde estas partes estão envolvidas, independente do volume de ações, varas onde cursem ou de liminares que estejam em andamento. Os juízes de cada um dos processos poderão passar a avença pelo crivo judicial e, se em sintonia com o direito, homologar, inclusive aquelas que envolvem interesses de menores, com a participação do Ministério Público.

A sentença judicial homologatória de transação é título executivo judicial à luz do Art. 584 III do CPC. O termo de transação, a depender da forma como constituído, também poderá ser visto como um título executivo, porém, de natureza extrajudicial à luz do Art. 585 II do Código de Processo Civil.

Por sua vez, o advogado automediador deverá estar imbuído do espírito de ética relacionada a elevada função pública que exerce no termo do Art. 2º do Código de Ética da Ordem dos Advogados do Brasil.

A automediação, na nossa ótica, pode ser relacionada com um dos deveres do advogado à luz do disposto no Art. 2º parágrafo único, inciso VI do Código de Ética da OAB que preconiza o estímulo à conciliação entre litigantes e a prevenção de litígios sempre que possível.

Os preceitos apropriados extraídos do Código de Ética, para vigorarem sinergicamente na automediação, são basicamente os seguintes:

- Atuação com destemor, independência, honestidade, decoro, veracidade, lealdade, dignidade e boa-fé. (Art. 2º parágrafo único II)
- Velar por sua reputação pessoal e profissional (Art. 2º parágrafo único III)

- Estimular a conciliação entre os litigantes, prevenindo, sempre que possível, a instauração de litígios; (Art. 2º parágrafo único VI)
- Abster-se de emprestar concurso aos que atentem contra a ética, a moral, a honestidade e a dignidade da pessoa humana; (Art. 2º parágrafo único VII "d")
- Ter consciência de que o Direito é um meio de mitigar as desigualdades para o encontro de soluções justas e que a lei é um instrumento para garantir a igualdade de todos. (Art. 3º)
- Observar as regras de sigilo profissional e de confidencialidade. (Arts. 25-26-27)
- Observar o dever de urbanidade ao colega. (Art. 44)

Enfim, este elenco não esgota as diversas posturas morais, de probidade e de ética que deve portar o advogado envolto em questões automediadas, mas contribui para que se tenha a ideia do perfil adequado.

5.2. Detalhamento da técnica de automediação jurídica

A) A carta convite

Como demonstrado, redunda a prática da automediação jurídica, em benefício direto das partes envolvidas nos negócios, a demonstrar que serviços jurídicos não precisam necessariamente serem todos prestados no âmbito do Poder Judiciário e das suas estruturas processuais. A técnica de automediação como forma de resolução ética de conflito pode ser utilizada entre outras, a partir das seguintes situações:

i) Por força de previsão contratual com a inclusão em contratos da cláusula de instalação de automediação[23] como forma prévia de resolução

---

[23] Exemplo de cláusula de automediação que pode anteceder uma clausula de mediação, arbitragem ou de Foro Judicial em contrato. **"AUTOMEDIAÇÃO** As Partes se obrigam em caráter prévio a buscar dirimir quaisquer conflitos decorrentes deste Contrato por meio do conceito de automediação, envolvendo tratativas diretas entre seus representantes e advogados. Para tanto, uma Parte notificará a outra para a abertura da automediação no prazo de 05 (cinco) dias úteis contados do recebimento de referida notificação. A automediação terá prazo

de conflitos. Neste caso a cláusula afastaria a litigiosidade imediata e poderia a automediação ser realizada previamente a um conflito judicial; uma mediação, uma arbitragem ou um procedimento judicial.
ii) Por força de um conflito que se avizinha;
iii) Por força de um conflito já existente que gerou disputa no Poder Judiciário.

O advogado quando se avizinha a instauração de um possível conflito ou, ainda, quando já existente o conflito, deve analisar a natureza da questão e verificar se existe alguma hipótese de este caso ser apresentado para compor um sistema de automediação ou de seguir os ditames contratuais, caso a automediação tenha sido inserida em contrato.

Neste condição, analisará todos os ângulos da questão e empreenderá um estudo doutrinário e jurisprudencial para que possa bem entender a medida exata do direito de seu cliente; seus desdobramentos e consequências futuras, como também as principais vantagens e desvantagens acerca da rápida solução da controvérsia com vistas a maximização de resultados e eficiência.

A partir de então, após uma rigorosa avaliação do cenário e um aprofundado estudo acerca das inúmeras possibilidades alternativas de solução da questão, poderá instar a parte contrária, mediante carta convite, para uma proposta de automediação na busca da solução integral da controvérsia, através de correspondência eletrônica, interpelação ou notificação extrajudicial, a depender do caso e da necessidade, observando sempre os elementos contidos no contrato (se este for a razão originadora da controvérsia) para com relação à ciência das partes.

Nesta carta convite se apresentará sumariamente os fatos e o possível direito envolto nos mesmos e as bases iniciais de regência procedimental que serão vistas em outro tópico, dando-se também a oportunidade à parte de apresentar as suas bases de regência que se integrariam no procedimento e formariam um sistema único.

Esta carta convite, mesmo sob forma de notificação ou interpelação, não tem o propósito de constituição em mora ou de dar por determinado e efetivo

de 30 (trinta) dias de duração, prorrogáveis de comum acordo entre as Partes. Os resultados obtidos comporão um termo de transação ou de acordo, caso haja interesse das Partes."

um direito, mas sim de convidar a parte conflitante à solução possível de forma automediada.

Solicita-se um prazo entre cinco a quinze dias, a depender do caso, da urgência e das necessidades específicas, para que a parte responda sobre o interesse no implemento do procedimento.

B) Conteúdo da Carta convite

No tocante às bases de regência do procedimento de automediação, pode-se estabelecer um conjunto de conteúdos, a critério dos interesses das partes envolvidas, sugerindo-se entre outros, os seguintes temas:

i) Indicação do possível tema conflituoso e sua extensão;
ii) Indicação clara e precisa do advogado que deterá os poderes específicos para a automediação, com a apresentação do mandato;
iii) Prazo estimado de automediação e número de reuniões ou sessões propostas inicialmente;
iv) Compromisso de não ingressar com litígios no curso deste prazo ou de se suspender o litígio em andamento caso as partes automediadoras assim entendam ;
v) Ausência de gravação ou de reprodução de qualquer natureza (off Record)
vi) Ausência de registro fotográfico, digital ou de qualquer natureza;
vii) Ausência de terceiros e das partes no local das automediações (salvo quando o fato for oportuno para auxílio na finalização do procedimento);
viii) Dias, locais e horários das sessões.
ix) Forma de documentação individual da evolução da automediação com registro (atas, termos, etc) condicional de que a posição descrita somente será válida e eficaz caso as partes efetivamente cheguem a um bom termo final.
x) Compromisso de não se levar ao poder judiciário os temas tratados e resultados das posições parciais até então obtidas e já aceitas pelas partes em automediação, caso estes não se completem em toda a sua plenitude e não estejam as partes em concordância.

xi) Compromisso de não interferir nos procedimentos judiciais então existentes e de não levar as evoluções ou involuções do procedimento de automediação aos processos, sem a concordância das partes e de seus advogados automediadores.

xii) Compromisso de sigilo ético e confidencialidade (**Art.s 25 a 27 do Código de Ética**)

xiii) Compromisso de bem cumprir as etapas e as diretrizes procedimentais, tendo a infração como falta ética passível de punição pelo órgão de classe (OAB) e de indenização por eventuais perdas e danos.

Cada caso possui a sua especificidade e, portanto, os conteúdos acordados devem fazer relação direta aos temas em litígio e às características do negócio jurídico e das partes.

Podem os profissionais estabelecer diretrizes de negociação, estratégias e, até mesmo avaliações conjuntas, peritagens ou procedimentos que entendam de valia para os resultados finais e a satisfação das partes.

Como os próprios advogados das partes estão procurando resolver o conflito, não se espera dos mesmos uma visão neutra e imparcial, mesmo porque seria impossível esta conduta em face dos interesses profissionais envolvidos, mas sim a capacidade para administrar o conflito com seriedade e serenidade com vistas à boa finalização.

É plenamente possível assim que as partes concordem com a efetivação de diligencias, vistorias e auditorias extra procedimentos judiciais, elegendo o escopo e quem as realizará, submetendo-se aos resultados na forma como bem entenderem. (Exemplo. Efetivarem uma apuração de haveres empresariais, com base em critérios diferenciados que entendem legítimos. Exemplo. Determinarem a avaliação de um imóvel litigioso, de forma particular para fins de desenvolver uma modelagem financeira de composição global.)

5.3. Finalização do procedimento

A conclusão do procedimento de automediação se fará através da elaboração de um termo de transação por escritura pública ou instrumento particular (**Art. 842 do Código Civil**) que disciplinará na totalidade os direitos e as conclusões chegadas, bem como eventuais penas incorríveis em face do incumprimento. Trata-se de negócio jurídico bilateral de direito privado.

Caso a transação se refira a assuntos em discussão junto ao Poder Judiciário, haverá além do pedido de extinção das demandas, cláusula de desistência das demandas e de seus recursos; cláusula acerca das custas e dos honorários de advogado e cláusula onde as partes renunciam ao prazo recursal para que a sentença possa produzir seus regulares efeitos desde logo e transitar em julgado, gerando a segurança jurídica.

Este termo de transação que envolva direitos patrimoniais disponíveis, quando não há litígios em curso, poderá ser tomado através de escritura pública como de documento particular na forma anteriormente mencionada, firmado na presença de duas testemunhas, documento este que poderá ser registrado em cartório de títulos e documentos.

Ainda, poderá o termo de transação – mesmo sem litígio, ser levado ao Juiz competente para uma homologação e a sentença homologatória poderá ser executada em caso de descumprimento se a dívida é líquida e certa e corrigível pelos sistemas forenses ou se houver obrigações de fazer ou não fazer.

Neste ponto registra-se que são sábias as palavras da Ministra Nancy Andrighi e de Gláucia Falsarella Foley[24] sobre o sistema multiportas a partir da mediação na solução de conflitos. "**É o dialogo e a conduta assertiva,** ensinados desde os primeiros passos e em todos os cantos, que têm o condão de conduzir a humanidade ao equilíbrio da vida harmoniosa. A contenciosidade cede lugar à sintonia de objetivos e os rumos da beligerância podem ser abandonados para dar lugar à Justiça doce, que respeita a diversidade em detrimento da adversidade. Descortina-se, assim, uma nova estrada que todos podem construir, na busca do abrandamento dos conflitos existenciais e sociais, com a utilização do verdadeiro instrumento e agente da transformação – o diálogo conduzido pelo mediador – no lugar da sentença que corta a carne viva"

---

[24] Nancy Andrighi - ministra do STJ (Superior Tribunal de Justiça). Gláucia Falsarella Foley juíza coordenadora do Programa Justiça Comunitária do Tribunal de Justiça do DF. Artigo intitulado Sistema Multiportas: o judiciário e o consenso – publicado na Folha de São Paulo - Caderno Opinião - 24/6/08

6. Considerações finais

O acesso à justiça decorrente da utilização da Técnicalidade da automediação jurídica, como forma de resolução ética de conflito, não será um remédio aplicável para todas as situações, dada a riqueza de relações humanas e empresariais existentes e seus diversos regramentos jurídicos que em face da natureza podem obstar a busca desta alternativa, mas será sem dúvida uma excelente via para as partes de boa fé que se encontram em princípio de controvérsias ou em litígios sacramentados – e para aquele profissional do direito que esteja bem interado e afinado às premissas dos sistemas de autocomposição ou heterocomposição e saiba utilizá-los com maestria.

Do artigo também se conclui que há a necessidade de se adicionar no cálculo empresarial relacionado à administração de um litígio em potencial ou existente, um fator relacionado ao aspecto moral, ético e voltado para a solidariedade pois pode ocorrer que num futuro próximo, talvez como regra de conduta e de responsabilidade decorrente do comportamento social esperado no âmbito desta empresarialidade, que os contentores exercitem os seus melhores esforços para obter uma solução rápida, eficiente do litígio.

Este padrão poderá refletir diretamente nos mercados onde a forma como certas empresas de determinados setores da economia lida com as questões relacionadas aos seus fornecedores e direitos de consumidores, possa significar a paralisação ou a manutenção do fornecimento e do consumo.

Neste cenário pós moderno e futurista onde as tecnologias da informação estão cada vez mais impactando as relações empresariais e humanas, a automediação jurídica será mais uma técnica e ferramenta que se sintoniza com o esperado acesso à justiça e, neste modelo proposto, um advogado criativo, voltado para a observância de um lineamento ético, muito contribuirá na prestação de serviços multidisciplinares de qualidade e poderá conseguir êxitos pessoais inimagináveis, com reflexos sadios à comunidade, reduzindo o conflito, aumentando a eficiência e melhorando indiretamente a própria distribuição de justiça na medida em que haverá a redução da litigiosidade, cumprindo desta forma o seu dever ético e o seu dever cívico, contribuindo para o fortalecimento das estruturas sociais e jurídicas e, indiretamente agregando valor.

7. Referências Bibliográficas

Andrighi, Nancy et Foley, Gláucia Falsarella in Artigo intitulado Sistema Multiportas: o judiciário e o consenso – publicado na Folha de São Paulo - Caderno Opinião - 24/6/08.
Barbosa Moreira, José Carlos. O juiz e a cultura da transgressão. Revista da Emerj, n. 9, 2000,p.12.
Bittar,Eduardo C. Bianca. Curso de Ética Jurídica.São Paulo:Saraiva.2002,
Cabral, Marcelo Malizia. Os meios alternativos de resolução de conflitos:Instrumentos de ampliação do acesso à justiça e de racionalização do acesso aos tribunais. Revista do Ministério Público do RS. Porto Alegre, n.73-Jan.2013-abr.2013, p. 125-155
Cappelletti,Mauro. Os métodos alternativos de solução de conflitos no quadro do movimento universal de acesso à justiça. Revista de Processo. São Paulo:RT. Ano 19, n.74, pag.82-97, 1994
Cappelletti,Mauro; **Bryant**,Garth. Acesso à Justiça.Porto Alegre:Fabris.1988
Coelho, Fabio Ulhoa. Curso de Direito Comercial vol.01- 16ª Ed. São Paulo:Saraiva. 2012.
Dana,Daniel. acesso em julho/2014. www.mediationworks.com/dmi/biodan.htm
Instituto Innovare, edição X, prêmio- acesso em julho/2014 www.premioinnovare.com.br/praticas/automediacao-juridica-uma-proposta-para-a-solucao-etic...
Moralles,Luciana Camponez Pereira. Acesso à justiça e principio da igualdade. Fabris:Porto Alegre.2006
Scavone Junior, Luiz Antonio. Manual de Arbitragem. São Paulo, RT: 2010
Simão Filho,Adalberto. Artigo intitulado Automediação – Uma proposta para a solução ética de conflitos - Revista de Direito empresarial, concorrencial e do consumidor. RGS:Magister Editora - Vol. 02 –abril de 2005.

AS AGÊNCIAS DE AVALIAÇÃO DO RISCO E A GOVERNANÇA CORPORATIVA

RATING AGENCIES AND CORPORATE GOVERNANCE

Janahim Dias Figueira

1. Nota Introdutória

Hodiernamente, no mundo globalizado, em especial os paises europeus, vivem assolados com uma grave crise econômico – financeira, inicialmente na Grécia, e se alastrando posteriormente a Portugal e atualmente com lastros visiveis na Espanha.

Criou – se há alguns anos a cultura de, economicamente, classificar se determinada empresa (pública ou privada), possuía condições para ser cotada em bolsa de valores e mesmo de obter dos bancos os necessários financiamentos para a captação de recursos.

Hoje, essa atividade, desenvolvida por agências privadas, especializadas para tal, em parte é de classificar não mais empresas e entidadades privadas, mas sim os governos democráticos, ora inicialmente a pedido dos próprios e hoje, para efetivamente, proceder a uma avaliação direta e real das economias 'alvo'.

A atividade de classificação de riscos das chamadas agências de rating quando contratadas para emitir uma opinião, independente sobre o risco de default (não pagamento) de determinadas empresas, governos ou operações de financiamento, as ag*ências trabalham com uma metod*ologia prospectiva, procurando antecipar riscos, em um horizonte geralmente de três a cinco anos.

Os riscos sócio-ambientais e de governança são mais intangíveis que riscos financeiros e, portanto, difíceis de ser medidos. São profundamente afetados pelo ambiente no qual a empresa opera, onde podemos destacar fatores como: estrutura legal, regulatória e normativa; níveis de aplicação das leis, fiscalização e corrupção; engajamento da imprensa e opinião pública; atuação das ONGs e demais ativistas das causas sócio-ambientais e da governança; setor de atua*ção da empresa; dentre outros.*

Uma abordagem geral para a classificação de riscos consiste no cotejo de três aspectos da empresa classificanda: sua capacidade de geração de caixa operacional; a qualidade de seus ativos e outras fontes de liquidez; e o comprometimento de seu fluxo de caixa e ativos. São utilizados dados do passado e tenta-se projetar o futuro. Tal exercício perpassa pela análise da estratégia da empresa, sua capacidade de execução desta estratégia, o ambiente competitivo e regulatório, e também sua governança corporativa e desempenho sócio-ambiental, dentre outros, tudo inserido em cenários macroeconômicos e setoriais mais prováveis. Um exercício crucial, no entanto, é testar tal estrutura em cenários de estresse.

Uma das maiores dificuldades da classificação de riscos, principalmente no Brasil, é a sofrível carência de informações. As empresas brasileiras ainda são pouco transparentes, tanto por receio de que informações estratégicas sejam espalhadas ao mercado, mas também em função da ausência de sistemas de gestão que possibilitem monitorar indicadores de desempenho importantes, com destaque aqui para os sócio-ambientais. A abordagem da classificação de riscos nestes casos deve ser a de "no news, bad news", ou seja, toda informação inexistente deve ser encarada como fator negativo.

Contribui para essa falta de transparência a cobertura factual e pouco crítica da imprensa brasileira, no que tange a aspectos de responsabilidade sócio-ambiental das empresas. Tal argumento é conclusão de pesquisa do

Instituto Ethos, que analisou a cobertura jornalística nacional sobre o tema responsabilidade social empresarial, trabalho apresentado durante sua última conferência nacional em junho.

A tendência é a atribuição de maior peso às questões sócio-ambientais e de governança nos ratings. Como as agências são fortemente dependentes de sua reputação, quem não se adequar corre o risco de ficar para trás e não aproveitar a onda de crescimento do mercado de capitais brasileiro.

2. *Rating* e as Agências de Classificação de Risco de Crédito

Os *ratings* de crédito são informações públicas que representam o julgamento de analistas de crédito, supostamente bem informados, a respeito da capacidade das empresas em honrar compromissos financeiros assumidos. Dificilmente uma empresa consegue emitir uma dívida sem a opinião de uma agência de *rating* a respeito de sua qualidade de crédito e, além disso, as taxas de juros obtidas nos títulos das divida estão bastante correlacionadas com os ratings concedidos pelas agências.

A importância dos sistemas de classificação dos riscos de crédito vem ganhando maior importância principalmente por questões regulatórias. O Acordo de Basiléia II permite que os bancos se utilizem de *ratings* externos de agências, assim como criem os seus próprios sistemas de avaliação, para gerenciarem o risco de crédito de sua carteira de empréstimos e títulos de divida.

Uma preocupação corrente dos agentes regulatórios, como o Financial Services Authority (FSA) do Reino Unido, é a de que os *ratings* deveriam prever a qualidade do crédito de longo prazo, não sendo apenas influenciados por fatores cíclicos e temporários, no entanto, em sentido inverso, alguns estudos constataram que as agências de avaliação de risco de crédito têm endurecido em sua opinião de crédito com o passar do tempo, se observarmos o grande número de rebaixamentos, que foram em larga escala superiores ao de promoções, colocando em questão se os *ratings* de crédito refletem de fato uma opinião de longo prazo.

A globalização dos mercados financeiros, o desenvolvimento de novos produtos e a estabilidade econômica de regiões até agora pouco conhecidas pelos investidores internacionais, contribuiu de forma decisiva para a expansão das agências de *rating*, bem como para uma maior sofisticação dos critérios e das metodologias empregadas para as análises de crédito.

Hoje, as principais agências de *rating* que atuam a nível nacional e internacional são a Fitch Ratings, a Moody's e a Standard & Poors, essas agências têm como principal função a atribuição de notas de risco de crédito, conforme supra mencionado, não apenas a Estados Nacionais e soberanos mas também em entidades subnacionais e empresas, em especial o setor bancário.

O principal objetivo da classificação é mostrar a real capacidade para o pagamento das dívidas (valor total e os juros) no prazo contratado, ou seja, mostrar a capacidade que o emissor tem de, no prazo estipulado cumprir com o prometido.

As agências classificam tanto um devedor, quanto um título específico. Eventualmente, a depender das garantias ou cláusulas contratuais, um determinado título pode ser mais garantido do que o patrimônio do emissor, no seu conjunto. Nesse caso, a classificação do título pode superar a classificação do emissor.

Essas agências também atribuem notas aos chamados produtos financeiros estruturados (ou simplesmente "produtos estruturados"), que são derivativos de crédito ou títulos oriundos da securitização de créditos concedidos por bancos comerciais (incluindo hipotecas residenciais securitizadas), combinados com algum tipo de derivativo.

Em meados de junho de 2007, por exemplo, diante de rumores de que dois *hedge funds*, geridos pelo Bear Stearns, cujos ativos eram garantidos por hipotecas *subprimes*, haviam sofrido perdas e que o banco tinha vendido USD 3,8 bilhões em bônus para fazer frente à reposição de garantias, as agências de classificação de risco começaram a rebaixar as notas de inúmeros títulos garantidos por hipotecas residenciais, tais como os RMBS (*Residential-Mortgage-Backed Securities*), e títulos estruturados de múltiplas *tranches*, como a CDO (*Collateralized debt obligation*).

Para a Moody's, *rating* é uma opinião sobre a capacidade futura, a responsabilidade jurídica e a vontade de um emitente de efetuar, dentro do prazo, pagamentos do principal e dos juros de um título específico de renda fixa.

Já para a Standard & Poors há uma coexistência entre o *rating* de um emissor e o de uma emissão, e a avaliação de um emissor não se refere a nenhuma obrigação financeira específica, nem levando em consideração a natureza bem como as provisões da obrigação, a sua posição relativa no caso de falência ou liquidação, preferências estatutárias ou a legalidade e a capacidade de execução da obrigação.

Existem nos âmbitos de avaliação 3 (três) tipos de *ratings*: 1) escala global em moeda local: que reflete a capacidade de um devedor para gerar moeda local em volume suficiente para honrar suas obrigações, inclusive as denominadas em moeda estrangeira 2) escala global em moeda estrangeira: visam avaliar a capacidade de os devedores cumprirem as suas obrigações em moeda estrangeira, considerando inclusive a capacidade de o governo soberano de honrar a sua dídiva externa, uma vez que a probabilidade de um governo soberano de restringir o acesso à moeda estrangeira ser idêntica àquela de ele não vir a honrar a própria dívida externa, e 3) escala nacional: sendo bem parecido com o de escala global, exceto pelo fato de este apresentar um peso menor nos fatores relacionados com o risco soberano.

O processo de avaliação de risco de crédito não se limita ao exame de várias medidas financeiras, sendo necessário um acompanhamento detalhado dos fundamentos do negócio, o que inclui a opinião sobre a posição competitiva da empresa e a avaliação dos administradores e de suas estratégias, sendo embasados exclusivamente em informações contábeis e financeiras, não se considerando as análises qualitativas das empresas.

Os primeiros estudos empregando dados contábeis de empresas para a determinação dos *ratings* remontam à década de 60 do século XX, no Estados Unidos, no geral, os indicadores contábeis e financeiros mais citados como significativos são os relacionados à cobertura dos juros, ao grau de alavancagem, às medidas de lucratividade e muitas das vezes, ao tamanho da empresa – alvo.

3. As Agências de Avaliação de Risco de Crédito no Brasil e as Normas Cogentes

A atividade de *rating* foi no Brasil, levada a cabo durante muitos anos sem uma legislação que impusesse normas e critérios de atuação para essas atividades.

Uma primeira restrição, mas de cunho bem genérico aparece inicialmente na Lei N. 6.385 de 7 de dezembro de 1976 (lei da CVM – Comissão de Valores Mobiliários), no seu artigo 8, inciso I e artigo 27.

Atualmente, as agências de classificação de risco de crédito que atuam no Brasil terão até janeiro de 2013 para se adequar à regulamentação editada ontem pela Comissão de Valores Mobiliários (CVM).

O Brasil foi um dos últimos a criar regras para as agências de rating, que tiveram a credibilidade em xeque após as falhas na crise de 2008 que assolaram em especial os Estado Unidos e toda a Europa, tendo claro, reflexos em todo o globo.

Para se normatizar e criar uma regulamentação mais específica, a CVM criou a Instrução 521/12 em que dispõe de forma bem completa e exaustiva,- normas sobre a atividade de classificação de risco de crédito no âmbito do mercado de valores mobiliários, que pretende evitar conflitos de interesse na avaliação de ativos e dar uma maior transparência ao setor.

Dentre as principais normais da referida Instrução estão as seguintes:

Regras de registro das agências domiciliadas no Brasil e de reconhecimento das agências situadas fora do país.

A atribuição de responsabilidade pela supervisão do cumprimento da instrução, bem como de regras, procedimentos e controles internos a um administrador, função comumente conhecida como *compliance*.

Divulgação de relatórios de classificação de risco de crédito, inclusive opiniões preliminares fornecidas.

Divulgação de informações periódicas pelas agências, por meio do formulário de referencia.

Obrigatoriedade de segregação entre a atividade de classificação de risco de crédito e as demais atividades desenvolvidas pela agência e por partes a ela relacionadas.

A partir de agora, a CVM fará o registro das agências locais (e reconhecimento das estrangeiras), que terão de divulgar informações periódicas nos moldes do formulário das companhias de capital aberto. O descumprimento das exigências pode sujeitar a multa diária de R$500,00 (quinhentos reais).

Os potenciais conflitos de interesse entre empresas avaliadas e analistas de risco, como a participação relevante na receita da agência de rating, deverão ser destacadas no relatório de rating. As agências terão também que separar a atividade de classificação de risco de outras, como a prestação de consultoria.

4. A Governança Corporativa e as Agências de Rating: Paradima ou Necessária Coexistência

O conceito de governança corporativa abrange um conjunto de políticas e práticas orientadas para diversos objetivos, dentre os quais, a de proporcionar maior visibilidade e transparência às decisões empresariais, minimizando os potenciais conflitos de interesses entre os diferentes agentes das organizações e aumentando o valor da empresa e o retorno do acionista.

As chamadas boas práticas de governança corporativa têm – se desenvolvido recentemente, como reflexo da abertura da economia, do processo de privatização de empresas estatais, do aumento de investimentos estrangeiros diretos e indiretos no país, do desenvolvimento do mercado de capitais e da intensificação das negociações das ações de empresas brasileiras nas princiais bolsas de valores internacionais.

Usando um termo específico, governança corporativa é o sistema pelo qual as sociedades são dirigidas/monitoradas, envolvendo os relacionamentos ente acionistas/cotistas, conselho de administação, diretoria, autoria independente e conselho fiscal.

Dentre as mais importantes iniciativas com vistas a implementar as boas práticas de governança no Brasil, podem ser citadas: a reformulação da Lei das S/A, a criação e atuação do Instituto Brasileiro de Governança Corporativa (IBGC), a criação do Novo Mercado e dos Níveis 1.2 e 3 de governaça corporativa da Bovespa e o maior destaque dado à atuação dos investidores institucionais que atuam nos fundos de pensão e no portfólio dos bancos comerciais.

Segundo o IBGC, os sistemas de governança corporativa no mundo divi-dem-se em dois grupos:

1. "Outsider System": é aquele em que os acionistas são pulverizados e estão alheios ao comando diário da empresa. Dentro deste sistema encontra-se o modelo anglo-saxão adotado nos Estados Unidos e Reino Unido, sendo caracterizado da seguinte forma:
   – estrutura de propriedade dispersa nas grandes empresas,
   – papel importante do mercado de ações na economia,
   – ativismo e grande porte dos investidores institucionais,

– foco na maximização do retorno para os acionistas (*"shareholder oriented"*).
2. *"Insider System"*: é aquele em que grandes acionistas estão no comando das operações diárias, diretamente ou via pessoa de sua indicação. Dentro deste sistema encontra-se o sistema de governança corporativa da Europa Continental e Japão, que se caracteriza da seguinte forma:
   – estrutura de propriedade mais concentrada,
   – presença de conglomerados indústriais-financeiros,
   – baixo ativismo e menor porte dos investidores institucionais
   – reconhecimento mais explícito e sistemático de outros *"stakeholders"* não financeiros, principalmente funcionários (*"stakeholder oriented"*).

O termo governança corporativa começou a ser utilizado nos Estado Unidos, no final da década de 1980, para se designar uma forma de gestão que tornasse as companhias abertas mais confiáveis para os investidores e socialmente mais responsáveis, desenvolvendo mecanismos que pudessem conferir maior visibilidade e transparência ao processo decisório, com a ampliação do movimento pela governança corporativa, outros temas como a ética e a responsabilidade social foram sendo incorporados ao debate.

E a governança corporativa em de necessariamente de coexistir com a ética, avaliada no segmento empresarial, afirmando que a governança corporativa só será autêntica na organização que adotar e disseminar os preceitos de ética, e pela via contrária, para que uma organização seja ética, deverá trilhar os caminhos da governança corporativa.

Ética, no senso comum, se refere a um conjunto de regras e princípios que procuram classificar a conduta humana como correta ou equivocada.

No sentido epistemológico, a palavra "ética" vem do grego *"ethos"* que quer dizer morada, onde nós nos sentimos em casa, protegidos, conhecedor de todos e das regras e conhecido por todos. A função do *"ethos"* passa a ser então promover, além da proteção e segurança dos indivíduos, a busca, através da prática virtuosa, da excelência moral.

AURÉLIO (2001) aponta que ética "é o estudo dos juízos de apreciação referentes à conduta humana suscetível de classificação do ponto de vista do bem e do mal, seja relativamente à determinada sociedade, seja de modo absoluto." Podemos afirmar que a ética teoriza a respeito do comportamento moral das pessoas na coletividade, tratando dos fundamentos e da natureza das nossas atitudes de forma normativa, estabelecendo, de modo inequívoco, direitos e deveres que determinam a conduta do indivíduo, e ainda tem a função de fomentar valores comuns aos membros da sociedade.

Associado ao conceito de ética está o conceito de "moral", originário do latim *"moras"*, significando morada e com sentido e significado muito semelhante ao do *"ethos"*. A utilização do termo moral alude à intenção das pessoas a atuar de determinada maneira, através de conselhos morais, exortações, persuasão, sermões dentre outras assertivas.

Moral é entendida então como um conjunto de regras, princípios e valores adotados para um determinado local, grupo e em época própria, definindo ações e atitudes esperadas de seus integrantes.

Os conceitos de ética e de moral são muito antigos e na cultura ocidental, originários das discussões filosóficas de Aristóteles, porém nas empresas esta discussão é relativamente recente, tendo surgido na década de 60 ou 70 do século XX, abordando os aspectos da ética pessoal e profissional e intimamente relacionados à responsabilidade de seus atores para com a sociedade.

A importância da ética empresarial cresceu muito a partir da década de 1980, como conseqüência do incremento ao comércio exterior, da globalização, do cruzamento das fronteiras de pessoas e capitais e da criação do capital social, a construção de redes de confiança para um melhor funcionamento da economia, tendo se tornado, nos cursos de ciências empresariais, obrigatória como disciplina isolada ou tratada de maneira interdisciplinar.

Contextualizados os conceitos de ética, moral, ética empresarial e governança corporativa, cabe a problematização: Pode uma organização ter boas práticas de governança corporativa sem a internalização de valores éticos e morais? É possível uma empresa ser ética sem a adoção da governança corporativa?

Para responder a estes questionamentos nos utilizamos inicialmente da frase de Aristóteles onde afirma que a "ética é a prática das escolhas". Que por sua vez, esclarece que "o texto ético não é explicito. Os valores diferem para cada pessoa...", o que nos mostra que a escolha faz parte dos processos decisórios e que a dificuldade reside na individualidade do tomador de decisões e na dificuldade de padronizar resposta aos dilemas, dados que são tantos e distintos diuturnamente.

Os problemas éticos na administração raramente se apresentam como uma dicotomia, mas sim, com gradientes de soluções, com conseqüências extensas e incertas.

5. Conclusão

De uma leitura mais atenta, concluímos que a ética é o instrumento fundamental para a vida em conjunto, seja na sociedade primitiva ou em uma corporação moderna. A humanidade não teria criado civilizações sem a adoção dos conceitos éticos e morais. A ética torna-se, então, "condition *sine qua non*" da sobrevivência de qualquer grupo social.

A grande crítica às agências de classificação de risco reside no fato de os clientes das agências – ou seja, os responsáveis pelo faturamento delas, serem exatamente os países, municípios, bancos e empresas. Ou seja, a empresa ou ente público celebra um contrato com claro pagamento de valores financeiros à agência de classificação de risco, para que esta faça a avaliação de sua capacidade de pagamento.

A pedido da empresa contratante, a classificação poderá manter – se confidencial – quando, por exemplo, a empresa contratante entende que a classificação atribuída ficou aquém de suas expectativas. Para que a classificação se torne pública, a empresa contratante deve autorizar formalmente a publicação.

Todavia, a qualquer momento, a classificação pode ser revista e alterada – tanto para cima *(upgrade)* como para baixo *(downgrade)* –, caso a avaliação do risco de crédito atribuído à empresa ou ente público se modifique.

6. Referências Bibliográficas

BARROSO, Luis Roberto. *Interpretação e aplicação da Constituição*. São Paulo, Saraiva, 1996.
BANDEIRA DE MELLO, Celso Antonio. *Curso de Direito Administrativo*. 17. Ed. São Paulo, Malheiros Ed., 2004.
BARBIERI FILHO, Carlos. *Disciplina Jurídica da Concorrência*. São Paulo, Resenha Tributária. 1984.
BASTOS, Celso Ribeiro. *Curso de Direito Constitucional*. 14. Ed. São Paulo, Saraiva, 1992.
BITTAR, Carlos Alberto. *Direito de Autor*. São Paulo: Forense Universitária, 2000.
BONAVIDES, Paulo. *Curso de Direito Constitucional*. 5. Ed. São Paulo, Malheiros Ed., 1994.

BULGARELLI, Waldirio. *A teoria jurídica da empresa: Análise Jurídica da Empresarialidade.* São Paulo: RT Editora, 1985.

CAHALI, Francisco José. *Curso de Arbitragem.* 2ª Ed. São Paulo: RT Editora, 2012.

CARMONA, Carlos Alberto. *Arbitragem e Processo.* 3ª Ed. São Paulo: Atlas, 2009.

CARRAZZA, Roque. *Curso de Direito Constitucional Tributário.* 3. Ed. São Paulo, Revista dos Tribunais.

CASTRO, Daniel Aureo de. *Coleção Prática do Direito, Direito Imobiliário – vol. 15.* 2. Ed. São Paulo, Saraiva. 2012.

CARVALHO, Paulo de Barros. *Curso de Direito Tributário.* 15. Ed. São Paulo, Saraiva, 2003.

COELHO, Fábio Ulhoa. *Curso de Direito Empresarial.* 25. Ed. São Paulo, Saraiva. 2013.

_____. *Curso de Direito Empresarial.* Vol. I, II e III. 17. Ed. São Paulo, Saraiva. 2013.

DALLATI, Dalmo de Abreu. *Elementos de Teoria Geral do Estado.* 11. Ed. São Paulo, Saraiva, 1985.

EIZIRIK, Nelson. *A nova Lei das S/A.* São Paulo, Saraiva, 2011.

FIORILLO, Celso Antonio Pacheco. *Curso de Direito Ambiental Brasileiro.* 13. Ed. São Paulo, Saraiva, 2012.

FRAGOSO, João H. R. da Rocha. *Direito Autoral, da antiguidade à internet.* São Paulo: Quartier Latin, 2009.

GRAU, Eros Roberto. *A Ordem Econômica na Constituição de 1988.* 3. Ed. São Paulo, Malheiros Ed.

HILL, C. Regulating the Rating Agencies. American Law & Economics Association Annual Meetings. Chicago-Kent College of Law. Chicago. 2004.

KAMINSKY, G. e SCHMUKLER, S. Emerging Market Instability: Do Sovereign Ratings Affect Country Risk and Stock Returns? The World Bank Economic Review, Vol. 16, N 2, pp. 171-195. 2002.

SECURATO, José Roberto. Crédito – Análise e Avaliação do Risco. Editora Saint Paul, 1ª ed, São Paulo, 2002.

Questões Atuais da Recuperação Judicial de Sociedades Empresárias

Erik Frederico Oioli*
José Afonso Leirião Filho**

1. Introdução

O escopo do presente artigo é realizar uma leitura crítica de temas atuais relacionados à Recuperação Judicial de Empresas, no âmbito negocial e judicial, bem como seus efeitos na economia brasileira e no que toca à efetividade da lei. A nova Lei de Recuperação de Empresas e Falência (Lei nº 11.101/2005), fruto do Projeto de Lei nº 3.476/1993, surgiu embrionariamente com foco em propiciar oportunidades efetivas de recuperação de empresas em crise econômica, financeira e patrimonial[1]. Contudo, no ínterim dos longos anos

---

* Doutor e Mestre em Direito Comercial pela USP. Graduado pela USP. Professor dos cursos de pós-graduação em Direito Empresarial do Instituto Internacional de Ciências Sociais – IICS e Insper. Advogado em São Paulo.
** Cursando pós-graduação em Direito Empresarial no Instituto Internacional de Ciências Sociais – ICCS. Graduado pelo Mackenzie. Advogado em São Paulo.
[1] Fábio Ulhoa Coelho, com assertividade, esclarece: *"Por crise econômica, pode-se entender a retração considerável nos negócios desenvolvidos pela sociedade empresária."* (...) *"A crise financeira*

entre a aprovação do projeto e edição da lei, passou a receber pressões dos setores mais organizados da economia, com destaque ao bancário e ao Fisco, o que alterou sensivelmente alguns dispositivos do ato normativo[2], além de parte de seus aspectos teleológicos.

As alterações sofridas que culminaram na legislação atualmente em vigor, somadas aos entendimentos jurisprudenciais e às nuances da economia brasileira, trouxeram uma série de interessantes problemáticas no que toca à recuperação de empresas no Brasil.

Diante disso, a seguir serão abordados temas frequentemente objeto de discussão nos tribunais, na mídia e no meio acadêmico, cujas informações foram obtidas após extensas pesquisas jurisprudenciais, de estatísticas e participações em fóruns de discussão com especialistas sobre o assunto.

2. Recuperação Judicial No Brasil – Um Procedimento Pouco Eficaz

O principal ponto a ser analisado com relação à lei de recuperação de empresas é a sua efetividade. Como já mencionado acima, o Projeto de Lei que deu luz à Lei nº 11.101/2005 tinha como principal objetivo, inicialmente, a preservação da empresa como unidade econômica de geração de bens ou serviços. Essa preservação se estenderia, portanto, aos empregos e à produção, sendo que o procedimento de recuperação seria um instrumento a dar fôlego suficiente à sociedade empresária, possibilitando o pagamento aos credores, evitando sua falência e preservando a fonte produtora. A manutenção de tal filosofia nos parece uma utopia, pois, como se sabe, as leis e o Direito não caminham sem que haja um interesse econômico que os influencie.

Os dispositivos posteriormente inseridos na lei, apoiados em boa parte pela jurisprudência, ante sua positividade inegável, estatisticamente diminuíram

---

revela-se quando a sociedade empresária não tem caixa para honrar seus compromissos. É a crise de liquidez." (...) *"Por fim, a crise patrimonial é a insolvência, isto é, a insuficiência de bens no ativo para atender à satisfação do passivo."* (COELHO, Fábio Ulhoa. Comentários à Lei de Falências e de recuperação de empresas. 8ª Edição. São Paulo: Saraiva, 2011. p. 68-69.)

[2] Neste ponto se destacam o §3º do artigo 49, que estabelece os créditos que não se sujeitam à Recuperação Judicial; e o artigo 57, que dispõe que a recuperação apenas será concedida à empresa que apresentar certidão negativa de débitos tributários.

a efetividade da recuperação da empresa que se utiliza do instituto. Estudiosos do tema, como o Professor Manoel Justino Bezerra Filho, realizam uma análise crítica muito clara com relação às mudanças que transformaram o *core* filosófico da lei em questão. Observe-se:

> *"A partir de 2000/2001, as pressões que passaram a se fazer cada vez mais presentes na elaboração da lei trouxeram a alteração de rumo que levou a uma verdadeira mudança do ponto de vista filosófico, de tal forma que o texto foi cada vez mais se distanciando das metas originais. (...)*
> *O principal argumento dessa "corrente" era, no mínimo, curioso. Argumentava, a princípio corretamente, que a recuperação de qualquer empresa, em qualquer lugar do mundo capitalista, dependia fundamentalmente de financiamento e que o único setor capaz de fornecê-lo em quantidade suficiente seria o setor bancário. (...)*
> *A partir desse pensamento, até aqui corretamente formulado, essa corrente conseguiu tornar verdade a afirmação de que a lei de recuperação, para propiciar efetivamente recuperação, deveria proporcionar condições privilegiadas de retorno do capital investido na sociedade empresária em recuperação ou em falência, de tal forma que a diminuição do risco resultaria na baixa dos juros."*[3]

Ainda segundo o Professor Manoel Justino, a explanação acima justificaria a jocosa alcunha que a lei recebeu no meio jurídico: "Lei de Recuperação do Capital Financeiro".

Não obstante a lúcida crítica realizada acima, a justificativa econômica do setor bancário se comprova na prática comercial cotidiana, uma vez que, se de um lado os privilégios concedidos pela lei ao crédito bancário são mais um empecilho à recuperação das empresas, por outro lado, não se pode ignorar a forte expectativa de retorno do capital investido pelas instituições financeiras ou até fundos de investimento, que concedem financiamentos com taxas de juros menores, diminuindo, consequentemente o *spread* bancário e fomentando a economia. Tal entendimento reflete, inclusive, o posicionamento majoritário atual do Superior Tribunal de Justiça no que toca aos créditos objeto

---

[3] Lei de Recuperação de Empresas e Falência. 8ª Edição, revista, atualizada e ampliada. São Paulo: Editora Revista dos Tribunais, 2013. P.54-55.

de cessão fiduciária. O Superior Tribunal de Justiça já se manifestou sobre o tema em voto da Ministra Maria Isabel Gallotti, cuja presença de análise da lei considerando-se o ponto de vista econômico é uma confortante novidade nos tribunais brasileiros. Segue transcrição do trecho que esclareceu a questão:

> *"Se, por um lado, a disciplina legal da cessão fiduciária de título de crédito coloca os bancos em situação extremamente privilegiada em relação aos demais credores, até mesmo aos titulares de garantia real (cujo bem pode ser considerado indispensável à atividade empresarial), e dificulta a recuperação da empresa, por outro, não se pode desconsiderar que a forte expectativa de retorno do capital decorrente deste tipo de garantia permite a concessão de financiamentos com menor taxa de risco e, portanto, induz à diminuição do spread bancário, o que beneficia a atividade empresarial e o sistema financeiro nacional como um todo."* [4]

Excessivamente ingênuo, portanto, seria imaginar que o setor bancário, que financia o setor empresarial, autorizaria financiamentos mais vantajosos sem a garantia de que, ao menos, teria certo privilégio para o recebimento de eventual passivo. O raciocínio dos credores financeiros nada mais é do que uma aplicação prática do pensamento capitalista, que é inegavelmente a realidade no mundo contemporâneo.

Contudo, esta questão não é o único elemento responsável pela diminuição da efetividade da recuperação de empresas no Brasil. Afinal, o que faz uma lei de reestruturação de empresas e falência ser considerada efetiva? Para fins de reflexão, vejamos o que diz o celebrado economista francês e professor de Harvard, Philippe Aghion:

> *"A good bankruptcy law should maximize the ex post value of the firm, with an appropriate distribution of this value across claimants, one that respects the priority of claims among the various classes of creditors"* [5]

---

[4] STJ. Recurso Especial nº 1.263.500 – ES (2011/0151185-8), Ministra Maria Isabel Gallotti, d.j. 21.04.2013.

[5] No português: Uma boa lei falimentar deve maximizar o valor *ex post* da empresa, com uma apropriada distribuição de seu valor aos credores, e que respeite a ordem de prioridade entre as variadas classes de credores. AGHION, Philippe. *The economics of bankruptcy reform*. Journal of Law, Economics and Organization. P. 523-546.

Para termos uma noção correta sobre a efetividade da recuperação, importante citar o resultado de pesquisa encomendada pelo periódico O Estado de São Paulo[6], na qual foi realizado o levantamento estatístico de que apenas 1% das empresas brasileiras em recuperação judicial efetivamente se recupera. A pesquisa foi realizada desde a vigência da Lei nº 11.101/2005 até o mês de fevereiro de 2014, quando do total de 4 mil sociedades empresarias em processo de recuperação judicial, apenas 45 voltaram a operar regularmente. Um número absurdamente pequeno.

Em um paralelo, a taxa de sucesso de recuperação de empresas nos Estados Unidos varia, historicamente, de 20% a 30%. Para que essa diferença abissal de sucesso seja ao menos razoavelmente compreendida, é essencial a realização de uma breve análise do procedimento e, mais importante, da compreensão que o mercado possui com relação ao chamado *chapter 11* e à empresa em dificuldades.

O capítulo 11 do *U.S. Bankruptcy Code*, lei federal norte-americana que rege os casos de insolvência das pessoas físicas e jurídicas, prevê um procedimento que muito se assemelha à Recuperação Judicial da lei brasileira. Seu objetivo é oferecer uma possibilidade efetiva de reestruturação à sociedade empresária em crise, desde que ela seja passível de recuperação. Essa última afirmação é de extrema relevância, pois nos Estados Unidos, caso a empresa não tenha condições reais de recuperação, ela estará fadada à falência ou ao chamado *chapter 7*, que regula a liquidação de empresas.

A partir de uma análise dos dispositivos da lei anglo-saxônica e suas premissas[7], pode-se compreender que apenas são admitidos pedidos de reestruturação com base no *chapter 11* caso a empresa seja de fato recuperável. Ou seja, o pedido de recuperação não será aceito se tratar de espécie de "liquidação disfarçada". Inclusive, após a apresentação do plano de reestruturação, a corte norte-americana, como requisito para a confirmação da proposta, deverá avaliar se o plano é *feasible*, ou seja, se possui chances reais de sucesso.

Não obstante o maior aprimoramento da lei e agilidade do judiciário norte-americano, a nosso ver, a diferença mais relevante com relação à taxa

---

[6] http://www.estadao.com.br/noticias/impresso,so-1-das-empresas-sai-da-recuperacao-
-judicial-no-brasil,1085558,0.htm.
[7] http://www.uscourts.gov/FederalCourts/Bankruptcy/BankruptcyBasics/Chapter11.aspx

de sucesso da recuperação de empresas no Brasil se dá pela maturidade do mercado americano ao se deparar com uma empresa em dificuldades.

Dito isso, em mesa redonda sobre Recuperação Judicial, realizada em agosto de 2013 pela TMA Brasil – representante brasileira da *Turnaround Management Association* – uma série de diretores de grandes bancos mundiais compartilharam com juristas e investidores suas maiores críticas com relação à recuperação de empresas no Brasil. De forma praticamente unânime, criticou--se o pedido de recuperação judicial por empresas praticamente falidas e os planos de recuperação judicial apresentados por tais sociedades, que também serão objeto de análise mais a frente.

No que toca ao primeiro ponto, esse tipo de atitude, muitas vezes aconselhada por advogados especialistas em retardar a falência de empresas, esclarece a baixa taxa de sucesso das recuperações brasileiras. Em 2013, no Brasil, foram realizados 1.758 pedidos de falência e 874 requerimentos de Recuperação Judicial[8]. Em comparação, nos EUA, o número de pedidos de liquidação (*chapter 7*) ultrapassa de forma ampla a quantia de pedidos de reestruturação. Em 2013, nos EUA, foram apresentados 728.833 pedidos de liquidação e 8.880 pedidos de reestruturação[9].

A nosso ver, parte dessa discrepância pode ser justificada pela utilização da recuperação judicial pelas empresas brasileiras como processo de liquidação. Inúmeros são os casos de empresas afundadas em dívidas, que não operam, e assim mesmo apresentam pedido de processamento de recuperação judicial, que são deferidos pelo judiciário. O maior problema está no fato de que a lei brasileira não prevê uma análise econômica da viabilidade da empresa ou do plano de recuperação apresentado. Sendo assim, o nosso sistema jurídico positivista não determina que os magistrados utilizem conceito econômico algum ou mesmo suporte técnico adequado para avaliar se o pedido de determinada empresa deve ser processado como recuperação judicial ou se é caso de falência. Assim, todo o processo decisório é deixado nas mãos da empresa devedora e dos credores, que ou não possuem capacidade técnica ou interesse ou mesmo poder econômico para contratar quem possa avaliar a viabilidade

---

[8] http://www.serasaexperian.com.br/release/indicadores/falencias_concordatas.htm.
[9] http://www.uscourts.gov/Statistics/BankruptcyStatistics.aspx – *U.S. Bankruptcy Courts— Business and Nonbusiness Cases Commenced, by Chapter of the Bankruptcy Code, During the 12Month Period Ending December 31, 2013*.

da recuperação, ou não possuem capacidade ou novamente interesse para se coordenar e barrar planos de recuperação inviáveis.

A justificativa para o uso da recuperação Judicial de tal forma, além de fortes raízes culturais[10], se explica muito pelo fato de que, no Brasil, a falência é vista como a pior alternativa pelos credores[11], fato aproveitado pelos devedores que, cientes de que a falência é indesejada pela praticamente totalidade de credores, apresentam pedidos de recuperação judicial quando já estão em fase pré-falimentar, muitas vezes sem sequer operar.

Diante de tal fato, o Tribunal de Justiça de São Paulo, pautado no entendimento esposado no Enunciado nº 45 da I Jornada de Direito Comercial do Conselho da Justiça Federal (CJF), segundo o qual – *O magistrado pode desconsiderar o voto de credores ou a manifestação de vontade do devedor, em razão de abuso de direito.* – já chegou a conferir recuperação judicial à sociedade, não obstante a decisão da Assembleia-geral de falir a empresa[12]. A justificativa está claramente pautada na realidade de que a falência não é interessante a nenhum dos credores.

---

[10] Interessante contratar aqui a cultura brasileira e norte-americana neste sentido. Enquanto para o empresário norte-americano o processo de "quebra" faz parte da cultura do empreendedorismo e do jogo do capitalismo de risco, além de ser parte do processo de amadurecimento empresarial, para o empresário brasileiro a falência da empresa significa a "morte" do empresário, que estende seus efeitos sobre sua vida social. Isto se deve muito à cultura brasileiro de o sócio da empresa ser visto como "dono" do negócio, conferindo-lhe status social (sobre a influência da cultura brasileira, v. Gorga, Erica, *Culture e Corporate Law Reform: A Case Study of Brazil*, disponível eletronicamente em http://ssrn.com/abstract=999942 (último acesso em 30.5.14).

[11] Sobre o mote, afirma Fábio Ulhoa Coelho: "(...) *o risco de falência não assusta muito o devedor, mas assusta bastante os credores. Para estes, a quebra do devedor significa na maioria das vezes a perda do crédito, enquanto a outorga do benefício poderá eventualmente garantir o recebimento de parte deles.* (op. cit, p. 14)

[12] Vide a ementa em questão: "*Recuperação judicial. Aprovação do plano de recuperação apresentado, a despeito de ter sido rejeitado em Assembleia Geral de Credores. Homologação conforme teoria denominada "cram down". Controle judicial de legalidade. Desconsideração dos votos dos credores em razão de abuso de direito. Enunciados nº 44 e 45 da I Jornada de Direito Comercial do Conselho da Justiça Federal (CJF). Aplicação do princípio da preservação da empresa economicamente viável. Credores pertencentes a uma única classe, a dos créditos quirografários. Ausência de deságio. Aumento do faturamento da empresa desde a data do pedido de recuperação judicial. Abuso do exercício do direito de voto reconhecido. Manutenção da decisão que homologou o plano de recuperação judicial. Agravo de instrumento desprovido.*" (Agravo de Instrumento nº 0100844-07.2013.8.26.0000, Rel. Des. José Reynaldo, julgado em 03.02.2014).

Ainda, a falta no Brasil da prática de se olhar para a empresa, após o contato com uma série de reestruturações, fica nítida. Desde o juiz até os credores, observa-se muitas vezes que o foco de todos os envolvidos é muito maior com relação às dívidas da empresa em recuperação do que no que toca aos ativos que a sociedade ainda possui. Nesse ponto, destaca-se a questão da problemática dos planos de recuperação, que passaremos a analisar a seguir.

3. A Problemática dos Planos de Recuperação Judicial

A apresentação do plano de recuperação judicial encontra previsão no artigo 53 da Lei nº 11.101/2005 e se trata de um momento essencial no procedimento, mais que isso, é o fator de maior importância em todo processo de recuperação. Sua consistência refletirá diretamente nas chances de efetiva recuperação da sociedade empresária[13].

A problemática que envolve os planos de recuperação no Brasil é assunto amplamente debatido pela doutrina e jurisprudência. Uma breve atuação na área de reestruturação é suficiente para que se constate que a consistência dos planos e falta de criatividade dos consultores em sua elaboração é evidente.

Algumas previsões já se tornaram verdadeiros clichês em planos de reestruturação no Brasil. A presença de alto deságio (não obstante a obrigatoriedade de eventual recolhimento de Imposto de Renda sobre o desconto) e período de carência excessivos estão entre os elementos mais comumente vistos nos processos de recuperação. Ademais, a inventividade em tais propostas dos devedores é praticamente nula, visto que a maioria dos planos com os quais se depara na prática objetiva apenas preservar a empresa como está, sem alternativas inovadoras ou sem ao menos atacar os problemas que levaram a empresa à dificuldade, que, invariavelmente, passam pela gestão

---

[13] Sobre a importância da consistência dos Planos de Recuperação, é válido consultarmos Fábio Ulhoa Coelho: *"A consistência do plano de recuperação judicial é essencial para o sucesso da reorganização da empresa em crise. Só se justifica o sacrifício imediato de interesses dos credores e, em larga medida, da sociedade brasileira como um todo, derivado da recuperação judicial, se o Plano aprovado pela Assembleia de Credores for consistente. Se ele vai funcionar ou não, é outro problema. Depende de uma série de outros fatores não inteiramente controláveis pelo devedor e seus credores. Um Plano consistente pode não dar certo, essa não é a questão. O fato é que um plano inconsistente certamente não dará certo.".* (op. cit, p. 235)

do negócio nas mãos do(s) sócio(s) principal(is), considerados "donos" da empresa e também invariavelmente indispostos à abrir mão do poder de gestão.

Concentram-se, nesse sentido, em manter os direitos políticos dos acionistas, os cargos de administração, o que se trata de um contrassenso, dado o inegável *status* de crise. Verifica-se uma grande dificuldade de que o empresário abra mão do negócio, não obstante a situação praticamente falimentar de sua empresa.

Tal constatação vai, inclusive, contra o objetivo do legislador, cujas disposições legais pretendem preservar a empresa e não a pessoa do empresário. Aliás, um dos pontos mais importantes (e amplamente usados nos EUA, por exemplo) é a figura do novo investidor. No Brasil, a ótica do investidor não está presente nos planos, sendo praticamente ignorada a alternativa de venda da empresa. Nesse ponto, nos parece que os planos carecem de uma analise sob o ponto de vista econômico para que se considere a possibilidade de venda da recuperanda.

Muitos advogados têm concentrado seus estudos em alternativas para o sucesso da recuperação judicial, sendo que a venda da empresa é uma das saídas mais recorrentes. Sobre o tema, analisemos trecho importante elaborado pelo jurista Jairo Saddi, em interessante coletânea organizada pelo Professor Luciano Benetti Timm:

> *"Há um segundo foco de problemas de eficiência nos procedimentos falimentares ou de recuperação e diz respeito à liquidação de ativos. É o que se refere à avaliação dos ativos da massa? Uma vez que a maior parte deles não é ativo líquido e financeiro, como transformá-los em dinheiro? Oliver Hart sugere que, em países onde o mercado de capitais for eficiente, pode-se vender a empresa (ou partes dela) a investidores, com o preço a ser pago em dinheiro correspondente ao seu valor real. Esse tipo de leilão, conhecido como cash-auction, é atraente porque o credor recebe seu quinhão em dinheiro."* [14]

Como se vê, a possibilidade da venda da empresa está atrelada à eficiência do mercado de capitais do país. A evolução do mercado de capitais no direito

---

[14] TIMM, Luciano Benetti. Direito e Economia no Brasil. 2ª Edição. São Paulo: Editora Atlas, 2014. p.352/353.

brasileiro, apesar de ainda não estar no nível das nações mais desenvolvidas, indica que alternativas mais maduras do ponto de vista econômico têm grandes chances de se tornarem realidade no âmbito das recuperações judiciais.

Já atualmente podemos citar algumas reestruturações nas quais a participação de investidores na aquisição de empresas em recuperação judicial foi essencial à reestruturação da sociedade. Talvez um dos exemplos mais notórios seja a venda da Parmalat[15], mas há outras experiências bem sucedidas, porém o número é ainda tímido. Entendemos, inclusive, que a lei poderia ter sido ainda mais benéfica em termos de sucessão e para incentivar investidores a adquirirem as empresas ou parte delas, através de um programa de incentivos.

Entretanto, a falta de maiores exemplos não se explica apenas pela inconsistência dos planos ou falta de criatividade das partes envolvidas. A inegável inexistência de uma análise profunda da situação da empresa é um fator que afugenta os investidores. Essa falha pode ser constatada por uma série de fatores, tais como o praticamente total desconhecimento de credores extraconcursais e do valor desse crédito (detido pelo Fisco, por financiadores, investidores e etc); a apresentação de laudos econômico-financeiros de difícil interpretação e que não deixam claro se a empresa está operando e, caso esteja, em que condições; e a impossibilidade de se aferir o valor real da empresa.

A infrequente existência de informação financeira sobre a empresa em crise é um fator que afasta ainda mais as raras chances de entrada de dinheiro novo na recuperação e, ressalta-se, é mais regra que exceção nos processos. Somamos a isso a morosidade do judiciário, cuja falta de agilidade é também considerada um verdadeiro *deal breaker*. Não é raro vermos um Agravo de Instrumento capaz de atrasar o processo de recuperação judicial da empresa agravada por meses, quiçá por anos.

Um avanço nesse ponto é a criação de varas especializadas em recuperação judicial e falências, bem como câmaras especializadas em direito empresarial, como ocorre no Tribunal de Justiça de São Paulo, por exemplo. Todavia, isso

---

[15] A Parmalat foi adquirida pela LAEP (Latin America Equity Partners) por R$ 20 milhões e tinha dívidas de R$ 900 milhões. Com a marca recuperada, os ativos da Parmalat entraram na fusão que criou a Lácteos Brasil, e hoje a LAEP detém 24% da companhia, que fatura R$ 2,8 bilhões.
Fonte:http://www.istoedinheiro.com.br/noticias/71658_OS+FUNDOS+QUE+RECONSTROEM+EMPRESAS

ocorre apenas nos grandes centros, sendo que a morosidade e o despreparo do judiciário para gerir um processo de recuperação judicial ficam mais evidente em pequenas comarcas, o que dificulta a alienação de ativos, a participação de credores e, consequentemente, a recuperação da empresa.

Consideramos, portanto, a problemática dos planos de recuperação judicial um ponto absolutamente sensível ao aumento da taxa de sucesso da recuperação de empresas no Brasil. A seguir, traremos ao debate a participação do judiciário na análise dos planos.

3.1 A Ingerência do Poder Judiciário nos Planos de Recuperação Judicial

Como se sabe, a Lei nº 11.101/2005 estabeleceu que é de competência da Assembleia Geral de Credores a aprovação, modificação e rejeição do plano apresentado pelo devedor[16]. Dito isso, em regra, a decisão da Assembleia Geral em aprovar o plano de recuperação é dotada de soberania. Contudo, tal soberania não é absoluta, ao passo que o Judiciário deverá analisar a decisão tomada pelos credores, visto que caso um plano seja violador de princípios ou regras de direito, compete ao Poder Judiciário o dever de recusar a aprovação da proposta desvirtuada. Sobre o tema, observemos o entendimento do Des. Manoel Justino Bezerra Filho:

> *"Observe-se desde logo que o poder da assembleia geral não é decisório, não se substituindo ao poder jurisdicional. Evidentemente a assembleia, constituída por credores diretamente interessados no bom andamento da recuperação, deverá levar sempre ao juiz as melhores deliberações, que atendam de forma mais evidente ao interesse das partes envolvidas na recuperação, tanto devedor quanto credores. No entanto, até pelo constante surgimento de interesses em conflito neste tipo de feito, sempre competirá ao poder jurisdicional a decisão, permanecendo com a assembleia o poder deliberativo, dependente da jurisdição para sua implementação nos autos do processo. Sem embargo, sempre que chamado*

---

[16] Art. 35. A assembléia-geral de credores terá por atribuições deliberar sobre:
I – na recuperação judicial:
a) aprovação, rejeição ou modificação do plano de recuperação judicial apresentado pelo devedor (...).

à manifestação, a jurisprudência tem entendido que a decisão da AGC deve ser acatada pela jurisdição"[17]

A possibilidade do Poder Jurisdicional se imiscuir em deliberação assemblear dos credores é, como se observa, aceita pela doutrina[18]. Ademais, uma análise efetiva realizada pelo magistrado se faz importante ante a não rara existência de previsões que violam a Lei nº 11.101/2005, o *pars conditio creditorum* ou de conflito de interesses entre classes de credores, cujas preocupações e objetivos na recuperação judicial costumam divergir ante certas previsões do plano.

A respeito do conflito de interesses em Assembleia-geral de Credores, é importante observarmos que não obstante o voto conflitante seja um fato recorrente em Assembleias, a Lei nº 11.101/2005 não dispõe a respeito da questão. A interessante problemática é analisada pelo Professor Erasmo Valladão França:

> *"Em franco descompasso com a Lei de S/A (art. 115, § 4º), o Código Civil não prevê a anulação das deliberações tomadas em decorrência de voto conflitante. Nos dois dispositivos em que cuida de conflito de interesses, a sanção estabelecida na lei civil é apenas a da responsabilidade por perdas e danos (arts. 1.010, § 3º e 1.017, parágrafo único). A Lei 11.101, infelizmente, não trata da matéria. E não faltarão hipóteses em que o interesse individual de determinado credor poderá ser substancialmente conflitante com o da coletividade, a exigir a anulação da deliberação. Não é fácil, entretanto, conceituar o que seja o interesse comum dos credores. Segundo uma autorizada opinião doutrinária, tal interesse consistiria no interesse que tem cada credor em, ao menos a médio prazo, minimizar os seus prejuízos, mediante a ampliação das disponibilidades da massa. Outras manifestações doutrinárias e jurisprudenciais têm considerado contrárias ao*

---

[17] Ob. Cit., p. 118-119.
[18] Observe-se, também, o que entende Fábio Ulhoa Coelho: *"Pela lei brasileira, os juízes, em tese, não poderiam deixar de homologar os planos aprovados pela Assembleia dos Credores, quando alcançado o quórum qualificado pela lei. Mas, como a aprovação de planos inconsistentes levará à desmoralização do instituto, entendo que, sendo o instrumento aprovado um blá-blá-blá inconteste, o juiz pode deixar de homologá-lo e incumbir o administrador judicial, por exemplo, de procurar construir com o devedor e os credores mais interessados um plano alternativo."* (Ob. Cit. p. 236).

interesse comum dos credores as deliberações: a) que causam prejuízo desproporcional, inadequado, para uma parte dos credores; b) que favorecem um credor em particular, ou um grupo de credores, especialmente os credores privilegiados ou com garantia real, ou ainda terceiros em detrimento da comunhão dos credores; c) que não são úteis a ninguém; d) que favorecem o devedor ou um terceiro sem qualquer vantagem para a massa. Como hipóteses mais concretas de conflito de interesses podem ser imaginadas, por exemplo, a de uma credora, indústria automobilística, que vote contrariamente à aprovação de plano de recuperação judicial viável por estar interessada na falência do devedor, seu concessionário, a fim de passar a concessão a outrem; ou do credor interessado na falência de seu agente ou distribuidor (art. 710 do CC), igualmente para transferir a outrem a agência ou a distribuição de seus produtos; ou ainda, do credor que tenha interesse na falência de seu devedor simplesmente por ser seu concorrente. Nesses casos, o voto desses credores na Assembleia-Geral que for deliberar sobre o plano de recuperação judicial do devedor (art. 45 da Lei 11.101) poderá ser materialmente conflitante com o interesse da comunhão de credores na aprovação daquele plano. De outra parte, seria problemático estabelecer-se aí uma proibição de voto, eis que não se pode dizer 'a priori' que o credor concorrente, por exemplo, tenha interesse na falência de seu devedor unicamente para aniquilá-lo. Se o plano de recuperação for inviável, é absolutamente legítimo que o credor vote pela sua desaprovação, no intuito de evitar mais prejuízos ainda. A recuperação judicial não é um valor absoluto como lembrado alhures. Mas é de todo conveniente que, em tais casos, o credor justifique cumpridamente o seu voto, eivado de natural suspeição, entregando declaração ao presidente da Assembleia. De outra parte, a disciplina do voto em conflito de interesses que é uma espécie de abuso do direito de voto destina-se a proteger o interesse do grupo sendo assim aplicável tanto ao voto da maioria como ao da minoria"[19]

Portanto, em hipóteses nas quais o plano realiza previsões conflitantes entre as classes de credores ou contrárias a outras disposições presentes na Lei nº 11.101/2005, nos parece correto que o Poder Judiciário invalide a deliberação,

---

[19] *Comentários à Lei de Recuperação de Empresas e Falência*, Coordenação: Francisco Satiro de Souza Jr. E Antônio Sérgio A. de Moraes Pitombo, 2ª edição, Editora Revista dos Tribunais: 2007. p. 192-193.

em prol do princípio da *pars conditio creditorum* e do controle da legalidade do plano apresentado, sendo essa a determinação presente na lei[20] e, inclusive, entendida como mais correta pelos estudiosos do direito empresarial e pelo Conselho de Justiça Federal, conforme se atesta pelos Enunciados 44 e 46 da I Jornada de Direito Comercial CJF/STJ[21].

Não obstante, desde 2012, a Câmara Reservada à Falência e Recuperação Judicial do Tribunal de Justiça de São Paulo tem proferido decisões invalidando decisões assembleares com fundamentos diversos, que valem consulta e, por vezes representam avanço a ser avaliado pelos demais tribunais, e por outras merecem atenção da classe judiciária, de modo que não se interfira equivocadamente no conteúdo econômico dos planos, cuja avaliação, segundo a lei vigente, é pertinente aos credores, ante seu caráter eminentemente negocial[22]. De acordo com a maioria dos precedentes, portanto, a Assembleia

---

[20] Art. 58. *Cumpridas as exigências desta Lei, o juiz concederá a recuperação judicial do devedor cujo plano não tenha sofrido objeção de credor nos termos do art. 55 desta Lei ou tenha sido aprovado pela assembléia-geral de credores na forma do art. 45 desta Lei.*

[21] 44. A homologação de plano de recuperação judicial aprovado pelos credores está sujeita ao controle de legalidade.
46. Não compete ao juiz deixar de conceder a recuperação judicial ou de homologar a extrajudicial com fundamento na análise econômico-financeira do plano de recuperação aprovado pelos credores.

[22] Seguem ementas com interessantes e diversos posicionamentos do Tribunal de Justiça de São Paulo: "*Agravo. Recuperação Judicial. Plano aprovado pela assembleia-geral de credores. Plano que prevê o pagamento do passivo em 18 anos, calculando-se os pagamentos em percentuais (2,3%, 2,5% e 3%) incidentes sobre a receita líquida da empresa, iniciando-se os pagamentos a partir do 3º ano contado da aprovação. Previsão de pagamento por cabeça até o 6º ano, acarretando pagamento antecipado dos menores credores, instituindo conflitos de interesses entre os credores da mesma classe. Pagamentos sem incidência de juros. Previsão de remissão ou anistia dos saldos devedores caso, após os pagamentos do 18º ano, não haja recebimento integral. Proposta que viola os princípios gerais do direito, os princípios constitucionais da isonomia, da legalidade, da propriedade, da proporcionalidade e da razoabilidade, em especial o princípio da "pars conditio creditorum" e normas de ordem pública. Previsão que permite a manipulação do resultado das deliberações assembleares. Falta de discriminação dos valores de cada parcela a ser paga que impede a aferição do cumprimento do plano e sua execução específica, haja vista a falta de liquidez e certeza do "quantum" a ser pago. Ilegalidade da cláusula que estabelece o pagamento dos credores quirografários e com garantia real após o decurso do prazo bienal da supervisão judicial (art. 61, 'caput', da Lei nº 11.101/2005). Invalidade (nulidade) da deliberação da assembleia-geral de credores declarada de ofício, com determinação de apresentação de outro plano, no prazo de 30 dias, a ser elaborado em consonância com a Constituição Federal e Lei nº 11.101/2005, a ser submetido à assembleia-geral de credores em 60 dias, sob pena de decreto de falência.*" (Agravo de Instrumento nº 0136362-29.2011.8.26.0000, Rel. Des. Pereira Calças, julgado em 28.02.2012); "*Agravo. Recuperação judicial. Recurso contra decisão*

Geral de Credores só é considerada soberana para a aprovação do plano se forem obedecidos os princípios gerais de direito, as normas da Constituição Federal, as regras de ordem pública e a Lei nº 11.101/2005, o que nos parece apropriado. Contudo, até o momento não há uma uniformidade na jurisprudência, visto que em muitos Estados sequer existem precedentes.

Sobre a ingerência do Judiciário nos planos, não obstante a clareza da importância de tal interferência em casos de abuso de direito, faremos algumas considerações que muitas vezes passam despercebidas no debate. Inicialmente, a jurisprudência deve se atentar às suas decisões de modo a não criar insegurança jurídica pela anulação de planos sem o devido fundamento. Podemos citar como exemplo as decisões que determinam a necessidade de

que concede a recuperação judicial. Alegação de que a homologação dependia de prévia decisão sobre as impugnações que não encontra respaldo na lei. Discussão sobre a existência, quantificação e classificação dos créditos não afeta o resultado da assembleia (art. 39, § 2º, da Lei nº 11.101/05). A Assembleia-Geral de Credores só é considerada soberana para a aprovação do plano se forem obedecidos os princípios gerais de direito, as normas da
Constituição Federal, as regras de ordem pública e a Lei nº 11.101/2005. *Proposta que viola princípios de direito, normas constitucionais, regras de ordem pública e a isonomia dos credores, ensejando a manipulação do resultado das deliberações assembleares é nula. Inclusão de credores garantidos por alienação fiduciária, titulares de arrendamento mercantil e por adiantamento de contrato de câmbio (ACC) nos efeitos da recuperação judicial viola o art. 49, §§ 3º e 4º da LRF. Previsão de carência para início do pagamento dos credores de 60 meses (5 anos), ou seja, após o decurso do prazo bienal de supervisão judicial do art. 61, "caput", da LRF, impede que o Judiciário convole a recuperação em falência, no caso de descumprimento das obrigações assumidas pela recuperanda. Liberdade para alienação de bens ou direitos integrantes do ativo permanente, independentemente de autorização judicial, afronta o art. 66 da LRF. Proibição de ajuizamento de ações contra sócios, cônjuges, avalistas e garantidores em geral por débitos da recuperanda, configura violação da Constituição Federal. Proibição de protesto cambial ou comunicação à Serasa e SPC, coíbe os credores do exercício de direito subjetivo. Invalidade (nulidade) da deliberação assemblear acoimada de ilegalidades, com determinação de apresentação de outro plano, no prazo de 30 dias, a ser elaborado em consonância com a Constituição Federal e com a Lei nº 11.101/2005, e submetido à assembleia-geral de credores em 60 dias, sob pena de decreto de falência. Agravo Provido."* (Agravo de Instrumento nº 0170427-50.2011.8.26.0000, Rel. Des. Pereira Calças, julgado em 17.04.2012). Valem a consulta, ainda, os recentíssimos acórdãos selecionados, todos do tribunal paulista: Agravo de Instrumento nº 2050803.02-2013.8.26.00, Rel. Des. Teixeira Leite, julgado em 20.02.2014; Agravo de Instrumento nº 2031859-49.2013.8.26.0000, Rel. Des. Maia da Cunha, julgado em 06.02.2014; Agravo de Instrumento nº 0103431-02.2013.8.26.0000, Rel. Des. José Reynaldo, julgado em 03.02.2014; Agravo de Instrumento nº 0100844-07.2013.8.26.0000, Rel. Des. José Reynaldo, julgado em 03.02.2014; Agravo de Instrumento nº 0065455-58.2013.8.26.0000, Rel. Des. Francisco Loureiro, julgado em 06.02.2014; Agravo de Instrumento nº 0074910-47.2013.8.26.0000, Rel. Des. José Reynaldo, julgado em 09.12.2013.

previsão no plano de correção monetária no valor do passivo[23]. Entendemos que essa obrigatoriedade que a jurisprudência criou talvez não seja essencial, visto que os credores e devedores devem ter total liberdade para negociar as condições do plano.

A nosso ver, de modo a evitar a existência de precedentes que criem obrigatoriedades não previstas na lei, engessando a elaboração dos planos, o ideal é que a análise realizada pelo Judiciário seja estritamente caso a caso, de acordo com a especificidade da hipótese concreta sob análise e adstrita ao controle de legalidade das disposições do plano. Essa questão é muito importante, pois a insegurança jurídica é um elemento de peso do famigerado "custo Brasil" e, irrefutavelmente, afasta ainda mais a entrada de dinheiro novo na recuperação.

Outro ponto objeto de críticas à atuação do Judiciário em sua análise dos planos é a total não utilização de conceito econômico pelos magistrados ao ponderar as propostas dos credores. A realidade é que a Lei nº 11.101/2005, diferentemente da lei americana, como se viu, não determina que o magistrado exerça qualquer juízo de valor a respeito da viabilidade econômica da empresa ou do plano proposto. Entendemos que nos processos de recuperação judicial, nos quais o fator econômico pode pesar muito mais que o jurídico para a efetiva reestruturação da recuperanda, seria muito positivo a todos, sejam credores ou devedores, a aplicação pelo Poder Judiciário de alguns ensinamentos do movimento *Law and Economics*[24], muito aplicado pelo direito

---

[23] Segue recente exemplo do Tribunal de Justiça de São Paulo: *AGRAVO DE INSTRUMENTO. RECUPERAÇÃO JUDICIAL. Recuperação judicial Plano aprovado por assembleia de credores – Verificação de sua legalidade pelo Poder Judiciário. Possibilidade necessidade de previsão do termo inicial da correção monetária, bem como do tema referente aos juros moratórios. Inserção de ofício, dispensando-se a convocação de AGC. Reconhecimento, ainda, da nulidade referente à cláusula que prevê a novação em benefício dos avalistas das obrigações da recuperanda. Provimento, em parte, para este fim.* (Agravo de Instrumento nº 2048936-71.2013.8.26.0000, Rel. Des. Fabricio Stendard, julgado em 06.02.2014).

[24] O referido movimento visa introduzir uma metodologia que contribua para a compreensão de fenômenos sociais e que auxilie na tomada racional de decisões jurídicas. Sobre o tema, interessante o estudo da obra *Direito e Economia no Brasil*, supracitada. A despeito das inúmeras críticas que a análise econômica do Direito recebe por doutrinadores brasileiros, sendo a principal delas a de que o Direito não deve ser guiado ou interpretado unicamente com base nos efeitos econômicos das regras, não podemos nos furtar de reconhecer que os principais objetivos da Lei nº 11.101/2005 são econômicos, isto é, a preservação da empresa como unidade produtora e geradora de empregos, bem como a preservação do crédito, essencial à realização

americano. A análise dos planos sob o ponto de vista econômico, a nosso ver, é fundamental para o sucesso das recuperações e para a tomada racional de decisões. Contudo, isso demandaria a existência de respaldo legal para tal, bem como a existência de massa humana qualificada, ou talvez de uma assessoria especializada para auxiliar o magistrado nesse campo, o que está longe de ser uma realidade por aqui. A mera análise de questões econômicas pelo juiz – denominada pela doutrina como magistratura econômica – representa um risco para a segurança jurídica das decisões judiciais.

Em decisão muito recente, o Superior Tribunal de Justiça, seguindo o entendimento aqui exposto e o que efetivamente prevê a Lei 11.101/2005, entendeu que não é o papel do magistrado se imiscuir no aspecto da viabilidade econômica da empresa, ante o caráter negocial do plano, que é de exclusiva apreciação assemblear. Observe-se lúcido trecho do acórdão de relatoria do Ministro Luis Felipe Salomão:

> *"Deveras, o magistrado não é a pessoa mais indicada para aferir a viabilidade econômica de planos de recuperação judicial, sobretudo daqueles que já passaram pelo crivo positivo dos credores em assembleia, haja vista que as projeções de sucesso da empreitada e os diversos graus de tolerância obrigacional recíproca estabelecida entre credores e devedor não são questões propriamente jurídicas, devendo, pois, acomodar-se na seara negocial da recuperação judicial."*[25]

O entendimento acima, um dos primeiros dos tribunais superiores sobre a matéria, tende a formar jurisprudência e inibir a chamada magistratura econômica. Além disso, nos deparamos ainda com a alternativa da falência, mais prejudicial aos credores que aos devedores, e que pressiona os juízes a deferirem a recuperação judicial independentemente da situação real da empresa. Isso também se dá com os credores ao analisarem planos inconsistentes, que acabam decidindo que *"receber qualquer coisa é melhor do que nada"*.

Como se vê, trata-se de questão muito delicada cuja solução tampouco é simples e provavelmente demanda alterações na redação da lei e na estrutura

---

do primeiro objetivo. Assim, é absolutamente essencial que o Judiciário esteja apto a avaliar e pautar suas decisões com base nos efeitos econômicos por elas produzidos.

[25] STJ, Recurso Especial nº 1.359.311 – SP, Rel. Min. Luis Felipe Salomão, julgado em 09.09.2014.

do Judiciário, principalmente no que toca ao procedimento de falência, ante a notória necessidade de existência de um procedimento de liquidação de ativos menos aterrador a todos os envolvidos.

Portanto, para que a situação das recuperações judiciais no Brasil e sua taxa de sucesso sejam otimizadas, além da colocação em pauta de aprimoramentos na estrutura legal, se faz necessária a colaboração dos advogados, consultores, empresários e magistrados, para uma utilização mais eficaz do instituto, em prol de um mais animador desenvolvimento econômico e empresarial do país.

4. Movimentos Jurisprudenciais Relevantes – Cessão de Recebíveis e a Trava Bancária

Realizada a análise da efetividade do procedimento de recuperação judicial e de questões específicas referentes ao plano de recuperação, passaremos a discutir um dos temas mais relevantes recentemente analisados pela jurisprudência.

Deste modo, trataremos da questão da cessão fiduciária de direitos creditórios e do mecanismo chamado de trava bancária. Fundamental ao bom entendimento do tema é a diferenciação conceitual entre a cessão de direitos creditórios (fiduciária ou não) e o mecanismo denominado "trava bancária". Os tribunais, desacostumados com os institutos utilizados no âmbito do mercado financeiro e de capitais, muitas vezes não apresentam um conceito técnico correto de modo a diferenciar a cessão de recebíveis da trava.

Resumidamente, a trava bancária é uma obrigação de fazer, acessória à cessão de direitos, cujo escopo é conferir ao banco a segurança necessária para viabilizar uma operação de concessão de crédito, ou seja, é um mecanismo que visa garantir o recebimento do valor que é devido à instituição financeira e se resume pela obrigação de direcionar o pagamento de determinados direitos creditórios à conta bancária sob o controle do credor. A cessão fiduciária de créditos ou direitos creditórios por sua vez é modalidade de garantia real, instituto originalmente introduzido pela Lei nº 4.728/1965 (posteriormente alterada pela Lei nº 10.931/2004, e também regulado, conforme aplicável, pela Lei nº 9.514/1967 e o Código Civil) que prevê a possibilidade da transferência do direito de propriedade sobre bens móveis, como moeda e direitos, como forma de garantir o pagamento de um débito. Nesse sentido, a trava bancária pode ser obrigação acessória para operacionalização da cessão fiduciária de direitos creditórios.

No ponto que mais nos interessa, a Lei nº 11.101/2005, especificamente em seu artigo 49, § 3º, determinou a exclusão dos créditos garantidos por cessão fiduciária dos efeitos da recuperação judicial. Como já mencionado acima, esse dispositivo legal é objeto de celeuma no mundo jurídico e a discussão se estende aos tribunais, com a participação recente e decisiva do Superior Tribunal de Justiça.

Não obstante, o assunto ainda é objeto de grande controvérsia nos tribunais estaduais. Para analisar o posicionamento dos Tribunais de Justiça brasileiros sobre o tema, foi realizada uma extensa busca de julgados que são responsáveis por formar a jurisprudência a respeito da cessão fiduciária de direitos creditórios e a insolvência do devedor[26].

De acordo com as pesquisas realizadas, o Tribunal de Justiça do Estado de São Paulo é um dos tribunais que decide praticamente com unanimidade no sentido de que a cessão fiduciária não está sujeita aos efeitos da recuperação judicial[27]. O entendimento é pautado na interpretação, a nosso ver correta, de que os direitos creditórios tem sua natureza legal equiparada a dos bens móveis, conforme prevê o artigo 83, II, Código Civil[28].

---

[26] As pesquisas, de forma geral, foram centradas nos Tribunais de Justiça dos seguintes estados federativos, com resultados estatisticamente relevantes para a busca: São Paulo, Rio de Janeiro, Minas Gerais, Paraná, Rio Grande do Sul, Bahia, Espírito Santo, Mato Grosso, Mato Grosso do Sul, Santa Catarina e Distrito Federal.

[27] Segue julgado exemplificativo do entendimento mencionado: *"Agravo de instrumento. Recuperação judicial. Decisão que liberou "trava bancária" em relação a recebíveis objeto de cessão fiduciária de crédito. Cédula de crédito bancário com contrato de constituição de alienação fiduciária em garantia (cessão fiduciária de direitos de crédito). Direitos de crédito (recebíveis) tem a natureza legal de bens móveis (art. 83, III,CC) e se incluem no § 3º do art. 49, da Lei nº 11.101/2005. Propriedade fiduciária que se constitui mediante o registro do título no Registro de Títulos e Documentos. Inteligência do art. 1.361, § 1º, do Código Civil. Contrato de cessão de crédito regularmente registrado no Registro Público configura direito real em garantia. Créditos não sujeitos aos efeitos da recuperação. Recurso provido."* (TJSP, AG 994092911059 SP, Rel. Pereira Calças, d.j. 02.03.2010). O mesmo entendimento é compartilhado pelo TJPR, TJSC, TJDF, TJMT, de modo majoritário.

[28] *Art. 83. Consideram-se móveis para os efeitos legais:*
(...)
III – os direitos pessoais de caráter patrimonial e respectivas ações.

Em contramão, os Tribunais de Justiça da Bahia e do Rio de Janeiro defendem, em diversos julgados, que deve prevalecer o princípio da preservação da empresa, submetendo-se os referidos créditos à recuperação judicial[29]. Tais tribunais justificam seus pareceres, ainda, com base na interpretação restritiva às normas que estabelecem exceção à regra geral do artigo 49, §3º da Lei 11.101/2005, que seria aplicável, então, somente à propriedade fiduciária do artigo 1.361 do Código Civil[30].

A nosso ver, a interpretação de não enquadramento da cessão de direitos creditórios na exceção prevista pela lei falimentar não se sustenta, pois se trata apenas de saída normativa encontrada pelos mencionados tribunais em prol da preservação da empresa em recuperação judicial.

Como já tratado neste estudo, os juristas travam uma batalha a respeito da exclusão do crédito financeiro da recuperação e o princípio da preservação da empresa como fonte produtora. A corrente a favor da liberação das travas bancárias foi, inclusive, objeto de divergência no Superior Tribunal de Justiça[31], o que comprova a celeuma.

Não obstante, de forma praticamente unânime, o Superior Tribunal de Justiça seguiu os argumentos que prevalecem na doutrina, bem como na grande parte dos tribunais, de modo que os precedentes mais recentes devem colocar um ponto final na discussão. Vide a conclusão do Ministro Ricardo Vilas Bôas Cueva, ao julgar a questão:

> *"Conclui-se, assim, que a alienação fiduciária de coisa fungível e a cessão fiduciária de direitos sobre coisas móveis, bem como de títulos de crédito, afiguram--se como (ou possuem a natureza jurídica de) propriedade fiduciária, não se*

---

[29] Segue julgado exemplificativo do entendimento mencionado: *"AGRAVO DE INSTRUMENTO. RECUPERAÇÃO JUDICIAL. EMPRÉSTIMOS BANCÁRIOS GARANTIDOS POR CESSÃO FIDUCIÁRIA. TRAVA BANCÁRIA. ART. 49, §3º, LEI Nº 11.101/05. SITUAÇÃO EXCEPCIONAL PRINCIPIOLÓGICA. CRÉDITO SUBMETIDO À RECUPERAÇÃO JUDICIAL. PRINCÍPIO DA PRESERVAÇÃO DA EMPRESA. IMPROVIMENTO DO AGRAVO."* (TJRJ, Agravo de Instrumento de nº 0034131-79.2012.8.19.0000, Rel. Des. Antonio Carlos Esteves Torres, d.j. 03.10.2012).

[30] O referido artigo se refere à alienação fiduciária: *Art. 1.361. Considera-se fiduciária a propriedade resolúvel de coisa móvel infungível que o devedor, com escopo de garantia, transfere ao credor.*

[31] Vide voto-vista no Recurso Especial Nº 1.202.918, de relatoria da Ministra Nancy Andrighi, que não acompanhou o voto da relatora e defendeu a liberação das travas bancárias.

sujeitando, portanto, aos efeitos da recuperação judicial, nos termos do § 3º do art. 49 da Lei nº 11.101/2005."[32]

Em outro precedente recente do Tribunal Superior, também se decidiu que os créditos garantidos por cessão fiduciária não se submetem aos efeitos da recuperação de empresas. Dessa vez, a Ministra Relatora Isabel Gallotti, em acórdão cujo trecho de interesse já foi transcrito no início deste artigo, esclareceu de forma elucidativa a razão pela qual enquadrou a cessão fiduciária na exceção prevista na lei. O trecho em específico vale nova menção:

> *"Se, por um lado, a disciplina legal da cessão fiduciária de título de crédito coloca os bancos em situação extremamente privilegiada em relação aos demais credores, até mesmo aos titulares de garantia real (cujo bem pode ser considerado indispensável à atividade empresarial), e dificulta a recuperação da empresa, por outro, não se pode desconsiderar que a forte expectativa de retorno do capital decorrente deste tipo de garantia permite a concessão de financiamento com menor taxa de risco e, portanto, induz à diminuição do spread bancário, o que beneficia a atividade empresarial e o sistema financeiro nacional como um todo. Em face da regra do art. 49, § 3º, da Lei nº 11.101/2005, devem, pois, ser excluídos dos efeitos da recuperação judicial os créditos de titularidade do recorrente que possuem garantia de cessão fiduciária."*[33]

O entendimento acima realiza, conforme entendemos ser fundamental, uma análise da lei com base em conceitos econômicos, que reflete a realidade do mercado e possibilita que o julgador decida de uma forma mais racional. Trata-se de um raro exemplo, que merece ser celebrado.

No que toca à problemática da exclusão dos efeitos da recuperação judicial dos créditos provenientes de cessão fiduciária, tudo indica que o julgado

---

[32] Recurso Especial nº 1.202.918 – SP, julgado em 10.04.2013.
[33] Segue a ementa do julgado: *"RECURSO ESPECIAL. RECUPERAÇÃO JUDICIAL. CONTRATO DE CESSÃO FIDUCIÁRIA DE DUPLICATAS. INCIDÊNCIA DA EXCEÇÃO DO ART. 49, § 3º DA LEI 11.101/2005. ART. 66-B, § 3º DA LEI 4.728/1965.*
1. Em face da regra do art. 49, § 3º da Lei nº 11.101/2005, não se submetem aos efeitos da recuperação judicial os créditos garantidos por cessão fiduciária. 2. Recurso especial provido." (STJ, Recurso Especial nº 1.263.500 – ES, Rel. Ministra Maria Isabel Gallotti, d.j. 05.02.2013).

acima do Superior Tribunal será adotado como precedente pelos tribunais estaduais. Porém, o julgado não resolve em absoluto uma questão demasiadamente complexa e fundamental: ainda que o crédito garantido por cessão fiduciária esteja reconhecidamente fora do alcance da recuperação, até que ponto isto deve prevalecer quando a preservação do crédito comprometer a preservação da empresa? Isto é particularmente relevante quando não raro um credor fiduciário tem como garantia a totalidade da receita da empresa devedora e, uma vez excutida a garantia, corta-se todo fluxo de dinheiro à empresa em dificuldade, decretando-se sua morte. A decisão do Superior Tribunal, apesar dos seus reconhecidos méritos, pautou-se unicamente na natureza da garantia e sua consequente não sujeição à Lei nº 11.101/2205, não entrando a fundo na questão acima colocada. Diante disso, é razoável esperar ainda a produção de decisões conflitantes nas instâncias inferiores, prolongado a indesejável situação de insegurança jurídica.

5. Conclusão

Esse breve estudo deseja trazer à discussão aspectos práticos da realidade da recuperação judicial de empresas no Brasil. Evidente que diante de uma legislação que acabou de completar o seu decênio, uma série de problemáticas ainda não possui solução simples; contudo, a reflexão e análise prática dessas questões são fundamentais aos operadores do Direito.

É inegável a importância da recuperação judicial de empresas à economia de uma nação que pretende se destacar em âmbito mundial. Para o constante desenvolvimento do instituto, a nosso ver, é de grande utilidade a busca de informações nos ordenamentos estrangeiros, para aprendizado e, se for o caso, realizadas as devidas adaptações, inclusive a importação de determinada disposição legal adequada à nossa realidade. Além do ponto de vista legal, é interessante o estudo de alternativas utilizadas em outros países para a recuperação das empresas, como a já citada venda da sociedade.

Em prol de tal desenvolvimento, como dissemos, também seria interessante a existência de análise de aspectos econômicos nas decisões judiciais. Por mais que pareça ser algo utópico, essa medida não deve ser completamente ignorada pelo Judiciário, que pode minimamente se atentar aos pontos mais relevantes de um plano de recuperação do ponto de vista econômico. Dessa conta também não se eximem as empresas em recuperação, que precisam buscar assessoria séria para que sua reestruturação não seja uma liquidação de ativos disfarçada.

Ao mesmo tempo, se os magistrados não realizam uma análise econômica, tal estudo deve ser feito por profissionais contratados pela futura recuperanda, de modo a trazer ao juiz, credores e investidores um esboço sério da situação atual e expectativa de recuperação da Sociedade.

O fato é que o Direito não pode estar à margem dos efeitos econômicos e sociais que as regras e seus aplicadores produzem. A aplicação pura da lei é mero exercício de retórica daqueles que querem se eximir da responsabilidade de suas decisões ou daqueles que querem propagar ideologias ocultas sob o véu da legalidade, postura esta que a história já tratou de condenar.

Como se vê, não há solução fácil aos problemas que envolvem o tema, entretanto, já se observa nas discussões, decisões judiciais e obras doutrinárias sobre recuperação judicial de empresas a presença das questões aqui debatidas e de muitas outras demandas de igual relevância. A ampliação e continuidade desses esforços podem levar à melhor utilização do instituto pelas empresas.

Referências Bibliográficas

AGHION, Philippe. *The economics of bankruptcy reform. Journal of Law, Economics and Organization.* p. 523-546.

BEZERRA FILHO, Manoel Justino. *Lei de Recuperação de Empresas e Falência.* 8ª Edição, revista, atualizada e ampliada. São Paulo: Editora Revista dos Tribunais, 2013. P.54-55.

COELHO, Fábio Ulhoa. *Comentários à Lei de Falências e de recuperação de empresas.* 8ª Edição. São Paulo: Saraiva, 2011. p. 68-69.

DE SOUZA JR., Ferando Satiro e DE MORAES PITOMBO, Antônio Sérgio A. *Comentários à Lei de Recuperação de Empresas e Falência.* Coordenação: Francisco Satiro de Souza Jr. E Antônio Sérgio A. de Moraes Pitombo, 2ª edição, São Paulo: Editora Revista dos Tribunais, 2007. p. 192-193.

TIMM, Luciano Benetti. *Direito e Economia no Brasil.* 2ª Edição. São Paulo: Editora Atlas, 2014. p.352/353.

Artigo sobre Aspectos Fundamentais de Governança Corporativa no Mercado de Capitais

Carlos Augusto Ferreira Alves Sobrinho

1. Introdução

Este artigo visa abordar os principais aspectos relacionados à governança corporativa no mercado de capitais, com ênfase, nos conceitos e princípios, controle e propriedade, conflitos de interesse, modelos de governança adotados no Brasil e no exterior, órgãos societários, composição e práticas de conselhos e comitês, exigências dos níveis diferenciados da BM&FBOVESPA, ativismo dos minoritários, códigos internacionais de boas práticas e o código de melhores práticas do IBGC – Instituto Brasileiro de Governança Corporativa.

Os princípios de governança corporativa vêm se mostrando cada vez mais importantes e imprescindíveis no mundo globalizado como forma de garantir a continuidade das organizações, aperfeiçoando seus padrões de controle interno e externo para melhor tomada de decisão, maior nível de informação, ampla transparência, responsabilidade corporativa e igualdade entre os acionistas, propiciando maior acesso de capital, confiança, e respeito de seus acionistas, do mercado e dos agentes reguladores.

Os mecanismos legais existentes e consubstanciados na Lei das Sociedades Anônimas (Lei 6.404/76), das normas da Comissão de Valores Mobiliários – CVM e das Regras do Regulamento de Adesão da BM&FBOVESPA se constituem na matriz legal da aplicação dos princípios de governança no mercado de capitais brasileiro.

1.1 Conceito de Governança Corporativa

Governança Corporativa pode ser compreendida como um sistema de controle, monitoramento e práticas estabelecidas pelos acionistas de uma determinada empresa para melhoria de seus sistemas de controles de forma a permitir que os administradores aprimorem suas decisões potencializando o valor da empresa e atendendo o interesse dos acionistas.

Para Carvalhal, governança corporativa se classifica como "um conjunto de princípios e práticas que procuram minimizar os potenciais conflitos de interesse entre os diferentes agentes da companhia (stakeholders), com o objetivo de reduzir o custo de capital e aumentar o valor da empresa e o retorno para seus acionistas".

Para LODI, governança corporativa é um novo nome para o sistema de relacionamento entre acionistas, auditores independentes e executivos da empresa liderado pelo conselho de administração.

A Comissão de Valores Mobiliários (CVM) conceitua governança corporativa como o conjunto de práticas que tem por finalidade aperfeiçoar o desempenho de uma companhia ao proteger todas as partes interessadas, tais como, investidores, empregados e credores, permitindo maior acesso de capital.

Já o Instituto Brasileiro de Governança Corporativa (IBGC) define governança corporativa como "o sistema pelo qual as organizações são dirigidas, monitoradas e incentivadas, envolvendo os relacionamentos entre proprietários, conselho de administração, diretoria e órgãos de controle. As boas práticas de governança corporativa convertem princípios em recomendações objetivas, alinhando interesses com a finalidade de preservar e aumentar o valor da organização, facilitando o acesso ao capital e contribuindo para a sua longevidade."

2. Controle e Propriedade

A necessidade de controle em companhia é uma questão antiga e controversa.

A maioria dos países concentra estruturas de controle de propriedade com concentrada, onde há separação entre controle (direito de voto) e propriedade (direito de fluxo de caixa). Apenas os países anglo-saxões possuem estruturas de controle de capital disperso.

Nos estudos de Shleifer e Vishny (1997), a estrutura de controle e propriedade é apontada como fundamental para incremento da qualidade das práticas de governança corporativa nas companhias.

Para Shleifer e Vishny, governança corporativa é um conjunto de mecanismos pelos quais os fornecedores de recursos garantem que obterão para si o retorno sobre sue investimento.

A separação entre controle e a propriedade pode ocorrer de três formas: A primeira, via emissão de ações sem direito a voto ou com direitos inferiores de voto, tais como as ações preferenciais não votantes previstas na legislação societária brasileira (art. 17 da Lei 6.404/76); A segunda, na forma de acordos de acionistas em que determinados acionistas agregam suas participações acionárias para exercer o direito de voto conjuntamente, mantendo ou aumentando o poder de controle em relação aos acionistas minoritários e; via utilização de estruturas de participação cruzada e de pirâmide. No primeiro caso, há controle através da participação como controladora enquanto que no segundo caso, há sucessão de controle de uma empresa em outra até que o controle possa ser exercido com menos de 50% de participação no capital, eliminando a necessidade do sistema uma ação=um voto. Por sua vez, as estruturas piramidais permitem identificar estruturas de controle em que o acionista é controlador direto em uma companhia e indireto em outra

No Brasil, a CVM – Comissão de Valores Mobiliários possui mecanismos claros de controle e identificação da estrutura direta e indireta de controle e propriedade, já que as companhias estão obrigadas a apresentar em seus relatórios anuais a composição acionária que pode ser analisada até que se identifique o controlador final.

Nas companhias de capital aberto este mecanismo ganha maior transparência em razão da disponibilização anual pelas companhias aos acionistas e ao mercado do Formulário de Referência previsto na IN 480/09.

O fato é que no Brasil estudos demonstram que ainda prevalecem estruturas de alta concentração de controle acionário tanto direta como indireta, havendo participação de investidores individuais, grupos familiares, fundos estrangeiros, governos e investidores institucionais (fundos de pensão).

3. Teoria da Agência

O surgimento da Teoria da Agência de Jensen e Meckling (1976) teve relação direta com a intensificação dos conflitos de interesse entre acionistas e gestores em razão do desencontro de interesses esses dois grupos. No início do século passado, os conflitos de interesse não eram tão intensos, pois o controle e a propriedade estavam nas mãos das mesmas pessoas.

Com o desenvolvimento da economia e das relações empresariais houve a separação entre o controle – que passou para os executivos – e a propriedade – que permaneceu com os detentores do capital.

Pela teoria da agência, o titular da propriedade delega ao agente o poder de decisão sobre sua propriedade. Em virtude desta separação, começaram a surgir na época os conflitos de agência entre o detentor de capital (controlador ou grupo de controladores) e o agente (executivos), e em razão de divergências sobre a gestão das empresas.

Para Carvalhal (2006), na teoria da agência, a sociedade é concebida como uma rede de contratos, explícitos e implícitos, que estabelecem as funções e definem os direitos e deveres de todos os participantes (principal e agente), sendo que o agente se situa no centro das relações entre todos os interessados na empresa (empregados, fornecedores, clientes, concorrentes, acionistas, credores, reguladores e governos).

Para Jensen e Meckling, principal é o sujeito ativo, ou seja, aquele que solicita atividades para os agentes. Já o agente, é o sujeito passivo, ou seja, aquele que realiza as tarefas solicitadas pelo principal e recebe uma remuneração por isso.

A questão principal que se coloca na teoria da agência é que o comportamento dos agentes procura otimizar seus próprios objetivos que nem sempre coincidem com os interesses do principal gerando o conflito.

3.1 O Conflito de Interesses

Em sociedades abertas ou fechadas os conflitos de interesse podem ocorrer na medida em que os acionistas controladores detêm a maioria dos votos e o poder de eleger a maioria dos administradores.

Os conflitos de interesse são diferentes em alguns países. Em países onde o mercado de capitais é mais desenvolvido, a maioria dos conflitos ocorre entre principal e agente. Nos países onde o mercado de capitais é menos desenvolvido, os conflitos entre acionistas controladores e minoritários são mais frequentes.

O Código de Melhores Práticas do IBGC – Instituto Brasileiro de Governança Corporativa define conflito de interesses quando alguém não é independente em relação à matéria em discussão e pode influenciar ou tomar decisões motivadas por interesses distintos daquelas da organização. Esta pessoa deve manifestar, tempestivamente, seu conflito de interesses ou interesse particular.

Entendendo-se que o alinhamento de interesses não é um mecanismo automático, a governança corporativa surge para reduzir o conflito de agência, de forma a garantir que o comportamento dos agentes esteja alinhado com o interesse dos acionistas controladores e que o comportamento destes esteja alinhado com o interesse dos acionistas minoritários. Uma estrutura efetiva de governança objetiva reduzir os conflitos de agência e agregar valor à empresa.

Um conflito de interesses mal administrado causa danos irreparáveis à companhia com diminuição do seu valor de mercado, prejuízo à imagem e desconfiança dos investidores.

4. Os Modelos de Governança Corporativa

A Governança Corporativa comporta dois modelos distintos a saber: O anglo-saxão, utilizado nos Estados Unidos e no Reino Unido, que se caracteriza pela pulverização do capital e pela alta liquidez das ações negociadas nas bolsas de valores e, o nipo-germânico, onde há mais concentração de capital e as participações acionárias são mantidas por um prazo maior.

Para o sistema anglo-saxão, o principal objetivo é criar maior valor para os acionistas. Já no sistema nipo-germânico objetiva-se não só os interesses dos acionistas, mas também das demais partes interessadas na empresa, como fornecedores, credores, empregados e clientes.

O fato é que atualmente não existe nenhum dos dois sistemas em sua forma original em razão da globalização que provoca alteração nos sistemas.

No Brasil, em razão da evolução da economia e a evolução constante da governança corporativa desde a década de 1990, houve maior ativismo dos acionistas, principalmente os fundos de pensão.

A Comissão de Valores Mobiliários – CVM e a BM&FBOVESPA possuem mecanismos de monitoramento dos conflitos de acionistas, exercendo os conselhos de administração papel fundamental na prevenção e orientação de conflitos entre os acionistas de forma a preservar a estrutura societária e evitar situações de desgaste que possam acarretar prejuízos para os negócios da companhia e para os acionistas por consequência.

4.1 A Concentração do Controle Acionário

A estrutura de controle da sociedade é um dos pontos cruciais em governança corporativa.

Estudos de Shleifer e Vishny apontam a estrutura de controle da sociedade como uma variável significativa na aferição das boas práticas de governança corporativa.

A forma mais dominante de estrutura de controle nos países – com exceção dos anglo-saxões – é a de concentração de capital e a separação entre controle e propriedade.

Por controle, na forma da Lei das Sociedades Anônimas (Lei nº 6.404/76), art. 116, entenda-se a figura do acionista controlador como sendo a pessoa natural ou jurídica, ou o grupo de pessoas vinculadas por acordo de voto, ou sob controle comum que detém direitos de sócio que lhe assegurem de modo permanente a maioria dos votos nas deliberações da assembleia geral e o poder de eleger a maioria dos administradores e dirigir as atividades da companhia.

A propriedade manifesta-se na medida em que cada sócio é proprietário na proporção de sua participação no capital social.

Vista sob esta perspectiva, a governança corporativa é analisada como estrutura de controle (direito de voto) e propriedade (direito de fluxo de caixa).

Para a separação entre controle e propriedade visando evitar conflitos a governança corporativa oferece instrumentos para equilíbrio nas relações entre acionistas controladores e acionistas minoritários.

A primeira forma de separação é pela emissão pela companhia de ações sem direito a voto ou com direitos restritos que se caracterizam pelas ações preferenciais previstas no art. 17 da Lei das Anônimas.

É de conhecimento notório em muitas companhias a guerra pelo poder de controle sempre dividida entre grupos de acionistas.

Para Fábio Ulhôa Coelho, os acionistas de uma companhia aberta podem ser repartidos em dois grandes grupos segundo o maior ou menor interesse com o cotidiano da atividade empresarial da companhia: Os empreendedores, interessados na exploração de certa atividade econômica, e os investidores, que identificam na ação da companhia uma boa oportunidade para empregar o dinheiro que possuem.

Os fundos de pensão mantêm atualmente nas companhias de capital aberto posições de longo prazo visando dar maior consistência a sua carteira de ações. Com perfil mais conservador, estes fundos de pensão também chamados de investidores institucionais procuram não se expor a riscos em razão da sua política de investimentos.

4.2 Os Acordos de Acionistas, o Voto Abusivo e o Voto Conflitante

A segunda forma de separação entre controle e propriedade é a cumulação de participações societárias em acordos de acionistas para exercer seu direito de voto conjuntamente. São os acordos de voto.

A legislação societária trata no art. 118 das duas modalidades de acordo de acionistas. Os acordos podem versar sobre a compra e venda de ações, preferência para sua aquisição e o exercício de voto ou poder controle.

São os acordos de voto que no Brasil, segundo Fábio Ulhôa Coelho, possibilitam aos acionistas interessados estabilizar as relações de poder no interior da companhia, de forma a negociar obrigações recíprocas que garantam certa permanência nas posições. Nesta forma de acordo de exercício do direito de voto os acionistas detêm juntos o controle da companhia e podem contratar, por exemplo, que todos os acionistas vinculados ao acordo votem em determinadas pessoas para os cargos na diretoria ou no conselho, além de outros assuntos de interesse da companhia que afetem os interesses dos acionistas.

Pela regulamentação da Comissão de Valores Mobiliários (CVM), nas companhias abertas os acordos de acionistas que tratem de compra e venda de ações, preferência para adquiri-las, exercício do direito a voto ou do poder de controle devem estar disponíveis e acessíveis a todos os acionistas de forma pública, com divulgação no website da CVM.

Os acordos de acionistas também devem ser arquivados na sede da companhia na forma do art. 118 da Lei das Sociedades Anônimas (Lei nº 6.404/76). Nas companhias abertas, os acordos deverão ser públicos e divulgados no website da companhia e da CVM – Comissão de Valores Mobiliários.

Pelas regras de governança, os acordos devem conter mecanismos para resolução de conflitos de interesses e condições de saída dos sócios. Os acordos entre sócios não devem vincular ou restringir o exercício do direito de voto de quaisquer membros do conselho de administração, que deverão cumprir fielmente seu dever de lealdade e diligência para com a companhia, sobrepondo-se aos interesses particulares daqueles que o indicaram, bem como evitar tratar de qualquer indicação sobre a indicação de quaisquer diretores para a companhia.

O Código de Melhores Práticas de Governança Corporativa do IBGC determina que os acordos de acionistas acima citados devem conter mecanismos para resolução de casos de conflito de interesses e as condições de saída dos sócios, bem como sugere que os acordos não devem vincular ou restringir o exercício do direito de voto de quaisquer membros do Conselho de Administração, os quais deverão cumprir fielmente seu dever de lealdade e diligência para com a organização, devendo este dever se sobrepor aos interesses particulares daqueles que o indicaram.

As relações de poder em uma companhia são dinâmicas e complexas, variando de forma importante em razão dos interesses das acionistas e controladores por força de diversos fatores.

As regras de governança corporativa visam minimizar o exercício do direito abusivo de voto. Segundo o art. 115 da Lei das Sociedades Anônimas, o voto abusivo é aquele exercido com fim de causar dano à companhia ou aos outros acionistas.

Se os acionistas minoritários, por exemplo, rejeitam aprovar as contas da administração da companhia e as demonstrações financeiras sem justa razão que se baseie em questões técnicas, fica configurado o voto abusivo. O voto abusivo não invalida a assembleia ou seu resultado.

Todavia, o voto abusivo confronta-se com os valores morais e éticos que fundamentam o sistema jurídico brasileiro vigente, de forma que ao se utilizar do voto abusivo o acionista pratica ato doloso e subjetivo, constituindo-se em ato ilícito ainda que o detentor do voto não traga danos comprovados para a companhia.

O voto conflitante é aquele manifestado em matéria acerca da qual o acionista votante tem interesse direto e inconciliável com o da companhia, o que também caracteriza o exercício irregular do direito de voto.

O voto deve ser regular sem ser abusivo ou conflitante. A noção de conflito decorre de qualquer manifestação do acionista que tenha interesse não conciliável com o da companhia. A assembleia que contiver deliberação de acionista com interesse conflitante com o da companhia é passível de anulação.

Em contraposição ao modelo anglo-saxão, mais comum nos Estados Unidos e na Inglaterra, e que privilegia a dispersão do capital e a maior liquidez das ações da companhia, a concentração do controle acionário é o critério adotado pelo Japão, Alemanha e países da Europa Continental, que objetiva manter as participações acionárias detidas na companhia são de maior prazo sem a liquidez típica do modelo anglo-saxão. Na prática, quanto mais o capital de uma companhia estiver pulverizado entre os acionistas maior será a liquidez das ações e mais estimulação haverá para o investimento.

5. Os Níveis Diferenciados de Governança Corporativa

A BM&F criou os segmentos especiais de listagem destinados a empresas com padrões superiores de governança corporativa. Além do mercado tradicional, passaram a existir três segmentos diferenciados de governança, respectivamente, o Nível 1, o Nível 2 e o Novo Mercado.

O Novo Mercado foi instituído em 2000 pela BM&F destinado à negociação de empresas com boas práticas de governança corporativa. O objetivo capital da BM&F ao instituir o Novo Mercado foi de que a valorização e liquidez das ações são influenciadas positivamente pelo grau de segurança oferecido pelos direitos concedidos aos acionistas e pela qualidade das informações prestadas pelas companhias.

O Novo Mercado na prática é constituído de três segmentos diferentes já citados, todos com regras mais exigentes do que a legislação vigente.

Para implementação dos níveis de governança na companhia, a BM&F exige que os acionistas controladores, administração e conselheiros fiscais firmem um contrato entre a BM&F e a companhia.

No segmento Nível 1, (i) a companhia se compromete com melhorias na transparência das informações e com a dispersão acionária, (ii) com a obrigatoriedade de publicação trimestral das demonstrações financeiras consolidadas e das demonstração do fluxo de caixa, (iii) com a divulgação da quantidade e características dos valores mobiliários de emissão da companhia de que sejam titulares, direta ou indiretamente, os acionistas controladores, membros do conselho fiscal, bem como a evolução dessas posições, (iv) a divulgação das negociações de valores mobiliários e derivativos de emissão da companhia por parte dos acionistas controladores, (v) a de informar a posição acionária por espécie e classe de todo aquele que detiver mais de 5% das ações de cada espécie e classe do capital social da companhia, de forma direta ou indireta, até o nível da pessoa física, (vi) a de divulgar os termos dos contratos celebrados entre a companhia e partes relacionadas (acionistas, controladores, administradores, sociedades controladoras e coligadas), sempre que for atingido, num único contrato ou em contratos sucessivos, com ou sem o mesmo fim, em qualquer período de um ano, valor igual ou superior a R$200.000,00 (duzentos mil reais) ou 1% sobre o patrimônio líquido da companhia, considerando-se o que for maior, a de realização, pelo menos uma vez ao ano, de reuniões públicas com analistas e quaisquer outros interessados, para divulgar informações da situação econômico-financeira, projetos e perspectivas da companhia, (vii) a de apresentação de calendário anual do qual conste a programação dos eventos corporativos, tais como assembleias, divulgação de resultados, etc., (viii) a de manutenção e, circulação de uma parcela mínima de ações representando 25% do capital social (free-float), e (ix) a de realização de distribuição pública de ações por meio de mecanismos que favoreçam a dispersão do capital com garantia de acesso a todos os investidores interessados ou distribuição a pessoas físicas ou investidores não institucionais de, no mínimo, 10% do total a ser distribuído.

No segmento Nível 2, a companhia listada deve cumprir todas as obrigações contidas no Nível 1 e adotar um conjunto bem mais extenso de práticas de governança corporativa e de direitos adicionais para os acionistas minoritários a saber:

- Divulgação de demonstrações financeiras de acordo com padrões internacionais de contabilidade (IFRS ou US GAAP);
- Conselho de Administração com mínimo de 5 membros e mandato unificado de até 2 anos, permitida a reeleição, sendo que, pelo menos, 20% dos conselheiros devem ser independentes;
- Direito de voto para as ações preferenciais em matérias relevantes, como transformação, incorporação, fusão, cisão, avaliação de bens destinados à integralização de aumento de capital e aprovação de contratos entre a companhia e empresa do mesmo grupo sempre que, por força de disposição legal ou estatutária sejam deliberados em assembleia geral;
- Extensão para todos os acionistas detentores de ações ordinárias das mesmas condições obtidas pelos controladores quando da venda do controle da companhia e de, no mínimo, 80% deste valor para os detentores de ações preferenciais (tag along);
- Realização de uma oferta pública de aquisição de todas as ações em circulação de, no mínimo, pelo valor econômico, nas hipóteses de fechamento do capital ou cancelamento do registro de negociação no Nível 2 e;
- Adesão à Câmara de Arbitragem do mercado para resolução de conflitos societários.

No segmento Novo Mercado, a companhia deve cumprir todas as obrigações contidas nos Níveis 1 e 2 e emitir exclusivamente ações ordinárias, estendendo a todos os acionistas o direito de voto e as mesmas condições obtidas pelos controladores quando da venda do controle da companhia (tag along).

De acordo com dados da BM&F, em dezembro de 2008, 160 das 439 companhias listadas na BM&F estavam nos segmentos especiais de governança corporativa, sendo 99 no Novo Mercado, 18 no Nível 2 e 43 no Nível 1.

6. A Governança Corporativa nos Órgãos Societários

A legislação societária regulamenta os órgãos societários que exercem papel fundamental nos sistema de governança corporativa e que são os seguintes: Assembleia Geral de Acionistas, Conselho de Administração, Diretoria e Conselho Fiscal.

Esses órgãos podem ser classificados em 3 categorias específicas: (i) Órgãos de Deliberação, que expressam a vontade dos sócios, como a assembleia geral; (ii) Órgãos de Execução, que realizam a vontade social, como a administração da companhia e; (iii) Órgãos de Controle, que fiscalizam a vontade social, como o Conselho Fiscal, para a efetividade da boa governança, os interesses devem ser compatibilizados e os conflitos entre esses diversos órgãos diminuídos.

6.1 Conselho de Administração

O Conselho de Administração cuja regulação está prevista no art. 142 da legislação societária, é órgão de deliberação colegiada composto por, no mínimo, três membros eleitos e destituídos pela assembleia geral de acionistas. É órgão obrigatório nas companhias abertas de capital autorizado e de economia mista. As competências do conselho de administração são, em termos de governança corporativa, aquelas assinaladas no citado art. 142, sendo as mais importantes as seguintes:

- eleger, fiscalizar e destituir os diretores da companhia e fixar-lhes as atribuições, observado que dispuser o estatuto;
- fiscalizar a gestão dos diretores e examinar, a qualquer tempo, os livros e papéis da companhia e solicitar informações sobre contratos celebrados ou em via de celebração e quaisquer outros atos;

- convocar a assembleia geral quando julgar conveniente ou no caso do art. 132 da legislação societária;
- manifestar-se previamente sobre atos ou contratos, o relatório da administração e as contas da diretoria;
- deliberar, quando autorizado pelo estatuto sobre a emissão de ações ou de bônus de subscrição e;
- autorizar, se o estatuto não dispuser em contrário, sobre alienação de bens do ativo não circulante, a constituição de ônus reais e a prestação de garantias a obrigações de terceiros.

A missão do conselho de administração é de proteger e valorizar a organização, rentabilizar o retorno do investimento no longo prazo e buscar o equilíbrio entre os interesses das partes interessadas (shareholders e demais stakeholders), de modo que cada um receba benefício apropriado e proporcional ao vínculo que possui com a organização e ao risco a que está exposto.

O Conselho de Administração deve ter um regimento interno onde suas atividades devem estar normatizadas com possibilidade de acesso – via website da empresa e no website da CVM – Comissão de Valores Mobiliários – para acesso de acionistas e investidores.

Outro aspecto importante em termos de governança corporativa no conselho de administração é que as funções de presidente do conselho e diretor presidente devem ser segregadas, ou seja, as atribuições do presidente do conselho de administração são complementares às do diretor presidente, não devendo haver concentração de poder em prejuízo da supervisão adequada da gestão, evitando-se conflito de interesses. Se os cargos de presidente do conselho forem exercidos pela mesma pessoa e não for possível a separação, é aconselhável a eleição de conselheiros independentes que assumam a tarefa de mediar os conflitos entre as funções de diretor presidente e presidente do conselho.

A figura do conselheiro independente na estrutura da companhia dependerá do grau de evolução em governança corporativa da organização. A recomendação é de que a maioria dos membros do conselho seja composta de membros independentes eleitos em assembleia geral de acionistas e com qualificação necessária ao desempenho de suas atividades e escopo de atuação bem definido. O conselheiro independente se caracteriza, na forma do regulamento de listagem da BM&F pelos seguintes aspectos:

- não deve ter qualquer vínculo com a companhia, exceto participação não relevante no capital social;
- não ser sócio controlador, membro controlador ou de outro grupo com participação relevante, não ser vinculado por acordo de acionistas, não ser cônjuge ou parente até segundo grau destes, não estar vinculado a organizações relacionadas ao sócio controlador;
- não ter sido empregado ou diretor da organização ou de suas subsidiárias há pelo menos 3 anos;
- não ser ou ter sido, Há menos de 3 anos, conselheiro de organização controlada;
- não estar fornecendo, comprando ou negociando direta ou indiretamente, serviços e/ou produtos à organização em escala relevante para o conselheiro ou para a organização;
- não receber outra remuneração da organização além dos honorários de conselheiro;
- não ter sido sócio nos últimos 3 anos de firma de auditoria que atue, ou tenha atuado nesse mesmo período como auditor independente da organização;
- não ser membro de entidade sem fins lucrativos que receba recursos financeiros significativos da organização ou de suas partes relacionadas;
- manter-se independente em relação ao diretor presidente e;
- não depender financeiramente da remuneração da organização.

Assim, o conselheiro independente deve objetivar uma atuação sem qualquer interferência de quem o indicou, criando valor agregado para a organização como um todo.

O conselho de administração deve se submeter a uma avaliação formal anualmente. Cada conselheiro deve ser avaliado individualmente visando o processo de reeleição. Este processo de avaliação deve ter seus resultados divulgados aos acionistas.

A avaliação formal dos membros do conselho de administração deve considerar a qualificação para exercício das funções de conselheiro observando:

- alinhamento com os valores da organização e seu código de conduta;

- capacidade de defender seus pontos de vista a partir de julgamento próprio;
- disponibilidade de tempo para dedicar-se aos assuntos do conselho de administração;
- visão estratégica dos negócios da organização;
- conhecimento das melhores práticas de governança corporativa;
- capacidade de entendimento de relatórios gerenciais, financeiros e contábeis;
- conhecimento da legislação societária e;
- entendimento dos riscos a que a organização está sujeita em sua atividade de negócio.

6.2 Diretoria Executiva

A Diretoria como órgão de gestão deve assegurar transparência na sua atuação, garantindo aos acionistas as informações de seu interesse além daquelas obrigatórias em virtude da legislação.

Como a informação é de suma importância para os acionistas e investidores para a decisão de investimento, sua divulgação deve ser feita de forma clara e objetiva envolvendo todos os aspectos positivos e negativos.

Os relatórios da administração devem ser periódicos com divulgação ao mercado e aos acionistas pelo website da organização detalhando todos os aspectos da atividade empresarial da organização.

A organização deve ser dotada pela administração de um sistema eficiente de controles internos de forma a monitorar o cumprimento dos processos operacionais e financeiros, bem como a mensuração dos riscos. Este sistema de controles internos deve ser disseminado pela organização entre seus funcionários de forma a monitorar e fiscalizar os riscos e minimizá-los.

Outro princípio de governança corporativa aplicado à administração se relaciona com a remuneração dos seus membros. Esta remuneração deve estar atrelada aos resultados, com metas de curto e longo prazo estabelecidas de forma clara e objetiva para que ocorra a devida geração de valor econômico para a organização. A remuneração da administração deve ser divulgada individualmente e nenhum administrador deve estar envolvido em deliberações que envolvam sua própria remuneração.

6.3 Conselho Fiscal

A composição do conselho fiscal – órgão obrigatório nas companhias abertas – mas de funcionamento facultativo – deve observar o princípio de representatividade dos acionistas em sua composição. Nas organizações com controle definido, os sócios controladores devem abrir mão do direito de eleger a maioria dos membros do conselho fiscal, permitindo que a maioria dos seus membros seja eleita por indicação dos sócios minoritários.

O conselho fiscal deve acompanhar o trabalho dos auditores independentes e relacionar-se com o comitê de auditoria e a auditoria interna havendo coordenação das atividades com estes órgãos.

A divulgação do parecer do conselho fiscal deve ser incluída na divulgação de informações da companhia.

7. Conclusão

A adoção de práticas adequadas de governança corporativa se constitui em importante ferramenta para o desenvolvimento das companhias. Com a globalização da economia, a posição do Brasil como nação emergente com grande fluxo de capitais estrangeiros investidos na BM&F e seus reflexos no mercado de capitais, é inevitável que ocorra uma maior concentração de regras que regem as companhias abertas na medida em que os investidores globais, possuindo um vasto leque de opções para aplicação de seus recursos e com liberdade para operar em vários países estão cada vez mais exigentes em relação aos seus investimentos.

Neste cenário, as regras de governança corporativa não estão dissociadas da realidade dos demais mercados em que estas regras são aplicadas em relação à estrutura de propriedade das companhias. No mercado de capitais brasileiro, com predominância de companhias com capital concentrado e controlador definido, os principais problemas de governança envolvem o relacionamento entre acionista controlador e os acionistas minoritários. Deixando para segundo plano as questões decorrentes entre a propriedade e controle, entre acionistas e gestores, típicos de mercados com predomínio de empresas com capital pulverizado.

No Brasil, merecem destaque as iniciativas adotadas para o aperfeiçoamento das regras de governança corporativa, em especial as alterações da legislação societária introduzidas pela Lei nº 10.303/01 e a iniciativa da Bolsa de Valores de São Paulo de criar o Novo Mercado, permitiram a criação de um ambiente de negociação de ações emitidas por empresas que apresentam boas práticas de governança corporativa.

As alterações introduzidas na legislação societária foram de grande alcance e representam um avanço em relação à legislação anterior. Todavia, as exigências do mercado exigem que as companhias cada vez mais aperfeiçoem as práticas da boa governança corporativa, com mudanças nas posturas de seus administradores.

A melhoria da transparência das informações contábeis, as práticas de gestão responsável, a participação de membros independentes no conselho de administração comprovam o sucesso das companhias brasileiras de capital aberto na captação de investimentos, na divulgação de sua marca e na venda de seus produtos, garantindo aos acionistas e investidores um cenário de ampla participação nos rumos da companhia.

Referências Bibliográficas

Carvalhal, A. – Governança Corporativa e Sucesso Empresarial. Melhores práticas para aumentar o valor da firma. São Paulo. Saraiva. 2006.

Carvalhal, A. – Governança Corporativa e Decisões Financeiras no Brasil. Mouad, 2005;

IBGC – Instituto Brasileiro de Governança Corporativa – Código de Melhores Práticas de Governança Corporativa – 4ª. Edição. 2009;

Jensen, M, Meckling W. – Theory of the Firm. Managerial behavior, agency costs, and ownership structure. Journal of Finance, v.11, p. 5-50, 1976.

Lodi, João B. – Governança Corporativa. O Governo da Empresa e o Conselho de Administração. 4ª Edição. Rio de Janeiro;

Shleifer, Andrei; Vishny, Robert W. – A Survey of Corporate Governance. Journal of Finance, v-52, p. 737-738, junho de 1997;

Siqueira Lima. Iran (Coordenador) e outros – Curso de Mercado Financeiro. FIPECAFI. 2ª. Edição. 2012.

Ulhôa Coelho. Fábio – Curso de Direito Comercial. Volume 2. Editora Saraiva. 3ª. Edição. 2012.

O ACORDO DE QUOTISTAS APLICADO AOS PLANEJAMENTOS SUCESSÓRIOS

– Breve Estudo sobre a aplicação do Instituto Plurilateral do Acordo de Quotistas aos Planejamentos Sucessórios –

Luís Rodolfo Cruz e Creuz

Resumo

O objetivo deste estudo é apresentar conceitos e desenvolvimentos dos acordos de quotistas, tidos como contratos plurilaterais na lição de Tullio Ascarelli, e sua aplicação na prática jurídica, especialmente considerando os planejamentos sucessórios. Para isso, fizemos um breve estudo sobre o instituto plurilateral do Acordo de Quotistas, para conhecer sua origem e fundamento legal, e avaliar sua aplicação aos chamados planejamentos sucessórios, verificando seu conceito, utilidade, principais cuidados. Assim, consideramos a aplicabilidade das disposições do artigo 118 da Lei nº 6.404/76, que prevê o instituto do Acordo de Acionistas, às Sociedades Limitadas, para depois estudar diretamente o planejamento sucessório propriamente dito, seu conceito e suas principais fases, passando, inclusive, por algumas aplicações e modalidades. Ao fim, avaliamos diretamente o Acordo de Quotistas, seu conceito, utilidade, aplicação e principais cuidados quando da utilização do instituto em planejamentos sucessórios.

Palavras-Chave: Acordo de Quotistas – Pactos Parassociais – Planejamento Sucessório – Contratos Plurilaterais – Sociedade Limitada

Abstract

The objective of this study is to present concepts and developments of shareholders agreements, taken as plurilateral agreements in the lesson of Tullio Ascareli and its application in legal practice, especially considering the estate planning. For that, we did a brief study on plurilateral institute of Shareholders' Agreement, to know its origin and legal foundation, and evaluate its application to so-called estate planning, checking your concept, utility, major care. Thus, we consider the applicability of the provisions of article 118 of Law nº 6,404/76, which provides for the institute of Shareholders' Agreement, Limited Liability Companies, for later study directly the estate planning itself, its concept and its main phases, passing, including, for some applications and modalities. At the end, we evaluate directly the Shareholders Agreement, its concept, utility, application and main care when planning Institute for estate planning.

Key words: Shareholders' agreements – Shareholder pacts – Estate Planning – Plurilateral Contracts – Limited Liability Companies.

1. Introdução; 2. A Sociedade Limitada; 3. O artigo 118 da Lei nº 6.404/76 e sua aplicabilidade às Sociedades Limitadas; 4. Planejamento Sucessório – a) Conceito e Principais Fases; b) Algumas Aplicações e Modalidades; 5. Acordo de Quotistas – a) conceito e utilidade; b) Aplicação e Principais Cuidados da Utilização do Instituto aos Planejamentos Sucessórios; 6. À Guisa de Conclusão; 7. Bibliografia

"*A escolha dos interesses merecedores de proteção e dos interesses destinados ao sacrifício não se confia a critérios objetivos ou a leis naturalísticas, mas ao querer humano.*"
Natalino Irti[1]

1. Introdução [2]

O tema da sucessão empresarial é certamente bastante delicado e requer muito planejamento, tanto jurídico quanto familiar (e neste ponto, diversos profissionais devem ser envolvidos, como psicólogos, gestores e assessores financeiros, dentre outros). Os profissionais devem sempre almejar o maior grau possível de isonomia e imparcialidade dentro de todo o processo de estruturação e de implementação do planejamento.

De forma abrangente, o operador do Direito deve compreender as questões que envolvem sucessão em geral e o caso específico de sucessão em patrimônios familiares e empresariais. Com isso, poderá auxiliar melhor o preparo de todos os envolvidos, visando a tomada de decisões necessárias e pontuais, nos momentos oportunos, além de suas possíveis e eventuais alterações de conjuntura e necessidades futuras de acomodações. Neste sentido, é sempre bom frisar que qualquer planejamento sucessório "*deve ser revisto periodicamente, sempre que houver um fato novo na família que possa afetar o controle ou a gestão da empresa, ou a cada período de tempo preestabelecido, por exemplo, a cada três anos.*"[3].

Seja no caso de empresas cujos sócios possuem centros de patrimônio distintos, seja para o caso de empresas familiares, ou empresas que possuem na administração pessoas de uma mesma família ou grupo familiar há anos, a busca pela estabilidade no relacionamento das partes, das decisões e do centro de poder deve ser um ponto comum a todos que pensam no bem e na continuidade do empreendimento conjunto. As decisões devem ser tomadas visando a continuidade do negócio, bem como a consolidação e ampliação

---

[1] IRTI, Natalino. *A Ordem Jurídica do Mercado. IN* Revista de Direito Bancário e do Mercado de Capitais. Ano II, nº 39, janeiro-março de 2008, São Paulo : Editora Revista dos Tribunais, 2008, pág. 99

[2] O autor agradece as pontuais observações, comentários e todo o paciente trabalho de revisão realizado por Regina Cruz e Cruz e pela advogada Dra. Sara Kjaer Ludewigs.

[3] PRADO, Roberta Nioac. *Aspectos Relevantes da Empresa Familiar : governança e planejamento patrimonial sucessório*. Organizadora Roberta Nioac Prado; São Paulo : Saraiva, 2013, pág. 54

do patrimônio recebido pelos sucessores. Estas decisões (individuais ou em conjunto) podem influenciar diretamente o patrimônio, impactando positiva e/ou negativamente e, juntamente com mudanças no cenário nacional e internacional, podem trazer consequências diretas ao negócio e ao patrimônio.

Neste ponto surge a importância de um eficaz planejamento da sucessão. O Direito Sucessório atua na regulação das relações privadas e civis relacionadas à sucessão em sentido amplo, ou seja, relacionada aos regimes de casamento e falecimento. Em ambas as hipóteses, é imprescindível compreender corretamente os institutos disponíveis, bem como sua inter-relação com outros institutos, tais como contratos e o próprio direito societário, podendo configurar a chave para o sucesso ou o fracasso de uma operação de planejamento sucessório.

A questão dos conflitos de interesse existentes entre família e empresa pode representar uma grande fraqueza ou fragilidade da estrutura corporativa, o que leva o empresário consciente a planejar sua sucessão. Isto porque quando chega o momento da transição (transferência do bastão, no jargão popular), os diversos centros de poder instaurados nos membros da família começam a disputar seus espaços, visando assumir a administração da empresa. Todos os herdeiros aptos a se candidatar (e mesmo aqueles não aptos) começam a buscar suporte e ligações, o que facilita ainda mais o início de brigas e disputas familiares. Com esta situação, a empresa pode chegar ao ponto de necessitar de capital em momento delicado – em meio a disputas de herdeiros, de ter seu fluxo financeiro comprometido, ou de enfrentar redução ou falta de disciplina de seus executivos, acarretando o uso ineficiente de recursos disponíveis.

Com vistas a superar dificuldades na transição, o atual gestor ou a atual administração da empresa pode atuar, basicamente, de duas formas distintas (genericamente falando): manter a forma como "o bastão é trocado", ou buscar uma profissionalização da família e da gestão da empresa, através da educação dos seus dirigentes. Uma sucessão que não seja bem planejada, ou que envolva disputa entre os herdeiros, pode comprometer todo o empreendimento e sua história, gerando anos de disputa judicial entre os herdeiros, o que pode fazer a empresa, literalmente, definhar. A outra forma, a profissionalização da administração e gestão da empresa, mantém a sua propriedade atribuída à família, mas visa criar mecanismos, estruturas e todo um aparato para que o empreendimento siga seu curso na ausência de seus fundadores, das principais gerações que deram continuidade ao negócio ou que lhe fizeram chegar ao sucesso.

Neste ponto, um dos elementos utilizados que encontramos é a aplicação do instituto plurilateral do Acordo de Quotistas[4] aos chamados planejamentos sucessórios. A figura dos Acordos de Quotistas e sua utilização direta nas Sociedades Limitadas tem sua gênese em um pacto típico regulado pela Lei das Sociedades Anônimas, o Acordo de Acionistas, previsto no artigo 118 da Lei nº 6.404/76[5]. Assim, devemos avaliar a aplicabilidade da norma contida no referido artigo às Sociedades Limitadas e desenvolver conceitos específicos e práticos de suas estruturas, em especial com relação aos planejamentos sucessórios.

Verificaremos adiante, portanto, a aplicabilidade do artigo 118 da supra citada Lei às Sociedades Limitadas e o conceito, utilidade e principais cuidados na utilização do instituto plurilateral do Acordo de Quotistas nos planejamentos sucessórios.

2. A Sociedade Limitada

A Sociedade Limitada é o tipo societário mais utilizado no Brasil, com esmagadora vantagem sobre os outros tipos vigentes. Antigamente denominada como Sociedade Por Quotas de Responsabilidade Limitada, era regida, basicamente, pelo Decreto nº 3.708, de 10 de janeiro de 1919, que instituiu e regulou a constituição de sociedades que adotassem este tipo societário, sendo a fonte primeira de normas cogentes aplicáveis a ele. Era um regramento simples quando comparado ao novo regramento, muito mais complexo[6].

---

[4] Trataremos aqui do instituto do Acordo de Quotistas, ou seja, o Acordo plurilateral de sócios de uma Sociedade Limitada (art. 1052 e seguintes do Código Civil vigente), considerando ser o tipo societário de ampla utilização no Brasil, no qual impera o caráter *intuitu personae*. Não desprezamos ou ignoramos a existência dos Acordos de Acionistas, próprios das Sociedades por Ações, mas o foco do presente estudo será a aplicação nas Sociedades Limitadas.
[5] Lei nº 6.404, de 15 de dezembro de 1976. O texto da referida Lei está disponível no seguinte website: http://www.planalto.gov.br/ccivil_03/leis/l6404consol.htm
[6] O Decreto de 1919 possuía apenas 18 artigos, enquanto o Novo Código Civil apresenta no Capítulo das Sociedades Limitadas 36 artigos bastante complexos, sem contar outras normas do Código Civil aplicáveis à espécie.

A Lei nº 10.406, de 10 de janeiro de 2002 – Código Civil vigente – tem sua gênese na década de 70, e normatiza o Direito de Empresa, regulamentando a atual Sociedade Limitada a partir do artigo 1052, o qual determina que, neste tipo societário, a responsabilidade de cada sócio é restrita ou limitada ao valor de suas quotas que se encontram representadas no capital social, porém respondem solidariamente por sua integralização[7]. Com isso, a norma estabelece que existe a garantia da limitação da responsabilidade consolidando a separação entre o patrimônio da sociedade, representado pelo capital social, e o patrimônio pessoal dos sócios, que não poderá ser executado por dívidas e obrigações da empresa.

Para o interesse do presente estudo, devemos verificar a regra contida no artigo 1.053[8] do Código Civil, que trata das normas supletivas aplicáveis às Sociedades Limitadas[9]. No projeto original do Código Civil, era vontade do legislador que a regra única e básica para a solução de divergências e omissões nas disposições específicas das Sociedades Limitadas fosse a contida no *caput*, ou seja, aquela aplicada às Sociedades Simples. Isto porque, no projeto original, o parágrafo único do artigo 1.053 não existia. Destacamos que tal inovação contrariou mais de meio século de construção jurisprudencial, sem contar o regramento anterior, do Decreto de 1919. A regra contida no artigo 18[10] do Decreto ecoou no tempo, revelando-se, apesar de disputas, plenamen-

---

[7] Lei nº 10.406, de 10 de janeiro de 2002 – Código Civil. "*Art. 1.052. Na sociedade limitada, a responsabilidade de cada sócio é restrita ao valor de suas quotas, mas todos respondem solidariamente pela integralização do capital social.*". Disponível no seguinte website: http://www.planalto.gov.br/ccivil_03/leis/2002/L10406compilada.htm Acesso em 20/07/2014

[8] Lei nº 10.406, de 10 de janeiro de 2002 – Código Civil. "*Art. 1.053. A sociedade limitada rege-se, nas omissões deste Capítulo, pelas normas da sociedade simples. Parágrafo único. O contrato social poderá prever a regência supletiva da sociedade limitada pelas normas da sociedade anônima.*". Disponível no seguinte website: http://www.planalto.gov.br/ccivil_03/leis/2002/L10406compilada.htm Acesso em 20/07/2014

[9] Sobre este tema, vide nosso *Aplicação Subsidiária de Normas na Sociedade Limitada*, de Luís Rodolfo Cruz e Creuz, *In* Revista IOB de Direito Civil e Processual Civil – Ano VIII – nº 43 – setembro-outubro de 2006, da IOB – Thomson, págs. 88 a 109

[10] Decreto nº 3.708, de 10 de janeiro de 1919 (Revogado). "*Art. 18. Serão observadas quanto ás sociedades por quotas, de responsabilidade limitada, no que não for regulado no estatuto social, e na parte applicavel, as disposições da lei das sociedades anonymas.*". Disponível no seguinte website: http://www.planalto.gov.br/ccivil_03/decreto/Historicos/DPL/DPL3708.htm Acesso em 20/07/2014

te eficaz e aplicável às Limitadas, principalmente àquelas que nitidamente exerciam atividades comerciais[11].

Mas a vontade do legislador parece ter sido construir um sistema onde as regras das Sociedades Simples atuariam como normas gerais do Direito de Empresa[12]. Esta afirmação decorre da própria sistemática na qual foi desenhado e construído o Livro II – Do Direito de Empresa, do Código Civil. Para fundamentar ainda mais nossa afirmação, buscamos nas Exposições de Motivos do Código as palavras do ilustre Prof. Miguel Reale, Supervisor da Comissão Elaboradora e Revisora do Código Civil, a saber: "25. ... (...) c) *Com a instituição da sociedade simples, cria-se um modelo jurídico capaz de dar abrigo ao amplo espectro das atividades de fins econômicos não empresariais, com disposições de valor supletivo para todos os tipos de sociedade.*" [13] (grifo nosso). Ora, determina o caput do artigo 1.053 que as normas supletivas em casos de omissões de seu Capítulo do Código Civil serão as da sociedade simples. Contudo, não encontramos ali nenhum dispositivo que assegure a existência e/ou validade dos pactos parassociais ou Acordos de Quotistas.

Por outro lado, segundo o parágrafo único do artigo 1.053[14], o contrato social pode prever a regência supletiva das disposições da sociedade limitada pelas normas da sociedade anônima. E aqui temos nosso ponto de convergência e interesse, pois trata-se do suporte necessário e juridicamente concreto para a aplicação do instituto dos Acordos de Quotistas às Sociedades Limitadas.

Na lição de Modesto Carvalhosa, "*não podem ser aplicadas às sociedades limitadas as regras da sociedade anônima atinentes à constituição da sociedade; à limitação de responsabilidade dos sócios; aos direitos e obrigações dos sócios entre si e para com a sociedade; à emissão de títulos estranhos ao capital social, tais como debêntures,*

---

[11] Atividades comerciais, no sentido da *teoria dos atos de comércio*, que até a entrada em vigor do novo Código Civil, imperou tanto para a doutrina quanto para os tribunais pátrios, apesar de duras críticas.

[12] O legislador parece ter navegado contra a grande corrente, considerando que desde a década de 70, após a entrada em vigor da Lei nº 6404/76, temos observado que esta, ainda que não expressamente, tem se tornado a grande referência, quase que ditando normas gerais de direito societário.

[13] "*Exposição de Motivos do Supervisor da Comissão Revisora e Elaboradora do Código Civil*", Disponível em http://www.emerj.tjrj.jus.br/revistaemerj_online/edicoes/anais_onovocodigocivil/anais_especial_1/Anais_Parte_I_revistaemerj_9.pdf . Acesso em 13 de julho de 2014

[14] Vide nota 7

partes beneficiárias e bônus de subscrição; à abertura do capital com apelo à poupança pública; à emissão de quotas sem valor nominal; à emissão de certificados de quotas; e à subsidiária integral."[15], mas, por outro lado, existem diversas normas que são efetivamente aplicáveis e terão sua eficácia reconhecida, como naquilo que se refere "à estrutura organizacional, aos direitos, deveres e responsabilidades dos administradores – por exemplo, as regras de organização e funcionamento dos órgãos da administração –, bem como aquelas que regem *os pactos parassociais, como o acordo de acionistas."*[16]. Vemos aqui o reconhecimento, pelo professor, da possibilidade de aplicação do artigo 118 da Lei nº 6.404/76 às Sociedades Limitadas ao afirmar ser possível a aplicação do instituto do "acordo de acionistas" que, para as Sociedades Limitadas, sofre a alteração em sua denominação para "Acordo de Quotistas" em função tanto da natureza da divisão de seu capital social em quotas, e não em ações, quanto da natureza de seus titulares, que são quotistas e não acionistas.

3. O artigo 118 da Lei nº 6.404/76 e sua aplicabilidade às Sociedades Limitadas

Interessa-nos diretamente avaliar o artigo 118[17] da Lei nº 6.404/76 e sua aplicabilidade às Sociedades Limitadas, em função do objeto de estudo proposto.

---

[15] CARVALHOSA, Modesto. *Comentários ao Código Civil : parte especial : do direito de empresa* (artigos 1052 a 1195), volume 13 / Modesto Carvalhosa (coord. Antonio Junqueira de Azevedo). São Paulo : Saraiva, 2003, pág. 45

[16] CARVALHOSA, Modesto. *ibidem*

[17] Lei nº 6.404, de 15 de dezembro de 1976. *"Acordo de Acionistas – Art. 118. Os acordos de acionistas, sobre a compra e venda de suas ações, preferência para adquiri-las, exercício do direito a voto, ou do poder de controle deverão ser observados pela companhia quando arquivados na sua sede. § 1º As obrigações ou ônus decorrentes desses acordos somente serão oponíveis a terceiros, depois de averbados nos livros de registro e nos certificados das ações, se emitidos. § 2º Esses acordos não poderão ser invocados para eximir o acionista de responsabilidade no exercício do direito de voto (artigo 115) ou do poder de controle (artigos 116 e 117). § 3º Nas condições previstas no acordo, os acionistas podem promover a execução específica das obrigações assumidas. § 4º As ações averbadas nos termos deste artigo não poderão ser negociadas em bolsa ou no mercado de balcão. § 5º No relatório anual, os órgãos da administração da companhia aberta informarão à assembléia-geral as disposições sobre política de reinvestimento de lucros e distribuição de dividendos, constantes de acordos de acionistas arquivados na companhia. § 6º O acordo de acionistas cujo prazo for fixado em função de termo ou condição resolutiva somente pode ser denunciado segundo suas estipulações. § 7º O mandato outorgado nos termos de acordo de acionistas*

Como vimos no capítulo anterior, os pactos parassociais e os acordos de acionistas são admitidos pela doutrina (e largamente pela jurisprudência também) como plenamente aplicáveis às Sociedades Limitadas. Disto resulta que, conforme também demonstramos, ao permitir a aplicação do artigo 118 da Lei nº 6.404/76 às Sociedades Limitadas, teremos a possibilidade de criação do Acordo de Quotistas, que regulará a relação dos quotistas de dada pessoa jurídica.

Com o advento do Código Civil de 2002 e a alteração dos normativos aplicados às Sociedades Limitadas, a escolha da regência supletiva da lei do anonimato torna relativamente simples a possibilidade da aplicação do artigo 118 da Lei nº 6.404/76, nos termos do parágrafo único do artigo 1.053, do Código. Se este cuidado não for tomado, e o contrato social for omisso, como vimos acima, determina o caput do artigo que as normas supletivas em casos de omissões do Capítulo do Código Civil serão as normas da sociedade simples.

Ora, se válida a aplicação, sobre o que dispõe o referido artigo 118? Sobre o que podem os Acordos de Quotistas tratar? Segundo o caput do artigo, os referidos acordos podem regulamentar, normatizar e tratar da compra e venda de quotas (ações, no artigo original), da preferência para adquiri-las, do exercício do direito a voto ou do poder de controle, e deverão ser observados pela sociedade (companhia, no artigo original) quando arquivados na sua sede.

Neste sentido, teremos basicamente dois grandes grupos de direitos passíveis de regulação (alguns aqui chamam de autorregulação) por meio de Acordo de Quotista, a saber, o grupo de direitos patrimoniais e o de direitos políticos, que são atribuídos e relacionados às quotas sociais detidas pelos

para proferir, em assembléia-geral ou especial, voto contra ou a favor de determinada deliberação, poderá prever prazo superior ao constante do § 1o do art. 126 desta Lei. § 8º O presidente da assembléia ou do órgão colegiado de deliberação da companhia não computará o voto proferido com infração de acordo de acionistas devidamente arquivado. § 9º O não comparecimento à assembléia ou às reuniões dos órgãos de administração da companhia, bem como as abstenções de voto de qualquer parte de acordo de acionistas ou de membros do conselho de administração eleitos nos termos de acordo de acionistas, assegura à parte prejudicada o direito de votar com as ações pertencentes ao acionista ausente ou omisso e, no caso de membro do conselho de administração, pelo conselheiro eleito com os votos da parte prejudicada. § 10. Os acionistas vinculados a acordo de acionistas deverão indicar, no ato de arquivamento, representante para comunicar-se com a companhia, para prestar ou receber informações, quando solicitadas. § 11. A companhia poderá solicitar aos membros do acordo esclarecimento sobre suas cláusulas." Disponível no seguinte website: http://www.planalto.gov.br/ccivil_03/leis/l6404consol.htm. Acesso em 15/07/2014

sócios quotistas. Pensando na sistemática orgânica do artigo 118, temos de um lado os acordos sobre compra e venda de quotas e os de preferência para adquiri-las (associados a direitos patrimoniais) e, de outro, temos aqueles pactos relacionados ao exercício do direito a voto ou do poder de controle (associados a direitos políticos).

4. Planejamento Sucessório

Pensar regras de sucessão, ou a própria sucessão não é uma tarefa à qual nos dedicamos diariamente. Não é próprio da natureza humana dedicar momentos de reflexão sobre o tempo de sua transição, muito pelo contrário, evita-se, sempre cada vez mais, estando constantemente a humanidade na busca por alternativas para maior longevidade. Mas não escapamos da certeza da morte. E com ela, os efeitos jurídicos da abertura da sucessão.

Famílias, empresários, pessoas com patrimônio e que tenham interesse direto em sua preservação buscam alternativas viáveis, concretas, críveis e legalmente sustentáveis para desenvolver um planejamento de seus projetos, em vida. Mas por diversas e distintas razões as pessoas por vezes se esquivam de conversar, tratar ou mesmo planejar o futuro quando se trata de sucessão pessoal. E neste ponto, muitas empresas, principalmente aquelas familiares, sofrem profundas crises e problemas estruturais e descompassos administrativos em decorrência de um processo de sucessão não planejado ou mal desenvolvido. Diversos são os casos em que tais assuntos são deixados para a última hora (quando a pessoa está doente ou acamada); não raro há famílias que buscam soluções apenas após a morte da pessoa a ser sucedida.

E se tal reflexão é necessária em algum momento, seu início e implementação devem ser discutidos. E mais. Não somente quando a questão deve ter início, mas quem deve tomar tal atitude, ou seja, a quem cabe. Segundo Kignel e Werner:

> *"Os negócios costumam refletir a personalidade de seus fundadores. Não existe, portanto, uma regra auto-aplicável para todos os casos. Ao administrar o patrimônio, a orientação volta-se sempre para aquilo que se pode fazer com ele. O proprietário é livre para decidir o destino dos negócios, escolher as melhores aplicações financeiras,*

construir, pois, um projeto que garanta não apenas esse patrimônio, mas que o faça crescer constantemente. Por outro lado, quando se fala em planejamento sucessório, a previsão é sobre o que os outros (entenda-se: os familiares) farão com aquilo que o fundador construiu.

Diferente do livre comando dos negócios, as regras de sucessão interferem na vontade de seu titular, que não está totalmente livre para dispor sobre o destino do patrimônio erguido durante a vida. Daí, dois sentimentos despontam: o primeiro é o de incompreensão, porque nem todos os pais são iguais (o mesmo ocorre em relação aos filhos) para que a lei possa fixar-lhes regras absolutas. O segundo sentimento, ao certo, é o de frustração, pois o destino do patrimônio segue, a partir do falecimento dos fundadores, as normas legais e o comando pelos herdeiros."[18].

Neste sentido, o instrumental conhecido como planejamento sucessório tem sido uma ferramenta cada vez mais utilizada por operadores nas mais diversas situações, sempre com o intuito da preservação do patrimônio pessoal e familiar (por hipótese, busca-se a perpetuação). Com isso, por meio de uma equipe direcionada a um projeto, estrutura-se um planejamento para outorgar garantias de autonomia, funcionamento e continuidade dos negócios da empresa. O planejamento sucessório bem estruturado visa, ainda, proporcionar maior garantia e segurança à partilha do patrimônio familiar, com potencial economia e redução de gastos desnecessários, sempre dentro dos limites legais.

A) Conceito

O planejamento sucessório é uma estratégia pessoal e/ou familiar que pode ser desenvolvida visando a divisão antecipada do patrimônio de uma pessoa ou de um casal entre os seus futuros herdeiros / sucessores. Ou seja, antes mesmo do evento de abertura da sucessão (morte), é almejada uma estrutura que ofereça maior segurança para o patrimônio (bens, ativos, direitos) e que, com isso, evite potenciais conflitos entre familiares (certamente eles podem existir e existirão, mas uma boa programação pode manter o patrimônio e os

---

[18] KIGNEL, Luiz e WERNER, René A., ... *e Deus criou a empresa familiar : uma visão contemporânea*. São Paulo : Integrare editora, 2007, págs. 38 e 39

negócios afastados dos atritos), com o objetivo de reduzir o tempo despendido e as despesas com o processo de inventário e aqueles inerentes à transmissão de bens (Imposto de Transmissão Causa Mortis e por Doação).

O patrimônio acumulado ao longo dos anos, ou mesmo aquele passado de uma geração a outra por herança, pode se perder, ser objeto de especulação de terceiros, desaparecer diante de um emaranhado de dívidas, ou até mesmo ser consumido por investimentos mal sucedidos. Assim, com vimos, busca-se a preservação do patrimônio pessoal e familiar por meio de um plano jurídico observando estruturas lícitas, resultando em uma melhor divisão dos bens com a menos incidência possível de tributos sobre a transmissão. Ou seja, conhecendo-se o patrimônio, é possível desenvolver o planejamento e confrontá-lo frente ao custo de um inventário (impostos e taxas) e, até mesmo, minimizar conflitos entre herdeiros.

Um planejamento bem estruturado e negociado conta com o apoio, participação e prévio acordo dos sucessores, sendo também muito mais célere quanto à transferência dos bens, o que difere em muito da sucessão comum, que ocorre por meio de inventário, eventualmente observando um testamento, através do Poder Judiciário, podendo encerrar rapidamente ou prolongar-se por anos, caso seja objeto de infindáveis e incontáveis disputas em verdadeiras guerras entre os herdeiros.

Assim, deve ser discutido o momento ideal para iniciar um planejamento desta natureza, tendo em conta as variáveis disponíveis e até mesmo o próprio impacto psicológico que isto pode causar, considerando que nem todos lidam adequadamente com o evento "morte", muito menos chegam a pensar neste assunto e suas consequências. Evidentemente, o momento mais acertado é aquele no qual tudo está bem, não existindo situações como dívidas, doenças, disputas entre familiares e herdeiros, ou rixas entre estes e quem será sucedido. Pedro Adachi aponta que *"o melhor momento para iniciar a sucessão é quando o sucedido estiver em plena capacidade, com energia e potência para colaborar com o sucesso do processo sucessório, que, por vezes, demonstra-se complexo, demorado e delicado."*[19]. Para isto, a assistência de profissionais próximos ao universo daquele que será sucedido, tais como advogados, contadores, planejadores

---

[19] ADACHI, Pedro Podboi. *Família S.A. Gestão de Empresa Familiar e Solução de Conflitos*. São Paulo : Atlas, 2006, pág. 178

financeiros e psicólogos, pode ter uma influência positiva no sentido de oferecer soluções para crises e para dar início aos estudos e discussões do planejamento propriamente dito.

Destaco, mais uma vez, ser importante planejar a sucessão em vida, pois se muitos problemas estruturais, financeiros e administrativos podem surgir em decorrência de um processo de sucessão mal formatado, mal desenvolvido ou deixado para a última hora, muito pior será a busca por soluções jurídicas, tributárias e econômicas (além dos aspectos emocionais e psicológicos) quando a questão for pensada apenas após a morte da pessoa que será sucedida ou do dono da empresa. Bernhoeft aponta que as chances de sucesso do projeto estão diretamente ligadas ao momento de seu início, que deve se dar preferencialmente sob a gestão do sucedido. Em suas palavras, *"o início das discussões e análises do tema deve ser feito pelo próprio fundador. Assim, se o processo se inicia com ele em vida, existem grandes possibilidades de sucesso, exigindo muito desprendimento e capacidade de entender que a obra e seus ideais devem ultrapassar sua existência."* [20]. E este ponto certamente deve ser trabalhado com certa sensibilidade, pois pensar e compreender que *"que a obra e seus ideais devem ultrapassar sua existência"* não é uma tarefa a que todo ser humano está psicologicamente preparado.

Um planejamento sucessório preparado com devida cautela, observando a critérios técnicos e objetivos, estabelecido com adequada antecedência, permite aos envolvidos uma melhor avaliação dos cenários existentes, fornecendo tempo hábil para que lidem com aspectos emocionais e de relacionamento familiar que possam interferir na tomada de decisão ou na estruturação das alternativas ou projeto como um todo. E aqui incluímos o preparo dos herdeiros, sua formação, capacitação e *coaching* para a sucessão, a avaliação do grupo familiar, visando instituir um planejamento adequado, seja na sucessão da gestão de uma empresa, seja na sucessão do patrimônio.

---

[20] BERNHOEFT, Renato. *Como Criar, manter e sair de uma sociedade familiar (sem brigas)*. São Paulo : Senac, 1996 *Apud* ADACHI, Pedro Podboi. *Família S.A. Gestão de Empresa Familiar e Solução de Conflitos*. São Paulo : Atlas, 2006, pág. 179

B) Principais Fases

O planejamento pode ser dividido, basicamente, em três grandes fases, quais sejam, a preliminar – de discussões e fixação de objetivos; a segunda – relacionada ao diagnóstico e avaliação da pessoa, da família, do patrimônio e global; e a terceira – que é a execução propriamente dita.

A **primeira etapa** envolve o primeiro contato com as pessoas envolvidas, objetivando esboçar o planejamento, quando se realizarão as primeiras reuniões com familiares, visando a busca de dados, fatos e suporte para o início do trabalho. É muito importante que sejam feitas atas e registros das reuniões, em todas as fases, visando manter o acompanhamento e o histórico das tratativas, a memória das discussões, além de servir como um *check-list* dos trabalhos a serem realizados. Usualmente se busca já a definição da necessidade ou não da contratação de um *coach* (*coaching* profissional para os herdeiros e para quem será sucedido).

Ora, se pretendemos "dividir antecipadamente" um patrimônio, na esfera legal, devemos considerar a universalidade de bens e direitos da pessoa que está buscando a sua preservação. Então, primeiro ponto de cuidado está relacionado ao mapeamento deste patrimônio, que deverá ser levantado, inventariado e, porque não, auditado, para que o planejador possa tomar conhecimento do atual estado dos bens, direitos e obrigações. Neste momento, é possível inclusive acabar descobrindo questões até então ocultas ou que não eram de conhecimento, tais como penhoras, processos judiciais, protestos e outras questões relacionadas ao patrimônio estudado.

Por óbvio, essas preliminares são "saudáveis" para evitar futuras surpresas e possível contaminação do patrimônio. Superada esta fase preliminar pode-se, ou não, evoluir para o planejamento propriamente dito. Cabe salientar que alguns profissionais optam por realizar estas atividades apenas na fase seguinte.

A **segunda fase ou etapa** é o diagnóstico do planejamento sucessório. Relacionado ao diagnóstico e avaliação da pessoa que será sucedida, da família, do patrimônio e global, esta é uma fase pessoal. Ou seja, em conjunto com o assessor ou consultor que estiver envolvido no trabalho, a pessoa deve considerar suas necessidades, metas, ideais e exigências, levando em conta a complexidade do patrimônio e de sua estrutura familiar. A avaliação de seu patrimônio deve considerar as mais diversas variáveis, desde os bens propriamente ditos (móveis e imóveis, incluindo obras de arte etc.), passando por filhos (dentro e fora do casamento), até avaliar o impacto do regime de bens escolhido de seu casamento ou do reconhecimento de fato ou de direito da união estável. Tudo isso considerando o seu atual momento de vida, e a algumas variáveis de expectativa de vida a curto, médio e longo prazo.

Por fim, a **última fase** é a execução do planejamento propriamente dita. Aqui, o planejador efetuará a avaliação de tudo o que foi coletado, discutido, argumentado, estudado e descoberto nas fases anteriores, analisando toda a documentação do grupo familiar envolvido. No caso de uma empresa familiar, deverão ser escolhidos os futuros gestores[21], que não necessariamente serão os mais velhos ou aqueles preferidos, mas sim, aqueles com maior aptidão, segundo orientações e programa de treinamento realizado pelo *coach*.

Nesta etapa se inicia também o processo de operacionalização e legalização do planejamento sucessório idealizado e aprovado, seja através da criação de empresas de controle e proteção patrimonial (*holdings* patrimoniais) da transferência dos bens imóveis por meio de doações ou da integralização dos bens imóveis no capital social de sociedades. Nesta fase, o planejador e todos os assessores devem estar atentos para o impacto fiscal e tributário das operações pensadas e estruturadas, considerando a incidência dos tributos sobre transferência e integralização dos bens em empresas (ITBI), doação de bens e de quotas das sociedades (ITCMD) e, sobre estes movimentos, o ganho de capital (IR).

Nesta fase também é discutido, elaborado e firmado o Acordo de Acionista ou de Quotista, visando concretizar os regramentos discutidos e aprovados pelo núcleo familiar, nas fases anteriores do projeto (e que deverão constar daquelas atas de reunião que anteriormente recomendamos que sejam feitas – aqui serão de grande valia). Estes acordos, além do conhecido aspecto trazido pelas vantagens de governança corporativa, também regulamentam e institucionalizam de forma mais acomodada a administração familiar na esfera

---

[21] Separa-se gestão de propriedade. Nem todos os herdeiros necessariamente participarão da futura gestão do negócio familiar, mas lhes será garantida a propriedade e parcela do patrimônio, respeitados os ditames legais (legítima) e a vontade de quem for ser sucedido (eventual testamento ou distribuição desproprorcional da disponível), sempre de acordo com o planejamento estruturado.

patrimonial (considerando o patrimônio alocado em empresa ou empresas gestoras do patrimônio familiar, além da própria *holding* familiar).

C) Algumas Aplicações e Modalidades

Como vimos no tópico anterior, diversas são as possibilidades para a instrumentalização das operações de planejamento sucessório. Mas a finalidade de tudo é direcionada para a aplicação em um planejamento pessoal e/ou familiar, tido como uma estratégia que visa a divisão antecipada do patrimônio de uma pessoa ou de um casal entre os seus futuros herdeiros / sucessores, com intuito mediato de preservação do patrimônio pessoal e familiar.

Diversas são as ferramentas aplicáveis das quais a prática e os operadores do Direito se valem no cotidiano para a instrumentalização das operações de planejamento sucessório; naturalmente, em grande parte das situações, combinam-se umas com outras. São utilizadas estruturas de *Holding* (pura ou mista), elaboração de testamento, doação de bens em vida, nomeação de tutores, criação de empresas destinadas à gestão de bens próprios (voltadas para a administração de bens imóveis próprios e recebimento de aluguéis), criação de um *Family Office*, administração de patrimônio no exterior (patrimônio *offshore*), administração de patrimônio no país por meio de uma empresa *Holding* patrimonial sediada no exterior, ou fundação, ou *trust* (patrimônio *inshore*), aplicação de disponibilidades econômicas no mercado financeiro e de capitais (por meio de instituições financeiras), aplicações diretas em fundos / planos de previdência privada (PGBL e VGBL), contratação de apólices de seguro, dentre outras tantas possibilidades existentes no mercado imobiliário e no mercado financeiro e de capitais (com operações estruturadas e mais complexas).

Como vimos, uma forma natural de pensar a sucessão é efetuar um planejamento e a divisão de bens integrantes do patrimônio ainda em vida. Isto pode ser dar por meio do instituto civil da doação, que deve ser realizada com a devida e total anuência formal de todos os interessados na herança (aqui considerados aqueles elencados e nomeados nos termos do Código Civil). Este modelo deve respeitar, ainda, a parcela da legítima legalmente instituída aos herdeiros necessários, restando parte do patrimônio para ser livremente disposto da forma que melhor convier. Com isso, a doação em vida poderá representar um benefício interessante frente aos agouros de um infindável e litigioso processo de inventário, evitando, inclusive, as custas judiciais deste procedimento. Mas o planejador e os assessores envolvidos, assim como os titulares do patrimônio devem ficar atentos para a legislação do Imposto de Transmissão Causa Mortis e por Doação e seus custos.

Uma forma simplificada encontrada nos planejamentos utilizados é a integralização de bens, especialmente imóveis, no capital social de uma empresa destinada à gestão de bens próprios (voltadas para a administração de bens imóveis próprios e recebimento de aluguéis). Esta integralização deve observar os ritos e meios próprios, fixados por legislação específica e que, muitas vezes, possuem procedimentos municipais específicos. Desta forma, a pessoa jurídica, e não mais as pessoas naturais, será titular dos bens, ficando os indivíduos apenas com titularidade de quotas sociais. Ora, a simples integralização, pelo atual ou atuais titulares dos bens, por si só, não transmite nada aos herdeiros ou preserva os bens. Para que isto ocorra, são necessárias medidas e aplicações adicionais, que podem variar de acordo com cada situação, eventualmente envolvendo doação de quotas, gravação das mesmas com cláusulas de usufruto vitalício e de impenhorabilidade, incomunicabilidade e/ou inalienabilidade. O(s) doador(es) continuará(ão) na posse e gestão da empresa e do negócio, enquanto estiver(em) vivo(s). Pode-se, até mesmo, estudar a proteção do próprio doador contra eventuais abusos de herdeiros (que podem, em ultima instância, tentar indevidamente afastar o doador da gestão do patrimônio por meio de um processo de interdição). Com o falecimento, os procedimentos idealizados terão início, culminando com o registro na Junta Comercial (se o modelo de sociedade empresária houver sido escolhido; caso contrário, será o Cartório de Registro Civil das Pessoas Jurídicas do local de sua sede) da respectiva alteração contratual.

Neste sentido, muitas famílias optam por colocar regras mais direcionadas a regimes de casamentos em seus conselhos de família ou até mesmo em suas empresas (por meio de acordos de quotistas / acionistas). Referimo-nos à determinação, em muitos casos, que os casamentos sejam sempre realizados sob o regime da separação de bens (separação total), no qual os cônjuges administram separadamente todos seus bens adquiridos antes e durante o casamento (art. 1.687 do Código Civil). Juntamente, firma-se um pacto antenupcial, público, no qual podem ser fixadas diversas regras envolvendo o patrimônio familiar, que visam proteger ou reduzir o impacto de problemas sobre ele, como, por exemplo, quanto a questões indenizatórias no caso de dissolução da vida conjugal, estabelecendo que os bens permanecerão com o respectivo cônjuge proprietário, partilhando-se apenas aqueles que estiverem em nome do casal.

Outra preocupação na esfera de relacionamentos está direcionada aos casos em que não existe uma situação conjugal definida ou encaminhada (os chamados "juntados" e assemelhados), em que os indivíduos não são casados. Nestes casos, é importante que haja o reconhecimento de um "contrato de convivência", com regras determinadas ou, o mais indicado, o reconhecimento pelas partes da união estável, nos termos do artigo 1.723 e seguintes do Código Civil[22]. Neste caso também deve ser firmado um pacto antenupcial, e com isso, é possível estabelecer as regras de partilha e sucessão, além das questões indenizatórias no caso de dissolução da vida conjugal e outras disposições que visem proteger ou reduzir o impacto de problemas sobre o patrimônio. Isto porque, se este cuidado não for tomado, vale a regra geral que, na ausência de pacto, o regime aplicado é o da comunhão parcial de bens (artigo 1.725).

Um ponto de reflexão sobre as aplicações dos planejamentos relacionados a empresas ou patrimônios vertidos ao capital destes, refere-se ao conceito / utilidade destas pessoas jurídicas. Isto porque podem ser Empresas de Controle Societário / Empresarial (*Holding* Societária) ou Empresas apenas destinadas à Proteção Patrimonial. No caso de uma Empresa de Controle Societário / Empresarial, estaremos tratando diretamente da questão da sucessão empresarial, ou seja, da sucessão da gestão do negócio e das participações societárias. Já

---

[22] Lei nº 10.406, de 10 de janeiro de 2002 – Código Civil. *"Art. 1.723. É reconhecida como entidade familiar a união estável entre o homem e a mulher, configurada na convivência pública, contínua e duradoura e estabelecida com o objetivo de constituição de família. § 1º A união estável não se constituirá se ocorrerem os impedimentos do art. 1.521; não se aplicando a incidência do inciso VI no caso de a pessoa casada se achar separada de fato ou judicialmente. § 2º As causas suspensivas do art. 1.523 não impedirão a caracterização da união estável. Art. 1.724. As relações pessoais entre os companheiros obedecerão aos deveres de lealdade, respeito e assistência, e de guarda, sustento e educação dos filhos. Art. 1.725. Na união estável, salvo contrato escrito entre os companheiros, aplica-se às relações patrimoniais, no que couber, o regime da comunhão parcial de bens. Art. 1.726. A união estável poderá converter-se em casamento, mediante pedido dos companheiros ao juiz e assento no Registro Civil. Art. 1.727. As relações não eventuais entre o homem e a mulher, impedidos de casar, constituem concubinato.".* Disponível no seguinte website: http://www.planalto.gov.br/ccivil_03/leis/2002/L10406compilada.htm Acesso em 20/07/2014

no caso da Empresa destinada apenas à Proteção Patrimonial, teremos efetivamente a sucessão patrimonial, destinada à administração de bens imóveis próprios e aluguéis, ou até mesmo bens móveis de valor significativo.

Aqui cabe uma breve explicação ao leitor que não tem contato rotineiro com o direito societário. Sem nos preocupamos com tecnicismo, considera-se *"Holding"* um tipo de sociedade que possui participações em outras (usualmente S/A ou Ltda.), mantendo quotas/ações de outras empresas em quantidade suficiente para controlá-las. Podemos encontrar sua definição no art. 2º, §3º da Lei nº 6.404/76: *"Pode ser objeto da companhia qualquer empresa de fim lucrativo, não contrário à lei, à ordem pública e aos bons costumes. (...) § 3º A companhia pode ter por objeto participar de outras sociedades; ainda que não prevista no estatuto, a participação é facultada como meio de realizar o objeto social, ou para beneficiar-se de incentivos fiscais."* (grifo nosso)[23]. Contudo, os conceitos teóricos apresentam uma grande variedade na doutrina e na literatura acadêmica. De forma bastante simplificada, encontramos 4 (quatro) definições bastante utilizadas e que consideramos válidas para fixação de conceitos e de aplicação prática. São elas:

- Holding Pura: possui um objeto social restrito a participações societárias (no capital de outras empresas), não sendo uma empresa / negócio operacional, mas de uma forma direta ou indireta controla políticas, decisões e até financiamento de outras empresas, sociedades e negócios;
- Holding Mista: além da participação pura, acaba exercendo e exploração alguma atividade empresarial (além da participação em outras sociedades); em virtude do aproveitamento de possíveis benefícios tributários, esta costuma sendo bastante utilizada (recomendamos cautela e estudo dos impactos);

---

[23] Lei nº 6.404, de 15 de dezembro de 1976. *"Objeto Social – Art. 2º Pode ser objeto da companhia qualquer empresa de fim lucrativo, não contrário à lei, à ordem pública e aos bons costumes. § 1º Qualquer que seja o objeto, a companhia é mercantil e se rege pelas leis e usos do comércio. § 2º O estatuto social definirá o objeto de modo preciso e completo. § 3º A companhia pode ter por objeto participar de outras sociedades; ainda que não prevista no estatuto, a participação é facultada como meio de realizar o objeto social, ou para beneficiar-se de incentivos fiscais."* Disponível no seguinte website: http://www.planalto.gov.br/ccivil_03/leis/l6404consol.htm. Acesso em 15/07/2014

DIREITO DOS NEGÓCIOS APLICADO

- Holding Familiar (ou Holding Administrativa): modelo utilizado para reunir, gerir e proteger o patrimônio familiar, por meio de participações societárias em empresas que detenham este patrimônio (participação em holdings patrimoniais), o que pode facilitar a gestão de bens e ativos de forma segregada. Neste sentido, assemelha-se com o conceito de Holding Pura, pois não deve ter outras operações ou atividades para evitar eventual contaminação e riscos;
- Holding Patrimonial: é o modelo societário operacional utilizado para a coordenar e viabilizar a gestão jurídico-financeira do patrimônio e dos negócios de um grupo familiar e empresarial. É bastante importante cuidar para que sejam necessariamente separadas a gestão do negócio e da empresa operacional (aquela que exerce atividade econômica) da gestão dos bens móveis/imóveis.

Apresentamos aqui um esquema / fluxograma que pode representar a aplicação destes pontos que tratamos acima, de forma reunida.

Figura 1 – Esquema/Fluxograma de Aplicação de Holdings e alocação de empresas e bens.[24]

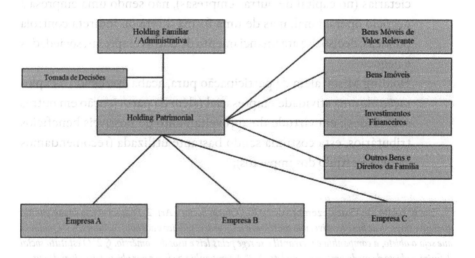

[24] Esquema/Fluxograma de Aplicação de Holdings e alocação de empresas e bens elaborador por Luis Rodolfo Cruz e Creuz

A figura acima mostra um fluxo de utilização de dois tipos distintos de *holdings*, ou seja, uma *Holding* Familiar (ou *Holding* Administrativa), também denominada *Holding* Pura, que agrega participação societária em uma outra empresa efetivamente ativa e com atividades distintas, ainda que não diretamente operacionais (são operacionais as empresas A, B, e C) e uma *Holding* Patrimonial, responsável pala titularidade, manutenção, preservação e transmissão dos bens móveis e imóveis da família.

Um modelo aplicado desta forma pode contribuir para reduzir a possibilidade de conflitos sucessórios dentro do núcleo familiar e no negócio (como visto na figura exemplo acima, a interferência passam a ficar distante 2 níveis) e propicia um melhor gerenciamento das empresas operacionais (e muitas vezes até profissionalizado, se assim decidido for no curso do planejamento). Podem também surgir diversas outras vantagens, inclusive tributárias, como o melhor aproveitamento de benefícios fiscais, diminuindo o valor dos impostos federais e outros, como o imposto de transmissão *causa mortis*.

Em todos os casos, devem ser avaliadas e muito bem elaboradas todas as minutas de documentos, contratos e estatutos sociais, acordos de quotistas e acionistas, protocolos familiares, dentre outros tantos documentos possíveis de criação. Todos os envolvidos devem ter conhecimento, acesso prévio e total aos documentos, devendo ser permitido ampla debate e discussão sobre minutas e textos.

Um ponto final sobre a questão societária está relacionada à necessária reflexão que deve ser feita por todos os envolvidos sobre qual modelo de sucessão será escolhido para cada empresa (que poderão adotar modelos distintos entre si), se optarão pela possibilidade de sucessão aberta (ingresso dos sucessores na sociedade) ou de sucessão fechada (pagamento de haveres). Em ambos os modelos, diversas serão as providências que deverão ser tomadas, envolvendo o necessário cuidado com redação de cláusulas em contrato ou estatuto social, especialmente as de cessão e transferência de quotas/ações e pagamento de haveres para sócios falecidos, incapazes ou interditados e, em paralelo, deve ser trabalhada a implementação de um Acordo de Quotistas / Acionistas que tenha redação técnica e eficiente, bons mecanismos operacionais e boas e claras regras de administração da sociedade e de sucessão.

5. Acordo de Quotistas

Os Acordos de Quotistas têm por objeto regular interesses das partes contratantes de um contrato plurilateral, cujo fim último são os interesses dos signatários frente a uma dada Sociedade Limitada. Fábio Ulhoa Coelho reconhece, na relação de poder interna da sociedade, o objetivo dos contratantes em firmar um pacto parassocial, apontando:

> *"No Brasil, os acionistas interessados em estabilizar relações de poder no interior da companhia podem negociar obrigações recíprocas que garantam certa permanência nas posições. ... O acordo de acionistas é, assim, o principal instrumento que o direito societário brasileiro reservou para a estabilização de posições acionárias."*[25].

O documento instituidor do Acordo de Quotistas pode conter interesses diversos de grupos com maior ou menor participação societária, mas seu fim primeiro é regular interesses convergentes através de um contrato. De forma mais expressiva ou reduzida, o seu grande objetivo será regular situações de poder, ainda que através de aspectos patrimoniais, como por exemplo a questão do direito de preferência. Os sócios signatários do documento, ao dar o direito recíproco de preferência, estão buscando manter o poder atingido por meio do pacto parassocial. Guilherme Döring Cunha Pereira destaca:

> *"Uma situação de controle pode ser constituída por acordos de acionistas que têm por objeto o exercício do direito de voto. Certo número de acionistas, que individualmente não teriam como impor-se aos demais, unem-se estabelecendo como se determinará dali por diante o voto do grupo nas assembléias gerais. ... Mais do que uma transferência de poder, trata-se de uma reorganização contratual, interna corporis, do poder soberano na sociedade. Sua disciplina é a específica dos acordos de acionistas."*[26].

Para tomar parte de um Acordo de Quotistas, os sócios de uma mesma sociedade, independente do montante de sua participação no capital, devem

---

[25] COELHO, Fábio Ulhoa. *Curso de direito comercial*, volume 2, 6ª ed. rev. e atual. de acordo com o novo código civil e alterações da LSA. São Paulo : Saraiva, 2003, pág. 314
[26] PEREIRA, Guilherme Döring Cunha. *Alienação do poder de controle acionário*. São Paulo : Saraiva, 1995, págs. 36 e 37

firmar um documento ao qual imediatamente, estarão vinculados, desde que preenchidos os requisitos legais prescritos no art. 104 do Código Civil brasileiro, a saber: 1) agente capaz; 2) objeto lícito, possível, determinado ou determinável; e 3) forma prescrita ou não defesa em lei. E estarão vinculados, mediatamente, após observarem a forma prescrita na legislação, qual seja, aquela fixada na Lei das Sociedades Anônimas (Lei nº 6.404, 15 de dezembro de 1976, especificamente no seu artigo 118), especialmente no tocante ao registro e averbação do Acordo na sede da sociedade.

A) Conceito e Utilidade

Inicialmente, parece-nos necessário fixar a primeira e importante noção relativa ao Acordo de Quotistas. Este é um pacto parassocial, ou seja, um pacto celebrado entre todos ou alguns dos sócios de uma dada sociedade, visando regular as relações dos mesmos e compor interesses que decorrem da qualidade de sócio e do exercício dos direitos decorrentes. Sua natureza é contratual e complementar ao contrato da sociedade (por isso é "parassocial"), não substituindo ao contrato de sociedade (que é o pacto social).

O Acordo de Quotista, enquanto um pacto parassocial, desempenha uma função destacada do corpo do contrato social, visando a criação de vínculos que são assumidos pelos sócios, vez que se trata de um negócio *intuitu personae*. Por outro lado, deve estar integrado com a regulamentação das normas constantes no contrato de sociedade. A sua eficácia é obrigacional, com vínculo pessoal e individual, ou seja, apenas estão sujeitos à sua disciplina aqueles que participam no acordo.

Trata-se de um contrato plurilateral cuja constituição tem por objetivo a convergência de interesses dos sócios consubstanciados no fim (objeto social) que propõem à Sociedade. Teremos então a conjugação, individual ou coletiva, de recursos ou serviços para o exercício de determinada atividade-fim, seja permanente ou temporária, com critérios para a partilha dos resultados.

O tema da plurilateralidade dos contratos foi cuidadosamente trabalhado por Tullio Ascarelli[27], que identificou suas características. Delas destacamos:

---

[27] ASCARELLI, Tullio. *Problemas das sociedades anônimas e direito comparado*. Campinas: Bookseller, 1999, págs. 372 a 452

1) possibilidade de participação de duas ou mais partes; 2) todas as partes são titulares de direitos e obrigações recíprocos; 3) na conclusão do contrato, podemos ter uma realização simultânea ou sucessiva, por isso afirmar que se forma por declarações sucessivas de vontade dos signatários; 4) o dolo proveniente de uma das partes não vicia a manifestação contratual de vontade das outras; 5) o centro de interesse das partes é comum, assim, os contratos plurilaterais aparecem como contratos de comunhão de fim; 6) possuem uma função instrumental, pois regulam o desenvolvimento de atividade ulterior; 7) é um contrato aberto, pois permite a entrada futura de novas partes, bem como a saída dos atuais signatários; 8) inaplicabilidade da *exceptio inadimplenti contractus*, em virtude do fato que o inadimplemento por uma das partes não autoriza aos demais contratantes a mesma ação, bem como não se pode pedir o adimplemento de apenas uma parte sem pedir das demais. Neste sentido, podemos indicar que o pacto parassocial, quanto aos seus interesses, pertence à categoria dos contratos plurilaterais.

Vale apontar a presença do caráter *intuitu personae* no Acordo de Quotista (nos pactos parassociais em geral), em função do conjunto de elementos que constitui a motivação dos signatários de tais acordos, que cria, e atribui às partes, um caráter personalíssimo de vinculação e de relacionamento ligado a determinada sociedade (pessoa jurídica).

Com relação ao universo de possíveis objetos do pacto parassocial, Rachel Sztajn leciona:

> *"A variedade das matérias objeto de acordos de sócios é, efetivamente, larga, podendo abranger desde voto – de forma ampla ou limitada – distribuição de resultados, preferência para a aquisição de quota de qualquer sócio que desejar retirar-se, indicação de, ou veto a, administradores, ou o que mais possa compor interesses de grupos membros da sociedade. ... Acordos de acionistas podem também servir para organizar grupos de acionistas em blocos minoritários, permitindo a eleição de administradores nos colegiados membros que, de outra forma, seria impraticável."*[28]

No estudo, Sztajn indica ainda, como função do pacto parassocial, a organização de interesses intrassocietários, considerando *"sua aptidão para alterar*

---

[28] SZTAJN, Rachel. *Acordo de Acionistas*. *In* Fusões e Aquisições: aspectos jurídicos e econômicos / Jairo Saddi – organizador. São Paulo : IOB, 2002, parte 2, págs. 275 e 276

o regime de relações entre sócios contratualmente definido na constituição da sociedade sem, entretanto, envolver todos os membros daquela sociedade."[29]. Naturalmente, o pacto pode envolver todos os sócios de determinada sociedade e, ainda sim, *"alterar o regime de relações"* entre eles, dado que os objetivos e o conteúdo do instrumento, na maior parte das vezes, é sigiloso desde sua gênese, pois assim desejam os signatários. Este sigilo envolve tudo aquilo que os sócios desejam regular *interna corporis*, mas não desejam que venha a público, ou seja, de conhecimento de terceiros, tais como arranjos de distribuição de lucros e dividendos, critérios de eleição e nomeação de administradores, regras de governança familiar (podem até mesmo tratar de protocolo familiar, conselho de família e normas direcionadas ao conselho de administração), considerando todos estes últimos como enquadrados de forma abrangente no conceito de exercício do "poder de controle" sobre as sociedades Holding Patrimoniais e, neste sentido, autorizando a plena aplicação do artigo 118 da Lei nº 6.404/76.

Usualmente os acordos / pactos parassociais são divididos em dois grupos, reconhecidos pelo ordenamento jurídico brasileiro, a saber: acordos de bloqueio e acordos de voto. Podemos encontrar na doutrina pátria outras denominações para estes grupos, que sempre estarão vinculadas aos mesmos direitos a eles atribuídos, ou seja, direitos patrimoniais e direitos políticos. Maria Graziela Malouf Cury Rayes aponta:

> *"Distinguem-se, pela legislação nacional, dois tipos de acordo de acionistas, conforme versem sobre direitos patrimoniais ou políticos atribuídos aos acionistas. Têm-se, de um lado, os acordos sobre a compra e venda de ações ou a preferência para adquiri-las (direitos patrimoniais), e, de outro, aqueles sobre o exercício do direito de voto (direitos políticos)."*[30].

Em apartada síntese, Celso Barbi Filho relaciona estes dois grupos:

> *"Normalmente, ao acordo de voto está sempre associado um pacto de bloqueio, para que se assegure a manutenção das posições contratadas. A recíproca já não é verdadeira, ou seja, há muitos acordos de bloqueio sem pacto sobre o voto. A tal propósito vale*

---

[29] SZTAJN, Rachel. *op. cit.*, pág. 276
[30] RAYES, Maria Graziela Malouf Cury. *Direito dos acionistas minoritários : uma perspectiva à luz da Lei 10.303, de 31 de outubro de 2001.* São Paulo : Textonovo, 2003, pág. 120

referência à observação de Modesto Carvalhosa no sentido de que a "affectio societatis" é elemento essencial ao acordo de voto, mas não ao de bloqueio."[31].

Acordos de bloqueio são aqueles que diretamente visam instituir direitos e obrigações no universo patrimonial dos seus signatários. O acordo de bloqueio tem por objetivo restringir a livre transmissibilidade de ações para proteção e manutenção do poder do grupo de um determinado número de sócios ou acionistas. Trata-se de um contrato pelo qual um signatário do acordo obriga--se, perante os demais, a não alienar suas ações sem o consentimento dos demais ou sem a renúncia dos mesmos ao direito de preferência. Nos acordos de bloqueio, segundo Cantidiano, *"são fixadas regras aplicáveis à negociabilidade das ações vinculadas ao acordo (e dos direitos a elas inerentes), inclusive quanto aos procedimentos que asseguram a referência dos contratantes para a aquisição dos citados valores mobiliários."*[32]. Os acordos de bloqueio são de natureza bilateral, *inter vivos* e visam regulamentar a circulação das ações dos signatários do acordo, seja através de proibição de transferência de ações ou instituindo direito de preferência sobre as mesmas, durante o prazo de vigência do acordo.

Por sua vez, os acordos de voto visam regulamentar os direitos políticos das partes signatárias do pacto parassocial. O escopo dos acordos de voto é influir nas deliberações assembleares, visando fazer valer os interesses do grupo vinculado pelo pacto, de sorte a garantir o poder de controle e de eleição de membros integrantes dos órgãos colegiados da sociedade. Os interesses do grupo, ainda que individuais, não podem desvirtuar os interesses sociais, sob pena de serem considerados ilícitos. Nos acordos de voto, na lição de Cantidiano, *"são estabelecidas normas e procedimentos que devem ser observados quando da manifestação da vontade de cada um para no processo de formação da vontade social."*[33], pontuando Tavares Borba que *"a vinculação do acionista ao acordo de voto não o libera, porém, do dever superior de exercer o direito de voto no interesse da sociedade."*[34].

---

[31] BARBI FILHO, Celso. *Acordo de Acionistas: Panorama atual do instituto no direito brasileiro e propostas para a reforma de sua disciplina legal*. Revista de Direito Mercantil, Industrial, Econômico e Financeiro São Paulo, n 121. Nova série Ano XL. Janeiro-março de 2001, pág. 41

[32] CANTIDIANO, Luiz Leonardo. *Estudos de Direito Societário*. Rio de Janeiro : Editora Renovar, 1999, pág. 80

[33] CANTIDIANO, Luiz Leonardo. *op. cit.*, pág. 80

[34] BORBA, José Edwaldo Tavares. *Direito Societário* – 5ª ed. rev. aum. e atual. – Rio de Janeiro, Renovar – 1999, pág. 323

Assim como o acordo de bloqueio, o acordo de voto deve ser redigido com cautela, técnica e precisão, para se evitar complicações e distúrbios societários desnecessários. Na maioria dos casos, observamos dois momentos distintos em seu exercício, quais sejam, a uniformização do interesse do grupo signatário do acordo, da forma que o documento especificar, e momento seguinte, da tomada dos votos em assembleia da sociedade.

B) Aplicação e Principais Cuidados da Utilização do Instituto aos Planejamentos Sucessórios

O Acordo de Quotistas, de natureza parassocial, tem como característica a íntima e direta ligação ao contrato da Sociedade, sendo inclusive dele dependente. Sem a Sociedade, o Acordo deixa de ter sua finalidade, e até mesmo de existir, em função da perda de objeto.

O Acordo mantém sua autonomia em relação à Sociedade – e por isso, existem diferenças verificadas – sempre com a característica complementar quanto aos efeitos aplicados e/ou aplicáveis à Sociedade e seus sócios (quotistas ou acionistas). A autonomia de tal forma é efetiva que o descumprimento do Acordo de Quotistas não é causa de direito de regresso, ou mesmo de retirada de uma sociedade, salvo, é claro, se houver sido estabelecida esta permissão ou possibilidade no corpo do próprio Acordo. Por outro lado, a perda da qualidade de sócio, via de regra, é causa de rescisão unilateral do Acordo de Quotistas para com este sócio. Na prática, muitas vezes o que se verifica é o estabelecimento de cláusula penal contratual punitiva e também indenizatória, o que dá maior garantia às partes, para que reciprocamente outorguem confiança, credibilidade e maior segurança ao relacionamento contratual.

Como vimos acima, no transcorrer deste trabalho, muitas podem ser as aplicações do Acordo de Quotistas em um planejamento sucessório, sempre relacionadas à estruturação e regulamentação e ao funcionamento das *Holdings* utilizadas para fins determinados. Estas aplicações e utilizações vão desde as matérias de compra e venda de suas ações, preferência para adquiri-las (como cláusulas de *tag along* e *drag along*), exercício do direito a voto, até a normatização e regulamentação de questões mais sofisticadas, como cláusulas envolvendo critérios de eleição, nomeação de administradores e regras de governança familiar, que podem até envolver a estruturação de protocolo familiar, conselho de família e normas direcionadas ao conselho de administração.

Aqui, quanto às *"questões mais sofisticadas"*, como dissemos antes, devem ser consideradas e enquadradas de forma cuidadosa e abrangente no conceito de exercício do "poder de controle" sobre as sociedades *Holding* Patrimoniais e, neste sentido, autorizando a plena aplicação do artigo 118 da Lei nº 6.404/76. Isto porque os operadores e assessores responsáveis pela estruturação e modelagem do planejamento devem se atentar para o fato de que o Acordo de Quotistas (em função da norma original dos acordos de acionistas) possui autorização de abrangência limitada pelo próprio artigo 118[35] – que determina que os acordos deverão ser observados pela companhia, quando arquivados na sede, acerca da compra e venda de suas ações, preferência para adquiri-las, exercício do direito a voto e do poder de controle. A referida norma não proíbe a normatização ou o trato de outros assuntos e temas, mas questões extremamente desviadas ou agressivas podem provocar questionamento sobre a legalidade e/ou validade de determinadas cláusulas, ou até mesmo de todo o acordo.

Outro ponto de atenção está relacionado com a previsão, em Acordo de Quotistas, de determinadas matérias que podem ser contrárias aos princípios e objetivos sociais, ou que possam ferir direitos dos demais sócios (caso nem todos sejam signatários). Neste sentido, Mamede leciona que *"não se admite que o pacto parassocial atente contra a sociedade, nem contra os direitos dos demais sócios, embora seja regular que lhes vitime os interesses, na medida em que podem ser vencidos nas deliberações sociais. Em outras palavras, o acordo de quotistas não pode constituir um instrumento de negação da sociedade em si."*[36].

Uma outra aplicação é o trato de questões sigilosas. Destaca Celso Barbi Filho que em alguns casos pode o pacto parecer inócuo, considerando que, se for firmado por todos os acionistas e, sendo lícitas e compatíveis com a

---

[35] Lei nº 6.404, de 15 de dezembro de 1976. *"Acordo de Acionistas – Art. 118. Os acordos de acionistas, sobre a compra e venda de suas ações, preferência para adquiri-las, exercício do direito a voto, ou do poder de controle deverão ser observados pela companhia quando arquivados na sua sede."* Disponível no seguinte website: http://www.planalto.gov.br/ccivil_03/leis/l6404consol.htm. Acesso em 15/07/2014

[36] MAMEDE, Gladston e MAMEDE, Eduarda Cotta, *Holding Familiar e suas vantagens : planejamento jurídico e econômico do patrimônio e da sucessão familiar* – 4ª ed. – São Paulo : Atlas, 2013, pág. 134

estrutura do contrato social, as estipulações poderiam constar do contrato social. Contudo, vê importante utilidade, quando se tratarem de matérias sigilosas:

> *"Não obstante, é possível que haja utilidade jurídica para os acordos realizados pela unanimidade ou mesmo maioria dos quotistas quando o objetivo do pacto parassocial seja regular interesses particulares dos acordantes, perfeitamente lícitos, mas cuja menção no contrato social revela-se incompatível com a natureza deste ou com o sigilo comercial. Seriam os casos de estipulações sobre escolha dos administradores, fornecimento de tecnologia, política de distribuição de lucros etc."*[37]

Lembramos que a violação de uma obrigação fixada e estabelecida em um Acordo de Quotistas ao qual um sócio estava vinculado (contratualmente), sujeitará a situação ao crivo da análise do direito contratual, ou seja, direito civil privado, em função de ter sido celebrado um acordo (contrato) entre partes, mas alheio ao contrato de sociedade (por isso parassocial). E este infrator estará sujeito a determinadas penalidades, inicialmente segundo procedimentos estabelecidos no próprio Acordo de Quotistas (costumam-se estabelecer regras de notificações e advertências, de efeito moral, antes de imputar diretamente a infração e a aplicação de cláusulas penais – o que gerará o ressarcimento dos danos provocados). Não obtendo, de forma amigável ou extra-judicial, a reparação ou o sucesso em eventual negociação, os sócios prejudicados deverão buscar solução judicial para as transações feitas em desobediência aos termos do Acordo, estando sujeitas à execução específica, nos termos do artigo 118, parágrafo 3º, da Lei nº 6.404/76, dos artigos 461, 461-A e 632 do Código de Processo Civil e os demais dispositivos aplicáveis da legislação civil e processual civil em vigor.

6. À Guisa de Conclusão

Como vimos na presente exposição, o planejamento sucessório pode ser compreendido como uma estratégia essencialmente preventiva, por natureza, que

---

[37] BARBI FILHO, Celso. *op. cit.*, pág. 38

visa avaliar a situação patrimonial do titular e autor da herança, ainda em vida, com o objetivo de criar uma estrutura e mecanismos jurídico-financeiros e delinear e pré-estabelecer procedimentos e processos para dado patrimônio, tendo como efetivo "gatilho" ou concretização a ocorrência do falecimento do referido titular e autor da herança.

Todo este arcabouço criado tem a finalidade de preservar o patrimônio, buscando, em paralelo, reduzir potenciais atritos e conflitos que possam existir entre herdeiros, por ocasião de um processo de inventário, que teriam reflexos negativos e extremamente prejudiciais ao referido patrimônio e, principalmente, visando também assegurar a forma planejada de transmissão de bens pelo titular e autor da herança, evitando determinados encargos tributários e custas judiciais.

Planejar, no sentido apresentado neste estudo, coaduna-se com a necessidade de efetiva aplicação do Direito que, nas palavras do saudoso jurista Miguel Reale, envolve: *"a adequação de uma norma jurídica a um ou mais fatos particulares, o que põe o delicado problema de saber como se opera o confronto entre uma regra "abstrata" e um fato "concreto", para concluir pela adequação deste àquela (donde a sua licitude) ou pela inadequação (donde a ilicitude)."*[38]. Ora, acrescente-se à esta lição a necessidade de evolução dos conceitos e da aplicação do direito no tempo e considerando os novos tempos e novas necessidades particulares e da sociedade brasileira.

O planejamento sucessório, devidamente estruturado e bem elaborado com o auxílio de assessores dedicados e com o necessário envolvimento, pode envolver diversas operações e combinações de operações jurídicas, dentre elas, transferência, doação, integralização e conferência dos bens de familiares sujeitos à sucessão hereditária (para um centro societário ou para vários, dependendo da customização requerida pelo planejamento). Todas estas operações podem ser (e usualmente assim são) realizadas sem que haja a efetiva transferência de propriedade e sem perda do direito do uso pelo autor da herança. Em outras palavras, quem está hoje na posse e é o titular do patrimônio não necessita abrir mão de seus bens e não perderá o controle da gestão de seus negócios.

---

[38] REALE, Miguel. *Lições Preliminares de Direito*. 21ª ed. Revista e aumentada. São Paulo : Editora Saraiva, 1994, pág. 296

Com isso oferecemos ao leitor boas reflexões sobre os motivos pelos quais é importante planejar a sucessão empresarial, estudando os modelos de planejamento disponíveis. A resposta certamente deve orbitar entre a necessidade da preservação do patrimônio familiar pelas gerações seguintes (ainda que utopicamente, pois um planejamento fixo, por muitas gerações, tem grandes possibilidades de não prosperar e não ter sucesso). Condições, cultura, meios, governos, políticas, enfim, muitos são os fatores impactantes, essencialmente mutáveis, que envolvem a necessidade de pensar, e ter como norte do planejamento, a preparação de herdeiros e sucessores, e, principalmente, o *timing* da retirada. Devem ser avaliados todos os fatores e problemas que podem ser causa de dificuldades à retirada do atual gestor do patrimônio, com a consequente "troca de bastões".

Assim, o planejamento sucessório estruturado com a devida antecedência é a estratégia certa para que o patrimônio sobreviva à troca de gerações, mediante um mecanismo jurídico-estrutural com benefícios ao patrimônio da família e dos herdeiros (economia de dinheiro – impostos, custos e taxas), e de tempo (se comparado ao inventário), com menos burocracia e procedimentos mais ágeis).

Como vimos, a estrutura apresentada de utilização de holdings (em suas diversas aplicações e modelos) poderá auxiliar o planejador e os assessores do titular e autor da herança a solucionar as questões apresentadas nas primeira e segunda fases do planejamento sucessório, relacionadas ao patrimônio e sua transmissão aos herdeiros e sucessores. A implementação, em conjunto com outras estruturas, garantirá o sucesso e a longevidade do projeto idealizado, potencialmente reduzindo discussões e atritos familiares ou infindáveis litígios judiciais.

O bom acompanhamento da gestão do ciclo de vida deste planejamento é igualmente essencial, assim como revisões periódicas, seja para acomodar eventuais novas situações ou até mesmo para solucionar novas questões impostas por novos marcos legais e regulatórios que tenham impacto sensível sobre o planejamento sucessório.

Com a utilização dos Acordos de Quotistas, almeja-se não somente a regulamentação básica de matérias de compra e venda de suas ações, preferência para adquiri-las (como cláusulas de *tag along* e *drag along*), e exercício do direito a voto, como também o efetivo exercício do "poder de controle" sobre as sociedades *Holding*, especialmente aqueles de cunho patrimoniais, que serão responsáveis pela busca de perpetuação do patrimônio, sempre seguindo os ditames e a plena aplicação do artigo 118 da Lei nº 6.404/76. Com isso, os Acordos de Quotistas permitem o desenvolvimento de alternativas viáveis de reorganização societária para acomodação do patrimônio familiar, com o maior número possível de regras de transparência (inclusive através da criação de protocolo familiar ou do conselho de família) e da instituição de melhores práticas de governança corporativa, o que podem contribuir para reduzir ao mínimo possível e aceitável os conflitos entre herdeiros e sucessores, se não para eliminá-los (mundo hipotético ideal).

Frisamos que é importante sempre ter em mente que a elaboração de um planejamento sucessório não é algo que deve ser feito de forma despretensiosa e "pulando etapas", pois trata-se de uma matéria complexa que requer, sobretudo, considerável tempo de reflexão, maturação e elaboração.

Por fim, lembramos que o Acordo de Quotista, enquanto pacto parassocial, nunca poderá apresentar características de substituição de direitos ou obrigações previstas na regulamentação da sociedade (pessoa jurídica), seja ela decorrente do contrato social ou de lei. Terá sempre caráter acessório, considerando a sua relação principal com a sociedade da qual seus subscritores são sócios quotistas, pois inexistindo esta relação, o pacto parassocial perde toda e qualquer razão de ser. Ele cria apenas vínculos adicionais e obriga seus signatários, ainda que os seus efeitos venham a atingir a sociedade e os demais sócios.

7. Referências Bibliográficas

ADACHI, Pedro Podboi. *Família S.A. Gestão de Empresa Familiar e Solução de Conflitos*. São Paulo : Atlas, 2006

ASCARELLI, Tullio. *Problemas das sociedades anônimas e direito comparado*. Campinas: Bookseller, 1999

BARBI FILHO, Celso. *Acordo de Acionistas: Panorama atual do instituto no direito brasileiro e propostas para a reforma de sua disciplina legal*. Revista de Direito Mercantil, Industrial, Econômico e Financeiro São Paulo, n 121. Nova série Ano XL. Janeiro-março de 2001

BERNHOEFT, Renato. *Como Criar, manter e sair de uma sociedade familiar (sem brigas)*. São Paulo : Senac, 1996 *Apud* ADACHI, Pedro Podboi. *Família S.A. Gestão de Empresa Familiar e Solução de Conflitos*. São Paulo : Atlas, 2006

BORBA, José Edwaldo Tavares. *Direito Societário* – 5ª ed. rev. aum. e atual. – Rio de Janeiro, Renovar – 1999.

CANTIDIANO, Luiz Leonardo. *Estudos de Direito Societário.* Rio de Janeiro : Editora Renovar, 1999

CARVALHOSA, Modesto. *Comentários ao Código Civil : parte especial : do direito de empresa* (artigos 1052 a 1195), volume 13 / Modesto Carvalhosa (coord. Antonio Junqueira de Azevedo). São Paulo : Saraiva, 2003

COELHO, Fábio Ulhoa. *Curso de direito comercial*, volume 2, 6ª ed. rev. e atual. de acordo com o novo código civil e alterações da LSA. São Paulo : Saraiva, 2003

CREUZ, Luís Rodolfo Cruz e, *Aplicação Subsidiária de Normas na Sociedade Limitada*, de Luís Rodolfo Cruz e Creuz, *In* Revista IOB de Direito Civil e Processual Civil – Ano VIII – nº 43 – setembro-outubro de 2006, da IOB – Thomson, págs. 88 a 109

IRTI, Natalino. *A Ordem Jurídica do Mercado. IN* Revista de Direito Bancário e do Mercado de Capitais. Ano II, nº 39, janeiro-março de 2008, São Paulo : Editora Revista dos Tribunais, 2008

KIGNEL, Luiz e WERNER, René A., ... *e Deus criou a empresa familiar : uma visão contemporânea.* São Paulo : Integrare editora, 2007

MAMEDE, Gladston e MAMEDE, Eduarda Cotta, *Holding Familiar e suas vantagens : planejamento jurídico e econômico do patrimônio e da sucessão familiar* – 4ª ed. – São Paulo : Atlas, 2013

PEREIRA, Guilherme Döring Cunha. *Alienação do poder de controle acionário.* São Paulo : Saraiva, 1995

PRADO, Roberta Nioac. *Aspectos Relevantes da Empresa Familiar : governança e planejamento patrimonial sucessório.* Organizadora Roberta Nioac Prado; São Paulo : Saraiva, 2013

RAYES, Maria Graziela Malouf Cury. *Direito dos acionistas minoritários : uma perspectiva à luz da Lei 10.303, de 31 de outubro de 2001.* São Paulo : Textonovo, 2003

REALE, Miguel. *Lições Preliminares de Direito.* 21ª ed. Revista e aumentada. São Paulo : Editora Saraiva, 1994

SZTAJN, Rachel. *Acordo de Acionistas. In* Fusões e Aquisições : aspectos jurídicos e econômicos / Jairo Saddi – organizador. São Paulo : IOB, 2002

A Desconsideração da Personalidade Jurídica

Rennan Faria Krüger Thamay

1. Aspectos introdutórios

Hodiernamente a sociedade é extremamente volátil e suscetível a modificações constantes[1], o que, sem sobra de dúvida, é algo interessante e até benéfico para a sociedade.

As mudanças de paradigmas que mundialmente estão ocorrendo demonstram, pelo menos, que manter a atualização constante é necessário e quanto mais quando se trabalha um instituto jurídico, já que as mudanças sociais, freqüentemente, se dão antes das jurídicas, o que é natural.

A sociedade antes de positivar suas novas situações acaba vivenciado os problemas e dificuldades, para tão somente depois disto buscar a solução jurídica, já que o direito como ciência se presta a prever condutas aceitáveis e inaceitáveis, dependendo do ramo do direito que se esteja debater.

---

[1] Deve-se tomar o devido cuidado para que as coisas não se acelerem por demais, visto que o direito deve seguir o seu tempo normal, sem uma aceleração exacerbada e desmotivada que prejudicaria e muito a natural preservação de um direito em sua essência máxima. OST, François. **O tempo do direito.** Lisboa: Instituto Piaget, 1999, p. 39.

Nesta senda, em relação ao direito privado, tem-se sustentado a ocorrência da desconsideração da personalidade jurídica em variados casos que repetidamente tem ocorrido.

Destarte, revele-se que o estudo obrado parte da análise da pessoa jurídica, sua conceituação e caracterização para então chegar, depois somente, ao estudo e análise dos casos de cabimento da desconsideração da personalidade jurídica que é aplicável de forma distinta no Direito Civil, do Consumidor e Laboral, já que as premissas são distintas e neste peculiar serão feitas as devidas observações em cada caso.

Ponto central deste trabalho é perceber que a pessoa jurídica criação necessária para a sociedade pode e deve ser desconsiderada (*disregard doctrine*) em alguns casos sendo meio recentemente implementado, normativamente falando, para a superação dos abusos empresarialmente realizados, já que os sócios e administradores de empresas por vezes utilizam seu poder para a prática de atos que desviam a finalidade da empresa, provocando o abuso e por vezes em decorrência disto lesarem a milhares de cidadão (quer consumidores, trabalhadores ou até outras empresas), prática totalmente inaceitável e reprovável.

Destarte, neste contexto é que nasce a figura da desconsideração da personalidade jurídica para fazer com que o credor não perca de vista a realização de seu direito ao crédito, já que por vezes as empresas são típicos escudos das fraudes realizadas pelos seus sócios ou administradores que, conscientemente, transferem o patrimônio advindo da fraude, dentre outras tantas condutas ilícitas, para o seu patrimônio individual.

Com o nascimento deste instituto, muitas ilicitudes perderam campo fazendo com que, por vezes, seja atingido o patrimônio individual de sócio ou administrador da sociedade, que de forma maliciosa agiu desviando o patrimônio, para que sejam responsabilizados pessoalmente pelos diversos ilícitos praticados e pelos créditos alheios existentes.

2. A Personalidade jurídica: aspectos básicos

A personalidade jurídica é uma criação(ficção) que possibilita a pessoa jurídica o exercício de atividades, por deter capacidade e personalidade para tanto, a partir de sua instituição, no mundo fático, a partir de seu registramento e da obtenção de seus número de identificação, o chamado CNPJ.

No sistema empresarial, dito por alguns à época comercial, percebe-se que com o Sistema Francês - Teoria dos atos de comércio - que veio estipulado a partir do *Code de Comerce* de 1808 - qualquer pessoa poderia praticar os atos de comércio e não somente as pessoas naturais vinculadas ao respectivo órgão de classe como antigamente.

Esse Sistema já trouxe efetivas modificações, que para a pessoa jurídica, foram ampliadas e realmente relevantes para esta pessoa fictamente existente no Sistema Italiano - Teoria da Empresa - Iniciado em 1942 com o *Codice Civile* aprovado pelo Rei Vittorio Emanuele III - sendo a teoria que abre espaço para que a pessoa jurídica, a empresa, pudesse começar a praticar os atos negociais.

No Brasil a pessoa jurídica(empresa) tem capacidade negocial e pratica os atos negociais de forma normal, já que detém os requisitos necessários para tanto.

Neste sentido, vem a teoria da desconsideração da personalidade jurídica que será a partir de então estudada.

2. A Desconsideração da personalidade jurídica

Desenvolveu-se a teoria da desconsideração da personalidade jurídica, com o objetivo de superar as dificuldades teóricas decorrentes do rigor conceitual originário[2].

No Brasil a desconsideração da personalidade jurídica só ganha maior atenção a partir da década de sessenta, vendo que a separação jurídica entre a pessoa jurídica e seus membros (em relação ao patrimônio) pode trazer problemas[3], sendo esta, em muitos casos, tipo local de irregularidades premeditadas e fraudes esperadas.

A teoria da desconsideração da personalidade jurídica pode ser vista como uma possibilidade de escapada da Crise da pessoa jurídica, já que este instituto, depois de sua criação, passou por esta fase de dificuldades, na qual se pode

---

[2] ANDRADE, Fábio de. **Desconsideração da personalidade jurídica.** Pensando o direito. n. 29/2010, p. 12.

[3] REQUIÃO, Rubens. **Abuso de Direito e Fraude através da Personalidade Jurídica.** Revista dos Tribunais, v. 410, p. 10.

observar a pessoa jurídica como meio de realizar as violações, não esperadas, aos direitos humano-fundamentais a partir das fraudes e demais ocorrências que serão observadas neste estudo.

Neste contexto no Código Civil de 2002, fixaram-se os requisitos para a desconsideração, *vide*:

> Art. 50. Em caso de **abuso da personalidade jurídica**, caracterizado pelo desvio de finalidade ou pela confusão patrimonial, pode o juiz decidir, a requerimento da parte, ou do Ministério Público quando lhe couber intervir no processo, que os efeitos de certas e determinadas relações de obrigações sejam estendidos aos bens particulares dos administradores ou sócios da pessoa jurídica.

Em relação ao cabimento não restam maiores dúvidas, já que para ser aplicada a desconsideração da personalidade jurídica requer-se a ocorrência do abuso da personalidade jurídica que, para o Código Civil de 2002, é caracterizado a partir do desvio da finalidade empresarial ou ainda da confusão patrimonial, casos em que poderá o juiz retirar o véu de proteção da personalidade jurídica para revelar seus sócios e responsáveis.

Outra não foi a construção do Código de Defesa do Consumidor, observe-se:

> Art. 28. O juiz poderá desconsiderar a personalidade jurídica da sociedade quando, em detrimento do consumidor, houver abuso de direito, excesso de poder, infração da lei, fato ou ato ilícito ou violação dos estatutos ou contrato social. A desconsideração também será efetivada quando houver falência, estado de insolvência, encerramento ou inatividade da pessoa jurídica provocados por má administração.
>
> § 1º (Vetado).
>
> § 2º As sociedades integrantes dos grupos societários e as sociedades controladas são subsidiariamente responsáveis pelas obrigações decorrentes deste código.
>
> § 3º As sociedades consorciadas são solidariamente responsáveis pelas obrigações decorrentes deste código.
>
> § 4º As sociedades coligadas só responderão por culpa.

§ 5º Também poderá ser desconsiderada a pessoa jurídica sempre que sua personalidade for, de alguma forma, obstáculo ao ressarcimento de prejuízos causados aos consumidores.

Neste caso, embora a norma seja de 1990, portanto mais antiga que o Código Civil de 2002, foi além do esperado em termos de atualidade e aplicabilidade, já que se presta a proteger o consumidor que sofra, por parte da pessoa jurídica, o abuso de direito, excesso de poder, infração da lei, fato ou ato ilícito ou violação ao estatuto ou contrato social, houver falência, estado de insolvência, encerramento ou inatividade da pessoa jurídica em decorrência da má administração.

O rol de casos típicos de cabimento já era mais extenso do que o previsto no Código Civil de 2002, embora mais antigo o Código de Defesa do Consumidor, sendo ainda ampliado ainda mais pelo parágrafo 5º, que abre a possibilidade de ocorrência da desconsideração da personalidade jurídica para os casos de ser a empresa um obstáculo ao ressarcimento de prejuízos causados aos consumidores.

Esta previsão é muito importante para que se possa observar que o consumidor é realmente protegido e cuidado assim como exige a Constituição Federal de 1988 no seu art. 170, V.

A crítica que se pode fazer é da pouca coragem que motivou o legislador derivado ao elaborar o Código Civil que mais recente - pois promulgado em 2002 - o Código de Defesa do Consumidor que é de 1990, em relação à desconsideração da personalidade jurídica já que a norma do consumidor, embora mais antiga, é mais protetora e abrangente que a norma mais recente, o Código Civil de 2002.

Afirme-se, ainda, que a desconsideração da personalidade jurídica tem relação com o direito do trabalho e demais ramos do direito, todavia na CLT não há disposição que claramente abra a esta aplicabilidade.

3. A Desconsideração da personalidade jurídica no Código Civil de 2002: A caracterização do abuso da pessoa jurídica

Esta regra, como já referido e visto, está fixada no Art. 50 do Código Civil atual. Todavia, além da desconsideração da personalidade jurídica que se pôde observar até então, existe também a chamada desconsideração da personalidade jurídica inversa que ocorre quando a responsabilidade da sociedade por dívidas do sócio, que transfere seus bens para a pessoa jurídica sobre a qual detém absoluto controle, exista um uso instrumental da sociedade para fugir as suas obrigações comerciais[4].

Requisito essencial da Desconsideração, segundo Fábio de Andrade, é o Abuso (desvirtuamento) da personalidade sendo ou o desvio de finalidade ou a confusão patrimonial[5] as características para a identificação do abuso.[6]

A Jurisprudência do STJ, em orientação predominante, adota a desconsideração como medida excepcional desde que verificado o abuso de poder. Neste sentido vale conferir o RESP 6932235/MT, Rel. Min. Luis Felipe Salomão, 4ª Turma, j. 17.11.2009, vide:

> "FALÊNCIA. ARRECADAÇÃO DE BENS PARTICULARES DE SÓCIOS-DIRETORES DE EMPRESA CONTROLADA PELA FALIDA. DESCONSIDERAÇÃO DA PERSONALIDADE JURÍDICA (DISREGARD DOCTRINE). TEORIA MAIOR. NECESSIDADE DE FUNDAMENTAÇÃO ANCORADA EM FRAUDE, ABUSO DE DIREITO OU CONFUSÃO PATRIMONIAL. RECURSO PROVIDO.
>
> 1. A teoria *da desconsideração da personalidade jurídica* – disregard doctrine –, conquanto encontre amparo no direito positivo brasileiro (art. 2º *da* Consolidação *das* Leis Trabalhistas, art. 28 do Código de Defesa do Consumidor, art. 4º *da* Lei n. 9.605/98, art. 50 do CC/02, dentre outros), deve ser aplicada com cautela, diante *da* previsão de autonomia e existência de patrimônios distintos entre as pessoas físicas e *jurídicas*.
>
> 2. A jurisprudência *da* Corte, em regra, dispensa ação autônoma para se levantar o véu *da* pessoa *jurídica*, mas somente em casos de abuso de direito - cujo delineamento conceitual encontra-se no art. 187 do CC/02 -, desvio de finalidade ou confusão patrimonial, é que se permite tal providência. Adota-se,

---

[4] ANDRADE, Fábio de. **Desconsideração da personalidade jurídica.** Pensando o direito. n. 29/2010, p. 25 e ss.

[5] ANDRADE, Fábio de. **Desconsideração da personalidade jurídica.** Pensando o direito. n. 29/2010, p. 25.

[6] Neste sentido, podem ser observadas as pesquisas de Fábio Konder Comparato. **O Poder de Controle na Sociedade Anônima.** p. 286; Fábio Ulhoa Coelho. **As Teorias da Desconsideração.** in Desconsideração da Personalidade Jurídica em Matéria Tributária, ed. Quartier Latin, 2005, p. 260.

assim, a "teoria maior" acerca *da desconsideração da personalidade jurídica*, a qual exige a configuração objetiva de tais requisitos para sua configuração.

3. No caso dos autos, houve a arrecadação de bens dos diretores de sociedade que sequer é a falida, mas apenas empresa controlada por esta, quando não se cogitava de sócios solidários, e mantida a arrecadação pelo Tribunal a quo por "possibilidade de ocorrência de desvirtuamento da empresa controlada", o que, à toda evidência, não é suficiente para a superação da personalidade jurídica. Não há notícia de qualquer indício de fraude, abuso de direito ou confusão patrimonial, circunstância que afasta a possibilidade de superação *da pessoa jurídica para atingir os bens particulares dos sócios.*
4. Recurso especial conhecido e provido".

A Jurisprudência do próprio STJ já tem possibilitado, ademais, a desconsideração da personalidade jurídica em casos de comprovado encerramento de atividades sem cumprir com seus deveres legais e sem deixar bens para a penhora, sendo esta conduta considerada abusiva. Neste sentido AgRg no AREsp 11663/SP AGRAVO REGIMENTAL NO AGRAVO EM RECURSO ESPECIAL 2011/0062636-4:

"AGRAVO REGIMENTAL. AGRAVO EM RECURSO ESPECIAL. DESCONSIDERAÇÃO DA PERSONALIDADE JURÍDICA. CONTEXTO FÁTICO-PROBATÓRIO. REEXAME. IMPOSSIBILIDADE. FUNDAMENTAÇÃO DO TRIBUNAL DE ORIGEM EM CONSONÂNCIA COM A JURISPRUDÊNCIA DESTA CORTE. AUSÊNCIA DE IMPUGNAÇÃO ESPECÍFICA. INCIDÊNCIA DAS SÚMULAS 7, 83 E 182/STJ. AGRAVO DESPROVIDO.
1. Aplica-se a Súmula 7/STJ na hipótese em que a tese versada no recurso reclama a análise de elementos fático-probatórios colhidos ao longo da demanda.
2. Correta a incidência da Súmula 83/STJ no caso em que a decisão atacada se coaduna com a jurisprudência deste Superior Tribunal.
3. Do mesmo modo, aplica-se a Súmula 182/STJ, de maneira análoga, ao agravo de instrumento que não impugna os fundamentos da decisão agravada.
4. Agravo regimental a que se nega provimento.
(CONSIDERAÇÕES DO MINISTRO) (MIN. MARIA ISABEL GALLOTTI)
É possível a desconsideração da personalidade jurídica nahipótese em que restou constatado que, além do encerramento irregular das atividades da empresa, não havia reserva de bens suficientes para o pagamento dos credores,

porquanto tal medida, por si só, autoriza a aplicação da Teoria da Desconsideração da Personalidade Jurídica, prevista no artigo 50 do Código Civil."
No mesmo sentido, observando os requisitos legais para a desconsideração, nos demais estados vide:
1º TACivSP, j. 05.12.2001: in RT 799/274: "Sociedade comercial. Pretensão de que o patrimônio de sócio responda pelas dívidas da empresa. Admissibilidade somente se demonstrado de forma inequívoca que agiu com excesso de poderes, infração da lei ou do contrato social. Disregard doctrine que é exceção e não regra geral".
Ag. Inst. n. 70005132485, da 6ª C. Civ. do TJRGS, rel. Des. Antonio Guilherme Tanger Jardim, j. 20.11.2002: "Apenas a notícia de que a sociedade estaria desativada não justifica a desconsideração da personalidade jurídica e a penhora de bem particular do sócio, especialmente por se tratar de decisão interlocutória proferida sem prévio contraditório e por ter a executada oferecido bens à penhora, cuja avaliação não foi realizada para demonstrar eventual insuficiência".

Nos termos do artigo 50 do Código Civil, o abuso também pode ser caracterizado pelo desvio de finalidade da pessoa jurídica. O desvio de finalidade é caracterizado pelo ato intencional dos sócios em fraudar terceiros com o desvirtuamento do objeto da personalidade jurídica.[7]

Ademais, para que não ocorra a referida confusão é relevante que as contas e investimentos das pessoas jurídicas e dos sócios, por exemplo, estejam separadas.

4. A Desconsideração da Personalidade Jurídica no Código de Defesa do Consumidor

A previsão deste instituto está exposta no Art. 28 do Código de Defesa do Consumidor, dando amplo cabimento a esta desconsideração, sendo muito mais ampla que a previsão do Código Civil de 2002.

Fabio de Andrade refere que *"A leitura do caput do artigo 28 permite a conclusão de que o legislador agregou diversos tipos de circunstâncias relacionados com o inadimplemento ao credor da pessoa jurídica. Pode-se tentar reuni-los em esferas distintas: de*

---

[7] ANDRADE, Fábio de. **Desconsideração da personalidade jurídica.** Pensando o direito. n. 29/2010, p. 27.

um lado, situações decorrentes do desvirtuamento da pessoa jurídica, representados pelo abuso de direito, excesso de poder e a má administração que acarrete sua falência, estado de insolvência, encerramento ou inatividade; de outro o descumprimento de deveres objetivos da pessoa jurídica, como é o caso da infração da lei ou violação do contrato social."[8]

Esta observação vem complementada pelo disposto no parágrafo 5 da referida norma, já que dispositivo criado para proteger ao consumidor, mostrando que também poderá ser desconsiderada a pessoa jurídica sempre que sua personalidade for, de alguma forma, obstáculo ao ressarcimento de prejuízos causados aos consumidores.

Destarte, deve ser levada em conta a confiança e a boa-fé já que se trata de relação de consumo e estes princípios são as bases para que se possa falar em Direito do Consumidor.[9]

Na jurisprudência brasileira, foi reconhecida a teoria menor que possibilita a desconsideração da personalidade jurídica a partir da insolvência (em relação ao direito ambiental e do consumidor), assim veja-se o RESP 279.273/SP:

> "Responsabilidade civil e Direito do consumidor. Recurso especial. Shopping Center de Osasco-SP. Explosão. Consumidores. Danos materiais e morais. Ministério Público. Legitimidade ativa. Pessoa jurídica. Desconsideração. Teoria maior e teoria menor. Limite de responsabilização dos sócios. Código de Defesa do Consumidor. Requisitos. Obstáculo ao ressarcimento de prejuízos causados aos consumidores. Art. 28, § 5º.
> – Considerada a proteção do consumidor um dos pilares da ordem econômica, e incumbindo ao Ministério Público a defesa da ordem jurídica, do regime democrático e dos interesses sociais e individuais indisponíveis, possui o Órgão Ministerial legitimidade para atuar em defesa de interesses individuais homogêneos de consumidores, decorrentes de origem comum.
> – A teoria maior da desconsideração, regra geral no sistema jurídico brasileiro, não pode ser aplicada com a mera demonstração de estar a pessoa jurídica insolvente para o cumprimento de suas obrigações. Exige-se, aqui, para além da prova de insolvência, ou a demonstração de desvio de finalidade (teoria subjetiva da desconsideração), ou a demonstração de confusão patrimonial (teoria objetiva da desconsideração).

---

[8] ANDRADE, Fábio de. **Desconsideração da personalidade jurídica.** Pensando o direito. n. 29/2010, p. 35 e ss.

[9] PASQUALOTTO, Adalberto. **A eficácia obrigacional da publicidade no Código de Defesa do Consumidor.** 1. ed. São Paulo: Revista dos Tribunais, 1997.

– *A teoria menor da desconsideração, acolhida em nosso ordenamento jurídico excepcionalmente no Direito do Consumidor e no Direito Ambiental, incide com a mera prova de insolvência da pessoa jurídica para o pagamento de suas obrigações, independentemente da existência de desvio de finalidade ou de confusão patrimonial.*

– *Para a teoria menor, o risco empresarial normal às atividades econômicas não pode ser suportado pelo terceiro que contratou com a pessoa jurídica, mas pelos sócios e/ou administradores desta, ainda que estes demonstrem conduta administrativa proba, isto é, mesmo que não exista qualquer prova capaz de identificar conduta culposa ou dolosa por parte dos sócios e/ou administradores da pessoa jurídica.*

– *A aplicação da teoria menor da desconsideração às relações de consumo está calcada na exegese autônoma do § 5º do art. 28, do CDC, porquanto a incidência desse dispositivo não se subordina à demonstração dos requisitos previstos no caput do artigo indicado, mas apenas à prova de causar, a mera existência da pessoa jurídica, obstáculo ao ressarcimento de prejuízos causados aos consumidores.*

– *Recursos especiais não conhecidos."*

5. A Desconsideração da Personalidade Jurídica na justiça do trabalho

Tem-se entendido possível, na Justiça do Trabalho, a desconsideração da personalidade jurídica pelo seu caráter alimentar, já que esta é a finalidade precípua desta Justiça, alcança a quem tenha direito as suas verbas trabalhistas para que possa manter-se vivo e em dignidade, já que o exercício de profissão ou arte garante ao trabalhador o direito à contraprestação econômica. Neste sentido, imperioso observar o Processo TRT/BH 00860-2005-081-03-00-4-AP, *vide*:

> *"Ora, se é perfeitamente possível e aplicável a desconsideração da personalidade jurídica de sociedade em favor do consumidor e da ordem econômica, muito mais o é em favor do empregado, principalmente se considerarmos o caráter alimentar das verbas trabalhistas e o fato de que o risco do empreendimento constituiria ônus que não pode ser repassado ao trabalhador (art. 2.º da CLT), dado que este não recebe os lucros da empresa"* (Processo TRT/BH 00860-2005-081-03-00-4-AP).

Fabio de Andrade sustenta também pela viabilidade da desconsideração em relação ao critério dos riscos da atividade que devem recair sobre a empresa e não sobre o empregado.[10]

Basta a mera inexistência de bens da empresa, somadas às não condições financeiras em cumprir o contrato de trabalho para restar configurada a má administração ou a dissolução irregular. Isto é o que tem construído a jurisprudência, *vide*:

> *"A mera constatação de insolvência da empresa durante a execução é suficiente para permitir de pronto afastamento da personalidade jurídica e a conseqüente apreensão de bens particulares dos sócio, dado que em hipótese alguma os trabalhadores respondem pelos riscos da atividade empresarial (CLT, art. 2.º, caput)"* Processo TRT/2 SP, 02429200703102003.
>
> *"A mera constatação de insolvência da empresa durante a execução é suficiente para permitir o pronto afastamento da personalidade jurídica e a conseqüente apreensão de bens particulares do sócio, dado que em hipótese alguma os trabalhadores respondem pelos riscos da atividade empresarial (CLT, art. 2º, caput".* (TRT/SP - 01548200706702009 - AP - Ac. 6ªT 20081030902 - Rel. Salvador Franco de Lima Laurino - DOE 28/11/20)

5. Efeitos materiais decorrentes da desconsideração da personalidade jurídica

Os sócios responsabilizáveis são os que estão na atividade, sendo portanto os possíveis responsáveis pelas irregularidades e, por este motivo, os responsáveis diretos pelos danos causados a alguém.

O STJ fixou a impossibilidade de responsabilizar o sócio ou avalista que não praticou qualquer ato lesivo ou sequer agiu de má-fé, no Ag. Reg em EREsp 86.502-SP, Rel. Min. Eduardo Ribeiro, 3ª Turma, em que se afastou- a desconsideração da personalidade jurídica da sociedade, para não prejudicar sócio, avalista, que não poderia ser responsabilizado por litigância de má-fé, referente ao comportamento exclusivo da sociedade avalizada.

---

[10] ANDRADE, Fábio de. **Desconsideração da personalidade jurídica.** Pensando o direito. n. 29/2010, p. 40 e ss.

Na Justiça do Trabalho sócio retirante responde pelos danos sofridos pelo empregado com o seu patrimônio de forma subsidiária caso o empresário tenha se beneficiado, *vide*:

"RESPONSABILIDADE DO SÓCIO RETIRANTE. PRINCÍPIOS DA FUNÇÃO SOCIAL DO CONTRATO, DA BOA-FÉ E DA DESCONSIDERAÇÃO DA PERSONALIDADE JURÍDICA. O ex- sócio que se beneficiou dos lucros advindos da força de trabalho do operário despendida enquanto o primeiro integrava a sociedade que o empregava, responde subsidiariamente pela dívida social contraída pela empresa com o ex – empregado, quando não encontrados bens suficientes para arcar com o débitos trabalhista, por força dos princípios da função social do contrato, da boa-fé e da desconsideração da personalidade". AGRAVO DE PETIÇÃO Nº 00146-2004-016-05-00-5-AP, TRT 5ª Região. "RESPONSABILIDADE DO SÓCIO RETIRANTE. PRINCÍPIOS DA FUNÇÃO SOCIAL DO CONTRATO, DA BOA-FÉ E DA DESCONSIDERAÇÃO DA PERSONALIDADE JURÍDICA. O ex- sócio que se beneficiou dos lucros advindos da força de trabalho do operário despendida enquanto o primeiro integrava a sociedade que o empregava, responde subsidiariamente pela dívida social contraída pela empresa com o ex – empregado, quando não encontrados bens suficientes para arcar com o débitos trabalhista, por força dos princípios da função social do contrato, da boa-fé e da desconsideração da personalidade". AGRAVO DE PETIÇÃO Nº 00146-2004-016-05-00-5-AP, TRT 5ª Região.

Sobre o alcance da desconsideração aos administradores, muito importante conferir a jurisprudência que aclara toda e qualquer dúvida neste sentido:

"DESCONSIDERAÇÃO DA PERSONALIDADE JURÍDICA. ALCANCE DE TODOS OS SÓCIOS E NÃO SÓ O SÓCIO ADMINISTRADOR. A teoria da autonomia patrimonial existente entre a pessoa jurídica e a pessoa física de seus sócios não pode respaldar ou incentivar fraudes perpetradas com propósito de eximir das obrigações contraídas pelas sociedades esvaziadas de patrimônio, mas com sócios todos eles, e não só o administrador, muitas das vezes, enriquecidos. ACÓRDÃO Nº 22801/09 2ª. TURMA, AGRAVO DE PETIÇÃO Nº 01166-1992-I33-05-00-2-AP-A, TRT 5ª Região.

Destarte, necessário referir que o sócio poderá ser eximido apenas se não comprovada a sua participação na sociedade à época do contrato(TRT 30559491-12112009 – TRT 4ª, Região e TRT, 4ª Região – 31761656012112009).

6. Questões Processuais da desconsideração da personalidade jurídica

Poderse-ia-a referir do conflito existente em relação à Desconsideração da personalidade jurídica e o Devido Processo Legal, contraditório e ampla defesa, restando a dúvida de qual destes prevaleceria, em casos nos quais a desconsideração se dá sem a mínima ciência da parte adversária no processo, violando, em tese, a consagrada lição do direito processual constitucional moderno, qual seja da proteção suprema da existência do contraditório, por mais que em alguns casos postergado.

Há conflito entre estas garantias processuais constitucionais, a jurisprudência do STJ RESP 6932235/MT, Rel. Min. Luis Felipe Salomão, 4ª Turma, j. 17.11.2009 tem posicionado-se em sentido a desconsiderar as garantias processuais constitucionais[11] referidas em favor da garantia de recebimento do crédito, algo impensável para os processualistas, mas amplamente considerável para quem detém um crédito ou direito e o busca contra um efetivo infrator da norma que abusou e utilizou a empresa para finalidades espúrias. Neste sentido, observe-se:

> *FALÊNCIA. ARRECADAÇÃO DE BENS PARTICULARES DE SÓCIOS--DIRETORES DE EMPRESA CONTROLADA PELA FALIDA. DESCONSIDERAÇÃO DA PERSONALIDADE JURÍDICA (DISREGARD DOCTRINE). TEORIA MAIOR. NECESSIDADE DE FUNDAMENTAÇÃO ANCORADA EM FRAUDE, ABUSO DE DIREITO OU CONFUSÃO PATRIMONIAL. RECURSO PROVIDO.*
> *1. A teoria da desconsideração da personalidade jurídica – disregard doctrine -, conquanto encontre amparo no direito positivo brasileiro (art. 2º da Consolidação das Leis Trabalhistas, art. 28 do Código de Defesa do Consumidor, art. 4º da Lei n. 9.605/98, art. 50 do CC/02, dentre outros), deve ser aplicada com cautela, diante da previsão de autonomia e existência de patrimônios distintos entre as pessoas físicas e jurídicas.*
> *2. A jurisprudência da Corte, em regra, dispensa ação autônoma para se levantar o véu da pessoa jurídica, mas somente em casos de abuso de direito - cujo delineamento conceitual encontra-se no art. 187 do CC/02 -, desvio de finalidade ou confusão patrimonial, é que se permite tal providência. Adota-se,*

---

[11] Buscando a proteção destas garantias vem CIOCCHINI, Pablo Agustín Grillo. **Debido proceso**. Organizaciónde Ronald Arizi. 1. ed. Santa Fe: Rubinzal-culzoni, 2003.

assim, a "teoria maior" acerca *da desconsideração da personalidade jurídica*, a qual exige a configuração objetiva de tais requisitos para sua configuração.

3. *No caso dos autos, houve a arrecadação de bens dos diretores de sociedade que sequer é a falida, mas apenas empresa controlada por esta, quando não se cogitava de sócios solidários, e mantida a arrecadação pelo Tribunal a quo por "possibilidade de ocorrência de desvirtuamento da empresa controlada", o que, à toda evidência, não é suficiente para a superação da personalidade jurídica*. Não há notícia de qualquer indício de fraude, abuso de direito ou confusão patrimonial, circunstância que afasta a possibilidade de superação *da pessoa jurídica para atingir os bens particulares dos sócios*.

4. *Recurso especial conhecido e provido*".

Assim, de forma simples, vale referir que a desconsideração da personalidade jurídica foi construída e instituída com a finalidade de garantir que um cidadão, por vezes, enganado não seja ainda mais prejudicado, podendo perder seu crédito inclusive, visando responsabilizar os responsáveis pelo fato que causou os prejuízos e direitos aos cidadãos que não poderiam ser prejudicados por regras limitadores de seus direito, já que este se dá e somente se concretizará se os mecanismos certos, a desconsideração da personalidade jurídica e o recebimento, forem corretamente implementados e como diria Fabio de Andrade, se levados a sério e a contento.[12]

Considerações Finais

Percebe-se com este estudo que a desconsideração da personalidade jurídica foi criada para buscar proteger o cidadão das práticas ilícitas e nefastas dos sócios ou administradores de pessoas jurídicas, digam-se empresas, que tenham sido fruto de abuso, desvio de finalidade ou ainda utilizadas para violar ordenamento jurídico e fraudar o crédito de alguém.

Esta ocorrência, *disregard doctrine*, vem sendo bem utilizada pelos Tribunais pátrios no sentido de superar aquelas ocorrências nefastas, acima referidas, que não poderiam ser albergadas pelo ordenamento jurídico, mas que em

---

[12] ANDRADE, Fábio de. **Desconsideração da personalidade jurídica.** Pensando o direito. n. 29/2010, p. 66 e ss.

decorrência da inteligência humana, por vezes vem sendo utilizada para a maldade, o que acabou sendo frequente nos dias hodiernos.

Tanta jurisprudência como a doutrina, neste passo acertadamente vem aplicando a desconsideração da personalidade jurídica para que as fraudes e demais formas de lesar aos cidadãos sejam extirpadas, fazendo com que sejam achados os verdadeiros responsáveis pelas fraudes que só poderiam ser os sócios ou administradores das empresas, já que estas são fruto da criação humana administradas e coordenadas pelos homens.

Destarte, pode-se concluir, com base nos pontos até aqui pesquisados, que a desconsideração da personalidade jurídica pode ser exercida com fundamento na busca de esquiva da fraude, inclusive mitigando alguns direitos e garantias processuais como o contraditório e a ampla defesa, que serão mitigados para que a medida de desconsideração possibilite o alcance dos bens dos responsáveis tempestivamente e garantam aos credores o recebimento de seus crédito, superando as condutas premeditadas e maldosas dos sócios e administradores de sociedades empresárias que, por vezes, são meros "bonecos" manipulados para a prática da ilegalidade.

Referências Bibliográficas

ANDRADE, Fábio de. **Desconsideração da personalidade jurídica.** Pensando o direito. n. 29/2010.

CIOCCHINI, Pablo Agustín Grillo. **Debido proceso.** Organizaciónde Ronald Arizi. 1. ed. Santa Fe: Rubinzal-culzoni, 2003.

COELHO, Fábio Ulhoa. **As Teorias da Desconsideração.** in Desconsideração da Personalidade Jurídica em Matéria Tributária, ed. Quartier Latin, 2005.

PASQUALOTTO, Adalberto. **A eficácia obrigacional da publicidade no Código de Defesa do Consumidor.** 1. ed. São Paulo: Revista dos Tribunais, 1997.

OST, François. **O tempo do direito.** Lisboa: Instituto Piaget, 1999, p. 39.

REQUIÃO, Rubens. **Abuso de Direito e Fraude através da Personalidade Jurídica.** Revista dos Tribunais, v. 410.

A Lei Anticorrupção Empresarial
(A Ficha Limpa da Empresa)

Carlos Henrique Abrão

1. O Cenário Global e as Práticas Empresariais

O predomínio da economia corporativa empresarial trouxe sensível preocupação à latitude da responsabilidade das pessoas jurídicas, não apenas pela desenvoltura, ambicionando lucro, mas, essencialmente, em relação às dificuldades na apuração de ilícitos praticados em detrimento da coletividade.

Nessa linha de pensar, a atividade empresarial rompe o território geográfico localizado e passa a se situar num contexto mais amplo e dinâmico, procurando, com isso, justificar o crescimento da cadeia produtiva e, ao mesmo tempo, de operações financeiras.

Assistimos no segundo semestre do ano de 2008 a crise norte-americana, que revelou novos conceitos para engendrar controle e fiscalização das atividades ligadas ao financiamento e à carteira hipotecária.

A discussão relevante da eticidade empresarial passa, inexoravelmente, pelo ambiente econômico e, fundamentalmente, político, na tessitura do funcionamento institucional, da responsabilidade e da punição exemplar daqueles que buscam, com o escopo único do lucro, distorcer princípios e cometer deslizes, não aceitos pelo espírito do interesse coletivo vigente.

Denota-se um aumento do *compliance* no Brasil, a partir de modelos vigorantes no direito comparado, colimando combate efetivo às práticas de corrupção, por meio de medidas interligadas das entidades reguladoras do mercado, a exemplo do direito norte-americano, no qual a SEC tem um papel fundamental no policiamento, supervisão e fiscalização desse complicado e complexo mercado.

Fulcra-se o legislador o combate aos comportamentos e condutas para impor sanções, sob a ótica da responsabilidade administrativa e civil das pessoas jurídicas, notadamente em atenção aos atos de corrupção, atrelados à administração pública, local ou internacional.

O legislador buscou conceitos na legislação comparada, inclusive aderiu à tese da responsabilidade objetiva, bastando a comprovação do ato ilícito, sem apuração da manifestação de vontade do agente e sua intenção de provocar o prejuízo, ainda que o ato, em si, não produza vantagem, direta ou indireta, à empresa que o adotou.

O Brasil, a par de todas as medidas adotadas ao longo das últimas décadas, forçoso reconhecer, não tem vencido a árdua e hercúlea batalha para o combate à corrupção, a qual se dissemina em diversos setores, da administração pública, vinculado às empresas privadas e, também, presentes no modelo econômico de parcerias galvanizadas na setorização da infraestrutura e, principalmente, logística.

Com efeito, o modelo de se enxergar um novo país que ocupe posição privilegiada no cenário econômico internacional atraiu capital estrangeiro e fez tocar o alarme pertinente à necessidade da elaboração de uma legislação mais rígida, severa e de caráter punitivo.

A grande dúvida que se estabelece diz respeito à conjuntura institucional para apuração e investigação dos fatos e a responsabilização dos culpados, na medida em que uma legislação severa não significa, em absoluto, a completa certeza da redução do nível dos atos ilícitos, ou temor concernente aos dirigentes das empresas.

Não será única medida que reverterá o quadro prejudicial à licitude e eticidade empresariais, soma-se o término de doações de pessoas jurídicas aos partidos políticos e respectivos candidatos, de acordo com a decisão do STF, vocaciona-se também a Lei nº 12.683, de 9 de julho de 2012[1], de conotação eficaz no combate aos crimes de lavagem de dinheiro, o papel da CVM, da própria Bolsa de Valores e, concomitantemente, COAF, além daquele pioneiro e catalizador, exercido pela Receita Federal.

A concatenação do trabalho dessas entidades, o investimento em pessoal, equipamentos, sistemas informatizados interconectados, tudo isso fará a diferença, consubstanciando importante e irremediável ingrediente na solução eficaz da legislação.

2. A Revolução Legal e Seu Alcance Prático

A Lei nº 12.846, de 1º de agosto de 2013[2], disciplinando a responsabilidade administrativa e civil das pessoas jurídicas em torno da prática de atos contra a administração pública, nacional ou estrangeira, tem conotação absolutamente revolucionária, cercando-se de princípios modernos, instrumentos e ferramentas adequados para municiar a autoridade de campo propício à investigação do cometimento de ilícitos.

Numa visão superficial do contexto normativo, a primeira observação que poderíamos fazer é que o Estado Brasileiro, não tendo sido capaz, ao longo de vários séculos, de combater epidêmico problema da corrupção, o qual está na própria base e na formatação do modelo do Estado Federativo, transferiu toda a culpa, até sob a capa da responsabilidade objetiva, para a empresa privada.

Os atos de corrupção, pois, sempre partiriam das empresas privadas ou, em parceria, envolvendo agentes públicos, empresas estatais, paraestatais, sociedades de economia mista, autarquias, partindo o modus operandi dos dirigentes da empresa privada, visando favorecimento e benefício ilícito.

Reforça-se a impressão, o calibre das medidas e o recrudescimento de atitudes que, no ambiente normal da atividade empresarial, colocam um ponto de

---

[1] BRASIL. Lei nº 12.683, de 9 de julho de 2012. Altera a Lei no 9.613, de 3 de março de 1998, para tornar mais eficiente a persecução penal dos crimes de lavagem de dinheiro. Diário Oficial da União, Brasília, DF, 10 jul. 2012.

[2] BRASIL. Lei nº 12.846, de 1º de agosto de 2013. Dispõe sobre a responsabilização administrativa e civil de pessoas jurídicas pela prática de atos contra a administração pública, nacional ou estrangeira, e dá outras providências. Diário Oficial da União, Brasília, DF, 02 ago. 2013.

interrogação a respeito dos princípios éticos e morais das empresas nacionais e transnacionais.

É ainda prematuro tencionar o alcance prático da nova legislação, porém não se espera que o remédio tenha sido ministrado com dose acima da recomendada para matar o paciente e asfixiar ainda mais o quadro desalentador, engessado e preocupante, de um crescimento econômico insignificante.

Em termos globais, a situação de corrupção no Brasil sempre foi alvo de destaque e a maioria das medidas adotadas se revelou ineficaz e ineficiente para redução do nível detrimentoso ao funcionamento da sociedade civil.

Básica e fundamentalmente não é, em si, a força da legislação o único elemento que se permite o nivelamento da cidadania, mas sim o funcionamento integral de todas as entidades que se aglutinam no modelo institucional.

Explorando melhor a ideia, o conteúdo punitivo normativo não pode ser exclusivo, deve haver um filtro para que funcione a contento as Cortes de Contas, o Ministério Público, o Judiciário, a Receita Federal, o Bacen e a própria COAF, posto que, se cada um fizer o seu papel, realizar sua atividade e desempenhar a sua atribuição, cada vez menos se motivarão as pessoas a praticar a corrupção ou tentar corromper para favorecimento de práticas ilícitas.

O principal aspecto consiste no congraçamento dessas entidades, a fim de que trabalhem, de forma harmônica e uníssona, para o sucesso e coroamento de êxito da Lei nº 12.846/2013, definida como Lei da Ficha Limpa Empresarial.

Verdadeira e efetivamente, insta ponderar, o legislador implantou no cenário uma lei anticorrupção extremamente severa, rigorosa, a qual não pode, em hipótese alguma, ser banalizada, por desenhar comportamentos, definindo a responsabilização nas esferas civil e administrativa, envolvendo as pessoas jurídicas, em todas as suas amplitudes, nota-se, por todos esses ângulos, que a formulação de uma legislação anticorrupção traz uma série de indagações em relação aos investidores, empresas coligadas, e a própria participação do Banco Nacional de Desenvolvimento Econômico e Social (BNDES), no fator de propulsão da economia e injeção de recursos nas empresas.

Com isso se pretende destacar que o próprio rigorismo na punição de condutas antiéticas e, acima de tudo, rastreadas pela corrupção, tudo isso revitaliza e acentua, não apenas a formulação de políticas econômicas de conteúdo público, mas o papel do tesouro e do BNDES para aprovação de projetos e desempenho de atividades no mercado local e no internacional.

Colacionamos apenas singelo exemplo a respeito de uma empresa que, para abrir o seu capital na Bolsa de Valores, faz ampla divulgação e conta com a cooperação irrestrita do BNDES para o necessário suporte em termos operacionais.

Repleta de êxito a abertura do capital, pouco tempo depois de estar listada na Bolsa de Valores, por problemas gerenciais e administrativos, mencionada empresa sofre uma derrapagem, e seus ganhos vão sendo minados, contaminando a sua posição, os investimentos dos fundos, debilitando os minoritários, o que acentua a real e efetiva avaliação do BNDES, quando aportou recursos e considerou, até aquele momento, uma febre natural da abertura de capital e respectiva expansão dos negócios.

Bem se percebe que a leitura, cuja interpretação não pode ser hermética, ortodoxa, mas sim teleológica, sob pena de se transformar uma economia engessada, numa atividade empresarial desativada, haja vista o poder de fogo de uma lei anticorrupção, de primeiro mundo, aplicada em país emergente.

3. A Responsabilidade Objetiva Empresarial e os Enquadramentos Normativos

Percebe-se, nítida e claramente, que a incidência da Lei nº 12.846, de 1º de agosto de 2013, alcança, de forma geral, sociedades empresárias, mas também sociedades simples, personificadas ou não, independentemente da forma de organização de modelo societário, espargindo seus efeitos para fundações, associações, sociedades estrangeiras, com sede, filial ou representação no território brasileiro, de fato e de direito, mesmo temporariamente.

A compreensão desatenta e desconexa da noção fundamental normativa poderia submeter ao crivo do parágrafo único do artigo 1º uma abrangência genérica, ampla e aberta, mas também estonteante, no modelo assinalado das empresas estrangeiras.

Vê-se, com nitidez, que o legislador, jogando tinta, realçou as sociedades estrangeiras, com sede, filial ou mera representação, de fato e de direito, ainda que temporariamente.

Significa dizer que, numa economia quase estagnada e de crescimento destoante das demais nações, sem o aporte de recursos internacionais, não se consegue estabelecer a logística, construir a infraestrutura e debelar os focos endêmicos do subdesenvolvimento.

Responsabilizar a sociedade estrangeira, num primeiro momento, merece encômios, o mais difícil é estratificar o diretor, o gerente e o administrador de uma grande multinacional, subordinado ao comando da legislação brasileira, não apenas pela multipolaridade dos atos corporativos, mas pela deficiência na catalogação e estruturação dos atos praticados em detrimento do erário público.

Dito isso, a responsabilidade tem sua conotação na esfera administrativa e civil, em razão de atos lesivos coletivos e, o mais importante ainda, que a identificação da pessoa jurídica não elimina, por não excluir, aquela dos seus dirigentes e administradores, qualquer pessoa natural, autora, coautora ou partícipe do ilícito.

A punição da pessoa jurídica não implica, necessariamente, na responsabilização da pessoa física, enquanto que os dirigentes e administradores, individualmente, somente ostentam responsabilidade nos limites de suas culpabilidades.

É preciso enfatizar ainda que qualquer procedimento de reengenharia societária não interrompe ou faz cessar a investigação sob o aspecto da responsabilidade da pessoa jurídica, em casos de transformação, incorporação, fusão ou cisão societária e até simples alteração contratual.

4. A Técnica da Responsabilização e seus Contornos Jurídicos

O século XXI revolucionou completamente a metodologia tecnológica, porém sem nenhum interesse maquiavelista, foram os meios sendo colocados de lado para se atingir o fim da formação corporativa de grandes grupos econômicos.

Nessa perspectiva, o cenário global registra em torno de cem grandes empresas globalizadas, a maioria na área de tecnologia, as quais dão as cartas, definem o ambiente de sete bilhões de pessoas no planeta Terra e, pela situação específica, contra elas eventuais punições, para serem aplicadas também são dificultosas.

O dilema entre tecnologia e ética passa a ser o ponto central de uma sociedade globalizada, na procura de modelo que, sem desnaturar o papel das empresas multinacionais, deve se incorporar aos fundamentos éticos de uma sociedade civil integrada.

Nos países de primeiro mundo, os índices de corrupção medidos são muito baixos, dentre os quais as nações nórdicas, além do cenário asiático, Cingapura, a qual deu, na última década, rápidos e acelerados passos para o desenvolvimento e crescimentos edificantes.

O instrumento legal, baseado no diploma normativo nº 12.846/2013, deverá contar com o apoiamento das demais legislações, dentre as quais a Lei de Lavagem de Dinheiro (12.683/2012), Lei das Licitações (8.666/93), Lei de Responsabilidade Fiscal (LC 101/2000), Lei do Sigilo das Operações Financeiras (LC 105/2001), Lei da Ação Civil Pública (7347/85), Lei do Mercado de Valores Mobiliários - CVM (6385/76).

O mero detalhamento desse leque normativo permite concluir que, no Brasil, não faltam leis, o nosso hiato e a verdadeira lacuna consistem em concretizar os seus comandos e aplicá-los à realidade de nossa infraestrutura e do parâmetro institucional.

Constitui-se avanço também do legislador responsabilizar objetivamente a empresa, abrangendo controladoras, controladas, coligadas, consorciadas, de modo solidário, no que diz respeito ao pagamento de multa e a reparação integral do dano.

Os primeiros passos, aliás, avançados e progressivos, adotados pelo legislador, se não colocam em xeque a vertente da atividade empresarial, posicionam interrogação sobre o futuro da legislação.

Ambientando-se na roupagem descrita pelo legislador, temos a responsabilidade administrativa e civil.

Acolhe-se a responsabilidade objetiva da pessoa jurídica, sendo que, qualquer alteração contratual ou modificação societária, não será empeço à investigação definindo a prática de atos lesivos.

Na esfera administrativa, em termos de sanção, a multa imposta poderá variar de 0,1% até o teto de 20% do faturamento bruto do último exercício, precedente à instalação do procedimento administrativo, daí excluídos os tributos, sem se afastar a vantagem auferida, a qual poderá ser estimada.

De modo geral, pois, as multas, obedecido o critério do valor do faturamento bruto da pessoa jurídica, estarão situadas em torno de R$ 6 mil até 60 milhões, cujas exasperantes estão definidas, inclusive pelo nexo causal da gravidade do fato, conforme artigo 7º do Diploma Legal.

Cabe à Controladoria Geral da União competência concorrente para instauração de procedimentos administrativos, avocação, exame de regularidade ou correção de andamentos.

Fato importante é que a preclusão do procedimento administrativo será de 180 dias, e quaisquer sanções deverão ser motivadas.

Não se afasta ainda a responsabilidade judicial, cujas providências poderão ser adotadas, conforme a competência, pela União, estados, DF e municípios, por intermédio das advocacias públicas, órgãos de representação, sendo legitimado o MP.

No campo da responsabilidade civil, configuradas as condutas, variam as sanções desde o perdimento de bens, suspensão ou interdição da atividade, dissolução compulsória da pessoa jurídica, proibição de receber subsídios e subvenções, doações ou empréstimos de órgãos ou entidades públicas, instituições financeiras ou controladas pelo poder público, cujo prazo mínimo será de um ano e o máximo de cinco anos.

5. A Configuração dos Atos de Corrupção

O enfrentamento de matéria extremamente delicada coube ao legislador analisar atos e fatos, dentro do aspecto da tipicidade e suas respectivas lesões, causadas ao erário público, mediante comportamentos que malferem a ética e a moralidade das empresas.

A classificação estabelecida pelo legislador pode ser compreendida *numerus clausus*, deixando de lado quaisquer interpretações elásticas e destoantes do seu espírito.

Fundamental assinalar que a lei anticorrupção se endereça à proteção da administração pública, em torno de atos contrários ao seu normal funcionamento e daquelas atividades realizadas por meio de concessão, delegação, permissão ou parcerias público-privadas.

Adota o legislador conceitos relativos aos comportamentos específicos, reputando-os, inequivocamente, desonestos, imorais, antiéticos e refratários ao bom funcionamento da máquina administrativa.

Enumeremos, ao longo do caminho, as condutas tipificadas pelo legislador para submeter o perfil a classificação de ato de corrupção:[3]

a) *Prometer, oferecer ou dar, direta ou indiretamente, vantagem indevida a agente público, ou a terceira pessoa a ele relacionada;*
b) *Comprovadamente financiar, custear, patrocinar ou de qualquer modo subvencionar a prática de atos ilícitos, previstos nessa lei;*
c) *Comprovadamente, utilizar-se de interposta pessoa física ou jurídica, para ocultar ou dissimular seus reais interesses ou a identidade dos beneficiários dos atos praticados;*
d) *Dificultar atividade de investigação ou fiscalização de órgãos, entidades ou agentes públicos, ou intervir em sua atuação, inclusive no âmbito das agências reguladoras e dos órgãos de fiscalização do sistema financeiro nacional.*

Refletida e definitivamente, o legislador pune todo aquele que, direta ou indiretamente, comete ato ilícito ou busca subornar o agente, pessoa a ele relacionada, impondo rigorosas sanções às empresas, na concatenação de contratos administrativos, inclusive com vedação à participação em procedimentos licitatórios.

Circunscreve o legislador o modelo consubstanciado pela empresa em alcançar o seu escopo e colocar vantagem indevida, facilitando o modo de agir do agente público, fragilizando o ente público e a própria posição da instituição.

Não se descurou também o legislador, e aqui repousa o verdadeiro problema emblemático, de se localizar a trama engendrada, na definição do fio da meada.

Em linhas gerais, as empresas que praticam atos ilícitos estão preparadas e planejadas para ocultar, esconder, disfarçar e criar embaraços à apuração dos fatos, daí porque a responsabilidade objetiva e a utilização de interposta pessoa, com o propósito de dissimular a real finalidade.

---

[3] BRASIL. Lei nº 12.846, de 1º de agosto de 2013. Dispõe sobre a responsabilização administrativa e civil de pessoas jurídicas pela prática de atos contra a administração pública, nacional ou estrangeira, e dá outras providências. Diário Oficial da União, Brasília, DF, 02 ago. 2013.

Ocorre um desvio de finalidade, porque, embora preenchidos todos os requisitos dos atos praticados, o dirigente ou administrador, em conluio com o agente público, ambos buscam posições privilegiadas, vantagens indevidas e, para tanto, não medem esforços, inclusive com a utilização de contas em paraísos fiscais, empresas satélites, laranjas e todos os demais mecanismos que comprometem a administração pública.

6. O Acordo de Leniência e a Prescrição

Prestigiou-se o acordo de leniência para apuração e alcance das responsabilidades, haja vista que, no mundo corporativo, o dinamismo, a rapidez e as técnicas utilizadas perpassam a demora, o retardo do Estado na busca da responsabilidade.

Confere-se à autoridade máxima de cada órgão ou entidade a responsabilidade para entabular acordos de leniência com as pessoas jurídicas responsáveis pela prática de atos considerados submetidos à lei anticorrupção.

Referido acordo de leniência proclama resultado concreto, colimando subsídios, no propósito de poder a administração pública se ressarcir dos prejuízos e, fundamentalmente, recuperar ativos.

Formatado o acordo de leniência, no predicado da apuração investigatória e na finalidade do procedimento administrativo, suas características identificam os demais envolvidos, rápida obtenção de informações e dos documentos comprobatórios dos ilícitos.

Advém um encerramento antecipado das investigações, resultando no *mea culpa* ou *nostra culpa* de todos aqueles que, direta ou indiretamente, auferiram ou usufruíram benesses do cometimento do ato ilícito.

O acordo de leniência retrata o firme propósito de informações reputadas decisivas e precisas, trazendo, por corolário, o abrandamento das punições aplicáveis à espécie.

Embora a pessoa jurídica não esteja imune à reparação do dano, feito o acordo de leniência, a multa poderá ser reduzida em até 2/3 do valor cabível ao caso concreto.

Porventura, descumprido o acordo de leniência, a pessoa jurídica ficará impossibilitada de nova estipulação, pelo prazo de três anos, computados do incumprimento e do conhecimento da administração pública.

Pode a administração pública, ela própria, celebrar acordos de leniência em relação aos procedimentos licitatórios, diretamente com as pessoas jurídicas envolvidas, sob o comando da Lei nº 8.666/93[4].

A feitura do acordo de leniência interrompe o lapso prescricional em relação aos atos ilícitos, contemplados pelo legislador.

No que toca de perto a caracterização dos atos ilícitos, o prazo prescricional é de cinco anos, contados da data da ciência da infração ou, se for de natureza permanente ou continuada, do dia de sua cessação.

E aqui estão imbricados, embora não diretamente, o campo da responsabilidade civil e aquele penal, haja vista o elemento da continuidade, permanência, no tempo e no espaço, para se delimitar o lustro legal.

Pretende-se, pois, significar que os reflexos dos ilícitos permanentes não estão desatrelados do tempo e do espaço, sendo preciso diagnosticar a cessação da continuidade para, a partir daí, se computar o lapso prescricional de forma correta.

Interrompe-se o lapso prescricional a instalação de processo administrativo ou judicial, passando a contar novamente a partir daquela data em que os atos praticados deveriam estar concluídos.

Nessa toada, noutro giro, importa saber se a prescrição intercorrente, de conotação judicial, ressoará na esfera administrativa, não sendo incomum, pela complexidade e dificuldade, ultrapassar o prazo estabelecido, a suscitar verdadeira impunidade.

---

[4] BRASIL. Lei nº 8.666, de 21 de junho de 1993. Regulamenta o art. 37, inciso XXI, da Constituição Federal, institui normas para licitações e contratos da Administração Pública e dá outras providências. Diário Oficial da União, Brasília, DF, 22 jun. 1993.

7. O Cadastro Nacional e a Eficácia Legal

As empresas nacionais e internacionais sujeitas ao enquadramento normativo passam a constar do Cadastro Nacional de Empresas Punidas (CNEP), de tal sorte que a inscrição, por si só, apresenta repercussão negativa.

A inclusão do nome da empresa no cadastro prioriza conhecimento, no âmbito nacional, permitindo, com isso, restrição de sua atividade, limitação do seu padrão ilícito, a contagiar outros setores.

Sobredito cadastro foi criado no seio do poder executivo federal, traduzindo a responsabilidade deflagrada pelo executivo, legislativo e judiciário, de todas as esferas de governo, detalhando-se quais foram as sanções aplicadas.

Nota-se, pois, que o cadastro, de acesso nacional, projetará a razão social, o número de inscrição da pessoa jurídica ou entidade, do CNPJ, o tipo de sanção, a data de aplicação, a data final de vigência do efeito limitador ou impeditivo da sanção, quando for o caso.

O acordo de leniência, de seu turno, será informado no banco de dados do cadastro, inclusive para efeito de descumprimento e conhecimento a nível nacional.

O cadastro permanecerá enquanto vigorante a sanção, sendo retirado depois de decorrido o prazo do ato punitivo ou do cumprimento do acordo de leniência.

As multas aplicadas e o perdimento de bens, os respectivos valores serão destinados aos órgãos e entidades públicas lesados.

A apuração da responsabilidade, sob o crivo da Lei nº 12.846/2013, não interfere ou descarta a responsabilidade por ato de improbidade administrativa e outros correlatados, com relevo na Lei nº 8.666/93.

Finaliza-se, pois, na brevidade do estudo realizado, ter o Estado Brasileiro alcançado um diploma anticorrupção essencialmente moderno, na plasticidade do critério objetivo da responsabilidade, composto de pesadas e elevadas multas, aglutinando o aspecto negativo do cadastro nacional, todos esses elementos participantes de instrumentos e ferramentas abraçados pelo governo brasileiro, na proteção da ética e moral empresarial, para o prestígio das atividades negociais e a intransigente defesa da sociedade civil.

Remanesce, ao longo dos anos, constatar pontualmente a real eficácia do diploma normativo e sua tônica de repercussão, principalmente em relação aos investimentos em sociedades estrangeiras.

Criado um arcabouço normativo de primeiro mundo, resta ao Estado desengessar sua economia, desengasgar seus gargalos e, auspiciosamente, debelar as fraquezas e fragilidades de um modelo econômico, que oscila entre dados estatísticos vantajosos e fortemente depressivos, daí porque a movimentação pendular precisa encontrar definitivamente o equilíbrio e o denominador comum propício ao crescimento, ao encontro de uma legislação coerente e congruente com um país emergente.

8. A Departamentalização das Empresas

Torna-se necessário adiantar que muitas empresas, sensíveis ao diploma normativo, departamentalizaram setores, na perspectiva de analisar e verificar qualquer prática que possa respingar na legislação em vigor.

Evidente que, por si só, o traço normativo traz alguma incerteza e mesmo burocratiza alguns negócios.

A ferramenta empresarial cria, internamente, meios de fiscalização e supervisão, notadamente quando a atividade empresarial sai do limite nacional e ganha corpo na fronteira, para exploração corporativa globalizada do negócio.

As empresas responsáveis terão inegavelmente maior trabalho, na conjuntura analítica de apurar qualquer ato ilícito, aferir preço ou examinar propostas, dentro dos padrões de mercado.

Indiscutível também que o conjunto de medidas não pode ser exitoso, se os agentes de fiscalização responsáveis pela empresa não forem capazes de diagnosticar ocultação, desvio ou utilização de paraísos fiscais, para beneficiamento dos demais envolvidos nos atos ilícitos praticados.

A criação ou reestruturação departamental tem efeitos positivos e negativos, os primeiros para filtragem dos negócios e, ao mesmo tempo, maior controle, os adversos são aqueles peculiares ao controle e autofiscalização impositiva para se evitar qualquer resquício de corrupção.

Bem enfrentada a matéria e seu verdadeiro estratagema, o custo-benefício da capacitação empresarial também tem a fenomenologia da grandeza da atividade corporativa global.

Traduzida a expressão, quanto maior a empresa, e hoje existem tantas que faturam milhões de dólares, o fator de análise e depuração colocará em relevo uma espécie de auditoria permanente, não apenas nos negócios, mas focada na contabilidade.

Amargar registro no cadastro ou sofrer punição, ainda que de caráter pecuniário, tudo isso influencia e repercute, local e globalmente, independentemente do porte da empresa, e na contratação com a administração pública.

Os grandes contratos de infraestrutura, logística e parcerias, em tese concessões, todos esses fatores primam pela presença do Estado, direta ou indiretamente, de tal sorte que o papel do *compliance* passa a revelar questões interessantes e largamente moduladas, pelo reflexo inserido no cometimento de eventuais atos ilícitos.

A empresa, internamente, será a primeira a expressar seu juízo valorativo a respeito da posição dos seus gerentes e administradores, na concatenação de se evitar ato de corrupção ou ilícitos que respinguem ou arranhem a sua própria imagem.

Essencial ainda ponderar que as empresas globalizadas, as quais atuam no mercado internacional, possuem padrões e parâmetros extremamente rígidos, o que não permite flexibilizar a política de departamentalização, na interpretação dos comportamentos dos seus representantes.

Não se trata, por óbvio, de punir o administrador ou representante da empresa, fato até corriqueiro, mas de se apontar o que efetivamente representa nos cenários local e internacional, e suas repercussões em termos práticos.

Nas economias de mercados mais fechadas, ou de menor concorrência, o poder econômico sempre exercerá sua força, além do que, em muitos setores, o duopólio da atividade, nada mais, nada menos representa, do que eventual combinação de práticas para o predomínio e preservação do mercado.

9. Do Ônus da Prova e do Seu Compartilhamento

Um dos mais terríveis e malsinados efeitos encontrados em países emergentes diz respeito ao funcionamento de suas instituições e os caminhos adotados para as respectivas responsabilidades.

Não se critica apenas a impunidade que grassa irremediavelmente, e sim a demora, lentidão, invariavelmente trazendo desconfiança e a insatisfação à sociedade civil.

Tirantes esses elementos, aglutina-se outro ainda imprescindível na concatenação dos fatos, qual seja a recuperação dos ativos e a minimização dos prejuízos incorridos.

Em termos de Brasil, a demora é sistêmica do processo, e também do procedimento administrativo, invariavelmente judicializado, cuja recuperação dos ativos tem sido prejudicada pelos entraves burocráticos e da ausência de infraestrutura cooperativa, não apenas interna, mas, substancialmente, externa.

A definição do ônus da prova, em termos da administração pública, parte do pressuposto do nexo causal, isto é, o prejuízo acarretado, donde o legislador, com muita propriedade, priorizou a responsabilidade objetiva, consoante o diploma normativo nº 12.846/2013.

Concreta e indisputavelmente, a responsabilidade objetiva exige um quadro conclusivo para que a administração pública possa responsabilizar, direta ou indiretamente, aqueles que praticaram atos lesivos ao erário.

Disso decorre a presença do nexo de causa e efeito, peculiar à conduta da pessoa jurídica, e o prejuízo experimentado pela administração pública.

Necessário ainda se ter em mente o conteúdo do ato lesivo e sua prática pela pessoa jurídica, todos esses aspectos detalham e definem as características inerentes ao procedimento e o tempero, servindo de termômetro entre o tipo objetivo e a lesão havida.

Forte nesse sentido, ainda, chama a atenção situação dos procedimentos licitatórios, cominando na feitura de contratos administrativos, daí porque, na ótica do legislador, em relação à tais contratos, no âmbito da licitação, estariam impregnados de ilicitude as seguintes condutas:[5]

> a) *frustrar ou fraudar, mediante ajuste, combinação ou qualquer outro expediente, o caráter competitivo de procedimento licitatório público;*
> b) *impedir, perturbar ou fraudar a realização de qualquer ato de procedimento licitatório público;*
> c) *afastar ou procurar afastar licitante, por meio de fraude ou oferecimento de vantagem de qualquer tipo;*

---

[5] BRASIL. Lei nº 12.846, de 1º de agosto de 2013. Dispõe sobre a responsabilização administrativa e civil de pessoas jurídicas pela prática de atos contra a administração pública, nacional ou estrangeira, e dá outras providências. Diário Oficial da União, Brasília, DF, 02 ago. 2013.

d) *fraudar licitação pública ou contrato dela decorrente;*
e) *criar, de modo fraudulento ou irregular, pessoa jurídica para participar de licitação pública ou celebrar contrato administrativo;*
f) *obter vantagem ou benefício indevido, de modo fraudulento, de modificações ou prorrogações de contratos celebrados com a administração pública, sem autorização em lei, no ato convocatório da licitação pública ou nos respectivos instrumentos contratuais; ou*
g) *manipular ou fraudar o equilíbrio econômico-financeiro dos contratos celebrados com a administração pública.*

O sobredito manancial permite inferir a larga tendência do legislador, devotada aos contratos de licitação, no âmbito da administração pública, cujas condutas também resvalam no eventual cometimento de improbidade administrativa.

As próprias empresas estatais, prestadoras de atividade econômica, também se subordinam ao diploma normativo nº 12.846/13, afigurando-se correto destacar que o ônus da prova pode ser mitigado, de forma dinâmica, num sentido da desconstituição do nexo ou da própria lesividade.

É preciso enxergar também que esse ônus probatório encampa o meandro da responsabilidade solidária de empresas controladoras, controladas, coligadas, alcançando também os contratos das consorciadas, cuja responsabilidade se adstringe ao pagamento da multa e ressarcimento integral do dano provocado.

Na esfera administrativa, não se discute uma certa dificuldade na catalogação dessa prova, em termos de responsabilidade objetiva, porém, na esfera judicial, tudo dependerá da infraestrutura, da especialização, e do discernimento do juízo, e das próprias instâncias recursais, não apenas em termos de instrumentalidade, mas de pontual resposta à conduta ilícita.

Adequou-se ao quadro da realidade nacional a prática, useira e vezeira, de delitos praticados contra a administração pública continuadamente, daí porque a grave falha de fiscalização e supervisão, e somente quando houver delação, ou desinteligência entre os participantes do enlace ilícito, os fatos virão à baila para apuração das responsabilidades.

No exato propósito de não serem repetidos atos já praticados, ou que atingiram sua finalidade, tudo recomenda o compartilhamento da prova, com maior ou menor grau de liberdade, na interpretação do caderno processual especificado.

Efetuar a migração probatória da esfera administrativa para aquela judicial, ou vice-versa, pode representar sensível economia de tempo, de gastos, e o confronto dos subsídios para a responsabilidade objetiva.

Não há uma sinergia entre as diversas entidades que apuram os fatos ou que possibilitem o acesso eletrônico, ressalvado o sigilo, no propósito de se evitar repetição de práticas colidentes na apuração das responsabilidades administrativa e judicial.

A desconsideração direta ou indireta da personalidade jurídica também é uma componente relevante, nesse tipo de procedimento, cuja intenção do legislador, no seio do CPC, pode representar um retrocesso, notadamente quando se cuida de delito corporativo, destruição de provas e ocultamento de responsabilidades.

Conquanto não exista coisa julgada administrativa, a administração pública pode, de ofício, rever os seus próprios atos, é singular destacar a incoerência da renovação dos comportamentos de apuração de responsabilidade, tomando tempo e enfrentando gastos desnecessários.

Dessa forma, portanto, confere-se ao ônus da prova inusual papel na determinante específica, visando demonstrar a responsabilidade objetiva, sem impedimento do aspecto dinâmico para comparação e, acima de tudo, do compartilhamento de dados e subsídios, voltados para a mesma temática.

10. A Sinopse Normativa e seus Desdobramentos Empresariais

Preconizamos o efeito revolucionário do diploma normativo nº 12.846/2013, embora enxuto, contando com 31 artigos, a sua grande virtude, antes de mais nada, foi aquela de incutir nas empresas, seus diligentes e administradores, definitiva transparência e seriedade no trato com a administração pública.

Fortemente dependente de capitais externos para fins de investimentos, o Brasil não pode sacrificar gerações, sem o combate de frente contra a corrupção, estigma secular, epidêmico, acarretando prejuízo que afeta o PIB, e também chega na casa de bilhões o gargalo dessa realidade.

Na vertente abordada, a construção de um modelo baseado na lei de anticorrupção, diploma nº 12.846/2013, sinaliza uma forma revolucionária de atemorizar qualquer manejo de conduta ilícita, ou sua prática reiterada, para tanto basta descortinar o peso máximo da multa, alcançando a expressiva soma de R$ 60 milhões.

Fulcro expressivo no mercado globalizado, delinquência continuada e ritmizada, ficaria empalidecido em razão dos valores dos negócios e das vantagens auferidas.

Ninguém discute, na realidade, que grandes contratações, licitações, obras, concessões, tudo isso cifra somas de bilhões, daí porque se uma empresa, mediante comportamento ilícito, conseguiu obter êxito no procedimento e, ao longo dos anos, faturar cerca de R$ 10 bilhões, em virtude de sua ilicitude, o que representará uma multa de R$ 60 milhões?

Bem nesse aspecto, a finalidade da punição deve se cercar de três elementos, cunho intimidatório, a exata conscientização, a necessária desestimulação para que o gerente, administrador ou responsável não persista no caminho do ilícito.

Dinamizados esses aspectos centrais que retratam a legislação e sua eficácia nevrálgica, não se pode deixar de vista ainda que a divulgação do fato pela mídia traz conhecimento além das fronteiras, o que alcança, ineliminavelmente, a corporação em qualquer parte do mercado globalizado.

Espera-se, sinceramente, que a legislação desenhada promova a livre concorrência, reduza os conflitos, estimule práticas lícitas, reincorpore às empresas procedimentos moralizantes e, substancialmente, de ética.

Referidos predicados foram comprometidos e deixados de lado com a introdução do capitalismo financeiro, baseado exclusivamente no ganho, afetando a cadeia produtiva, na construção de um status singularmente vinculado ao mercado, com a pulverização de pequenas e médias empresas e acentuado relevo das grandes corporações.

Cabe questionar se o mercado conviverá com esse novo lineamento, no enraizamento de uma economia emergente e, basicamente, descapitalizada, pela desindustrialização do parque nacional, em rápida transformação de ganhos e economia de escala, de países, os quais a infraestrutura já fora sedimentada preteritamente.

A verdadeira corrida contra o relógio não se manifesta apenas na grandiosidade do modelo econômico, mas de uma legislação corresponsável do crescimento e de desenvolvimento.

As instituições do país darão a palavra final se o mecanismo legal fora recepcionado para o pleno funcionamento, ou se a modulação não estigmatizou mais um paliativo, de múltipla coloração, apenas querendo punir, com rigorismo, aquilo que, na prática, já se transformou em usos e costumes.

Referências Bibliográficas

BRASIL. Lei nº 8.666, de 21 de junho de 1993. Regulamenta o art. 37, inciso XXI, da Constituição Federal, institui normas para licitações e contratos da Administração Pública e dá outras providências. Diário Oficial da União, Brasília, DF, 22 jun. 1993.

_____. Lei nº 12.683, de 9 de julho de 2012. Altera a Lei nº 9.613, de 3 de março de 1998, para tornar mais eficiente a persecução penal dos crimes de lavagem de dinheiro. Diário Oficial da União, Brasília, DF, 10 jul. 2012.

_____. Lei nº 12.846, de 1º de agosto de 2013. Dispõe sobre a responsabilização administrativa e civil de pessoas jurídicas pela prática de atos contra a administração pública, nacional ou estrangeira, e dá outras providências. Diário Oficial da União, Brasília, DF, 02 ago. 2013.

CARVALHOSA, Modesto, *Considerações sobre a Lei Anticorrupção das Pessoas Jurídicas*, RT, SP-2015

DI PIETRO, Maria Sylvia Zanella. *Direito administrativo*. 27. ed. São Paulo: Atlas, 2014.

MARTINS, Fran. *Curso de direito comercial*. 37. ed. Rio de Janeiro: Forense, 2014.

Resolução de Instituições de Crédito Na Europa
Do paradigma do To Big to Fail à proteção dos Stakeholders

Nuno da Silva Vieira

1. Delimitação e Âmbito deste Estudo

O presente estudo reflete um problema e uma necessidade que o Parlamento Europeu e o Conselho da União Europeia não ocultam. Essa preocupação pode ler-se no preâmbulo da Diretiva 2014/59/EU, de 15 de Maio, onde pode ler-se que «A crise financeira demonstrou uma grande falta de instrumentos adequados a nível da União para tratar com eficácia o problema das instituições de crédito e das empresas de investimento («instituições») pouco sãs ou em situação de insolvência. Esses instrumentos são necessários, nomeadamente, para evitar procedimentos de insolvência ou, se tal não for possível, para minimizar as suas repercussões negativas, preservando as funções de importância sistémica das instituições em causa. Durante a crise, estes desafios constituíram um fator essencial que obrigou os Estados-Membros a salvarem instituições utilizando o dinheiro dos contribuintes. A finalidade de um enquadramento credível para a recuperação e a resolução consiste em evitar, ao máximo, a necessidade de proceder a tal intervenção»

DIREITO DOS NEGÓCIOS APLICADO

A necessidade de criar *ex novo* medidas de proteção da banca europeia e das suas instituições de crédito especializadas, não foi acompanhada da devida ponderação e adequação face à nova realidade económica - e aos princípios que estiveram na base dos tratados originários que instituíram a união.

A crise económica mudou o mundo e mudou a Europa. A velocidade com que os mercados financeiros e a economia empregaram instam à decisão política não tem precedentes. A política pode estar a ceder aos interesses económicos e o sistema bancário pode estar a cruzar a sua maior mutação da história.

Continua, o preâmbulo daquela Diretiva, a informar que «a crise financeira atingiu dimensões sistémicas, na medida em que afetou o acesso ao financiamento de uma grande parte das instituições de crédito. A fim de evitar uma situação de insolvência, com consequências para a totalidade da economia, esta crise requer medidas destinadas a assegurar o acesso ao financiamento em condições equivalentes para todas as instituições de crédito de outro modo solventes. A solução passa pelo apoio dos bancos centrais à liquidez e pela concessão de garantias dadas pelos Estados-Membros relativamente a títulos emitidos pelas instituições de crédito solventes»

Atualmente, existe a nível da UE a primeira tentativa de harmonização dos processos de resolução das instituições. Os dirigentes europeus acreditam que os processos de insolvência aplicáveis às empresas em termos gerais podem não ser suficientes para o equilíbrio do sistema financeiro. Por essa razão, optaram por medidas de resolução pioneiras e pouco testadas.

Portugal teve a oportunidade de aplicar este novo mecanismo de forma pioneira. O Banco Espirito Santo, um dos maiores bancos Portugueses, que representava cerca de 30% da Banca Comercial, foi forçado a experimentar este regime[1], com perdas diretas para os seus acionistas. O Banco de Portugal

---

[1] A decisão de colocar uma entidade sob resolução deverá ser tomada antes que o balanço da entidade financeira reflita uma situação de insolvência e antes que os seus capitais próprios desapareçam completamente. A resolução deverá ter início após ter sido determinado que uma entidade se encontra em situação ou em risco de insolvência e que nenhumas medidas alternativas do setor privado podem impedir tal situação de insolvência num prazo razoável. O facto de deixar de cumprir os requisitos para a autorização não deverá justificar, por si só, que se coloque uma entidade sob resolução, particularmente se a entidade continuar a ser ou for suscetível de continuar a ser viável. Deverá considerar-se que uma entidade se encontra em situação ou em risco de insolvência quando essa entidade tiver deixado de cumprir ou estiver, num futuro próximo, em risco de deixar de cumprir os requisitos necessários à continuidade

viu-se com novas competências – quase ao nível do legislador – e partiu o Banco Espirito Santo em duas entidades; uma entidade tóxica, para onde foram canalizadas todas as perdas e uma entidade nova, de transição, para onde foram conduzidos todos os ativos, por forma a garantir a continuidade da atividade do banco, a proteção dos depositantes e a preparação da sua venda.

É imperioso analisar a nova legislação à luz dos princípios que norteiam a UE e de todos aqueles princípios que estiveram na base dos tratados originários. Uma das maiores virtudes históricas da Europa – a monumental proteção dos direitos fundamentais – pode estar em causa. A Carta dos Direitos Fundamentais da União Europeia prevê vários princípios que vão ao encontro da igualdade de direitos económicos[2] e de participação em empresa[3], assim como do direito à boa administração, vincando o respeito pelas constituições dos estados-membros. Um derradeiro problema será o de saber se os estados-membros deixarão de ceder às tentações deste novo mecanismos que, a ser mal usado, poderá lesar os seus cidadãos de forma irrecuperável – estamos perante o dilema *To Big to Fail versus Direitos dos Stakeholders*.

---

da sua autorização, quando os ativos da entidade forem ou estiverem em risco de ser, dentro de pouco tempo, inferiores aos seus passivos, quando a entidade for incapaz ou estiver em risco de ser, dentro de pouco tempo, incapaz de pagar as suas dívidas na data de vencimento, ou quando a entidade exigir apoio financeiro público extraordinário. *In* REGULAMENTO (UE) N.º 806/2014 DO PARLAMENTO EUROPEU E DO CONSELHO de 15 de julho de 2014.

[2] A fim de garantir o respeito da liberdade de empresa garantido pelo artigo 16.o da Carta dos Direitos Fundamentais da União Europeia (a seguir designada por «Carta»), a discricionariedade atribuída ao CUR deverá limitar-se ao necessário para simplificar a estrutura e as atividades da instituição exclusivamente com vista à melhoria da sua resolubilidade. Além disso, qualquer medida imposta para este efeito deverá ser coerente com a legislação da União. *In* REGULAMENTO (UE) N.o 806/2014 DO PARLAMENTO EUROPEU E DO CONSELHO de 15 de julho de 2014.

[3] Um regime de resolução eficaz deverá minimizar os custos a suportar pelos contribuintes em virtude da resolução de uma entidade em situação de insolvência. Deverá ainda assegurar que as entidades sistémicas possam ser objeto de resolução sem pôr em risco a estabilidade financeira. O instrumento de recapitalização interna permite a realização desse objetivo ao garantir que os acionistas e credores da entidade em situação de insolvência suportam as perdas apropriadas e uma parte adequada dos custos decorrentes da situação de insolvência da entidade. In REGULAMENTO (UE) N.o 806/2014 DO PARLAMENTO EUROPEU E DO CONSELHO de 15 de julho de 2014.

2. A União Europeia

A União Europeia foi criada com o verdadeiro objetivo de paz. Após a segunda Guerra Mundial, por volta do ano 1950, a Comunidade Europeia do Carvão e do Aço (CECA) começou a unir económica e politicamente os países europeus – aquela que foi a tentativa de paz perpétua[4] da Europa.

Os seis países fundadores da CECA foram a Alemanha, a Bélgica, a França, a Itália, o Luxemburgo e os Países Baixos que, dessa forma lançaram as bases daquela que viria a ser uma Europa cada vez mais unida e tendentemente federativa. Em 1957 o Tratado de Roma institui a Comunidade Económica Europeia (CEE) ou "Mercado Comum" e é dado mais um passo na sua construção.

Entre os anos de 1990 e 1999, com o desmoronamento do comunismo na Europa Central e Oriental, assiste-se a um estreitamento das relações entre os europeus e nasce um novo paradigma de paz e liberdade nunca antes experimentado.

Em 1993, é concluído o Mercado Único com as "quatro liberdades": livre circulação de mercadorias, de serviços, de pessoas e de capitais.

A UE assume um novo padrão a partir do ano 2000 com o Euro. A nova moeda traz consigo uma nova esperança de prosperidade e entendimento dos povos europeus. Esta esperança só é quebrada com o ataque às Torres Gémeas no dia 11 de Setembro de 2001, com os dirigentes europeus a assumirem o início da «guerra contra o terrorismo».

Em setembro de 2008 uma crise financeira assola a economia mundial e a Europa é testada. O Tratado de Lisboa é ratificado por todos os países da UE antes de entrar em vigor a 1 de dezembro de 2009, surgindo como nova esperança para o funcionamento e cooperação das instituições, com novos e mais modernos mecanismos administrativos, assim como uma maior flexibilização entre Estados. Também a aplicação dos Direitos Fundamentais é alargada. A Carta dos Direitos Fundamentais da União Europeia é introduzida de forma clara nos tratados, para ser respeitada e para surgir como pilar unificador.

O ano de 2010 marca o início da última década. Este é o tempo da maior crise económica alguma vez ensaiada pela UE e o ponto histórico que marca a sua solidez política.

---

[4] Alusão ao tema da *Paz Perpétua* de Immanuel Kant, apenas como figura de estilo.

3. O Banco Central Europeu

O Banco Central Europeu (BCE) tem sede em Frankfurt, na Alemanha, e reserva para si a responsabilidade da gestão do euro - a moeda única da União Europeia - bem como assegura a estabilidade dos preços na UE. Toda a política económica e monetária é desenvolvida por esta entidade, em plena cooperação com os estados-membros da união. A estabilidade do sistema financeiro pode ser considerada como a grande preocupação do BCE, através de uma supervisão adequada dos mercados e das instituições financeiras europeias.

O Sistema Financeiro Europeu é, assim, formado pelo BCE e pelos restantes 28 Bancos Centrais (SEBC) - que não se confundem com o denominado *Eurossistema*. Apesar dos 28 estados-membros da EU, apenas 18 países aderiram à moeda única e a esta cooperação reduzida chama-se, vulgarmente, *Eurossistema*.

Relativamente às suas funções, o BCE deve fixar as principais taxas de juro English para a zona euro e controlar a massa monetária, assim como gerir as reservas de divisas da zona euro e comprar ou vender divisas sempre que necessário para manter o equilíbrio das taxas de juro. Relativamente à prevenção, o BCE deve ajudar a assegurar uma supervisão adequada dos mercados e instituições financeiras pelas autoridades nacionais, bem como o bom funcionamento dos sistemas de pagamento. É o BCE quem autoriza os bancos centrais dos países da zona euro a emitir notas de euro e quem acompanha a evolução dos preços e avalia os riscos para a sua estabilidade.

Na sua estrutura, o BCE possui uma Comissão Executiva – que responde pela sua atividade corrente - constituída por seis que são nomeados por um período de oito anos pelos dirigentes dos países da zona euro.

O Conselho do BCE tem a responsabilidade de definir a política monetária da zona euro e de fixar as taxas de juro. É composto pelos seis membros da Comissão Executiva e pelos governadores dos 18 bancos centrais dos países da zona euro.

Na coordenação e consulta do BCE encontramos o Conselho Geral – é constituído pelo Presidente e pelo Vice-Presidente do BCE e pelos governadores dos bancos centrais dos 28 países da UE.

O BCE é um organismo totalmente independente, regulador, providencial e todas as instituições e governos dos países da UE devem respeitar este princípio.

4. A Diretiva 2014/59/Ue do Parlamento Europeu e do Conselho de 15 de maio de 2014

De acordo com o seu texto originário, a Diretiva 2014/59 de 15 de Maio estabelece regras e procedimentos relativos à recuperação e resolução das seguintes entidades:

a) Instituições estabelecidas na União;
b) Instituições financeiras estabelecidas na União;
c) Companhias financeiras, companhias financeiras mistas e companhias mistas estabelecidas na União;
d) Companhias financeiras-mãe num Estado-Membro, companhias financeiras-mãe na União, companhias financeiras mistas-mãe num Estado-Membro e companhias financeiras mistas-mãe na União;
e) Sucursais de instituições estabelecidas ou situadas fora da União, nas condições específicas definidas na presente diretiva.

A recuperação e a resolução destas entidades terá de obedecer aos princípios consagrados no artigo 34.º deste mecanismo legal da União, impondo aos Estados a necessidade de assegurar que:

a) Os acionistas da instituição objeto de resolução são os primeiros a suportar perdas;
b) Os credores da instituição objeto de resolução suportam perdas a seguir aos acionistas em conformidade com a ordem de prioridade dos créditos no quadro dos processos normais de insolvência, salvo disposição expressa em contrário na presente diretiva;
c) Os membros do órgão de administração e da direção de topo da instituição objeto de resolução são substituídos, salvo nos casos em que a manutenção total ou parcial dos membros do órgão de administração

ou da direção de topo, consoante as circunstâncias, seja considerada necessária para atingir os objetivos da resolução;
d) Os membros do órgão de administração e da direção de topo da instituição objeto de resolução prestam toda a assistência necessária para atingir os objetivos da resolução;
e) As pessoas singulares e coletivas respondem, nos termos do direito civil ou penal do Estado-Membro, pela sua responsabilidade na situação de insolvência da instituição;
f) Salvo disposto em contrário na presente diretiva, os credores de uma mesma categoria são tratados de forma equitativa;
g) Nenhum credor deve suportar perdas mais elevadas do que as que teria suportado se a instituição ou a entidade referida no artigo 1.o, n.o 1, alíneas b), c) ou d), tivesse sido liquidada ao abrigo dos processos normais de insolvência de acordo com as salvaguardas previstas nos artigos 73.o a 75.o;
h) Os depósitos cobertos são inteiramente protegidos; e
i) A medida de resolução é tomada de acordo com as salvaguardas previstas na presente diretiva.

Nos termos do seu artigo 40.º, a Diretiva explica que, a fim de aplicar o instrumento de criação de uma instituição de transição, e tendo em atenção a necessidade de manter funções críticas na instituição de transição, os Estados--Membros asseguram que as autoridades de resolução tenham poderes para transferir para uma instituição de transição:

a) Ações ou outros instrumentos de propriedade emitidos por uma ou mais instituições objeto de resolução;
b) A totalidade ou parte dos ativos, direitos ou passivos de uma ou mais instituições objeto de resolução.

A instituição de transição é uma pessoa coletiva que satisfaz cumulativamente os seguintes requisitos:

a) É total ou parcialmente detida ou controlada por uma ou mais autoridades públicas, que podem incluir a autoridade de resolução ou o

mecanismo de financiamento de resolução, e é controlada pela autoridade de resolução;
b) É criada com a finalidade de receber e deter a totalidade ou parte das ações ou de outros instrumentos de propriedade emitidos por uma instituição objeto de resolução ou a totalidade ou parte dos ativos, direitos e passivos de uma ou mais instituições objeto de resolução, a fim de manter o acesso a funções críticas e de alienar a instituição ou a entidade a que se refere o artigo 1.o, n.o 1, alíneas b), c) ou d).

O planeamento assume uma componente essencial de uma resolução eficaz. As autoridades deverão dispor de todas as informações necessárias para identificar as funções críticas e assegurar a sua continuidade. O conteúdo de um plano de resolução deve, contudo, ser proporcional à importância sistémica da instituição ou do grupo.[5]

5. O Regulamento (Ue) N.o 806/2014 do Parlamento Europeu e do Conselho de 15 de julho de 2014

A União Europeia tem vindo a sentir necessidade de um maior controlo das suas instituições financeiras. É unânime que esse controlo deverá ser feito pelo BCE, em total cooperação com os Bancos Centrais dos Estados Membros.

Contudo, dada a diferença que existe de Estado para Estado, os decisores europeus assumem que a supervisão terá se caber, sem rodeios, ao BCE, uma vez que ele é o centro de toda a política económica e monetária da União. Apesar do princípio da subsidiariedade ser um princípio basilar da União, a questão monetária deverá ser cada vez mais centralizadora.

Como primeiro passo para uma união bancária, o mecanismo único de supervisão[6], deverá assegurar que a política da União, no que se refere à supervisão prudencial das instituições de crédito. É neste âmbito que surge o Regulamento 806/2014.

---

[5] Ponto 25 dos considerandos da Diretiva 2014/59/EU de 15 de Maio de 2014.
[6] Regulamento (UE) n.o 1024/2013 do Conselho, também designado por «MUS»

Este regulamente vem apresentar aos estados-membros da UE as regras e os mecanismos de aplicação da resolução de instituições de crédito, assim como quais as cautelas e instrumentos preparatórios que se lhe apõem. A fim de assegurar a igualdade de condições de concorrência em todo o mercado interno, o presente regulamento é coerente com a Diretiva 2014/59/EU, supra apresentada, adaptando as regras e os princípios dessa diretiva aos mecanismos de resolução.

De acordo com o presente Regulamento, jamais uma decisão de colocar uma entidade sob resolução deverá ser tomada antes que o balanço da entidade financeira reflita uma situação de insolvência e antes que os seus capitais próprios desapareçam completamente.

Assim como, as limitações aos direitos dos acionistas e credores deverão respeitar o artigo 52.º da Carta dos Direitos Fundamentais da União Europeia. Os instrumentos de resolução só deverão, por conseguinte, ser aplicados às entidades que estejam em situação ou em risco de insolvência e apenas se tal for necessário para a prossecução do objetivo de estabilidade financeira no interesse geral.[7]

Indo mais longe na sua tutela prudencial, o regulamento insta à necessidade de respeito os direitos fundamentais e à observância dos direitos, liberdades e princípios reconhecidos especialmente pela Carta, nomeadamente o direito à propriedade, o direito de proteção dos dados pessoais, a liberdade de empresa, o direito à ação e a um tribunal imparcial e o direito de defesa, e à necessidade de dever ser aplicado em conformidade com esses direitos e princípios[8].

Para garantia dos direitos dos acionistas e dos demais interessados[9], deverá ser possível iniciar uma avaliação logo na fase de intervenção precoce, antes

---

[7] Texto do Regulamento (UE) n.o 1024/2013 do Conselho.
[8] Ponto 121 dos considerandos do regulamento 806/2014.
[9] Se os depósitos forem transferidos para outra entidade no contexto da resolução de uma entidade, os depositantes não deverão beneficiar de uma garantia superior ao nível de cobertura previsto na Diretiva 2014/49/UE. Por conseguinte, os créditos respeitantes a depósitos que permaneçam na instituição objeto de resolução deverão ser limitados à diferença entre os fundos transferidos e o nível de cobertura previsto na Diretiva 2014/49/UE. Se os depósitos transferidos forem superiores ao nível de cobertura, o depositante não deverá ter qualquer crédito sobre o sistema de garantia de depósitos no que respeita aos depósitos que permaneçam na instituição objeto de resolução. In ponto 82 do Regulamento.

da adoção de qualquer mediada de resolução, no sentido de um processo justo[10] e equitativo.[11]

6. O Banco de Portugal na Vanguarda da Aplicação do Novo Mecanismo de Resolução Europeu

Como vimos no ponto 1 deste trabalho, Portugal é pioneiro na aplicação do regime sobre o qual vimos discorrendo de forma simplificada. Foi a queda do Banco Espirito Santo que levou Portugal a aplicar a diretiva 2014/59/EU e a legislar, de um dia para o outro, praticamente num espaço de 10 dias. Isto porque, em comunicado datado de 3 de Agosto de 2014, Banco de Portugal informou os portugueses e o mundo do seguinte:

> "O Conselho de Administração do Banco de Portugal deliberou, no dia 3 de agosto de 2014, aplicar ao Banco Espírito Santo, S.A. uma medida de resolução. A generalidade da atividade e do património do Banco Espírito Santo, S.A. é transferida, de forma imediata e definitiva, para o Novo Banco, devidamente capitalizado e expurgado de ativos problemáticos. Os depósitos são plenamente preservados, bem como todas as obrigações não subordinadas (...)
> No dia 30 de julho, o Banco Espírito Santo, S.A. anunciou prejuízos que ultrapassaram largamente os valores previsíveis à luz da informação até então disponibilizada pelo Banco Espírito Santo, S.A. e pelo seu auditor externo (...)

---

[10] Todas as receitas líquidas resultantes da transferência de ativos ou passivos da instituição objeto de resolução no quadro da aplicação do instrumento de alienação da atividade deverão beneficiar a entidade remanescente nos processos de liquidação. Todas as receitas líquidas resultantes da transferência de instrumentos de propriedade emitidos pela instituição objeto de resolução no quadro da aplicação do instrumento de alienação da atividade deverão beneficiar os proprietários desses instrumentos de propriedade da entidade remanescente nos processos de liquidação. As receitas deverão ser calculadas descontando os custos decorrentes da situação de insolvência e do processo de resolução da entidade. *In* ponto 71 do Regulamento.

[11] A fim de proteger o direito dos acionistas e credores, deverão ser definidas obrigações claras no que respeita à avaliação dos ativos e passivos da instituição objeto de resolução e, se exigido pelo presente regulamento, à avaliação do tratamento que os acionistas e credores teriam recebido se a entidade tivesse sido liquidada ao abrigo dos processos normais de insolvência. *In* ponto 63 do Regulamento.

Os resultados divulgados em 30 de julho refletem a prática de atos de gestão gravemente prejudiciais aos interesses do Banco Espírito Santo, S.A. e a violação de determinações do Banco de Portugal que proibiam o aumento da exposição a outras entidades do Grupo Espírito Santo. Estes factos tiveram lugar durante o mandato da anterior administração do Banco Espírito Santo, S.A.. Atos praticados num momento em que a substituição da anterior administração estava já anunciada traduziram-se num prejuízo adicional na ordem de 1,5 mil milhões de euros face ao expectável na sequência da comunicação do Banco Espírito Santo, S.A. ao mercado datada de 10 de julho (...)

A situação descrita tornou imperativa e inadiável a intervenção do Banco de Portugal. Com a aplicação de uma medida de resolução ao Banco Espírito Santo, S.A., procede-se a uma separação entre:

a) Ativos problemáticos, que, no essencial, correspondem a responsabilidades de outras entidades do Grupo Espírito Santo e às participações no Banco Espírito Santo Angola, S.A., por cujas perdas respondem os acionistas e os credores subordinados do Banco Espírito Santo, S.A.;

b) Os restantes ativos e passivos, que são integrados no Novo Banco, um banco devidamente capitalizado e que assegura a plena continuidade da atividade da instituição, sem impactos para os seus clientes, colaboradores ou fornecedores (...)

Neste caso concreto – refira-se, mais uma vez, pioneiro - os custos da resolução foram, em primeiro lugar, suportados pelos acionistas e credores subordinados da instituição que não irão receber qualquer valor. Por outro lado, foi criado um fundo – denominado fundo de resolução, participado pela Banca e pelo Estado Português, que financiou o capital do novo banco – um banco de transição e de natureza legal questionável.

Por outro lado, o Regime Geral das Instituições de Crédito e Sociedades Financeiras[12], aprovado pelo Governo de Portugal, interpreta a Diretiva

---

[12] (Aprovado pelo Decreto-Lei nº 298/92, de 31 de dezembro, com alterações introduzidas pelos Decretos-Leis nºs 246/95, de 14 de setembro, 232/96, de 5 de dezembro, 222/99, de 22 de junho, 250/2000, de 13 de outubro, 285/2001, de 3 de novembro, 201/2002, de 26 de setembro, 319/2002, de 28 de dezembro, 252/2003, de 17 de outubro, 145/2006, de 31 de julho, 104/2007, de 3 de abril, 357-A/2007, de 31 de outubro, 1/2008, de 3 de janeiro, 126/2008, de 21 de julho e 211-A/2008, de 3 de novembro, pela Lei nº 28/2009, de 19 de junho, pelo Decreto-Lei nº 162/2009, de 20 de julho, pela Lei nº 94/2009, de 1 de setembro, pelos Decretos--Leis nºs 317/2009, de 30 de outubro, 52/2010, de 26 de maio e 71/2010, de 18 de junho, pela

2014/59/EU sem se pronunciar relativamente aos direitos, liberdades e garantias da Carta dos Direitos Fundamentais da União Europeia, nomeadamente no respeito pelos princípios da igualdade, da participação em empresa e no respeito de um processo justo e equitativo.

7. Riscos do Novo Mecanismo de Resolução na Sua Aplicação pelos Estados Membros

Relativamente aos perigos deste regime de resolução, ainda não nos é permitida uma verdadeira avaliação. Estamos a assistir a uma mudança de paradigma na Europa. Numa primeira análise inferimos que a Europa quer eliminar a tradição da insolvência e liquidação de instituições financeiras, com grave lesão para os contribuintes, por um mecanismo que prejudique, em primeiro lugar os investidores. Os bancos são instituições privadas demasiado grandes para falir mas os privados não se têm mostrado à altura destas organizações.

Parece elementar a necessidade de proteção dos contribuintes e dos depositantes das instituições financeiras mas, é certo, que os investidores terão menos vontade de investir em instituições que os prejudicam de forma preferencial. Também não é certo que os contribuintes nunca percam neste tipo de resolução instituído *ex novo* pela União – veja-se que, no caso de impossibilidade de venda do banco de transição, o Estado será chamado em última instância a assumir as perdas e, por essa via, os próprios contribuintes.

Uma outra angústia que se começa a identificar tem que ver com a confiança dos utilizadores do banco de transição – a curta experiência portuguesa mostra uma fuga dos depósitos. Com fuga de depósitos e clientes o novo banco de transição perde valor e poderá transformar-se num mau negócio e num risco financeiro superior aquele que uma simples liquidação teria.

A Europa terá de assentar numa estratégia conjunta e abrangente. A própria natureza, quase incestuosa, da relação entre a política e a banca – com

Lei nº 36/2010, de 2 de setembro, pelo Decreto-Lei nº 140-A/2010, de 30 de dezembro, pela Lei nº 46/2011, de 24 de junho e pelos Decretos-Leis nºs 88/2011, de 20 de julho, 119/2011, de 26 de dezembro, 31-A/2012, de 10 de fevereiro, 242/2012, de 7 de novembro, pela Lei nº 64/2012, de 24 de dezembro e pelos Decretos-Leis nºs 18/2013, de 6 fevereiro, 63-A/2013, de 10 de maio, 114-A/2014, de 1 de agosto e 114-B/2014, de 4 de agosto.)

os quadros políticos a serem também quadros das instituições financeiras – assume-se como discussão essencial.

Os cidadãos europeus estão a mostrar muita relutância na eterna prestação de fiança às instituições financeiras sem terem dado consentimento. Muitas questões de natureza constitucional se levantam pois, na nossa opinião, estamos perante uma mudança dos tempos. A crise de 2008 pode ter dado origem a uma nova era do uso e da administração do dinheiro.

8. A Carta de Direitos Fundamentais da União Europeia

No ano de 1999, na cidade alemã de Colónia, o Conselho Europeu de Colónia considerou oportuno consagrar numa Carta os direitos fundamentais em vigor ao nível da União Europeia. Em Dezembro de 2009, com a entrada em vigor do Tratado de Lisboa, a Carta passou a ter efeitos jurídicos vinculativos.[13]

[13] Capítulo I: dignidade (dignidade do ser humano, direito à vida, direito à integridade do ser humano, proibição da tortura e dos tratos ou penas desumanos ou degradantes, proibição da escravidão e do trabalho forçado); Capítulo II: liberdades (direito à liberdade e à segurança, respeito pela vida privada e familiar, proteção de dados pessoais, direito de contrair casamento e de constituir família, liberdade de pensamento, de consciência e de religião, liberdade de expressão e de informação, liberdade de reunião e de associação, liberdade das artes e das ciências, direito à educação, liberdade profissional e direito de trabalhar, liberdade de empresa, direito de propriedade, direito de asilo, proteção em caso de afastamento, expulsão ou extradição); Capítulo III: igualdade (igualdade perante a lei, não discriminação, diversidade cultural, religiosa e linguística, igualdade entre homens e mulheres, direitos das crianças, direitos das pessoas idosas, integração das pessoas com deficiência); Capítulo IV: solidariedade (direito à informação e à consulta dos trabalhadores na empresa, direito de negociação e de ação coletiva, direito de acesso aos serviços de emprego, proteção em caso de despedimento sem justa causa, condições de trabalho justas e equitativas, proibição do trabalho infantil e proteção dos jovens no trabalho, vida familiar e vida profissional, segurança social e assistência social, proteção da saúde, acesso a serviços de interesse económico geral, proteção do ambiente, defesa dos consumidores); Capítulo V: cidadania (direito de eleger e de ser eleito nas eleições para o Parlamento Europeu e nas eleições municipais, direito a uma boa administração, direito de acesso aos documentos, Provedor de Justiça Europeu, direito de petição, liberdade de circulação e de permanência, proteção diplomática e consular); Capítulo VI: justiça (direito à ação e a um tribunal imparcial, presunção de inocência e direitos de defesa, princípios da legalidade e da proporcionalidade dos delitos e das penas, direito a não ser julgado ou punido penalmente mais do que uma vez pelo mesmo delito); Capítulo VII: disposições gerais. *vide* http://europa.eu/legislation_summaries/justice_freedom_security/combating_discrimination/l33501_pt.htm

A Carta é aplicável a todas as instituições europeias no respeito pleno pelo princípio da subsidiariedade, não podendo, nunca, alargar as competências e as funções que lhes são conferidas pelos Tratados. Sempre que as instituições europeias ou os seus estados-membros apliquem legislação da União, essa legislação deverá respeitar os preceitos e os princípios da Carta.

9. Conclusões

A crise de 2008 criou uma rotura entre o antes e o depois das instituições financeiras – organizações demasiado grandes para cair com lesados demasiado pequenos para agir. A regulação, praticamente incipiente desde a liberalização de Bill Clinton[14], transformou os mercados financeiros em potes de ouro imunes ao acometimento.

A Europa ainda não se adaptou ao excesso de liberalização das instituições financeiras e os governantes impõe uma austeridade sem precedentes aos seus contribuintes. O mecanismo de resolução criado através da Diretiva 2014/59/EU parece incipiente e gerador de desigualdades relacionadas com a proteção dos direitos fundamentais.

A margem oferecida aos Estados Membros, na aplicação das normas de resolução, parecem demasiado discricionárias e geradoras de responsabilidade em relação aos lesados. Por outro lado, os mecanismos de defesa disponíveis para quem se sinta prejudicado não subsistem ou foram atravancados.

Ainda não podemos definir qual o melhor caminho para a velha a Europa mas, em jeito de ensaio podemos deixar uma farpa que sem vem anunciando na voz dos cidadãos; o ressurgimento da Europa talvez devesse assentar num maior respeito pelos contribuintes, com diminuição da austeridade imposta e com a adoção de medidas regulatórias eficientes para o sistema financeiro.

O cidadão, eterno fiador dos bancos, sem consentimento prévio, pertence aos tempos idos e os governos ainda não perceberam que vêm aí um *self made man* capaz de viver sem as instituições financeiras e eficiente na criação de

---

[14] Em 1999, Bill Clinton, então presidente dos EUA, revogou o *Glass-Steagall Act*. Esta norma restringia a possibilidade de a banca puder utilizar o dinheiro dos seus clientes e depositantes em operações em nome próprio. Com esta norma o sistema bancário era mais seguro. Desde 1999 que vigora em todo o mundo ocidental o princípio da menor regulação.

alternativas aos bancos. Nos corredores de *Silicon Valley* ou nas jovens promessas da *Investbraga* já surgem modelos de *software* capazes de transações financeiras infalíveis.

Outro alerta é o surgimento das moedas eletrónicas e a separação dos cidadãos da política. Partilho a posição de Timothy Garton Ash[15] quando nos revela um novo século e um novo cidadão tipo, cada vez mais independente dos sistemas políticos.

Sendo a democracia um sistema de governo assente na vontade da maioria, há muito tempo que a constituição material da Europa pugna por um controlo mais eficiente do sistema financeiro. A ver vamos.

---

[15] Timothy Garton Ash, Free World, editora Aletheia, 2006.

A produção antecipada de provas em litígios empresariais – reflexões sobre a estratégia

Luciano de Souza Godoy
Fernanda Ferraz Carolo

De início, temos que agradecer o convite muito gentil que nos feito pelo professor Janahim Dias Figueira e pelo professor Elias Marques Medeiros Neto para participarmos desta obra. A idéia do presente artigo se dirige ao tema da produção antecipada de provas em litígios empresariais e as alterações trazidas pelas leis projetadas, em especial Projeto do Novo Código de Processo Civil e Projeto do Novo Código Comercial, quanto ao cabimento da cautelar quando inexistente o elemento do perecimento da prova. Realmente o assunto não é novo, mas ganha projeção nos últimos tempos. Ainda, trataremos da utilidade do procedimento de produção antecipada de provas como instrumento de composição das partes, assim como meio de identificação das "armas" das partes nos litígios empresariais. Em resumo – a produção antecipada de provas adquiriu uma importância como "ferramenta" que vai alem daquela desenhada no atual Código de Processo Civil de 1973.

1. Introdução

É a busca pela verdade e o entendimento pessoal da parte envolvida no litígio sobre os fatos que movem o processo no sentido de demonstrar, a um terceiro ou mesmo à parte contrária, o direito que lhe ampara. Assim, a prova e sua apresentação servem não só para convencer o julgador (magistrado ou árbitro), mas também para enfraquecer a resistência da parte contrária à pretensão deduzida na ação judicial ou no procedimento arbitral, levando-a à mediação ou ao acordo direto. Em casos complexos, há necessidade em regra de se conhecerem as armas para que a composição seja possível.

A prova é um meio de confirmar ou demonstrar fatos e direitos por meio de um instrumento que passa a representá-los. Cândido Rangel Dinamarco conceitua prova como *"conjunto de atividades de verificação e demonstração, mediante as quais se procura chegar à verdade quanto aos fatos relevantes para o julgamento"*[1].

Em uma concepção moderna, a obtenção da prova de um fato é direito autônomo das partes envolvidas nas relações sociais e não depende de processo ou procedimento. O interesse em ter e manter a história dos fatos não exige justificativa, pois, a prova é um direito apartado de litígios ou contendas, bastando que o interessado possua legitimidade para sua obtenção. Diferente do que se afirmava anteriormente, que o juiz era o destinatário das provas; hoje o juiz e as partes, às vezes a sociedade e a imprensa, passam também a ser destinatários das prova.

Os conflitos privados naturalmente acarretam a discussão sobre o que foi ou não foi provado pelas partes. Os casos envolvendo o direito empresarial, debatidos perante o Poder Judiciário ou em procedimentos arbitrais, pedem das partes (e de seus representantes) uma dedicação na reflexão acerca da estratégia a ser usada para provar os fatos e, em decorrência, convencer o julgador, partes e terceiros. Assim, a prova tem relevância significativa para tais conflitos e desempenha papel determinante na solução a que será dada ao caso.

---

[1] DINAMARCO, Cândido Rangel. *Instituições de Direito Processual Civil.* Vol. V. São Paulo: Malheiros, 2009. p. 42.

Sobre o ato de provar, Moacyr Amaral dos Santos[2] explica que *"provar é convencer o espírito da verdade respeitante a alguma coisa"*. A expressão "prova" denota uma compreensão quase uniforme no ouvinte, de modo que, independentemente da divisão comum entre prova judiciária e prova extrajudicial, e as críticas dirigidas à esta segunda espécie, a prova é a maneira de revelar ou confirmar um fato.

De qualquer maneira, o conceito de prova não pode ser dissociado do sistema de sua apreciação. Assim, necessário se faz analisar a prova sob o prisma da instrução processual e da decisão judicial.

Atualmente, as provas dos fatos relacionados a determinada situação jurídica, se conhecida antes do início do litígio e, portanto, da discussão de mérito, podem servir como meio de composição entre as partes, pois, permitem que elas identifiquem as "armas" que possuem e analisem a viabilidade de ingressar em um litígio, seja processual, seja arbitral.

As provas em regra são colhidas e produzidas na fase probatória do procedimento ordinário. Entretanto, em alguns casos, é necessária a colheita/produção das provas em momento anterior à esta fase ou até mesmo, antes de ajuizada a demanda. Isto porque, há situações em que não é possível esperar o desenvolvimento regular do processo ordinário, até a fase instrutória e probatória, para a colheita e apresentação das provas. Verificam-se tais situações, quando se está diante de risco de perecimento da prova, como no caso de uma testemunha com idade avançada ou em risco de vida, ou em situações em que o objeto da prova se desconstituirá[3].

Nestes casos, o sistema processual brasileiro atual permite ao interessado o uso da medida cautelar de produção antecipada de provas. Apesar do cabimento da medida cautelar de produção antecipada de provas para os casos em que há risco de se perderem os vestígios que comprovem fatos relevantes

---

[2] SANTOS, Moacyr Amaral. *Comentários ao Código de Processo Civil*. Vol. IV. Rio de Janeiro: Forense, 1982.

[3] O conceito tradicional: "A atividade cautelar destina-se à conservação de certos meios exteriores sem os quais o processo não teria como ser realizado correta e eficientemente (...) é o que se vê, p. ex., (...) na *produção antecipada de provas*, cuja finalidade é evitar que a instrução processual venha depois a ficar privada do depoimento de uma testemunha em risco de vida, ou dos vestígios de um dano (a serem verificados em perícia) etc" (DINARMARCO, Cândido Ranges. GRINOVER, Ada Pellegrini e CINTRA, Antonio Carlos de Araújo. *Teoria Geral do Processo*. 24ª edição. São Paulo: Malheiros, 2008, p. 341.

ao deslinde da controvérsia de ação, esta medida tem sido utilizada também como forma de avaliação da viabilidade de um litígio, seja judicial, seja arbitral, bem como também como meio de composição de litígios, sem que exista a "urgência" na colheita da prova.

Esta tendência está refletida no Projeto de Lei do Novo Código de Processo Civil e no Anteprojeto do Código Comercial e as inovações por eles apresentadas e benefícios gerados para os litígios empresarias serão abordados neste artigo.

Para facilitar a compreensão do leitor, inicialmente se abordará a eautelar de produção antecipada de prova, como está hoje disciplinada no sistema processual brasileiro, para em seguida, tratarmos dos novos regramentos, ainda em processo de votação. Por fim, abordar-se-á as propostas de alterações da Lei de Arbitragem, em especial da cautelar preparatória de arbitragem e do árbitro de urgência.

2. Produção Antecipada de Prova no Código de Processo Civil em vigência

A medida cautelar de produção antecipada de provas é disciplinada pelos Artigos 846 a 851 do Código de Processo Civil e tem origem na necessidade de se preservar a prova sobre fatos importantes e relevantes ao deslinde do litígio que, devido à situações especiais, podem se perder no tempo ou não podem aguardar a fase probatória de ação.

Assim, ordinariamente, a cautelar de antecipação de provas é admitida quando se está diante de situações excepcionais. Tais situações, conforme ensina o Humberto Theodoro Júnior autorizam *"a parte a promover, antes do momento processual adequado, a coleta dos elementos de convicção necessários à instrução da causa"* [4].

Decorre da própria natureza da medida cautelar o seu efeito acautelatório. Antecipa para assegurar a preservação dos dados, o qual decorre justamente da possibilidade que a parte litigante tem em *"exercer a 'pretensão à segurança' da prova"*, sem, entretanto, tratar do mérito do litígio, ou seja, sem *"antecipar*

---

[4] THEODORO JR., Humberto. *Processo Cautelar*. 14ª Edição. São Paulo: Livraria e Editora Universitária de Direito, 1993. p. 303.

o julgamento da pretensão de direito substancial" [5]. Assim, o caráter antecipatório da medida decorre justamente do fato de se poder antecipar a colheita da prova, sem que seja necessário o desenvolvimento da ação ordinária, até que se alcance a fase instrutória ou probatória.

Além disso, a produção antecipada de prova tem um caráter conservativo, porque, busca-se a preservação da prova do perigo de ameaça[6].

Como em toda ação cautelar, são requisitos para a sua propositura a existência do *fumus boni iuris* (fumaça do bom direito), e o *periculum in mora* (perigo da demora). Na cautelar de produção antecipada, o requisito do *fumus boni iuris* se enfraquece, apresentando maior relevância o *periculum in mora*, diante do efeito conservativo da medida[7]. Portanto, nas ações cautelares em estudo, é o perigo da demora a justificativa e fundamento para a antecipação da colheita da prova, diante do risco de lesão e do risco de perecimento da prova, seja ela prova testemunhal ou pericial.

Não se pode perder de vista que, por se tratar de medida antecipatória e satisfativa, não é necessária a indicação da ação principal, seja processo judicial ou arbitragem[8].

A doutrina e jurisprudência ampliam o entendimento sobre o cabimento da cautelar de produção antecipada de prova. Ao longo do tempo, a medida cautelar de produção antecipada de provas sofre mudanças e sua propositura passou a ser admitida quando inexistente a urgência na colheita da prova e de forma a não estar, obrigatoriamente, vinculada à declaração de um direito.

Nestas situações, a medida é utilizada como meio para que as partes possam conhecer melhor os fatos ou como meio de composição do litígio, pois a produção das provas permite que os litigantes tenham conhecimento da chance de êxito na demanda principal, a qual pode se mostrar viável ou não.

---

[5] THEODORO, JR., Humberto. Op. Cit., p. 303/304.
[6] LACERDA, Galeno e OLIVEIRA, Carlos Alberto Alvaro de. *Comentários ao Código de Processo Civil. V. VIII. Tomo I. Arts. 813 a 889.* 3ª edição. Rio de Janeiro: Forense, 1998. p. 233.
[7] LACERDA, Galeno e OLIVEIRA, Carlos Alberto Alvaro de. Op. Cit. P. 232.
[8] Carlos Alberto Alvaro de Oliveira e Galeno Lacerda escrevem: ... *"se na antecipação emergencial de prova dispensa-se ao autor a indicação da lide e seu fundamento, nem por isto, ficará ele desobrigado de expor, na petição inicial, as razões do pedido, justificando sumariamente a necessidade da antecipação (vale dizer, o 'receio da lesão', cf. o art. 801, IV) com menção precisa dos fatos sobre que há de recair a prova"* (Op. Cit. p. 244).

O assunto foi largamente estudado pelo Professor Flavio Luiz Yarshell em sua obra *"Antecipação da prova sem o requisito da urgência e direito autônomo à prova"*[9], na qual aborda o tema com excelência e defende a tese de produção da prova, baseado no direito autônomo da parte à prova, de forma a admitir a produção antecipada sem que exista a urgência, e sem que exista a necessidade de posterior declaração de um direito.

A mudança no entendimento e aplicação da cautelar de produção antecipada de provas estão no Projeto do Novo Código de Processo Civil e no Anteprojeto Código Comercial, cujas principais aspectos e mudanças serão abordados a seguir.

3. As novas hipóteses do cabimento da produção antecipada de provas no âmbito do Projeto do Novo Código de Processo Civil e no Projeto do Novo Código Comercial

Moacyr Amaral dos Santos é categórico ao escrever que o destinatário direto da prova é o juiz[10], sendo às partes apenas reflexamente dirigidas as provas para que aceitem a decisão. Esta é a posição clássica, que não há necessidade de se desprezar para reconhecer que, em alguns casos, particularmente os litígios estratégicos, há necessidade de um novo paradigma em relação ao direito à prova.

Este novo paradigma já está sendo criado e podemos identificá-lo no regramento dado pelo Novo Código de Processo Civil[11] e pelo Anteprojeto do Código Comercial – ambos Códigos projetados tratam desta nova roupagem da produção antecipada de provas, cujas situações de cabimento foram expandidas, ampliando a utilidade da medida, que além de preparatória, pode servir como meio de composição de litígio, até mesmo de autocomposição. Não só o juiz, mas as partes passaram a ser destinatárias das provas, pois, há

---

[9] YARSHEL, Flávio Luiz. *Antecipação da prova sem o requisito da urgência e direito autônomo à prova*. São Paulo: Malheiros, 2009.
[10] SANTOS, Moacyr Amaral dos. Comentários ao Código de Processo Civil. Vol. IV. Rio de Janeiro: Forense, 1982, p. 03.
[11] Projeto de Lei 6.025, de 2005, Proposta de redação final da Câmara dos Deputados, de março de 2014.

um direito autônomo da parte à prova, sem que esta esteja obrigatoriamente vinculada a um provimento declaratório.

Flávio Luiz Yarshell claramente defende se retirar do Poder Judiciário parte da instrução processual, consagrando como destinatário das provas todos os envolvidos na questão. Observem: *"Em alguma medida, a ideia de que as regras sobre ônus da prova se dirigem exclusivamente ao juiz – e não exatamente às partes – peca por uma visão parcial de um fenômeno que pode e deve ser visto de forma mais ampla. A idea de dirigir as regras de distribuição do ônus da prova exclusivamente ao juiz parece estar ligada a convicção de que o magistrado é o destinatário exclusivo da prova. Trata-se de ideia que precisa ser igualmente revista, porque as partes são também, embora de forma diversa, destinatárias das provas existentes ou que possam ser pré--constituídas – mercê de atos praticados antes do processo para essa finalidade. Tanto o juiz quanto as partes realizam atividade de valoração da prova, embora em contextos e com resultados certamente diversos. Nessa ótica, as partes também julgam e deliberam (ir ou não a juízo, resistir a dada pretensão ou dela abrir mão, total ou parcialmente; o que as distingue do juiz é que este julga e decide imperativamente"*[12]

Estamos diante da formação de um novo cenário no âmbito da destinação da prova e da sua utilidade. As partes envolvidas nos litígio, ou futuros litígios, passaram também a ocupar papel importante como destinatário da prova, na medida em que, esta passou a ser ferramenta importante na prevenção e avaliação de litígios.

A própria iniciativa legislativa adotou este novo entendimento. O Projeto do Novo Código de Processo Civil[13] e o Anteprojeto do Código Comercial[14] ao apresentarem disposições que autorizam a produção de prova como meio de evitar a demanda atestam que há mais destinatários da prova, além do julgador, juiz ou árbitro. A prova não é mais destinada tão somente à formação do convencimento do julgador.

---

[12] YARSHELL, Flávio Luiz. Ob. Cit., pág. 68.
[13] Projeto de Lei 6.025, de 2005, Proposta de redação final da Câmara dos Deputados, de março de 2014.
[14] Projeto de Lei n. 1.572 de 2011.

O Artigo 388 do Projeto do Código de Processo Civil[15] dispõe sobre a produção antecipada de provas. O seu inciso I, prevê o cabimento da medida cautelar de produção antecipada de provas para os casos em que haja risco da prova, assim como no Código de Processo Civil em vigência. A inovação se localiza no incisos II e III do mesmo Artigo, que é expresso ao admitir a cautelar de produção antecipada de provas em outras duas hipóteses, além desta supracitada. A cautelar de produção de prova poderá ser ajuizada nos casos em que: *"... II. A prova a ser produzida será suscetível de viabilizar a tentativa de conciliação ou de outro meio adequado de solução de conflito; III. O prévio conhecimento dos fatos possa justificar ou evitar o ajuizamento de ação."*

Estas duas situações inovam e admitem a antecipação da produção de provas para impedir ou terminar controvérsia, mesmo que não haja receio de perecimento da verificação de fatos no futuro. Há a antecipação da prova para se verificar os fatos e se deduzir qual das partes tem razão. Ou seja, a prova passa a ser destinada também para as partes e não só para o julgador, como usualmente admitida.

Esta alteração foi comentada pela Câmara dos Deputados quando expostas as principais inovações trazidas pelo Projeto de Lei do Senado n. 166, de 2010, em que se destacou o aprimoramento do regramento da medida aqui em análise *"permitindo-se a antecipação da prova sem o pressuposto da urgência"*[16]. Verifica-se que o Projeto do Novo Código de Processo consagrou a atipicidade da prova antecipada, sendo autorizada a produção antecipada de qualquer prova. Esta justificativa vai ao encontro dos incisos II e III citados acima.

Além das inovações quanto às hipóteses de cabimento, importante pontuar as alterações que facilitam a condução da produção antecipada de provas no Projeto do Código de Processo Civil aqui tratado.

O Artigo 388, §2º, admite que a medida seja ajuizada *"no foro onde esta deva ser produzida"*, como também no domicílio do réu, regra geral de competência. O §3º do mesmo artigo, alterando o regramento atual às medidas cautelares, estipula que a medida de antecipação de provas *"não previne a competência do*

---

[15] Conforme redação final da Câmara dos Deputados, de março de 2014. Projeto de Lei n. 6.025, de 2005.
[16] Disponível em http://s.conjur.com.br/dl/redacao-final-aprovada-camara.pdf (página acessada em 30.7.2014)

juízo para a ação de venha a ser proposta". Quanto à medida principal, não há no Projeto do Novo Código Processual a exigência de sua propositura.

Merece destaque o §5º[17] do mesmo Artigo 388 - consagrando as hipóteses de cabimento disposta nos incisos I e II acima mencionado, autoriza o ajuizamento da medida por aquele que *"pretender justificar a existência de algum fato ou relação jurídica, para simples documento, sem caráter contencioso"*, ou seja, a antecipação da prova para conhecer os fatos, sem a sua obrigatória vinculação a um litígio ou ação declaratória subsequente.

O Artigo 389[18] do Projeto, no seu *caput*, dispõe do mesmo conteúdo do Artigo 848 do Código de Processo Civil em vigor e trata da exigência relativa à indicação dos fatos sobre os quais a prova deverá recair. Este artigo evidencia em seu §2º a destinação da prova para as partes, visto que, o juiz *"não se pronunciará acerca da ocorrência do fato, bem como sobre as suas respectivas consequências jurídicas"*.

Ainda, o §3º do referido artigo abarca a possibilidade de os interessados *"requererem a produção de qualquer prova no mesmo procedimento"*, ampliando, desta forma, a utilidade da medida, e evitando que novos processos sob a mesma questão sejam ajuizados.

A mesma tendência a respeito da produção antecipada de provas se verifica no Anteprojeto do Código Comercial. Embora alvo de críticas, muitas delas relacionas à desnecessidade de um lei específica de direito comercial neste momento, o Anteprojeto está na iminência de ser analisado em sua inteireza,

---

[17] "§5º Aplica-se o disposto nesta Seção àquele que pretender justificar a existência de algum fato ou relação jurídica, para simples documento e sem caráter contencioso, que exporá, em petição circunstanciada, a sua intenção".

[18] "Artigo 389. Na petição, o requerente apresentará as razões que justificam a necessidade de antecipação da prova e mencionará com precisão os fatos sobre os quais a prova há de recair.
§1º O juiz determinará, de ofício ou a requerimento da parte, a citação dos interessados na produção da prova ou no fato a ser provado, salvo se inexistente caráter contencioso.
§2º O juiz não se pronunciará acerca da ocorrência ou da inocorrência do fato, bem como sobre as respectivas consequências jurídicas.
§3º Os interessados poderão requerer a produção de qualquer prova no mesmo procedimento, desde que relacionada ao mesmo fato, salvo se a sua produção conjunta acarretar excessiva demora.
§4º Neste procedimento, não se admitirá defesa ou recurso, salvo contra a decisão que indeferir, total ou parcialmente, a produção de prova pleiteada pelo requerente originário."

de modo que não é só válida, como necessária, a reflexão e a discussão acerca do direito probatório nele tratado.

As disposições sobre a antecipação da prova no Anteprojeto do Código Comercial evidenciam mais uma vez a criação de um novo paradigma para a prova.

O Anteprojeto de Código Comercial elimina as dúvidas que originaram a tese do direito autônomo à prova, incorporando no texto a doutrina que já consagrava o direito à prova como reflexo do direito à ação. Com essa disposição, as posições apegadas à necessidade de demonstração da urgência ou de qualquer outro pressuposto para concessão de produção de prova independentemente da lide principal, perdem higidez.

O Artigo 962 do Anteprojeto é repetição do Artigo 846 do atual Código de Processo Civil e menciona em poucas palavras a extensão da produção antecipada da prova: interrogatório da parte, inquirição de testemunhas e exame pericial. Já o texto do parágrafo único do Artigo 962, avança no mesmo sentido do Projeto do novo Código de Processo Civil, admitindo a antecipação da produção de provas para impedir ou terminar controvérsia, mesmo que não haja receio de perecimento da verificação de fatos no futuro. Há a antecipação da prova para se verificar os fatos e se deduzir quem tem razão.

A expansão no cabimento da cautelar de produção antecipada de prova, como tratado pelo Projeto do Código de Processo Civil, é um ponto de real evolução e que merece destaque. A inovação reflete a tendência de aproximação do direito processual brasileiro ao processo civil dos países de *Common Law*, especialmente o direito norte-americano pelo instituto do *discovery*, uma vez que busca conter as demandas antes de sua propositura ou da sua formalização, figurando como verdadeiros "termômetros" do direito material colocada a discussão, aferindo a viabilidade das pretensões e induzindo a composições entre as partes.

A prova, como mencionado é direito autônomo de manutenção e preservação da história e desde o Código de Processo Civil de 1939 vinha sendo tratada como tal. No entanto, e não é possível verificar em que momento, criou-se o caráter acessório da prova ao processo, limitando sua produção a sua utilização em demandas. A autonomia da produção antecipada da prova além de se constituir em direito do interessado, é instrumento eficaz para evitar o próprio desencadeamento do litígio.

A verificação da existência da prova pode – e sabidamente o faz – indicar aos envolvidos o caminho da autocomposição, seja pela insegurança do processo judicial seja pela repercussão negativa que o processo pode gerar. É por este aspecto que o novo regramento disposto no Projeto do Código de Processo Civil tem importância.

Sobre esta inovação, não se pode deixar de observar que a jurisprudência vinha, há tempos, mitigando a exigência da urgência para conceder a antecipação da produção da prova quando esta se caracteriza como *ad perpetuam rei memoriam*[19].

Sobre o tema, Galeno Lacerda sequer considerava alguns pedidos como exercício do direito de ação, negando que tais provimentos tivessem cunho jurisdicional propriamente dito. Escreve: *Assim, nas antecipações de prova, nas justificações, nos protestos, nas interpelações, nas notificações, o juiz exerce essa função de mero agente documentador ou comunicador de vontade, sem nada julgar ou decidir. Por isto, classificamos tais providências como voluntárias, administrativas, não-jurisdicionais, e repudiamos peremptoriamente a errônea doutrina, fruto de graves equívocos em matéria de teoria geral do processo, que vê nos simples pedidos voluntários de realização de tais atos o exercício de um direito de ação. Ação só existe, repetimos novamente, onde houver lide e, por isto, se reclamar juízo, atividade jurisdicional, decisão, sentença, execução.*[20]

Apesar de algumas ponderações que possam ser feitas acerca da peremptoriedade da afirmação do referido autor, podemos concluir que o direito caminha para a flexibilização do tempo, local e forma da produção da prova. A utilidade da prova se expandiu e seu conhecimento antes do litígio, em especial nos litígio empresariais, ganha relevância, visto que auxiliam no ajuizamento da demanda de mérito ou na autocomposição das partes.

Neste sentido, novamente trazemos as lições de Flávio Luiz Yarshell, em síntese promovida na abertura do Capítulo VI de sua obra: *"Na Parte I deste trabalho, conforme desenvolvimento e conclusão ali expostos, procurou-se demonstrar, por diferentes caminhos e sob fundamentos diversos, que ao sistema processual interessa a produção antecipada da prova mesmo se ausente o perigo da demora, de forma*

---

[19] STJ, Recurso Especial n. 2487/PR, 4ª Turma, Relator Ministro Fontes de Alencar, j. 5.6.1990
[20] LACERDA, Galeno. *Comentários ao Código de Processo Civil*. Vol. VIII. Rio de Janeiro: Forense, 1980, p.268.

não necessariamente vinculada à declaração do direito. Mais que isso, procurou-se demonstrar, até mesmo com alguma aspiração à universalidade, ser possível extrair do sistema processual - qualquer que seja ele, bastando que seja concebido com instrumento a serviço do poder estatal, na subespécie jurisdição – verdadeiro direito à produção preliminar ou à pré-constituição da prova mediante a intervenção estatal. Por outras palavras, sustentou-se a existência de um direito autônomo à produção da prova, de forma não diretamente vinculada ao pleito de declaração do direito material e ao processo instaurado para essa finalidade. A esse direito convencionou-se chamar de direito à prova." [21]

Ainda em se tratando sobre provas, não se poderia deixar de mencionar o disposto no Artigo 963 do Anteprojeto do Código Comercial, no qual identificamos uma outra inovação, porém de uma forma acanhada, devido às resistências à mudanças na cultura da litigiosidade que vivenciamos. A mudança trata da possibilidade de convenção entre as partes de produção de provas extrajudicial. Este, sem dúvida, será um grande avanço no cenário processual e de litígios empresarias e pode trazer benefícios se não fosse a parte final do artigo que impõe a sujeição do caso ao juiz. Confira-se: "Art. 963. É lícito aos empresários convencionar a produção extrajudicial de provas, indicando o fato controvertido, o meio de prova, a data e o local de realização, tudo sujeito à homologação do juiz." Opinamos para avançar mais – para que a homologação do Juiz?

A inovação aborda com devido acanhamento a intenção de devolver ao direito comercial a sua característica de simplicidade e celeridade, muitas vezes incompatíveis com o ritmo ordinário do Judiciário. A instrumentalidade que tantas vezes serve à "flexibilização" das formas por meio de decisões judiciais, encontra óbices quando a tentativa de racionalizar os procedimentos frente à realidade, afasta, por meio de legislação democraticamente construída, o Judiciário da produção da prova. O momento de intervenção seria posterior, na apreciação da prova produzida para fundamentar decisão. Assim, sujeitar o procedimento à homologação não parece ser o melhor caminho.

---

[21] YARSHELL, Flávio Luiz. Ob. cit., p.309-310.

A oportunidade de abrir caminho para procedimentos extrajudiciais não deve ser freada pela manutenção do protagonismo judicial. Soa como um paradoxo à aceitação da mitigação das formalidades. É saudável a propositura de oitiva extrajudicial através de convenção das partes, mas o condicionamento à homologação pelo judiciário nos parece ser excessivo e prejudicial à inovação. A limitação do uso desta prova deveria ser em casos específicos tal qual se dá na produção em juízo da prova.

As disposições contidas no Projeto do Novo Código de Processo Civil como no Anteprojeto do Código Comercial concretizam a alteração de paradigma na prova, sua produção e sua destinação. A inovação do cabimento da cautelar de produção antecipada de provas para prevenir ou findar litígios sem que seja comprovado o requisito da urgência, é um caminho que já começamos a percorrer.

Fazendo novamente referencia à obra de Flávio Luiz Yarshell, cabe destacar o entendimento do doutrinador (ou mesmo provocação) de que esta inovação no cabimento da produção da prova desperta: *"Certo que tal reconhecimento parece ter surgido com maior naturalidade nos sistemas de common law pela circunstancia de que ali, como já mencionado, a iniciativa probatória historicamente esteve – e, em boa medida continua a estar – a cargo das partes; em oposição aos sistemas europeus continentais, nos quais, de um modo geral, ainda tem proeminência o papel do juiz na obtenção do material probatório, com um certo caráter subalterno daquele reservado aos sujeitos parciais. Mas nem por isso tal direito pode deixar de ser reconhecido universalmente e em nível de teoria geral do processo, seja diretamente, por eventual disposição expressa, seja reflexamente, pelo desdobramento acima apontado."*[22]

O destinatário da prova passa a ser primeiro as partes, depois o julgador. Nesta visão evolutiva do processo e da prova, as partes deixam de direcionar seus esforços exclusivamente ao convencimento do terceiro imparcial. Buscam tentar influir a parte adversa acerca da viabilidade e a própria existência do seu direito, com a intenção de compor, isto é, evitar o litígio, reduzindo o tempo da discussão e, por óbvio, o custo financeiro e emocional do litígio.

---

[22] YARSHELL, Luiz Flávio. Ob. cit., p. 208.

4. Alterações na Lei 9.307/96 | Lei de Arbitragem. Árbitro de urgência

Um outro assunto, de uma outra lei projetada, paralelo a este. O projeto de lei[23] que trata das alterações na Lei 9.307/96, chamada de Lei de Arbitragem, não acompanhou o movimento e não traz qualquer disposição sobre a produção de provas na arbitragem. De fato, perdeu-se uma excelente oportunidade para tratar do assunto, o qual ficará, se for o caso, para uma futura alteração, certamente atrasada.

As medidas cautelares estão inegavelmente presente no dia a dia do procedimento arbitral. Em regra são ajuizadas cautelares preparatórias de procedimentos arbitrais para resguardar determinada situação até que se instaure o procedimento e se constitua o Tribunal Arbitral. A medida cautelar de produção antecipada de provas também pode anteceder um procedimento arbitral, assim como, pode servir como forma de avaliação do litígio e de autocomposição.

Na produção antecipada de provas na arbitragem, embora as partes possam eleger o foro para ajuizamento, é indicado que este seja o local em que as provas devem ser colhidas e produzidas, dada a necessidade da celeridade, necessidade esta inerente aos litígios empresarias, em especial, aos processos arbitrais.

Em que pese o cabimento da medida cautelar com caráter preparatório ao procedimento arbitral, o regulamento da Câmara de Arbitragem da CCI – instituição renomada e precursora na criação de regras procedimentais, e que serve de parâmetro para outras instituições arbitrais –, prevê, além da possibilidade de socorro à autoridade judicial enquanto o procedimento arbitral é instaurado, a instauração de um procedimento de "emergência" para medidas cautelares e provisórias.

O procedimento do árbitro de urgência é interessante e tem alcançado êxito, quando aplicado. Pode ser utilizado como meio de produção de prova, sem que as partes tenham que se socorrer do judiciário e da burocracia a ele inerente, para decidir pelo prosseguimento ou não de um procedimento arbitral.

---

[23] Projeto de Lei do Senado n. 406, de 2013.

Diante da utilidade da figura do árbitro de emergência, e da utilidade da cautelar de produção antecipada de provas para os litígios empresariais, entendemos que o Projeto de Lei 406/2013 pecou ao não incluir nas alterações da lei de Arbitragem regramento que suporte o instituto do árbitro de emergência, o que traria ainda mais celeridade e eficiência ao procedimento arbitral. No entanto, nada impede que as partes elejam esta alternativa na cláusula arbitral que inserem nos contratos.

5. Conclusão

O presente artigo abordou a importância da prova nos litígios empresariais, em especial à utilidade da medida cautelar de produção antecipada de provas. Descrito o cenário de como a medida tem sido admitida e utilizada nos litígios de acordo com as disposições legais relativas ao Código de Processo Civil em vigência, destacou-se a exigência do requisito do perecimento da prova, como fundamento para antecipar a sua colheita e produção.

Diante da importância das prova e de se ter conhecimento de sua força e extensão antes de iniciado o litígio empresarial, verificou-se o reconhecimento pela doutrina e jurisprudência de que as partes, assim como o juiz, são os destinatários da prova e que as partes são as titulares do direito autônomo à prova, sem que sua produção esteja vinculada a um processo, judicial ou arbitral, de natureza declaratória.

Neste contexto, as inovações trazidas pelas leis projetadas - Projeto do Novo Código de Processo Civil e Anteprojeto do Código Comercial - foram analisadas com ênfase aos dispositivos que admitem a medida cautelar de produção da prova sem o requisito da urgência. Estas novas hipóteses de cabimento da medida cautelar de produção antecipada de provas é benéfica para os litígios empresariais, visto que sendo as partes os destinatários das provas, elas poderão avaliar a viabilidade do litígio e analisar a possibilidade de autocomposição, sem a necessidade de se iniciar um procedimento sobre o mérito, no qual certamente haverá custos e uma boa dose de expectativas, com desgaste emocional, sem a certeza de se alcançar o resultado esperado.

O desafio do financiamento das empresas em recuperação judicial

Thomas Benes Felsberg
Paulo Fernando Campana Filho

Os benefícios e o desafio da concessão de crédito a empresas em crise

Um dos maiores desafios de um sistema jurídico falimentar é proporcionar mecanismos eficientes para que as empresas sujeitas a um processo de insolvência obtenham os recursos financeiros necessários para a continuidade de suas atividades e para a preservação do valor dos seus ativos.

Os benefícios que o acesso a financiamento proporciona a uma empresa em crise econômico-financeira são inegáveis. O financiamento pode dar fôlego à empresa, ao proporcionar o capital de giro indispensável à não interrupção das atividades, e pode viabilizar a sua recuperação, ao permitir o ingresso dos recursos necessários para a superação da crise.[1] As vantagens daí advindas para devedores, credores e terceiros são óbvias.

---

[1] Ver, a respeito, DIAS, Leonardo Adriano Ribeiro, **Financiamento na Recuperação Judicial e na Falência**, São Paulo: Quartier Latin, 2014, p. 339.

Uma pesquisa realizada nos Estados Unidos, que examinou um universo de 538 sociedades não-financeiras que ajuizaram, entre 1988 e 1997, processos de *reorganization* de acordo com o *Chapter 11* do *Bankruptcy Code* norte-americano, revela a eficiência da concessão de financiamentos a empresas insolventes.[2] Dessas empresas, 165, ou cerca de 30%, receberam, no período analisado, recursos financeiros durante o processo de *reorganization*. A pesquisa concluiu que as empresas que obtinham financiamentos tinham probabilidade significativamente maior de "emergirem" do processo de insolvência. Além disso, as empresas que obtinham financiamentos tinham um período de recuperação mais curto e, por conseguinte, conseguiam sair mais rapidamente do processo falimentar.[3]

Embora as vantagens sejam claras, é comum as empresas enfrentarem grandes dificuldades na obtenção de tais financiamentos. Investidores tendem a evitar conceder empréstimos a empresas que ajuizaram processos de insolvência, normalmente receosos do presságio de que, como os credores que os precederam, também não serão pagos.[4]

Uma das tarefas do sistema falimentar eficiente é, portanto, fornecer mecanismos jurídicos para estimular a concessão de empréstimos a empresas insolventes. Para tanto, os investidores devem ter a segurança necessária de que os recursos injetados na empresa em crise retornarão às suas mãos com presteza e rapidez, e com reduzido risco de inadimplemento. A lei falimentar brasileira, contudo, proporciona mecanismos insuficientes para incentivar a concessão de recursos a empresas que passam por processos de insolvência. A seguir, as deficiências da lei brasileira, no que diz respeito aos instrumentos disponíveis para o acesso ao crédito a empresas em recuperação judicial, serão examinadas, levando-se em consideração uma análise comparativa com o direito norte-americano.[5]

---

[2] DAHIYA, Sandeep *et al*, Debtor-in-Possession Financing and Bankruptcy Resolution: Empirical Evidence, 69. ed. p. 259–280, 2003.

[3] O estudo também revelou que empresas grandes tem maior probabilidade de serem preservadas em um processo de insolvência, possivelmente devido ao valor da organização dos meios de produção.

[4] MOORE, Darla D., How to Finance a Debtor in Possession, **Commercial Lending Review**, v. 6, p. 3–12, 1990.

[5] Este artigo se restringe a tratar das hipóteses de investimento em empresas em crise por meio da concessão de empréstimos, não abordando outras formas que podem ser utilizadas.

O DIP financing no Bankruptcy Code dos Estados Unidos

Nos Estados Unidos, desde o século XIX, antes da entrada em vigor do primeiro código falimentar federal duradouro (o *Nelson Act*, em 1898), os juízes já ofereciam prioridades creditórias àqueles que ajudavam a financiar empresas em crise.[6] Nas antigas *equity receiverships*, para assegurar o contínuo funcionamento das empresas em crise, foi criada a "regra dos seis meses", em que credores tinham prioridade no recebimento de seus créditos decorrentes de fornecimentos, salários e serviços essenciais incorridos no semestre anterior ao início do processo.[7] Além disso, com o objetivo de permitir o acesso de empresas insolventes a novos recursos financeiros, os juízes passaram a autorizar o *receiver's certificate*, uma espécie de nota promissória que, por ser uma obrigação da própria *receivership* e não do devedor, conferia a investidores prioridade absoluta no recebimento dos créditos que concediam.[8] A prática de emissão dos *receivership certificates* foi adotada e expandida pelo *Bankruptcy Act* de 1938, o *Chandler Act*.[9]

O *Bankruptcy Code* de 1978, atualmente em vigor, modificou de forma radical o regime dos financiamentos das empresas em crise nos Estados Unidos, introduzindo, na sua §364, aquilo que ficou conhecido como *debtor-in-possession* (*DIP*) *financing*. Há quatro formas de *DIP financing* nos Estados Unidos, todas reguladas pela §364. Três dessas modalidades requerem autorização judicial – e, nesses casos, as prioridades e garantias conferidas aos financiamentos permanecem válidas e eficazes mesmo que a decisão que as autorizou seja posteriormente revogada.[10]

Com efeito, um investidor pode se valer de diversos mecanismos para injetar capital em uma empresa em crise. É possível, por exemplo, adquirir o controle da sociedade insolvente; adquirir créditos com o objetivo de convertê-los em participação acionária; ou adquirir parte ou a totalidade dos ativos da sociedade.

[6] SKEEL, JR., David A., The Past, Present and Future of Debtor-in-Possession Financing, **Cardozo Law Review**, v. 25, p. 1905–1934, 2004, p. 1905.
[7] *Ibid.*, p. 1910–1911.
[8] *Ibid.*, p. 1911–1912.
[9] *Ibid.*, p. 1913–1914.
[10] Exceto nos casos em que o recurso contra tal decisão tiver, desde logo, suspendido seus efeitos. Ver U.S. Code, Title 11, Chapter 3, §364(e).

De acordo com a §364(a), o devedor pode, no curso normal dos seus negócios, e exceto se houver decisão judicial em sentido contrário, obter empréstimos sem garantia, e tais empréstimos gozarão da mesma preferência creditória conferida às despesas administrativas, sendo pagos, assim, com prioridade sobre os demais créditos quirografários.[11] É possível, contudo, que o financiamento seja considerado como tendo ocorrido fora do curso normal dos negócios do devedor, de forma a perder sua prioridade.[12] A §364(b) permite que o juiz aprove a obtenção de financiamentos sem garantia mesmo fora do curso normal dos negócios, e que tais créditos sejam igualmente classificados como despesas administrativas.[13] As formas de financiamento previstas tanto na §364(a) como na 364(b) são mais suscetíveis a questionamentos por outros credores e, em geral, não são muito atrativas para investidores, que preferem formas mais seguras de fornecer empréstimos a empresas insolventes.[14]

Caso não seja possível a obtenção de crédito nos termos da §364(a) e §364(b) – o que, aliás, ocorre com frequência –, o juiz pode autorizar, de acordo com a §364(c), que o financiamento goze de preferência creditória sobre as despesas administrativas.[15] Apesar de super-prioritários, esses créditos ainda são quirográfarios e, portanto, tem preferência absoluta sobre o produto da alienação dos bens não onerados na hipótese de uma liquidação, mas não sobre os bens sobre os quais já recaem garantias reais.[16] Como alternativa a essa super-prioridade (e, algumas vezes, mesmo adicionalmente a ela), o juiz pode autorizar que o financiamento seja assegurado pela constituição de um direito real de garantia sobre bens do devedor que estejam livres de gravames[17] ou uma garantia real de segundo grau sobre bens que já estejam gravados.[18]

O juiz pode, finalmente, nos termos da §364(d), autorizar a obtenção de crédito assegurado por um direito real de garantia sobre um bem com

---

[11] U.S. Code, Title 11, Chapter 3, §364(a).
[12] TRIANTIS, George G., A Theory of the Regulation of Debtor-in-Possession Financing, **Vanderbilt Law Review**, v. 46, p. 901–935, 1993, p. 905.
[13] U.S. Code, Title 11, Chapter 3, §364(b).
[14] DAHIYA *et al*, Debtor-in-Possession Financing and Bankruptcy Resolution: Empirical Evidence, p. 263.
[15] U.S. Code, Title 11, Chapter 3, §364(c)(1).
[16] MOORE, How to Finance a Debtor in Possession, p. 6.
[17] U.S. Code, Title 11, Chapter 3, §364(c)(2).
[18] U.S. Code, Title 11, Chapter 3, §364(c)(3).

grau equivalente ou superior a outra garantia real constituída sobre o mesmo bem.[19] Com isso, o crédito novo passa a ter uma garantia real de primeiro grau sobre um bem já gravado – aquilo que é chamado de *priming lien* – e, portanto, com prioridade sobre a garantia constituída anteriormente para assegurar créditos preexistentes e que se torna, por conseguinte, de segundo grau.[20] A autorização para constituição dessa garantia, contudo, é concedida apenas se não for possível obter crédito por outros meios[21] e se os interesses do credor que já tiver garantia constituída sobre o bem estiverem, aos olhos do juiz, adequadamente protegidos.[22] Essa forma de financiamento costuma ser usada quando todos os bens estão onerados, e é comum que os credores com garantias sobre tais bens se oponham a ela.[23]

A maioria dos *DIP financing* nos Estados Unidos é obtida por meio da utilização da §364(c) ou da §364(d) – isto é, obtenção de crédito super-prioritário ou com garantia real –, que conferem mais proteção aos investidores.[24] Contudo, além dessas formas previstas na lei, os financiadores podem usufruir de outros incentivos que não estão expressamente previstos no *Bankruptcy Code*, mas que foram autorizados por juízes e acabaram por se tornar recorrentes.[25]

Assim, alguns credores preexistentes do devedor podem concordar em conceder novos financiamentos desde que seja constituída uma garantia real que abranja os créditos novos e também os já existentes – é a chamada *cross--collateralization*.[26] Em virtude de não estar prevista na lei, há controvérsias entre os juízes a respeito da validade da *cross-collateralization*: alguns alegam que ela é um instrumento útil por conferir aos credores preexistentes incentivos para financiar empresas devedoras, possibilitando acesso a capital que elas não obteriam de outra forma; outros sustentam que ela viola o tratamento

---

[19] U.S. Code, Title 11, Chapter 3, §364(d).
[20] É talvez o poder mais forte conferido ao juiz norte-americano para autorizar a obtenção do *DIP financing*.
[21] U.S. Code, Title 11, Chapter 3, §364(d)(A).
[22] U.S. Code, Title 11, Chapter 3, §364(d)(B).
[23] TRIANTIS, A Theory of the Regulation of Debtor-in-Possession Financing, p. 907.
[24] DAHIYA *et al*, Debtor-in-Possession Financing and Bankruptcy Resolution: Empirical Evidence, p. 263.
[25] BUCKI, Craig R., Cracking the Code: The Legal Authority Behind Extrastatutory Debtor--In-Possession Financing Mechanisms and their Prospect for Survival, **Columbia Business Law Review**, v. 2005, p. 357–401, 2005, p. 358.
[26] *Ibid.*, p. 362.

equitativo entre os credores ao estender a super-prioridade aos créditos já existentes.[27]

Há, além da controversa *cross-collateralization*, formas de controle que dão segurança ao financiador. A concessão de empréstimos rotativos – os *revolving loans* – é um instrumento que permite que o mutuante conceda sucessivas rodadas de financiamento, com vencimento a curto prazo (como 18 ou 24 meses).[28] Com isso, o financiador pode impor condições para a "rolagem" do empréstimo – tal como o atingimento de determinadas metas de fluxo de caixa. Se tais condições não forem cumpridas, o financiamento não é estendido e o mutuante é reembolsado. Outra forma de controle adotada por financiadores é exigir alterações na governança da empresa devedora, o que pode envolver a nomeação de um *chief restructuring officer* (CRO) para desenvolver um plano de reestruturação das atividades.[29] Os financiadores podem fazer uso, ainda, da inserção, nos acordos de empréstimo, de obrigações não-pecuniárias (*covenants*) para diversos propósitos, tais como, por exemplo, forçar os devedores a vender ativos, provocar a venda do controle ou uma operação de fusão ou aquisição com outra sociedade, atingir necessidades de fluxo de caixa, ou impor restrições em determinadas despesas operacionais.[30]

Embora esteja disponível desde a entrada em vigor da lei de 1978, o *DIP financing* se difundiu a partir do início da década de 1990 e passou, a partir de então, a ter um papel fundamental na recuperação de empresas endividadas.[31] Um estudo conduzido nos Estados Unidos[32] revelou que, enquanto na

---

[27] Ver, a respeito, *Ibid.*, p. 360–375.

[28] Há casos em que credores concedem empréstimos rotativos ao devedor e neles incluem as dívidas já existentes, transformando-as, assim, em créditos novos com prioridade sobre os antigos. Ver, a respeito da utilização dos empréstimos rotativos como forma de *DIP financing* nos Estados Unidos, SKEEL, JR., The Past, Present and Future of Debtor-in-Possession Financing, p. 1907, 1917 e 1926.

[29] Há diversas formas de os bancos exercerem influência sobre a escolha do CRO, tal como elaborar uma lista de candidatos aceitáveis ou ter o direito de veto sobre a pessoa nomeada pela administração da sociedade devedora. Cf., a respeito, *Ibid.*, p. 1917.

[30] De acordo com um estudo realizado nos Estados Unidos, 90% dos financiamentos a empresas insolventes continham alguma forma de *covenant* negativo. Ver, a respeito do assunto, *Ibid.*, p. 1918–1919.

[31] DAHIYA *et al*, Debtor-in-Possession Financing and Bankruptcy Resolution: Empirical Evidence, p. 260.

[32] O estudo é o mesmo referido no texto que acompanha a nota 2.

primeira metade dos anos 90 cerca de 30% das empresas que haviam ajuizado um caso aos auspícios do *Chapter 11* do *Bankruptcy Code* haviam conseguido obter financiamento, esse número subiu para mais de 40% na segunda metade da década.[33] Em muitos casos, o financiamento é contratado antes mesmo de o devedor ajuizar o pedido de insolvência; e os que não o fazem acabam por enfrentar sérios problemas de caixa.[34] O mesmo estudo revelou, ainda, que as grandes empresas são mais suscetíveis de obter financiamentos do que as pequenas;[35] e que os credores preexistentes são os mais prováveis investidores destas últimas.[36]

A partir dessa popularização do *DIP financing*, as condições dos acordos de financiamento passaram a ser talvez a mais importante ferramenta de governança em diversos grandes casos de insolvência norte-americanos abertos sob o *Chapter 11* do *Bankruptcy Code*, e que serviram de contraponto à hegemonia dos devedores.[37] Essa utilização do *DIP financing* pode não ter eliminado ou ter até aumentado os riscos a ele envolvidos – tais como incentivar os administradores a contraírem empréstimos além do necessário[38] ou estimular os investidores a promover a liquidação antecipada dos ativos ou a prolongar o desmantelamento de empreendimentos ineficientes[39] –, mas contribuiu para que o instituto se tornasse uma importante ferramenta de recuperação de empresas e maximização de valores no direito norte-americano.

A obtenção de crédito em uma recuperação judicial no Brasil

No Brasil, o Decreto-Lei 7.661 de 1945, que regulava o direito falimentar, não proporcionava mecanismos jurídicos que estimulassem a concessão de créditos a empresas falidas ou concordatárias – tais empréstimos eram, com

---

[33] Ver, a respeito, DAHIYA *et al*, Debtor-in-Possession Financing and Bankruptcy Resolution: Empirical Evidence, p. 266.
[34] SKEEL, JR., The Past, Present and Future of Debtor-in-Possession Financing, p. 1918.
[35] DAHIYA *et al*, Debtor-in-Possession Financing and Bankruptcy Resolution: Empirical Evidence, p. 266.
[36] *Ibid.*, p. 270.
[37] SKEEL, JR., The Past, Present and Future of Debtor-in-Possession Financing, p. 1916.
[38] *Ibid.*, p. 1922-1923.
[39] *Ibid.*, p. 1926-1927.

efeito, praticamente inexistentes.[40] A Lei 11.101 de 2005, que a substituiu, embora tenha evoluído na previsão de tais instrumentos, está muito aquém das previsões do direito norte-americano e não confere incentivos adequados para a promoção de investimentos em empresas que se encontram em processo de recuperação judicial.

O principal incentivo conferido pela Lei 11.101 de 2005 para estimular a concessão de empréstimos é a previsão de que que os créditos concedidos ao devedor em recuperação judicial são considerados extraconcursais em caso de convolação em falência, conforme estabelece o art. 67.[41] Dessa forma, os créditos decorrentes de financiamentos a empresas em recuperação judicial são pagos com prioridade sobre os créditos incorridos anteriormente ao ajuizamento do processo e, portanto, sujeitos a seus efeitos.[42]

Entretanto, é preciso notar que tais créditos decorrentes de financiamentos gozam da mesma preferência creditória que quaisquer outros créditos quirografários extraconcursais[43] – tais como os créditos de fornecedores que tenham sido incorridos após o ajuizamento do pedido de recuperação judicial. Além disso, o crédito do financiador é subordinado a outros créditos extraconcursais, por força do art. 84 da Lei 11.101 de 2005, como, por exemplo, as remunerações devidas ao administrador judicial, as despesas para a realização do ativo, e os créditos trabalhistas e fiscais extraconcursais.[44] Há, ainda, uma série de outros créditos – tais como aqueles a que se deve proceder à restituição em dinheiro, a exemplo dos adiantamentos sobre contratos de câmbio para exportação (ACCs), ou os decorrentes de contratos de *leasing* e os assegurados por alienação fiduciária em garantia – que não se submetem aos efeitos da recuperação judicial e da falência e que também devem ser satisfeitos antes do pagamento dos créditos do financiador.[45]

---

[40] DIAS, **Financiamento na Recuperação Judicial e na Falência**, p. 172.
[41] Ver, a respeito, os comentários de Eduardo Secchi Munhoz em JUNIOR, Francisco Satiro de Souza; PITOMBO, Antônio Sérgio A. de Moraes, **Comentários à Lei de Recuperação de Empresas e Falência: Lei 11.101/2005: Artigo por Artigo**, 2. ed. São Paulo: Revista dos Tribunais, 2007, p. 317.
[42] Lei 11.101 de 2005, art. 84.
[43] Lei 11.101 de 2005, art. 84, V.
[44] Lei 11.101 de 2005, art. 84.
[45] Lei 11.101 de 2005, art. 49, §§3º e 4º. Nesses casos, os créditos gozarão de preferência creditória somente até o valor do bem dado em garantia. Entretanto, até que tais créditos

A previsão legal contida no art. 67 da Lei 11.101 de 2005, que prevê que os créditos decorrentes de financiamento são extraconcursais em caso de falência, pode ser, de certa forma, comparada à previsão das pouco utilizadas §364(a) e §364(b) do *Bankruptcy Code*, que estabelecem que os créditos incorridos pelo devedor são classificados como despesas administrativas; entretanto, a lei brasileira parece tratar tais créditos de forma ainda menos prioritária, ao subordiná-los a diversos outros créditos extraconcursais. Assim, pode-se concluir que o estímulo conferido pelo art. 67 para o financiamento de empresas em recuperação judicial é baixo.

A Lei 11.101 de 2005 prevê, ainda, no art. 67, parágrafo único, que os créditos quirografários de titularidade de fornecedores de bens e serviços que continuarem a prové-los normalmente após o ajuizamento do pedido de recuperação judicial passam a gozar de privilégio geral em caso de decretação de falência, no limite de valor dos bens e serviços fornecidos durante a recuperação. Com o estabelecimento dessa reclassificação dos créditos preexistentes, a lei buscou incentivar a continuidade no fornecimento dos bens e serviços (e aí poderiam ser incluídos os novos créditos fornecidos por investidores).[46] Entretanto, esse incentivo é muito tímido e não surte os efeitos desejados.[47]

Além de as previsões da Lei 11.101 de 2005 não serem adequadas para estimular a concessão de financiamentos a empresas em recuperação judicial, há outros obstáculos, estranhos à referida lei, encontrados por potenciais investidores. Do ponto de vista regulamentar, a Resolução 2.682 do Conselho Monetário Nacional (CMN), de 1999, que estabelece critérios para a classificação das operações de crédito em razão do risco, acaba por levar os bancos a constituir provisões mensais de 100% do valor de eventuais financiamentos

---

estejam quitados, os bens não serão utilizados para o pagamento dos créditos oriundos do financiamento.

[46] Cf. os comentários de Eduardo Secchi Munhoz em JUNIOR; PITOMBO, **Comentários à Lei de Recuperação de Empresas e Falência: Lei 11.101/2005: Artigo por Artigo**, p. 317-318.

[47] Cf. os comentários de Eduardo Secchi Munhoz em *Ibid.*, p. 318; DIAS, **Financiamento na Recuperação Judicial e na Falência**, p. 198-200. Com efeito, os créditos concursais com privilégio geral – em que são transformados os créditos quirografários concursais – são, ainda, subordinados aos créditos extraconcursais, trabalhistas, com garantia real, fiscais e com privilégio especial.o serem adequadas para estimular a ecuperaçais e com privilos - e s fornecidos frspmpresas insolventes Dessa forma, a preferência creditória conferida não é suficiente para estimular a concessão de financiamentos ao devedor em recuperação judicial.

concedidos a empresas em recuperação judicial.[48] Essa necessidade de provisionamento é um forte desestímulo para que bancos concedam novos empréstimos a empresas em recuperação judicial. Ademais, há outros obstáculos à concessão de empréstimos a tais empresas em situação de crise, tais como a assimetria de informações, a falta de confiança nos administradores, a baixa previsibilidade do resultado de uma eventual falência e a ausência de um mercado secundário de créditos de difícil recuperação.[49]

Tendo em vista as dificuldades e obstáculos existentes, as operações de financiamento a empresas em recuperação judicial são escassas no Brasil. Entretanto, há mecanismos de natureza contratual, criados por devedores e credores, que viabilizaram, em diversos casos, a obtenção de crédito no âmbito de processos de recuperação judicial.

Um desses mecanismos é a previsão, no plano de recuperação judicial, de tratamento preferencial no pagamento dos créditos daqueles credores que concederem novos recursos à empresa.[50] Essa solução – que se assemelha, de certa forma, à *cross-collateralization* do direito norte-americano –, embora sofra críticas por não observar de forma estrita a paridade no tratamento dos créditos de mesma senioridade, é amplamente utilizada nos planos de recuperação judicial brasileiro.[51] O maior risco para o financiador, nesses casos, é a potencial discussão, no âmbito do Poder Judiciário, da legalidade do plano de recuperação judicial ou da disposição que prevê o tratamento diferenciado de seu crédito em relação aos demais créditos de mesma categoria (e detidos por credores que não concederam financiamentos).

Outra saída é a concessão de financiamento assegurado por garantias reais ou fiduciárias. Esse é o mecanismo mais utilizado para a concessão de empréstimos de grande vulto no Brasil, em virtude do maior nível de segurança conferido ao investidor. Nesse caso, o crédito decorrente do empréstimo pode

---

[48] Tais créditos seriam classificados com *rating* H de acordo com os critérios da Resolução 2.682 do CMN por configurarem operações com o risco máximo, em virtude do tempo de inadimplemento. Ver, a respeito do assunto, e com mais detalhes, DIAS, **Financiamento na Recuperação Judicial e na Falência**, p. 270–277.

[49] Ver, a respeito, *Ibid.*, p. 265–300.

[50] Ver, a respeito, COELHO, Fábio Ulhoa, O Credor Colaborativo na Recuperação Judicial, *in*: TOLEDO, Paulo Fernando Campos Salles de; SATIRO, Francisco (Eds.), **Direito das Empresas em Crise: Problemas e Soluções**, São Paulo: Quartier Latin, [s.d.], p. 101–118.

[51] DIAS, **Financiamento na Recuperação Judicial e na Falência**, p. 200–209.

estar garantido por alienação fiduciária, por exemplo e, dessa forma, permitir ao financiador executar o bem gravado mesmo que haja a decretação de falência do devedor.[52] Na hipótese de o novo crédito estar assegurado por direito real de garantia (tal como penhor ou hipoteca), ele gozará apenas de *status* extraconcursal em caso de convolação em falência, com preferência, contudo, sobre os créditos de natureza fiscal e sobre os demais créditos sem garantia.[53] De qualquer forma, caso a garantia, real ou fiduciária, recaia sobre bens do ativo permanente do devedor em recuperação judicial – tal como imóveis ou equipamentos –, é necessário que a operação seja previamente autorizada pelo juiz ou aprovada no plano de recuperação judicial.[54] A utilização de garantias fiduciárias sobre recebíveis – bens do ativo circulante – não exige prévia autorização judicial e pode funcionar como um mecanismo para a concessão de créditos a empresas em recuperação que ainda não tiveram o seu plano aprovado.[55]

As soluções existentes no direito brasileiro, como se pode ver, são, de forma geral, insuficientes para a concessão de financiamentos a empresas em recuperação judicial. Por um lado, os mecanismos previstos de forma expressa pela Lei 11.101 de 2005 – a extraconcursalidade dos créditos novos e a reclassificação dos créditos preexistentes – falham por não conferirem os necessários incentivos ao financiador. As soluções criadas no âmbito da iniciativa privada por devedores e credores, por outro lado, – tal como a previsão de tratamento diferenciado dos créditos antigos no plano de recuperação judicial ou a constituição de garantias sobre bens do devedor para assegurar o pagamento dos créditos novos – são mais eficientes, mas falta-lhes tanto a rapidez que o devedor necessita como a segurança que o credor exige.

---

[52] Cf. Lei 11.101 de 2005, art. 49, §3º, e art. 85.
[53] Lei 11.101 de 2005, art. 84.
[54] Lei 11.101 de 2005, art. 66.
[55] Ver, a respeito do assunto, DIAS, **Financiamento na Recuperação Judicial e na Falência**, p. 304–305.

Como a obtenção de crédito poderia ser facilitada pela lei de falências

Como se pode ver, o direito falimentar brasileiro não cumpre sua tarefa de promover o estímulo à concessão de empréstimos a empresas endividadas. Como resultado dos inadequados instrumentos previstos na Lei 11.101 de 2005 e de outros obstáculos de natureza jurídica e econômica, os financiamentos a empresas em recuperação judicial são escassos no Brasil. Os instrumentos existentes no direito norte-americano, por sua vez, são muito mais adequados a criar tal estímulo, o que é demonstrado pelo grande percentual de empresas sujeitas ao *Chapter 11* que tem acesso a crédito decorrente de novos financiamentos. Discute-se, nos Estados Unidos, até mesmo os riscos do sobre-endividamento em virtude da contração de empréstimos além do necessário,[56] algo absolutamente impensável no contexto da realidade brasileira.

A incorporação, pelo ordenamento jurídico brasileiro, de determinados mecanismos usados nos Estados Unidos poderia, assim, ser benéfica para fomentar os empréstimos a empresas em recuperação judicial. Embora o mero transplante de regras estrangeiras para o sistema falimentar brasileiro possa não ser adequado, a experiência bem-sucedida norte-americana pode servir como uma inspiração importante e salutar na construção de instrumentos que viabilizem os financiamentos a empresas endividadas.

Nesse sentido, seria útil adotar, na lei brasileira, mecanismos similares aos constantes da §364(c) e da §364(d) do *Bankruptcy Code*. Com isso, o juiz poderia aprovar a obtenção de financiamentos por empresas em recuperação judicial que, em caso de decretação de falência, fossem classificados não apenas como créditos extraconcursais quirografários, mas que tivessem prioridade sobre todos (ou quase todos) os outros créditos extraconcursais – isto é, que lhes fosse concedida uma super-prioridade comparável à prevista na §364(c). Além disso, nos casos em que a maioria dos bens do devedor já estivesse gravada ou de outra forma onerada, o juiz poderia aprovar a constituição de novas garantias sobre tais bens, e que fossem preferenciais sobre as já existentes – à semelhança do que ocorre sob a §364(d). Uma terceira alternativa seria permitir, inclusive por meio de decisão judicial, a atribuição de preferências creditórias mais robustas, em caso de decretação de falência, aos créditos

---

[56] Ver, a respeito, o texto que acompanha a nota 38.

preexistentes dos financiadores. Essa alternativa poderia ser análoga a uma *cross-collateralization* e, portanto, mais arrojada do que a tímida reclassificação de créditos prevista no art. 67, parágrafo único, da Lei 11.101 de 2005, e mais sólida do que a mera previsão, no plano de recuperação judicial, de tratamento preferencial aos créditos de titularidade dos financiadores.

Além da reforma legislativa, outras soluções poderiam ser adotadas para buscar a finalidade pretendida. A transposição de determinados mecanismos contratuais existentes no direito norte-americano para acordos de financiamento brasileiros, por exemplo, é uma medida que pode ser implantada pelas próprias partes, sem depender de alteração na lei. Dessa forma, há a possibilidade de concessão de empréstimos rotativos de curto prazo, regidos por contratos que estabelecem *covenants* que aumentam a segurança do financiador e que podem estipular até mesmo a nomeação de um CRO para a sociedade devedora.

Por fim, junto com a alteração da lei e das cláusulas contratuais, é preciso também eliminar outros obstáculos à concessão de financiamentos às empresas em crise. Sendo assim, o aumento da previsibilidade das decisões judiciais, a concessão de amplo acesso a informações, a adoção de boas práticas de gestão, a criação de um mercado secundário para créditos de difícil recuperação e a alteração de critérios de provisionamento para concessão de financiamentos são medidas que poderiam favorecer significativamente o cenário para a obtenção de créditos por empresas em dificuldades no Brasil.

O Regime Jurídico das Sociedades Anónimas no Direito Português e Brasileiro

Estêvão Augusto Bernardino
Charif Haissam Aoude

1. Apresentação

A proximidade histórica, cultural e linguística e a estreita relação comercial mantida entre Portugal e o Brasil, justificam o presente estudo, que pretende ser um pequeno contributo para uma análise comparativa do sistema jurídico brasileiro e português, no âmbito do direito societário, no que concerne às sociedades anónimas.

Para melhor compreender a formação e a evolução do direito brasileiro, torna-se imprescindível compreender o direito português, que contém a àrvore genealógica de grande parte dos institutos jurídicos vigentes no ordenamento jurídico brasileiro, transversal aos vários ramos do direito.

O presente estudo resulta da intervenção do autor na aula ministrada no Curso de Pós-Graduação em Direito Empresarial Contemporâneo - Módulo de Sociedades Anónimas, em São Paulo, Faculdade Metropolitanas Unidas

("FMU-SP"[1]), a convite do Professor Janahim Dias Figueira, responsável pelo curso de pós graduação, a quem é aqui devido especial agradecimento.

O presente estudo aborda o tema de direito societário referente às sociedades anónimas, numa perspectiva de direito copmparado, apresentando ao leitor um paralelismo entre o regime jurídico português[2] e o regime jurídico brasileiro[3], no que concerne à caracterização da sociedade anónima, à sua constituição, espécies de sociedades anónimas, a estrutura organizacional da sociedade, participações sociais e os direitos que advêm para os acionistas, transformação da sociedade, e as operações de incorporação, fusão e cisão de sociedades.

Esperamos que o presente estudo seja útil para todos os juristas portugueses e brasileiros, que estudam e lidam diariamente com as questões do direito societário que aqui abordamos.

2. A Caracterização da Sociedade Anonima no Direito Português e Brasileiro

A sociedade Anónima encontra-se regulada no ordenamento jurídico brasileiro pela Lei N.º 6.404, de 15 de dezembro de 1976, denominada "**Lei das Sociedades Anônimas**".

Conforme dispõe o Artigo 1.º do referido diploma legal: "*A companhia ou sociedade anônima terá* o capital dividido em ações e a responsabilidade dos sócios ou acionistas será limitada ao preço da emissão das ações subscritas ou adquiridas."

Extrai-se assim, desta norma legal, o conceito de "Companhia" ou de "Sociedade Anônima", como uma sociedade mercantil, que possui o capital dividido em partes iguais denominadas "Ações", sendo a responsabilidade

---

[1] Aula ministrada por **Estêvão Augusto Bernardino** no Curso de Pós Graduação em Direito Empresarial Conteporâneo – Módulo de Sociedades Anónimas, lecionada em no dia 7 de Novembro de 2013 em São Paulo, na Faculdade Metroploitanas Unidas ("FMU-SP"), a convite do Professor **Janahim Dias Figueira**, responsável pelo currso de pós graduação em Direito Empresarial Contemporâneo - Módulo de Sociedades Anónimas.

[2] **Código das Sociedades Comerciais, aprovado pelo DL n.º 262/86, de 02 de Setembro;**

[3] **Lei de Sociedades Anônimas, aprovado pela Lei n.º 6.404, de 15 de Dezembro de 1976;**

dos sócios ou acionistas limitada ao preço de emissão das ações subscritas ou adquiridas.

No mesmo sentido, a legislação portuguesa no **Código das Sociedades Comerciais português ("CSC")**, previsto no Decreto-Lei n.º 76-A/2006, define a "Sociedade Anónima", como a sociedade cujo capital é dividido em ações e cada sócio limita a sua responsabilidade ao valor das ações que subscreveu, **conforme enuncia o Artigo 271.º do Código das Sociedades Comerciais.**

Quanto à sua natureza jurídica, podemos afirmar que a "Sociedade Anônima" constitui uma pessoa jurídica de direito privado, nos termos do art. 16, II, do Código Civil Brasileiro, ainda que constituída com capitais públicos, em todo ou em parte (*"Sociedades de Economia Mista"*), e qualquer que seja o seu objeto, será sempre uma sociedade mercantil, que se rege pelas leis do comércio, conforme a acepção legal prevista no **Artigo 2º nº 1 da Lei das Sociedades Anônimas.**

A sociedade Anônima tem como principais características comuns ao direito societário em Portugal e no Brasil:[4]

a) A divisão do capital em partes iguais, em regra, de igual valor nominal, denominadas Ações.

b) A responsabilidade do Acionista é limitada apenas ao preço das ações subscritas ou adquiridas. Assim, uma vez integralizada a ação, o acionista não terá mais nenhuma responsabilidade adicional, nem mesmo em caso de falência da sociedade, respondendo apenas neste caso o património da sociedade. (**Artigo 1.º da Lei das Sociedades Anônimas e Artigo 271.º do Código das Sociedades Comerciais**)

c) Livre transmissibilidade das ações. As ações, em regra, podem ser livremente cedidas, salvo limitações que possam estar previstas nos estatutos das sociedades, que poderão prever restrições à cessão, conforme enuncia o **Artigo 36 da Lei das Sociedades Anónimas, e no Artigo 328.º n.º 2 do Código das Sociedades Comerciais.**

---

[4] Furtado, Jorge Henrique Pinto – Curso de Direito das Sociedades, 5ª edição, editora Almedina, 2004; Requião Rubens – Curso de Direito Comercial, Editora Saraiva, São Paulo, 2013;

d) A sociedade Anônima pode ser "aberta" ou "fechada". Na sociedade "aberta", os valores mobiliários (ações, debêntures, obrigações), são admitidos à negociação no mercado de valores mobiliários ou títulos transacionáveis **(Artigo 4.º da Lei das Sociedades Anônimas)**. Sendo a sociedade "fechada", a sociedade não emite valores mobiliários negociáveis no mercado de valores mobiliários.

3. A Constituição Da Sociedade Anónima No Direito Português E Brasileiro

A sociedade comercial nasce por força da iniciativa privada, sendo o acto constitutivo da sociedade marcado pela celebração de um contrato de sociedade entre duas ou mais pessoas, contrato que deverá ser reduzido a escrito, mediante o reconhecimento presencial das assinaturas dos seus subscritores, salvo se forma mais solene for exigida para a transmissão dos bens com que os sócios entram para a sociedade – desgindamente escritura pública. **(Artigo 7.º, n.º 1 do Código das Sociedades Comerciais)**

No direito societário português, a sociedade anónima não poderá ser constituída com um numero inferior a cinco acionistas, os quais poderão ser pessoas singulares ou colectivas, nacionais ou estrangeiros. **(Artigo 7.º n.º 2 e 273.º n.º 1 do Código das Sociedades Comercias)**.

A Lei das Sociedades Anônimas brasileira, por sua vez, não exige um numero mínimo de sócios para a constituição da sociedade anônima, admitindo a sua constituição mediante a subscrição, *pelo menos por duas pessoas, de todas as ações em que se divide o capital social fixado no estatuto.* **(Artigo 80, paragrafo I da Lei das Sociedades Anônimas)**.

3.1 Menções obrigatórias do contrato de sociedade

No que concerne à constituição da sociedade anónima, o contrato de sociedade deverá conter como menções obrigatórias **(Artigo 272.º do Código das Sociedades Comerciais)**:

a) O número de ações e, se existir, o respectivo valor nominal;

b) As categorias de ações que sejam criadas, com indicação expressa do numero de ações e dos direitos atribuídos a cada categoria;
c) Se as ações são nominativas ou ao portador, e as regras para as suas eventuais conversões;
d) O montante do capital realizado e os prazos de realização do capital apenas subscrito;
e) A autorização, se for dada, para a emissão de obrigações;
f) A estrutura adoptada para a administração e fiscalização da sociedade;

3.2 Formalidades inerentes à constituição da sociedade anónima em Portugal

Antes da celebração do contrato de sociedade, os futuros sócios deverão acordar sobre o capital a afectar à sociedade a constituir. Para o efeito, deverão determinar se realizam as suas entradas em dinheiro, ou em bens de diferente natureza. Realizando as entradas exclusiavmente em dinheiro, deverão decidir se realizarão a totalidade do capital desde o inicio, ou se irão diferir parte do capital, considerando que nos termos da lei portuguesa, é admitido o diferimento das entradas em dinheiro, da realização de 70 % do valor nominal ou do valor de emissão das ações, pelo prazo máximo de 5 anos, conforme previsto nos **Artigos 277, n.º 2 e Artigo 285.º, n.º 1 ambos do Código das Sociedades Comerciais.**

Nas sociedades anónimas a constituir em Portugal, é exigido o numero minimo de 5 acionistas para a sua constituição, sendo o montante mínimo do capital social de 50 000 €, conforme resulta do disposto nos **Artigos 273, n.º 1 e 276.º n.º 5 do Código das Sociedades Comerciais**.

O capital social representado por dinheiro deverá ser depositado em instituição de crédito à ordem da sociedade antes da celebração do contrato de sociedade, devendo ser feita declaração solene dos subscritores, de que o depósito foi oportunamente efectuado, conforme previsto nos **Artigos 202.º n.º 3 e 4 do, 277.º, n.º 3 e 4 do Código das Sociedades Comerciais.**

No caso de parte do capital ser realizado em espécie, será necessário juntar o relatório do revisor oficial de contas independente, no qual deverá constar a avaliação da entrada do sócio, que deverá constar como anexo ao contrato de sociedade, sujeito a depósito no registo comercial (**Artigo 28.º, n.º 6 do Código das Sociedades Comerciais**)

A observância da forma escrita do contrato de sociedade, bem como a outorga de escritura pública, quando ela for necessária, constituem requisitos formais de validade de uma sociedade comercial, pelo que a sua falta, acarreta a respectiva nulidade do contrato de sociedade, conforme prevê **o Artigo 42.º, n.º 1 alínea e) do Código das Sociedades Comerciais.** [5]

Celebrado o respectivo contrato de sociedade indispensável à sua constituição, deverá ser promovido o respectivo registo comercial, no prazo de dois meses a contar da data da celebração do contrato, e no prazo legal de 15 dias apresentada a declaração fiscal de inicio da actividade, conforme **Artigos 5.º, 7.º e 166.º do Código das Sociedades Comerciais, e Artigos 3.º alínea a), 15.º, 17.º do Código do Registo Comercial.**

3.3 Regime das relações entre sócios antes do registo definitivo do contrato de sociedade

Nos termos do **n.º 1 do Artigo 37.º do Código das Sociedades Comerciais**, no período compreendido entre a celebração do contrato de sociedade e o registo definitivo do contrato de sociedade, são aplicáveis às relações entre sócios, as regras estabelecidas no contrato de sociedade e das disposições legais previstas no Código das Sociedades Comerciais. A citada norma legal determina que são inaplicáveis às relações entre sócios, as disposições legais e contratuais que pressuponham o contrato definitivamente registado. Independentemente do tipo de sociedade, a transmissão de participações sociais por ato entre vivos e as modificações do contrato de sociedade, requerem sempre o consentimento unanime de todos os sócios, conforme resulta do **n.º 2 do Artigo 37.º do Código das Sociedades Comerciais.**

---

[5] **Cunha, Paulo Olavo – Direito das Sociedades Comerciais, 2ª edição, Almedina, 2006**

3.4 Regime das relações com terceiros antes da celebração do contrato de sociedade

Pese embora o facto do contrato de sociedade não reduzido a escrito ser nulo, a realidade jurídica demonstra que, por vezes, os sócios não esperam pela formalização do contrato para inciarem actividade que, segundo o seu acordo, constitui o objecto da "sociedade em formação".

Os negócios celebrados com terceiros em nome da sociedade em formação, são válidos nos termos do disposto no **Artigo 36.º n.º 2 do Codigo das Sociedades Comerciais**, respondendo perante os credores pelas dívidas sociais, a sociedade, e pessoal e solidariamente, os sócios, conforme n.º 1 e n.º 4 do Artigo 997.º do Código Civil Português.

3.5 Regime das relações com terceiros das sociedades anónimas não registadas:

Sendo reduzido a escrito o contrato de sociedade mediante as formalidades necessárias, ou seja o reconhecimento presencial de assinaturas, ou escritura pública, conforme o caso, passará a existir um contrato de sociedade válido, do qual emergem direitos e obrigações para os seus subscritores, conforme resulta do disposto no **Artigo 7.º, n.º 1 do Código das Sociedades Comerciais**.

Em todo o caso, a entidade criada ainda não goza de personalidade jurídica, a qual depende do registo definitivo (**Artigo 5.º do Código das Sociedades Comerciais**). Ressalve-se porém que o facto da sociedade constituída, não se encontrar definitivamente registada, não impede que os sócios iniciem e prossigam actividade em que consiste o seu objecto social.

Esta situação coloca desde logo o problema da determinação das pessoas e/ou patrimónios responsáveis pelo cumprimento das obrigações contraídas em nome da sociedade, no período compreendido entre a celebração do contrato de sociedade, e o registo definitivo do respectivo contrato de sociedade.[6]

---

[6] Conforme observa **Paulo Olavo Cunha:** "Na doutrina portuguesa nota-se uma certa cisão na maneira de abordar a questão. A interpretação feita, por exemplo, por **Oliveira Ascensão** e por **João Labareda** é uma interpretação por maioria de razão. Consideram, quer um, quer outro, que se – mesmo quando não há escritura pública (leia-se, hoje, contrato de sociedade) – há uma responsabilidade subsisdiária por parte daqueles que realizaram determinados

A lei prevê no Artigo 40.º do Código das Sociedades Comerciais, que relativamente aos negócios realizados em nome de uma sociedade anónima, no período compreendido entre a celebração do contrato de sociedade e o seu registo definitivo, *respondem ilimitada e solidariamente todos os que no negócio agirem em representação dela, bem comos os sócios que tais negócios autorizarem. Já, os restantes sócios apenas respondem até às importâncias das entradas a que se obrigaram, acrescido das importâncias que tenham recebido a titulo de lucros ou de distribuição de reservas.*

4. Das Formalidades Inerentes à Constituição da Sociedade Anónima no Brasil

À semelhança do que se passa no ordenamento jurídico português, também no ordenamento jurídico brasileiro, a sociedade surge sempre a partir de um acordo de vontades que se manifesta a cada subscrição de ação, e que se confirma em Assembleia de Constituição da sociedade, conforme se prevê legalmente nos **Artigos 87.º e 88.º da Lei das Sociedades Anônimas.**

A Constituição da sociedade Anônima pode ser feita por subscrição particular ou por subscrição pública. A subscrição particular é processada entre determinadas pessoas, sem qualquer apelo ao público. Já na subscrição pública, o capital social é formado através da oferta de ações ao público investidor para participarem na sociedade.

4.1 Requisitos preliminares para a constituição de sociedade anônima

Sem prejuízo da forma de constituição da sociedade anónima, por subscrição pública através da oferta de ações ao público, ou por subscrição particular, a constituição de uma "companhia" ou "sociedade anônima" no Brasil, depende

actos, por maioria de razão, se já foi celebrado o contrato de sociedade, se já estamos perto do momento culminante da constituição da sociedade, que é o registo, então também se justificaria que fosse o património autónomo, constituído pelas contribuições dos sócios ou futuros sócios, a responder por esses actos, designadamente perante os credores. Não é esta a posição de Nogueira Serens, segundo o qual, em princípio quem deve ser demandado em primeira mão são aqueles que praticam os actos e só subsidiariamente é que deve responder o património autónomo. (**Cunha, Paulo Olavo – Direito das Sociedades Comerciais, 2ª edição, Almedina, 2006, pp. 168 e ss.**)

sempre da verificação de determinados "requisitos preliminares", os quais se encontram enumerados nos **Artigos 80.º e 81.º ambos da Lei das Sociedades Anônimas**.[7]

De acordo com a citada norma legal, a consitutição de uma sociedade anônima depende do cumprimento dos seguintes requisitos:

a) A subscrição, pelo menos por duas pessoas, de todas as ações em que se divide o capital social fixado no estatuto.

b) R<ealização ou aporte em dinheiro, como entrada, de 10%, no mínimo, do preço de emissão das ações subscritas em dinheiro. Cada subscritor, no acto da subscrição, terá de pagar a entrada que será correspondente ao que for estipulado pelos fundadores, e que não poderá ser inferior a 10 % do preço de emissão das ações. (Cfr. **Artigo 80.º parágrafo único da Lei das Sociedades Anônimas**)

c) Depósito no Banco do Brasil S.A., ou em qualquer outro estabelecimento bancário autorizado pela Comissão de Valores Mobiliários, da parte do capital realizado em dinheiro. Este depósito deverá ser feito pelos fundadores no prazo de 5 (cinco) dias contados do recebimento, em nome do subscritor e a favor da sociedade anônima em formação. (**Artigo 81.º da Lei das Sociedades Anônimas**)

Cumpridos os requisitos preliminares, a sociedade anónima deverá ser legalmente constituída, isto é formalizada a sua constituição que deverá ocorrer no prazo máximo de 6 (seis) meses a contar da data do depósito, conforme se enuncia no **parágrafo único do Artigo 81.º da Lei das Sociedades Anônimas**.

4.2 O acto constitutivo da sociedade anônima

a) **Constituição de sociedade anônima por subscrição pública:**

A constituição por subscrição publica verifica-se quando os fundadores fazem apelo ao público para subscrição do capital social. Neste tipo de

---

[7] **Coelho, Ulhoa Fábio** - Curso de Direito Comercial, Vol 2, Editora Saraiva, São Paulo, 2011; **Coelho, Ulhoa Fábio e Ribeiro Maria de Fátima** – Questões de Direito Societário em Portugal e no Brasil, editora Almedina, Junho de 2012;

constituição, é indispensável o prévio registro da emissão de ações na Comissão de Valores Mobiliários, além de intermediação de instituição financeira, a qual é obrigatória.

A lei das sociedades anônimas prevê no seu Artigo 82.º que o registro deverá ser instruído com o estatuto de viabilidade econômica e financeira do empreendimento, projeto do Estatuto Social e o Prospecto, organizado e assinado pela instituição financeira intermediária (**Artigo 82, parágrafo primeiro, letras a), b) e c) da Lei das Sociedades Anônimas**).

Após o preenchimento de todos os requisitos legais, deverão os fundadores convocar a Assembleia Geral de Constituição, por anúncio publicado nos jornais em que foram publicados o projeto de Estatuto e o Prospecto. A Assembleia de Constituição funcionará, em primeira convocação, com a presença dos subscritores que representem, no mínimo, metade do capital social, e em segunda convocação, com qualquer número.

Os estatutos da sociedade são aprovados na assembleia de constituição, por deliberação de mais de metade do capital social, tendo todos os subscritores o direito de voto, em que cada ação, independentemente da sua espécie ou classe, dá direito a 1 (um) voto, conforme o disposto no **Artigo 87.º da Lei das Sociedades Anônimas**.

b) **Constituição de sociedade anônima por subscrição particular:**

O Artigo 88.º da Lei das Sociedades Anônimas prevê que " *A constituição da companhia por subscrição particular do capital pode fazer-se por deliberação dos subscritores em assembleia geral ou por escritura pública, considerando-se fundadores todos os subscritores*".

Antes da realização da Assembleia geral ou da celebração da Escritura Pública, os fundadores deverão elaborar o " Projeto de Estatuto" da sociedade, que "deverá satisfazer a todos os requisitos exigidos para os contratos das sociedades mercantis em geral, e os requisitos específicos aplicáveis às Sociedades Anônimas, contendo as cláusulas pelas quais se deve reger a sociedade anônima.

No caso de se optar pela constituição da sociedade através de uma Assembleia-geral, a assembleia funciona em primeira convocação, com a presença de pelo menos metade dos subscritores, e em segunda convocação, com qualquer número. Após lido, discutido e votado o estatuto, verificando-se que foram cumpridas todas as formalidades legais e não havendo oposição dos subscritores que representem mais da metade do capital social, o Presidente declarará finalmente constituída a sociedade anônima, procedendo-se, em seguida, a eleição dos administradores e fiscais, conforme previsto nos **Artigos 87.º e 88.º n.º 1 ambos da Lei das Sociedades Anônimas.**

Caso a sociedade anônima seja constituída por escritura pública, depois de cumpridos os "requisitos preliminares", deverá o projecto dos estatutos ser lavrado e assinado por todos os subscritores. O projecto dos estatutos deverá conter obrigatoriamente: a) a qualificação dos subscritores; b) o estatuto da companhia; c) a relação das ações tomadas pelos subscritores e a importância das entradas pagas; d) a transcrição do recibo do depósito da entrada na instituição financeira; e) a transcrição do laudo de avaliação dos peritos, caso exista subscrição do capital social em bens, e, ainda f) a nomeação dos primeiros administradores e fiscais, quando for o caso, conforme resulta do **n.º 2 do Artigo 88.º da Lei das Sociedades Anônimas.**

4.3 Formalidades Complementares da Constituição da sociedade

Após a constituição da sociedade anônima, deverá o acto constitutivo ser publicado e arquivado na Junta Comercial, uma vez que a lei das sociedade anônimas prevê que *"Nenhuma companhia poderá funcionar sem que sejam arquivados e publicados os seus atos constitutivos"* (**Artigo 94.º da Lei das sociedades anônimas).**

Sendo a sociedade constituída por Assembleia Geral, deverão ser arquivados na Junta Comercial do Local da sua sede: **a)** os originais do Estatuto assinado por todos os subscritores; **b)** relação completa dos subscritores com a sua qualificação, números das ações e o total da entrada de cada um; **c)** o recibo do depósito da entrada; **d)** duplicata das atas das Assembleias realizadas para avaliação de bens, quando for o caso; **e)** duplicata da ata da Assembleia Geral dos subscritores que houver deliberado a constituição da companhia; (**Artigo 95.º da Lei das sociedades anônimas).**

Já no caso da sociedade anônima ter sido constituída por escritura pública, a lei no **Artigo 96.º da Lei das Sociedades Anônimas,** apenas exige o arquivamento na Junta Comercial, da certidão do instrumento de constituição da sociedade.

5. A Sociedade em Comum ou Sociedade Irregular

À semelhança do regime jurídico da sociedade irregular previsto nos Artigo 19.º e 40.º do Código das sociedades Comerciais português, também o ordenamento jurídico brasileiro tutela a sociedade cujo acto constitutivo não se encontra arquivado e inscrito no registo. [8] O registo da sociedade constitui assim um elemento essencial para o nascimento da pessoa jurídica, sem o qual a sociedade não terá personalidade jurídica, porquanto a lei faz depender a existência legal das pessoas jurídicas de direito privado, da inscrição do ato constitutivo no respectivo registro, conforme enuncia o Artigo 45.º do Código Civil Brasileiro, publicado pela Lei N.º 10.406 de 10 de Janeiro de 2002.

As sociedades cujo acto constitutivo não se encontram inscrito no registo, são as denominadas "Sociedades em Comum", que se encontram regulamentadas nos Artigos 986.º a 990.º do Código Civil Brasileiro. As **sociedades em comum** são aquelas que funcionam no desempenho da sua actividade comercial, sem que tenham sido constituídas legal e formalmente, por falta de arquivamento e registo dos actos constitutivos.

Nestas sociedades, os bens e as dívidas sociais constituem um patrimônio especial, do qual os sócios são titulares em comum. Os bens da sociedade respondem pelos actos de gestão praticados por qualquer dos sócios, salvo acordo expresso em contrário, que apenas terá eficácia relativamente ao terceiro que o conheça ou deva conhecer, conforme resulta do disposto no **Artigo 988.º do Código Civil Brasileiro. publicado pela Lei N.º 10.406 de 10 de Janeiro de 2002.**

Todos os sócios respondem solidária e ilimitadamente pelas obrigações sociais, excluído do benefício de ordem (denominada *"excussão prévia"* no direito português), aquele que contratou pela sociedade. Ou seja, o sócio que efetuou o negócio responde com os seus bens próprios, sem a garantia do benefício de ordem. Daqui decorre que mesmo tendo a sociedade património, o credor não é obrigado a executar primeiro os bens da sociedade, podendo se

---

[8] O Regime jurídico da sociedade em comum encontra-se regulamentada nos Artigos 986.º a 990.º do Código Civil Brasileiro, publicado pela Lei N.º 10.406 de 10 de Janeiro de 2002.

preferir executar os bens do sócio contratante em primeiro lugar, conforme resulta do disposto nos **Artigos 990.º e 1024.º do Código Civil Brasileiro**.[9]

6. Do Capital Social nas Sociedades Anónimas

O capital social pode ser formado com contribuições em dinheiro ou ou em qualquer espécie de bens, móveis ou imóveis, corpóreos ou incorpóreos, susceptíveis de avaliação em dinheiro, conforme enuncia o **Artigo 7.º da Lei das Sociedades Anônimas, e nos Artigos 26.º e 27.º do Código das Sociedades Comerciais português.**

Em regra, a subscrição do capital na sociedade é efectuada em dinheiro, através do pagamento da entrada do sócio, que na sociedade anônima brasileira, deverá corresponder no mínimo a 10 % do preço da emissão das ações subscritas em dinheiro, conforme resulta expresso no **Artigo 80.º da Lei das Sociedades Anônimas.**

Para a integralização de bens móveis ou imóveis, corpóreos ou incorpóreos, a lei exige que se efectue uma avaliação desses bens, dentro das formalidades legais, com votação em assembleia geral, de um laudo técnico feito por empresa especializada ou três peritos, **conforme resulta do disposto no Artigo 8.º da Lei das Sociedades Anônimas.**

O mesmo sucede no domínio da lei portuguesa, prevendo o **n.º 1 do Artigo 28.º do Código das Sociedades Comerciais**, que as entradas em bens diferentes de dinheiro devem ser objecto de um relatório elaborado por um revisor oficial de contas sem interesses na sociedade ("ROC independente"), designado por deliberação dos sócios na qual estão impedidos de votar os sócios que efectuam as estradas.

A legislação brasileira não exige um valor mínimo de subscrição e ou de realização de capital para a constituição de uma sociedade anônima. Já no direito português, para a constituição de uma sociedade anónima em Portugal, a lei exige o montante mínimo do capital social de **50 000 €**,

---

[9] Coelho, Ulhoa Fábio - Curso de Direito Comercial, Vol 2, Editora Saraiva, São Paulo, 2011; Coelho, Ulhoa Fábio e Ribeiro Maria de Fátima – Questões de Direito Societário em Portugal e no Brasil, editora Almedina, Junho de 2012;

conforme resulta do disposto no **Artigo 276.º n.º 5 do Código das Sociedades Comerciais.**

As Ações são livremente transmissíveis a qualquer pessoa, salvo limitações previstas nos estatutos, podendo ficar condicionadas ao consentimento da sociedade, estabelecer um direito de preferência dos outros acionistas, conforme enunciado no n.º 1 e 2 do Artigo 328.º do Código das Sociedades Comerciais, e no domínio da legislação brasileira no Artigo 36.º da **Lei das Sociedades Anônimas.**

6.1 Da Participação social do Acionista

A participação social do acionista corresponde à medida da posição do sócio na sociedade anónima, dela resultando o complexo de direitos e deveres que exprimem a condição de sócio.

A aquisição da participação social pode ser originária, isto é efectuada no acto de constituição da sociedade, ou resultante de aumento do capital, ou uma aquisição derivada, resultante de transmissão mortis causa, ou entre vivos de participação social.

No domínio do Código das Sociedades comerciais, o Acionista titular de participações sociais tem como direitos o de **a)** quinhoar nos lucros; **b)** participar nas deliberações dos sócios; **c)** obter informações sobre a vida da sociedade; **d)** Ser designado para órgãos de administração e fiscalização da sociedade. (**Artigo 21.º do Código das Sociedades Comerciais**).

O Código das Sociedades comerciais prevê ainda como direitos dos sócios, **i)** o direito de preferência nos aumentos de capital por novas entradas em dinheiro; **ii)** o direito à exoneração do sócio; **iii)** o direito de impugnar as deliberações sociais; **iv)** o direito de requerer inquérito judicial por falta de apresentação de contas; **v)** o direito de propor Ação de responsabilidade contra os membros da administração. (**Artigos 458.º, 59.º, 67.º, 77,.º, 137.º e 161 n.º 5 do CSC**, encontrando-se os mesmos direitos previstos no **Artigo 109.º, n.º 1 da Lei das Sociedades Anônimas**)

6.2 Dos tipos e espécies de Ações

As participações sociais nas sociedades anónimas, podem distinguir-se pelo modo de representação externa que assumem, por um lado, e pelo seu modo de circulação, por outro. As Ações podem ser tituladas, isto é, documentadas em suporte de papel, ou escriturais, ou seja desmaterializadas, encontrando--se registadas nos livros de uma instituição financeira.[10]

Quanto ao seu modo de circulação, as ações podem ser nominativas ou ao portador, sendo as nominativas aquelas que identificam o seu titular, encontrando-se registadas no livros da sociedade anonima, e a sua transferência ocorre mediante averbamento em livro próprio.

Nas Acções ao portador, a sua titularidade é determinada pela posse física do título, comprovando os seus direitos pela exibição do mesmo, transmitindo--se a participação pela entrega material do título em que se consubstancia.

Quanto às espécies de ações, podem ser ordinárias ou preferenciais, consoante os direitos ou vantagens que confiram aos seus titulares. As Ações ordinárias são aquelas que integram o mesmo acervo de direitos e deveres do dos acionistas, exprimindo a situação típica comum do acionista.

As Ações preferenciais são aquelas que conferem aos seus titulares vantagens relativamente às demais ações. (**Artigos 16.º e 17.º da Lei das Sociedades Anônimas, e Artigos 302.º e 341.º do Código das Sociedades Comerciais**)

As Ações de fruição, previstas na lei das sociedades anônimas brasileira, são aquelas que resultam da amortização integral das ações ordinárias ou preferenciais, desde que previstas no estatuto ou pro deliberação dos sócios. Estas ações são destituídas de capital, e devolvem ao acionista o valor do seu investimento. (**Artigo 44.º n.º 5 da Lei das Sociedades Anônimas**). Esta categoria específica de Ações, não se encontra prevista em Portugal.[11]

---

[10] **Cunha, Paulo Olavo – Direito das Sociedades Comerciais, 2ª edição, Almedina, 2006;**
[11] **Requião Rubens – Curso de Direito Comercial, Editora Saraiva, São Paulo, 2013;**

7. Dos Órgãos da Sociedade Anónima

7.1 Estrutura de governação e fiscalização da sociedade anónima em Portugal

A estrutura de governação e fiscalização da sociedade anónima em Portugal pode reconduzir-se a um de três modelos, previstos no n.º 1 do Artigo 278.º do Código das Sociedades Comerciais:

a) Conselho de administração/Administrador único (desde que o capital não exceda 200 000 €) e **Conselho Fiscal/Fiscal Único** (obrigatório para as sociedades cotadas em bolsa) **(modelo clássico)**;
b) Conselho de Administração, compreendendo uma Comissão de auditoria e revisor oficial de contas **(modelo anglo-saxónico)**;
c) Conselho de administração executivo, Conselho geral e de supervisão e Revisor oficial de contas **(modelo germânico)**;

Conforme observa Paulo Olavo Cunha, "O **modelo de governação clássico** corresponde à estrutura tradicionalmente adoptada em Portugal, comum à quase totalidade das sociedades anónimas portuguesas."[12]

A administração da sociedade compete ao Conselho de Administração, composto pelo número de administradores fixado no contrato de sociedade, podendo ser designados no contrato de sociedade ou eleitos pela assembleia geral ou constitutiva, conforme o disposto nos Artigos 390.º n.º 1 e 391.º n.º 1 ambos do Código das Sociedades Comerciais.[13]

A fiscalização e controlo da actividade societária é exercida pelo Conselho Fiscal, órgão composto por um numero mínimo de três membros efectivos, que deverá incluir um Revisor oficial de contas ou sociedade de revisores oficais de contas. Em alternativa, a fiscalização da sociedade poderá ser atribuída

---

[12] **Cunha, Paulo Olavo – Direito das Sociedades Comerciais, 2ª edição, Almedina, 2006, pág 578 e ss.;**

[13] O Contrato de sociedade pode dispor que a sociedade tenha um Administrador único, desde que o capital social não exceda 200 000 €, conforme preceitua o n.º 2 do Artigo 390.º do Código das Sociedades Comerciais.

a um fiscal único, que deverá ser ROC ou uma sociedade de revisores oficiais de contas. (**Artigo 413.º n.º 1 e do Código das Sociedades Comerciais**)

O **modelo anglo-saxónico** corresponde ao modelo de governação existente nos EUA e no Reino Unido, dando expressão às boas práticas de governo societário, através do reforço da cooperação da estrutura da administração com a supervisão e a fiscalização da sociedade, através do funcionamento de uma Comissão de auditoria, dentro do Conselho de administração, e cujos membros têm funções não executivas. (**Artigos 278, n.º 1 alínea b) e Artigos 423.º-B, n.º 2 e 3 a 423.º-F do Código das Sociedades Comerciais).**

O Conselho de Administração é composto por um numero mínimo de cinco administradores, dois administradores executivos, a quem cabe assegurar a gestão e representação da sociedade, e por três administradores não executivos, que integram a Comissão de auditoria.

Ao Revisor oficial de contas compete a fiscalização da sociedade, existindo no modelo anglo-saxónico, um duplo controlo ao nível da fiscalização da sociedade, assegurada pela Comissão de Auditoria e pelo Revisor oficial de contas.

No **modelo germânico ou dualista**, as funções de administração do Conselho de administração executivo são mais limitadas do que as competências previstas para o conselho de administração nos modelos clássico e angço-saxónico.

Tal é devido, pela partilha de funções com o Conselho geral e de supervisão, que ao assumir algumas funções de gestão, restringe as competências do Conselho de administração executivo. Por seu turno, o Conselho geral e de supervisão constitui um órgão *sui generis*, não se limitando ao exercício de funções de fiscalização da sociedade, cabendo-lhe ainda algumas competências específicas da Assembleia geral e de admintração da sociedade, que lhe conferem um carácter híbido de órgão de administração e de fiscalização.[14]

De notar que neste órgão, para além das incompatibilidades gerais previstas para os órgãos de fiscalização da sociedade, a lei veda a possibilidade de ser designado membro do conselho geral e de supervisão, a quem seja administrador da sociedade ou de outra que com aquela se encontre em relação de

---

[14] Câmara, Paulo - A Governação de Sociedades Anónimas nos Sistemas Jurídicos Lusófonos, editora Almedina, Outubro 2013;

domínio ou de grupo. (**Artigos 414.º-A e 437.º do Código das Sociedades Comerciais)**

A assembleia-geral é o órgão de deliberação da sociedade, que reúne sempre que a lei ou os estatutos o determinem (assembleia "ordinária") ou o conselho de administração, o fiscal único ou conselho fiscal e o conselho geral o entendam conveniente (assembleia "extraordinária"). A assembleia geral pode ainda ser convocada a requerimento de accionista ou accionistas que possuam acções correspondentes a, pelo menos, 5% do capital social, conforme **Artigos 373.º e 375.º n.º 1 e 2 do Código das Sociedades Comerciais.**

7.2 Estrutura de governação e fiscalização da sociedade anónima no Brasil

O ordenamento jurídico brasileiro prevê uma estrutura organizacional da sociedade anónima, muito semelhante à estrutura em Portugal, prevendo a lei das sociedades anônimas brasileira, um órgão autónomo do Conselho de Administração - "A Diretoria".

No Brasil, os órgãos das sociedades anônimas são:

a) A Assembléia Geral
b) O Conselho de Administração
c) O Conselho Fiscal.
d) A Diretoria

A Assembleia-Geral cabe decidir todos os negócios sociais, bem como tomar quaisquer resoluções que os sócios julguem convenientes para a defesa e o desenvolvimento da sociedade, competindo em regra ao Conselho de Administração ou, na sua falta aos diretores, convocar a assembleia geral. **(Artigo 123.º da Lei das Sociedades Anônimas).**

O Conselho de Administração é o órgão com competência para definir as directrizes económicas, societárias e financeiras a seguir pela sociedade, competindo-lhe igualmente supervisionar a actividade da Diretoria. Os membros do Conselho de Administração designam-se conselheiros e serão eleitos pela assembleia-geral, que os poderá destituir a todo o tempo. (**Artigo 140.º da Lei das Sociedades Anônimas).**

Os conselheiros deverão ser pessoas singulares, residentes no país. O conselheiro residente ou domiciliado no exterior deverá constituir um representante residente no país, com poderes para receber citação em ações contra ele propostas com base na legislação societária, mediante procuração com prazo de validade que deverá estender-se por, no mínimo, 3 (três) anos após o termo do mandato do conselheiro, conforme previsto no **parágrafo 2.º do Artigo 146.º da Lei das Sociedades Anônimas.**

A Diretoria é o órgão executivo da sociedade anônima, que governa e executa as decisões da assembleia geral e do conselho de administração. A Diretoria é composta por dois ou mais diretores eleitos pelo Conselho de Administração que os poderá destituir a todo o tempo., conforme **Artigo 143.º da Lei das Sociedades Anônimas.**

Os diretores deverão ser pessoas singulares, acionistas ou não, residentes no país. Os membros do Conselho de administração, até a um máximo de um terço, poderão ser eleitos para o cargo de diretores, conforme enuncia o **Artigo 145.º da Lei das Sociedades Anônimas.**

Por último, existe o conselho fiscal, orgão obrigatório da sociedade anônima, com competência para exercer a fiscalização permanente sobre os órgãos da administração da sociedade, quanto à regularidade dos negócios, quanto à legalidade, e quanto aos atos de gestão da sociedade, conforme pevisto no **Artigo 163.º da Lei das Sociedades Anônimas.** O conselho fiscal é composto por, no mínimo, três e, no máximo, cinco membros, acionistas ou não, sendo que os membros da administração e da diretoria não poderão pertencer ao conselho fiscal, incompatibilidade prevista no **Artigo 162.º da Lei das Sociedades Anônimas.**[15]

8. Transformação de Sociedades

A transformação é o acto por meio do qual a sociedade passa de um tipo societário para outro, independentemente de dissolução e liquidação, cumprindo

---

[15] À semelhança do que ocorre no direito português, porquanto a alínea b) do n.º 1 do Artigo 414.º-A do Código das Sociedades Comerciais prevê idêntica incompatibilidade, não podendo ser eleitos para o Conselho Fiscal "os que exercem funções de administração na própria sociedade".

os mesmos procedimentos aplicáveis à constituição do tipo societário, conforme enuncia o **Artigo 220.º da Lei das Sociedades Anônimas, e Artigo 130.º do Código das Sociedades Comerciais.**

A transformação depende do consentimento unânime dos sócios ou acionistas, salvo se outro quórum for previsto no estatuto. Os acionistas que votarem contra a transformação (denominados sócios "dissidentes"), terão a faculdade de se retirar da sociedade por exoneração, conforme previsto no **Artigo 221.º da Lei das Sociedades Anônimas, e na lei portuguesa no Artigo 137.º do Código das Sociedades Comerciais.**

A transformação mantém a personalidade jurídica da sociedade, alterando apenas os seus actos constitutivos e também o grau de responsabilidade de seus sócios entre si e em relação à sociedade. Ressalva-se no entanto que, a transformação não prejudica, em caso algum, os direitos dos credores, que continuarão, até o pagamento integral dos seus créditos, com as mesmas garantias que o tipo anterior de sociedade lhes oferecia, conforme resulta do disposto no Artigo 222.º da Lei das sociedades anônimas, e em moldes idênticos no direito português, o disposto no Artigo 138.º do Código das sociedades Comerciais.

8.1 Incorporação, Fusão e Cisão de sociedades

A incorporação consiste na operação através da qual uma ou mais sociedades são absorvidas por outra sociedade, sucedendo esta em todos os direitos e obrigações.

A fusão é a operação pela qual duas ou mais sociedades se unem, visando a formação de uma sociedade nova, que sucede as anteriores em todos os direitos e obrigações.

A cisão, por seu turno, é a operação pela qual a sociedade transfere parte ou a totalidade do seu património para uma ou mais sociedades, extinguindo-se a sociedade cindida, caso haja versão de todo o seu património, ou divindindo-se o seu capital, caso haja versão parcial do seu património.

As condições de incorporação, fusão ou cisão deverão constar de um projecto ou protocolo apresentados pela administração da sociedade, sujeita a deliberação da assembliea geral. Os acionistas que votem contra a aprovação da icorporação, fusão ou cisão têm direito de exoneração, nos termos legalmente previstos. (**Artigos 224.º, 225.º e 230.º da Lei das Sociedades Anônimas, e Artigos 98.º, 99.º, 105.º e 119.º todos do Código das Sociedades Comerciais**)

A avaliação do património liquido da sociedade ou sociedades a serem incorporadas, fundidas ou cindidas é obrigatória e deve ser aprovada pelos sócios em assembleia geral, conforme enuncia o **Artigo 226.º da Lei das Sociedades Anônimas, e o disposto nos artigos 99.º n.º 4,102.ºe 132.º todos do Código das Sociedades Comerciais.**

Referências Bibliográficas

- Código das Sociedades Comerciais, aprovado pelo DL n.º 262/86, de 02 de Setembro, 15.ª Edição, Porto Editora, 2010;
- Lei de Sociedades Anônimas, aprovado pela Lei n.º 6.404, de 15 de Dezembro de 1976,13.ª edição, Editora Saraiva, 2013;
- Código Civil Brasileiro, publicado pela Lei N.º 10.406 de 10 de Janeiro de 2002;
- Código Civil Português, publicado pelo Decreto-Lei N.º 47 344, de 25 de Novembro de 1966, na redacção da Lei N.º 23/2013, de 5 de Março;
- CÂMARA, PAULO - "A Governação de Sociedades Anónimas nos Sistemas Jurídicos Lusófonos", editora Almedina, Outubro 2013;
- CORDEIRO, ANTÓNIO MENEZES – Direito das Sociedades, vol. I, Parte Geral, 3.ª ed., Coimbra, Almedina, 2011;
- COELHO, ULHOA FÁBIO – Curso de Direito Comercial, Vol 2, Editora Saraiva, São Paulo, 2011;
- COELHO, ULHOA FÁBIO e RIBEIRO MARIA DE FÁTIMA – Questões de Direito Societário em Portugal e no Brasil, editora Almedina, Junho de 2012;
- CUNHA, PAULO OLAVO – Direito das Sociedades Comerciais, 2ª edição, Almedina, 2006;
- FURTADO, JORGE HENRIQUE PINTO – Curso de Direito das Sociedades, 5ª edição, editora Almedina, 2004;
- REQUIÃO RUBENS – Curso de Direito Comercial, Editora Saraiva, São Paulo, 2013;

AS TEORIAS DA ONEROSIDADE EXCESSIVA E O CONTRATO DE SEGURO

Thyago L. Didini

1. Noções propedêuticas referentes à teoria da imprevisão

Tradicionalmente o basilar princípio da autonomia da vontade regeu com veemência o direito dos contratos, graças à velha herança ideológica do liberalismo jurídico[1] (influente na teoria do direito desde o século XIX).

Dessarte, se houvesse um contrato firmado pelas partes, este seria considerado como sendo uma "lei entre as partes". O cânone principiológico que

---

[1] "Historicamente, são os primeiros direitos fundamentais, frutos do Estado Liberal. Representam, na sua essência, a vitória, ao menos parcial, do Estado Liberal sobre o Estado Absolutista. (...) Os direitos fundamentais de primeira geração, diretamente vinculados à ideologia liberal, são essencialmente direitos de defesa do indivíduo perante o Estado, pois objetivam não uma prestação positiva do Estado, mas uma atuação negativa, um não--agir por parte do Estado em benefício da liberdade do indivíduo, no sentido de que o ente estatal não interfira nas esferas jurídicas individuais. Buscam, basicamente, assegurar a liberdade do indivíduo na arena política e, precipuamente, em seus negócios privados". Conferir: MOTTA, Sylvio; BARCHET, Gustavo. **Curso de Direito Constitucional**. São Paulo: Elsevier, 2005, p. 149 e p.150.

dirimia tal instituto jurídico era o do "pacta sunt servanda"[2] (ou o princípio da obrigatoriedade contratual) que, da tradução livre em latim, significa "os pactos devem ser respeitados" ou "os acordos devem ser cumpridos".

Segundo antigo ensinamento de Clóvis Bevilaqua:

> "Entre os actos jurídicos estão os contractos, por meio dos quaes os homens combinam os seus interesses, modificando ou solvendo algum vínculo jurídico".[3]

Entrementes, a partir do século XX, um novo posicionamento doutrinário surge, mitigando e arrefecendo o rigor da autonomia da vontade. É a teoria do dirigismo contratual[4] na qual o Estado, visando o bem-estar social e o interesse comum, restringe a liberdade contratual das partes, em favor de uma maior igualdade de condições socioeconômicas entre elas, possibilitada pelas publicações de normas cogentes (leis de ordem pública[5]). Portanto, não mais de limita o legislador à criação de leis que somente garantem a igualdade formal[6] entre s contraentes, objetivando atualmente também conquistar certas igualdades materiais, justamente para superar as desigualdades sociais.

---

[2] "Se, para a concepção clássica de contrato, a vontade é o elemento essencial, a fonte, a legitimação da relação contratual; se, como vimos, até mesmo a sociedade politicamente organizada tem sua fonte em um contrato social; se o homem é livre para manifestar a sua vontade e para aceitar somente as obrigações que sua vontade cria; fica claro que, por trás da teoria da autonomia da vontade, está a idéia de superioridade da vontade sobre a lei". Conferir: MARQUES, Cláudia Lima. **Contratos no Código de Defesa do Consumidor.** 5ª Ed. São Paulo: Revista Dos Tribunais, 2006, p. 62.

[3] BEVILAQUA, Clóvis. **Direito das Obrigações.** Edição histórica. Rio de janeiro: Editora Rio, 1977, p. 157.

[4] GONÇALVES, Carlos Roberto. **Direito Civil Brasileiro: Contratos e Atos Unilaterais.** 3ª Ed. São Paulo: Saraiva, 2007, v. 3, p. 4.

[5] Sobre as normas de ordem pública: "(...) são as que estabelecem princípios cuja manutenção é necessária à ordem social, e por isso impõem-se, obrigatoriamente, a todos os indivíduos, inderrogáveis que são pela vontade privada. (...) Umas e outras, constituindo *ius cogens*, são insuscetíveis de ser derrogadas ou afastadas pela vontade das partes, e os direitos delas oriundos, a seu turno, não podem ser objeto de renúncia por aquele em cujo favor são instituídos, resultando frustro e ineficaz qualquer ato praticado com este propósito" Conferir: PEREIRA, Caio Mário da Silva. **Instituições de Direito Civil: Teoria Geral de Direito Civil.** 21ª Ed. Rio de Janeiro: Forense, 2005, v. 1, p. 106-107.

[6] "O dogma da vontade, assim, ocupava espaço de destaque no cenário jurídico, tendo o respaldo da lei, que garantia às convenções privadas total validade, obrigando os seus contratantes

Portanto, em tempos modernos, a "autonomia da vontade" (de liberdades totais para as partes) foi substituída pela "autonomia privada" (de liberdades parciais para as partes, delimitadas pelos contornos que o Estado as impõe). É nesse contexto de flexibilização[7] do *pacta sunt servanda* que surge a teoria da imprevisão.

Esta teoria visa restabelecer o equilíbrio contratual através da resolução (extinção) ou da revisão do acordo original, quando durante a vigência da convenção ocorre algum evento superveniente, imprevisível e extraordinário para as partes, capaz de gerar uma onerosidade excessiva em desfavor de algum sujeito da relação obrigacional, seja o segurado ou seja a companhia seguradora[8].

de maneira irrestrita (*pacta sunt servanda*), independentemente da realidade das partes, ou das circunstâncias específicas que envolviam o contrato, ou das pessoas dos contratantes. O que importa é o ajuste, a vontade contratual. Se por um lado, entretanto, a certeza do direito, a segurança jurídica pelo cumprimento literal da norma e a tranquilidade jurídica dentro de um sistema normativo organizado contribuíram para a formação do Estado Liberal, é certo que as relações jurídicas que se seguiram demonstraram, com o tempo, que o individualismo jurídico favoreceu a injustiça e a insuficiência da lei para a solução dos conflitos sociais. A entrada do capitalismo, a maior circulação de bens e serviços no mercado interno e externo, a complexidade das relações patrimoniais e a liberdade contratual em último grau, conferida aos cidadãos, acabaram por favorecer o controle econômico dos mais fortes na sociedade. Ao mesmo tempo, a concessão de uma justiça efetiva, por total falta de mobilidade do juiz na aplicação da norma. Embora a lei pronunciasse a igualdade e a previsão de justiça, atribuindo direitos (embora num plano meramente formal), as desigualdades sociais faziam da lei a sua própria inoperância. Isto porque a não previsão do domínio social pelos grupos econômicos mais fortes, bem como o tratamento liberal, principalmente no campo do direito patrimonial, praticamente avalizavam a injustiça contratual." Conferir: BASTOS, Ricardo da Silva. **Fundamento filosófico da função social do contrato**. In: HIRONAKA, Giselda Maria Fernandes Novaes (coordenadora): *Novo Código Civil: interfaces no ordenamento jurídico brasileiro*. Belo Horizonte: Del Rey, 2004, p. 185.

[7] "A concepção de contrato, a idéia de relação contratual, sofreu, porém, nos últimos tempos, uma evolução sensível, em face da criação de um novo tipo de sociedade, sociedade industrializada, de consumo, massificada, sociedade de informação, e em face, também, da evolução natural do pensamento teórico-jurídico. O contrato evoluirá, então, de espaço reservado e protegido pelo direito para a livre e soberana manifestação da vontade das partes, para ser um instrumento jurídico mais social, controlado e submetido a uma série de imposições cogentes, mas equitativas" Conferir: MARQUES, Cláudia Lima. **Op. cit.**, p. 51.

[8] "Muito embora o art. 317 (revisão), considerando a sua localização, possa permitir, a um primeiro exame, a idéia de que sua finalidade foi apenas a de proteger o credor da prestação que se desvalorizou – e para isso não impôs outra condição que não a simples desproporção do valor real da prestação entre o momento da celebração e o da execução –, na verdade a

O próprio artigo 5º da LINDB (Lei de Introdução às Normas do Direito Brasileiro, Decreto-Lei nº 4.657/42) afirma que "na aplicação da lei, o juiz atenderá aos fins especiais a que ela se dirige e às exigências do bem comum". Ratifica assim a função social do contrato e a sua função anexa que, é o princípio da conservação contratual (ou seja, deve-se valorizar a manutenção do acordo de vontades, sempre que possível[9]), sendo que essa busca da conservação da liberdade contratual é um dos exemplos da eficácia interna[10] do princípio da função social dos contratos. Essa mesma função tem seu valor legal expresso como garantia fundamental dos indivíduos e da coletividade, disciplinado indiretamente pelo artigo 5º, XXIII, da Constituição Federal ("a propriedade atenderá a sua função social"), visto que um contrato tem, dentre outras funções, a de instrumentalizar a aquisição da propriedade[11].

regra se aplica para os dois lados: a desproporção manifesta pode ser tanto pela desvalorização do bem a ser prestado (desvalorização da moeda pela inflação, p. ex.), como pela superveniente valorização excessiva da prestação, quebrando a proporcionalidade entre a que fora convencionada e a que agora deve ser cumprida, em prejuízo do devedor. No primeiro caso, a onerosidade excessiva seria sofrida pelo credor, se obrigado a manter o contrato assim como previsto, apesar de reduzido o valor da prestação a receber; no segundo, o sacrifício exagerado seria imposto ao devedor, forçado a pagar mais, pela escassez do bem ou elevação do custo da sua prestação" Conferir: AGUIAR JÚNIOR, Ruy Rosado de. **Extinção dos contratos por incumprimento do devedor.** 2ª Ed. Rio de Janeiro: AIDE, 2003, p. 152-153.

[9] Conforme moderna doutrina, conferir enunciado n. 22 da I Jornada de Direito Civil do CJF/STJ, ocorrida em 2002. Enunciado nº 22: "Art. 421: a função social do contrato, prevista no art. 421 do novo Código Civil, constitui cláusula geral que reforça o princípio de conservação do contrato, assegurando trocas úteis e justas". Disponível em <http://www.cjf.jus.br/cjf/CEJ-Coedi/jornadas-cej/enunciados-aprovados-da-i-iii-iv-e-v-jornada-de-direito-civil/compilacaoenunciadosaprovadosI-3-4jornadadircivilnum.pdf>. Acesso em 30.11.2013.

[10] Conforme moderna doutrina, conferir enunciado n. 360 da IV Jornada De Direito Civil do CJF/STJ, ocorrida em 2006. Enunciado nº 360: "Art. 421. O princípio da função social dos contratos também pode ter eficácia interna entre as partes contratantes." Disponível em <http://www.cjf.jus.br/cjf/CEJ-Coedi/jornadas-cej/enunciados-aprovados-da-i-iii-iv-e--v-jornada-de-direito-civil/compilacaoenunciadosaprovadosI-3-4jornadadircivilnum.pdf>. Acesso em 30.11.2013.

[11] "A liberdade de contratar será exercida em razão e nos limites da função social do contrato.' Esta norma, posta no art. 420 do Projeto do Código Civil, constitui a projeção, no específico domínio contratual, do valor constitucional expresso como garantia fundamental indivíduos e da coletividade, que está no art. 5º, inciso XXIII, da Constituição Federal, uma vez que o contrato tem, entre outras funções, a de instrumentalizar a aquisição da propriedade. Se nesta não é mais reconhecido o caráter absoluto e sagrado, a condição de direito natural e inviolável do indivíduo, correlatamente ao contrato também inflete o cometimento – ou o

Ademais, para o leitor realmente entender a teoria da imprevisão, é necessário regredir à origem histórica[12] do instituto em suas feições modernas, que remonta à origem do século XX. Por ocasião da I Guerra Mundial[13], que foi um acontecimento excepcionalíssimo, houve um agravamento da posição do devedor de prestações sucessivas, derivadas de contratos realizados antes de sua eclosão. A guerra tornou extremamente pesado o cumprimento dos contratos concluídos anteriormente, ameaçando, desse modo, conduzir à completa ruína os devedores. Então, por exemplo, vamos supor que um fabricante antes da guerra concordou em vender para o outro contratante uma quantidade específica de peças. Caso a guerra tivesse bombardeado sua fábrica, a prestação da anterior obrigação patrimonial se tornaria impossível. Torna-se então viável, por este motivo, a realização da revisão ou da resolução co contrato (retornando ao estado anterior à sua realização) conforme a teoria da imprevisão[14] e a teoria civilista do reequilíbrio contratual.

reconhecimento – de desempenhar função que traspassa a esfera dos meros interesses individuais." Conferir: MARTINS-COSTA, Judith. **A Boa-Fé no Direito Privado.** São Paulo: RT, 1999, p. 351.

[12] Baseando-se nas lições de Alcio Manoel de Sousa Figueiredo, conforme explicadas por Thiago Silva Santos e Danillo Ferreira Figueiredo, na verdade, desde antes da I Guerra Mundial, esse instituto era previsto no direito antigo. Existia expressamente no Código de Hamurábi, da antiga Babilônia, a 2700 anos atrás. No direito romano, pela sua natureza individualista e pelo respeito extremado ao princípio da obrigatoriedade dos contratos, não havia a aplicação deste instituto. Na Idade Média a teoria foi revigorada por pensadores como Tomás de Aquino, e houve, de certo modo, uma aplicação desordenada e generalizada da mesma, até meados do século XVIII. E desde então, até o século XX, essa teoria foi abandonada, até mesmo pelos códigos civis franceses e italianos que eram muito apegados ao *pacta sunt servanda*. Conferir: FIGUEIREDO, Alcio Manoel de Sousa apud SANTOS, Silva Thiago e FIGUEIREDO, Danillo Ferreira. **A Teoria da Imprevisão e a sua (in)aplicabilidade nos contratos aleatórios por natureza.** Disponível em <http://www.ambito-juridico.com.br/site/index.php?n_link=revista_artigos_leitura&artigo_id=10206>. Acesso em 28.10.2013.

[13] RODRIGUES, Sílvio. **Direito Civil: Dos Contratos e das Declarações Unilaterais da Vontade.** 30ª Ed. São Paulo: Saraiva, 2007, v.4, p.21.

[14] Para elucidar a matéria, cabe transcrever nesta senda o exemplo histórico brasileiro da aplicação da teoria da imprevisão, conforme narra Sílvio Rodrigues: "O primeiro caso vitorioso no Supremo Tribunal Federal ilustra bem a figura em estudo e revela, de maneira nítida, o calor da controvérsia, àquele tempo. Certa firma brasileira prometeu comprar de empresa belga, durante os anos 1930 a 1933, vultosa quantidade de porcas e parafusos, num momento de três milhões e duzentos mil francos. Os fornecimentos deveriam ser pagos em moeda estrangeira, devida a comissão ao intermediário. Advindo a Revolução de 1930, que transformou fundamentalmente as condições do negócio, não só pela alta do câmbio, como pelas

Assim, seguindo tal tendência jurídica, forma-se no Brasil, durante o século XX, uma corrente jurisprudencial que aplicava aos casos concretos a teoria da imprevisão, mesmo que nenhuma disposição neste sentido estivesse expressa no antigo Código Civil de 1916. Entretanto, o novo Código de 2002 previu, dentro do Livro Das Obrigações, em seus artigos 478, 479 e 480, uma seção denominada Da Resolução por Onerosidade Excessiva", unicamente destinada à aplicação da teoria da imprevisão.

Cabe nesta senda transcrever na íntegra o supracitado artigo 478:

> "Nos contratos de execução continuada ou diferida, se a prestação de uma das partes se tornar excessivamente onerosa, com extrema vantagem para a outra, em virtude de acontecimentos extraordinários e imprevisíveis, poderá o devedor pedir a resolução do contrato. Os efeitos da sentença que a decretar retroagirão à data da citação."

O artigo acima dispõe acerca da resolução do contrato, na hipótese da incidência legal descrita a partir do Código Civil.

Entretanto, o artigo 317 do mesmo código prevê uma hipótese mais branda da aplicação da teoria, sendo possível a mera revisão[15] do contrato (e não a sua resolução) em casos menos graves:

> "Quando, por motivos imprevisíveis[16], sobrevier desproporção manifesta entre o valor da prestação devida e o momento de sua execução, poderá o

restrições ocorridas no mercado interno, pleiteou a compradora a rescisão do contrato, com base na cláusula *rebus sic stantibus*. Acolhida a pretensão pela sentença de primeira instância, foi a decisão cassada em apelação, para ser novamente restabelecida em embargos, recebidos estes pelas Câmaras Conjuntas do Tribunal do Distrito Federal (RT, 121/73). O Supremo Tribunal, desprezando o recurso extraordinário, entendeu que a tese esposada pelo aresto recorrido (onde havia admissão da cláusula *rebus sic stantibus*) não colidia com a lei federal (Arq. Jud., 38/178)." Conferir: RODRIGUES, Sílvio. **Ibid.**, p. 24.

[15] Importante relembrar que a possibilidade da revisão contratual não se limita apenas à teoria da imprevisão. Ela é possível, por exemplo, por meio de outros institutos privatísticos, como a lesão e o estado de perigo, disciplinados como defeitos do negócio jurídico na parte geral do Código Civil de 2002.

[16] Ou seja, enquanto o art. 317, que trata da revisão contratual por fato superveniente, apenas exige o "motivo imprevisível", o art. 478, que trata da resolução contratual por fato superveniente, tem uma redação mais ampla ao exigir "acontecimentos imprevisíveis e extraordinários". Este fator será comentado mais à frente, no tópico III deste artigo.

juiz corrigi-lo, a pedido da parte, de modo que assegure, quando possível, o valor real da prestação."

Então, a cláusula *rebus sic stantibus* (que do latim significa "estando as coisas assim" ou "enquanto as coisas estão assim") é uma cláusula implícita nos contratos que pode ser acionada quanto se torna possível a aplicação da teoria da imprevisão. Afinal, quando o sinalagma se altera[17], a relação originária dos valores muda, tornando-se uma prestação excessivamente vantajosa para um contratante e excessivamente onerosa em relação ao outro, o que muitas vezes acaba frustando a finalidade essencial da operação.

Na verdade, o maior fundamento para a teoria da imprevisão encontra-se no princípio constitucional da dignidade da pessoal humana[18], protegendo as pessoas que se tornaram economicamente fragilizadas pela ocorrência de uma situação completamente adversa. Este princípio[19] é um fundamento da República Federativa do Brasil (Art. 1º, III, da CRFB/88) e é o princípio-matriz de todos os direitos fundamentais[20] ao guiar toda a sistemática do direito civil

---

[17] "O sinalagma se altera, por isso, quando sucessivamente à conclusão do contrato, a relação originária dos valores muda, tornando-se uma prestação excessivamente onerosa em relação à outra, o que muitas vezes acaba por frustrar a finalidade essencial da operação" Conferir: VICENZI, Marcelo. **Interpretação Do Contrato.** São Paulo: Revista Dos Tribunais, 2011, p. 117.
[18] O princípio da dignidade humana é considerado um super-princípio, uma cláusula geral que sustenta a razão de ser do ordenamento jurídico-constitucional, e assim, também do ordenamento civil. Segundo lições de Maria Celina Bodin: "Neste quinquênio coube, no caso brasileiro, a uns poucos civilistas a aproximação inicial conteudística ao conceito, através da defesa de uma cláusula geral de tutela da pessoa humana com fundamento no art. 1º, III, com o que se tentava reelaborar o princípio-guia que serviria a reunificar o direito civil. Representava, com efeito, para os que se dedicavam ao estudo do direito das relações privadas, um passo decisivo, imprescindível, já que estava por se estabilizar o entendimento da fragmentação da disciplina, caotizada num emaranhado de microssistemas, ignorados tanto a unidade do ordenamento jurídico como os seus princípios jurídicos gerais, que, porém, desde há muito não mais se podiam encontrar no Código respectivo." Disponível: MORAES, Maria Celina Bodin de. **Na medida da pessoa humana.** Rio de Janeiro: Renovar, 2010, p.72.
[19] LENZA, Pedro. **Direito Constitucional Esquematizado.** 16ª Ed. São Paulo: Saraiva, 2012, p.54.
[20] "(...) os princípios constitucionais, entre eles o da dignidade da pessoa humana (CF, art. 1º, inciso III), que é sempre citado como um princípio-matriz de todos os direitos fundamentais, colocam a pessoa em um patamar diferenciado do que se encontrava no Estado Liberal. O direito civil, de modo especial, ao expressar tal ordem de valores, tinha por norte a regulamentação da vida privada unicamente do ponto de vista do patrimônio do indivíduo.

e securitário[21]. Pode ser aplicado diretamente em uma lide concreta, por meio da teoria da eficácia horizontal dos direitos fundamentais[22].

Junto ao moderno movimento jurídico-constitucional até então denominado "neoconstitucionalismo"[23] (provavelmente seguido pela maioria da doutrina constitucionalista, apesar das importantes vozes contrárias[24]), propaga-se hodiernamente a idéia de um "direito civil-constitucional" destinado a estudar o direito privado à luz das regras constitucionais.

Por outro lado, é possível a aplicação dos enunciados legais da teoria da imprevisão aos contratos que foram concluídos antes do Código Civil de 2002 e que ainda estão produzindo efeitos. Vide o artigo 2035 do CC/02:

Os princípios constitucionais, em vez de apregoar tal conformação, têm por meta orientar a ordem jurídica para a realização de valores da pessoa humana como titular de interesses existenciais, para além dos meramente patrimoniais. O direito civil, de um direito-proprietário, passa a ser visto como uma regulação de interesses do homem que convive em sociedade, que deve ter um lugar apto a propiciar o seu desenvolvimento com dignidade. Fala-se, portanto, em uma despatrimonialização do direito civil, como consequência de sua constitucionalização." Conferir: FINGER, Julio César apud LENZA, Pedro. **Op. cit.**, p. 8.

[21] "O Direito do Seguro, como vimos no seu desenvolvimento histórico, foi idealizado com vistas a preservar a dignidade da pessoa humana, mediante a defesa dos interesses seguráveis, garantindo a tranquilidade e a comodidade daquele que transfere os riscos a um segurador. Logo, a dignidade da pessoa humana está inserida na própria substância do Direito do Seguro." Conferir: SILVA, Ivan de Oliveira. **Curso de Direito do Seguro**. 2ª Ed. São Paulo: Saraiva, 2012, p.43.

[22] Antigamente, na época do Estado Liberal, os direitos fundamentais eram direitos do cidadão cujos exercícios eram oponíveis exclusivamente ao Estado e à Administração Pública. Nesta época estava em plena aceitação a teoria da eficácia vertical dos direitos fundamentais. Modernamente, ganha força a teoria da eficácia horizontal dos direitos fundamentais, quando esses (especialmente o direito fundamental à dignidade humana) devem ser aplicados diretamente às pessoas de direito em suas relações privadas, como é o caso do contrato de seguro realizado entre uma sociedade seguradora e um segurado. Sobre o tema, consultar a obra já citada de Pedro Lenza, p. 965 a 968.

[23] "(...) denomina-se neoconstitucionalismo o conjunto de concepções oriundas de uma nova Teoria do Direito, a qual busca: mais respeito a princípios, em vez de normas; mais ponderação do que subsunção; mais direito constitucional, em vez de conflitos jurídicos desnecessários; mais trabalho judicial, em vez de ficar esperando os legisladores cumprirem seu papel; e mais valores, em lugar de dogmas e axiomas indiscutíveis." Conferir: BULOS, Uadi Lâmmego. **Direito Constitucional ao alcance de todos**. 3ª Ed. São Paulo: Saraiva, 2011, p. 88.

[24] Como exemplo de obra contrária ao movimento neoconstitucionalista, consultar o livro do jurista e juiz federal Sérgio Nojiri, chamado "Neoconstitucionalismo versus Democracia – Um Olhar Positivista", publicado pela editora Juruá em 2012.

"Nenhuma convenção prevalecerá se contrariar os preceitos de ordem pública, tais como os estabelecidos por este Código para assegurar a função social da propriedade dos contratos."

Conforme Flávio Tartuce, este dispositivo consagra o princípio da retroatividade motivada ou justificada, pelo qual as normas de ordem pública relativas à função social da propriedade e aos contratos podem, por conseguinte, retroagir[25]. Assim, os dispositivos referentes à teoria da imprevisão podem retroagir em relação aos contratos realizados antes do novo Código Civil, desde que estes ainda estejam produzindo novos efeitos durante a vigência do novo diploma.

O princípio da boa-fé objetiva[26], em todas as suas acepções[27], no direito privado, também pode fundamentar a teoria da imprevisão.

---

[25] TARTUCE, Flávio. **Manual de Direito Civil**. São Paulo: Método, 2011, p. 24.

[26] "Existem duas acepções de boa-fé: uma subjetiva e outra subjetiva. A boa-fé subjetiva não é um princípio, e sim um estado psicológico, em que a pessoa possui a crença de ser titular de um direito, que em verdade só existe na aparência. O indivíduo se encontra em escusável situação de ignorância sobre a realidade dos fatos e da lesão a direito alheio. O princípio da boa-fé objetiva – localizado no campo dos direitos das obrigações – compreende um modelo de eticização de conduta social, verdadeiro *standard* jurídico, caracterizado por uma atuação de acordo com determinados padrões sociais de lisura, honestidade e correção, de modo a não frustrar a legítima confiança da outra parte. O princípio da boa-fé encontra a sua justificação no interesse coletivo de que as pessoas pautem seu agir pela cooperação e retidão. Seria, em uma última instância, a tradução no campo jurídico do indispensável cuidado e estima que devemos conhecer ao nosso semelhante". Conferir: ROSENVALD, Nelson. **Dignidade humana e boa-fé**. São Paulo: Saraiva, 2005. p. 204.

[27] "A boa-fé, em sua vertente objetiva, tem sido motor de significativa revolução no regime jurídico dos contratos. Compreendida não mais em sua acepção subjetiva, isto é, como estado do agente que ignora a existência de vícios em sua conduta, a boa-fé alçou a condição de princípio com força normativa, mandamento de conduta que impõe comportamento leal e honesto entre os contratantes. Sob a alçada do princípio constitucional da solidariedade, os contratantes devem evitar que o vínculo que os aproxima seja fonte de danos mais do que de benefícios. Dar conteúdo mais preciso a esta exigência geral de correção nas relações contratuais foi o desafio enfrentado por doutrina e jurisprudência de forma bem-sucedida, minudenciando as suas repercussões de maneira prática e específica. Neste sentido, difundiu-se uma tripartição funcional da boa-fé: parâmetro interpretativo-integrativo, limitação ao exercício de direitos e criação de deveres anexos. (...) O Código Civil de 2002 aparentemente acompanhou esta construção, pois previu a boa-fé objetiva em três dispositivos: no art. 113, ao tratar da interpretação dos negócios; no art. 187, ao abordar o abuso do direito; e no art. 422, ao referir-se aos princípios gerais dos contratos". Conferir: KONDER, Nelson Carlos.

Finalmente, cabe lembrar que conforme a professora Gisele Leite[28], baseando-se na doutrina do civilista Gustavo Tepedino:

> "Bem esclarece Tepedino que não se confunde a resolução por onerosidade excessiva com a rescisão lesionária contemplada no art. 157 do CC já que é contemporânea à formação do contrato."

Na verdade, a lesão é um vício do negócio jurídico que pode ensejar a anulação (nulidade relativa e não absoluta) de tal ato (art. 178, inc. II, do CC/02). Segundo o art. 157 do CC/02, ocorre quando uma pessoa, sob premente necessidade ou por inexperiência, de certa forma se obriga à prestação manifestamente desproporcional ao valor da prestação oposta. A lesão ocorre no momento da realização do negócio. Já a resolução por onerosidade excessiva só acontece após a realização do negócio, sendo que não necessariamente envolve a existência da imediata necessidade ou da inexperiência da parte prejudicada, já que a resolução ocorre devido a um acontecimento extraordinário e imprevisível que desequilibra economicamente as prestações previamente acordadas pelas partes no contrato[29].

Boa-fé objetiva, violação positiva do contrato e prescrição: repercussões práticas da contratualização dos deveres anexos no julgamento do Resp 1276311. In: *Revista Trimestral De Direito Civil*, ano 13, vol.50. Rio De Janeiro: Padma, 2010, p. 220-221.

[28] LEITE, Gisele. **Sobre a Revisão dos Contratos.** Academia brasileira de direito, 2007. Disponível em <http://www.abdir.com.br/doutrina/imprimir.asp?art_id=1331>. Acesso em 25.10.2013.

[29] Sobre a lesão: "Desigualdade Originária – O negócio jurídico já deve nascer desequilibrado. No momento em que se manifesta a vontade e é celebrado o negócio jurídico, a vontade de uma das partes já estava viciada e a desproporção entre prestação e contraprestação já existia, ou seja, a lesão nasce junto com o contrato. Essa característica permite diferenciar a lesão da figura da resolução contratual por onerosidade excessiva (art. 478 C. Civil), pois a onerosidade ocorre após a formação do negócio jurídico e nada tem a ver com o vício da vontade. Deriva do advento de fato imprevisível que rompe o equilíbrio existente no seio do contrato". Conferir: SOUZA, Carlos Affonso Pereira de Souza. **Teoria Geral das Obrigações e dos Contratos.** 4ª Ed. Rio de J a n e i r o: FGV, 2011, p. 38. Disponível em <http://academico.direito-rio.fgv.br/ccmw/images/8/80/Teoria_Geral_das_Obrigações_e_dos_Contratos.pdf>. Acesso em 21.12.2013.

2. Considerações prévias sobre a teoria da onerosidade excessiva no Código Civil e no Código de Defesa do Consumidor

Um contrato de seguros pode estar sob a regência[30] do Código Civil ou do Código de Defesa do Consumidor (CDC), caso exista ou não a relação de consumo[31] entre a sociedade seguradora e o segurado.

É importante saber que a revisão contratual por fato superveniente prevista no Código Civil não é igual à revisão contratual por fato superveniente prevista no novo CDC.

Assim, cabe ao autor deste artigo comentar e comparar os pressupostos para a incidência da teoria da onerosidade excessiva, tanto no código civil como no código de defesa do consumidor.

É importantíssimo ressaltar que a teoria da onerosidade excessiva é o gênero, que pode dividir-se em teoria da imprevisão (disposta no código civil) e teoria da superveniência (disposta no CDC).

3. Requisitos doutrinários para a aplicação da teoria da imprevisão no Código Civil

O primeiro requisito é a existência da onerosidade do contrato, havendo, como regra, a prestação e a respectiva contraprestação. O motivo é óbvio,

---

[30] Por exemplo, os contratos de seguro de vida ou de seguro de automóvel são normalmente regidos pelo CDC, já que neles o segurado normalmente uma pessoa física vulnerável na relação jurídica contratual. O mesmo não ocorre normalmente com o seguro garantia e com o seguro de cascos aeronáuticos, normalmente regidos pelo Código Civil e não pelo CDC, porque normalmente o segurado é uma sociedade de razoável porte jurídico, não sendo parte vulnerável no acordo de vontades. Nesses casos, até mesmo a companhia seguradora poderá ser excessivamente onerada e beneficiada pelo instituto da Teoria da Imprevisão, tamanho é o aporte de capital exigido em tais operações de seguro.

[31] A relação de consumo é aquela típica do direito consumerista, que é alvo do CDC e das diversas leis complementares acerca da matéria. Conforme Rizzatto Nunes: "O CDC incide em toda relação que puder ser caracterizada como de consumo. Insta, portanto, que estabeleçamos em que hipóteses a relação jurídica pode ser assim definida. (...) haverá relação jurídica de consumo sempre que se puder identificar num dos pólos da relação o consumidor, no outro, o fornecedor, ambos transacionando produtos e serviços. Vejamos, então, como é que a Lei n. 8078/90 define consumidor, fornecedor, produto e serviço (...)" Conferir: NUNES, Rizzatto. **Curso De Direito Do Consumidor.** 2ª Ed. São Paulo: Saraiva, 2007, p. 71.

o contrato precisa ser oneroso para que possa existir a onerosidade excessiva. Entretanto, aquela é apenas a regra geral. Também é possível a ocorrência do instituto nos casos dos negócios gratuitos, como uma doação pura e simples (que não exige qualquer contraprestação de encargo da outra parte). Neste caso, quem seria beneficiado pelo instituto seria apenas o doador[32].

O segundo requisito é que o contrato deve ser de execução diferida (cumprimento ocorre de uma só vez no futuro) ou de trato sucessivo (o cumprimento ocorre repetidamente no tempo). Este requisito é necessário também por motivos lógicos, já que só é possível haver uma imprevisão se preexistir um lapso temporal entre o início do contrato e o seu término, não se aplicando aos contratos já exauridos. Assim, como no contrato instantâneo (já pactuado e concretizado em apenas um lance de tempo) não há aquele lapso temporal, não é viável esse tipo contratual ser um alvo da Teoria da Imprevisão.[33]

O terceiro requisito é a exigência de um "motivo imprevisível" (art. 317, casos de revisão) e de "acontecimentos imprevisíveis e extraordinários" (art. 478, casos de resolução), assim, neste último caso, a redação é mais extensiva. Portanto, quanto à teoria da imprevisão no Código Civil, caberiam duas hipóteses: uma hipótese de revisão, em que se exige a imprevisibilidade, sendo a outra hipótese a de resolução, que também exige, além da imprevisibilidade, a extraordinariedade.

Imprevisível é aquilo que não se pode prever e extraordinário é aquilo que não acontece com frequência por ser de ocorrência anormal[34], de acordo com

---

[32] Interpretação sistemática-lógica conforme o artigo 480 do Código Civil de 2002: "Se no contrato as obrigações couberem a apenas uma das partes, poderá ela pleitear que a sua prestação seja reduzida, ou alterado o modo de executá-la, a fim de evitar a onerosidade excessiva." Afinal, neste caso, é apenas o doador que sofre uma diminuição em seu patrimônio ao efetuar a doação. Agora, se for caso de doação com encargo, é um contrato oneroso, caso distinto da doação pura e simples (negócio jurídico gratuito) narrada anteriormente.

[33] Cabe citar aqui a exceção da súmula 286 do STJ, que admite a revisão de contratos extintos, de maneira excepcional, sem existir no momento o lapso de tempo explicitado, tendo, de certa maneira, efeito retroativo. Refere-se aos casos de abusividade. Porém diz mais respeito aos temas do princípio da legalidade e da teoria da irretroatividade do que ao tema da Teoria da Imprevisão. Na íntegra: "A renegociação de contrato bancário ou a confissão da dívida não impede a possibilidade de discussão sobre eventuais ilegalidades dos contratos anteriores."

[34] "Requer-se o concurso de extraordinariedade e da imprevisibilidade. Não basta que o acontecimento seja extraordinário, porque, se suscetível de previsão, descabe resolução. Não basta que seja imprevisível, porque, sendo normal, pouco importa que as partes não o

o conhecimento e a experiência esperada pela condição do contratante. Normalmente um evento imprevisível também é extraordinário (e é justamente a extraordinariedade que o torna imprevisível), porém é possível acontecer um evento apenas imprevisível mas que seja de ocorrência comum, mas não extraordinário[35]. Esta diferenciação não tem cunho prático por perder-se em um devaneio puramente abstrato e porque também, quase sempre, um evento imprevisível é extraordinário.

Segundo as lições de César Fiúza[36], existem duas teorias para a ocorrência da imprevisibilidade, que poderá ser mais ou menos radical, conforme a teoria adotada, já que não há consenso doutrinário sobre este conceito. Existem duas teorias sobre a ocorrência da imprevisão: a relativa e a absoluta. Conforme palavras do próprio autor:

> "A imprevisão será absoluta quando o fato for imprevisível para qualquer pessoa medianamente dotada. Exemplo seria o Plano "Collor", que, de uma só tacada repentina, bloqueou os recursos bancários de toda a população. Já a imprevisibilidade relativa é aquela aferível no caso concreto, dadas as circunstâncias que envolvem o contrato e as próprias partes. Exemplo seria a variação cambial. Duas pessoas podem celebrar um contrato, contando que esta variação seja pequena. Baseiam-se, para tanto, em fatos objetivos, como o sucesso de um plano de estabilidade econômica. De repente o câmbio sofre variação extremada, sem nenhum aviso prévio e de uma hora para outra. Este fato pode não ser imprevisível de modo absoluto, mas relativamente àquele contrato, celebrado por aquelas partes, naquele momento e naquelas circunstâncias, o fato foi imprevisível."

---

tenham previsto. Enfim, se a onerosidade excessiva decorre de acontecimento extraordinário e imprevisível, que dificulte extremamente o cumprimento da obrigação, o devedor, que se sacrificaria com a execução, tem a faculdade de promover resolução do contrato" Conferir: GOMES, Orlando. **Contratos**. 26ª Ed. São Paulo: Forense, 2007, 42-43.

[35] Cabe explicar com exemplos, advindos da intelecção criativa do próprio autor deste artigo jurídico. Por exemplo, se ocorrer um tsunami no Brasil, isto é, sem sombras de dúvidas, um evento imprevisível e extraordinário. Agora, vamos supor que uma pessoa é vítima de um engarrafamento de automóveis, súbito e desproporcional, causado por um arrastão, em um horário de menor circulação de veículos na via, sendo que este congestionamento causou essa mesma pessoa a atrasar o pagamento da sua prestação. Pode ser um evento imprevisível, mas na realidade brasileira um engarrafamento não seria um evento extraordinário.

[36] FIUZA, César. **Direito Civil: Curso Completo**. 2ª Ed. Belo Horizonte: Del Rey, 2009, p.432.

Outro parâmetro também necessário, para saber se existe a imprevisibilidade, é saber se ela surge tendo como parâmetro o mercado (meio que envolve o contrato) ou a parte contratante.

Para a jurisprudência pátria[37], a tese prevalecente para determinar o parâmetro da imprevisibilidade seria a tese baseada nos valores do mercado[38]. Assim, por exemplo, para tal tese, o desemprego, o aumento do dólar ou a escala inflacionária não são imprevisíveis na sociedade moderna pós-globalizada, desde que a referência fosse o mercado, e não uma possível vulnerabilidade econômico-financeira de alguma parte contratante[39][40].

Entretanto, há uma nova tese em sentido contrário que considera como parâmetro a parte contratante, e não o mercado, saindo assim de um referencial objetivo para um referencial subjetivo, visando a justiça no caso concreto[41].

---

[37] "O que nossos tribunais têm enfrentado no caso prático é a dificuldade na adequação do fato imprevisível e/ou extraordinário ao caso concreto, uma vez que no mundo globalizado em que vivemos diminuiu a incidência dos fatos imprevisíveis, pois com o acesso às informações que temos tudo acaba sendo previsível, diminuindo consideravelmente as possibilidades de revisão contratual por imprevisibilidade. (...) Apesar de ser pacífica a aceitação de revisão por fatos imprevisíveis, não estamos vendo isso acontecer nos nossos Tribunais, uma vez que estão tomando por parâmetro o mercado e não a parte contratante. Se essa conduta vier a persistir nunca teremos revisão por fatos imprevisíveis, eis que vivemos em um mundo totalmente globalizado, ou seja, nada mais torna-se imprevisível. Tomemos como exemplo a escala inflacionária e o desemprego, nada disso hoje é imprevisível ou inesperado. Devemos aqui levar em consideração a parte contratante, pois embora o desemprego seja previsível, ninguém fará um contrato de obrigações de trato sucessivo pensando que vai ficar desempregado, temos aqui uma situação previsível, mas de resultados imprevisíveis. Se os Tribunais continuarem com esse entendimento, estaremos retirando a efetividade da função social dos contratos, assim ensina o professor da USP Álvaro Villaça de Azevedo". Conferir: PORTO, Fábio Rapp. **Extinção judicial de contrato deve ser último recurso**. Consutor Jurídico, 2008. Disponível em <http://www.conjur.com.br>. Acesso em 29.10.2013.

[38] Ver jurisprudência: STJ, Resp 87.226/DF, 3ª Turma, Rel. Min Costa Leite, j. 21.05.1996, DJ 05.08.1996, p. 26.352.

[39] TARTUCE, Flávio. **Op. Cit.**, p.534.

[40] "A *onerosidade* há de ser *objetivamente* excessiva, isto é, a prestação não deve ser excessivamente onerosa apenas em relação ao devedor, mas a toda e qualquer pessoa que se encontrasse em sua posição" Conferir: GOMES, Orlando. **Op. cit.**, p. 214-215.

[41] Neste sentido, conforme moderna doutrina, consultar o enunciado n. 17 da I Jornada de Direito Civil do CJF/STJ: "a interpretação da expressão "motivos imprevisíveis", constante do art. 317 do Código Civil, deve abarcar tanto causas de desproporção não previsíveis como também causas previsíveis, mas de resultado imprevisíveis". Também conferir enunciado n° 175 da III Jornada de Direito Civil do CJF/STJ: "A menção à imprevisibilidade e à extraordinariedade, insertas no

AS TEORIAS DA ONEROSIDADE EXCESSIVA E O CONTRATO DE SEGURO

Busca-se aquilo que seria imprevisível para a figura do contratante, quer dizer, mesmo que a causa seja previsível para o mercado, se o resultado financeiro-econômico para o contraente afetado onerosamente for imprevisível, seria possível a revisão ou resolução contratual. Por exemplo, ocorrendo um aumento exagerado da escala inflacionária, mesmo sendo previsto pelo mercado, caso esse fenômeno previsto causasse um grande prejuízo imprevisto ao contraente, segundo a sua condição socioeconômica (o prejuízo seria averiguado por meio de um critério coerente de razoabilidade), caberia a resolução ou a revisão do contrato. Este posicionamento é extremamente polêmico, já que, ao ser subjetivista, diminui consideravelmente a segurança jurídica referente à realização de um contrato, se aplicado.

O quarto requisito é a onerosidade excessiva (também denominada como lesão objetiva ou lesão enorme[42]), ou então, a quebra do sinalagma obrigacional. É uma situação que prejudica economicamente a parte normalmente mais vulnerável da relação obrigacional, favorecendo excessivamente a outra parte.

Entretanto, apesar da redação do art. 478, não é obrigatória a verificação de provas de que um dos contraentes obteve alguma vantagem em relação ao outro. O que é obrigatório é a demonstração do prejuízo[43] decorrente de

---

art. 478 do Código Civil, deve ser interpretada não somente em relação ao fato que gera o desequilíbrio, mas também em relação às consequências que ele produz". Vide que é notável o viés personalista/subjetivista deste último enunciado quanto à leitura da hipótese de imprevisão".

[42] Ao falar sobre a onerosidade excessiva, Álvaro Villaça Azevedo cita tal nomenclatura: "Com essa lesão objetiva, um dos contratantes só tem benefícios e o outro só tem desvantagens, o que configura, em linhas gerais, a *laesio enormis* do Direito Romano, quebrando-se o princípio fundamental dos contratos, o da comutatividade." Conferir: AZEVEDO, Álvaro Villaça. **O Novo Código Civil Brasileiro: tramitação; função social do contrato; boa-fé objetiva; teoria da imprevisão e, em especial, onerosidade excessiva – "Laesio enormis"**. In: DELGADO, Mário Luiz; ALVES, Jonas Figueiredo. *Questões controvertidas no novo Código Civil*. São Paulo: Método, 2004, v. 2., p. 24.

[43] "Mesmo, portanto, que circunstâncias supervenientes não impeçam, de modo absoluto, o adimplemento da prestação, pode-se considerar que elas o tornaram excessivamente oneroso se fossem exigidos da parte prejudicada "atividades e meios não razoavelmente compatíveis com aquele tipo de relação contratual, em termos de a transformar numa prestação substancialmente diversa da acordada", como preleciona Enzo Roppo. Seria absurdo, exemplifica o mencionado autor, exigir que o transportador efetue o transporte de uma mercadoria por via aérea, único meio possível no momento, quando foi contratado para realizá-lo de barco, estando a embarcação, porém, impossibilitada de deixar o porto, como todas as demais, em virtude de condições adversas e proibitivas do mar, naquele dia" Conferir: GONÇALVES, Carlos Roberto. **Op. cit.**, p. 176-177.

um desequilíbrio na convenção[44], o que Álvaro Villaça Azevedo nomeia de *alea extraordinaria*[45].

Neste tópico, é importante ressaltar que o contraente onerado pode pedir a revisão ou a resolução, na iminência do inadimplemento[46] A revisão ou a resolução podem incidir antes que se verifiquem, ou seja, quando há a iminência de ocorrência.

---

[44] Vide enunciado n. 365 da IV Jornada de Direito Civil do CJF/STJ, aprovado em 2006: "a extrema vantagem do art. 478 deve ser interpretada como elemento acidental da alteração de circunstâncias, que comporta a incidência da resolução ou revisão do negócio por onerosidade excessiva, independentemente de sua demonstração plena."

[45] "Para mim, portanto, a lesão enorme ocorre quando existe mero desequilíbrio contratual, desde que presentes graves modificações no contrato, pressupondo, assim, a álea extraordinária. O fundamental é não transformar contrato comutativo em aleatório. Naquele, as partes têm plena noção do que vão ganhar e do que vão perder. Desse modo, nascendo o contrato já portador desse desequilíbrio, ou surgindo, após esse desequilíbrio, com sérios prejuízos (graves) a uma das partes, por acontecimentos alheios à vontade dos contratantes, dá-se a resolução contratual, por onerosidade excessiva, independentemente de ser previsível, ou não, a brusca e anormal alteração dos fatos. Isto, se o contrato não puder ser revisto" Conferir: AZEVEDO, Álvaro Villaça. **Op. cit.**, p. 28.

[46] Neste sentido cabe lembrar o novo conceito de obrigação como "relação de cooperação", que vê a obrigação como um processo, fazendo-se a devida referência ao trabalho de Clóvis de Couto e Silva, que inspirou-se na doutrina alemã. Segundo a lição de Nelson Rosenvald: "A obrigação deve ser vista como uma relação complexa, formada por um conjunto de direitos, obrigações e situações jurídicas. A obrigação é tida como um processo – uma série de atos relacionados entre si —, que desde o início se encaminha a uma finalidade: a satisfação do interesse na prestação. Hodiernamente, não mais prevalece o status formal das partes, mas a finalidade a qual se dirige a relação dinâmica. Para além da perspectiva tradicional de subordinação do devedor ao credor existe o bem comum da relação obrigacional, voltado para o adimplemento, da forma mais satisfativa ao credor e menos onerosa ao devedor. O bem comum na relação obrigacional traduz a solidariedade mediante a cooperação dos indivíduos para a satisfação dos interesses patrimoniais recíprocos, sem comprometimento dos direitos da personalidade e da dignidade do credor e devedor. No Código Civil de 2002, a diretriz da concretude remete à complexidade das relações obrigacionais. As novas normas perdem em estética, mas ganham em efetividade, pois adquirem o atributo cirúrgico da precisão. No direito das obrigações, há um manancial de normas que convertem o partícipe de uma relação obrigacional em uma pessoa real. Basta remeter o estudioso a conceitos flexíveis como "circunstâncias do caso", "natureza da situação" e "usos do lugar". Estávamos acostumados a perceber a relação obrigacional por sua feição externa, ou seja, uma relação entre credor e devedor, consubstanciada em uma prestação. Já é hora de atinarmos para a feição interna da relação e perceber que cada vínculo obrigacional guarda influxos da boa-fé objetiva e dos deveres de conduta, merecendo um exame em sua profundidade" Conferir: ROSENVALD, Nelson. **Op. cit.**, p. 204.

Ademais, não existe prazo para a configuração da onerosidade excessiva, desde que tenha ocorrido o grave desequilíbrio contratual[47].

É preciso realizar, neste momento, um importante adendo. A onerosidade excessiva superveniente não pode ser meramente alegada se houver uma mera e simples variação econômica superior ou inferior ao valor da prestação original[48]. Afinal, esta oscilação é natural e, de certa forma, faz parte dos riscos inerentes à contratação[49]. O valor desta onerosidade pode ter como referência os valores do mercado (visão objetiva da onerosidade) ou a capacidade financeira-econômica do contraente (visão subjetiva da onerosidade), conforme a tese que se abrace. Uma visão mais objetiva visa a segurança jurídica[50] e a previsibilidade dos efeitos contratuais, o que de certa forma a compatibiliza com a função social dos contratos, já que facilita a realização dos mesmos[51], pela maior previsibilidade dos custos. Agora, por outro lado, partindo de uma visão mais subjetiva da onerosidade excessiva, preleciona Tartuce[52]:

> "Isso porque uma pequena oscilação de preço pode trazer extrema onerosidade a uma parte que seja vulnerável, ou, no sentido literal da expressão

---

[47] Ver jurisprudência do STJ: Resp 447.536-SP, 3ª. T., rel. Min Nancy Andrighi, j. 11-4-2003.

[48] "O regime da 'onerosidade excessiva superveniente' não pode ser acionado diante de uma simples oscilação econômica pra mais ou para menos do valor da prestação. Essa oscilação encontra-se coberta pelos riscos próprios da contratação compreendida pelos riscos próprios do contrato." (KHORI, Paulo R. Roque apud TARTUCE, Flávio. **Op. cit**, p. 536.

[49] Vide enunciado n. 366 do CJF/STJ da IV Jornada de Direito Civil: "o fato extraordinário e imprevisível causador de onerosidade excessiva é aquele que não está coberto objetivamente pelos riscos próprios da contratação."

[50] Nesse sentido, cabe ao autor citar as lições de Orlando Gomes, expondo esse a opinião do legisperito italiano Francesco Messineo: "Messineo adverte, porém, que é preciso distinguir a razão de política legislativa, que inspira a medida, da razão técnico-jurídica. A equidade, a boa-fé, a proibição do abuso de direito e tantas outras noções gerais podem ser admitidas como a razão que teria levado o legislador a abrir essa exceção ao princípio da força obrigatória dos contratos. Tecnicamente, não justificam o instituto. No particular, as teorias que explicam a necessidade de revisão de certos contratos, pela apreciação da vontade contratual, oferecem explicação mais satisfatória" Conferir: GOMES, Orlando. **Op. cit.**, p. 42-43.

[51] Em defesa da liberdade econômica contratual, ler artigo do talentoso jurista André Santa Cruz, escrito para o Instituto Ludwig von Mises Brasil, chamado "Em defesa do direito de firmar contratos livremente". Referência da internet: RAMOS, André Luiz Santa Cruz. **Em defesa do direito de firmar contratos livremente.** Instituto von Mises Brasil, 2012. Disponível em <http://www.mises.org.br/Article.aspx?id=1306>. Acesso em 28.10.2013.

[52] TARTUCE, Flávio. **Op. cit.**, p. 536.

pobre. Imagina-se uma oscilação de R$ 100,00 na parcela de um financiamento. No caso de uma família de baixa renda, essa oscilação pode ser tida como absurda."

Sobre a ausência da mora como um requisito da revisão contratual, estipula a súmula 380 do STJ[53]:

> "A simples propositura da ação de revisão de contrato não inibe a caracterização da mora do autor". Ou seja, o autor da ação/demanda que pede a revisão do contrato ainda pode estar em mora quanto ao mesmo. Ademais, a presença desta mora não impede a revisão do contrato.[54]"

O quinto requisito é o mais polêmico e é o centro do tema deste artigo científico. É o requisito da comutatividade[55]. É necessário questionar se o negócio jurídico precisa ser comutativo para incidir o instituto e se a teoria da imprevisão pode ser aplicada aos contratos aleatórios. Afinal, apesar de acreditarmos que o contrato de seguro é comutativo, o contrato de seguros[56] pode ser considerado um contrato aleatório, segundo a maior parte da jurisprudência e segundo uma parte da doutrina. Essa discussão central, e que faz parte da própria razão de ser deste artigo científico, será exposta em breve e

---

[53] Ver jurisprudência: STJ, Resp 1061530/RS, Rel. Min. Nancy Andrighi, 2ª Seção, j. 22.10.2008, DJe 10.03.2009.
[54] "(...) fechar as portas do devedor para a revisão judicial pela alegação contrária de que está em mora, não atende a qualquer rigor legal, especialmente porque o que está em jogo é a justiça contratual vinculada à necessária comutatividade das prestações" Conferir: PODESTÁ, Fábio apud TARTUCE, Flávio. **Op. cit.**, p. 537.
[55] Comparando os conceitos de contrato comutativo e aleatório, cabe citar as lições do excelente jurista Carlos Roberto Gonçalves: "Contrato comutativo são os de prestações certas e determinadas. As partes podem antever as vantagens e os sacrifícios, que geralmente se equivalem, decorrentes de sua celebração, porque não envolvem nenhum risco. (...) Contrato aleatório é o bilateral e oneroso em que pelo menos um dos contraentes não pode antever a vantagem que receberá, em troca da prestação fornecida." Conferir: GONÇALVES, Carlos Roberto. **Op.cit.**, p.72-73.
[56] Conforme a maioria da jurisprudência, o objeto do contrato de seguro é o próprio risco (embora alguns autores discordem de tal doutrina, como veremos adiante). Inclusive, "o contrato de seguro é aleatório porque se encontra fundado na ocorrência ou não do risco" Conferir: MARTINS, João Marcos Brito. **O contrato de seguro.** São Paulo: Forense Universitária, 2003, p.20.

em um tópico especial, após o autor expor os requisitos para a aplicação da teoria da onerosidade excessiva conforme o CDC.

4. Requisitos doutrinários para a aplicação da teoria da superveniência[57] no Código de Defesa do Consumidor (CDC)

Antes de mais nada, é necessário transcrever o art. 6° do CDC:

> "São direitos básicos do consumidor: (...) V – a modificação das cláusulas que estabelecem prestações desproporcionais ou sua revisão em razão de fatos supervenientes que as tornam excessivamente onerosas."

Assim, pode-se considerar pela leitura do artigo que a teoria da onerosidade excessiva explicitada no CDC é bem diferente da teoria expressa no CC/02. A teoria do CDC é mais simples, não adotou a teoria da imprevisão por sequer prever a imprevisibilidade em seu texto legal. Basta apenas[58] um fato novo, superveniente, que venha a gerar o desequilíbrio ou desproporção das prestações originais, para ser possibilitada a revisão contratual.

---

[57] Segundo nomenclatura de Sílvio Rodrigues, como em breve será explicado.
[58] "Todavia, é nesse ponto que cabe destacar a diferença entre o regime da revisão dos contratos no direito civil e no direito do consumidor. Segundo a regra do artigo 6, V, do CDC, em sua segunda parte, o direito subjetivo do consumidor à revisão do contrato decorre da circunstância de que fato superveniente tenha tornado excessivamente onerosas as prestações. Não faz referência, assim, ao requisito sobre a imprevisibilidade ou não do fato superveniente que tenha dado causa à desproporção. Neste sentido, o CDC, coerente com a diretriz de impedir a transferência de riscos do negócio ao consumidor, assim como de promover uma maior objetivação do exame e avaliação do comportamento das partes do contrato de consumo, afasta a exigência (e com isso a necessidade de comprovação) de que o fato tenha dado causa à desproporção fosse imprevisível. O objetivo desta disposição é a proteção do consumidor não apenas com relação a fatos supervenientes que desestruturem o plano do contrato e a possibilidade de adimplemento, mas também uma vedação a que riscos inerentes ao negócio do fornecedor sejam repassados ao consumidor, quando a responsabilidade pelos mesmos seja daquele que desenvolve a atividade negocial". Conferir: MIRAGEM, Bruno. **Curso de direito do consumidor.** 2ª Ed. São Paulo: RT, 2010, p. 132

Assim preleciona Sílvio Rodrigues[59]:

> "O Código de Defesa do Consumidor trouxe uma inovação importante em matéria da possibilidade de revisão do contrato pelo juiz, infirmando assim o princípio da força vinculante do contrato, criando um reforço para a chamada teoria da superveniência. (...). O que há de inovador no preceito é que a revisão independe de ser imprevisível o fato superveniente que tornou excessivamente onerosa a prestação do consumidor".

Ou seja, Sílvio Rodrigues afirma que a teoria da imprevisão não é aplicável ao CDC, e sim a teoria da superveniência, mais simplificada. O fundamento para tal teoria última é a defesa privilegiada[60] e diferenciada[61] que o consumidor tem para si no nosso ordenamento jurídico[62].

---

[59] RODRIGUES, Sílvio. **Op. cit.**, p.24-25.

[60] Esta defesa privilegiada deve-se à natural vulnerabilidade do consumidor. Destacando a diferença entre vulnerabilidade e hipossuficiência, cabem as lições do jurista Sérgio Cavalieri Filho, inclusive ao citar as preleções de Antônio Herman Benjamim: "Vulnerabilidade e hipossuficiência não se confundem, embora digam respeito ao consumidor. Antônio Herman Benjamin traça com precisão a distinção entre elas na lição que se segue: "A vulnerabilidade é um traço universal de todos os consumidores, ricos ou pobres, educados ou ignorantes, crédulos ou espertos. Já a hipossuficiência é marca pessoal, limitada a alguns – até mesmo a uma coletividade – mas nunca a todos os consumidores... A vulnerabilidade do consumidor justifica a existência do Código. A hipossuficiência, por seu turno, legitima alguns tratamentos diferenciados no interior do próprio Código, como, por exemplo, a previsão de inversão do ônus da prova - art. 6°, VIII" (Código Brasileiro de Defesa do Consumidor, comentado pelos autores do anteprojeto, 8ª ed., Forense Universitária, p. 371). Hipossuficiência é um agravamento da situação de vulnerabilidade, um *plus*, uma vulnerabilidade qualificada. Além de vulnerável, o consumidor vê-se agravado nessa situação por sua individual condição de carência cultural, material ou ambos" O conceito de hipossuficiência está mais ligado a aspectos processuais. O CDC empregou a expressão hipossuficiência só pra as hipóteses de inversão do ônus da prova (art. 6°, VIII) a ser determinada pelo juiz em face do caso concreto. Uma pessoa de posses é consumidor mas não será hipossuficiente se tiver que custear uma prova pericial. Só por ser correntista de um banco ou titular de uma caderneta de poupança não se faz jus, automaticamente, à inversão do ônus da prova, como veremos oportunamente."Conferir: CAVALIERI FILHO, Sérgio. **Programa de direito do consumidor.** 3ª Ed. São Paulo: Atlas, 2011, p. 47-48.

[61] "A Constituição Federal de 1988 adotou o princípio da igualdade de direitos, prevendo a igualdade de possibilidades virtuais, ou seja, todos os cidadãos têm o direito de tratamento idêntico pela lei, em consonância com os critérios albergados pelo ordenamento jurídico. Dessa forma, o que se veda são as diferenciações arbitrárias, as discriminações absurdas, pois o tratamento desigual dos casos desiguais, na medida em que se desigualam, é exigência tradicional do próprio conceito de Justiça, pois o que realmente protege são certas finalidades,

O contrato de consumo, afinal, é amparado na equidade contratual[63], conforme tendência de socialização do Direito Privado[64].

5. Na prática como as teorias da imprevisão ou da superveniência podem ser aplicadas nos contratos de seguro?

A questão é extremamente polêmica. Existe na doutrina uma forte discussão acerca da natureza do contrato de seguro. Parte da doutrina, a clássica, ainda majoritária, afirma que o seguro tem natureza aleatória; a outra parte dos doutrinadores, contemporânea e minoritária, defende a tese da natureza comutativa do contrato de seguro. Para a escola que defende a tese da natureza comutativa, citamos os ensinamentos de Ivan Oliveira Silva:

> "A maioria dos doutrinadores costume classificar os contratos de seguro como aleatórios, sob o argumento de que ao menos uma das partes não sabe, quando da conclusão do pacto, qual é a prestação tomada por obrigação.

somente se tendo por lesado o princípio constitucional quando o elemento discriminador não se encontra a serviço de uma finalidade acolhida pelo direito, sem que se esqueça, porém, como ressaltado por Fábio Konder Comparato, que as chamadas liberdades materiais têm por objetivo a igualdade de condições sociais, meta a ser alcançada, não só por meio de leis, mas também pela aplicação de políticas ou programas estatais". Conferir: MORAES, Alexandre de. **Direito Constitucional**. 18ª Ed. São Paulo: Atlas, 2005, p. 31.

[62] Conferir: art. 170, VII; art. 1º, III; art. 5º, caput; e art. 3º, I. Os fundamentos constitucionais da dignidade da pessoa humana, da justiça social e da igualdade material norteiam o nosso direito privado e são a nova base principiológica da nova ordem civil.

[63] Vide jurisprudência: Resp 268.661/RJ, Rel. Ministra Nancy Andrighi, 3ª T., *DJ* 24-9-2001.

[64] Aplicando tal socialidade à ideia do contrato de seguro: "Assim sendo, a função social típica do contrato de seguro é pressuposto iniludível, não está presa à definição legal, mas também alcança a idéia que lhe subjaz ao representar os princípios que a polariza, orientando teleologicamente a sua função. Reside aí a idéia de relação jurídica comunitária, a diretriz constitucional da solidariedade social e o princípio do mutualismo. O conhecimento de comunidade precede o contrato de seguro, em primeiro lugar, porque este é um mecanismo de diluição de riscos e sempre há um risco, seja ocasionado por acidentes naturais, seja pela vida em sociedade, os homens – cuja existência *n'est que une quête de* securité – esperam estar bem protegidos se agrupando." Conferir: BELLUCI, Marcelo de Oliveira. **Da Aplicação do Código de Defesa do Consumidor aos Contratos de Seguro e a Quebra do Equilíbrio Econômico-Financeiro**. 2010. 160f. Página 29. Dissertação (Mestrado em Direito Comercial) – Faculdade de Direito, Universidade de São Paulo, São Paulo. 2010.

Sustenta, pois, que o contrato de seguro tem como elemento norteador a álea, que recai sobre um risco futuro e incerto que poderá ou não ocorrer. De nossa parte, discordamos da classificação dos contratos de seguro como aleatórios, haja vista que a *álea*, em verdade, incide sobre o sinistro e não sobre a prestação do segurador. Neste sentido, a prestação do segurador, representada pela garantia dos interesses do segurado, é prevista no contrato de seguro de maneira inequívoca. Com efeito, o contrato de seguro tem como objetivo prestar garantia e segurança ao segurado e, mesmo na hipótese de o sinistro não vier a ocorrer, ainda assim persistiu na vigência da avença o sentimento à parte que contratou o seguro."[65]

No mesmo sentido, preleciona Walter Polido[66]:

"Essa alteração da natureza trouxe como consequência o fato de o contrato deixar de se alinhar basicamente à ocorrência de evento futuro e incerto, ou seja, a eficácia deixa de ser representada apenas diante da ocorrência de um sinistro futuro, passando a fornecer *garantia imediata* ao segurado, na condição de *prestação principal*. Essa garantia é representada pela *segurança* e *tranquilidade* que é outorgada ao segurado, *desde logo*, pela contratação do seguro. A álea, certamente presente no contrato de seguro, diz respeito ao *risco* determinado, ao passo que o contrato já é eficaz diante da garantia outorgada de pronto, a qual se perpetua durante toda a vigência do contrato. Há, portanto, *contraprestações* recíprocas – entre Segurador e Segurado – traduzidas pela *comutatividade* do contrato de seguro. O *sinalagma* se apresenta de pronto: garantia imediata do interesse (pelo Segurador) e pagamento de prêmio (pelo Segurado)."

Entretanto, apesar de ser real a coerência superior e irrefutável da tese da natureza comutativa, para a maioria da doutrina e da jurisprudência[67] o

---

[65] SILVA, Ivan de Oliveira. **Op. cit.**, p. 112.
[66] POLIDO, Walter A. **Contrato de Seguro**. São Paulo: Roncarati, 2010, p. 132.
[67] "A despeito do Código Civil de 2002 e das modificações introduzidas na disciplina do contrato de seguro, os tribunais brasileiros continuam firmes na posição de que o contrato de seguro é um contrato de natureza aleatória". Conferir: AZEVEDO, Luis Augusto Roux Azevedo. **A comutatividade do contrato de seguro**. 2010. 123 f. Página 44. Dissertação (Mestrado em Direito) – Faculdade de Direito da Universidade de São Paulo, Universidade de São Paulo, São Paulo. 2010).

contrato é predominantemente aleatório, por mais que nele possam existir aspectos comutativos. O motivo é que, para a corrente da natureza aleatória, o objeto do seguro é o risco futuro e incerto (por outro lado, a escola da natureza comutativa crê que o objeto é a garantia do interesse segurável[68]), assim, a álea típica desse tipo de contrato acaba compondo a natureza do mesmo compondo a sua natureza.

Defendendo a tese da natureza aleatória, ensina João Marcos Brito Martins[69]:

> "O contrato de seguro é aleatório porque se encontra fundado na ocorrência ou não do risco. Por conseguinte, as obrigações não são equivalentes, devido à natureza aleatório do contrato. Depende, portanto, de acontecimento futuro e incerto, quanto à sua realização, seja quanto à data de ocorrência. O segurado pode "perder" ou "ganhar", o mesmo acontecendo com o segurador, se considerado um contrato isoladamente, mas não na totalidade das apólices emitidas, já que essas compensam os prejuízos uns dos outros (segurados). Parte preponderante do prêmio recebido é devolvida ao grupo em forma de pagamento de sinistro ocorridos."

Assim, pela perspectiva desta corrente doutrinária mais clássica (mais aceita nos foros judiciários), como os contratos de seguros são aleatórios, a natural álea e a imprevisibilidade típica deste tipo de contrato, à primeira vista, afastaria a incidência da *rebus sic stantibus*. Entretanto, a incidência da *rebus sic stantibus* é plenamente possível, desde que seja feita certa ressalva.

Nunca será aplicada a cláusula *rebus sic stantibus* quando a onerosidade advém da álea normal[70] do contrato aleatório e não do acontecimento imprevisto. Afinal, o contratante deve sofrer as consequências de um negócio jurídico

---

[68] "O objeto do contrato de seguro é a garantia do interesse legítimo que o segurado tem sobre uma pessoa ou coisa perante o segurador. Garantia pode ser entendida como uma proteção determinada que o segurado dispõe para preservar o seu interesse, obtendo uma vantagem patrimonial caso ocorra o risco". Conferir: TERSI, Flávio H. A. **Código Civil Interpretado**. 6ª Ed. Organização: Costa Machado. Coordenação: Silmara Juny Chinellato. São Paulo: Manole, 2013, p. 551-552.
[69] MARTINS, João Marcos Brito. *Op. cit.*, p. 20.
[70] "Ademais, a natureza dos contratos aleatórios não impede a excessiva onerosidade de suas prestações, desde que não se trate, como é evidente, de onerosidade que afete os mesmos riscos (em qualidade e quantidade) que o contrato tem por fim atribuir a uma das partes. Fora de sua álea contratual específica, os contratos aleatórios podem perfeitamente sofrer os

desfavorável contratado por ele, e sofrer as consequências características da aleatoriedade da convenção (afinal, os ganhos e perdas de um contrato aleatório não são predeterminados). Cita-se[71], nesse sentido o exemplo do art. 769 do Código Civil que diz respeito à companhia seguradora poder resolver o contrato em virtude do agravamento considerável do risco coberto, posterior à sua celebração:

> "Art. 769. O segurado é obrigado a comunicar ao segurador, logo que saiba, todo incidente suscetível de agravar consideravelmente o risco coberto, sob pena de perder o direito à garantia, se provar que silenciou de má-fé. 1° O segurador, desde que o faça nos quinze dias seguintes ao recebimento do aviso da agravação do risco sem culpa do segurado, poderá dar-lhe ciência, por escrito, de sua decisão de resolver o contrato."

É necessário expor um exemplo prático sobre o tema em discussão. Segundo Cézar Fiúza[72], citando o exemplo do seguro-saúde:

> "Quando se diz não se aplicar a teoria da imprevisão aos contratos aleatórios, na verdade, e no caso em epígrafe, está se referindo ao fato de que o segurador não poderá alegar ser a doença do segurado evento imprevisível e com isso não pagar a indenização. O risco de doença foi assumido por ele.

efeitos de acontecimentos supervenientes, extraordinários e imprevisíveis, que prejudiquem o equilíbrio entre as prestações". Conferir: GOMES, Orlando. **Op. cit.**, p. 218.

[71] Segundo Antônio Junqueira de Azevedo e Francisco Paulo de Crescenzo Marino, atualizadores do livro de contrato composto por Orlando Gomes: "(...) Outra questão importante diz respeito à possibilidade de aplicar a revisão ou resolução por onerosidade excessiva aos contratos aleatórios. Entendemos que tal possibilidade existe. Em primeiro lugar, deve-se esclarecer que o direito brasileiro, ao contrário do italiano, não traz regra vedando expressamente a aplicação do remédio aos contratos aleatórios. (...) fora de sua álea contratual, os contratos aleatórios podem perfeitamente sofrer os efeitos de acontecimentos supervenientes, extraordinários e imprevisíveis, que prejudiquem o equilíbrio entre as prestações. Em se tratando de contrato aleatório por vontade das partes, a análise do caso concreto poderá ser bem complexa, dependendo de interpretação ampla acerca da distribuição de riscos presentes no contrato. Exemplo de resolução de um contrato de seguro qualificado como aleatório pela doutrina majoritária (o contrato de seguro) encontra-se no art. 769 do Código Civil, que faculta à companhia seguradora resolver o contrato em virtude do agravamento considerável do risco coberto, posterior à sua celebração" Conferir: GOMES, Orlando. **Op. cit.**, p. 218.
[72] FIUZA, César. **Op. cit.**, p. 432-433.

Ao contrário, se o segurado, envolvido por evento imprevisível, for reduzido à situação temporária de insolvência, não vejo por que não se aplicar a teoria da imprevisão a seu favor. Exemplo típico de fato imprevisível foi o Plano Collor, que bloqueou todos os ativos em conta de depósito e poupança, em 1990. Várias pessoas se reduziram à insolvência por causa disso."

Ademais, no exemplo do seguro-saúde, existe até jurisprudência sobre o tema, afirmando que é possível rever a parte comutativa[73] desses contratos, diante da onerosidade excessiva (TJSP, Agravo de Instrumento 366.368-4/3, 7ª Câmara de Direito Privado, juiz Sousa Lima, origem: comarca de São Bernardo do Campo, j. 16.02.2005, v.u.)[74].

A teoria da imprevisão e a teoria da superveniência são mais aplicáveis naquelas espécies de seguro cujos vínculos obrigacionais se estendem no

---

[73] A doença que surge no segurado faz parte da álea típica e do objeto do contrato, não se caracterizando como *alea extraordinaria*, conforme foi visto.

[74] Quanto à possibilidade da renovação do plano de seguro-saúde por onerosidade excessiva por parte do segurado, cabe citar outras jurisprudências, que apesar de não se referirem à teoria da imprevisão ou da superveniência, demonstram a importância do princípio da boa-fé objetiva nos contratos de seguro (princípio este que é um dos fundamentos para a teoria da onerosidade excessiva superveniente). Quanto ao seguro-saúde: "Seguro-saúde. Não renovação automática do plano pela seguradora. Alegação de aumento da sinistralidade. Justificativa não comprovada nos autos. Impossibilidade de denúncia vazia pela parte mais forte da relação. Malferimento da boa-fé objetiva. Desinteresse justamente no momento em que o beneficiário mais precisa do serviço contratado situação em que o cancelamento ou a não renovação automática podem frustrar o próprio escopo da contratação vantagem exagerada em desfavor do consumidor. Sentença de procedência recurso improvido. Boa-fé objetiva. (...) Sentença de procedência. Recurso improvido" (TJSP, Apelação com Revisão 424.075.4/8. Acórdão 3236639. São Paulo. 5ª Câmara de Direito Privado. Rel. Des. Oscarlino Moeller, j. 10.09.2008. DJESP 03.11.2009). Quanto aos seguros de vida, cabe jurisprudência no mesmo sentido: "Seguro de vida e acidentes pessoais em grupo – ação declaratória – recusa da seguradora à renovação do contrato – disposição contratual que autoriza a denúncia imotivada – nulidade – violação de dispositivos do código de defesa do consumidor e afronta aos princípios da boa-fé objetiva e função social do contrato – é nula de pleno direito a cláusula que admite a rescisão unilateral, pela seguradora, de contrato de seguro de vida, com fulcro em simples manifestação de vontade no sentido de não pretender a renovação da apólice. Permitir tal rescisão, após sucessivas renovações automáticas, por diversos anos, e no momento em que a idade do segurado o torna mais suscetível à ocorrência do sinistro, importa em violação à boa-fé objetiva e função social dos contratos e coloca o consumidor hipossuficiente em desvantagem excessiva, o que não se pode admitir – Apelos improvidos" (TJSP, Apelação Cível nº 992 06.040225-2 – Rel. Des. José Malerbi – j . 23/11/2009 – v.u.).

tempo, por meio de renovações contratuais sucessivas (apólices que a cada ano se renovam). O momento de renovação contratual é uma ótima oportunidade (porém não a única) para a parte onerada prever a possibilidade da aplicação da teoria da onerosidade excessiva, como por exemplo, quanto ao debate da majoração exagerada dos prêmios, conforme exposto por Walter A. Polido[75]:

> "No campo do seguro, para aqueles autores e operadores de direito que o classificam de natureza aleatória, causa perplexidade a todos a mencionada não-aplicação da onerosidade excessiva, em razão de que ocorrem inúmeros casos nos quais as seguradoras justificam o cancelamento de apólices ou a majoração dos prêmios, justamente por força de situações supervenientes, as quais ensejariam a modificação das bases anteriormente pactuadas."

A lógica acima descrita se aplica especialmente aos tipos de seguro que tendem muitas vezes a se estenderem durante toda a vida de uma pessoa, como o seguro-saúde e o seguro de vida[76]. A jurisprudência pátria, conforme o que foi escrito anteriormente, apenas modestamente chegou a aplicar (por falta de oportunidades) o princípio da superveniência ao contrato de seguro-saúde, que poderia ser, analogicamente, aplicada igualmente aos contratos dos seguros de vida.

É importante salientar que o instituto da onerosidade excessiva pode ser aplicado mais facilmente nos contratos de seguro de pessoas, por meio de uma interpretação teleológica[77] do ordenamento. Afinal, se o objeto do contrato de seguros é o risco, o risco de um contrato de seguro de pessoas é muito mais relevante[78] do que o seguro de danos, por dizer respeito à pró-

---

[75] POLIDO, Walter A. **Op. cit**, p. 139-140.
[76] Importante lembrar que teoricamente as teorias da onerosidade excessiva podem ser aplicadas aos diversos tipos de contratos securitários.
[77] Dissertando sobre o método teleológico, ensina o processualista Alexandre Câmara: "(...) é inegável que são elaboradas leis que têm por fim atender a uma finalidade social e, estando o intérprete diante de duas interpretações razoáveis (e cientificamente sustentáveis) de uma mesma norma, deverá optar por aquela que, no seu entender, melhor atenda aos anseios da sociedade" (CÂMARA, Alexandre Freitas. 18. ed. *Lições de Direito Processual Civil*. Rio De Janeiro: Lumen Juris, 2008, v. I, p. 24).
[78] E tão mais relevante é, que: "No caso do seguro de danos, a prestação tem indiscutível caráter indenizatório; no de pessoa, o pagamento ao beneficiário não tem sentido de indenização

pria integridade física da pessoa e da manutenção de sua prole. É a única interpretação compatível com o princípio da dignidade da pessoa humana, já anteriormente explicado. Assim, quanto ao seguro de pessoas, dado a sua relevância ímpar, deve o juiz esmar a aplicabilidade da teoria da onerosidade excessiva de maneira menos rígida (sem beirar o discricionarismo que afrontaria a fundamental segurança jurídica) em relação aos seguros de dano e aos meramente patrimoniais.

Ademais, nesse sentido, é importante lembrar o que foi exposto no enunciado n° 543 da VI Jornada de Direito Civil do CJF/STJ:

> "ENUNCIADO 543 – Constitui abuso do direito a modificação acentuada das condições do seguro de vida e de saúde pela seguradora quando da renovação do contrato (Artigo: 765 do Código Civil)."

Dado o exposto, podemos responder o título do artigo por meio de um "sim", afinal, a teoria da imprevisão (e também a da superveniência) é aplicável aos contratos de seguro de danos e aos seguros de pessoas. Entretanto, mesmo nessa última hipótese, a aplicação do instituto deve ser realmente excepcional e rara, senão a própria finalidade do contrato (pactuação de vontades) iria se perder, devido à falta da previsibilidade das prestações a serem cumpridas.

(aliás, nem poderia ter, já que a vida, jurídica e economicamente falando, não pode ser objeto de avaliação, não tem preço). Ao liquidar um seguro de ramos elementares, a seguradora ressarce o prejuízo sofrido pelo segurado, mas, ao liquidar um seguro de vida, ela apenas cumpre a obrigação pecuniária contraída". Conferir: COELHO, Fábio Ulhoa. **Curso de Direito Comercial.** 8ª Ed. São Paulo: Saraiva, 2008, v. 3, p. 157.

6. Uma abordagem econômica do Direito na busca pela equalização do equilíbrio contratual e pela razoável aplicação da teoria da onerosidade excessiva: a importância da subscrição de risco, o "direito custo" e a sua ligação com o princípio da dignidade da pessoa humana através do argumento da democratização dos serviços de seguro

O seguro é, segundo a definição de Hemmard, conforme expõe Adyr Pecego Messina:

> "Seguro é a operação pela qual mediante o pagamento de uma pequena remuneração, uma pessoa, o segurado, se faz prometer para si próprio ou para outrem, no caso de realização de um evento determinado, a que se dá o nome de sinistro, uma prestação de uma terceira pessoa, o segurador, que, assumindo um conjunto de riscos, os compensa de acordo com as leis da estatística e o princípio do mutualismo.[79]"

O mutualismo é, desde tempos imemoriais[80], um princípio básico do instituto do seguro[81], existindo desde a antiguidade, apesar do moderno contrato

---

[79] MESSINA, Adyr Pessego. **Seguro e Resseguro.** Rio de Janeiro: IRB, 1985, p. 23.

[80] "Históricamente, la primera forma que adopta el seguro es la mutualidad; es decir, la unión de muchas personas expuestas a los mismos riesgos, bajo el compromiso de subvenir, entre todas, a satisfacer la indemnización de lás pérdidas o daños ocurridos a alguno de los miembros de la asociación. La indemnización podía resultar, o bien de la repartición del daño, una vez acaecido; o bien de la entrega total o parcial de un fondo previamente constituido, mediante erogaciones anticipadas. Después surge la forma conocida como de transferencia del riesgo, em virtud de la cual persona amenazada, mediante el pago de una suma de dinero, se garantiza de ser indemnizada por um tercero em caso de ocurrir el siniestro previsto. El seguro moderno es una combinación de ambos sistemas ya que, si em la apariencia, el asegurado transfiere el riesgo materia del contracto al asegurador, éste, de hecho, es un administrador de una vasta multitud de unidades económicas sujetas a riesgos y medio a través del cual ellas se apoyan mutuamente". Conferir: PINTO, Sergio Baeza. **El Seguro.** Chile: Editorial Juridica de Chile, 1967, p. 13.

[81] Segundo lições de um livro norte-americano: "As companhias de seguros são capazes de fornecer proteção contra as consequências financeiras das perdas por causa do conceito de compartilhamento dos riscos ou mutualismo. Com o mutualismo, indivíduos que se deparam com a incerteza de uma perda em particular – por exemplo, a perda do sustento financeiro de uma família por causa da morte prematura do seu principal gerador de renda – transferem esse risco para uma companhia de seguros. Como compensação pela aceitação do risco por uma companhia de seguros, cada detentor de uma apólice paga um prêmio – ou pagamento

de seguros ter surgido na Idade Média[82][83]. O mutualismo se baseia na reunião de um número grande de pessoas que são vulneráveis em relação aos mesmos riscos, sendo que tais riscos equivalentes possibilitam o estabelecimento do equilíbrio aproximado entre as prestações do segurado (quanto ao pagamento do prêmio) e as responsabilidades do segurador[84].

Assim, para que o mutualismo seja concretizável, e para que o preço de prêmio ideal seja alcançado para cada segurado, são necessários diversos cálculos estatísticos de atuária capazes de prever os custos necessários para a proteção de cada risco[85], conforme os diferentes graus de riscos, a partir de informações disponíveis ou aptas a serem disponíveis no mercado.

à seguradora. O prêmio tipicamente consiste em um prêmio inicial, que é pago no momento da emissão da apólice, e em prêmios de renovação, que são pagáveis depois do prêmio inicial e são necessários para a continuidade da apólice." (BICKLEY, Mary C.. BROWN, Barbara Foxenberger. BROWN, Jane Lightcap. JONES. Harriett E.. Subscrição de seguros de vida e saúde. Trad. Gustavo Adolfo Araújo Caldas. Rio de Janeiro: FUNENSEG, 2008, p.6).

[82] "O contrato de seguro teve sua origem na Idade Média diante da preocupação que se tinha com os riscos inerente ao transporte marítimo. Nessa época surgem as sociedades formadas entre os navegantes, que tinham como objetivo socorrer o proprietário de navio que sofria prejuízos inesperados. Com o passar do tempo, os comerciantes perceberam a possibilidade de especular sobre o risco, constituindo atividade economicamente lucrativa. Foi recentemente, no entanto, a partir do século XIX, que a adoção do contrato de seguro se generalizou, com o seguro marítimo dando origem a várias outras modalidades de proteção ao risco, a ponto de, hoje, tornar-se uma atividade presente em praticamente todas as atividades humanas. No mundo civilizado, cada vez mais as pessoas procuram resguardar seus interesses e patrimônio por meio do seguro. Aliás, existem situações, inclusive, em que o seguro decorre de imposição legal – é o que acontece por exemplo, com o seguro a passageiros de aeronaves, de proprietários de veículos automotores, de edifícios divididos em unidades autônomas etc." Conferir: BERTOLDI. Marcelo M.. RIBEIRO, Maria Carla Pereira. **Curso Avançado de Direito Comercial.** 3ª Ed. São Paulo: RT, 2006, p. 742.

[83] "Os romanos conheceram, sem dúvida alguma, como faz notar CHAUFTON, o risco e alguns meios de supportar melhor a perda dos objectos, mas o seguro propriamente dito começa a tomar corpo e a ser objecto de um contracto especial, na Edade Média." Conferir: BEVILAQUA, Clovis. **Op. Cit.** p. 381.

[84] PAUZEIRO, Julio Cezar. **Seguro: conceitos, definições e princípios.** 3ª ed. Rio de Janeiro: VTN Comunicações, 2008, p. 22.

[85] Sobre a natureza do risco, do ponto de vista da sociedade empresária: "It has been suggested that the reasons risk is undesirable are (1) the unexpected losses that occur, and (2) the uncertainty that a person has concerning the future even if there are no losses. The costs of uncertainty itself are a reduction in the total satisfaction associated with a given economic status caused by fear and worry about the future, and inefficiencies in the utilization of existing capital and retardation in the development of new capital. As a result, production,

Assim, conforme lições de Everett Randall:

> "Subscrição pode, então, ser definida como o processo para: (1) decidir quais riscos são aceitáveis; (2) determinar quais prêmios devem ser cobrados, os termos e condições do contrato de seguro; e (3) monitorar cada uma dessas decisões. A subscrição é o coração das operações de uma companhia de seguros. Tudo mais que um segurador faz – comercialização, coleta de prêmios, emissão e endosso de apólices, fornecimento de serviços de inspeção de riscos, investigação de reclamações, pagamento de perdas cobertas, investimento de capitais excedentes – é relacionado a ou é consequência das decisões da subscrição.[86]"

Esse processo de subscrição[87] permite que as companhias seguradoras, dentro de um ambiente de livre mercado competitivo, ofereçam o menor preço possível de prêmio a um potencial cliente, conforme as condições de risco[88]

---

price levels, and price structures are not optimum. Of course, speculative risks also create opportunities and make life interesting. Pure risk, on the other hand, has no favorable aspects" Conferir: RIEGEL. Robert. MILLER, Jerome S.. JR., C. Arthur Williams. **Insurance Principles and Practices: Property and Liability.** 6ª Ed. EUA: Prentice-Hall, 1976, p. 3-4.

[86] RANDALL, Everett. **Introdução a subscrição.** Trad. Cooprev. Rio de Janeiro: FUNENSEG, 2000, p. 5.

[87] "Unlike most other industries, insurance companies do not sell their products to every prospective buyer. The insurer must select the risks he will accept because the insurance buyer may be the source of loss due to moral hazard. One of the ways an insurer can control its costs is to choose carefully those whose interests it insures. The concept of discrimination is better understood if the insurer is viewed not as a seller of insurance but as a purchaser of risk. The insurer seeks to purchase only those classes of risks for which it must pay in claims less than it will receive in premiums" Conferir: PFEFFER, Irving. KLOCK, David R.. **Perspectives on Insurance.** EUA: Prentice-Hall, 1974, p. 242.

[88] "(...) observamos que ela [definição do risco] estabelece um conceito relativo que é o grau de incerteza de um evento. Lembremos que um "evento certo", ou seja, que com certeza ocorrerá, é tratado no estudo do cálculo de probabilidades como correspondendo à probabilidade de 100%; nessas condições, podemos estabelecer uma correspondente probabilidade de ocorrência do evento. O grau de incerteza, ou seja, o risco, será intimamente ligado com a probabilidade de ocorrência dos eventos em estudo. A condição limite será a condição de incerteza plena em que não queremos ou não temos condições de usar o conceito de probabilidades para a avaliação do evento. Assim, desde que seja possível, a forma de atenuar as condições de incerteza consiste na utilização das probabilidades dos eventos em estudo. É por meio das probabilidades que pretendemos captar a influência da experiência, do julgamento e do ambiente, em diferentes condições de projeções dos resultados, relativos a uma questão

AS TEORIAS DA ONEROSIDADE EXCESSIVA E O CONTRATO DE SEGURO

deste cliente e conforme as suas necessidades pessoais. Assim, esse "preço mínimo" permite, conforme as possibilidades de mercado, um maior acesso e alcance de produtos securitários às diversas classes sociais da sociedade, dividida em inúmeras faixas de renda distintas.

Esse maior alcance dos serviços securitários é e está conforme o princípio da dignidade da pessoa humana[89], conforme o art. 1º, inciso III, da nossa Carta Magna, que, segundo o que foi exposto anteriormente, é considerado pela doutrina e pela jurisprudência o super-princípio que fundamenta toda a ordem constitucional e todos os outros princípios constitucionais, sendo que é importantíssimo lembrar que pode ser aplicado diretamente às relações privadas, pela teoria da eficácia horizontal dos direitos fundamentais[90].

---

que será objeto de decisão. Nestas condições, a forma mais comum de tratamento da questão é a obtenção de uma distribuição de probabilidades, sua média e desvio; o desvio em relação à média é entendido como o risco da variável em estudo" Conferir: SECURATO apud CHAN, Betty Lilian. **Risco de subscrição frente às regras de solvência do mercado segurador brasileiro.** 2010. 98f. Página 19. Tese (Doutorado em Ciências Contábeis) – Faculdade de Economia, Administração e Contabilidade, Universidade de São Paulo, São Paulo. 2010.

[89] Referindo-se à importância deste princípio na ordem civil, segue lição de Tepedino (que também poderia ser aplicada ao direito do consumidor e ao resto do ordenamento): "Com efeito, vive-se hoje cenário bem distinto: a dignidade da pessoa humana impõe transformação radical na dogmática do direito civil, estabelecendo uma dicotomia essencial entre as relações jurídicas existenciais e as relações jurídicas patrimoniais. Consagrada como valor basilar do ordenamento jurídico, a dignidade da pessoas humana, esculpida no art. 1º, III, CF, remodela as estruturas e a dogmática do direito civil brasileiro, operando a funcionalização das situações jurídicas patrimoniais às existenciais, de modo a propiciar o pleno desenvolvimento da pessoa humana. Assim, torna-se obsoleta a *summa divisio* que estremava, no passado, direito público e direito privado bem como ociosa a partição entre direitos reais e direitos obrigacionais, ou entre direito comercial e direito civil, ambas fundadas nos aspectos estruturais das situações jurídicas subjetivas, não já nos seus aspectos funcionais". Conferir: TEPEDINO, Gustavo. **Temas de direito civil.** São Paulo: Renovar, 2009, tomo III, p. 13.

[90] "No Brasil, não há dúvidas da aplicabilidade imediata e direta dos direitos fundamentais, em virtude, principalmente, da ocorrência de norma expressa – inexistente na Constituição alemã – na Constituição de 1988, assim disposta (art.5º, §1º): As normas definidoras de direitos e garantias fundamentais têm aplicação imediata." a aplicabilidade imediata dos direitos fundamentais abrange não apenas as liberdades públicas em face do Estado, mas igualmente as relações jurídicas entretecidas entre os particulares, pois a Constituição não faz qualquer restrição. O sentido de aplicação imediata inclui a aplicação direta, razão por que não depende de interposição do Estado, que não é necessariamente parte, quando a violação de direito fundamental for imputada a particular contra particular". Conferir: LÔBO, Paulo. **Direito de família e colisão de direitos fundamentais.** Revista dos Tribunais, 2012, vol. 920.

Afinal, se mais pessoas pudessem ter acesso aos serviços de seguro, mais pessoas estariam melhor protegidas das adversidades do dia a dia, cujas existências são as causas de ser do próprio contrato de seguro. Portanto, esta maior acessibilidade das pessoas, a esse tipo de contrato, é conforme e ajuda a concretizar o princípio constitucional da pessoa humana. Este argumento é também econômico, afinal, baseia-se no maior acesso aos serviços dos contratos de seguro pela população, através das melhores precificações geradas pelos processos de subscrição das seguradoras, quando minimamente livres[91]. Especialmente no caso do Brasil, onde os serviços públicos muitas vezes se mostram insuficientes no atendimento das demandas da população (citamos assim, como exemplo, a importância do seguro-saúde em relação à insuficiência do atendimento do Serviço Único de Saúde).

Existe um conceito chamado "direito-custo". É basicamente o custo que a criação, a interpretação, a aplicação ou a deturpação hermenêutica de um direito subjetivo ou potestativo apresenta para os custos empresariais, afetando os preços e as ofertas de produtos e serviços oferecidas pelo mercado. Segundo as lições de Fábio Ulhoa Coelho:

> "Há normas jurídicas que importam aumento do custo da atividade produtiva. Quando a lei cria um novo direito trabalhista, por exemplo, os empresários alcançados refazem seus cálculos para redefinir o aumento dos custos de seu negócio. Esse aumento de custos, implica, quase sempre, aumento dos preços dos produtos e serviços que o empresário oferece no mercado consumidor. Conceitua-se "direito-custo" como as normas dessa categoria.[92]"

---

[91] "O marco legal no tocante ao respeito e à proteção a contratos, à estabilidade de regras e de legislação e à restrição à concorrência e ao mecanismo de mercado são igualmente importantes para o mercado de seguros e de previdência, mormente nos ramos que envolvem apólices de longo prazo, e resseguro. Mudanças unilaterais ou impostas pelo governo, dos indexadores dos contratos, perdas financeiras impostas aos segurados ou a seguradoras, extinção unilateral de cláusulas, existência de monopólios e de mercados concentrados prejudicam a instituição do seguro. O caso brasileiro tem diversos exemplos deste tipo, que explicam em parte a importância modesta do seguro no Brasil, em comparação com outros países". Conferir: CONTADOR, Cláudio R. **Economia do Seguro.** São Paulo: Atlas, 2007, p. 80 – 81.

[92] COELHO, Fábio Ulhoa. **Curso de Direito Comercial.** 12ª Ed. São Paulo: Saraiva, 2008, v. 1, p. 38.

É importantíssima a aplicação da teoria da onerosidade excessiva nos casos cabíveis, conforme os requisitos legais e principiológicos da ordem contratual "civil-consumeirsta-constitucional", dimensionados conforme a dignidade da pessoa humana. Entretanto, tal hermenêutica deve ser razoável, a teoria da onerosidade excessiva deve ser aplicada com razoabilidade e proporcionalidade. Se o Judiciário aplicar de forma arbitrária a teoria da onerosidade excessiva, favorecendo de maneira não equilibrada o segurado, em detrimento dos cálculos corretos de subscrição de risco, especialmente nos casos de revisão de preços, ele eliminará a própria função da subscrição de riscos, que é a de criar um preço mais equilibrado a todos os clientes, segundo os riscos pessoais de cada segurado. Por conseguinte, em tais hipóteses, as empresas seguradoras seriam obrigadas a aumentar desproporcionalmente todos os preços dos prêmios de diversas categorias, já que teriam que incluir diversos custos a serem criados ou aumentados pela atuação desproporcional do Judiciário e pela falta de segurança nas estimativas fáticas das extensões dos riscos, apta a atrapalhar as escorreitas previsões estatísticas dos profissionais da atuária. Por isso, é muito importante a atuação da análise econômica do Direito ser balizada e considerada também nas decisões judiciais[93].

Assim, é necessário prudência por parte dos juízes e tribunais acerca da aplicação da teoria da imprevisão nos contratos de seguro. Se, em nome do princípio constitucional da proteção à dignidade da pessoa humana, o Judiciário relativizar e estender de forma desproporcional a hermenêutica da teoria da onerosidade excessiva, ele poderá criar, no longo prazo, um ambiente

---

[93] Acerca da importância da análise econômica do Direito na prática jurídica: "Todavia, a moderna análise econômica do Direito foi inaugurada pela obra de Ronald Coase intitulada "The Problem of Social Cost" que, ao tratar da aplicação do custo-benefício na tomada de decisões jurídicas, como forma de obter uma maior eficiência na solução dos conflitos, trouxe para o Direito possibilidade de aplicação direta dos princípios da microeconomia. (...) Portanto, a partir da concepção de norma jurídica como incentivo a determinados comportamentos, as sanções nelas veiculadas como custos, e a aposição da eficiência das escolhas como centro de preocupação pelo Direito, é que a AED constitui método deveras proveitoso, a nosso ver, para a descrição do fenômeno jurídico". Conferir: BARBOSA, Louise Maria Barros. **Análise econômica soluciona conflito entre princípios.** Consultor Juridico, 2010. Disponível em <http://www.conjur.com.br/2010-abr-24/analise-economica-direito-solucoes-conflitos-principio>. Acesso em 19.12.2013).

econômico que obrigará as empresas seguradoras a aumentar os preços dos prêmios, ou, então, a diminuir a oferta de produtos no ramo[94].

Dessa forma, uma leitura incorreta do instituto da teoria da imprevisão ocorre quando os requisitos para a aplicação desta teoria são interpretados de maneira extremamente flexível, por mais que no curto prazo e em um âmbito de aplicação restrito (relacionado a um caso concreto individual) possa favorecer um segurado ou um beneficiário em especial. No longo prazo tal interpretação flexibilizada do instituto poderá agredir a dignidade humana de uma grande massa de pessoas, que no futuro terão um acesso mais dificultado aos produtos de seguro, especialmente por causa da insegurança jurídica[95][96] sofrida pelas seguradoras.

---

[94] No caso abaixo, expomos um exemplo de como uma escassez de liberdade econômica gerada pela burocracia legal pode desfavorecer no longo prazo a massa total de consumidores. O exemplo não se refere à Teoria da Onerosidade Excessiva, e sim, ao excesso de burocracia legal, entretanto, serve como exemplo para demonstrar a existência das consequências negativas advindas da intervenção exagerada por parte dos agentes do Estado na economia, dentro da ótica do "direito-custo": "Quem procura contratar um plano de saúde individual tem dificuldade de achar opções no mercado e, quando as encontra, tem de amargar mensalidades até 71% mais altas que as prestações dos contratos coletivos. A maioria das operadoras não trabalha mais com os planos únicos do cliente e agora vende basicamente as modalidades empresariais e coletivas. (...) "Os planos coletivos não são sujeitos aos reajustes controlados pela ANS (Agência Nacional de Saúde Suplementar), ao contrário dos individuais. As operadoras abandonaram os contratos individuais", disse Maria Inês Dolci, coordenadora da ProTeste (Associação Brasileira de Defesa do Consumidor)" (MOREIRA. João Carlos Moreira. **Plano de saúde fica 71% mais caro.** Diário de São Paulo, 2013. Disponível em <http://www.diariosp.com.br/noticia/detalhe/58770/Plano+de+saude+individual+fica+71%25+mais+caro>. Acesso em 19.12.2013).

[95] "A lentidão e a ineficiência da Justiça causam danos ao crescimento do país. As perdas podem chegar a 1% do PIB, apenas em razão da desconfiança que investidores internacionais têm sobre o funcionamento do Judiciário, conforme estudo do Instituto de Pesquisa Econômica Aplicada (IPEA)". Conferir: ROTH, João Luiz. **Cu$to Brasil: por que não crescemos como outros países?** São Paulo: Saraiva, 2006, p. 93.

[96] O *ranking* da Heritage Foundation Index, instituição reconhecida internacionalmente por calcular o grau de liberdade econômica de cada país no mundo, no quesito "Property Rights", dá a baixa nota de 50.0/100.0 ao Brasil, sendo que o excessivo ativismo judicial (fenômeno também conhecido como politização do Judiciário) é um dos motivos: "(...) Contracts are generally considered secure, but Brazil's judiciary is inefficient and subject to political and economic influence. (...)". Consultar: <http://www.heritage.org/index/country/brazil>. Acesso em 21.12.2013.

Se o princípio constitucional da dignidade da pessoa humana fundamenta a aplicação da teoria da onerosidade excessiva, também a dignidade da pessoa humana valoriza a importância das liberdades individuais mínimas e legítimas que devem ser permitidas às atividades empresariais de subscrição, já que essas que possibilitam as formações de preços de prêmios mais acessíveis, aptos a popularizarem e democratizarem o acesso aos serviços de seguro, prestados por sociedades empresárias. Afinal, estas sociedades, apesar de realizarem atividades de forte conteúdo social, buscam lucro dentro de um ambiente competitivo. Não é possível aplicar a técnica constitucional da ponderação principiológica (inspirada nas lições de Alexy)[97] na colisão[98]

---

[97] "Tal conceito foi desenvolvido pelo alemão Robert Alexy, para quem os princípios são regras que exigem que algo seja realizado 'na maior medida possível dentro das possibilidades jurídicas e fáticas existentes'. Os mandamentos de otimização "caracterizam-se por poderem ser satisfeitos em graus variados e pelo fato de que a medida devida de sua satisfação não depende somente das possibilidades fáticas, mas também das possibilidades jurídicas". Assim, os princípios seriam regras cuja aplicação integral dependeria de condições fáticas e jurídicas indispensáveis, sem as quais seu conteúdo poderia incidir apenas parcialmente. Ao contrário, as normas específicas não admitiriam essa aplicação parcial, pois ou incidiriam totalmente ou não incidiriam". Conferir: MAZZA, Alexandre. **Manual de Direito Administrativo**. São Paulo: Saraiva, 2012, p. 78.

[98] "Foi na tradição anglo-saxônica que a definição de princípios recebeu decisiva contribuição. A finalidade do estudo de Dworkin foi fazer um ataque geral ao Positivismo (*general attack on Positivism*), sobretudo no que se refere ao modo aberto de argumentação permitido pela aplicação do que ele viria a definir como princípios (*principles*). Para ele as regras são aplicadas ao modo *tudo ou nada* (*all-or-nothing*), no sentido de que, se a hipótese de incidência de uma regra é preenchida, ou é a regra válida e a consequência normativa deve ser aceita, ou ela não é considerada válida. No caso de colisão entre regras, uma delas deve ser considerada inválida. Os princípios, ao contrário, não determinam absolutamente a decisão, mas somente, contêm fundamentos, os quais devem ser conjugados com outros fundamentos provenientes de outros princípios. Daí a afirmação de que os princípios, ao contrário das regras, possuem uma dimensão de peso (*dimension of weight*), demonstrável na hipótese de colisão entre os princípios, caso em que o princípio com peso relativo maior de sobrepõe ao outro, sem que este perca sua validade. (...) Alexy, partindo das considerações de Dworkin, precisou ainda mais o conceito de princípios. Para ele os princípios jurídicos constituem apenas em uma espécie de normas por meio da qual são estabelecidos deveres de otimização aplicáveis em vários graus, segundo as possibilidades normativas e fáticas. Com base na jurisprudência do Tribunal Constitucional Alemão, Alexy demonstra a relação de tensão ocorrente no caso de colisão de princípios: nesse caso, a solução não se resolve com a determinação imediata da prevalência de um princípio sobre o outro, mas é estabelecida em função da ponderação entre os princípios colidentes, em função da qual um deles, em determinadas circunstâncias concretas, recebe a prevalência. Os princípios, portanto, possuem apenas uma dimensão de

dos diversos significados e aplicações de um único princípio constitucional (como o princípio da dignidade da pessoa humana), já que é possível aplicar essa técnica apenas no balizamento de dois ou mais princípios colidentes. Cabe desta forma, ao Judiciário, definir qual é a única aplicação hermenêutica correta do princípio da dignidade da pessoa humana na aplicação da teoria da onerosidade excessiva dentro de um caso concreto. Tal verificação ocorrerá casuisticamente, buscando o equilíbrio contratual completamente justo[99]. Ora preponderando em alguns casos o interesse do segurado, ora preponderando em outros casos o interesse da seguradora, baseado na correta subscrição de riscos. A ordem contratual precisa buscar um equilíbrio entre as partes[100], até

peso e não determinam as consequências normativas de forma direta, ao contrário das regras. É só a aplicação dos princípios diante dos casos concretos que os concretiza mediante regras de colisão. Por isso, a aplicação de um princípio deve ser vista com uma cláusula de reserva, a ser assim definida: "Se no caso concreto um outro princípio não obtiver maior peso". É dizer o mesmo: a ponderação dos princípios conflitantes é resolvida mediante a criação de regras de prevalência, o que faz que os princípios, desse modo, sejam aplicados também ao modo *tudo ou nada (Alles-oder- Nichts)*. Essa espécie de tensão e o modo como ela é resolvida é o que distingue os princípios das regras: enquanto no conflito entre regras é preciso verificar se a regra está dentro ou fora de determinada ordem jurídica (*problema do dentro ou fora*), o conflito entre princípios já se situa no interior desta mesma ordem *(teorema da colisão)*". Conferir: ÁVILA, Humberto. **Teoria dos Princípios: da definição à aplicação dos princípios jurídicos.** 14ª Ed. São Paulo: Malheiros, 2013, p. 39-41.

[99] E neste contexto, cito a excelente lição de Paulo Nader acerca do conceito de justiça: "(...). A sua definição clássica foi uma elaboração da cultura greco-romana. Com base nas concepções de Platão e Aristóteles, o jurisconsulto Ulpiano assim a formulou: *Justitia est constans et perpetua voluntas jus suum cuique tribuendi* (Justiça é a constante e firme vontade de dar a cada um o que é seu). Inserida no *Corpus Iuris Civilis*, a presente definição, além de retratar a justiça como virtude humana, apresenta a ideia nuclear desse valor: *Dar a cada um o que é seu*. (...)". Conferir: NADER, Paulo. **Introdução ao Estudo do Direito.** 24ª Ed. Rio de Janeiro: Forense, 2004, p. 101.

[100] Citando ensinamentos aplicados à ordem consumerista que visa equalizar as partes desiguais em defesa do segurado (que igualmente poderiam ser aplicados à ordem civil, que embora seja baseada na igualdade das partes, busca o equilíbrio contratual): "Mas essa Política Nacional de Consumo, convém ressaltar, embora inspirada na reconhecida necessidade de tutelar a parte mais fraca (vulnerabilidade) das relações de consumo, não tem caráter paternalista, tampouco de ilimitado favoritismo do consumidor. Essa é uma visão equivocada e que tem levado muitos a fazerem críticas infundadas ao Código, do tipo *elemento desastabilizador do mercado, ditadura do consumidor etc*. Não é bem assim. A política normativa traçada pelo CDC, afinada com os ditames da ordem econômica definida na Constituição, na realidade desenvolve um projeto de ação destinado a alcançar a harmonia das relações de consumo, conforme de depreende da parte final do citado art. 4 (caput) – "bem como transparência e harmonia das

porque o empreendimento empresarial, quando atua dentro dos quadros da licitude, também é caracterizado pela atuação em prol de uma função social basilar. Haja vista que o próprio art. 1º, inciso IV, ao anunciar que um dos princípios fundamentais da nossa República baseia-se nos "valores sociais do trabalho e da livre iniciativa", está afirmando que não apenas o trabalho se baseia em valores sociais, mas sim, também, a livre iniciativa[101]. Afinal, na ordem econômica capitalista, a livre iniciativa é a atividade fundamental para o progresso da prosperidade material e para a cooperação mútua na divisão de trabalho de qualquer povo.

Dado o exposto, encerra-se o presente artigo.

7. Referências Bibliográficas

AGUIAR JÚNIOR, Ruy Rosado de. **Extinção dos contratos por incumprimento do devedor.** 2ª Ed. Rio de Janeiro: AIDE, 2003.

ÁVILA, Humberto. **Teoria dos Princípios: da definição à aplicação dos princípios jurídicos.** 14ª Ed. São Paulo: Malheiros, 2013.

AZEVEDO, Álvaro Villaça. **O Novo Código Civil Brasileiro: tramitação; função social do contrato; boa-fé objetiva; teoria da imprevisão e, em especial, onerosidade excessiva – "Laesio enormis".** In: DELGADO, Mário Luiz; ALVES, Jonas Figueiredo. *Questões controvertidas no novo Código Civil.* São Paulo: Método, 2004.

AZEVEDO, Luis Augusto Roux Azevedo. **A comutatividade do contrato de seguro.** 2010. 123 f. Dissertação (Mestrado em Direito) – Faculdade de Direito da Universidade de São Paulo, Universidade de São Paulo, São Paulo. 2010.

---

relações de consumo". (...) Muitos são os que aplicam o Código de Defesa do Consumidor de maneira equivocada, em desarmonia com o sistema protetivo correspondente, ora em prejuízo do consumidor, ora previlegiando-o. Num caso ou noutro, olvidando-se de que o espírito da lei é o estabelecimento da relação de consumo. Vale dizer: conferir ao consumidor direitos que não possui é tão ou mais grave do que negar-lhe direito autêntico. (...) Evidentemente, estamos diante de um instrumento jurídico poderoso, ms o problema não é o instrumento, mas o uso que se faz dele. Como toda arma de defesa, deve a mesma ser efetiva, isto é, tem de cumprir o seu papel de proteger e defender quem a porta. (...)". Conferir: CAVALIERI FILHO, Sérgio. **Op. cit.,** p. 24-25.

[101] "A ordem econômica, segundo a Constituição, tem por fim assegurar a todos existência digna, conforme os ditames da justiça social, observados os princípios indicados no art. 170, princípios estes que, em essência, como dissemos, consubstanciam uma ordem capitalista". Conferir: SILVA, José Afonso da. **Curso de Direito Constitucional Positivo.** 24ª Ed. São Paulo: Malheiros, 2005, p. 788.

BARBOSA, Louise Maria Barros. **Análise econômica soluciona conflito entre princípios.** Consultor Jurídico, 2010. Disponível em <http://www.conjur.com.br/2010-abr-24/analise-economica-direito-solucoes-conflitos-principio>. Acesso em 19.12.2013.

BASTOS, Ricardo da Silva. **Fundamento filosófico da função social do contrato.** In: HIRONAKA, Giselda Maria Fernandes Novaes (coordenadora): *Novo Código Civil: interfaces no ordenamento jurídico brasileiro.* Belo Horizonte: Del Rey, 2004.

BELLUCI, Marcelo de Oliveira. **Da Aplicação do Código de Defesa do Consumidor aos Contratos de Seguro e a Quebra do Equilíbrio Econômico-Financeiro.** 2010. 160f. Dissertação (Mestrado em Direito Comercial) – Faculdade de Direito, Universidade de São Paulo, São Paulo. 2010.

BEVILAQUA, Clóvis. **Direito das Obrigações.** Edição histórica. Rio de Janeiro: Editora Rio, 1977.

BERTOLDI. Marcelo M. RIBEIRO, Maria Carla Pereira. **Curso Avançado de Direito Comercial.** 3ª Ed. São Paulo: RT, 2006.

BICKLEY, Mary C.. BROWN, Barbara Foxenberger. BROWN, Jane Lightcap. JONES. Harriett E.. **Subscrição de seguros de vida e saúde.** Trad. Gustavo Adolfo Araújo Caldas. Rio de Janeiro: FUNENSEG, 2008.

BULOS, Uadi Lâmmego. **Direito Constitucional ao alcance de todos.** 3ª Ed. São Paulo: Saraiva, 2011.

CÂMARA, Alexandre Freitas. **Lições de Direito Processual Civil.** 18ª Ed. Rio De Janeiro: Lumen Juris, 2008, v. 1.

CAVALIERI FILHO, Sérgio. **Programa de direito do consumidor.** 3ª Ed. São Paulo: Atlas, 2011.

CHAN, Betty Lilian. **Risco de subscrição frente às regras de solvência do mercado segurador brasileiro.** 2010. 98f. Tese (Doutorado em Ciências Contábeis) – Faculdade de Economia, Administração e Contabilidade, Universidade de São Paulo, São Paulo. 2010.

COELHO, Fábio Ulhoa. **Curso de Direito Comercial.** 12ª Ed. São Paulo: Saraiva, 2008, v. 1. . v.3.

FIUZA, César. **Direito Civil: Curso Completo.** 2ª Ed. Belo Horizonte: Del Rey, 2009.

GOMES, Orlando. **Contratos.** 26ª Ed. São Paulo: Forense, 2007.

GONÇALVES, Carlos Roberto. **Direito Civil Brasileiro: Contratos e Atos Unilaterais.** 3ª Ed. São Paulo: Saraiva, 2007, v. 3.

KONDER, Nelson Carlos. **Boa-fé objetiva, violação positiva do contrato e prescrição: repercussões práticas da contratualização dos deveres anexos no julgamento do Resp 1276311.** In: Revista Trimestral De Direito Civil, ano 13, vol. 50. Rio De Janeiro: Padma, 2010.

LEITE, Gisele. **Sobre a Revisão dos Contratos.** Academia brasileira de direito, 2007. Disponível e m <http://www.abdir.com.br/doutrina/imprimir.asp?art_id=1331>. Acesso em 25.10.2013.

LENZA, Pedro. **Direito Constitucional Esquematizado.** 16ª Ed. São Paulo: Saraiva, 2012.

LÔBO, Paulo. **Direito de família e colisão de direitos fundamentais.** Revista dos Tribunais, 2012, vol. 920.

MARQUES, Cláudia Lima. **Contratos no Código de Defesa do Consumidor.** 5ª Ed. São Paulo: Revista Dos Tribunais, 2006.

MARTINS, João Marcos Brito. **O contrato de seguro.** São Paulo: Forense Universitária, 2003.

MARTINS-COSTA, Judith. **A Boa-Fé no Direito Privado.** São Paulo: RT, 1999.

MAZZA, Alexandre. **Manual de Direito Administrativo.** São Paulo: Saraiva, 2012.

MESSINA, Adyr Pessego. **Seguro e Resseguro.** Rio de Janeiro: IRB, 1985.

MIRAGEM, Bruno. **Curso de direito do consumidor.** 2ª Ed. São Paulo: RT, 2010.

MORAES, Alexandre de. **Direito Constitucional.** 18ª Ed. São Paulo: Atlas, 2005.

MORAES, Maria Celina Bodin de. **Na medida da pessoa humana.** Rio De Janeiro: Renovar, 2010.

MOREIRA. João Carlos Moreira. **Plano de saúde fica 71% mais caro.** Diário de São Paulo, 2013. Disponível em <http://www.diariosp.com.br/noticia/detalhe/58770/Plano+de+saude+individual+fica+71%25+mais+caro>. Acesso em 19.12.2013.

MOTTA, Sylvio; BARCHET, Gustavo. **Curso de Direito Constitucional.** São Paulo: Elsevier, 2005.

NADER, Paulo. **Introdução ao Estudo do Direito.** 24ª Ed. Rio de Janeiro: Forense, 2004.

NUNES, Rizzatto. **Curso De Direito Do Consumidor.** 2ª Ed. São Paulo: Saraiva, 2007.

PAUZEIRO, Julio Cezar. **Seguro: conceitos, definições e princípios.** 3ª Ed. Rio de Janeiro: VTN Comunicações, 2008.

PEREIRA, Caio Mário da Silva. **Instituições de Direito Civil: Teoria Geral de Direito Civil.** 21ª Ed. Rio De Janeiro: Forense, 2005, v. 1.

PFEFFER, Irving. KLOCK, David R. **Perspectives on Insurance.** EUA: Prentice-Hall, 1974.

PINTO, Sergio Baeza. **El Seguro.** Chile: Editorial Juridica de Chile, 1967.

POLIDO, Walter A. **Contrato de Seguro.** São Paulo: Roncarati, 2010.

PORTO, Fábio Rapp. **Extinção judicial de contrato deve ser último recurso.** Consultor Jurídico, 2008. Disponível em <http://www.conjur.com.br>. Acesso em 29.10.2013.

RAMOS, André Luiz Santa Cruz. **Em defesa do direito de firmar contratos livremente.** Instituto von Mises Brasil, 2012. Disponível em <http://www.mises.org.br/Article.aspx?id=1306>. Acesso em 28.10.2013.

RANDALL, Everett. **Introdução a subscrição.** Trad. Cooprev. Rio de Janeiro: FUNENSEG, 2000.

RIEGEL. Robert. MILLER, Jerome S. JR., C. Arthur Williams. **Insurance Principles and Pratices: Property and Liability.** EUA: Prentice-Hall, 1976.

RODRIGUES, Sílvio. **Direito Civil: Dos Contratos E Das Declarações Unilaterais Da Vontade.** 30ª Ed. São Paulo: Saraiva, 2007, v.4.

ROPPO, Enzo. **O contrato.** Coimbra: Livr. Almedina, 1988.

ROSENVALD, Nelson. **Dignidade humana e boa-fé.** São Paulo: Saraiva, 2005.

ROTH, João Luiz. **Cu$to Brasil: por que não crescemos como outros países?** São Paulo: Saraiva, 2006.

SILVA, Ivan de Oliveira. **Curso de Direito do Seguro.** 2ª Ed. São Paulo: Saraiva, 2012.

SILVA, José Afonso da. **Curso de Direito Constitucional Positivo.** 24ª Ed. São Paulo: Malheiros, 2005.

SOUZA, Carlos Affonso Pereira de Souza. **Teoria Geral das Obrigações e dos Contratos.** 4ª Ed. Rio de Janeiro: FGV, 2011. Disponível em <http://www.academico.direito-rio.

fgv.br/ccmw/images/8/80/Teoria_Geral_das_Obrigações_e_dos_ Contratos.pdf>. Acesso em 21.12.2013

TARTUCE, Flávio. **Manual de Direito Civil.** São Paulo: Método, 2011.

TEPEDINO, Gustavo. **Temas de direito civil.** São Paulo: Renovar, 2009, tomo III.

TERSI, Flávio H. A. **Código Civil Interpretado.** 6ª Ed. Organização: Costa Machado. Coordenação: Silmara Juny Chinellato. São Paulo: Manole, 2013.

VICENZI, Marcelo. **Interpretação Do Contrato.** São Paulo: Revista Dos Tribunais, 2011.

Apontamentos ao Princípio Majoritário no Direito Societário

Alexandre Couto Silva

1. Introdução

O princípio majoritário no Direito Societário congrega noções jurídicas, sociológicas, políticas, históricas e econômicas. No princípio majoritário, analisado no âmbito do Direito Societário, será estudada sua relação com o nascimento do Estado e da consequente organização da Sociedade Civil, verificando-se que diversas áreas de conhecimento contribuíram para a formação deste princípio.

O Estado moderno nasce através da deliberação social organizada, a partir do momento em que os indivíduos, coletivamente, concordam em se submeter a uma série de normas e regras. Nesse acordo teórico são encontradas as raízes do Estado Democrático de Direito. Para que se chegue ao Estado atual, fundado na liberdade e igualdade dos homens, foi preciso que a Sociedade Civil evoluísse, passando por estágios diversos da história, os mais relevantes para fins deste estudo são a Revolução Francesa e a Revolução Industrial. "O liberalismo aparece como doutrina a serviço de interesses da burguesia.

Assim, o Estado passa a ter um papel bastante restrito na área econômica e social, servindo basicamente à burguesia. Consequentemente, a liberdade empregada consistia na liberdade de indústria e comércio."[1]

Apesar de cada etapa histórica possuir sua singular organização social, não resta dúvida que nesses estágios houve a presença do princípio majoritário, seja como norteador de deliberações assembleares de homens, de cidadãos integrantes de um Estado Democrático, ou de acionistas nas companhias.

O princípio majoritário, portanto, representaria a aplicação do princípio democrático de deliberação, característica fundamental do Estado Democrático de Direito, no âmbito interno das sociedades empresariais, ou seja, a maneira pela qual as deliberações são tomadas. Dessa forma, o processo das deliberações sociais deve ser analisado dentro do contexto de ordem social para que se possa esclarecê-lo, bem como as razões de sua prevalência como medida de deliberação nas sociedades anônimas[2].

Para tanto, deve-se remeter à evolução do conceito de propriedade privada, à estrutura organizacional das sociedades anônimas e à necessidade de congregar capitais para atingir objetivos maiores que o indivíduo por si só não seria capaz de atingir. A companhia surge no Sistema Capitalista como instrumento da evolução econômica de maior importância dos tempos modernos em razão da limitação da responsabilidade dos acionistas investidores, tornando-se mais importante que a eletricidade e a máquina a vapor na Revolução Industrial.[3] Isso significa que o acionista participa de determinada atividade empresarial com risco limitado ao capital investido, diretamente

---

[1] COUTO SILVA, Alexandre. Anotações sobre a evolução histórica das sociedades anônimas: concentração econômica. *Direito societário: estudos sobre a lei de sociedades por ações*. São Paulo: Saraiva, 2013.p. 405-6.

[2] Sinônimas: companhias e sociedades anônimas; acionistas e sócios. A limitação de responsabilidade está evidente na LSA: "Art. 1º A companhia ou sociedade anônima terá o capital dividido em ações, e a responsabilidade dos sócios ou acionistas será limitada ao preço de emissão das ações subscritas ou adquiridas."

[3] COUTO SILVA, Alexandre. Anotações sobre a evolução histórica das sociedades anônimas: concentração econômica. *Direito societário: estudos sobre a lei de sociedades por ações*. São Paulo: Saraiva, 2013.p. 407. Ver também: WORMSER, Maurice. *Disregard of corporate fiction and allied: corporation problems*. New York: Baker, Voorhis and Company, 1929. p. 2.

relacionado a quantidade de ações subscritas ou adquiridas, hipótese que nem sempre foi possível.[4]

A despeito disto, nas companhias é relevante analisar as consequências da utilização do princípio majoritário para os acionistas, minoritários e majoritários, e a forma pela qual a lei regulamentou seu uso. Assim os acionistas majoritários e minoritários farão parte do ponto de estudo deste trabalho, conceitos que são relacionais e indissociáveis. Os acionistas minoritários serão analisados com relação ao seu direito de retirada, direito corolário ao princípio majoritário.

2. Evolução do Princípio Majoritário no Direito Público

a. Origem: Grécia e Roma

Apesar de o princípio majoritário estar intimamente associado ao direito privado, este foi amplamente utilizado no direito público, responsável por tutelar o interesse da Sociedade Civil através da figura do Estado.

Remonta suas origens às civilizações romanas e gregas. A história de Roma, dividida através de suas diferentes formas de governo, comporta quatro etapas distintas: o período real (tem início nas origens de Roma à 510 a.C.), o período republicano (510 a.C. – 27 a.C.), o período do principado (27 a.C. – 285 d.C.) e o período do dominato (285 d.C. – 565 d.C.).[5]

Durante o período da realeza, a existência da vida política se resumia em três grupos distintos: o rei, o senado e os comícios. O senado constituía órgão consultivo do rei e possuía competência para aconselhar, não sendo seu conselho de natureza obrigatória haja vista que estavam em posição subordinada ao rei, e para dar validade as deliberações realizadas nos comícios.

---

[4] "A hipótese de admitir-se a limitação de responsabilidade de todos quando participassem de uma sociedade, bem como a da própria sociedade, só aparece com a primeira sociedade por ações, ou seja, a Companhia das Índias Ocidentais." LAMY FILHO, Alfredo; BULHÕES PEDREIRA, José Luiz. *Direito das companhias*. Rio de Janeiro: Forense, 2009. v.1. p. 3.
[5] MOREIRA ALVES José Carlos. *Direito romano*. 13. ed. Rio de Janeiro: Forense, 2004. p. 1.

DIREITO DOS NEGÓCIOS APLICADO

Os comícios, por sua vez, eram assembleias que aprovavam ou rejeitavam proposta relacionadas a casos concretos.[6]

Em 510 a.C., já instaurada a república romana, houve a permanência do senado, órgão de característica permanente e que, ao lugar do rei, aconselhava os magistrados. O senado na república detinha a função de atuar em diversos setores da administração pública, além de atuar na formação de leis, podendo declará-las nulas caso as deliberações que as concretizaram não tivessem obedecido às formalidades legais.[7] Já o plebiscito (instaurado em 509 a.C.), direito adquirido pelos plebeus que a princípio não possuíam direitos nem políticos nem civis, haviam votações mas que se aprovadas só tinham força de lei entre os próprios plebeus.[8]

Vê-se claramente que apesar de não ser pleno, ou seja, todos os integrantes da cidade de Roma possuírem direitos iguais, ou reais[9], para votação e consequente aprovação de matérias, já configurava-se a presença do princípio majoritário, seja nas reuniões do senado, seja nos comícios, seja nos plebiscitos.[10]

A luta pelo reconhecimento de direitos por parte da plebe acarretou na criação da Lei das XII Tábuas, que remonta a 450 a.C. – 451 a.C., conferindo maior segurança à plebe. Posto isto, a Lei das XII Tábuas aplicava-se tanto aos plebeus quanto aos patrícios.

---

[6] "Não se sabe ao certo como a vontade do povo era apurada nesses comícios. Conjecturam alguns autores que os patrícios votavam individualmente nas cúrias, apurando-se em seguida, a maioria em cada cúria, e dependendo o resultado definitivo do maior número de cúrias em favor da proposta em votação, ou contra ela. É possível, também, como pretendem outros, que, à semelhança do que ocorria na Grécia antiga, o povo se manifestasse por aclamação." MOREIRA ALVES José Carlos. *Direito romano*. 13. ed. Rio de Janeiro: Forense, 2004. p. 11.

[7] MOREIRA ALVES José Carlos. *Direito romano*. 13. ed. Rio de Janeiro: Forense, 2004. p. 16.

[8] ALBERGARIA Bruno. *Histórias do direito: evolução das leis, fatos e pensamentos*. São Paulo: Atlas, 2011. p. 86.

[9] Na época da realeza romana, os plebeus "tinham domicílio, mas, não, a pátria", pois não possuíam direitos. MOREIRA ALVES José Carlos. *Direito romano*. 13. ed. Rio de Janeiro: Forense, 2004. p. 10-11.

[10] Posição contrária à defendida por Lamy e Bulhões em O Direito das Companhias, pois segundo eles: "O direito romano não conhecia o princípio majoritário na comunhão, ou compropriedade de bens, e quando o admitia (no direito público e nos direitos corporativos), recorria à ficção de que a maioria dos deliberantes representava a totalidade." LAMY FILHO, Alfredo; BULHÕES PEDREIRA, José Luiz. *Direito das companhias*. Rio de Janeiro: Forense, 2009. v.1. p. 809.

A Lei das XII Tábuas não se ocupava de um determinado ramo do direito, detinha elementos tanto do direito público quanto do direito privado, e por isso os romanos a chamavam de "fonte de todo o direito público e privado."[11] Ainda, sim, reside a crítica de que a Lei das XII Tábuas não possuiria elementos essências para que a caracterizasse como fonte completa de direito público, "[c]om efeito, exceto as normas relativas a direito penal, são escassos os dispositivos que tratam do direito público, não havendo quaisquer regras sobre os institutos fundamentais do direito constitucional e do direito administrativo."[12]

A Lei das XII Tábuas reconheceu o direito de posse e de propriedade (Tábua VI), dentre muitos outros, entretanto, vale ressaltar que não tratou da propriedade como a conhecida hoje, considerando, por exemplo, que as mulheres e escravos pudessem ser apropriados.[13]

Ao tratar da propriedade privada dentro do dualismo do direito natural e Direito positivo, Kelsen afirma que a propriedade privada decorre da natureza do homem e uma ordem jurídica que não a garanta é contrária à natureza e

---

[11] ALBERGARIA Bruno. *Histórias do direito: evolução das leis, fatos e pensamentos*. São Paulo: Atlas, 2011. p. 87.
[12] MOREIRA ALVES José Carlos. *Direito romano*. 13. ed. Rio de Janeiro: Forense, 2004. p. 25.
[13] A Tábua VI abordava especificamente o direito à propriedade, assim como o de posse. "Tábua Sexta: Do direito de propriedade e da posse: (1) Se alguém empenhar a sua coisa ou vender em presença de testemunhas, o que prometeu terá força de lei. (2) Se não cumprir o que prometeu, que seja condenado em dobro. (3) O escravo a quem for concedida a liberdade por testamento, sob a condição de pagar uma certa quantia, e que for vendido em seguida, tornar-se-á livre, se pagar a mesma quantia ao comprador. (4) A coisa vendida, embora entregue, só será adquirida pelo comprador depois de pago o preço. (5) As terras serão adquiridas por usucapião depois de dois anos de posse, as coisas móveis depois de um ano. (6) A mulher que residir durante um ano em casa de um homem, como se fora sua esposa, será adquirida por esse homem e cairá sob o seu poder, salvo se se ausentar da casa por três noites. (7) Se uma coisa for litigiosa, que o pretor a entregue provisoriamente àquele que detiver a posse; mas se se tratar da liberdade de um homem que está em escravidão, que o pretor lhe conceda a liberdade provisória. (8) Que a madeira utilizada para a construção de uma casa, ou para amparar a videira, não seja retirada só porque o proprietário reivindicar; mas aquele que utilizou a madeira que não lhe pertencia seja condenado a pagar o dobro do valor; e se a madeira for destacada da construção ou do vinhedo, que seja permitido ao proprietário reivindicá-la. (9) Se alguém quer repudiar a sua mulher, que apresente as razões desse repúdio." Lei das XII Tábuas. Disponível em <: http://www.dhnet.org.br/direitos/anthist/12tab.htm > Acesso em 25 de julho de 2014.

não pode ter longa duração.[14] Mais a frente ao tratar do dualismo entre direito objetivo e direito subjetivo, apresenta a ideologia política de que o direito subjetivo da propriedade privada é anterior ao Direito objetivo dela decorrente.[15]

b. Estado: sua criação

Para se tratar do direito público como conhecido hoje, há que se remontar à evolução da figura do Estado, criação artificial dos homens com objetivo de ordenação social.

Inicialmente, o estado natural dos homens seria o de conflito, assim, a vida social era definida pelos interesses particulares de cada um. Portanto, os indivíduos viveriam em presumido caos social uma vez que a convivência seria balizada por interesses particulares ilimitados. As ideias referentes a concepção de organização social e a necessidade de conversão de representatividade na figura de um único indivíduo ou grupo de indivíduos são apresentadas no

---

[14] "Entre os chamados direitos naturais, inatos, sagrados, do homem, a propriedade privada representa um importante, senão o mais importante, papel. Quase todos os principais autores da doutrina do Direito natural afirmam que a instituição da propriedade privada corresponde à própria natureza do homem. Assim, uma ordem jurídica que não garante e protege a propriedade privada é considerada contrária à natureza e, portanto, não pode ter longa duração." KELSEN, Hans. *Teoria geral do direito e do estado*. São Paulo: Martins Fontes, 2005. p. 15.

[15] "[O] dualismo ainda é mantido, na medida em que o direito jurídico subjetivo é considerado, lógico e temporalmente, anterior ao Direito objetivo. No começo, existiam apenas direitos subjetivos – em especial o protótipo de todos os direitos, o direito à propriedade (obtida por ocupação) – e apenas num estágio posterior o Direito objetivo como ordem do Estado foi acrescentado com o propósito de sancionar e proteger os direitos que, independentemente dessa ordem, haviam passado a existir." Em sequência apresenta a realidade jurídica para, apesar de reconhecer a importância da teoria da precedência dos direitos como ideologia, apresenta dificuldade de extinguir direitos na lógica da precedência. "É, então, juridicamente impossível abolir a instituição da propriedade privada, ou, mais ainda, a legislação é, então, incapaz de privar qualquer indivíduo particular de qualquer direito particular de propriedade." KELSEN, Hans. *Teoria geral do direito e do estado*. São Paulo: Martins Fontes, 2005. p. 112-114.

Leviatã, que apesar de absolutista[16-17], aponta ideias sobre a deliberação em assembleia dos homens.[18]

A corrente contratualista nasce da crença da necessidade de um contrato social entre os cidadãos para a manutenção da ordem. Os contratualistas partem do pressuposto de que o contrato social é imprescindível à manutenção do Estado, caracterizado pela existência de um pacto entre os indivíduos.

Dessa forma, cria-se o Estado Civil que surge como uma criação não natural dos seres humanos que se associam e se submetem a uma série de normas para que consigam atingir um determinado objetivo coletivo. Pode-se dizer

---

[16] Thomas Hobbes acreditava na necessidade de um Estado Soberano como forma de manutenção da paz social, dessa forma, defendia um Estado que possuiria completa autoridade sobre os indivíduos. O absolutismo estatal de Hobbes só seria possível se a maioria abdicasse de seus direitos e os colocassem, por mútuo acordo, através de pacto ou contrato, nas mãos de um soberano, que passaria a representa-los. Com relação à vontade da maioria, esta estaria presente no momento de celebração do pacto social, pois este é conduzido pela maioria, devendo aqueles que discordarem passar a consentir juntamente com os restantes ou serem excluídos da sociedade.

[17] Apesar de ser um dos tratados políticos mais fundamentais elaborados pelo pensamento humano, e que tem papel crucial na construção do conceito de Estado como modernamente conhecido, a obra de Maquiavel não será analisada neste estudo. Em O Príncipe, Maquiavel defende a centralização do poder político e não propriamente o absolutismo do rei. Assim, suas considerações e recomendações aos governantes sobre a melhor forma de governar caracterizam sua obra como uma teoria do Estado moderno. MAQUIAVEL, Nicolau. *O príncipe*. 2. ed. trad. Maria Júlia Goldwasser. São Paulo: Martins Fontes, 1999. 182p.

[18] "A única maneira de instituir um tal poder comum, capaz de defendê-los das invasões dos estrangeiros e das injúrias uns dos outros, garantindo-lhes assim uma segurança suficiente para que, mediante seu próprio labor e graças aos frutos da terra, possam alimentar-se e viver satisfeitos, é conferir todo sua força e poder a um homem, ou a uma assembleia de homens, que possa reduzir suas diversas vontades, por pluralidades de votos, a uma só vontade. O que equivale a dizer: designar um homem ou uma assembleia de homens como representante de suas pessoas, considerando-se e reconhecendo-se cada um como autor de todos os atos que aquele que representa sua pessoa praticar ou levar a praticar, em tudo o que disser a respeito à paz e segurança comuns; todos submetendo assim suas vontades à vontade do representante, e suas decisões a sua decisão. Isto é mais do que consentimento, ou concórdia, é uma verdadeira unidade de todos eles, numa só e mesma pessoa, realizada por um pacto de cada homem com todos os homens, de um modo que é como se cada homem dissesse a cada homem: *Cedo e transfiro meu direito de governar-me a mim mesmo a este homem, ou a esta assembleia de homens, com a condição de transferires a ele teu direito, autorizando de maneira semelhante todas as ações*. Feito isto, à multidão assim unida numa só pessoa se chama Estado, em latim *civitas*." HOBBES, Thomas. *Leviatã ou matéria, forma e poder de um estado eclesiástico e civil*. Coleção os pensadores. São Paulo: Abril Cultural, 1979. p.105.

que este Estado só será legitimo enquanto atender ao objetivo pelo qual foi criado. Vale ressaltar que a passagem do estado natural do homem para o Estado Civil obrigou os homens a reprimirem os seus instintos naturais para que se prevalecesse o pacto social em detrimento de seus interesses particulares.[19]

Assim, no que tange à associação voluntária dos indivíduos para atender a determinado objetivo, Rousseau explica a existência do corpo coletivo[20] formado pela assembleia dos membros do Estado. Essa associação de indivíduos que passa a atuar como poder soberano no interesse de cada componente tem uma vontade própria que denomina-se vontade geral. A vontade geral não se confunde com uma simples soma das vontades individuais. A vontade geral, assim, tende constantemente à utilidade pública, o que não significa que cada indivíduo tenha que necessariamente concordar com ela.[21]

---

[19] "Há muitas vezes grande diferença entre a vontade de todos e a vontade geral: esta olha somente o interesse comum, a outra o interesse privado, e outra coisa não é senão a soma de vontades particulares; mas tirai dessas mesmas vontades as que em menor ou maior grau reciprocamente se destroem, e resta como soma das diferenças a vontade geral." ROUSSEAU, Jean-Jacques. *Do contrato social*. Disponível em: < http://www.ebooksbrasil.org/adobeebook/contratosocial.pdf > Acesso em 25 de julho de 2014. p. 41.

[20] "Logo, ao invés da pessoa particular de cada contratante, esse ato de associação produz um corpo moral e coletivo, composto de tantos membros quanto a assembleia de vozes, o qual recebe desse mesmo ato sua unidade, seu comum, sua vida e sua vontade. A pessoa pública, formada assim pela união de todas as outras, tomava outrora o nome de cidade, e toma hoje o de república ou corpo político, o qual é chamado por seus membros: Estado, quando é passivo; soberano, quando é ativo; autoridade, quando comparado a seus semelhantes" [...] "[C]ada indivíduo pode, como homem, ter uma vontade particular contrária ou dessemelhante à vontade geral que possui na qualidade de cidadão. O interesse particular pode faltar-lhe de maneira totalmente diversa da que lhe fala o interesse comum: sua existência absoluta, e naturalmente independente, pode fazê-lo encarar o que deve à causa comum como uma contribuição gratuita, cuja perda será menos prejudicial aos outros que o pagamento oneroso para si [...]" ROUSSEAU, Jean-Jacques. *Do contrato social*. Disponível em: < http://www.ebooksbrasil.org/adobeebook/contratosocial.pdf > Acesso em 25 de julho de 2014. p. 26-29.

[21] "[O] pacto fundamental procede a uma correção, suprindo as deficiências resultantes de desigualdade física e fazendo com que os homens, podendo ser desiguais em forma ou em gênero, se tornem iguais por convenção de direito." [...] "É o que se dá, por exemplo, com a afirmação da predominância da vontade popular, com o reconhecimento de uma liberdade natural e com a busca de igualdade, que se reflete, inclusive, na aceitação da vontade da maioria como critério para obrigar o todo, o que só se justifica se for acolhido o princípio de que todos os homens são iguais." DALARI, Dalmo de Abreu. *Elementos de teoria geral do estado*. 24. ed. São Paulo: Saraiva, 2003. p. 18.

Há aqueles que tentam desqualificar o princípio majoritário. Assim, há quase um século após o Contrato Social de Rousseau, Alexis de Tocqueville, abordando a utilização do princípio da maioria, descreve a sociedade democrática norte-americana no século XIX: "[A] maioria possui um império tão absoluto e tão irresistível, que quem quiser se afastar do caminho que ela traçou precisará de certa forma renunciar a seus direitos de cidadão e, por assim dizer, à sua qualidade de homem."[22] Alerta, ainda, que um dos maiores perigos dos governos democráticos é a possibilidade da instauração de uma tirania exercida pela maioria. Em referência à Rousseau, Tocqueville explica que a força política da maioria jamais poderá ser confundia com a soberania da vontade geral.[23]

Em um Estado Democrático de Direito, há a prevalência da vontade popular. Entretanto, o autogoverno se dá pela representatividade, tendo em vista a impossibilidade de se confiar a todos os cidadãos a prática do ato de governar. Dessa forma, afirma-se que o direito de voto na eleição é característica do Estado Democrático de Direito[24].

---

[22] TOCQUEVILLE, Alexis. *A democracia na américa*. Disponível em: <http://www.libertarianismo.org/livros/adtdnacompleto.pdf > Acesso em 25 de julho de 2014. p. 302.

[23] A crítica de Tocqueville reside na prevalência absoluta da maioria, dessa forma: "Quando um homem ou um partido sofrem uma injustiça nos Estado Unidos, a quem você quer que ele se dirija? À opinião pública? É ela que constitui a maioria. Ao corpo legislativo? Ele representa a maioria e obedece-lhe cegamente. Ao poder executivo? Ele é nomeado pela maioria e lhe serve de instrumento passivo. À força pública? A força pública não passa da maioria sob as armas. Ao júri? O júri é a maioria investida do direito de pronunciar sentenças – os próprios juízes, em certos Estados, são eleitos pela maioria. Por mais iníqua e insensata que seja a medida a atingi-lo, você tem de se submeter a ela." TOCQUEVILLE, Alexis. *A democracia na américa*. Disponível em: <http://www.libertarianismo.org/livros/adtdnacompleto.pdf > Acesso em 25 de julho de 2014. p. 296.

[24] "A participação na legislação dos indivíduos sujeitos à ordem jurídica é característica da democracia, distinguindo-a da autocracia, na qual os sujeitos são excluídos da legislação, não têm direitos políticos. Em uma democracia, o poder legislativo pode ser exercido diretamente pelo povo, em assembleia primária, ou por um parlamento eleito, sozinho ou em cooperação com um chefe de Estado eleito. A democracia pode ser uma democracia direta ou indireta (representativa). Em uma democracia direta, o direito político decisivo é o direito do cidadão de participar das deliberações e decisões da assembleia popular. Em uma democracia indireta, a formação da vontade do Estado, na medida em que é uma criação de normas gerais, ocorre em dois estágios: primeiro, eleição do parlamento e do chefe de Estado, e, depois, a criação da norma geral, do estatuto, seja pelo parlamento sozinho ou em colaboração com o chefe de Estado. De modo correspondente, o direito político decisivo em uma democracia

A eleição pela maioria dos cidadãos ocorre a prevalência desse grupo frente a minoria: "só o grupo majoritário é que elege representantes. Não importa o número de partidos, não importando também a amplitude da superioridade eleitoral. Desde que determinado grupo obtenha maioria, ainda que de um único voto, conquista o cargo de governo objeto da disputa eleitoral."[25]

Destarte, pode-se concluir que o princípio majoritário, norteador da ordem social, presente nos primórdios do Estado Civil e ainda mais claramente nos Estados Democráticos de Direito, foi de relevante importância para criação do Estado.

3. Evolução no Direito Privado

a. Revolução Francesa e Era Napoleônica

Em 1789, a propriedade na França ainda não possuía uma clara definição, muito menos direitos e garantias próprios. Os reis franceses baseavam-se na ideia de que o poder era conferido por Deus. Os interesses do rei, considerado como representante de Deus e como representante do Estado, estavam acima dos interesses particulares, assim o cidadão tinha a posse, mas não a propriedade.[26] Ante tal cenário, o Rei Luis XVI proclamou, nas vésperas da revolução francesa, a *"Declaration De Ses Intentions"*[27] com o objetivo de conferir mais segurança à propriedade através da instituição de suas garantias.

---

indireta (representativa) é o direito de voto". KELSEN, Hans. *Teoria geral do direito e do estado*. São Paulo: Martins Fontes, 2005. p. 125.

[25] DALARI, Dalmo de Abreu. *Elementos de teoria geral do estado*. 24. ed. São Paulo: Saraiva, 2003. p. 190.

[26] "A propriedade, portanto, diferiria do domínio, que é a soma de todos os direitos possíveis que pertencem ao proprietário sobre sua cousa, quais são os da posse, uso e gozo e de livre disposição. Essa concepção, como se vê, é idêntica à do direito anglo-saxônico, em que *property* é o gênero e *ownership* uma de suas espécies." COMPARATO, Fábio Konder. Função social da propriedade dos bens de produção. *Revista de direito mercantil, industrial, econômico e financeiro*. São Paulo, v. 63, p. 74, jul./set.1986.

[27] COMPARATO, Fábio Konder. Função social da propriedade dos bens de produção. *Revista de direito mercantil, industrial, econômico e financeiro*, São Paulo, v. 63, p. 74, jul./set.1986.

Com a queda do absolutismo[28] e o sucesso da revolução francesa, que defendia que o poder público não poderia ser exercido apenas por uma única pessoa, houve a redefinição da relação entre os indivíduos e o Estado.

A liberdade, a condição de igualdade entre os homens e a fraternidade, na Revolução Francesa, deveriam ser objeto principal do Estado.[29] A revolução francesa foi um movimento do terceiro estado, cuja constituição contava com a participação da burguesia, classe social em expansão na época. Em 1789, a Constituinte aboliu o sistema feudal com a proclamação da Declaração Universal dos Direitos do Cidadão, que defendia a inviolabilidade da propriedade privada e também a igualdade jurídica para todos os homens.[30]

Após a Revolução Francesa, Napoleão Bonaparte assume o poder na França e começa a elaboração de um Código Civil. O Código Civil Francês veio a modificar, além de codificar, a concepção até então abstrata de propriedade privada.[31] A criação do Código de Napoleão buscou reformar o sistema legal francês que não possuía uma unidade legislativa, antes deste Código. As leis eram baseadas em costumes locais, havendo frequentes isenções e privilégios concedidos pelos reis ou senhores feudais. O Código de Napoleão eliminou os privilégios dos nobres, garantiu a todos os cidadãos masculinos a igualdade perante a lei, separou Igreja e Estado, legalizou o divórcio, além de dividir o Direito Civil em duas categorias: o da propriedade e o da família.

---

[28] O absolutismo pode ser caracterizado através da celebre frase de Jamie I, rei da Inglaterra em 1603: "A deo rex, a rege lex ("O rei provém de Deus e do rei provém a lei.")." ALBERGARIA Bruno. *Histórias do direito: evolução das leis, fatos e pensamentos*. São Paulo: Atlas, 2011. p. 154.

[29] "Por causa da apropriação (notadamente de terras cultiváveis) o homem luta entre si para mantê-la: é o estado da guerra. Mas, com o passar dos tempos, os detentores das propriedades, para evitar mais guerra, "inventaram" um sistema de leis – sistema jurídico – que lhes protegessem sem a necessidade de uso constante da força." ALBERGARIA Bruno. *Histórias do direito: evolução das leis, fatos e pensamentos*. São Paulo: Atlas, 2011. p. 160.

[30] Segundo art. 17 da Declaração Universal dos Direitos do Cidadão: "Como a propriedade é um direito inviolável e sagrado, ninguém dela pode ser privado, a não ser quando a necessidade pública legalmente comprovada o exigir e sob a condição de justa e prévia indenização." ALBERGARIA Bruno. *Histórias do direito: evolução das leis, fatos e pensamentos*. São Paulo: Atlas, 2011. p. 169-172.

[31] "Na visão de Napoleão, o Código Civil, por ser uma obra endereçada aos burgueses, deveria conter todos os "passos" da vida de um burguês. Assim, para Napoleão, o Código deveria prever: sobre a força da lei; o surgimento da pessoa; dos bens e como serem apropriados pelas pessoas; e como se adquirir a propriedade." ALBERGARIA Bruno. *Histórias do direito: evolução das leis, fatos e pensamentos*. São Paulo: Atlas, 2011. p. 177.

No Brasil, o Código Civil de 1916 baseou-se em grande parte na propriedade napoleônica. "A propriedade perdeu sua estrutura privilegiada, e se tornou individual, acessível a qualquer pessoa do povo, e tratada igualmente pela lei. No mesmo sentido caminhou o Código Bevilacqua, enfatizando os poderes que resultam do domínio."[32] Apesar da visão de alguns juristas[33], com o Código Civil de 1916 houve a prevalência da separação do Direito Civil e do Direito Comercial, alterado apenas em 2002.

b. Revolução Industrial e Adam Smith

A revolução industrial, do fim do século XVIII até meados do século XIX, caracterizou uma mudança nas relações sociais e no conceito de propriedade.[34] Teve início na Inglaterra devido a diversos fatores, dentre eles: a invenção da máquina a vapor, o êxodo rural para as cidades, a adoção de teorias econômicas liberais e vastos recursos naturais.

Pode-se dizer que o êxodo rural para a cidade foi uma consequência dos *Enclosure Acts* (conhecidos como leis para o cercamento de terra), que constituíram na privatização de terras justamente como o próprio nome sugere.

---

[32] SOUZA, Sylvio Capanema. O código napoleão e sua influência no direito brasileiro. *Revista da emerj*. v. 7, n. 26, 2004. Disponível em: < http://www.emerj.tjrj.jus.br/revistaemerj_online/edicoes/revista26/revista26.pdf > Acesso em: 25 de julho de 2014. p. 44.

[33] No Brasil, o código sofreu duras críticas, especialmente de Teixeira de Freitas: "Para o incomparável jurista do Império, e como leciona Caio Mario, a base de todo o Direito Civil é a distinção entre os Direitos Reais e os Direitos Pessoais. Seduzido pela obra monumental de Savigny, que tanto criticava a doutrina francesa e o Código Napoleão, é compreensível que o Esboço dele tenha se afastado, na contramão dos demais países sul-americanos. Mas, com a codificação de 1916, os rumos do direito brasileiro mudaram, como se verá. A primeira influência, que logo se percebe, foi a dicotomia, com a separação do Direito Civil e o Direito Comercial. Preservou-se o vetusto Código Comercial, de 1850, afastando-se, assim, o sonho unificador de Teixeira de Freitas." SOUZA, Sylvio Capanema. O código napoleão e sua Influência no direito brasileiro. *Revista da emerj*. v. 7, n. 26, 2004. Disponível em: <http://www.emerj.tjrj.jus.br/revistaemerj_online/edicoes/revista26/revista26.pdf > Acesso em: 25 de julho de 2014. p. 40.

[34] "Antes da Revolução Industrial, principalmente no sistema feudal, a atividade de produção dos bens era artesanal e manual, daí o termo manufatura. Os artesãos utilizavam ferramentas e máquinas simples. Quando muito, havia um grupo de artesãos que trocavam técnicas rudimentares, dividindo o trabalho entre eles para facilitar o processo de produção." ALBERGARIA Bruno. *Histórias do direito: evolução das leis, fatos e pensamentos*. São Paulo: Atlas, 2011. p.189.

Essas terras, antes de uso comum, passaram a ser usadas para o cultivo de ovelhas, cuja lã era usada como matéria prima para a manufatura de tecidos. A mão de obra deslocou-se para os centros industriais, que passaram a trabalhar sob uma mesma gerência, contribuindo, assim, para o surgimento das empresas, caracterizadas pelo deslocamento da riqueza de inúmeros indivíduos para uma mesma central de controle.

Por seu turno, o tratamento da propriedade privada evoluiu deixando de ser o caminho para o exercício do poder político e passando a ser uma fonte do poder econômico. Entretanto, utiliza-se das mesmas estruturas jurídicas do regime anterior, o que dificultou o acesso de todos à propriedade privada.[35]

Adam Smith, na Riqueza das Nações, apresentou conceitos fundamentais de propriedade privada, de incentivo individual, de lucro, de competição e de valor. Há ainda análises teóricas sobre o funcionamento das chamadas sociedades comerciais e os problemas associados a elas.[36] Apresenta ainda críticas às companhias de grande porte, em que a administração era exercida por terceiros, por acreditar que não seria natural que um terceiro dedicasse a mesma atenção à sociedade que seu dono. Para Adam Smith, a propriedade privada estava diretamente relacionada ao conceito de posse. Dessa forma, controle e posse estariam inseparavelmente ligados.[37]

O conceito de propriedade de Adam Smith sofreu diversas mudanças ao longo do tempo, a mudança mais aparente pode ser explicada por Berle e Means e consiste na separação entre os atributos de posse e de administração. A expansão do alcance do termo "propriedade" não somente é divorciada da tomada de decisão dos seus beneficiários (acionistas e detentores dos direitos

---

[35] COUTO SILVA, Alexandre. Anotações sobre a evolução histórica das sociedades anônimas: concentração econômica. *Direito societário: estudos sobre a lei de sociedades por ações*. São Paulo: Saraiva, 2013.p. 406.

[36] SMITH, Adam. *Riqueza das nações*. São Paulo: Martins Fontes, 2003. 2v.

[37] "É raro que o comércio e as manufaturas floresçam por muito tempo num Estado que não usufrua de uma administração regular da justiça, no qual o povo não sinta a posse de sua propriedade perfeitamente assegurada, no qual a palavra empenhada nos contratos não tenha o amparo da lei, e no qual não se supõe que a autoridade do Estado tenha o poder de obrigar ao pagamento das dívidas todos aqueles que tem condições de pagá-los." SMITH, Adam. *Riqueza das nações*. São Paulo: Martins Fontes, 2003. p. 1167.

decorrentes da ação), mas passa a abranger um conjunto de concepções sobrepostos ao domínio das coisas tangíveis e intangíveis.[38]

4. Propriedade Privada: Deslocamento

a. Conceito de Propriedade Privada

Adolf Berle e Gardiner Means fazem uma ressalva à aplicação da teoria da propriedade privada às companhias, apresentando o conceito tradicional de propriedade privada caracterizado por dois conceitos essenciais e indissociáveis: o risco tomado para a obtenção do lucro; e a responsabilidade pela sua administração.

Assim, os autores apresentam hipóteses nas quais a decisão de arriscar, visando à possível obtenção de lucro, não está exclusivamente mais ligada à administração do bem *i.e.* da companhia. Ao contrário, a primeira é atribuível ao proprietário da ação da companhia, que assume o risco ao comprar tal ação, e a segunda é atribuível aos diretores ou grupo de controle da companhia. Nessa lógica, pergunta-se se seria aplicável o conceito tradicional de propriedade privada, abordado anteriormente neste artigo, às companhias.[39]

---

[38] "The directors of such companies, [...] being the managers rather of the people's money than of their own, it cannot well be expected that they should watch over it with the same anxious vigilance with which the partners in a private copartnery frequently watch over their own. Like the stewards of a rich man, they are apt to consider attention to small matters as not for their master's honor, and very easily give themselves a dispensation from having it. Negligence and profusion, therefore, must always prevail more or less, in the management of the affairs of such company. It is upon this account that joint stock companies for foreign trade have seldom been able to maintain the competition against private adventurers. They have, accordingly, very seldom succeeded with one. Without an exclusive privilege they have both mismanaged and confined it." BERLE, Adolf; MEANS, Gardiner. *The modern corporation and private property*. 7. ed. New Brunswick: Transaction Publishers, 2005. p. 304.

[39] "When active and passive property relationships attach to the same individual or group, we have private property as conceived by the older economists. When they attach to different individuals, private property in the instruments of production disappears." [...] "Whether possession of active property, – power of control over an enterprise, apart from ownership, – will ever be looked upon as private property which can belong to and be disposed of by its possessor is a problem of the future, and no prediction can be made with respect to it. Whatever the answer, it is clear that in dealing with the modern corporation we are not dealing with the

Em *The Modern Corporation and Private Property*, o conceito de propriedade dentro de uma companhia é dividido em: propriedade ativa; e propriedade passiva[40]. Por propriedade, nesse caso, entende-se a uma gama especifica de direitos e garantias, especialmente o direito sobre uma ação da companhia e o exercício de direitos que esta confere ao seu titular no âmbito interno da companhia.

A propriedade passiva existe quando os titulares das ações têm relação direta com a companhia, porém não detém praticamente nenhum poder sobre ela. A propriedade ativa, por sua vez, reside nas mãos de titulares que possuem o direito de influir nas decisões da companhia, seja através de dispositivos legais, seja através de maioria votante. Assim, propriedade ativa e propriedade passive de Berle e Means refere-se as figuras dos controladores e do minoritários, da maioria e da minoria.

Ao partirem do entendimento de Walther Rathenau para caracterizar a companhia baseado em seu formato como uma instituição em que não há proprietário permanente, como se a ninguém pertencesse, Berle e Means apontam que a propriedade se despersonalizou, assumindo existência objetiva da coisa possuída e vida própria. Assim, a despersonalização da propriedade, a existência objetiva da companhia e o desprendimento dos bens do possuidor, tudo isso leva a um ponto em que a Companhia se transforma em instituição semelhante ao Estado.[41-42] Apontam que a companhia possui responsabilida-

---

old type of private property. Our description of modern economy, in so far as it deals with the quasi-public corporation, must be in terms of the two forms of property, active and passive, which for the most part lie in different hands." BERLE, Adolf; MEANS, Gardiner. *The modern corporation and private property*. 7. ed. New Brunswick: Transaction Publishers, 2005. p. 305.

[40] "Passive property, – specifically, shares of stock bonds, – gives its possessors an interest in an enterprise but gives them practically no control over it, and involve no responsibility. Active property, - plant, good will, organization, and so forth which make up the actual enterprise [...]" [...] "When active and passive property relationships attach to the same individual or group, we have private property as conceived by the older economists.".". BERLE, Adolf; MEANS, Gardiner. *The modern corporation and private property*. 7. ed. New Brunswick: Transaction Publishers, 2005. p. 304-305.

[41] BERLE, Adolf; MEANS, Gardiner. *The modern Corporation and private property*. 7. ed. New Brunswick: Transaction Publishers, 2005. p. 309.

[42] "Berle and Means wrote that the corporation as an institution may become not only equal to the state, but even supersede it as a dominant social organization. From an economic viewpoint, they are correct. The privately owned corporation is the prevailing form of organizing the production and distribution of goods and services in the United States, and in

de com seus acionistas, sendo os controladores os responsáveis para atingir o interesse social, mas respeitando o interesse dos minoritários, entretanto, apresentam a preocupação com o interesse da comunidade.[43]

Para análise do interesse social, pode-se percorrer várias teorias divididas em duas grandes correntes teóricas que tentam definir o conceito de interesse social:

(i) os contratualistas veem na sociedade uma relação contratual que envolve apenas o interesse das partes contratantes, dessa forma, o interesse social representaria o interesse coletivo dos sócios; (ii) os institucionalistas concebem o interesse social abrange interesses diversos dos sócios. Várias teorias se enquadram neste último grupo como (a) da empresa como ente público Rathenau, (b) da empresa em si (em se sobrelevam os mais diversos interesses – interesse público), (c) da pessoa em si de Gierke (teoria organicista ou da realidade da pessoa jurídica) interesse da própria sociedade, (d) da empresa acionária de Haussmann (composição do interesse de várias pessoas que dela participam), (e) da instituição de Hauriou (a liberdade, o poder e a ideia resultante da comunhão do grupo), e (f) *large corporation* (em que a distribuição do lucro não era essencial, mas reinvestir e criar mais empregos, etc.).[44]

Vale ressaltar que a Lei n° 6.404/76 ("LSA") adotou a teoria contratualista, segundo a qual o interesse da companhia não é um interesse superior ou da empresa em si, mas sim o interesse comum dos sócios. Os contratualistas veem na sociedade uma relação contratual que envolve apenas o interesse das partes contratantes, dessa forma, o interesse social representaria o interesse coletivo dos sócios. Apesar de essencialmente contratualista, vale ressaltar que a LSA

---

other capitalists nations as well." BERLE, Adolf; MEANS, Gardiner. *The modern corporation and private property*. 7. ed. New Brunswick: Transaction Publishers, 2005. p. xviii.

[43] BERLE, Adolf; MEANS, Gardiner. *The modern corporation and private property*. 7. ed. New Brunswick: Transaction Publishers, 2005. p.311-312.

[44] Sobre o tema ver: FRANÇA, Erasmo Valladão Azevedo e Novaes. *Conflito de interesses nas assembleias de s.a.*. São Paulo: Malheiros, 1993. NASCIMENTO, João Pedro Barroso do. Conflito de interesses no exercício do direito de voto nas sociedades anônimas. *Revista de Direito Bancário e Mercado de Capitais*, São Paulo, v. 24 e v. 25, abril/jun. e jul./set. 2004.

acatou algumas particularidades da teoria institucionalista, assumindo que o acionista controlador tem deveres e responsabilidades para com os demais acionistas da companhia, os que nela trabalham e para com a comunidade na qual se insere e não somente com seus acionistas.

O interesse social é aquele determinado pela maioria dos sócios em busca da realização da finalidade social que engloba tanto a atividade (ramo empresarial da sociedade), quanto o fim (que é o lucro através da maximização dos investimentos), respeitados os diversos interesses em torno da sociedade (trabalhadores, comunidade etc). Deve-se realizar o objeto social mesmo que haja dos interesses antagônicos dos sócios. O interesse social é a vontade manifestada em assembleia, sustentado pela vontade coletiva dos sócios. O interesse social serve como balizador do dever de voto e de atuação dos sócios.[45-46]

O acionista controlador deve usar o poder no interesse da companhia, visando ao interesse social, tendo deveres e responsabilidades para com os demais acionistas da sociedade, os que nela trabalham e a comunidade em que atua, cujos direitos e interesses deve lealmente respeitar e atender. Os acionistas controladores também têm deveres para com os credores e para com os acionistas minoritários.[47] Os acionistas controladores têm deveres para com outros acionistas, devendo usar seu poder com o fim de fazer a companhia realizar o seu objeto e cumprir sua função social, devendo ainda

---

[45] COUTO SILVA, Alexandre. Conflito de Interesses: problemas de agência. *Direito societário: estudos sobre a lei de sociedades por ações*. São Paulo: Saraiva, 2013. p. 28.

[46] Em regra geral, quanto ao interesse social, os acionistas não-controladores têm deveres para com a companhia e seus acionistas, enquanto, os acionistas controladores têm deveres fiduciários comparáveis aos dos administradores que são análogos aos do *trustee*. Assim, mutatis mutandis, apesar de os administradores e de os controladores terem responsabilidade equiparada à dos *trustees*, espera-se que os controladores e administradores busquem sempre maximizar os investimentos realizados pelos acionistas, podendo entrar em negócios arriscados; enquanto que os *trustees* têm a obrigação de preservar e manter os ativos sob seu controle, sendo que tais ativos não podem ser submetidos a risco. COUTO SILVA, Alexandre. Conflito de Interesses: problemas de agência. *Direito societário: estudos sobre a lei de sociedades por ações*. São Paulo: Saraiva, 2013.

[47] SOLOMON, Lewis D.; FESSLER, Daniel Wm; WILMARTH JR., Arthur E. *Corporations and alternative business vehicles*. Santa Monica: Casenotes, 1994. p. 4-31.

respeitar lealmente os seus deveres para com os empregados e a comunidade em que atua[48]. Os deveres dos controladores são comparáveis aos dos administradores.[49]

"Decorrente do entendimento que os controladores são agentes dos não controladores, seus deveres podem ser comparáveis aos dos administradores. Os controladores, como agentes, têm deveres para com os credores e para com os acionistas minoritários."[50]

A despeito de sua natureza, a companhia é um meio pelo qual a riqueza de vários indivíduos está concentrada e o seu controle (da riqueza) é entregue a uma administração. As companhias, portanto, constituem um modo de produção econômico, e não somente uma vertente da propriedade privada.[51]

Sobre o fenômeno da criação das companhias modernas, estas são fundadas no princípio de separação entre controle e propriedade, uma vez que há múltiplos acionistas.[52]

A companhia surge, inicialmente, com a demanda de atividades de cunho público necessárias para a manutenção da vida, e, posteriormente, da disponibilidade do capital de diferentes indivíduos para a condução da atividade

---

[48] O instituto romano do *bonus pater familia* parece estar refletido no parágrafo único do art. 116 da Lei de Sociedades por Ações: "O acionista controlador deve usar o poder com o fim de fazer a companhia realizar o seu objeto e cumprir sua função social, e tem deveres e responsabilidades para com os demais acionistas da empresa, os que nela trabalham e para com a comunidade em que atua, cujos direitos e interesses deve lealmente respeitar e atender."

[49] Ver também: HAMILTON, Robert W. *Corporations*. 3. ed. St. Paul: West, 1992. HAMILTON, Robert W. *The law of corporation;* in a nutshell. 5. ed. St. Paul: West, 2000. BLOCK, Dennis J.; BARTON, Nancy E.; RADIN, Stephen A. *The business judgment rule*: fiduciary duties of corporate directors. 5. ed. New York: Aspen, 1998. 2 v.; dentre outros.

[50] COUTO SILVA, Alexandre. Conflito de Interesses: problemas de agência. *Direito societário: estudos sobre a lei de sociedades por ações*. São Paulo: Saraiva, 2013. P. 25.

[51] BERLE, Adolf; MEANS, Gardiner. *The modern corporation and private property*. 7. ed. New Brunswick: Transaction Publishers, 2005. p. 4.

[52] "Berle e Means detectaram três tendências que estavam mudando profundamente a economia da época: a concentração de poder econômico, a dispersão da propriedade de ações e a separação entre propriedade e controle, denominando tal fenômeno como revolução da corporação (corporate revolution). Estabeleceram, então, paralelo com a revolução industrial: da mesma forma que esta separou a propriedade do trabalho em relação ao controle dos meios de produção, o fenômeno da revolução corporativa determina a separação da propriedade dos meios de produção em relação ao seu controle." GORGA Erica. Berle e Means e a Evolução da Propriedade e do Controle Acionários no Mercado de Capitais Brasileiro. *Direito empresarial: contratos, direito societário e bancário*. Rio de Janeiro: Elsevier, 2013. p.116.

ou prestação de serviço demandado. Dessa forma, pode-se afirmar que a companhia nasce essencialmente de atividades ligadas ao interesse público, tais como construção de ruas, canais, pontes e operação de bancos e de companhias de seguro.[53-54] O crescimento de companhias foi alavancado pela guerra civil americana, travada entre 1861 e 1865, que ocasionou o alargamento das unidades industriais e na produção massificada de bens, assim como das companhias ferroviárias.

Com relação ao exercício do controle, no entendimento de Berle e Means, existem cinco formas de exercício do poder de controle: (i) controle quase absoluto de ações; (ii) controle majoritário; (iii) controle através de um dispositivo legal sem a concordância da maioria votante; (iv) controle através da minoria; e (v) controle através da diretoria da companhia.[55]

Sobre o exercício do controle, pode-se dizer que este está nas mãos do acionista ou grupo de acionistas capazes de eleger a maioria dos administradores da companhia ou que detenham poder de deliberação por constituírem maioria.[56] A LSA define acionista controlador a pessoa, natural ou jurídica, ou grupo de pessoas vinculadas por acordo de voto, ou sob controle comum, que "a) é titular de direitos de sócios que lhe assegurem, de modo permanente, a

---

[53] Nos Estados Unidos, a primeira grande empresa constituída foi uma empresa da manufatura, a chamada *The Boston Manufacturing Company*. De acordo com uma pesquisa realizada, nos Estados Unidos em 1800, havia aproximadamente apenas 335 companhias. Destas 335 companhias, 219 detinham como atividade a construção de pedágios, pontes e canais; 36 eram de tratamento de água e de proteção contra incêndio ou de atividades relacionadas aos portos. As companhias de seguro e os bancos ainda demonstravam um tímido crescimento, representando apenas 67 das companhias no começo da década. BERLE Adolf; MEANS Gardiner. *The modern corporation and private property*. 7. ed. Transaction Publishers, New Brunswick, 2005. p. 11.
[54] BERLE, Adolf; MEANS, Gardiner. *The modern corporation and private property*. 7. ed. Transaction Publishers, New Brunswick. 2005. p. 11.
[55] BERLE, Adolf; MEANS, Gardiner. *The modern corporation and private property*. 7. ed. Transaction Publishers, New Brunswick. 2005. p. 67.
[56] "Since direction over the activities of a Corporation is exercised through the board of directors, we may say for practical purposes that control lies in the hands of the individual or group who have the actual power to select the board of directors, (or its majority), either by mobilizing the legal right to choose them – "controlling" a majority of the votes directly or through some legal device – or by exerting pressure which influences their choice." BERLE, Adolf; MEANS, Gardiner. *The modern corporation and private property*. 7. ed. Transaction Publishers, New Brunswick, 2005. p. 66.

maioria dos votos nas deliberações da assembleia geral e o poder de eleger a maioria dos administradores da companhia; e b) usa efetivamente seu poder de controle para dirigir as atividades sociais e orientar o funcionamento dos órgãos da companhia".[57]

Cabe ressaltar que o controle é analisado como um fenômeno distinto do direito de posse sobre ações de determinada companhia.[58] Ou seja, a posse de ações da companhia não necessariamente levaria ao controle da companhia ou ao poder de exercer controle sobre as decisões referentes à companhia.

No caso em que o controle é exercido por um acionista ou um grupo de acionistas que detém praticamente todas as ações, o controle da companhia é presumido uma vez que não existe separação do controle das decisões e da administração já que este indivíduo ou grupo representa a maioria.[59]

No segundo caso, em que o controle é exercido através de uma maioria votante, há o exercício do controle através da concordância da maioria.

Sobre o exercício de controle da companhia através de deliberação da maioria votante, isto significa para a minoria dos acionistas que a posse de ações está dissociada ao exercício de controle da companhia e da sua administração. Para a maioria votante, contudo, a posse das ações significa o controle da companhia na medida em que se torna responsável pela maioria das decisões.

O controle através de dispositivos legais, por sua vez, pode ser exemplificado através da emissão de ações sem direito a voto como no caso das ações preferencias desprovidas deste direito. Nesse caso, o direito de voto permanece somente com um determinado grupo de acionistas. Ou, ainda, o caso de

---

[57] Art. 116, *caput*, da LSA.

[58] "Most fundamental of all, the position of ownership has changed from that of an active to that of a passive agent. In place of actual physical properties over which the owner could exercise direction and for which he was responsible, the owner now holds a piece of paper representing a set of rights and expectations with respect to an enterprise. But over the physical property – the instruments of production – in which he has an interest, the owner has little control. At the same time he bears no responsibility with respect to the enterprise or its physical property. It has often been said that the owner of a horse is responsible. If the horse lives he must feed it. If the horse dies he must bury it. No such responsibility attaches to a share of stock. The owner is practically powerless through his own efforts to affect the underlying property." BERLE, Adolf; MEANS, Gardiner. *The modern corporation and private property*. 7. ed. Transaction Publishers, New Brunswick, 2005. p. 64.

[59] BERLE, Adolf; MEANS, Gardiner. *The modern corporation and private property*. 7. ed. Transaction Publishers, New Brunswick, 2005. p. 67.

emissão de ações com excessivo poder de voto.[60] Dessa forma, vê-se, também, como uma minoria detentora de ações poderá exercer controle de uma companhia, mas sempre uma minoria que seja detentora de direitos que de certa forma lhe garanta o direito de prevalecer por meio de uma maioria provisória nas deliberações sociais[61].

Além da existência de dispositivos legais para proporcionar o controle por uma minoria, as hipóteses de reduzida participação dos acionistas nas deliberações sociais proporcionando que uma minoria presente ao conclave possa prevalecer frente aos demais acionistas ausentes.[62]

Finalmente, o controle pode ser exercido através da diretoria da companhia, em que não há a preponderância nem de uma maioria nem de uma minoria e a diretoria pode livremente exercer o controle e tomar as decisões que julgar adequadas. Na maioria dos casos, a figura dos administradores

[60] A ação ordinária com super direito de voto não é admitida na LSA. Por seu turno, a possibilidade da emissão de ações com excessivo poder de voto em que, na análise de Berle e Means admitida a época em algumas Bolsas de Valores no EUS, havia o descasamento entre o capital investido e o direito de voto, o que anulava o privilégio do direito de voto aos acionistas. Havia o caso da companhia americana *Cities Service Company* que em 1929 vendeu 1 milhão de ações pelo preço de 1 dólar com o direito de 1 voto por ação na eleição da diretoria. BERLE, Adolf; MEANS, Gardiner. *The modern corporation and private property.* 7. ed. Transaction Publishers, New Brunswick, 2005. p. 72.

[61] Vale também lembrar a intenção da companhia Azul, aprovada pela CVM, que buscava atribuir às ações preferenciais: prioridade no reembolso de capital; direito de serem incluídas em oferta pública de aquisição de ações em decorrência de alienação de controle da companhia nas mesmas condições e ao preço por ação equivalente a 75 vezes o preço por ação pago ao acionista controlador alienante; direito ao recebimento de valores equivalentes a 75 vezes o valor atribuído às ações ordinárias, em caso de liquidação da companhia, quando da divisão dos ativos remanescentes entre os acionistas; e direito ao recebimento de dividendos iguais a 75 vezes o valor pago a cada ação ordinária. O estatuto previa que as ações ordinárias seriam conversíveis em ações preferenciais na proporção de 75 ações ordinárias para cada ação preferencial.

[62] Sobre este ponto, cabe destacar a opinião de Egberto Lacerda Teixeira e José Alexandre Tavares Guerreiro: "Há quem chame de controle minoritário aquele que se calcula não abstratamente, em função da maioria do capital votante, mas concretamente, em função da maioria no capital deliberante representado nas assembleias gerais. Nesse sentido, admitiu a lei o controle minoritário que se evidencia com particular intensidade nas companhias que tenham seu capital difundido em alto grau entre grande número de investidores de mercado. Considerando-se a reduzida participação desses acionistas nas assembleias gerais e sua falta natural de coesão em termos de voto, não será difícil figurar hipótese em que as minorias ocasionalmente controlem as sociedades". TEIXEIRA, Egberto Lacerda; GUERREIRO, José Alexandre Tavares. *Das sociedades anônimas no direito brasileiro.* São Paulo: Bushatsky, 1979. v.1. p. 296.

exerce influência na decisão dos acionistas presentes à assembleia geral, de forma que estes poucos acionistas elejam, por indicação do diretor presidente (CEO), o presidente do conselho de administração e demais membros que, posteriormente, reelegeram o diretor presidente, perpetuando a administração no controle da companhia. Tudo isso proporcionado pela ausência dos acionistas na assembleia geral da companhia.

O poder de controle é um dos mais intrigantes temas do Direito Societário. Justamente por isso, vem merecendo atenção dos estudiosos, que o analisaram sob os mais diversos prismas. Apenas para ilustrar, têm-se o clássico italiano de Carlo Pasteurris[63], antes do clássico norte americano, de Adolf Berle e Gardiner Means[64], seguido por livros mais recentes, como o de Frank Easterbrook e Daniel Fischel[65], além de Mark J. Roe[66]. No Brasil, menção obrigatória deve ser feita à atemporal obra de Fábio Konder Comparato[67], Bulhões Pedreira e Lamy Filho[68] e ao recente trabalho de Eduardo Secchi Munhoz[69].

5. Princípio Majoritário nas Companhias

a. Conceito e origem no Direito Societário

O princípio majoritário é um dos princípios fundamentais do direito societário. As deliberações por maioria de votos vinculam a todos os membros da sociedade, incluindo os ausentes, dissidentes e votos em branco[70].

---

[63] PASTEURRIS, Carlo. *Il controllo*. Milano: Giuffrè. 1957. 284p.

[64] BERLE, Adolf; MEANS, Gardiner. *The modern corporation and private property*. 7. ed. New Brunswick: Transaction Publishers, 2005. p. 380.

[65] EASTERBROOK, Frank H.; FISCHEL, Daniel R. *The economic structure of corporate law*. Massachusetts: Harvard University Press, 1991.

[66] ROE, Mark J. *Strong managers, weak owners*: The Political Roots of American Corporate Finance. Princeton: Princeton University Press, 1994.

[67] COMPARATO, Fábio Konder. *O poder de controle na sociedade anônima*. São Paulo: Revista dos Tribunais, 1976.

[68] LAMY FILHO, Alfredo; PEDREIRA, José Luiz Bulhões. *Direito das companhias*. Rio de Janeiro: Forense. 2009. 2 v.

[69] MUNHOZ, Eduardo Secchi. *Aquisição de controle na sociedade anônima*. São Paulo: Saraiva, 2013.

[70] LAMY FILHO, Alfredo; BULHÕES PEDREIRA, José Luiz. *Direito das Companhias*. Rio de Janeiro: Forense, 2009, v. 1. p. 808.

Para alguns a deliberação representa ato coletivo[71] e legítimo perante a lei. Dessa forma, o princípio majoritário está intimamente ligado ao direito político de voto nas sociedades e é tido por alguns como a "democracia societária" – que não está intimamente ligada ao Estado Democrático de Direito, ou sistema de governo, mas atrelada aos riscos do negócio, que a participação no capital social corresponde ao direito político de voto na sociedade e a maioria desta participação definirá o interesse social.

Nesse sentido, Valverde leciona:

> [N]as assembleias gerais das sociedades por ações, o princípio majoritário, princípio que domina nas organizações colegiais ou nas reuniões deliberativas, porque seria impraticável a exigência da unanimidade, da concordância, enfim, de todos os membros, para que em uma corporação se pudesse tomar deliberação de interesse geral.[72]

Daí a afirmação que os rumos sociais são definidos pela maioria votante. Nos limites da lei e do estatuto social, as deliberações tomadas pela maioria nas assembleias gerais refletem a vontade social ou coletiva da sociedade. Valem como vontade da pessoa jurídica, apesar da existência da vontade individual dos sócios ou acionistas essencialmente diferentes da vontade social[73-74].

---

[71] LAMY FILHO, Alfredo; PEDREIRA, José Luiz Bulhões. *Direito das companhias*. Rio de Janeiro: Forense. 2009. 2v.

[72] VALVERDE, Trajano de Miranda. *Sociedade por ações*. Rio de Janeiro: Forense. 1953. v. 2. p. 109.

[73] VALVERDE, Trajano de Miranda. *Sociedade por ações*. Rio de Janeiro: Forense. 1953. v. 2. p. 111.

[74] A companhia é a pessoa jurídica no sentido técnico, restrito, formada pelo grupo de indivíduos, tratados como unidade, dotada de direitos e obrigações que dizem respeito aos interesses da companhia, distintos daqueles dos indivíduos que a compõem. "A pessoa jurídica, no sentido mais restrito do termo, nada mais é que a personificação de uma que regula a conduta de vários indivíduos, por assim dizer, o ponto comum de imputação para todos os atos humanos que são determinados pela ordem. A chamada pessoa física é a personificação de um complexo de normas regulando a conduta de um mesmo indivíduo. Assim, o substrato da personificação é, em princípio, o mesmo em ambos os casos. Existe uma diferença apenas entre os elementos que dão unidade ao complexo personificado de normas." KELSEN, Hans. *Teoria geral do direito e do estado*. São Paulo: Martins Fontes, 2005. p.144-5. Ver também TEIXEIRA, Egberto Lacerda; GUERREIRO, José Alexandre Tavares. *Das sociedades anônimas no direito brasileiro*. São Paulo: Bushatsky, 1979. v.1. p. 297 e ss.

O direito, na busca da continuidade da pessoa jurídica frente a impossibilidade de decisões unânimes, encontrou no princípio majoritário, já disciplinado nas instituições de direito público dos romanos, a solução para as divergências dos sócios[75]. A maioria absoluta ou qualificada, dependendo da natureza da deliberação, é "sempre calculada, nas sociedades anônimas, em relação ao valor ou à importância do capital."[76]

Justamente a "maioria pré-constituída dos votos", exercida através da maioria votante, representa na prática o princípio majoritário, adotado como regra de funcionamento de todos órgãos sociais nas sociedades anônimas.

Esta faculdade de conduzir os rumos da empresa através da deliberação por maioria e prevista na LSA, segundo a qual as deliberações tomadas pela maioria de votos vinculam todos os membros ainda que ausentes ou dissidentes.[77]

Como anteriormente tratado, o risco do negócio está intimamente relacionado às diretrizes estabelecida por uma maioria, assim, quanto maior o risco de capital assumido pelo sócio na companhia, maior também será a sua participação nas deliberações sociais. Destarte, o interesse social poderá resumir-se à pessoa ou ao grupo de pessoas que prevalece na determinação desse interesse nas deliberações sociais.

Ao atribuir aos acionistas que venham a prevalecer nas deliberações sócias, em razão do princípio majoritário, o encargo de ser o representante do

---

[75] VALVERDE, Trajano de Miranda. *Sociedade por ações*. Rio de Janeiro: Forense. 1953. v. 2. p. 110.
[76] VALVERDE, Trajano de Miranda. *Sociedade por ações*. Rio de Janeiro: Forense. 1953. v. 2. p. 110.
[77] Lei de Sociedades por ações: "Art. 129. As deliberações da assembleia geral, ressalvadas as exceções previstas em lei, serão tomadas por maioria absoluta de votos, não se computando os votos em branco." O art. 140, IV, da LSA, determina que as deliberações serão por maioria: "as normas sobre convocação, instalação e funcionamento do conselho, que deliberará por maioria de votos, podendo o estatuto estabelecer quórum qualificado para certas deliberações, desde que especifique as matérias." Assim, o princípio majoritário é replicado nos demais órgãos da sociedade anônima (diretoria ou, *mutatis mutandis*, conselho fiscal), apesar de omissão da LSA. "A deliberação por maioria vincula todos os membros dos órgãos, embora ausentes da reunião de deliberação ou dela dissidentes, porque é ato coletivo, organizado segundo normas que regulam a reunião e deliberação do órgão, o que fundamenta a imputação da deliberação ao órgão como conjunto organizado de pessoas. Esse efeito, próprio da natureza do ato, é confirmado pelo §5º do artigo 1.072 do Código Civil, ao regular as deliberações das assembleias de quotistas da sociedade limitada." LAMY FILHO, Alfredo; PEDREIRA, José Luiz Bulhões. *Direito das companhias*. Rio de Janeiro: Forense, 2009. v. 1. p. 808.

interesse social, a LSA o definiu e criou responsabilidades e deveres frente aos demais sócios. Assim, o princípio majoritário está limitado à proteção dos acionistas minoritários. A proibição ao abuso de voto (aplicável a todos os acionistas controladores ou minoritários), os direitos de fiscalização e recesso, e a proibição de voto em hipóteses de conflito de interesse, consagram o princípio da proteção do acionista minoritário.

Para Egberto Lacerda Teixeira e José Alexandre Tavares Guerreiro, o reconhecimento de atributos especiais a maioria deliberante é uma das maiores conquistas do direito empresarial:

> Uma das mais significativas conquistas do direito comercial contemporâneo consiste precisamente no reconhecimento de atributos especiais às maiorias deliberantes, superando de forma visível a noção clássica da igualdade ideal entre todos os acionistas e entre todas as ações, quer no plano de seus direitos, quer no plano de suas obrigações e, principalmente, de suas responsabilidades.[78]

Assim, continuam sua dissertação sobre o tema, reforçando a importância do princípio na busca da lucratividade da companhia e a diferenciação de atuação da maioria e da minoria:

> A diversidade de funções entre a maioria e a minoria resulta, em verdade, das intenções de prestadores de capital, entre os quais se distinguem aqueles que visam a instituir, comandar e dirigir a empresa, orientando-a para fins pré-ordenados segundo um planejamento próprio, e aqueles que, confiando no empreendimento, nele aplicam suas poupanças, sob a forma de investimentos mobiliários, animados pela expectativa de lucratividade regular, que lhes remunere e aumente o capital empregado, com segurança e liquidez variáveis. Ambos correm riscos da empresa, contribuem no limite de suas forças com recursos e bens de que ela necessita e partilham seus resultados. Subordinados, embora, ao mesmo estatuto, que regulamenta a vida social no plano

---

[78] TEIXEIRA, Egberto Lacerda; GUERREIRO, José Alexandre Tavares. *Das sociedades anônimas no direito brasileiro*. São Paulo: Bushatsky, 1979. v.1. p. 292.

interno, assumem, entretanto, posição jurídico-econômica diversa, no contexto da operação social, que exige, como condição de eficiência e continuidade, um comando unificado que somente se atinge mediante a atuação concreta do princípio majoritário. A atuação desse princípio evidencia a existência de um poder de controle que se coloca como pressuposto indispensável da atividade corrente da companhia e como condição essencial para que ela alcance suas finalidades, por definição, lucrativas.[79-80]

No caso de haver um controlador (acionista majoritário) este é visto como "um intérprete da vontade social, presumindo-se que ele sempre irá agir no interesse da sociedade e de todos os acionistas."[81]

Na acepção de Bulhões Pedreira e Lamy Filho: "Poder de controle é o poder supremo da estrutura hierárquica da companhia exercido pelo acionista controlador – titular da maioria pré-constituída dos votos na Assembleia Geral."[82]

Assim, o direito de voto do acionista controlador (bem como de todos acionistas) é balizado pelo interesse social, não devendo ele utilizar-se da maioria pré-constituída dos votos com o fim de causar dano à companhia ou a outros acionistas, ou de obter, para si ou para outrem, vantagem a que não faz jus e de que resulte, ou possa resultar, prejuízo para a companhia ou para outros acionistas.[83]

O interesse social deve balizar o direito político de voto na formação da vontade coletiva, devendo prevalecer a vontade de muitos e não a da minoria. Nesse sentido, Lamy e Bulhões lecionam:

> O princípio majoritário é uma exigência do interesse social, que não pode ser prejudicado pelos egoísmos individuais; e é natural e lógico

---

[79] TEIXEIRA, Egberto Lacerda; GUERREIRO, José Alexandre Tavares. *Das sociedades anônimas no direito brasileiro*. São Paulo: Bushatsky, 1979. v.1. p. 293.

[80] Vê-se aqui a figura do controle ativo e controle passivo retratada por Berle e Means. BERLE, Adolf; MEANS, Gardiner. *The modern corporation and private property*. 7. ed. New Brunswick: Transaction Publishers, 2005. p. 304-305.

[81] EIZIRIK, Nelson. *Temas de direito societário*. Rio de Janeiro: Renovar, 2005. p. 247.

[82] LAMY FILHO, Alfredo; PEDREIRA, José Luiz Bulhões. *Direito das companhias*. Rio de Janeiro: Editora Forense. 2009. v. 1. p. 824.

[83] Arts. 115 e 117, da LSA.

que a vontade do maior número (especialmente dos interessados, segundo o critério objetivo do interesse real) venha a prevalecer; se uma vontade deve decidir, e a unanimidade não é possível, é melhor a de muitos do que a da minoria. [84]

A maioria aqui não se trata da maioria numérica de sócios, mas o somatório dos votos das ações, dotadas deste direito, representativas do capital social da sociedade. Vale a importância numérica dos direitos de voto no capital social[85].

Vale destacar lição de Valverde, ao comentar as sociedades de pessoas, permanece com o mesmo teor para as sociedades de capital quanto a prevalência da maioria do capital:

> A regra de que a maioria de capital prevalece contra a maioria numérica dos sócios rege, no direito comercial brasileiro, as deliberações dos sócios nas sociedades de pessoas. [...] Quem possui maior soma do capital há de necessariamente dispor de mais influência, de maior número de votos. O voto *per caput* é uma extravagância nas sociedades mercantis, mormente nas sociedades por ações.[86]

Nas sociedades anônimas, por sua vez, as deliberações são tomadas, em regra, por maioria absoluta de votos, ou seja metade dos votos mais um. Apesar da regra geral ditada pelo artigo 129 da LSA, há alguns casos que podem ser decididos por maioria qualificada, que, segundo Eizirik, "é toda espécie de maioria cujo quórum é superior ao da maioria absoluta"[87]

O princípio majoritário, apesar da omissão da LSA, deve ser replicado nos demais órgãos da sociedade anônima, como no conselho de administração ou na diretoria (quando em funcionamento como órgão deliberativo) e, ainda, *mutatis mutandis*, no conselho fiscal.

---

[84] LAMY FILHO, Alfredo; PEDREIRA, José Luiz Bulhões. *Direito das companhias*. Rio de Janeiro: Forense. 2009. v.1. p. 810.
[85] VALVERDE, Trajano de Miranda. *Sociedade por ações*. Rio de Janeiro: Forense. 1953. v. 2. p. 112.
[86] VALVERDE, Trajano de Miranda. *Sociedade por ações*. Rio de Janeiro: Forense. 1953. v. 2. p. 114.
[87] EIZIRIK, Nelson. *Temas de direito societário*. Rio de Janeiro: Renovar, 2005. p. 247.

De acordo com a LSA, o estatuto social de uma companhia poderá ser modificado por maioria de votos, sendo a única exceção para esta regra a companhia fechada. Na companhia fechada há a possibilidade de estabelecimento de quórum maior que o exigido para determinadas matérias.[88]

Nas sociedades, diferentemente dos contratos em geral, as alterações dos atos constitutivos não necessariamente dependem da unanimidade dos contratantes. O princípio majoritário surge como instrumento para solução deste ponto na estrutura das sociedades. Nesse sentido, cabe ressaltar as lições de Lamy e Bulhões quanto ao princípio majoritário:

> A extensão do princípio majoritário às deliberações da Assembleia Geral que modificam o estatuto social implicou a derrogação, em relação às companhias, do princípio fundamento do direito contratual de que as estipulações do contrato ajustado pelas partes contratantes somente podem ser alteradas por novo consenso dos contratantes, o que foi, inclusive, referido a princípio como uma das características da companhia.[89]

Observa-se, dessa forma, que há possibilidade de alteração do estatuto social da companhia. Originalmente, as alterações dos atos constitutivos das sociedades dependiam de deliberação da unanimidade dos sócios.

A justificativa para a aplicação do princípio majoritário não necessariamente deve-se basear na renúncia que supostamente os sócios fazem, ao se constituir a sociedade, do direito de impedir a iniciativa ou a execução de atos que os demais sócios entenderem convenientes para realização do interesse social, mas sujeição do sócio, ao adquirir esta qualidade, às regras que disciplinam as relações internas entre os sócios, "regras dentre as quais figura, como elementar, a de que as resoluções ou deliberações se vencem por maioria".[90]

---

[88] De acordo com o art. 129, § 1º, da LSA: O estatuto da companhia fechada pode aumentar o quórum exigido para certas deliberações, desde que especifique as matérias.
[89] LAMY FILHO, Alfredo; PEDREIRA, José Luiz Bulhões. *Direito das companhias*. Rio de Janeiro: Forense. 2009. v. 1, p. 809.
[90] VALVERDE, Trajano de Miranda. *Sociedade por ações*. Rio de Janeiro: Forense. 1953. v. 2, p. 110.

No direito canônico, por exemplo, o princípio somente se firmou a partir do século XII, pois anteriormente a única forma de deliberação era através da unanimidade. Nem mesmo a lei francesa de 1867, que liberou a constituição de companhias, previa a utilização do princípio majoritário, prevalecendo o entendimento que o estatuto de uma companhia somente poderia ser modificado pela unanimidade.

Com a modernização das leis referentes às sociedades, em 1882 nasce a noção do princípio majoritário, consolidado na edição do Código de Comércio Italiano.[91]

Já em 1913 ficou firmada pela jurisprudência e pelas leis francesas que a maioria da assembleia podia modificar o estatuto social, salvo nos aspectos considerados essenciais pelos fundadores da companhia. Finalmente, em 1930, foi sancionada lei que dispôs que o princípio majoritário era de ordem pública e o estatuto social não podia exigir a unanimidade. Dessa forma, o reconhecimento do princípio majoritário foi um grande avanço da comunidade jurídica frente à reconhecida dificuldade de se tomar decisões por unanimidade.

Como consequência ao direito de se alterar por maioria as regras constitutivas estabelecidas no estatuto social da companhia, surge o direito de retirada ou recesso para garantir ao acionista minoritário, que esteja em desacordo ou dissidente da deliberação tomada pela maioria dos acionistas, o exercício de sua retirada da companhia sendo reembolsado no valor estabelecido no estatuto social referente à sua ação na companhia.

Na atualidade, para que a deliberação seja válida, é necessário que os indivíduos se manifestem sobre a proposta na qualidade de sócios e com o fim de definir a vontade social, o que pressupõe a realização da assembleia de deliberação, cuja natureza justifica a utilização do princípio majoritário.[92]

---

[91] "O Código de Comércio italiano de 1882 que primeiro consagrou a soberania da assembleia geral. De acordo com este diploma, a assembleia poderia modificar livremente o estatuto, inclusive quando se tratasse de alterações nas bases essenciais da sociedade. Entretanto, quando ocorressem tais alterações, os acionistas discordantes poderiam retirar-se da sociedade, mediante o reembolso do valor de suas ações pela própria sociedade." PARAISO, Anna Luiza Prisco. *O direito de retirada na sociedade anônima*. Rio de Janeiro: Lúmen Juris, 2000. p. 12.
[92] "A deliberação social por votos é espécie do gênero 'deliberação coletiva', e a natureza desse tipo de fenômeno social justifica o princípio majoritário." LAMY FILHO, Alfredo; PEDREIRA, José Luiz Bulhões. *Direito das companhias*. Rio de Janeiro: Forense. 2009. v. 1. p. 810.

O princípio majoritário nas deliberações sociais está consagrado nos arts. 1.061, 1.063, § 1º, e 1.076, do Código Civil; e nos arts. 110, 115, 129 e 136 na LSA.

Por fim, nota-se que nas sociedades anônimas a vontade da maioria sobrepõe-se à vontade da minoria. Em outras palavras, a vontade do acionista controlador sobrepõe-se à vontade dos acionistas minoritários.

b. Direito de retirada: consequência do princípio majoritário

Face a inadaptação da explicação da sociedade anônimas como um simples acordo de vontades, surgiu a teoria da instituição, que consagrava a sociedade anônima como uma instituição que se separava das pessoas dos sócios.[93]

Com o Código de Comércio Italiano de 1882, que consagrou a soberania da assembleia geral, começa a nascer o direito de retirada. De acordo com o Código Italiano, poderia haver a livre modificação do estatuto social da empresa, inclusive quando se tratasse das bases essências da sociedade. Entretanto, quando ocorressem alterações cujo objetivo era a alteração das bases essenciais do estatuto social da empresa, os acionistas discordantes poderiam retirar-se da sociedade mediante o reembolso do valor de suas ações.[94]

Por seu turno, o direito de retirada, inicialmente, foi considerado como solução de compromisso entre o princípio majoritário e a proteção dos minoritários, entretanto, a experiência conduziu ao entendimento que sua aplicação funcionaria melhor apenas nas companhias pequenas quando os acionistas dissidentes não representavam percentual relevante do capital social da companhia, pois nas grandes companhias os percentuais poderiam comprometer

---

[93] PARAISO, Ana Luiza Prisco. *O direito de retirada na sociedade anônima*. 2. ed. Rio de Janeiro: Lúmen Juris, 2000. p. 6.

[94] "A exposição de motivos do Código de Comércio Italiano explicava que a modificação que não afetasse a essência da sociedade e não agravasse as obrigações assumidas no contrato social era obrigatória para todos os sócios. Mas, quando a deliberação da assembleia se referisse a certas matérias, tidas como substanciais à estrutura original da sociedade seria justo que aos sócios desconformes coubesse o direito de retirada da sociedade." PARAISO, Ana Luiza Prisco. *O direito de retirada na sociedade anônima*. 2. ed. Rio de Janeiro: Lúmen Juris, 2000. p.12

a saúde financeira da companhia com o pagamento do reembolso, colocando em risco a estabilidade financeira da companhia.[95]

Entretanto, pode-se dizer que o direito de retirada surgiu em grande parte da evolução da teoria das bases essências, que constitui no direito de modificação da estrutura básica da sociedade pela sua assembleia.

> "O direito de retirada surgiu como contrapeso à competência, reconhecida à Assembleia Geral, de modificar as bases essenciais do contrato da companhia. No início da história da companhia como instituto de direito privado, prevalecia a interpretação de o contrato de companhia não podia, como qualquer outro, ser modificado sem consentimento de todos os acionistas – entendimento depois limitado às modificações das principais características da companhia, ou suas bases essenciais, que tenham influenciado a decisão do acionista de subscrever as ações".[96]

Vale lembrar que as deliberações assembleares, legitimadas através do princípio majoritário, devem estar em concordância com a legislação e seus requisitos para que sejam válidas. "Em oposição ao eventual interesse do acionista em manter as bases essenciais da companhia, há o interesse social, manifestado pela deliberação da maioria, que por vezes requer a alteração dessas bases, inclusive para a própria sobrevivência da companhia."[97]

---

[95] BULHOES PEDREIRA, Luís Eduardo. *Direito de retirada*. In: LAMY FILHO, Alfredo; PEDREIRA, José Luiz Bulhões. *Direito das companhias*. Rio de Janeiro: Forense. 2009. v. 1. p. 328. O §3º, do art. 137, da LSA, faculta aos órgãos de administração convocar a assembleia gral para ratificar ou reconsiderar a deliberação, se entenderem que o pagamento do preço do reembolso das ações aos acionistas dissidentes que exercerem o direito de retirada colocará em risco a estabilidade financeira da companhia, além de não garantir o direito de retirada ao titular de ação de espécie ou classe que tenha liquidez e dispersão no mercado, conforme art. 137, II, da LSA.

[96] BULHOES PEDREIRA, Luís Eduardo. *Direito de retirada*. In: LAMY FILHO, Alfredo; PEDREIRA, José Luiz Bulhões. *Direito das companhias*. Rio de Janeiro: Forense. 2009. v. 1. p. 326.

[97] BULHOES PEDREIRA, Luís Eduardo. *Direito de retirada*. In: LAMY FILHO, Alfredo; PEDREIRA, José Luiz Bulhões. *Direito das companhias*. Rio de Janeiro: Forense. 2009. v. 1. p. 327.

Não poderá haver, por exemplo, voto abusivo por parte dos acionistas[98] ou situação de conflito de interesses.[99] Dessa forma, o acionista ao votar deve perseguir o interesse social, pois o direito de votar fica balizado pelo interesse social. Assim, voto abusivo será aquele exercido com o fim de causar dano à companhia ou a outros acionistas, ou de obter, para si ou para outrem, vantagem a que não faz jus e de que resulte, ou possa resultar, prejuízo para a companhia ou para outros acionistas. Só desta forma pode-se dizer que as deliberações são legítimas e que os acionistas cumpriram com sua responsabilidade perante a sociedade.[100]

O direito de retirada é direito essencial e imutável do acionista uma vez que não pode ser retirado deste nem pelo estatuto social nem pela assembleia geral.[101]

---

[98] "O art. 115 da Lei de Sociedades por Ações estabelece claramente a obrigação do exercício do direito de voto no interesse da companhia. O acionista, portanto, manifesta sua vontade para formação da vontade sócia e seu voto será válido e eficaz, desde que esteja balizado pelo interesse da companhia. O exercício da função de acionista dentro do órgão societário – assembleia geral – será vedado se a benefício de qualquer outro interesse estranho ao da companhia." COUTO SILVA, Alexandre. Conflito de Interesses: problemas de agência. *Direito societário: estudos sobre a lei de sociedades por ações*. São Paulo: Saraiva, 2013.p. 29.

[99] A despeito disto, vale lembrar os ensinamentos de Kelsen em relação à impossibilidade de atender aos interesses todos: "Percebe-se com mais clareza esse propósito ideológico quando o Estado é descrito como um "interesse coletivo". Na verdade, a população de um Estado está dividida em vários grupos de interesses mais ou menos opostos entre si. A ideologia de um interesse coletivo de Estado é usada para ocultar esse inevitável conflito de interesses. Chamar o interesse expressado pela ordem jurídica de interesse de todos é uma ficção mesmo quando a ordem jurídica representa um compromisso entre os interesses dos grupos mais importantes. Fosse a ordem jurídica realmente a expressão dos interesses comuns a todos, ou seja, se a ordem jurídica estivesse em completa harmonia com os desejos de todos os indivíduos sujeitos à ordem, então essa ordem poderia contar com a obediência voluntária de todos os seus sujeitos; ela não mais precisaria ser coercitiva, e, sendo completamente "justa", não precisaria nem mesmo ter caráter de Direito." KELSEN, Hans. *Teoria geral do direito e do estado*. São Paulo: Martins Fontes, 2005. p.267.

[100] "Do ponto de vista patrimonial, é comum o entendimento de que, em regra geral, o acionista não tem nenhuma obrigação para com a companhia, exceto a de integralizar o capital subscrito (conf. arts. 106 e s. da LSA). Entretanto, cabe ressaltar a obrigação do acionista de exercer o voto no interesse da companhia, ainda que em determinados casos este possa ser inconciliável com seu interesse pessoal." COUTO SILVA, Alexandre. Conflito de interesses: problemas de agência. *Direito societário: estudos sobre a lei de sociedades por ações*. São Paulo: Saraiva, 2013.p. 23.

[101] "A lei incluiu o direito de retirada entre os direitos essênciais do acionista (art. 109, V), de que não pode ser privado nem pelo estatuto social nem pela Assembleia Geral." BULHÕES

O direito de retirada é corolário ao princípio majoritário, que prevalece na disciplina societária, caracterizando-se como um direito individual formulado para garantir a proteção dos acionistas minoritários que, em dado momento, discordem de deliberação assemblear que represente profunda mudança nos direitos a eles conferidos pelas ações detidas ou ainda na essência da companhia da qual participam.[102]

O direito de retirada existe justamente pelo fato de a LSA admitir que certas matérias tenham deliberações tomadas pela maioria qualificada[103]. Dessa forma, este mecanismo da LSA permite que os minoritários discordem de alterações nestas bases essenciais e solicitem a sua saída da companhia, por meio do reembolso do valor das suas ações. O direito de retirada "constitui um direito de natureza patrimonial, na medida em que tutela o interesse do acionista, no que respeita à sua participação no capital da companhia."[104] Acrescenta-se que por possuir natureza excepcional, o direito de recesso é taxativo e, portanto, previsto expressamente em Lei segundo hipóteses pré-estabelecidas.[105]

PEDREIRA, Luis Eduardo. Direitos dos acionistas. *In:* LAMY FILHO, Alfredo; BULHÕES PEDREIRA, José Luiz. *Direito das companhias.* Rio de Janeiro: Forense, 2009. v.1. p. 326.

[102] "O acionista minoritário tem, pois, a faculdade, na medida em que exista deliberação assemblear aprovando operação de fusão, incorporação ou cisão, de pedir para se retirar da sociedade, mediante o reembolso do valor de suas ações. Tal prerrogativa constitui direito individual e essencial assegurado por lei aos acionistas minoritários e que, nos termos no art. 109 da Lei das S.A., não pode ser suprimido nem pelo estatuto nem pela assembleia geral" [...] "[O] direito de recesso pode ser exercido por qualquer acionista dissidente, ainda que seja portador de ações preferenciais sem direito a voto, das ações que, comprovadamente, era titular na data da primeira publicação do edital de convocação da assembleia, ou na data da comunicação do fato relevante objeto da deliberação, se anterior, independentemente de haver expresso sua dissidência na assembleia que deliberou." MUNIZ, Ian de Porto Alegre. *Fusões e aquisições: aspectos fiscais e societários.* 2. ed. São Paulo: Quartier Latin, 2011. p. 306-307.

[103] O direito de retirada está disposto no art. 137 da LSA. "Direito de retirada é o poder do acionista de, nos casos previstos na LSA, deixar de ser sócio da companhia mediante formação, por ato unilateral, de negócio jurídico de reembolso, pelo qual aliena suas ações à companhia e dela recebe o valor de reembolso." BULHOES PEDREIRA, Luís Eduardo. *Direito de retirada.* In: LAMY FILHO, Alfredo; PEDREIRA, José Luiz Bulhões. *Direito das companhias.* Rio de Janeiro: Forense. 2009. v. 1. p. 326.

[104] CARVALHOSA, Modesto Souza Barros. *Comentários à lei de sociedades anônimas.* São Paulo: Saraiva, 2011. 2 v. p. 1027.

[105] "Os casos que dão direito de retirada são, por isso, taxativos, e não podem ser ampliados: o acionista só tem direito de retirada nos casos previstos na LSA." [...] "Por outro lado, o direito de

O direito de retirada surge, portanto, como uma compensação à possibilidade de alteração nos princípios que fundaram a companhia, compreendendo dentro desta categoria sua atividade-fim.[106] A existência deste direito se torna essencial na medida em que as bases essenciais da companhia influencia diretamente na decisão de subscrição ou aquisição das ações. Em regra, a alteração das bases essenciais acarreta alteração do estatuto social, mas há casos na LSA que o recesso ocorrerá, sem que haja essa alteração do estatuto social, nos casos de (i) aprovação em assembleia da aquisição do controle de sociedade empresária que constitui investimento relevante ou por preço superior a 50% do valor das ações, e (ii) desapropriação, por pessoa jurídica de direito público, das ações de controle da companhia implique mudança fundamental na companhia ao passar a ser controlada pelo Estado.[107]

Em contraposição ao interesse do acionista que deseja se retirar há o interesse social, manifestado de maneira legítima através do princípio majoritário em assembleia.

No mesmo sentido, entende-se que o direito de retirada é uma consequência direta dos poderes conferidos aos acionistas controladores para aprovar matérias que afetem, de forma indesejada, os acionistas minoritários, formulando, assim, um sistema de freios e contrapesos dentro da companhia. Desta forma, se é direito incontestável do acionista majoritário decidir através de maioria de votos os rumos da sociedade, é direito potestativo do acionista

---

retirada é direito essencial do acionista (art. 109, V), que não pode ser restringido ou suprimido pelo estatuto ou pela Assembleia Geral: consoante o disposto no § 2º do artigo 109 da LSA, os meios, processos ou ações que a lei confere ao acionista para assegurar seus direitos essenciais, não podem ser elididos pelo estatuto ou pela Assembleia Geral." BULHÕES PEDREIRA, Luis Eduardo. Direitos dos acionistas. *In*: LAMY FILHO, Alfredo; BULHÕES PEDREIRA, José Luiz. *Direito das companhias*. Rio de Janeiro: Forense, 2009. v. 1. p. 330.

[106] "O direito de retirada veio compensar essa competência da Assembleia Geral – imposta pela necessidade de a companhia se adaptar às modificações de seus ambientes – com a faculdade do acionista de optar por não continuar a ser sócio de sociedade essencialmente diferente daquela que existia ao subscrever ou adquirir suas ações." BULHÕES PEDREIRA, Luis Eduardo. Direitos dos acionistas. *In*: LAMY FILHO, Alfredo; BULHÕES PEDREIRA, José Luiz. *Direito das companhias*. Rio de Janeiro: Forense, 2009. v.1. p. 326.

[107] BULHÕES PEDREIRA, Luis Eduardo. Direitos dos acionistas. *In*: LAMY FILHO, Alfredo; BULHÕES PEDREIRA, José Luiz. *Direito das companhias*. Rio de Janeiro: Forense, 2009. v.1. p. 327.

minoritário discordar deste e, em acordo com os casos previstos em lei, pedir sua retirada da sociedade mediante reembolso do valor de suas ações.

Alguns poderiam concluir que concluir que o acionista poderia simplesmente alienar suas ações, a qualquer momento, mas muitas vezes não consegue encontrar adquirente interessado, assim, o direito de retirada – nos casos de alteração das bases essências previstos em lei – garante a obrigação de a companhia adquirir as ações pagando o valor de reembolso estabelecido no estatuto social.

Nesse sentido, Luís Eduardo Bulhões Pedreira afirma:

> "Instrumento dos acionistas minoritários, o direito de retirada constitui uma 'válvula de escape' do contrato associativo. O acionista tem o poder de dispor de suas ações e pode a qualquer momento desligar-se da companhia alienando as ações, mas nem sempre consegue encontrar adquirente. O direito de retirada lhe assegura o poder de obrigar a companhia a pagar-lhe o valor de reembolso das ações, nos casos previstos em lei."[108]

Ocorre que quando as ações da companhia possuem liquidez no mercado acionário, os acionistas dissidentes não precisam da proteção do direito de retirada, já que haveria a possibilidade de venda das ações neste mercado. Quando o valor de reembolso for superior a cotação no mercado "o direito de retirada deixa de ser meio de proteção do acionista para se transformar em instrumento de obtenção de vantagens à custa da companhia e dos demais acionistas."[109]

Vale ressaltar que o efeito jurídico do direito de retirada não é a extinção da relação jurídica entre o sócio e a sociedade, mas o negócio jurídico do reembolso na medida em que as ações podem apenas ser retiradas de circulação

---

[108] BULHÕES PEDREIRA, Luis Eduardo. Direitos dos acionistas. *In*: LAMY FILHO, Alfredo; BULHÕES PEDREIRA, José Luiz. *Direito das companhias*. Rio de Janeiro: Forense, 2009. v.1. p. 327.

[109] BULHÕES PEDREIRA, Luis Eduardo. Direitos dos acionistas. *In*: LAMY FILHO, Alfredo; BULHÕES PEDREIRA, José Luiz. *Direito das companhias*. Rio de Janeiro: Forense, 2009. v.1. p.328.

e permanecer em tesouraria. A relação somente se extinguiria pelo cancelamento das ações e não pelo exercício de retirada.[110]

Em adição, acerca de sua natureza, o direito de retirada é um direito potestativo, fundamentado no direito à manifestação unilateral de vontade de indivíduo na qualidade de acionista, independente da vontade dos demais. Este ato unilateral de vontade não constitui uma indenização pela deliberação da maioria em sentido contrário ao entendimento do acionista minoritário. Dessa forma, "se a função do direito de retirada fosse indenizar o acionista pela prática de ato ilícito, estar-se-ia admitindo que a companhia estaria autorizada a praticar atos ilícitos, desde que indenizasse o acionista dissidente."[111]

Além de potestativo, a manifestação de vontade do acionista no seu exercício de retirada é receptícia, ou seja, "enquanto não chegar a seu destinatário, pode ser revogada; mas uma vez comunicada à companhia, é irrevogável – o acionista arrependido fica a ela vinculado e é obrigado a alienar suas ações."[112] Por outro lado, a partir de sua comunicação, a companhia poderá realizar assembleia para reconsiderar a deliberação que deu direito de retirada quando verificado pela administração da companhia que em da quantidade de acionistas dissidentes que exerceram o direito de recesso porá em risco a estabilidade financeira da companhia. O direito de retirada é, portanto, direito potestativo e reptício, devendo decorrer sempre de deliberação assemblear válida e legitima.

---

[110] "[A]s ações reembolsada não se extinguem, e podem ser mantidas em tesouraria se a companhia tem lucros acumulados ou reservas suficientes; e sua extinção somente é imposta pela LSA quando o valor de reembolso é pago à conta do capital social e o acionista não é substituído no prazo de 120 dias da publicação da ata de assembleia (art. 45, § 6)." BULHÕES PEDREIRA, Luis Eduardo. Direitos dos acionistas. *In:* LAMY FILHO, Alfredo; BULHÕES PEDREIRA, José Luiz. *Direito das companhias*. Rio de Janeiro: Forense, 2009. v.1. p.329.

[111] BULHÕES PEDREIRA, Luis Eduardo. Direitos dos acionistas. *In:* LAMY FILHO, Alfredo; BULHÕES PEDREIRA, José Luiz. *Direito das companhias*. Rio de Janeiro: Forense, 2009. v.1. p.341.

[112] BULHÕES PEDREIRA, Luis Eduardo. Direitos dos acionistas. *In:* LAMY FILHO, Alfredo; BULHÕES PEDREIRA, José Luiz. *Direito das companhias*. Rio de Janeiro: Forense, 2009. v.1. p.369.

6. Conclusão

O desenvolvimento das sociedades empresariais, antes constituídas por um grupo pequeno de pessoas para a formação das grandes companhias, modificou essencialmente as relações entre acionistas na própria companhia. Há a dissociação entre a posse das ações e o exercício de controle. O conceito tradicional de propriedade privada era caracterizado pelos elementos indissociáveis de risco e de controle, por seu turno, a companhia não mais pode ser classificada com o conceito tradicional propriedade privada, porém como pessoa jurídica que possui suas próprias característica.

Frente a incapacidade de satisfação de todos os acionistas, prevalece o princípio majoritário em detrimento da unanimidade, que acabaria por impedir o desempenho da sociedade. Assim, o interesse social é a vontade coletiva manifestada em assembleia geral, balizador do dever de voto e de atuação dos sócios.

O interesse social, assim, é aquele determinado pela maioria dos sócios em busca da realização do interesse social ou da finalidade social que engloba tanto a atividade (ramo empresarial da sociedade), quanto o fim (que é o lucro através da maximização dos investimentos), respeitados os diversos interesses em torno da sociedade (trabalhadores, comunidade etc). Deve-se realizar o interesse social mesmo que haja dos interesses antagônicos dos sócios.

O princípio majoritário não se trata somente da aprovação por maioria numérica de sócios, mas o somatório dos votos das ações, o que conduzirá a sociedade e representará o interesse social. A deliberação por maioria vale como vontade da pessoa jurídica, apesar da existência da vontade individual dos sócios ou acionistas essencialmente diferentes da vontade social. O controle, assim, está atrelado aos riscos do negócio, que a participação no capital social corresponde ao direito político de voto na sociedade e a maioria desta participação definirá o interesse social.

O princípio majoritário está limitado à proteção dos acionistas minoritários. A proibição ao abuso de voto (aplicável a todos os acionistas controladores ou minoritários), os direitos de fiscalização e recesso, e a proibição de voto em hipóteses de conflito de interesse, consagram o princípio da proteção do acionista minoritário. O voto dos acionistas deverá ser balizado no interesse social. A proibição de conflito de interesses e do voto abusivo contribuíram diretamente para o exercício sustentável do controle de uma sociedade, pois trouxeram o conceito de que o controlador deve agir sempre buscando o bem da sociedade como um todo e não apenas de seus interesses pessoais. Por essa razão, a LSA definiu acionista controlador para fins de responsabilização pelos danos causados por atos praticados com abuso de poder, definido um rol de modalidades de exercício abusivo de poder.

Assim, como corolário do princípio majoritário, surgiu ainda o direito de retirada, conferido aos minoritários de se retirar da companhia quando discordarem da decisão majoritária sobre bases essenciais do contrato associativo nos termos dos casos taxativamente definidos na LSA. O direito de retirada formula, assim, um sistema de freios e contrapesos dentro da companhia. O direito de retirada é direito potestativo do acionista, não podendo ser modificado por lei ou pelo estatuto social.

7. Referências Bibliográficas

ALBERGARIA, Bruno. *Histórias do direito: evolução das leis, fatos e pensamentos*. São Paulo: Atlas, 2011. 228 p.
BERLE, Adolf; MEANS, Gardiner C. *The modern corporation and private property*. 7. ed. New Brunswick: Transaction Publiher, 2005. 380 p.
BLOCK, Dennis J.; BARTON, Nancy E.; RADIN, Stephen A. *The business judgment rule*: fiduciary duties of corporate directors. 5. ed. New York: Aspen, 1998. 2 v.
CARVALHOSA, Modesto Souza Barros. *Comentários à lei de sociedades anônimas*. Rio de Janeiro: Saraiva, 2011. 4v.
COMPARATO, Fábio Konder. Função Social da Propriedade dos Bens de Produção. *Revista de direito mercantil, industrial, econômico e financeiro*, São Paulo, v. 63, p. 71-79, jul./set.1986.
COMPARATO, Fábio Konder. *O poder de controle na sociedade anônima*. São Paulo: Revista dos Tribunais, 1976.
COUTO SILVA, Alexandre. *Direito societário: estudos sobre a lei de sociedades por ações*. São Paulo: Saraiva, 2013. 455 p.
DALARI, Dalmo de Abreu. *Elementos de teoria geral do estado*. 24. ed. São Paulo: Saraiva, 2003. 307 p.
EASTERBROOK, Frank H.; FISCHEL, Daniel R. *The economic structure of corporate Law*. Massachusetts: Harvard University Press, 1991.
EIZIRIK, Nelson. *A Lei das s/a comentada*. São Paulo: Quartier Latin, 2011, 3v.
EIZIRIK, Nelson. *Temas de direito societário*. Rio de Janeiro: Renovar, 2005. 610 p.
GORGA, Érica. Berle e Means e a evolução da propriedade e do controle acionários no mercado de capitais brasileiro. In: Érica Gorga; Juliana Krueger Pela. (Org.). *Estudos*

avançados de direito empresarial: contratos, direito societário e bancário. Rio de Janeiro: Elsevier, 2013. 111 – 130 p.

HAMILTON, Robert W. *Corporations*. 3. ed. St. Paul: West, 1992. 732 p.

HAMILTON, Robert W. *The law of corporation; in a nutshell*. 5. ed. St. Paul: West, 2000. 713p.

HOBBES, Thomas. *Leviatã ou matéria, forma e poder de um estado eclesiástico e civil*. Coleção os pensadores. São Paulo: Abril Cultural, 1979. 419 p.

KELSEN, Hans. *Teoria geral do direito e do estado*. Trad. Luís Carlos Borges. São Paulo: Martins Fontes, 2005. 637 p.

LAMY FILHO, Alfredo. *Temas de s.a., exposições e pareceres*. Rio de Janeiro: Renovar, 2007. 450 p.

LAMY FILHO, Alfredo; PEDREIRA, José Luiz Bulhões. *Direito das companhias*. Rio de Janeiro: Forense, 2009. 2v.

MAQUIAVEL, Nicolau. *O príncipe*. 2. ed. trad. Maria Júlia Goldwasser. São Paulo: Martins Fontes, 1999. 182p.

MOREIRA ALVES, José Carlos. *Direito romano*. 13. ed. Rio de Janeiro: Forense, 2004. 2v.

MUNHOZ, Eduardo Secchi. *Aquisição de controle na sociedade anônima*. São Paulo: Saraiva, 2013.

MUNIZ, Ian de Porto Alegre. *Fusões e aquisições: aspectos fiscais e societários*. 2. ed. São Paulo: Quartier Latin, 2011. 413 p.

PARAISO, Ana Luiza Prisco. *O Direito de retirada na sociedade anônima*. 2. ed. Rio de Janeiro: Lumen Juris, 2000. 284 p.

PASTEURRIS, Carlo. *Il controllo*. Milano: Giuffrè. 1957. 284p.

ROE, Mark J. *Strong managers, weak owners*: The Political Roots of American Corporate Finance. Princeton: Princeton University Press, 1994.

ROUSSEAU, Jean-Jacques. *Do contrato social*. Disponível em: <http://www.ebooksbrasil.org/adobeebook/contratosocial.pdf> Acesso em 25 de julho de 2014. 211 p.

SOLOMON, Lewis D.; FESSLER, Daniel Wm; WILMARTH JR., Arthur E. *Corporations and alternative business vehicles*. Santa Monica: Casenotes, 1994. ID-14p.

SMITH, Adam. *A Riqueza das nações*. São Paulo: Martins Fontes, 2003. 2v.

SOUZA, Sylvio Capanema. *O código napoleão e sua influência no direito brasileiro*. Revista da emerj. v. 7, n. 26, 2004. Disponível em: <http://www.emerj.tjrj.jus.br/revistaemerj_online/edicoes/revista26/revista26.pdf> Acesso em 25 de julho de 2014. 36-51 p.

TEIXEIRA, Egberto Lacerda; GUERREIRO, José Alexandre Tavares. *Das sociedades anônimas no direito brasileiro*. São Paulo: Bushatsky, 1979. 2v.

TOCQUEVILLE, Alexis de. *A democracia na américa*. Disponível em: <http://www.libertarianismo.org/livros/adtdnacompleto.pdf> Acesso em: 25 de julho de 2014. 560 p.

WALD, Arnoldo. *Comentários ao novo código civil*. Rio de Janeiro: Forense, 2010. v. 14. 891 p.

WORMSER, Maurice, *Disregard of corporate fiction and allied: corporation problems*. New York: Baker, Voorhis and Company, 1929. 201 p.

VALVERDE, Trajano de Miranda. *Sociedade por ações*. Rio de Janeiro: Forense. 1953. 3v.

Principais Aspectos do Título de Crédito Eletrônico – Duplicata Eletrônica

Paulo Sérgio Ferraz de Camargo

1. Introdução

Nos últimos anos passamos por grandes transformações na forma de se fazer negócios e o Direito teve que se adaptar as essas transformações com a evolução da jurisprudência e das leis.

O ambiente eletrônico atualmente é preponderante nas relações comerciais, com realização de pagamentos eletrônicos por meio da internet e emissão de notas fiscais eletrônicas. Esse dinamismo afetou sobremaneira o direito comercial, em especial, os títulos de crédito, uma vez que os registros em muitos casos passaram a ser eletrônicos, tanto da emissão do título como dos pagamentos, situação que contrasta com a tradicional cartularidade[1] dos títulos de crédito.

---

[1] Talvez as maiores discussões em torno da informatização dos títulos de crédito tenham como objeto a cartularidade, característica considerada essencial à existência de um documento de dívida, mas, ainda com diferentes concepções quando se trata de meio eletrônico. (OLIVEIRA, Eversio Donizete de. A regulamentação dos títulos de crédito eletrônicos no Código Civil de 2002, Lemos & Cruz Publicações Jurídicas, São Paulo, 2007, p. 81)

Com essas mudanças passamos a nos deparar com relações que em algumas situações poderia-se entender que não estavam respeitando os requisitos de liquidez, certeza e exigibilidade que dão a segurança jurídica necessária para as relações comerciais envolvendo títulos de crédito, garantido a saúde do título emitido e obrigando o pagamento devido.

Neste cenário, passou-se a discutir mais a validade dos instrumentos emitidos como instrumento hábil a ensejar processo de execução, passando em algumas situações o emitente/sacador ter que se socorrer de ação monitória e de cobrança. E, ainda, o devedor passou a se deparar com um maior numero de cobrança e protesto indevidos, tendo que ajuizar ações declaratórias de inexigibilidade de título, uma vez que, especialmente, para as duplicatas tornou-se mais corriqueira a emissão de títulos sem a relação jurídica correspondente, seja de compra e venda mercantil ou prestação de serviços.

Um procedimento que certamente agrava essa situação é facilidade de emissão dos chamados bloquetos de cobrança (boletos bancários), atrelados a uma nota fiscal, como mero substituto da duplicata.

Em algumas situações os bloquetos de cobrança são emitidos sem uma relação jurídica de base, situação essa que passa muitas vezes passa pelo desconhecimento do *contas a receber* das empresas dos requisitos necessários de um título de crédito e das formalidades para que se torne exequível uma cobrança oriunda de uma relação comercial, não sendo incomum encontrar empresas que emitem duplicatas, que na verdade são bloquetos de cobrança. E no extremo de algumas dessas situações, depara-se com bloquetos que na verdade representam a cobrança de uma cláusula penal contratual e que ainda não sendo pago, resulta no protesto dessa cobrança[2], quando é cediço que uma cobrança dessa natureza deve ser objeto de processo de conhecimento prévio, sendo necessária a produção de provas do descumprimento contratual e a observância da proporcionalidade da penalidade a ser imposta.

Nesse sentido temos evidente que a crescente informatização das relações comerciais e dos meios de pagamento exige uma adequação dos títulos de

---

[2] DECLARATÓRIA - DUPLICATA EMITIDA PARA COBRANÇA DE CLÁUSULA PENAL - MULTA COMPENSATÓRIA - INEXIGIBILIDADE - NULIDADE. Indevido o saque de duplicata representada por crédito decorrente de multa por Rescisão antecipada de contrato, posto que não decorrente de efetiva prestação de serviços educacionais" (TJ/SP, Apelação Cível nº 992080238261, Relator Clóvis Castelo, 35ª Câmara de Direito Privado, j. 26/07/2010).

crédito, mas por outro lado não se pode com isso admitir uma flexibilização extrema a ponto de um bloqueto de cobrança emitido unilateralmente pelo credor por meio do *site* de seu Banco seja equiparado a algum título de crédito, em especial a duplicata, sob pena de afrontarmos a segurança jurídica, desprezado o aceite e o comprovante de entrega de mercadoria, situação essa que tem reflexo inequívoco nas relações comerciais.[3]

Vale notar, contudo, que o cenário é bastante promissor sendo aceito a emissão eletrônica dos títulos de crédito, inclusive com previsão expressa do Código Civil[4] e, ainda, com projetos de lei específicos tratando da matéria.[5] E como consequência dessa evolução a já mencionada duplicata que é um título de crédito intimamente ligado ao Brasil[6] incorpora novas possibilidades de emissão como forma de acompanhar a maciça presença do ambiente eletrônico no mundo dos negócios.

O presente artigo tem como objetivo expor as características do título de crédito eletrônico, considerando sua emissão, as possibilidades em caso de inadimplência, forma de contraordem, principalmente ligados a duplicata que é o título de crédito mais exposto ao ambiente eletrônico. E assim demonstrar que é possível ter segurança na emissão de um título eletrônico, respeitando os princípios que regem os títulos de crédito e diferenciar a emissão de um título

---

[3] Sendo o bloqueto um documento de vida recente, resultado da informatização do crédito, faltam-lhe várias características dos títulos de crédito convencionais e, principalmente, ordenamento jurídico que regule a sua circulação. Isto não impede que alastre, de forma incontrolável, a sua utilização em todos os setores da economia brasileira. (OLIVEIRA, Eversio Donizete de. *A regulamentação dos títulos de crédito eletrônicos no Código Civil de 2002*, São Paulo: Lemos & Cruz Publicações Jurídicas, 2007, p. 97)

[4] Código Civil
Art. 889 Deve o título de crédito conter a data de emissão, a indicação precisa dos direitos que confere, e a assinatura do emitente.
(...)
§ 3º O título poderá ser emitido a partir dos caracteres criados em computador ou meio técnico equivalente e que constem da escrituração do emitente, observados os requisitos mínimos previstos neste artigo.

[5] PL 4084/2008 http://www.camara.gov.br/proposicoesWeb/fichadetramitacao?idProposicao=411253

[6] Resultado de um negócio jurídico de compra e venda, ou prestação de serviços, a duplicata mercantil é um título, essencialmente brasileiro, cambiariforme e negociável. (OLIVEIRA, Eversio Donizete de. A regulamentação dos títulos de crédito eletrônicos no Código Civil de 2002, Lemos & Cruz Publicações Jurídicas, São Paulo, 2007, p. 89)

regular e exequível de um instrumento de cobrança (bloqueto de cobrança) unilateral e muitas vezes desprovido de liquidez, certeza e exigibilidade.

Nesse sentido, vale lembrar, em linhas gerais que um título de crédito, tais como como a letra de câmbio, nota promissória, cheque e a já mencionada duplicata são documentos que retratam uma relação de crédito entre ao menos um credor e um devedor.

Em continuidade, cumpre registrar que os títulos de crédito estão ligados aos princípios da *cartularidade*[7], *literalidade*[8] e *autonomia*[9]. Sendo assim, pela teoria geral dos títulos de crédito é credor aquele que está em poder do título, da cártula. Para que isso seja respeitado no ambiente virtual das relações comerciais, em especial, compra e venda mercantil e prestação de serviços, temos que considerar os meios que garantam que a relação de crédito esteja devidamente registrada e que o apresentante do título, objeto do registro virtual, seja de fato o credor da obrigação, assim teríamos a alteração da cártula para um arquivo eletrônico.

---

[7] Como o título de crédito se revela, essencialmente, um instrumento de circulação de crédito representado, o princípio da cartularidade é a garantia de que o sujeito de postula a satisfação do direito é mesmo o seu titular, Cópias autênticas não conferem a mesma garantia, porque quem as apresenta não se encontra necessariamente na posse do documento original, e pode já tê-lo transferido a terceiros. A cartularidade é, desse modo, o postulado que evita enriquecimento indevido de quem, tendo sido credor de um título de crédito, o negociou com terceiros (descontou num banco, por exemplo), em virtude dela, quem paga o título deve, cautelarmente, exigir que ele lhe seja entregue, em primeiro lugar, para evitar que a cambial, embora paga, seja ainda negociada com terceiros de boa-fé, que terão direito de exigir novo pagamento, em segundo, para que o pagador possa exercer, contra outros devedores, o direito de regresso (quando for o caso). (COELHO, Fábio Ulhoa. *Curso de Direito Comercial* 7ª edição, São Paulo: Saraiva, 2003, p. 372)

[8] A característica da literalidade significa que o título de crédito é bastante por si mesmo. A natureza das prestações devidas decorre da lei: o conteúdo dessas prestações depende do teor literal do documento. O adjetivo "literal" designa o que é conforme a letra do texto; exato rigoroso, restrito. (BOITEUX, Fernando Netto. *Títulos de crédito (em conformidade com o Novo Código Civil)*, São Paulo: Dialética, 2002, p. 29)

[9] A autonomia dos títulos de crédito verifica-se em função de que cada obrigação a eles relacionada não guarda relação de dependência com as demais. significa dizer que aquele que adquire o título de crédito passa a ser titular autônomo do direito creditício ali mencionado, sem que exista qualquer interligação com os adquirentes anteriores. Essa característica do título de crédito é que o torna apto a circular entre inúmeras pessoas, mantendo hígido o direito que dele emerge. (BERTOLDI, Marcelo M. e RIBEIRO, Marcia Carla Pereira. *Curso Avançado de Direito Comercial*, 3ª edição, São Paulo: RT, 2006, p. 355).

Feitos os registros iniciais, passamos a explorar as características específicas da duplicata, que conforme já mencionado é o título de crédito com mais destaque no meio virtual, considerando os desdobramentos jurídicos das relações comerciais eletrônicas, sobretudo, considerando a compra e venda mercantil e, também, a prestação de serviços. E após abordar a duplicata em si, iremos tratar da título de crédito eletrônico, tratando da duplicata eletrônica.

2. Da Duplicata

Como já falado a duplicata é título de crédito com características peculiares e utilização exclusiva do Brasil. Sua emissão está sempre vinculada a uma compra e venda mercantil, ou prestação e serviço, razão pela qual é definida como um título de crédito causal[10].

Na oportuna lição de Marcelo M. Bertoldi e Marcia Carla Pereira Barreto temos a seguinte definição: (...) *a duplicata de um título de crédito à ordem e formal, originando necessariamente de um contrato de compra e venda mercantil ou de prestação serviços*[11].

E, em continuidade, asseveram que *a duplicata é um título impróprio, imperfeito, chamado também de cambiariforme porque, assim como cheque, nela não se vislumbra uma operação típica de crédito, mas decorrente, isto sim, de uma relação causal de compra e venda mercantil ou prestação de serviços*[12].

A Lei 5.474/68 regula a duplicata. A legislação determina que a duplicata seja emitida com a assinatura do emitente/sacador na duplicata (credor) (artigo 2º, § 1º, inciso IX), bem como com o numero da fatura/nota fiscal correspondente, o valor e o local de pagamento e, ainda, a qualificação do credor e do devedor. Com esses dados é possível emitir a duplicata. Curioso notar que atualmente, majoritariamente, nas relações comerciais é utilizada

---

[10] A duplicata mercantil é título causal no sentido de que a sua emissão no sentido de que a sua emissão somente pode ocorrer na hipótese prevista em lei: a documentação de crédito nascido de compra e venda mercantil. (COELHO, Fábio Ulhoa. Curso de Direito Comercial 7ª edição, São Paulo: Saraiva, 2003, p. 455).
[11] BERTOLDI, Marcelo M. e RIBEIRO, Marcia Carla Pereira. *Curso Avançado de Direito Comercial*, 3ª edição, São Paulo: RT, 2006, p. 441/442.
[12] ob. cit. p. 442.

nota fiscal eletrônica. Ou seja, um dos elementos que caracteriza o negócio jurídico subjacente atrelado a duplicata que é justamente a nota fiscal, já está totalmente assimilada no ambiente virtual, abrindo o caminho para que a duplicata vinculada a uma nota fiscal eletrônica, também, seja eletrônica/virtual.

Após a emissão para concretizar a formalização da duplicata é necessário que se providencie o aceite do devedor/sacado, em até 30 (trinta) dias da sua emissão (artigo 6º *caput* e § 1º)[13] e o devedor por sua vez tem 10 (dez) dias para devolver a duplicata assianda ou manifestar as razões pelas quais não aceitou o título (contraordem) (Art. 7º). A contraordem em relação à compra e venda mercantil quando manifestada deve necessariamente tratar comprovadamente de (i) avaria ou não recebimento da mercadoria; (ii) vícios, defeitos e/ou diferenças na qualidade e/ou quantidade das mercadorias; (iii) divergência nos prazos nos preços ajustados. Aplica-se analogamente aos serviços nos seguintes termos: (i) não correspondência com os serviços efetivamente contratados; (ii) vícios ou defeitos na qualidade dos serviços prestados e (iii) divergência nos prazos e preços ajustados.

Como se percebe os requisitos para formalização do título são relativamente simples, exigindo menos solenidade que alguns contratos e podendo, facilmente, se transportar isso ao ambiente virtual, tornando, assim o procedimento ainda mais dinâmico. E o título emitido com aceite regular em caso de inadimplemento já serve para iniciar execução judicial em busca da expropriação de bens do devedor (art. 15, inc. I).

E justamente aqui reside um ponto extremamente relevante. Atualmente, as relações comerciais, simplesmente, ignoram o aceite. Não existe uma comunicação formal do devedor no sentido de concordar com a emissão da duplicata. É emitida a nota fiscal eletrônica e na sequencia o bloqueto de cobrança, passando-se ao largo dos requisitos necessários do título de crédito, em especial, da duplicata. Em caso de inadimplência o credor buscará a execução judicial, quando assumiu o risco de uma formalização frágil do seu crédito.

---

[13] A duplicata mercantil é um título de crédito que exige assinatura do comprador, como forma de reconhecimento de sua exatidão e da obrigação de pagá-la. Essa assinatura do comprador é o aceite, que na letra de câmbio é voluntário, mas obrigatória na duplicata, tendo em vista sua vinculação à origem que a criou. (OLIVEIRA, Eversio Donizete de. *A regulamentação dos títulos de crédito eletrônicos no Código Civil de 2002*, Lemos & Cruz Publicações Jurídicas, São Paulo, 2007, p. 93)

Com isso, nota-se que o problema reside não no ambiente virtual, mas na deliberada opção de não formalização correta do instrumento.

No entanto, o fato da duplicata não ter aceite é contornado com razoável facilidade uma vez que a Lei da Duplicata - 5.474/68, no artigo 15, inciso II, estipula que mesmo sem aceite a duplicata é um título executivo judicial, desde que acompanhada do protesto, neste caso, por indicação e do comprovante de entrega de mercadoria/prestação de serviço.

Sendo assim, cabe ao emitente/sacador adotar as cautelas para ter o registro da entrega das mercadorias que, em geral, é o canhoto da nota fiscal e providenciar o protesto da duplicata, apresentando em cartório os detalhes do título, o qual, por sua vez, deveria estar registrado no *Livro de Registro de Duplicatas*. Por certo que a ausência de um desses requisitos (protesto por indicação e comprovante de entrega de mercadoria) afasta a possibilidade de execução, tendo o credor que optar pela ação monitória ou de cobrança.

Como se percebe é possível a execução de um crédito oriundo de uma duplicata, sem a existência física do título, ou seja sem a cártula, bastando o protesto por indicação e o comprovante de entrega de mercadorias. Sendo assim, a Lei da Duplicata que é do ano de 1.968 já flexibilizava a cartularidade da duplicata ao permitir que a execução fosse ajuizada sem que o credor estivesse na posse do título.

Considerando que há muito já aceitamos a existência e validade de um crédito que não esteja materializado pela cártula da duplicata, torna-se forçoso concluir que não haveria qualquer óbice para se aceitar a existência do título com registro meramente virtual e que para sua execução fosse necessário fazer o procedimento já previsto em lei, qual seja: protesto por indicação e apresentação do comprovante de entrega de mercadoria.

Feitos esses registros acerca da duplicata em linhas em gerais, passaremos a analisar o regramento próprio do título de crédito virtual que servirá para consagrar a existência da duplicata virtual[14], subsistindo o crédito oriundo de compra e venda mercantil e prestação de serviços.

---

[14] Os aspectos que diferenciam os títulos de crédito eletrônicos daqueles impressos em papel estão muito mais ao nível prático, em que não se comprometem as características essenciais à sua identificação como documento de dívida. (OLIVEIRA, Eversio Donizete de. *A regulamentação dos títulos de crédito eletrônicos no Código Civil de 2002*, São Paulo: Lemos & Cruz Publicações Jurídicas, 2007, p. 80)

3. Título de Crédito Eletrônico – Duplicata Eletrônica

Como já mencionado o Código Civil em seu artigo 889, § 3º, permite a emissão do título de crédito a partir de caracteres criados em computador ou meio técnico equivalente. Sendo assim, tal dispositivo permite que os títulos de crédito sejam válidos no ambiente virtual, desde que respeitem os requisitos necessários para sua emissão. E ainda, vale notar, que no artigo 225 o Código Civil entende que o meio eletrônico é apto para ser fonte de prova[15], reforçando assim a possibilidade de existência de um título de crédito eletrônico.

O registro eletrônico das informações de crédito é antigo e largamente utilizado pelo mercado, sendo certo que o artigo 8º, parágrafo único, da Lei nº 9.492/97[16] permite o protesto de duplicatas com informações prestadas por meio magnético ou de gravação eletrônica de dados. Ou seja, antes mesmo da edição do Código Civil de 2002 já se admitia para fins de protesto o registro eletrônico das duplicatas.

E não é só. Os Bancos como é cediço oferecem para empresas serviço de desconto de duplicatas que é largamente utilizado, sendo uma forma tradicional de acesso a crédito. E a troca de informações há muitos anos é totalmente virtual, não havendo troca de papel, sendo a troca de informações muito comumente realizada pelo próprio site dos Bancos[17].

---

[15] Código Civil
Art. 225 As reproduções fotográficas, cinematográficas, os registros fonográficos e, em geral, quaisquer outras reproduções mecânicas ou eletrônicas de fatos ou de coisas fazem prova plena destes, se a parte, contra quem forem exibidos, não lhes impugnar a exatidão.
[16] Art. 8º Os títulos e documentos de dívida serão recepcionados, distribuídos e entregues na mesma data aos Tabelionatos de Protesto, obedecidos os critérios de quantidade e qualidade. Parágrafo único. Poderão ser recepcionadas as indicações a protestos das Duplicatas Mercantis e de Prestação de Serviços, por meio magnético ou de gravação eletrônica de dados, sendo de inteira responsabilidade do apresentante os dados fornecidos, ficando a cargo dos Tabelionatos a mera instrumentalização das mesmas.
[17] Relativamente ao setor bancário, a nítida tendência, paulatina, é verdade, de preterir-se instrumentos tradicionais de pagamento e financiamento pelos meios eletrônicos bem ilustra o desejo de promover-se a substituição física do suporte papel pelo suporte magnético ou pelos caracteres criados em computador, até porque a circulação física de documentos é vista, mormente no mercado bancário global, como sinônimo de atraso e de custo operacional. Há décadas que se vem envidando esforços, visando, senão eliminar, pelo menos minimizar consideravelmente o acúmulo e o fluxo de documentos nos bancos, dentre os quais os títulos crédito, que, não sem gerar preocupação, neles se avolumavam aos milhões, exigindo

Sendo assim, as práticas comerciais há muitos anos já assimilaram a existência do registro eletrônico das duplicatas, sendo possível a realização de atividades extremamente solenes como: protesto do título ou desconto do valor do título na rede bancária, com base apenas no registro eletrônico do título.

Diante desta situação cabe analisar como é recebida a emissão desses títulos entre as partes – sacador e sacado – e se é possível respeitar os direitos e obrigações previstos em lei, garantindo a contraordem em hipótese de discordância comercial e, ainda, garantindo ação de execução nos casos de inadimplência.

Nesse sentido, ressaltamos que os requisitos para emissão da duplicata foram apresentados no item precedente e diante da possibilidade de se emitir o título virtual, consagrado pelo Código Civil, entendemos que para validar a emissão da duplicata virtual o título deve respeitar os requisitos previstos pela lei específica, os quais resumidamente podemos destacar como sendo os seguintes: (i) assinatura das partes e respectivas qualificações; (ii) valor e local de pagamento. E que o título esteja ligado a um negócio jurídico subjacente, consagrado por uma compra e venda mercantil ou prestação de serviços com emissão de nota fiscal/fatura.

Fácil de se perceber que é viável a emissão da duplicata virtual[18], para isso temos que analisar como seria o cumprimento desses requisitos no ambiente virtual.

Como já mencionado a duplicata é um título de crédito necessariamente decorrente de uma relação jurídica de base e que deve observar requisitos específicos. No entanto, atualmente parte desses requisitos são ignorados e com isso temos uma dificuldade de assimilar o aperfeiçoamento da duplicata eletrônica na rotina das empresas, a qual em algumas ocasiões acaba sendo

---

espaço para serem guardados e conservados, bem como um expressivo de funcionários para manipulá-los. (SILVA, Marcos Paulo Félix da. *Títulos de Crédito no Código Civil de 2002 – Questões Controvertidas*, Curitiba: Juruá Editora, 2011, p. 127)

[18] Acompanhando a evolução tecnológica da sociedade, surge a figura do título de crédito eletrônico, entendido como toda e qualquer manifestação de vontade, traduzida por um determinado programa de computador, representativo de um fato, necessário para o exercício do direito literal e autônomo nele mencionado. Como se pode verificar, mantém-se, na essência, a mesma definição. (OLIVEIRA, Eversio Donizete de. *A regulamentação dos títulos de crédito eletrônicos no Código Civil de 2002*, São Paulo: Lemos & Cruz Publicações Jurídicas, 2007, p. 81)

vulgarmente substituída pelos bloquetos de pagamento[19]. No entanto, essa substituição não prestigia os requisitos dos títulos de crédito e acaba por criar instrumentos que em muitas oportunidades não dão ensejo à execução e devem ser objeto ação de cobrança ou monitória.

Sendo assim, considerando a necessidade de um negócio jurídico subjacente o ideal é que as partes interessadas (credor e devedor) celebrem um contrato fixando as bases da contratação e estipulando a forma de pagamento e de emissão das informações. Nesse momento, pode-se fixar que serão emitidas notas fiscais eletrônicas e que para cada nota será salvo em meio eletrônico o lançamento do crédito com as informações necessária de uma duplicata. E que essas informações serão transmitidas por meio eletrônico seguro do credor para o devedor e estando em ordem o devedor se obriga a acusar o recebimento da informação. A comunicação pode ser estabelecida por meio eletrônico, como por e-mail entre funcionários do contas a receber do credor com funcionários do contas a pagar do devedor, tudo formalizado com registo de e-mail com domínio próprio da empresa e identificação das pessoas na assinatura. Como a boa-fé se presume essa comunicação seria

---

[19] Execução - Titulo extrajudicial - Boleto bancário - Título não contemplado no elenco do artigo 585 do Código de Processo Civil - Decisão que extinguiu o feito, por ausência de título extrajudicial executivo - Acerto da r. decisão - Apelação não provida (1º TAC/SP, APELAÇÃO Décima Câmara do Primeiro Tribunal de Alçada Civil, por votação unânime, negar provimento ao recurso, Rel. Sampaio Pontes, 14/10/03.
APELAÇÃO. AÇÃO ANULATÓRIA DE PROTESTO.
1) Irregularidade na representação processual da requerida. Inocorrência. Caso em que o sócio signatário da procuração tem plenos poderes para representar a sociedade em juízo. Preliminar rejeitada.
2) Boleto bancário que representa parcela de contrato de confissão de dívida. Protesto. Impossibilidade. Documento que não se afigura como título de crédito. Inocorrência da situação excepcional que possibilita o protesto por indicação de boleto bancário emitido com base em duplicata mercantil enviada previamente ao devedor e retida indevidamente. Circunstância em que, ademais, o instrumento de confissão de dívida que lastreia a emissão do boleto sub judice sequer foi assinado por duas testemunhas, não se afigurando como título executivo. Inteligência do art. 585, II, do C.P.C. Sentença reformada para declarar a nulidade do protesto perpetrado pela empresa recorrida, determinando-se o seu cancelamento junto ao serviço de protesto competente, e a exclusão dos dados autora junto aos órgãos de proteção ao crédito pela dívida em questão. RECURSO PROVIDO. (TJ/SP, Apelação nº 0004284-22.2007.8.26.0288, 23a Câmara de Direito Privado do Tribunal de Justiça de São Paulo, "DERAM PROVIMENTO AO RECURSO. V. U.", Rel. Elmano de Oliveira, 01/06/11).

uma forma de configurar a emissão da duplicata, uma vez que as informações necessárias estão presentes na comunicação e está lastreada por um negócio jurídico subjacente (contrato e nota fiscal) e, ainda tem o aceite do devedor (resposta ao e-mail).

Em continuidade poderia-se tomar a cautela de enviar as mensagens com aviso de recebimento e leitura, tornando, assim inequívoco o recebimento. Na hipótese de ser necessária uma contraordem por parte do sacado/devedor a manifestação, também, poderia ser exercida por meio de mensagem eletrônica adotando-se as mesmas cautelas (assinatura, aviso de recebimento e leitura). Sem prejuízo de para contraordem o sacado utilizar uma notificação extrajudicial, via cartório como forma de inibir um protesto por parte do sacador.

Além disso, deve haver o registro contábil da obrigação e a consolidação das informações em meio magnético gravado em arquivo das empresas que estão transacionando e se possível o registro no *Livro de Registro de Duplicatas* do sacador. Em uma hipótese de fornecimento contínuo poderia-se estabelecer uma rotina de formalização de pedidos por parte do sacado/devedor ao sacador/credor.

Assim teríamos uma sequencia lógica de ocorrências: (i) contrato celebrado, (ii) pedido formalizado, (iii) emissão da nota fiscal, (iv) emissão da duplicata virtual – documento eletrônico com as informações necessárias para emissão de uma duplicata, (v) envio eletrônico com registro ao devedor, (vi) resposta do devedor recebendo o título e provisionando o pagamento.

Como essas cautelas teríamos bem delimitado o escopo da transação realizada (contrato e pedido), em complementação o sacador deve registrar propriamente a entrega da mercadoria objeto da transação, lembrando que esse é outro requisito da duplicata, não podendo em hipótese alguma desconsiderar a importância da entrega da mercadoria. Como a nota fiscal é virtual a comprovação da entrega da mercadoria ao invés do tradicional canhoto, pode ser um documento próprio descritivo das mercadorias com as informações numéricas da nota fiscal e duplicata, muitas vezes chamado de borderô de mercadorias. Pode ser um A.R – Aviso de Recebimentos dos Correios ou conhecimento de transporte, dependendo da modalidade de transporte que deve estar vinculada a nota fiscal e a duplicata. E, eventualmente, uma comunicação eletrônica registrada em que comunique-se formalmente que a entrega foi realizada com sucesso, um recibo de entrega de mercadoria[20].

Ou seja, para o comprovante de entrega de mercadoria é necessário um documento que tenha ciência inequívoca que o sacador entregou a mercadoria ao sacado.

Feito isso, a relação estaria estabelecida e o pagamento pode ser realizado por meio de bloqueto de pagamento (boleto bancário).Ou seja, aqui temos claro que o boleto não substitui a duplicata é apenas mais um documento inserido na cadeia eletrônica de modo a tornar hábil o pagamento por meio-eletrônico ou físico. E de preferência o boleto deve trazer informações em seu corpo que possibilitem a identificação dos números da nota fiscal e da duplicata.

Na eventualidade de não pagamento, deverá ser providenciado o protesto, sendo recomendável o protesto por indicação e a execução aparelhada com todos os documentos: contrato, nota fiscal, duplicata virtual/eletrônica (arquivo com registro das informações), comunicação entre as partes, incluindo aceite e comprovante de entrega de mercadoria, comprovação do protesto e, por fim, o boleto.

Com isso estaríamos diante de um título virtual, devidamente formalizado hábil a instruir uma execução em caso de inadimplemento. E o que é necessário para isso é apenas formalizar adequadamente a relação e isso atualmente é imprescindível para as empresas, considerando a extrema importância das regras de *compliance*. Vale registrar, que é absolutamente razoável que as empresas adotem boas práticas na formalização de suas transações comerciais como forma de garantir higidez ao mercado, com o cumprimento adequado das obrigações.

---

[20] Podemos, então, concluir que tanto a cartularidade quanto o aceite, hodiernamente, com o avanço da telemática, apresentam grau de importância ou modo de expressão bastante diferenciado, quando a referência são os títulos de crédito convencionais.
Consideramos que os títulos de crédito eletrônicos, em especial a duplicata eletrônica, deram um novo status ao comprovante do recebimento da mercadoria ou do serviço, equiparando-o, definitivamente, ao aceite, imprescindível para a caracterização do título de crédito. (OLIVEIRA, Eversio Donizete de. *A regulamentação dos títulos de crédito eletrônicos no Código Civil de 2002*, São Paulo: Lemos & Cruz Publicações Jurídicas, 2007, p. 86)

E não é só, com um pouco mais sofisticação nas relações é possível que se adote a duplicata virtual nos moldes em que existia a duplicata no passado com assinatura do emitente e aceite do devedor no próprio título. Para isso, entendemos que as relações comerciais poderiam adotar para as assinaturas nos documentos eletrônicos as condições de validade exigidas pelo ICP-Brasil – Instituto de Chaves Públicas – Brasil, observando-se ainda o disposto na Medida Provisória 2.200-2/01 que trata da validade de assinatura digital em documentos eletrônicos.

Com isso contratos e títulos de crédito poderiam ser assinados digitalmente, sendo certo que para diversos obrigações fiscais junto ao governo as empresas já adotam a certificação digital, comprovando eletronicamente de forma inequívoca o cumprimento de suas obrigações. Além disso, rotineiramente contratamos por meio de adesão diversos serviços na internet e assinamos tais contratos eletronicamente, razão pela qual a contratação eletrônica já está devidamente assimilada em nosso cotidiano.

E até mesmo o Poder Judiciário já está com alto grau de informatização, possibilitando que a instrução do processo ocorra toda em ambiente eletrônico.

Neste cenário entendemos que não existe qualquer óbice para que a duplicata seja totalmente incorporada na rotina das empresas, respeitando a formalização necessária que garante a eficácia na emissão do mencionado título. E, ainda, pode se tornar ainda o ambiente mais seguro se nas transações comerciais for adotado o sistema de chaves públicas ICP – Brasil.

E superadas as considerações iniciais sobre o título de crédito eletrônico, em especial a duplicata eletrônica, passaremos a demonstrar o posicionamento da jurisprudência e da doutrina a respeito do tema.

3.1. - Da Jurisprudência e da Doutrina a Respeito do Tema

Como já comentando há muitos que as relações comerciais adotaram o registro eletrônico da duplicata para as mais diversas finalidades. E o Código Civil veio positivar essa possibilidade, fortalecendo a eficácia dessas transações.

Por certo, que após alguns anos o entendimento da jurisprudência demonstra uma consolidação no sentido de aceitar a existência da duplicata virtual, desde que observado os requisitos de existência e validade previstos em lei. Sendo assim, é necessário que se busque o aceite e na sua impossibilidade o protesto por indicação aliado ao comprovante de entrega de mercadoria, garantem a expropriação do patrimônio do devedor na hipótese de não pagamento, por meio da ação de execução.

Nesse sentido, vale destacar o posicionamento do Tribunal de Justiça do Estado de São Paulo ("TJ/SP") que reconhece a possibilidade de execução das duplicatas eletrônicas virtuais, desde que, guardadas as cautelas necessárias na emissão do título. Vejamos:

> "EXECUÇÃO POR TÍTULO EXTRAJUDICIAL – Duplicata mercantil protestada mediante indicações da credora e acompanhada do comprovante de entrega e recebimento da mercadoria -Desnecessidade de exibição nos autos da via original do título de crédito - Hipótese em que os documentos apresentados pela exequente são suficientes a evidenciar a eficácia executiva da duplicata - Improcedência dos embargos mantida - Mero exercício do direito de defesa que não configura litigância de má-fé Recurso desprovido" (TJSP, Apelação nº 9238566-03.2008.8.26.0000, 12ª Câmara de Direito Privado, Rel. Des. Jacob Valente, j. 23.11.2011).

> "EMBARGOS A EXECUÇÃO - EXECUÇÃO POR TÍTULO EXTRAJUDICIAL - BOLETO BANCÁRIO – Ausência das duplicatas que deram origem aos boletos - Irrelevância - Cabível o protesto de boleto bancário - Art. 7º e seguintes úteis da Lei n° 9.492/97 - Existência nos autos das notas fiscais que deram origem aos boletos, acompanhadas dos comprovantes de recebimento das mercadorias - Possibilidade das duplicatas e letras de câmbio serem representadas por boletos bancários ou outros documentos, criados por meios eletrônicos, que contenham os requisitos do pagamento de quantia líquida e certa - Art. 15 da Lei 5.474/68 - Embargos do devedor improcedentes – Apelo improvido" (TJSP, Apelação nº 9070220-60.2006.8.26.0000, 24ª Câmara de Direito Privado, Rel. Des. Salles Vieira, j. 13.10.2011).

"EMBARGOS INFRINGENTES - EMBARGOS À EXECUÇÃO -PRETENSÃO AO RECONHECIMENTO DE NULIDADE DA EXECUÇÃO LASTREADA EM BOLETOS BANCÁRIOS, ACOMPANHADOS DOS PROTESTOS, NOTAS FISCAIS E RESPECTIVOS COMPROVANTES DE ENTREGA DAS MERCADORIAS IMPOSSIBILIDADE - VALIDADE DOS DOCUMENTOS PARA EMBASAR A EXECUÇÃO - DESNECESSIDADE DE APRESENTAÇÃO FÍSICA DAS DUPLICATAS MERCANTIS EMBARGOS REJEITADOS"

(TJSP, Embargos Infringentes nº 0000460-62.2010.8.26.0575/50000, 15ª Câmara de Direito Privado, Rel. Des. Edgard Jorge Lauand, j. 16.08.2011).

Como se percebe o Tribunal de Justiça do Estado de São Paulo entende que é viável a emissão de duplicata eletrônica, sendo exequível o título em caso de inadimplência, desde que, respeitados os requisitos da Lei 5.474/68. E como forma de harmonizar esse entendimento com o exposto nesse artigo, entendemos que as empresas devem adotar as cautelas necessárias, sempre pautando-se pelo excesso quando necessário, por isso deve-se dar a devida atenção à formalização da relação (contrato), ao registro dos pedidos, ao registro das informações do título e as comunicações mantidas com o sacado, como forma de se necessário for ajuizar uma execução, daí então ter os meios hábeis de produzir a maior quantidade possível de produzir as provas necessárias para recuperação do crédito perseguido.

E, ainda, na seara jurisprudencial, vale trazer à colocação Acórdão paradigmático do Superior Tribunal de Justiça ("STJ") admitindo a emissão da duplicata eletrônica/virtual. Vejamos:

"EXECUÇÃO DE TÍTULO EXTRAJUDICIAL. DUPLICATA VIRTUAL. PROTESTO POR INDICAÇÃO. BOLETO BANCÁRIO ACOMPANHADO DO COMPROVANTE DE RECEBIMENTO DAS MERCADORIAS. DESNECESSIDADE DE EXIBIÇÃO JUDICIAL DO TÍTULO DE CRÉDITO ORIGINAL.
1. As duplicatas virtuais - emitidas e recebidas por meio magnético ou de gravação eletrônica – podem ser protestadas por mera indicação, de

modo que a exibição do título não é imprescindível para o ajuizamento da execução judicial. Lei 9.492/97.

2. Os boletos de cobrança bancária vinculados ao título virtual, devidamente acompanhados dos instrumentos de protesto por indicação e dos comprovantes de entrega da mercadoria ou da prestação dos serviços, suprem a ausência física do título cambiário eletrônico e constituem, em princípio, títulos executivos extrajudiciais.

3. Recurso especial a que se nega provimento" (REsp 1.024.691/PR, Terceira Turma, Rel. Min. Nancy Andrighi, j. 22.03.2001, DJe 12.04.2011).

Como se percebe, além do mercado ter adotado a prática da duplicata eletrônica é certo que os Tribunais, também, consagraram essa modalidade do título de crédito, garantindo sua execução. No entanto, na esfera doutrinária existe certa divergência que vale a pena pontuar, ainda mais considerando a notoriedade dos doutrinadores que divergem.

Nesse sentido, temos de um lado pela aceitação da duplicata virtual uma corrente doutrinária com destaque para Fábio Ulhôa Coelho:

"O direito em vigor dá sustentação à execução da duplicata virtual, porque não exige especificamente a sua exibição em papel, como requisito para liberar a prestação jurisdicional satisfativa. Institutos assentes no direito cambiário nacional, como são o aceite por presunção, o protesto por indicações e a execução da duplicata não assinada permitem que o empresário, no Brasil, possa informatizar por completo a administração do crédito concedido. (...) O instrumento de protesto da duplicata, realizado por indicações, quando acompanhado do comprovante de entrega das mercadorias, é título executivo extrajudicial. E inteiramente dispensável a exibição da duplicata, para aparelhar a execução, quando o protesto é feito por indicações do credor (LD, art. 15, §2°). O registro magnético do titulo, portanto, é amparado no direito em vigor, posto que o empresário tem plenas condições para o protestar e executar. Em juízo, basta a apresentação de dois papéis: o instrumento de protesto por indicações e o comprovante da entrega das mercadorias" (COELHO. Fábio Ulhoa. *Manual de Direito Comercial*, 13a edição, São Paulo: Saraiva, 2002, p. 465/6).

Tal corrente é majoritária, mas no sentido contrário, merece destaque o posicionamento de Araken de Assis e Wille Duarte Costa, vejamos:

> "A chamada "duplicata virtual" não constitui título executivo. E isso porque a respectiva disciplina exige regime legal específico quanto à "emissão e circulação de títulos de crédito mediante assinatura eletrônica, além dos demais requisitos formais para adequada representação (virtual) do direito de crédito, inclusive na instrução do pedido de execução forçada".(ASSIS, Araken. *Manual da Execução* 12ª Edição, RT, 2009. Pág. 196).

> (...) Mas a não exibição da duplicata em papel só se verifica se ocorrer o protesto por simples indicação. Porém, para realizar tal protesto, é preciso provar que duplicata foi *retida* pelo sacado. E *para ser retida* pelo sacado tenha sido extraída e remetida ao sacado, Se não for remetida, *não tem como ser retida*. (...)

> Então, sendo tudo isto um direito do sacado e obrigação do sacador, a duplicata extraída tem de ser retida ao sacado para aceite, que é obrigatório, não havendo dúvida quanto à negociação e nenhuma reclamação a fazer para o aceite ser negado. Por isso, *duplicata virtual* é ilegal, pois não existe, a não ser na mentalidade de alguns doutrinadores que não sabem interpretar o direito vigente. (COSTA, Wille Duarte. *Título de Crédito*. Del Rey, 2003, págs. 420 e 421).

Em que pese os posicionamentos contrários de nomes importantes em relação à emissão da duplicata eletrônica/virtual, entendemos que tais opiniões não devem prevalecer, pois negam a evolução do direito que reflete e acompanha a agilidade dos negócios, razão pela qual nos filiamos ao entendimento de Fábio Ulhôa Coelho.

Nesse sentido, vale lembrar os entendimentos favoráveis já expostos acima, tanto da doutrina como da jurisprudência, bem com a expressa previsão legal do já mencionado Código Civil e do parágrafo único, do artigo 8º da Lei nº 9.492/97 que menciona especificamente a duplicata virtual.

4. Conclusão

Conforme exposto no desenvolvimento do presente artigo, entendemos que é possível a adoção da duplicata virtual, estando tal título revestido de liquidez, certeza e exigibilidade.

No entanto, é necessário que a empresa se cerque das cautelas necessárias na emissão do título, devendo-se observar desde os requisitos para emissão do título de crédito: (i) negócio jurídico subjacente de compra e venda mercantil ou prestação de serviço; (ii) emissão do título (registro em arquivo digital, lançamento contábil); (iii) emissão de nota fiscal; (iv) aceite do sacado (envio inequívoco do arquivo digital e da nota fiscal); (v) comprovante de entrega da mercadoria. E ainda que na medida do possível se acrescente: (i) formalização do contrato, (ii) registro do pedido; (iii) comunicações estabelecidas entre as partes. E na hipótese de inadimplência que seja providenciado o protesto do título.

Na hipótese da cobrança ser efetuada por instituição financeira, recomenda-se o registro de toda comunicação e arquivo de todas as informações enviadas por meio eletrônico e/ou magnético.

Necessário frisar uma vez mais que a boa fé se presume, por isso estando o credor suportado por provas suficientes não há razão para obstar que se execute o crédito inadimplido de uma duplicata virtual. O devedor não pode ser beneficiado e deixar de sofrer uma expropriação rápida e efetiva do seu patrimônio, em razão de preciosismo exacerbada ligado à cartularidade dos títulos, sendo certo que o ambiente virtual é uma realidade irreversível e que a tendência é diminuir cada vez mais a importância do papel. A própria lei da duplicata de 1968 já relativizava a cartularidade ao permitir que a execução se aparelhasse com o protesto por indicação e o comprovante de entrega de mercadorias.

Ainda em relação a cartularidade, vale mencionar, que atualmente o Poder Judiciário adota o processo eletrônico em que todos os processos são eletrônicos. Nesse cenário pratico, temos que toda execução ajuizada dessa forma apresenta um arquivo digital correspondente a cártula que se pretende executar, obtendo-se na prática mais um elemento de flexibilização da cartularidade.

Outro ponto que se deve destacar é que as alterações promovidas em 2006 na ação de execução (Lei 11.382/06) foram no sentido de conferir mais efetividade a ação de execução, entre outras coisas, agilizando os meios de recebimento por parte do credor. Com isso, temos uma inequívoca mitigação do princípio de que a execução deve transcorrer do modo menos gravoso ao devedor. Não se pode mais tolerar isso. Temos que ser eficazes no combate à inadimplência, garantindo meios rápidos de expropriação, pois, é certo que a inadimplência contamina o mercado e beneficia somente o devedor.

Por outro, lado reconhecemos que as cautelas na emissão dos títulos devem ser respeitadas, não se devendo admitir que o boleto bancário simplesmente substitua a duplicata, sendo o boleto apenas um meio de pagamento, mas não um título de crédito em si.

Por todo o exposto, entendemos que é possível a emissão da duplicata virtual, a qual – diga-se de passagem – já é utilizada em larga escala, sendo aceita pela doutrina e pela jurisprudência.

Sendo assim, temos a existência de um legítimo título de crédito virtual, não havendo qualquer óbice para que no futuro surjam outros títulos de crédito eletrônico.

Referências Bibliográficas

ASSIS, Araken. *Manual da Execução* 12ª Edição, RT: São Paulo, 2009.
BERTOLDI, Marcelo M. e RIBEIRO, Marcia Carla Pereira. *Curso Avançado de Direito Comercial*, 3ª edição, São Paulo: RT, 2006.
BOITEUX, Fernando Netto. *Títulos de crédito (em conformidade com o Novo Código Civil)*, São Paulo: Dialética, 2002.
COELHO, Fábio Ulhoa. *Manual de Direito Comercial*, 13a edição, São Paulo: Saraiva, 2002.
COELHO, Fábio Ulhoa. *Curso de Direito Comercial* 7ª edição, São Paulo: Saraiva, 2003.
COSTA, Willie Duarte. *Título de Crédito*. Del Rey, 2003
OLIVEIRA, Eversio Donizete de. *A regulamentação dos títulos de crédito eletrônicos no Código Civil de 2002*, São Paulo: Lemos & Cruz Publicações Jurídicas,2007.
SILVA, Marcos Paulo Félix da. *Títulos de Crédito no Código Civil de 2002 – Questões Controvertidas*, Curitiba: Juruá Editora, 2011

Da Possibilidade de Emissão de Debêntures por Sociedades Limitadas

Rodrigo Baraldi dos Santos

1. Introdução

Atualmente as sociedades empresárias por quotas de responsabilidade limitada, comumente conhecidas como sociedades limitadas, representam 97,12% das sociedades empresárias constituídas e em atividade no território brasileiro, segundo pesquisa realizada pelo Instituto Brasileiro de Planejamento Tributário – IBPT[1].

Ainda, se comparada a todos os tipos societários existentes (associações, fundações, sociedades simples, partidos políticos, entidades sindicais, empresas públicas e de economia mista, entre outras), as sociedades limitadas ocupam a segunda colocação no ranking, com 5.782.764 de sociedades constituídas e existentes até julho/2014, representando 33,43% do total, conforme dados da mesma pesquisa.

---

[1] Cf.: Instituto Brasileiro de Planejamento Tributário – IBPT. Empresômetro. São Paulo: 2014. Disponível em: <http://www.empresometro.com.br/Site/EstatisticasPdf?ambito=br&tipo=Todas&informacao= QuantidadePorNatureza >. Acesso em: 28 julho. 2014.

Tais números demonstram de forma clara a importância das sociedades limitadas para o fomento da economia nacional, seja pela geração de emprego e renda, pelo pagamento de tributos, pelo desenvolvimento tecnológico ou por sua contribuição ao Produto Interno Bruto (PIB).

Fato é que, para acompanhar o crescimento econômico-financeiro do Brasil na última década, o aumento da concorrência devido à globalização e ao alargamento da carga tributária brasileira – 36,42% do PIB em 2013[2] (representando um aumento de 62,66% de 1986 a 2013), as sociedades limitadas, assim como os demais tipos societários, precisaram se modernizar e se adaptar à nova realidade econômica para continuar sobrevivendo no mercado.

Nesse ínterim, as sociedades limitadas necessitam constantemente de recursos financeiros para se capitalizar, viabilizando o investimento em novas tecnologias, a ampliação e/ou modernização de suas atividades, a geração de capital de giro para o fomento da sociedade, a liquidação de passivos ou empréstimos atrelados a taxas de juros maiores, entre diversas outras necessidades de financiamento.

Dentre as muitas alternativas de financiamento das atividades mercantis de uma sociedade empresária limitada, encontra-se uma de baixo custo muito utilizada pelas sociedades anônimas – a emissão de debêntures –, porém vista com muita reticência pelas sociedades limitadas e seus administradores, em razão dos divergentes entendimentos sobre a possibilidade ou não da emissão de debêntures com esforços restritos pelas sociedades limitadas, normatizada pela Instrução CVM nº 476, de 16.01.2009.

É nesse contexto que se desenvolverá o presente estudo. Por meio da análise legislativa e doutrinária, buscar-se-á demonstrar a possibilidade de emissão de debêntures com esforços restritos pelas sociedades empresárias de responsabilidade limitada, regidas supletivamente pelas normas das sociedades anônimas.

---

[2] Cf.: AMARAL, Gilberto Luiz do. Et al. Evolução da Carga Tributária Brasileira. São Paulo: 2014. Disponível em: <https://www.ibpt.org.br/img/uploads/novelty/estudo/1443/20131-218asscomEstudoEvolucaodacargatributariabrasileiraPrevisaopara2013.pdf >. Acesso em: 11 julho. 2014.

2. Das Sociedades Limitadas e a Regência Supletiva das Normas da Sociedade Anônima

Inicialmente, cumpre-nos relembrar que as sociedades limitadas estão reguladas pelo Código Civil (CC) (Lei nº 10.406/02), nos artigos 1.052 a 1.087, sujeitando-se à disciplina da sociedade simples (artigos 997 a 1.038 do mesmo diploma legal) quando àquelas forem omissas, bem como, se previsto expressamente no contrato social, aplicar-se-ão supletivamente as normas da sociedade anônima, dentre elas a Lei nº 6.404/76 (LSA) que regula as sociedades por ações, nos termos do artigo 1.053 do CC:

> Art. 1.053. A sociedade limitada rege-se, nas omissões deste Capítulo, pelas normas da sociedade simples.
> Parágrafo único. O contrato social poderá prever a regência supletiva da sociedade limitada pelas normas da sociedade anônima.

Observa-se que, em regra, nas omissões dos dispositivos legais aplicáveis diretamente às sociedades limitadas e, por óbvio, do contrato social, as normas atinentes às sociedades simples serão aplicadas, sendo que é facultado aos sócios encaminhar a regência supletiva das normas da sociedade anônima como solução de tais omissões, constituindo exceção à regra[3], desde que feita essa opção no contrato social.

Mesmo que o contrato social preveja a regência supletiva das normas da sociedade anônima, caso o próprio contrato social, os artigos do CC destinados à sociedade limitada e as normas da sociedade anônima não sejam suficientes para disciplinar determinada situação, aplicar-se-ão as normas da sociedade simples por ser regra geral instituída pelo citado artigo, mas excepcionada por seu parágrafo único.

Nesse contexto, a recíproca é verdadeira. Mesmo que o contrato social não preveja a regência supletiva das normas da sociedade anônima, estas poderão ser utilizadas pelo emprego da analogia, caso o contrato social, os artigos do

---

[3] Cf.: VERÇOSA, Haroldo Malheiros Duclerc. Curso de Direito Comercial. Volume 2, São Paulo: Malheiros, 2006. p. 371 e 372.

CC destinados à sociedade limitada e as normas da sociedade simples não regulem determinada matéria.

Assim leciona Coelho[4]:

> Sintetiza-se, então, a questão da legislação aplicável às sociedades limitadas nos seguintes termos: em assunto disciplinado pelo capítulo do Código Civil específico deste tipo societário (Parte Especial, Livro II, Título II, Subtítulo II, Capítulo IV, arts. 10.52 a 1.087), vigora a disposição nele contida; na constituição e dissolução total, observa-se sempre o Código Civil; nos demais casos, se a matéria é passível de negociação entre os sócios, consulta-se o contrato social, aplicando-se supletivamente a disciplina do Código Civil respeitante à sociedade simples (arts. 997 a 1.038), ou, se assim desejado pelos sócios de modo expresso, a da Lei das Sociedades por Ações; não sendo a matéria suscetível de negociação, pode-se aplicar analogicamente a Lei das Sociedades por Ações na superação da lacuna.

Três importantes observações são extraídas do citado artigo 1.053 e parágrafo único do CC, necessárias para o bom entendimento da extensão da aplicabilidade supletiva das normas da sociedade anônima, quais sejam: a expressão "regência supletiva"; a ausência da expressão "na parte aplicável"; a expressão "normas da sociedade anônima".

O aludido parágrafo único do artigo 1.053 do CC utiliza-se da expressão *regência*[5] *supletiva*[6] para definir qual norma será aplicável nas omissões do Capítulo IV (Da Sociedade Limitada) do CC e do contrato social, nas sociedades limitadas.

---

[4] Cf.: COELHO, Fábio Ulhoa. Curso de Direito Comercial. Volume 2, 11ª Edição, São Paulo: Saraiva, 2008. p. 370.

[5] Reger – 1. Governar, dirigir. 2. Governar como rei. 3. Exercer as funções de professor. 4. *Gram.* determinar a flexão de. 5. Dirigir (orquestra, banda). P. 6. Governar-se, regular-se. In: XIMENES, Sérgio. Minidicionário Ediouro da Língua Portuguesa. 2ª Edição, São Paulo: Ediouro, 2000. p. 643.

[6] Supletivo – Que supre ou é próprio para suprir. Governar-se, regular-se. In: XIMENES, Sérgio. Minidicionário Ediouro da Língua Portuguesa. 2ª Edição, São Paulo: Ediouro, 2000. p. 709.

Nota-se que, pelo significado de cada uma das palavras que compõem a expressão, o legislador quis outorgar a *regulação complementar* da matéria (sociedade limitada) às normas da sociedade anônima, ou seja, nesses casos, as normas da sociedade anônima irão disciplinar a sociedade limitada, observando e respeitando, mormente, o disposto no contrato social e nos artigos 1.052 a 1.087 do CC.

No que tange à ausência da expressão *na parte aplicável*, cumpre-nos esclarecer que o Decreto nº 3.708/1919, norma disciplinadora das sociedades limitadas anterior ao CC, trazia em seu artigo 18[7] norma similar à tratada pelo aludido artigo 1.053 que ora o substitui, o qual fazia referência à expressão *na parte aplicável*, normatizando de forma clara que a aplicação da lei das sociedades por ações seria de forma restritiva.

Por sua vez, o texto normativo trazido pelo parágrafo único do artigo 1.053 do CC não faz tal restrição. Embora grande parte da doutrina[8] de Direito Societário entenda restritivamente, no sentido de que a regência supletiva das normas da sociedade anônima deva ser aplicada apenas na parte que couber, ou melhor, "na parte aplicável", não foi essa a intenção do legislador, senão teria feito constar tal expressão no referido parágrafo único, como outrora havia feito com o mencionado artigo 18.

Com efeito, ao admitir tal restrição, admitir-se-ia, por exemplo, a impossibilidade da existência do conselho de administração nas sociedades limitadas, uma vez que os artigos 1.052 a 1.087 do CC não fazem qualquer menção a tal possibilidade para as sociedades limitadas. Situação essa inimaginável no Direito Societário atual, seja pela liberdade de contratar das sociedades limitadas, pelo princípio constitucional da legalidade[9] ou pela regência supletiva das normas da sociedade anônima.

---

[7] *"Art. 18. Serão observadas quanto ás sociedades por quotas, de responsabilidade limitada, no que não for regulado no estatuto social, e na parte applicavel, as disposições da lei das sociedades anonymas."*

[8] Cf.: COELHO, Fábio Ulhoa. Curso de Direito Comercial. Volume 2, 11ª Edição, São Paulo: Saraiva, 2008. p. 367 a 369; Conforme: VERÇOSA, Haroldo Malheiros Duclerc. Curso de Direito Comercial. Volume 3, São Paulo: Malheiros, 2008. p. 370; NEGRÃO, Ricardo. Manual de Direito Comercial e de Empresa. Volume 1, 8ª Edição, São Paulo: Saraiva, 2011. p. 394; entre outros.

[9] *"CF/88, Art. 5º Todos são iguais perante a lei, sem distinção de qualquer natureza, garantindo-se aos brasileiros e aos estrangeiros residentes no País a inviolabilidade do direito à vida, à liberdade, à igualdade, à segurança e à propriedade, nos termos seguintes: (...)*
II – ninguém será obrigado a fazer ou deixar de fazer alguma coisa senão em virtude de lei; (...)"

Não estamos defendendo que a regência supletiva das normas da sociedade anônima seja irrestrita, mas que apenas naquilo que forem incompatíveis não sejam aplicadas, como na abertura de capital com a circulação pública de ações, instituto típico da sociedade anônima, não aplicável à sociedade limitada, pois é expressamente restrito à sociedade anônima pela LSA ou, por exemplo, na emissão de quotas sem valor nominal, em razão da obrigatoriedade de se identificar o valor nominal da quota previsto em diversos dispositivos do CC, dentre eles no artigo 1.052.

A terceira importante observação refere-se à expressão *normas da sociedade anônima*. Neste caso, o legislador utilizou-se do vocábulo "normas" em vez de especificar, por exemplo, a Lei nº 6.404/76 (Lei das Sociedades por Ações). Ao utilizar-se de tal expressão, a intenção do legislador foi abranger, *lato sensu*, todas as normas aplicáveis à sociedade anônima e não exclusivamente a LSA.

Nesse ínterim, podemos afirmar que se aplicam de forma complementar aos artigos 1.052 a 1.087 do CC e ao contrato social, na sociedade limitada optante pelo regime da regência supletiva, no que forem compatíveis, todas as Leis, Decretos e Instruções Normativas aplicáveis à sociedade anônima.

Feitas as considerações sobre a regência supletiva das normas da sociedade anônima nas sociedades limitadas que assim a elegeram no contrato social, pode-se concluir que nessas sociedades limitadas a aplicabilidade das normas (*lato sensu*) da sociedade anônima visa a complementar as omissões contidas na legislação específica e no contrato social, respeitando a natureza jurídica da sociedade limitada, mas também outorgando a esse tipo societário maior abrangência normativa.

Antes de adentrarmos no estudo da possibilidade ou não de emissão de debêntures com esforços restritos por sociedade limitada que adota a regência supletiva das normas da sociedade anônima, faz-se necessário tecer algumas considerações acerca das debêntures.

3. Das Debêntures

As debêntures são valores mobiliários e estão disciplinadas pelos artigos 52 a 74 da LSA. Desse modo, estão assim caracterizadas pelo referido artigo 52:

Art. 52. A companhia poderá emitir debêntures que conferirão aos seus titulares direito de crédito contra ela, nas condições constantes da escritura de emissão e, se houver, do certificado.

Conforme dispõe Verçosa[10], *"do ponto de vista econômico e jurídico, a emissão de debêntures consiste em um empréstimo tomado pela sociedade anônima junto à comunidade de debenturistas".*

Em igual sentido, seguem os ensinamentos de Carvalhosa[11]:

> A teoria do mútuo prevalece na doutrina brasileira. A quase-totalidade de nossos juristas enxerga na emissão de debêntures uma modalidade especial de mútuo, caracterizada pela divisão da quantia mutuada em frações, atribuídas a diversos titulares que se tornam credores, ligados entre si pelo vínculo comum de uma só operação, que dá nascimento às debêntures.

As debêntures representam um título de dívida contraído pela sociedade emissora em benefício de seu titular, assim, nessa qualidade, poderão conter previsões sobre a correção monetária do valor, o pagamento de juros, fixos ou variáveis, a participação no lucro da sociedade e do prêmio de reembolso, conforme dispõem os artigos 54[12] e 56[13] da LSA, respectivamente.

Outra característica comum às debêntures é a possibilidade de sua emissão com garantia real ou garantia flutuante, ou simplesmente não gozar de garantias, podendo, nesse caso, conter cláusula de subordinação aos demais credores da companhia, em caso de liquidação da sociedade, conforme dispõe

---

[10] Cf.: VERÇOSA, Haroldo Malheiros Duclerc. Curso de Direito Comercial. Volume 3, São Paulo: Malheiros, 2008. p. 180.
[11] Cf.: CARVALHOSA, Modesto. Comentários à Lei das Sociedades Anônimas – Volume 1. 5ª Edição, São Paulo: Saraiva, 2009. p. 577.
[12] *"Art. 54. – A debênture terá valor nominal expresso em moeda nacional, salvo nos casos de obrigação que, nos termos da legislação em vigor, possa ter o pagamento estipulado em moeda estrangeira.*
§ 1º – A debênture poderá conter cláusula de correção monetária, com base nos coeficientes fixados para correção de títulos da dívida pública, na variação da taxa cambial ou em outros referenciais não expressamente vedados em lei. (...)"
[13] *"Art. 56. A debênture poderá assegurar ao seu titular juros, fixos ou variáveis, participação no lucro da companhia e prêmio de reembolso."*

o artigo 58[14] da LSA. A garantia flutuante garante privilégio geral sobre o ativo da sociedade, porém não impede a negociação de tais ativos.

Por derradeiro, característica marcante das debêntures refere-se à possibilidade de emissão de debêntures conversíveis em ações da sociedade, conforme previsto no artigo 57[15] da LSA. Vale ressaltar que a emissão de debêntures conversíveis em ações assegura aos acionistas o direito de preferência na aquisição das debêntures conversíveis como forma de preservar a participação societária de cada acionista proporcionalmente ao capital social da sociedade.

Da mesma forma que as ações, somente as sociedades anônimas devidamente registradas na Comissão de Valores Mobiliários (CVM) podem negociar

---

[14] *"Art. 58. A debênture poderá, conforme dispuser a escritura de emissão, ter garantia real ou garantia flutuante, não gozar de preferência ou ser subordinada aos demais credores da companhia.*
§ 1º A garantia flutuante assegura à debênture privilégio geral sobre o ativo da companhia, mas não impede a negociação dos bens que compõem esse ativo.
§ 2º As garantias poderão ser constituídas cumulativamente.
§ 3º As debêntures com garantia flutuante de nova emissão são preferidas pelas de emissão ou emissões anteriores, e a prioridade se estabelece pela data da inscrição da escritura de emissão; mas dentro da mesma emissão, as séries concorrem em igualdade.
§ 4º A debênture que não gozar de garantia poderá conter cláusula de subordinação aos credores quirografários, preferindo apenas aos acionistas no ativo remanescente, se houver, em caso de liquidação da companhia.
§ 5º A obrigação de não alienar ou onerar bem imóvel ou outro bem sujeito a registro de propriedade, assumida pela companhia na escritura de emissão, é oponível a terceiros, desde que averbada no competente registro.
§ 6º As debêntures emitidas por companhia integrante de grupo de sociedades (artigo 265) poderão ter garantia flutuante do ativo de 2 (duas) ou mais sociedades do grupo."
[15] *"Art. 57. A debênture poderá ser conversível em ações nas condições constantes da escritura de emissão, que especificará:*
I – *as bases da conversão, seja em número de ações em que poderá ser convertida cada debênture, seja como relação entre o valor nominal da debênture e o preço de emissão das ações;*
II – *a espécie e a classe das ações em que poderá ser convertida;*
III – *o prazo ou época para o exercício do direito à conversão;*
IV – *as demais condições a que a conversão acaso fique sujeita.*
§ 1º Os acionistas terão direito de preferência para subscrever a emissão de debêntures com cláusula de conversibilidade em ações, observado o disposto nos artigos 171 e 172.
§ 2º Enquanto puder ser exercido o direito à conversão, dependerá de prévia aprovação dos debenturistas, em assembléia especial, ou de seu agente fiduciário, a alteração do estatuto para:
a) *mudar o objeto da companhia;*
b) *criar ações preferenciais ou modificar as vantagens das existentes, em prejuízo das ações em que são conversíveis as debêntures."*

no mercado de valores mobiliários as debêntures emitidas, assim determina o parágrafo 1º do artigo 4º da LSA.

Entretanto, com o advento da Instrução CVM nº 476/2009, a CVM (órgão competente para a regulamentação da emissão de valores mobiliários nos termos do parágrafo 3º[16] do artigo 2º da Lei nº 6.385/76), passou-se a admitir a emissão e realização de ofertas públicas de distribuição com esforços restritos de debêntures não conversíveis em ações, entre outros valores mobiliários, com a dispensa do registro do emissor e da oferta na CVM, conforme dispõe o artigo 6º[17] da Instrução CVM nº 476/2009.

Ainda, referidas ofertas devem ser ofertadas apenas a investidores qualificados, no máximo de 50 (cinquenta) deles, mas a oferta poderá ser adquirida ou subscrita por apenas 20 (vinte) desses investidores qualificados. Nos termos da aludida Instrução CVM, entende-se por investidor qualificado:

> Art. 4º – Para os fins desta Instrução, consideram-se investidores qualificados, os referidos no art. 109 da Instrução CVM nº 409, de 18 de agosto de 2004, observando que:
> I – todos os fundos de investimentos serão considerados investidores qualificados, mesmo que se destinem a investidores não-qualificados; e
> II – as pessoas naturais e jurídicas mencionadas no inciso IV do art. 109 da Instrução CVM nº 409, de 2004, deverão subscrever ou adquirir, no âmbito da oferta, valores mobiliários no montante mínimo de R$ 1.000.000,00 (um milhão de reais).

Com a publicação da mencionada Instrução, a CVM abriu caminho para que as sociedades limitadas com regência supletiva das normas da sociedade anônima pudessem emitir e distribuir debêntures não conversíveis com esforços restritos para a aquisição por investidores qualificados, nos termos da Lei.

---

[16] *"Art. 2º São valores mobiliários sujeitos ao regime desta Lei:*
I – as ações, debêntures e bônus de subscrição; (...)
§ 3o Compete à Comissão de Valores Mobiliários expedir normas para a execução do disposto neste artigo, podendo: (...)"
[17] *"Art. 6º As ofertas públicas distribuídas com esforços restritos estão automaticamente dispensadas do registro de distribuição de que trata o caput do art. 19 da Lei nº 6.385, de 1976."*

Como visto, a debênture trata-se de uma importante ferramenta para fomento da sociedade empresária, visando à captação de recursos financeiros de baixo custo, tão necessários para a promoção dessas sociedades, consequentemente da economia brasileira.

Assim sendo, ante a importância de tal possibilidade para as sociedades limitadas, a seguir dedicaremos esforços para demonstrar a legalidade da emissão de debêntures com esforços restritos pelas sociedades limitadas.

4. Da Possibilidade de Emissão de Debêntures por Sociedades Limitadas

Em brilhante estudo sobre o tema em questão, Pitta[18] ponderou:

> Desta forma, podemos concluir que os tradicionais questionamentos acerca da possibilidade de aplicação do Capítulo V da Lei das Sociedades por Ações às sociedades limitadas regidas supletivamente pela referida legislação não decorrem da qualificação das debêntures como títulos de crédito, nem tampouco das particularidades da operação creditícia a ela subjacente. Evidente, também, que não existe nenhuma vedação legal expressa à emissão deste tipo de título por sociedades limitadas.
> Referidos questionamentos concentram-se, outrossim, em um outro elemento inerente a esta espécie de título de crédito, qual seja sua caracterização como valor mobiliário.
> (...)
> Assim, parece não ser coerente afirmar, *a priori* em abstrato, que a emissão de valores mobiliários é funcionalmente incompatível com a natureza da sociedade limitada, uma vez que referida natureza permite a adoção de feições institucionais por este tipo societário, que são absolutamente congruentes com a captação pública de recursos.

---

[18] PITTA, André Grünspun. A possibilidade de emissão de debêntures por sociedade limitada regida supletivamente pela Lei das Sociedades por Ações. In: Luís André N. de Moura Azevedo; Rodrigo R. Monteiro de Castro. (Org.). Sociedade Limitada Contemporânea. 1 ed. São Paulo: Quartier Latin, 2013, v. 1, p. 515-530.

Nesse sentido, qualquer vedação à emissão de valores mobiliários e de sua oferta ao público em geral por parte de sociedades limitadas decorreria, caso existente, de uma questão político regulatória, e não de uma incompatibilidade gênica entre este tipo societário e o mercado de valores mobiliários de modo geral.

Nesse diapasão, a competência para ditar as normas regulamentares no mercado de valores mobiliários no Brasil, consequentemente sobre a emissão e distribuição de valores mobiliários, dentre eles a debênture, é exclusiva da CVM, por força do artigo 2º da Lei nº 6.385/1976, *in verbis*:

> Art. 2º **São valores mobiliários sujeitos ao regime desta Lei:**
> I – as ações, debêntures e bônus de subscrição;
> II – os cupons, direitos, recibos de subscrição e certificados de desdobramento relativos aos valores mobiliários referidos no inciso II;
> III – os certificados de depósito de valores mobiliários;
> IV – as cédulas de debêntures;
> V – as cotas de fundos de investimento em valores mobiliários ou de clubes de investimento em quaisquer ativos;
> VI – as notas comerciais;
> VII – os contratos futuros, de opções e outros derivativos, cujos ativos subjacentes sejam valores mobiliários;
> VIII – outros contratos derivativos, independentemente dos ativos subjacentes; e
> IX – quando ofertados publicamente, quaisquer outros títulos ou contratos de investimento coletivo, que gerem direito de participação, de parceria ou de remuneração, inclusive resultante de prestação de serviços, cujos rendimentos advêm do esforço do empreendedor ou de terceiros.
> § 1º Excluem-se do regime desta Lei:
> I – os títulos da dívida pública federal, estadual ou municipal;
> II – os títulos cambiais de responsabilidade de instituição financeira, exceto as debêntures.

§ 2º Os emissores dos valores mobiliários referidos neste artigo, bem como seus administradores e controladores, sujeitam-se à disciplina prevista nesta Lei, para as companhias abertas.

§ 3º **Compete à Comissão de Valores Mobiliários expedir normas para a execução do disposto neste artigo, podendo:**

I – exigir que os emissores se constituam sob a forma de sociedade anônima;

II – exigir que as demonstrações financeiras dos emissores, ou que as informações sobre o empreendimento ou projeto, sejam auditadas por auditor independente nela registrado;

III – dispensar, na distribuição pública dos valores mobiliários referidos neste artigo, a participação de sociedade integrante do sistema previsto no art. 15 desta Lei;

IV – estabelecer padrões de cláusulas e condições que devam ser adotadas nos títulos ou contratos de investimento, destinados à negociação em bolsa ou balcão, organizado ou não, e recusar a admissão ao mercado da emissão que não satisfaça a esses padrões.

§ 4º É condição de validade dos contratos derivativos, de que tratam os incisos VII e VIII do caput, celebrados a partir da entrada em vigor da Medida Provisória nº 539, de 26 de julho de 2011, o registro em câmaras ou prestadores de serviço de compensação, de liquidação e de registro autorizados pelo Banco Central do Brasil ou pela Comissão de Valores Mobiliários. (Grifo nosso)

Depreende-se do citado artigo que a exigência da adoção do tipo societário das sociedades anônimas é uma faculdade da CVM, órgão regulador, podendo dispor diferentemente, abrangendo outros tipos societários, como o fez com a edição da Instrução CVM nº 476/2009, ao não restringir as ofertas públicas de valores mobiliários distribuídos com esforços restritos apenas para as sociedades anônimas, bem como dispensou a obrigatoriedade de registro na CVM tanto a oferta, quanto seu emissor.

Particular destaque deve se dar para o fato de que, na audiência pública realizada para discussão da referida Instrução, especial atenção foi dada à possibilidade de realização de ofertas públicas de distribuição de valores mobiliários com esforços restritos por outros tipos societários, que não fossem sociedades anônimas, tanto que a CVM abriu tal questionamento ao mercado. Vejamos:

> Como dito acima, o parágrafo 1º do art. 1º da Minuta estabelece uma lista taxativa dos valores mobiliários que poderão ser objeto de oferta pública distribuída com esforços restritos, mas não traz uma lista equivalente que estabeleça a relação de emissores permitidos. Dessa forma, em princípio, não só as sociedade por ações, mas também outros tipos societários, como as sociedades limitadas e cooperativas, poderiam oferecer ao público, mediante esforços restritos de distribuição, valores mobiliários de sua emissão. No entanto, a CVM cogita limitar a possibilidade de realização dessas ofertas às sociedades por ações, tendo em vista que a Lei nº 6.404, de 15 de dezembro de 1976, contempla uma série de regras com as quais os agentes de mercado e investidores em geral já se acostumaram a contar depois de decorridos mais e 30 anos do início de sua vigência. **A CVM gostaria de ouvir do mercado suas opiniões a respeito das vantagens e desvantagens de eventual limitação do alcance da Minuta às ofertas de valores mobiliários emitidos por sociedades anônimas.**[19] (destaque nosso)

De pronto, verifica-se que a princípio a CVM cogitou limitar a possibilidade da realização de ofertas públicas de distribuição de valores mobiliários com esforços restritos às sociedades anônimas, contudo, abriu oitiva para as entidades de mercado, as quais foram ouvidas pela CVM, que decidiu manter a possibilidade do procedimento de oferta pública em questão para todos os tipos societários, conforme consta no relatório da Superintendente de Desenvolvimento de Mercado (SDM) em Exercício, Pablo Renteria:

> Considerando as manifestações recebidas, a SDM não se convenceu da necessidade de restringir a possibilidade de realizar ofertas públicas distribuídas com esforços restritos a um ou mais tipos societários.

---

[19] COMISSÃO DE VALORES MOBILIÁRIOS. Edital de Audiência Pública nº 05/2008, p. 3, disponível em: < http://www.cvm.gov.br/port/audi/ed0508.pdf >. Acesso em: 10 julho, 2014.

Inicialmente, deve-se notar que a Lei nº 6.385, de 1976, em seu art. 2º, § 2º, sujeita os emissores de valores mobiliários ali referidos, bem como seus administradores e controladores, à mesma disciplina prevista para as companhias abertas.

Portanto, na opinião da SDM, que se baseia na jurisprudência do colegiado da CVM, a forma de organização societária é irrelevante para se verificar a competência desta autarquia quanto à aplicação das penalidades estabelecidas no art. 11 da Lei nº 6.385, de 1976.[20]

Destarte, resta-nos claro que a CVM, ao promulgar a Instrução CVM nº 476/2009, admitiu as ofertas públicas de distribuição de valores mobiliários com esforços restritos por outros tipos societários, em especial pelas sociedades limitadas, objeto de discussão na audiência pública, segundo supra-demonstrado.

Vale lembrar que, conforme elucidado no início do presente estudo, ao optar pela regência supletiva das normas da sociedade anônima, a sociedade limitada sujeita-se também à regulação complementar de normas editadas pela CVM destinadas à sociedade por ações ou diretamente destinada ao seu tipo societário, não apenas a LSA.

Em que pesem os argumentos até o momento apresentados, são muitos os entendimentos contrários a tal possibilidade, os quais destacaremos abaixo, para que se possa expor os contra-argumentos, fundamentando a possibilidade de emissão de debêntures com esforços restritos pelas sociedades limitadas.

Dentre os posicionamentos contrários, destaca-se o de Coelho:

> Aclare-se o critério por um exemplo: imagine uma sociedade limitada que deseja emitir debêntures, para obtenção de recursos destinados ao desenvolvimento da sua atividade econômica. Indago: pode fazê-lo? Se a Lei das sociedades Anônimas fosse aplicável, em qualquer hipótese de omissão do capítulo próprio do Código Civil, desde que prevista a supletividade pelo contrato social, a conclusão lógica seria

---

[20] COMISSÃO DE VALORES MOBILIÁRIOS. Edital de Audiência Pública nº 05/2008, p. 5, disponível em: < http://www.cvm.gov.br/port/infos/inst476relat%C3%B3rio.pdf >. Acesso em: 10 julho, 2014.

a da possibilidade de se realizar a securitização. Mas a resposta correta é a oposta. A sociedade limitada não pode emitir debêntures. E a fundamentação jurídica para essa resposta se encontra no critério apontado: **A Lei das Sociedades Anônimas somente é aplicável às limitadas nas matérias a respeito das quais podem os sócios contratar. Nos assuntos que escapam ao âmbito das negociações entre eles, não incide.**[21] (destaque nosso)

No mesmo sentido dispôs Borba:

> Assim, uma série de institutos e de regras que são típicos da sociedade anônima afiguravam-se, como continuam a se afigurar, funcionalmente incompatíveis com a sociedade limitada. Esse era e é o caso de toda a matéria atinente a valores mobiliários, tais como ações, debêntures, partes beneficiárias, as quais, pela sua natureza de títulos-valores, a serem oferecidos à subscrição, não se coadunam com os fins e propósitos da sociedade limitada. Com o novo Código Civil, que passou a regular a sociedade limitada e que a aproxima da sociedade simples (art. 1.053), a faculdade de emitir valores mobiliários, continua restrita às sociedades por ações, até mesmo porque a lei das sociedades anônimas não mais exercerá, automaticamente, a função de legislação supletiva da limitada. **A sua incidência passa a depender de invocação expressa, e, mesmo nesse caso, por ser supletiva, limitar-se-á ao que poderiam as partes dispor, preenchendo apenas as lacunas contratuais naquilo que for compatível com a natureza desse tipo societário.**[22] (destaque nosso)

Tais posicionamentos nos obrigam a imediata leitura do artigo 59 da LSA, qual seja: *"Art. 59. A deliberação sobre emissão de debêntures é da competência privativa da assembleia-geral, que deverá fixar, observado o que a respeito dispuser o estatuto:"*.

---

[21] Cf.: COELHO, Fábio Ulhoa. Curso de Direito Comercial. Volume 2, 11ª Edição, São Paulo: Saraiva, 2008. p. 368;
[22] Cf.: BORBA, José Edwaldo Tavares. "Das Debêntures". Rio de Janeiro: Renovar 2005. p. 29

Ora, se a assembleia geral possui competência exclusiva para contratar ou não a emissão de debêntures, bem como se a assembleia geral é composta pelos acionistas da sociedade, a dedução lógica da leitura desse dispositivo é de que a matéria emissão de debêntures compete exclusivamente aos acionistas – no caso das sociedades limitadas, aos sócios – a deliberação sobre sua contratação ou não, servindo a CVM apenas como órgão regulador e fiscalizador de tal emissão.

Destacam-se os preceitos de Carvalhosa sobre a competência privativa da assembleia geral sobre a emissão de debêntures:

> O fundamento é o de que, tratando-se a emissão de debêntures de um contrato de mútuo, estará com ele comprometido o patrimônio da companhia. Daí, no caso do mútuo debenturístico, prevalece a regra que atribui à assembléia-geral deliberar sobre a alienação ou oneração de valor significativo do patrimônio social. Ademais, as eventuais garantias que serão dadas aos mutuários, envolvendo esse mesmo patrimônio (art. 58), não poderiam dispensar a deliberação dos acionistas.[23]

Parece-nos superficial basear a proibição da emissão de debêntures pelas sociedades limitadas apenas no fato de que as normas da sociedade anônima não seriam aplicáveis neste caso em razão de os sócios não poderem contratar tal matéria, uma vez que a competência para decidir sobre tal contratação é privativa dos próprios acionistas, no caso sócios.

Ainda, conforme outrora examinado, a regência supletiva das normas da sociedade anônima na sociedade limitada aplica-se de forma complementar aos artigos 1.052 a 1.087 do CC e ao contrato social, evidentemente na sociedade limitada optante pelo regime da regência supletiva. Ademais, não há qualquer dispositivo legal, seja no Código Civil ou em qualquer outra norma, que vede expressamente a possibilidade de emissão de debêntures por sociedades limitadas.

---

[23] Cf.: CARVALHOSA, Modesto. Comentários à Lei das Sociedades Anônimas – Volume 1. 5ª Edição, São Paulo: Saraiva, 2009. p. 710 e 711.

O ordenamento jurídico pátrio, calcado na Constituição Federal de 1988, outorga a garantia do princípio da legalidade, onde *"ninguém será obrigado a fazer ou deixar de fazer alguma coisa senão em virtude de lei"*[24].

Por derradeiro, imperioso mencionar o fato de que a emissão de debêntures com esforços restritos pelas sociedades limitadas seriam ofertadas apenas a investidores qualificados, já definidos neste trabalho, ou seja, não há, inclusive, qualquer prejuízo ao sistema econômico ou à poupança popular, ante ao conhecimento específico e qualificado dos investidores a que se destinaria referida emissão. Pelo contrário, a admissão de tal possibilidade é importante instrumento de fomento das sociedades limitadas.

De mais a mais, com o advento da Instrução CVM nº 476/2009, o direito brasileiro passou a albergar a possibilidade de emissão de debêntures com esforços restritos pelas sociedades limitadas regidas supletivamente pelas normas da sociedade anônima, e não há qualquer restrição legal a tal procedimento.

5. Conclusão

O presente trabalho prestou-se a estudar a possibilidade de emissão de debêntures com esforços restritos pelas sociedades limitadas regidas supletivamente pelas normas da sociedade anônima, com o claro objetivo de identificar, no ordenamento jurídico pátrio, sua admissibilidade.

Incialmente, analisou-se a regência supletiva das normas da sociedade anônima nas sociedades limitadas, identificando que tal regência não se limita apenas à LSA, mas abrange *lato sensu* as demais Leis, Decretos, Instruções Normativas, entre outras normas aplicáveis às sociedades anônimas, em especial a Lei nº 6.385/1976 e a Instrução CVM nº 476/2009.

Ainda, nesse contexto, pontuou-se que as normas da sociedade anônima têm o condão de regular complementarmente as sociedades limitadas que optaram pela regência supletiva.

---

[24] Cf.: artigo 5º – BRASIL. Constituição da República Federativa do Brasil de 1988, de 05 de outubro de 1988. Disponível em: < http://www.planalto.gov.br/ccivil_03/constituicao/constituicaocompilado.htm >. Acesso em: 20 junho, 2014

No que tange à possibilidade de emissão de debêntures com esforços restritos pelas sociedades limitadas, não obstante os posicionamentos contrários de respeitados juristas, restou claro que não há no direito brasileiro qualquer vedação à possibilidade em comento, bem como a Instrução CVM nº 476/2009 passa a regulá-la, senão expressa, mas tacitamente.

Destarte, ante a importância econômico-financeira de emissão de debêntures com esforços restritos pelas sociedades limitadas regidas supletivamente pelas normas da sociedade anônima, como instrumento de financiamento a baixo custo para as sociedades limitadas, a admissibilidade não só é de direito, como se faz necessária.

Referências Bibliográficas

AMARAL, Gilberto Luiz do. Et al. Evolução da Carga Tributária Brasileira. São Paulo: 2014. Disponível em: < https://www.ibpt.org.br/img/uploads/novelty/estudo/1443/20131218asscomEstudoEvolucaodacargatributariabrasileiraPrevisaopara2013.pdf >. Acesso em: 11 julho. 2014.

BRASIL. Constituição da República Federativa do Brasil de 1988, de 05 de outubro de 1988. Disponível em: <http://www.planalto.gov.br/ccivil_03/constituicao/constituicaocompilado.htm>. Acesso em: 20 junho, 2014.

BRASIL. Lei nº 6.404, de 15 de dezembro de 1976. Dispõe sobre as Sociedades por Ações. Disponível em: <http://www.planalto.gov.br/ccivil_03/leis/l6404consol.htm>. Acesso em: 20 junho, 2014.

BRASIL. Lei nº 6.385, de 07 de dezembro de 1976. Dispõe sobre o mercado de valores mobiliários e cria a Comissão de Valores Mobiliários. Disponível em: < http://www.planalto.gov.br/ccivil_03/leis/L6385compilada.htm>. Acesso em: 20 junho, 2014.

BRASIL. Lei nº 10.406, de 10 de janeiro de 2002. Institui o Código Civil. Disponível em: <http://www.planalto.gov.br/ccivil_03/leis/2002/l10406.htm>. Acesso em: 18 junho, 2014.

CARVALHOSA, Modesto. Comentários à Lei das Sociedades Anônimas – Volume 1. 5ª Edição, São Paulo: Saraiva, 2009. 874 p.

COELHO, Fábio Ulhoa. Curso de Direito Comercial. Volume 2, 11ª Edição, São Paulo: Saraiva, 2008. 516 p.

COMISSÃO DE VALORES MOBILIÁRIOS. Instrução CVM nº 476/2009. Dispõe sobre as ofertas públicas de valores mobiliários distribuídas com esforços restritos e a negociação desses valores mobiliários nos mercados regulamentados. Disponível em: <http://www.cvm.gov.br/port/infos/inst476.pdf >. Acesso em: 10 julho, 2014.

COMISSÃO DE VALORES MOBILIÁRIOS. Edital de Audiência Pública nº 05/2008, p. 5. Disponível em: < http://www.cvm.gov.br/port/infos/inst476relat%C3%B3rio.pdf >. Acesso em: 10 julho, 2014.

COMISSÃO DE VALORES MOBILIÁRIOS. Edital de Audiência Pública nº 05/2008, p. 3. Disponível em: < http://www.cvm.gov.br/port/audi/ed0508.pdf >. Acesso em: 10 julho, 2014.

NEGRÃO, Ricardo. Manual de Direito Comercial e de Empresa. Volume 1, 8ª Edição, São Paulo: Saraiva, 2011. 568 p.

PITTA, André Grünspun. A possibilidade de emissão de debêntures por sociedade limitada regida supletivamente pela Lei das Sociedades por Ações. In: Luís André N. de Moura Azevedo; Rodrigo R. Monteiro de Castro. (Org.). Sociedade Limitada Contemporânea. 1 ed. São Paulo: Quartier Latin, 2013, v. 1, p. 515-530.

VERÇOSA, Haroldo Malheiros Duclerc. Curso de Direito Comercial. Volume 2, São Paulo: Malheiros, 2006. 557 p.

VERÇOSA, Haroldo Malheiros Duclerc. Curso de Direito Comercial. Volume 3, São Paulo: Malheiros, 2008. 765 p.

XIMENES, Sérgio. Minidicionário Ediouro da Língua Portuguesa. 2ª Edição, São Paulo: Ediouro, 2000. 787 p.

Exceção de Contrato não Cumprido na Tradição do *Civil Law* e Suspensão de Cumprimento Contratual nos Países de *Common Law*

Rafael Villar Gagliardi
Eduardo Ono Terashima

1. Introdução

Propõe-se no presente trabalho uma comparação entre a disciplina dada nos países de Civil Law ao instituto da *exceptio non adimpleti contractus*, especialmente a partir da visão brasileira, e o tratamento que a matéria da suspensão do cumprimento contratual (*suspension of performance*) recebe nos países de Common Law.

A exceção de contrato não cumprido, como disciplinada nos países de tradição do direito codificado e herança romano-germânica (ou simplesmente *Civil Law*), e a suspensão do cumprimento do contrato (*suspension of performance*), como tratada nos países tributários do direito costumeiro ou *Common Law*, funda-se numa ideia tão simples quanto intuitiva: o contratante que não cumpre a sua parte desobriga o outro contratante.

Embora simples, a ideia de suspender a execução de uma obrigação contratual diante do inadimplemento da obrigação que cabe à outra parte gera uma série de desavenças na doutrina e na jurisprudência.

Em cada uma dos grandes sistemas jurídicos – direito codificado e *Common Law* – divergem os tratamentos dados à matéria, seja quanto aos requisitos, seja quanto ao seu âmbito de aplicação. É popular a ponto de ser tido até mesmo como regra pressuposta, na tradição do direito codificado. É aceito, embora com menor amplitude e sujeito a maiores controvérsias nos países de *Common Law*.

As divergências não param por aí. Em cada um dos sistemas há diferenças, maiores ou menores, nos ordenamentos domésticos. Assim, nos países de direito codificado, percebe-se ao menos uma grande divisão entre as disciplinas Germânica e Francesa do instituto da *exceptio non adimpleti contractus*. Dentro do *Common Law*, há nítida divisão entre Estados Unidos, mais abertos à noção de suspensão de cumprimento, e a Inglaterra, notoriamente arredia ao remédio, como regra geral.

Contudo, seja com maior ou menor apoio da técnica jurídica, a verdade é que a postura de suspender o cumprimento do contrato constitui a reação intuitiva de qualquer parte contratante, de qualquer homem ou mulher de negócios que se depare com o descumprimento da obrigação que espera ver cumprida. Seja para poder decidir com mais calma a sua estratégia futura, seja para compelir a parte inadimplente ao cumprimento da obrigação pendente, a parte recorre automaticamente à suspensão diante do inadimplemento alheio.

A suspensão do cumprimento contratual consiste num remédio de autotutela (*self-help*) que não requer maior planejamento, não implica majoração de gastos e ainda permite uma saída negociada, sem conturbar desnecessariamente o relacionamento comercial, isso tudo num ambiente em que o apoio judicial ou arbitral não possui eficácia que atenda, em regra, às expectativas comerciais das partes, além de poder ser caro e moroso.

Portanto, a comparação proposta no presente trabalho serve para tentar trazer alguma clareza ao tratamento dado à suspensão do cumprimento do contrato nas duas grandes tradições jurídicas, dada a sua grande utilidade prática.

2. Desenvolvimento

Para compreender o conceito de suspensão de cumprimento, é necessário entender adequadamente um pouco melhor a visão que o instituto tem nas duas grandes tradições jurídicas, isto é, *Civil Law* e *Common Law*.

Nos países de *Civil Law*, de tradição romana ou, ainda, de Direito Codificado, o remédio da suspensão do cumprimento contratual encontra-se de há muito sedimentado e, a despeito de distinções importantes, mas de caráter pontual, encontra tratamento bastante uniforme na figura da *exceptio non adimpleti contractus*.

Já nos países de *Common Law*, esse remédio merece pouquíssima atenção da doutrina que, em matéria de remédios, trata com muito mais fôlego de *termination* e *damages*. E, no parco tratamento existente, há controvérsias. Sem embargo, é possível encontrar uma fundamentação e um tratamento dado à *suspension of performance* ou *withholding of performance*, em especial nos Estados Unidos, mas também no Reino Unido, país de posição emblemática dentro da tradição jurídica consuetudinária.

3.1. Suspensão Do Cumprimento Contratual No Direito Codificado: A *Exceptio Non Adimpleti Contractus*

A suspensão de cumprimento contratual está inserida no Direito de todos os países da tradição do *Civil Law*, tributários do sistema romano, por meio da figura da *exceptio non adimpleti contractus*.

Há inúmeras razões que explicam essa grande aceitação do instituto nos países de tradição do direito codificado. Duas destacam-se. A primeira, a influência da doutrina Canonista, que traz em si a noção noção da santidade do contrato, como promessas interdependentes. A segunda: a *exceptio* atua como forma de incentivo ao cumprimento contratual, forma de coerção privada ao adimplemento, traduzindo, em certa medida, mecanismo de tutela específica (*specific performance*), remédio contratual preferido na tradição do *Civil Law*, ao contrário do que ocorre nos países da tradição do *Common Law*.

Contudo, curiosamente, embora haja vozes dissonantes, prevalece o entendimento de que o instituto não foi desenvolvido em Roma como um princípio geral. Isso porque, como ocorreu até muito mais tarde no *Common Law*, os contratos no Direito Romano eram vistos como a junção de duas promessas independentes, justificando-se a sua força vinculante não pela causalidade entre as obrigações, mas sim pelas formalidades praticadas quando da celebração (*ex nudo pacto acto non nascitur*). Portanto, a noção de sinalagma, como hoje concebido, não se fazia presente.

Foi só com a releitura do Direito Romano pelos Glosadores, seguidos dos Canonistas, que se retomou a noção de *Fides* e cunhou a ideia de que *soluns consensus obligat*. A partir delas afasta-se a noção solene das promessas independentes (*ex nudo pacto acto non nascitur*). E surge a dimensão moral do cumprimento do contrato, decorrendo ambas as promessas da força criadora e vinculante da vontade humana. Existe entre elas um vínculo indissociável e seu cumprimento constitui questão de honra, além de *quaestio juris*.

A partir daí, com o seu desenvolvimento na Europa, a *exceptio* é levada para todos os países de *Civil Law*, inclusive para aqueles países cujos Códigos Civis não a preveem expressamente.

3.1.1. Conceito e principais características da exceção de contrato não cumprido

A *exceptio non adimpleti contractus* ou exceção de contrato não cumprido pode ser definida como exceção substancial, dilatória, pessoal e dependente, por meio da qual o excipiente opõe-se à exigência do cumprimento de uma obrigação sinalagmática, não negando a sua existência; antes, afirmando-a, mas negando-lhe a eficácia, com base no inadimplemento contemporâneo ou passado, do excepto.

Das várias acepções que admite, observa Giuseppe Chiovenda que em caráter mais próprio e rigoroso, o termo exceção designa a contraposição, ao fato constitutivo de quem invoca pretensão, de fato(s) impeditivo(s), modificativo(s) ou extintivo(s) que confere(m) àquele que resiste o poder jurídico de anular a ação ou torná-la sem efeito, definitiva ou provisoriamente, total ou parcialmente, mas que não podem ser conhecidos *ex officio* pelo julgador[1].

---

[1] CHIOVENDA, Giuseppe. *Instituições de direito processual civil*, v. 1, Trad. J. Guimarães Menegale. São Paulo: Saraiva, 1965, p. 334-335.

Por isso, a defesa sob análise constitui verdadeira *exceptio*, na acepção técnica do termo. Trata-se de defesa caracterizada pela oposição de fatos impeditivos àquele fato constitutivo alegado pelo demandante.

É substancial por agir no campo do direito material e não no plano processual. Não veicula matérias ligadas ao rito ou ao procedimento, mas sim ao próprio direito em que se funda a pretensão deduzida.

A nota dilatória advém de o seu efeito primário consistir em suspender a eficácia ou exigibilidade da prestação objeto da obrigação cuja contraprestação restou inadimplida. Dilata, assim, o termo final da obrigação assumida pelo titular da exceção. Não visa a resolver o vínculo obrigacional, nem a isentar o excipiente do cumprimento da prestação demandada. Objetiva apenas o reconhecimento do direito do excipiente de recusar a exigência de cumprimento, impertinente enquanto durar a mora da parte contrária[2].

Trata-se, ainda, de exceção pessoal, em contraposição às exceções reais, pois o alcance longitudinal de sua eficácia é limitado à qualificação do titular da situação jurídica contratual em questão. Ou seja, só a parte que deve cumprir simultaneamente ou que deve cumprir em segundo lugar e cuja contraparte esteja em mora é que pode opor a exceção de contrato não cumprido.

É também uma exceção dependente, pois decorre de pretensão ou direito sobre o qual se funda. A exceção é dependente quando o exercício do direito invocado, que se pretende contrário ao direito de outrem, ocorre *in excipiendo* ou *in agendo*, comportando alegação também pela via de uma ação autônoma. É justamente o que se dá com a exceção de contrato não cumprido, em que a pretensão de tutela específica ou de resolução contratual podem ser veiculadas pelas vias próprias e autônomas. Diz-se dependente pois a existência e eficácia da exceção pressupõem e exigem a existência e a eficácia da respectiva pretensão.

A exceção de contrato não cumprido constitui, enfim, uma forma de defesa. A parte pode simplesmente suspender o cumprimento da obrigação que lhe cabe, diante do inadimplemento da obrigação devida pela parte contrária. Dito inadimplemento suspende a exigibilidade da prestação do titular da

---

[2] BEALE, Hugh, FAUVARQUE-COSSON, Bénédicte, RUGTGERS, Jacobien, TALLON, Denis, VOGENAUER, Stefan. *"Cases, materials and text on Contract Law"*. 2ªed. Oxford: Hart, 2010, p. 893.

exceção, prorrogando seu vencimento até que a parte inadimplente cumpra ou demonstre estar apta e disposta a cumprir.

Considerando o inadimplemento do comprador, um vendedor pode adotar duas condutas: uma ativa, exigindo contraprestação ou remédio equivalente (prestação secundária); outra reativa, aguardando eventual investida do comprador a exigir a entrega da coisa e, então, opor a exceção analisada, condicionando, assim, seu adimplemento ao oferecimento da contraprestação.

Por isso, João Calvão da Silva enquadra a exceção ora tratada na espécie das medidas de coerção defensiva, por meio da qual uma parte indiretamente compele a outra ao cumprimento, ou seja, defende-se ao mesmo tempo em que fomenta certo comportamento da contraparte. Segundo esse autor:

> "Os meios de pressão de que o credor pode prover-se para decidir o devedor a cumprir são susceptíveis de revestir múltiplas e variadas formas.
> (...)
> A coerção defensiva é aquela em que o credor actua passivamente, limitando-se a responder, por omissão ou recusa de cumprir por sua parte, ao não cumprimento pontual do devedor, para defesa e garantia do seu direito. Face ao não cumprimento pontual do devedor, o credor recusa-se a cumprir a sua parte obrigacional, enquanto o devedor não cumprir a sua prestação. Aqui, o credor actua na forma defensiva e esta sua actuação pode revelar-se eficaz meio coercitivo que determine o devedor a cumprir. A fase cominatória resulta da sua passiva e defensiva recusa de não cumprir a prestação a que se encontra adstrito"[3].

Muito além de atuar como defesa, visando à incolumidade do equilíbrio contratual, a exceção apresenta-se também como mecanismo de coerção defensiva, como afirma João Calvão da Silva[4]. Tais funções mostram-se essenciais para o exame mais profundo do instituto.

---

[3] CALVÃO DA SILVA, João. "Cumprimento e sanção pecuniária compulsória". 4ª ed. Coimbra: Almedina, 2002, p. 243-244.
[4] *Idem, ibidem*, p. 244.

Desta forma, a exceção carrega uma pretensão de cumprimento, ainda que de maneira indireta, traduzida na forma de coerção defensiva. Essa mesma pretensão pode ser perfeitamente deduzida na forma de demanda pelo cumprimento da parte inadimplente. Mais uma vez, João Calvão da Silva:

> "A *exceptio non adimpleti contractus* desempenha dupla função: a função de garantia e a função coercitiva. A função de garantia, porque permite ao *excipiens* garantir-se contra as consequências, presentes ou futuras, do não cumprimento da(s) obrigações(ao) recíproca(s) do devedor. A função coercitiva porque constitui também um meio de pressão sobre o contratante inadimplente, para este cumprir"[5].

Eis as principais características da exceção de contrato não cumprido, tradução do remédio de suspensão de cumprimento contratual nos países de da tradição do *Civil Law*, ou seja, da tradição Romano-Germânica.

3.1.2. Requisitos de aplicação

Vistas as principais características com que o instituto da exceção do contrato não cumprido se apresenta, impende passar a analisar os requisitos ensejadores de sua aplicação prática.

3.1.2.1. Vínculo sinalagmático

A defesa tem cabimento nos contratos bilaterais (a rigor, exige-se que possuam caráter sinalagmático) e serve a quem deva cumprir em segundo lugar ou quando deva haver cumprimento simultâneo. Não serve, assim, a quem deve cumprir em primeiro lugar (a quem cabe apenas a chamada exceção de insegurança, prevista, por exemplo, no art. 477, do Código Civil brasileiro).

A obrigação suspensa deve ter relação sinalagmática com a obrigação descumprida[6], embora essa relação possa ser indireta, como no caso de descum-

---

[5] *Idem, ibidem*, p. 336.
[6] BEALE, Hugh, *et al, op. cit.*, p. 895.

primento de deveres acessórios que estejam ligados diretamente à prestação principal.

O sinalagma representa o nexo de reciprocidade e interdependência genética e funcional existente entre as obrigações derivadas de uma relação contratual bilateral, seja por força de lei, da natureza do negócio, seja pela vontade das partes. Trata-se de noção essencial dos contratos bilaterais, sem a qual estes perdem o seu traço distintivo. Para ser bilateral quanto aos efeitos, o contrato deve gerar obrigações recíprocas interdependentes.

A esse respeito, cumpre lembrar a lição de Francesco Camilletti, para quem

> *"Il principio della sinallagmaticità impone la reciprocità delle prestazioni, e si sostanzia nel rapporto di corrispettività che intercorre tra le prestazioni stesse, trovando ciascuna la propria funzione nell'altra e ripetendo la propria validità dell'altra, e questo collegamento tra le prestazioni, per cui l'una si giustifica soltanto se esiste e viene adempiuta l'altra, è stato definito della dottrina, con termine sintetico, ma che esprime in modo sostanzialmente completo la fattispecie 'nesso di interdependenza'"*[7].

Nos contratos bilaterais, a peculiaridade do vínculo criado entre as partes requer uma compreensão dinâmica da relação, para apreender a existência e o funcionamento das obrigações atadas pelo sinalagma. Daí a afirmação de Juan Carlos Rezzónico, segundo a qual o sinalagma forma um complexo que acorrenta as prestações, criando entre elas um nexo muito particular[8].

Francisco Camilletti demonstra a força do sinalagma nos contratos bilaterais, ao indicar quatro dimensões para a correspectividade dele decorrentes: (a) a correspectividade imediata, segundo a qual a utilidade visada pela parte decorre do simples recebimento da prestação devida ao contratante; (b) a

---

[7] CAMILLETTI, Francesco. "Profili del problema del equilibrio contrattuale". Milano: Giuffrè, 2004., p. 21. Em tradução livre: "O princípio da sinalagmaticidade impõe a reciprocidade das prestações, e se substancia na relação de correspectividade que permeia entre as prestações mesmas, encontrando uma a própria função na outra e repetindo a própria validade da outra e esta coligação entre as prestações, pelo qual uma se justifica apenas se existe e é cumprida a outra, foi definida pela doutrina, com termo sintético, mas que exprime de modo substancialmente completo a fattispecie 'nexo de interdependência'".

[8] REZZÓNICO, Juan Carlos. "Principios fundamentales de los contratos". Buenos Aires: Astrea, 1999., p. 325.

correspectividade teleológica, ligada à questão da causa contratual, pois indica que o recebimento da prestação prometida por outrem leva a parte a se obrigar; (c) correspectividade temporal, que traduz a contemporaneidade do cumprimento, podendo ser, porém, dispensada ou alterada pelas partes; e, finalmente, (d) correspectividade econômica, que reflete a avaliação efetuada pelas partes mediante a apreciação da relação custo-benefício do valor das prestações respectivas, que, em termos microeconômicos, pode ser expresso mediante a determinação do "preço de reserva", isto é, o resultado do cotejo entre a diminuição patrimonial advinda do cumprimento da prestação e o aumento patrimonial decorrente do recebimento da contraprestação[9].

O sinalagma – vínculo entre as obrigações nascidas de uma relação contratual – marca e distingue os contratos bilaterais. Estabelecida essa premissa, resta investigar a importância do momento de formação do sinalagma, de modo a caracterizar a bilateralidade contratual. Em outras palavras, impõe--se definir se o momento em que a relação de interdependência se forma tem o poder de influenciar a classificação de um dado contrato, quanto à(s) obrigação(ões) por ele gerada(s).

Caso se entendesse pela irrelevância desse momento, os contratos ditos bilaterais imperfeitos poderiam perfeitamente enquadrar-se na categoria dos bilaterais ou sinalagmáticos e, portanto, tolerar a oposição da *exceptio*. Isso porque um dos argumentos que justifica a exclusão de tais contratos do âmbito de aplicação dos remédios sinalagmáticos é a ausência da interdependência entre obrigações no nascedouro da avença.

O sinalagma deve existir na formação do contrato e prolongar-se durante a execução e até a sua extinção. Por isso, é possível identificar dois aspectos ou dimensões do sinalagma: genético e funcional.

Fala-se do aspecto genético do sinalagma quando se tem em mira a fase de formação do contrato. Nessa ocasião, é preciso identificar a existência de obrigações recíprocas e interdependentes. Nas palavras de Alberto Trabucchi, o aspecto genético do sinalagma *"sta a significare il recíproco rapporto di giustificazione causale che deve intercorrere tra le contrapposte obbligazzioni nascenti*

---

[9] Camilletti, *op. cit.*, pp. 22-23.

dal contratto nel momento della sua stipulazione"[10]. No mesmo sentido, o *Code Napoléon*, a pretexto de definir os contratos sinalagmáticos, isolou apenas o aspecto genético do sinalagma em seu art. 1.102, segundo o qual *"le contrat est synallagmatique ou bilatèral lorsque les contractants s'obligent réciproquement les envers les autres"*[11].

Assim, o aspecto genético do sinalagma indica a necessidade de obrigações recíprocas e interdependentes na celebração do contrato, sendo uma a contraprestação da outra. Ausente tal situação na gênese do contrato, ele será unilateral. A sua relevância prática manifesta-se, por exemplo, na desoneração do contratante diante da verificação da impossibilidade inicial da prestação objeto da obrigação do outro contratante, cujo efeito é a nulidade do contrato.

O aspecto funcional do sinalagma tem relevância na consideração da fase de execução do contrato, em que as partes devem, supostamente, dar cumprimento às obrigações assumidas, realizando as prestações devidas uma à outra. É nessa relação equilibrada, estabelecida pelas partes entre prestação e contraprestação, que deve existir assim na gênese do contrato, como ao longo do seu desenvolvimento, que se faz presente o aspecto funcional do sinalagma. Do contrário, seria impossível explicar tanto a cláusula resolutória tácita quanto a própria exceção de contrato não cumprido, já que ambos pressupõem a bilateralidade como fenômeno válido e eficaz na fase de cumprimento do vínculo.

Em síntese, sinalagma genético e sinalagma funcional não são duas realidades diferentes: são uma e a mesma realidade, vista em momentos diversos: no momento inicial da constituição (gênese) da obrigação e na fase subsequente durante a qual ela vive e subsiste (funciona).

Assim, por repousar a *exceptio* na noção de sinalagma, e mais especificamente no seu aspecto funcional, buscou-se na resolução por inadimplemento fundamento para a exceção de contrato não cumprido, da qual constitui um *minus* e uma derivação. Se a lei outorga ao contratante lesado pelo

---

[10] TRABUCCHI, Alberto. Istituzioni di diritto civile. 39ªed. Padova: CEDAM, 1999, p. 685. Em tradução livre: "... significa a recíproca relação de justificativa causal que deve intercorrer entre as obrigações contrapostas nascidas do contrato no momento da sua estipulação".

[11] Em tradução livre: "o contrato é sinalagmático ou bilateral quando os contratantes se obrigam reciprocamente uns contra os outros".

inadimplemento o direito de resolver o contrato, com mais razão ainda lhe facultaria simplesmente opor-se à demanda com a qual este pretenda exigir a prestação, até que a contraprestação seja cumprida ou, ao menos, oferecida de boa-fé.

3.1.2.2. Contemporaneidade do adimplemento devido

Constitui também requisito para o cabimento da exceção de contrato não cumprido a contemporaneidade do adimplemento devido. Isto significa que as obrigações devem ser exigíveis dentro das mesmas circunstâncias temporais para que a *exceptio* possa ser oposta.

Deve, em suma, haver um momento em que ambas as partes *estariam* obrigadas ao cumprimento, mas tecnicamente, só uma delas está, dado que a mora de uma parte, a quem se oporá a exceção, encobrirá a mora da parte titular da exceção. Não há, assim, espaço para a mora recíproca, pois a de um contratante desnatura e desconstitui a mora do outro, desde que a exceção de contrato não cumprido seja legitimamente oposta.

Prefere-se propositalmente não utilizar o termo "simultaneidade", pois poderia induzir à ideia de que a exceção de contrato não cumprido só teria aplicação nos contratos em que as obrigações são exigíveis exatamente no mesmo instante[12].

Essa indução deve ser evitada. O alcance da exceção ultrapassa os limites do contrato com prestações simultâneas, para alcançar também contratos de execução continuada e aqueles contratos em que, malgrado haja ordem na execução das obrigações, aquele obrigado a cumprir em primeiro lugar ainda não cumpriu ou ofereceu a prestação devida.

Para a admissibilidade da oposição da exceção sob análise, deve haver um dado momento ou intervalo no qual coincidam o inadimplemento da obrigação assumida pelo excepto e a exigibilidade da obrigação assumida pelo excipiente, cuja eficácia será encoberta pela força dilatória da *exceptio*.

Não sendo as prestações exigíveis ao mesmo tempo, a exceção de contrato não cumprido não socorrerá a parte obrigada a cumprir em primeiro lugar.

---

[12] GAGLIARDI, Rafael Villar, *op. cit.*, p. 91.

Via de regra, a essa parte não é dado justificar seu inadimplemento com azo no suposto "inadimplemento" de uma obrigação ainda não exigível[13].

Por outro lado, a exceção socorrerá, sim, a parte a quem couber cumprir em segundo lugar, seja em decorrência de estipulação contratual, seja em virtude da lei ou dos usos e costumes. Mesmo não se tratando de um contrato com obrigações *zug un zug, trait pur trait*, o inadimplemento daquela obrigação devida em primeiro lugar faz encobrir a eficácia da contraprestação, dilatando-lhe o vencimento até que sobrevenha o adimplemento devido. Afinal, se esse efeito dá-se nas obrigações simultâneas, com maioria de razão deve dar-se quando a obrigação inadimplida deveria ter sido cumprida em primeiro lugar.

Pelos mesmos motivos, a exceção de contrato não cumprido tem cabimento nos contratos de execução continuada, sempre que obedecida a exigência de contemporaneidade do adimplemento devido.

Os contratos de execução continuada caracterizam-se pela renovação periódica das obrigações das partes durante a vigência do contrato. Extinta uma obrigação (prestação), segue-se o nascimento de uma outra, sucessivamente, até a extinção do contrato. Por isso, embora unidas por comunhão causal, as prestações são autônomas quanto ao interesse do credor, ocorrendo o fenômeno da exigibilidade *quotidie et singulis momentis*[14].

Neles, como afirma Serpa Lopes, as obrigações possuem como traços característicos o fato de constituírem uma série de relações simples interligadas entre si por um duplo vínculo, unidade de origem e igualdade de forma ou de sujeito e objeto[15].

Apesar do prolongamento, a fase de cumprimento dos contrato de execução continuada não pode ver as partes afetadas por uma situação de desequilíbrio. O aspecto funcional do sinalagma é desenvolvido justamente para assegurar esse equilíbrio. Por isso, a falta de uma prestação autoriza, com base na *exceptio*, a imediata suspensão da contraprestação, até que aquela prestação

---

[13] Deve-se fazer a ressalva referente à exceção de insegurança (vide art. 477 do Código Civil), bem como à admissão cada vez maior, nos países de Civil Law, da doutrina do inadimplemento antecipado.

[14] SERPA LOPES, Miguel Maria de. *Exceções substanciais: exceção de contrato não cumprido (exceptio non adimpleti contractus)*. Rio de Janeiro: Freitas Bastos, 1959, p. 280.

[15] Serpa Lopes. *Curso de direito civil:* Fontes das obrigações – contratos, v. III, p. 60.

seja realizada ou oferecida pelo contratante inadimplente. Segundo Jacques Ghestain:

> "*La suspension qui n'est pás légalement définie, apparaît comme um remède à une situation de crise: l'inexécution du contrat. Les auteurs contemporains lui accordent peu de place, ne lui reonnaissant que quelques applications légales et des applications juresprudentielles épisodiques. C'est pourtant, semble t-il, ajourd'hui une technique générale du droit contractual (...). Ce qui caractérise la suspension du contrat c'est qu'elle autorise l'une parties à interrompre l'exécution de tout ou partie de ses obligations sans encourir desanction, notamment la resolution fondée sur cette inexécution, l'autre partie étant dispensée d'exécuter tout ou partie de ses propres obligations en vertu du caractère synallagmatique du contrat qui implique la réciprocité des obligations contractuelles*"[16].

Todas estas situações demonstram inequivocamente a enorme influência do tempo do adimplemento e da ordem das prestações para a matéria em questão, o que revela um traço comum com o trato da matéria nos países de *Common Law*, como se verá.

3.1.2.3. Inadimplemento, suas espécies e seu caráter objetivo

A exceção de contrato não cumprido, como o próprio nome da *exceptio* em questão e a função a que serve deixam evidente, pressupõem a presença do inadimplemento. Afinal, trata-se de tipo de defesa daquele que, à vista da ausência da prestação, suspendeu a contraprestação.

---

[16] GHESTIN, Jacques. *Traité de droit civil*: les obligations. Les effets du contrat. Paris: LGDJ, 1992, p. 371. Em tradução livre: "*A suspensão, que não é definida em lei, aparece como um remédio a uma situação de crise: a inexecução do contrato. Os autores contemporâneos não lhe dão muita importância, reconhecendo somente algumas aplicações legais, bem como aplicações jurisprudenciais episódicas. Parece, no entanto, ser hoje uma técnica geral do direito contratual (...). O que caracteriza a suspensão do contrato é que ela autoriza uma das partes a interromper a execução da totalidade ou de parte de suas obrigações sem incorrer em sanções, particularmente a rescisão fundada nessa inexecução, estando a outra parte dispensada de executar a totalidade ou parte de suas próprias obrigações em virtude do caráter sinalagmático do contrato, que implica a reciprocidade das obrigações contratuais*".

De um lado, a obrigação daquele a quem se opõe a exceção deve ter sido inadimplida, caracterizando-se a sua mora. De outro, a obrigação assumida pelo titular da exceção deve estar pendente de cumprimento, embora não esteja ele em mora. Isso porque, em vista do efeito dilatório da exceção em questão, a mora do excepto encobre a mora do excipiente, ao temporariamente retirar a eficácia (exigibilidade) da obrigação de que este, o excipiente, é sujeito passivo.

Contudo, deve-se ter presente como ocorre a interação entre inadimplemento e exceção de contrato não cumprido, o que requer uma breve pincelada sobre o conceito de inadimplemento e suas as espécies.

Como já se teve oportunidade de escrever, o estado de inadimplência caracteriza a posição jurídica do devedor que, faltoso com a obrigação assumida, não realizou a prestação no tempo, lugar e/ou forma convencionados[17].

Em termos amplos inadimplemento identifica a falta da prestação devida. Já em termos mais específicos, deve-se distinguir o inadimplemento absoluto (total e parcial) do inadimplemento relativo ou mora, do adimplemento ruim e do adimplemento antecipado.

Caracteriza-se o inadimplemento absoluto quando a obrigação não foi cumprida e nem poderá sê-lo, por não mais subsistir a possibilidade da purgação ou o interesse do credor no seu recebimento. Persistindo a possibilidade de cumprimento e o interesse do credor no recebimento da prestação que constitui objeto da obrigação, haverá mora ou inadimplemento relativo.

Levando-se em conta as proporções do inadimplemento frente à prestação objeto da obrigação, ele poderá ser total quando atingir a integralidade dessa prestação, ou parcial, quando apenas parte for atingida. Não se confundem mora e inadimplemento absoluto parcial, uma vez que, naquela, subsiste a possibilidade de recebimento da prestação pelo credor e, neste, a parte comprometida não poderá mais ser recebida pelo credor ou não mais lhe será útil.

Nos casos de inadimplemento absoluto, seja ele total ou parcial, a exceção de contrato não cumprido terá cabimento como mecanismo de atuação do credor adimplente, embora com escopo mais limitado. É que, dado o seu caráter dilatório, a exceção terá apenas o condão de rechaçar a pretensão mandamental do contratante inadimplente, até que sobrevenha a resolução

---

[17] GAGLIARDI, Rafael Villar, *op. cit.*, p. 96.

contratual. Atuará, destarte, como pórtico para a resolução contratual. Afinal, nesses casos, o excipiente não terá a pretensão à tutela específica da obrigação, da qual a exceção é dependente, como se viu na própria definição proposta acima.

Já diante de uma situação de mora ou inadimplemento relativo, terá o credor interesse prático e legitimidade para, demandado pelo cumprimento pelo contratante "devedor", opor a exceção em voga na sua maior extensão: como meio de dilação da exigibilidade da contraprestação e de coerção passiva ao cumprimento desta. Daí ser o campo da mora o espaço mais fértil para o estudo da exceção de contrato não cumprido.

Deve-se abordar, ainda, a (in)admissibilidade da figura do inadimplemento antecipado para fins de oposição da exceção em tela.

Via de regra, o devedor não pode ser considerado incurso em mora antes do advento do termo eventualmente convencionado ou decorrente da lei ou da natureza da obrigação. Consequentemente, não haveria inadimplemento.

Contudo, deve-se manter o credor atado ao termo, mesmo se o devedor já tiver manifestado expressa ou tacitamente (agindo de maneira absolutamente incongruente com o intuito de cumprir), a sua intenção de descumprir a obrigação que sobre ele pesa?

Esse ponto identifica o núcleo da discussão a respeito do inadimplemento antecipado. Afinal, declarar a vontade de não cumprir constitui verdadeiro inadimplemento?

O direito brasileiro não possui dispositivo expresso para socorrer o intérprete na sua tarefa de encontrar uma solução, ao mesmo tempo lícita e equitativa. Serpa Lopes sustenta, ainda assim, tratar-se de situação em que, se bem não exista previsão legal expressa, tampouco existe vedação explícita ou estrutural, na qual cabe ao intérprete não violar a lei, mas lançar luzes nas penumbras existentes nos seus *livres espaços*[18].

A ausência de um fundamento legal expresso não desautoriza a conclusão, pois tampouco se percebe uma incompatibilidade da figura com o ordenamento vigente. Existem diversos fundamentos jurídicos para sustentar essa conclusão, como o princípio do equilíbrio das relações contratuais, a equidade, a necessidade de tutela da confiança e dos interesses do credor, visando

---

[18] *Exceções... cit.*, p. 294.

a minimizar seus prejuízos e os dissabores advindos do inadimplemento, justamente o alvo de todos os remédios sinalagmáticos.

Naturalmente, não é qualquer manifestação de vontade ou atitude do devedor que deve ser passível de configurar o inadimplemento antecipado. É necessário examinar as situações concretas com parcimônia, à luz dos padrões socialmente aceitáveis e disseminados. Em suma, trata-se verdadeiramente de uma questão de bom senso (jurídico e social).

Por fim, embora se reconheça a vigência a regra do art. 134 do Código Civil, segundo a qual os negócios jurídicos entre vivos não podem ser exigidos antes do advento do tempo, tal dispositivo deve ser interpretado à luz daquele que o precede. O art. 133, que disciplina a presunção de prazo estipulado em benefício do devedor.

A disposição visa a proteger o interesse do devedor. Existindo a inexigibilidade decorrente do termo para benefício do devedor, nada impede a renúncia a tal benesse, seja mediante declaração expressa de vontade, seja mediante atitude capaz de transmitir o seu intento inequívoco de inadimplir, por exemplo, tornando impossível a prestação.

A crescente complexidade das relações sociais reflete-se diretamente na complexidade dos atos e procedimentos necessários ao adimplemento das obrigações e torna necessária, possível e conveniente a admissão da figura do inadimplemento antecipado no direito brasileiro.

No entanto, para caracterizar o inadimplemento antecipado, é necessário: uma época propícia para o cumprimento, a declaração de vontade do devedor e a omissão de atividade causal concernente ao futuro (motivo pelo qual rejeita-se a tese do inadimplemento antecipado nas obrigações de cumprimento instantâneo).

Admitido o inadimplemento antecipado no ordenamento pátrio, deve-se aceitar que, inserido este no contexto de um contrato bilateral, o contratante não-moroso terá o direito de opor a exceção de contrato não cumprido para repelir a pretensão deduzida pelo contratante que manifestou, de alguma forma, a intenção de não cumprir a sua obrigação.

Nesta situação, é possível opor-se exceção de contrato não cumprido desde que, naturalmente, exista objetivamente a situação ensejadora do inadimplemento antecipado, ou seja, conduta inequívoca do devedor ou uma declaração expressa de vontade, no sentido do inadimplemento da obrigação por ele assumida.

Em qualquer dos casos de inadimplemento tratados neste tópico, não se exige a presença de culpa da parte inadimplente para autorizar o uso da *exceptio* pela parte não inadimplente. A *exceptio* não constitui punição e nem visa a extinguir o contrato. Constitui forma de reação objetiva, com esteio no princípio da equidade e no sinalagma, tendente a proteger o equilíbrio contratual e a tutelar os interesses do contratante não inadimplente contra as consequências da ruptura, voluntária ou não, desse equilíbrio por parte do outro contratante. Tem em mira a manutenção do *status quo ante*. Mesmo ausente o elemento volitivo a macular o inadimplemento do devedor, aqui equiparado ao excepto, caberá o remédio, dado que fundado no caráter sinalagmático das prestações. Portanto, basta a falta da obrigação – aqui abarcadas a sua incompletude ou inadequação – para que a exceção seja oponível. A análise possui caráter objetivo.

3.1.2.4. Boa-fé objetiva e a medida da proporcionalidade

Ao opor a exceção, o excipiente deve agir de boa-fé, traduzindo-se esse requisito na observância de proporcionalidade entre a obrigação suspensa e o inadimplemento que o motivou.

A boa-fé objetiva é regra de conduta que impõe o dever de atuação ética e coerente nas relações obrigacionais, de acordo com o personalismo ético de Kant, reconstruído por Karl Larenz[19]. Essa doutrina aponta na pessoa humana o fundamento maior da ordem jurídica e do direito privado. As obrigações constituem instrumento de afirmação da dignidade da pessoa humana, dotadas de caráter de comunhão no aspecto espiritual e também prático, de índole social intensa, que envolve o homem no contexto que o rodeia e exige a manutenção de padrões ético-sociais de conduta. Impõe a dignidade humana como fim da convivência, da solidariedade social e do próprio adimplemento[20].

---

[19] NANNI, Giovanni Ettore. *"A evolução do direito civil obrigacional: a concepção do direito civil constitucional e a transição da autonomia da vontade para a autonomia privada"*. In: LOTUFO, Renan (Org.). *"Direito civil constitucional – caderno 2"*. Curitiba: Juruá, 2001, p. 168.
[20] Nanni, op. cit., p. 168.

Fala-se, então, no dever de agir segundo padrões de conduta socialmente aceitos, de probidade, lealdade, transparência, honestidade, coerência e lisura, de modo a não frustrar a confiança alheia. A boa-fé objetiva designa modelo de conduta social ou *standard* jurídico, ao qual cada indivíduo deve se ajustar, agindo como homem reto: honesto e probo.

Esse preceito de socialização e expansão da ética no direito civil decorre, em última análise, da dignidade da pessoa humana como paradigma maior do ordenamento jurídico[21]. Acaba por impor também, por operação dos princípios plasmados no Código Civil, um limite à exceção de contrato não cumprido: a sua oposição deve ser socialmente aceitável.

O excipiente não pode, a pretexto de exercer sua defesa, exceder os limites traçados pela função social atribuída à exceção. O exercício da *exceptio*, como de resto, o exercício dos direitos individuais ou subjetivos, deve ser moldado e limitado pelas regras de convivência traçadas pelos valores e princípios socialmente aceitos num dado local e momento.

Quanto à exceção de contrato não cumprido, esse requisito da boa-fé objetiva manifesta-se na exigência de o inadimplemento do excipiente encontrar seu fundamento, único e exclusivo, no inadimplemento do outro contratante. A exceção não deve servir de pretexto para isentar o excipiente das consequências jurídicas de sua inércia. Do contrário, serviria para premiar a inadimplência e a burla ao dever de lealdade exigido na relação contratual sinalagmática. Por esse motivo, não se aceita a exceção depois de o excipiente declarar que não mais deseja a contraprestação, ou quando recusar a prestação devidamente oferecida pelo excepto.

Em um segundo momento, tal requisito manifesta-se na identificação das obrigações e dos deveres principais e acessórios e, em seguida, da relevância do inadimplemento e de proporcionalidade no emprego do remédio sinalagmático.

Com efeito, a partir do §242 da BGB, surge a teoria da boa-fé objetiva que levaria à superação da ideia da obrigação como simples vínculo jurídico transitório estruturado pela oposição entre credor e devedor ligados pela prestação de dar, fazer e não fazer e pela relação crédito-débito.

---

[21] Arts. 1º, III e 170, *caput*, da Constituição Federal de 1988.

O dever de prestar segue constituindo o núcleo da obrigação, que tem como finalidade viabilizar o adimplemento. O adimplemento constitui o fim da obrigação. No entanto, não esgota a estrutura da relação jurídica, que possui outras vigas. Essas outras vigas incluem diversos deveres. Uma das possíveis classificações desses deveres consiste na seguinte: (i) *deveres secundários ou acidentais de prestação*: existem em função da prestação principal, visando a viabilizar o seu cumprimento, subdividindo-se em (a) *deveres secundários meramente acessórios da prestação principal*, como o de conservar a coisa vendida, (b) *deveres substitutivos ou complementares à prestação principal*, como o dever de indenizar pelos danos decorrentes do inadimplemento culposo e (c) *deveres de prestações coexistentes com a prestação principal*, como o dever de indenização decorrente de cumprimento defeituoso (adimplemento ruim) da prestação; e (ii) *deveres acessórios ou laterais de conduta*: não integrantes da prestação principal, embora essenciais ao adimplemento, isto é, ao bom processamento do vínculo obrigacional[22].

O desenvolvimento dessa teoria ocasiona um verdadeiro choque de paradigmas no direito privado. A obrigação passa a ser vista como relação jurídica complexa, situação jurídica relacional maior do que a mera oposição entre credor e devedor, maior do que simplesmente a soma de seus elementos estruturais (débito e crédito). É mais do que a prestação de dar, fazer ou não fazer. Ao lado dela, inúmeros deveres surgem e devem ser observados pelas partes. Articula-se sobre uma dinâmica própria em relação à colaboração intersubjetiva, que visa a atender a finalidade da obrigação. O fim desse complexo está no adimplemento, do qual deve resultar a satisfação do interesse do credor, sempre que a prestação for possível e digno de tutela o interesse por trás dela.

Os deveres identificados a partir da boa-fé objetiva podem estar ligados de alguma forma à obrigação principal. Na Alemanha, a partir da reforma da BGB de 2002, foram previstas as figuras dos deveres relacionados à prestação (*leistungsbezogene Pflichten*) e dos deveres não relacionados à prestação (*nicht-leistungsbezogene Pflichten*), que vieram a dar tratamento jurídico mais sistematizado ao que se denominou violação positiva do contrato (*positive*

---

[22] NANNI, Giovanni Ettore. "*O dever de cooperação nas relações obrigacionais à luz do princípio constitucional da solidariedade*", *in* NANNI, Giovanni Ettore (coord.), "*Temas relevantes do direito civil contemporâneo: reflexões sobre os cinco anos do Código Civil – Estudos em homenagem ao Professor Renan Lotufo*". São Paulo: Atlas, 2008, pp. 301 e segs.

Vertragsverletzung)[23], teoria à qual teve que recorrer a doutrina em razão do estreito conceito de mora no direito europeu continental em geral, ao contrário do que ocorre no Brasil.

O descumprimento dos deveres anexos que estejam diretamente ligados à prestação principal pode, em tese, configurar a irregularidade caracterizadora da mora (inadimplemento relativo), ou até mesmo do inadimplemento absoluto. De qualquer forma, seu descumprimento enseja a configuração do adimplemento ruim, que desafia a oposição da *exceptio non rite adimpleti contractus* ou exceção de contrato cumprido insatisfatoriamente.

A aplicação do instituto em tela deve ser inspirada e aplicada em função do fim jurídico-prático-econômico visado pelas partes, em que a exceção tem cabimento pleno, seja do contrato não cumprido, seja do contrato cumprido insatisfatoriamente, quando o excepto, com sua falta, causar reflexos negativos no objetivo fundamental do programa contratual.

A exceção de contrato cumprido insatisfatoriamente gera, como parece evidente, uma questão bastante peculiar: como estipular a medida entre o defeito da prestação do excepto e a porção da prestação do excipiente a ser suspensa? A questão, de resposta casuística, é tormentosa. De todas formas, a exceção, em qualquer de suas formas, não pode ser levada ao extremo de acobertar o descumprimento, invocando o fato de o outro ter deixado de executar porção mínima ou irrelevante da sua obrigação. Nesse mesmo sentido, Jacques Ghestin observa:

> *"Parce qu'elle est une voie de justice privée et à raison de la contraint qu'elle exerce sur l'autre partie, l'exception d'inexécution peut permettre des abus. Aussi n'est-elle admissible que i elle est opposée de bonne foi, car c'est une condition de l'exécution de conventions (art. 1134 C. civ.).*

---

[23] NORDMEIER, Karl Friedrich. *"O novo direito das obrigações no Código Civil alemão – a reforma de 2002"*, *in* MARQUES, Cláudia Lima (coord.). *"A nova crise do contrato: estudos sobre a nova teoria contratual"*. São Paulo: Revista dos Tribunais, 2007, p. 141 e segs.

Cette exigence conduit à tenuir compte du comportement de celui qui invoque l'exception d'inexécution et de la necessite d'un équilibre entre les inexécutions"[24].

Contudo, não é tampouco o caso de se exonerar o contratante que cumpriu mal do dever de complementar ou aperfeiçoar a prestação da qual é devedor, quando ainda possível. Não se pode simplesmente subverter a dinâmica do direito das obrigações, outorgando proteção paternalista ao devedor e desamparando os interesses legítimos do credor. Tal conduta colocaria o direito no rumo de se tornar um implacável instrumento de fomento do inadimplemento.

Se o contratante não cumpre ou cumpre mal a obrigação que assumiu, está em mora e, portanto, inadimplente. A lei brasileira outorga efeitos análogos ao inadimplemento e ao adimplemento ruim, podendo, inclusive, este transformar-se naquele, de acordo com as circunstâncias do caso. Se está em mora, o devedor deve purgá-la, complementando ou corrigindo a prestação, no interesse do credor. Enquanto não agir assim e a emenda for possível, não fará jus à contraprestação integral. Argumento contrário aniquilaria o próprio equilíbrio que a exceção de contrato não cumprido visa a proteger. Nesse ponto entra em cena a exigência da proporcionalidade do remédio sinalagmático derivado da influência da boa-fé objetiva sobre a exceção examinada.

Quanto à proporcionalidade, há respostas distintas nos ordenamentos domésticos. Na França, exige-se que o inadimplemento motivador da *exceptio* seja suficientemente grave a ponto de que, tivesse a parte sabido da sua ocorrência antes, não teria celebrado o contrato. Trata-se, portanto, de um teste bastante próximo ao que se utiliza para autorizar a resolução contratual.

Já na Alemanha, o que se exige é que a obrigação descumprida não seja trivial, em atenção ao princípio *de minimis non curat lex*. Portanto, há clara distinção entre o critério para autorizar a suspensão do cumprimento do contrato e o critério para autorizar a resolução do contrato.

---

[24] Ghestin, op. cit., p. 362. Em tradução livre: *"Por ser uma via de justiça privada e por conta da coação que ela exerce sobre a outra parte, a exceção de inexecução pode levar a abusos. Por isso, é admissível somente se for oposta de boa-fé, pois é uma condição do exercício da autonomia da vontade ao estabelecer convenções (art. 1134 CC).*
Essa exigência leva a considerar o comportamento daquele que invoca a exceção de inexecução e da necessidade de um equilíbrio entre as inexecuções".

A solução está no meio termo, na aplicação ponderada da exceção. A suspensão de parte da contraprestação, em medida de proporcionalidade com o inadimplemento do excepto, certamente deverá ser admitida. O contratante excipiente não contratou para obter *quase* integralmente o objeto da prestação. Fê-lo para obtê-la em toda a sua inteireza, no tempo, forma e lugar devidos[25]. Não pode ser obrigado a receber prestação diversa[26].

Para que a oposição da exceção de contrato não cumprido seja considerada legítima, a suspensão da contraprestação precisa guardar relação de proporcionalidade com o inadimplemento do excepto, sob pena de configurar exercício abusivo do direito à exceção.

3.1.3. Exceção de contrato não cumprido e contratos coligados

Os séculos XIX e XX viram nascer grandes codificações que conceberam um sistema contratual hermético, fundado na autonomia da vontade e na patrimonialidade, voltado para a disciplina das relações contratuais simples, como a compra e venda, a locação, a prestação de serviços etc. Era essa a orientação inspiradora dos sistemas jurídicos contratuais, pensados única e exclusivamente para disciplinar os contratos enquanto entes isolados, celebrados, em sua maioria, entre dois centros de interesse, desligados da realidade à sua volta.

No entanto, esse modelo de negócio e de economia não mais representa a viva realidade dos negócios celebrados no cotidiano. De um lado, surgiu a massificação do processo de contratação. Por outro lado, outra transformação também surgiu, inicialmente no ambiente de negócios mais sofisticados, mas posteriormente também transplantado para relações jurídicas cotidianas: o surgimento dos contratos interdependentes, conexos ou das redes contratuais.

Fala-se em grupo de contratos e coligação negocial ou contratual, contratos conexos ou redes contratuais para identificar esse fenômeno. A unidade dos contratos integrantes de um determinado sistema surgido de uma rede contratual exige a averiguação dos seguintes requisitos: conexão entre os contratantes, causa supracontratual e propósito comum.

---

[25] Conforme art. 396 do Código Civil.
[26] Conforme art. 313 do Código Civil.

Para fins do presente artigo, dentre as várias classificações possíveis, considera-se no estudo da coligação contratual apenas os contratos unidos por dependência, seja ela unilateral, a abranger contratos unidos por subordinação, ou bilateral (também chamada de recíproca), que abrange os contratos unidos por coordenação.

Contratos coligados são intrinsecamente relacionados, embora cada um exista, ao menos formalmente, por si, como operação jurídica completa. São pensados para existir em conjunto, enquanto partes de um sistema dotado de uma causa supracontratual ou sistêmica, que se sobrepõe à causa de cada um dos contratos, comumente envolvendo até partes distintas.

A consecução dos objetivos buscados pelas partes depende do cumprimento de todos os contratos. Só assim a causa supracontratual em sua dimensão econômica estará plenamente refletida no mundo jurídico. Prendendo-se as prestações oriundas de negócios distintos a uma mesma teia, voltada para um mesmo fim, configura-se a unidade econômica, típica das redes contratuais ou contratos coligados. A unidade do conteúdo econômico-social, ou prático--social presta-se a configurar a coligação negocial, como anota Emilio Betti:

> *"O seu nexo de recíproca interdependência, ou de dependência unilateral [refere--se ao nexo entre negócios jurídicos], pode, antes de mais nada, resultar, objetivamente, do próprio conteúdo econômico-social do respectivo regulamento de interesses. (...) Nas relações entre as partes, quando a regulamentação de interesses que se teve em vista com os dois negócios seja concedida como uma unidade econômica, basta esse nexo funcional para fazer com que o desenvolvimento e as vicissitudes de um dos negócios se repercutam sobre o negócio a ele ligado. Pode acontecer que, mesmo sem haver uma ligação objetiva, apenas por disposição das partes, dois negócios, tendo cada um deles uma fisionomia própria e um caráter específico, estejam ligados, numa comum subordinação funcional, a uma causa complexa, que abraça num nexo sinalagmático as prestações e as contraprestações estabelecidas num e noutro"*[27].

---

[27] BETTI, Emilio. *Teoria geral do negócio jurídico*. Trad. Ricardo Rodrigues Gama. Campinas: LZN, 2003. t. II., p. 137-138.

A causa supracontratual distingue-se da causa final de cada um dos contratos ou negócios individualmente considerados. É algo sistêmica, só compreensível mediante a observação de todas as peças e engrenagens integrantes do sistema contratual, considerando-se todas as relações aparentemente independentes, mas colocadas em conexão multímoda e indissociável.

Os contratos coligados merecem do operador do direito um tratamento que não pode ser igual ao dos contratos simples. Assim proceder significa cometer injustiças. A finalidade econômica única e a realidade social não podem escapar à análise crítica do jurista, para não fazer da realidade jurídica uma fórmula artificial, anacrônica e deslocada de qualquer contexto. As regras de interpretação, integração, execução etc., só para mencionar algumas, não podem ser aquelas utilizadas na análise de um mero contrato de compra e venda instantânea, com pagamento à vista. Cada um desses contratos interdependentes representa uma porção de um sistema maior, não diversas realidades isoladas e estanques.

Desde ao menos 1976, o Supremo Tribunal Federal reconheceu a relevância da coligação negocial ao apreciar as vicissitudes havidas durante o cumprimento contratual:

> *"Contrato atípico misto. Acórdão que considera constituírem contratos de compra e venda e comodato 'uma unidade essencial', apesar do seccionamento puramente formal do negocio jurídico. Descumprimento do contrato – condenação a multa com exclusão de perdas e danos. Redução da multa – inexistência de dissídios com julgado que não a reduziu em caso de obrigação negativa descumprida. Recurso extraordinário conhecido em parte e não provido"*[28].

A conexidade contratual cria conjuntos de direitos e deveres próprios da união estrutural e estabelece, ainda, um complexo dotado de ordem e união entre cada uma de suas partes, que deve ser considerado em qualquer análise jurídica. As vicissitudes verificadas em um contrato podem – e geralmente é isso que ocorre – influenciar a dinâmica de outro contrato conexo, pelo

---

[28] RE 79.562/SP, 1ª Turma, Rel. Min. Rodrigues Alckmin, j. 10-2-1976, *DJ* 26-3-1976, RTJ 77-3/884.

simples motivo, insiste-se neste ponto, de que cada um deles não existe, a não ser como parte do conglomerado contratual em sua totalidade orgânica.

Cria-se uma redoma que delimita e envolve toda uma operação econômica, cercando as partes dos distintos contratos. Até mesmo quem não seja parte de todos os contratos pode integrar a rede contratual – e assim é, geralmente. São personagens distintas e, às vezes, podem atuar em cenas diversas, mas o fazem no mesmo espetáculo. Portanto, não estão alheias às vicissitudes dos contratos, ainda que deles não sejam signatários. Comungam do mesmo interesse e colaboram para a mesma causa sistêmica, justificando a extrapolação dos efeitos relativos do contrato para esse fim.

O cabimento da exceção de contrato não cumprido no âmbito do sistema criado pelos contratos coligados deve ser admitido, sempre que obedecidos os requisitos identificados oportunamente para incidência dessa exceção, respeitadas as particularidades das redes contratuais.

Para saber em quais condições será admissível a oposição da exceção em análise nos contratos coligados, deve-se começar a partir dos requisitos estabelecidos no presente trabalho para a regular aplicação da *exceptio*, isto é, (i) vínculo sinalagmático, (ii) contemporaneidade do adimplemento devido, (iii) inadimplemento e (iv) boa-fé do excipiente.

Quanto aos requisitos previstos em (ii) e (iv), nada impede a sua caracterização no âmbito de contratos coligados, pois não dependem da estrutura contratual. Os restantes, previstos em (i) e (iii) enfrentam o mesmo problema, qual seja, embora seja possível falar em inadimplemento nos contratos coligados, seria possível falar em sinalagma, de modo a que o inadimplemento afetasse o equilíbrio do sistema contratual?

Havendo coligação contratual com dependência, seja de subordinação (unilateral), seja de coordenação (bilateral ou recíproca), a exceção de contrato não cumprido poderá ser oposta sempre que as prestações consideradas estiverem em posição de reciprocidade.

É que, configurada a causa supracontratual como fator de união entre os contratos, o consequente equilíbrio sistemático-contratual faz surgir o vínculo sinalagmático supracontratual, que serve para ordenar as prestações, os direitos, as obrigações, os deveres e os interesses atribuíveis a cada uma das partes no delicado ecossistema da rede contratual.

Naturalmente, há maior probabilidade de essa situação ocorrer quando houver coligação contratual de coordenação (dependência bilateral ou recíproca). Nessas situações, será muito mais fácil configurar um nexo também entre as prestações e contraprestações que compõem o cerne da rede contratual.

3.1.4. Exceção de insegurança

Existe, ainda, outra forma de *exceptio* bastante difundida em ordenamentos domésticos por todo o mundo e inclusive no direito internacional[29]. Está-se falando da exceção de insegurança prevista, no caso brasileiro, no art. 477, do Código Civil[30].

A exceção de insegurança é a exceção substancial, dilatória, pessoal e dependente por meio da qual, no caso de diminuição patrimonial superveniente do outro contratante, que tornar duvidosa a realização da contraprestação, o contratante obrigado a prestar primeiro pode recusar-se ao cumprimento, até o oferecimento de garantia ou o pagamento da contraprestação.

Vem intimamente ligada à garantia legal estipulada sobre todos os bens, presentes e futuros, do devedor, em favor do credor e que, no caso do Brasil, pode ser vista no art. 391, do Código Civil.

Havendo diminuição dessa garantia, de modo a colocar em risco a capacidade do beneficiário da prestação contratual de cumprir a contraprestação, deve-se tutelar a parte obrigada a adimplir em primeiro lugar. Isso porque a realização de qualquer prestação contratual sem o recebimento antecipado ou simultâneo constitui operação equivalente à concessão de crédito ou, ao menos, ato que exige um mínimo de confiança da parte que está a prestar, na solvência ou capacidade de cumprimento da contraparte.

Embora o cumprimento da obrigação pela parte cuja solvência ou capacidade de cumprimento despertar justificados receios possa por cabo à exceção

---

[29] Vide art. 71 da Convenção da UNCITRAL sobre Contratos de Compra e Venda Internacional de Mercadorias de 1980.

[30] "*Art. 477. se, depois de concluído o contrato, sobrevier a uma das partes contratantes diminuição em seu patrimônio capaz de comprometer ou tornar duvidosa a prestação pela qual se obrigou, pode a outra recusar-se à prestação que lhe incumbe, até que aquela satisfaça a que lhe compete ou dê garantia bastante de satisfazê-la.*"

em tela, apenas a prestação de garantia idônea mostra-se essencial à exceção de insegurança. Basta seja ela oferecida para fazer cessar os efeitos da exceção.

Nada na exceção em questão dá ao contratante excipiente o direito de demandar antecipadamente o cumprimento da obrigação exposta ao risco devido à perda patrimonial superveniente, nem transforma a relação entre as obrigações um vínculo toma lá, dá cá. Dá-lhe apenas direito de recusar a demanda pelo cumprimento da prestação que lhe cabe, enquanto não for oferecida garantia. O cumprimento antecipado é opção do contratante desafortunado, não sua obrigação.

Seus requisitos são específicos, distinguindo a exceção em questão das demais aqui versadas. São eles: existência de ordem nas prestações (com a consequente invocação pela parte incumbida de prestar em primeiro lugar); contrato sinalagmático de execução diferida ou continuada; perda patrimonial superveniente experimentada pelo contratante que não deve cumprir em primeiro lugar, capaz de tornar duvidosa a prestação; e boa-fé objetiva[31].

3.2. *Common Law*: Suspensão do Cumprimento Contratual (*Suspension of Performance*)

Embora reconhecida em certa medida no *Common Law*, a suspensão do cumprimento contratual é tratada sempre com algum desconforto no campo dos remédios contratuais pela doutrina dos países tributários dessa tradição jurídica. Mesmo quando cabível, a suspensão tem uma justificativa algo tortuosa e merecedora de demoradas explicações.

---

[31] A boa-fé objetiva exerce aqui função distinta da exercida nas exceções de contrato não cumprido e cumprido insatisfatoriamente. Constitui o filtro pelo qual se analisa o infortúnio superveniente alegado para justificar a suspensão até que seja prestada garantia, não sendo suficiente qualquer revés tanto. O caráter extraordinário da situação exige parcimônia. Deve-se analisar os impactos do revés na capacidade de solver do contratante atingido, especialmente em comparação à capacidade existente quando da celebração do contrato. Só então, pode-se definir se estaria ou não comprometida a contraprestação.

3.2.1. Notas introdutórias

Dentre várias possíveis razões aptas a explicar essa dificuldade, adquire papel de destaque a influência dos danos (*damages*) como remédio contratual preferido nesses nos países de *Common Law* e a sua reticência com o tratamento da tutela específica (*specific performance*). A conexão entre suspensão de cumprimento contrato e tutela específica vem lembrada pela doutrina internacional, nos seguintes termos:

> "*There is another theme which you may wish to consider as you read through the chapters on withholding of performance and termination. This is the extent to which the rules are influenced by what each legal system seems to consider as the 'primary remedy' for breach of contract. It is arguable that the conceptual 'primacy' of specific performance in the civil law systems has a considerable impact on the rules to be considered now.*"[32]

Consolidada a preferência pela resolução das obrigações em perdas e danos, quaisquer remédios que visem a compelir a parte contrária ao cumprimento ou que, de alguma maneira, evitem ou atrasem a extinção do contrato e o pedido de indenização, passam a ser tratados como exceções, não a regra. Basta uma leitura nas principais obras da doutrina inglesa sobre *Contract Law* e *Remedies* para perceber o pouco destaque que a suspensão recebe, quando é de fato mencionada. Seu tratamento, como dito, afigura-se difuso, inclusive na nomenclatura (além dos termos usados no presente trabalho, o instituto também vem tratado na forma e sob o nome de *self-help, order of performance* e *lien*).

3.2.2. Perfil da suspensão do cumprimento contratual na *Common Law*

Como visto, a suspensão do cumprimento contratual possui essa característica de incentivo ao cumprimento, a ponto de constituir uma forma indireta de tutela específica, com a qual mantém inegáveis pontos de contato e similaridade. Vale retomar a lição de João Calvão da Silva, para quem a suspensão do cumprimento contratual constitui uma forma de remédio exercitável pelo

---

[32] BEALE, Hugh, *et al, op. cit.*, p. 894.

próprio titular (*self-help remedy*), com o efeito de reforçar o incentivo da parte recalcitrante ao cumprimento da obrigação em mora. Portanto, a reticência percebida no *Common Law* atinge também esse remédio contratual.

Essa reticência pode ser percebida mais na Inglaterra do que, por exemplo, nos Estados Unidos da América. Há um importante precedente inglês na qual Mustill afirma, com lastro em precedente arbitral da Câmara de Comércio Internacional, que *"Under English Law, an aggrieved party faced with a serious breach may terminate contract but may not suspend performance"*[33]. No mesmo sentido, em 1992, a Court of Appeal afirmou, em precedente, que *"there is not yet any established doctrine of English Law that [a creditor] may suspend performance, keeping the contract alive."*[34]

Contudo, isso não quer dizer que não seja reconhecido, em nenhuma circunstância, o direito da parte inocente à suspensão do cumprimento do contrato diante da inadimplência da parte com quem contratou. Pelo contrário, a questão da suspensão do cumprimento contratual surge mediante a comprovação da existência de obrigações (promessas) independentes, concorrentes ou interdependentes e, desta forma, da ordem de execução (*order of performance*). É o que lembra Edwin Peel, responsável pela monumental obra de Treitel:

> *"If promises are 'independent' each party can enforce the other's promise although he has not performed his own. The remedy of the party sued is not to withhold performance, but to make a counterclaim to enforce the promise of the party suing. [...] A's failure to comply with a stipulation as to the order of performance which is a condition precedent or a concurrent condition justifies B's refusal to perform for as long as A's failure continues; but it does not, of itself, justify termination. It has the latter effect only where A's failure is... either sufficiently serious to justify termination or such that it falls within one of the exceptions to the requirement of serious failure."*[35]

---

[33] Mustill, 1988 112 fn 96, citando a sentença arbitral do caso ICC nº. 2.583, de 1976 [1977] JDI 950.

[34] *Channel Tunnel Group Ltd. v Balfour Beatty Construction Ltd.* [1992] 749 QB 656.

[35] PEEL, Edwin. "Treitel: The Law of Contract" 12ed. (reimp.) Londres: Sweet & Maxwell, 2010, pp. 814-817.

Indo mais adiante, Beale, Fauvarque-Cosson, Rutgers, Tallon e Vogenauer, definem com clareza o instituto da suspensão do cumprimento contratual (*withholding performance*):

> *"By withholding performance we mean a party's right to refuse to perform some or all of its obligations until the other party has performed its obligations, or at least until it is willing to perform them. 'Termination' means the right to refuse to accept further performance by the other party, and to refuse to perform one's own counter-obligations, on a permanent basis – in other words to escape from the contract. In most of the systems considered, the two remedies are linked."*[36]

Interessante notar que, para os autores, na *Common Law* o instituto da suspensão do cumprimento contratual, seja qual for a denominação preferida (*suspension of performance, withholding performance, lien* etc.) deve ser considerada um remédio contratual temporário, pelo qual a parte adimplente busca uma solução definitiva para o inadimplemento contratual gerado pela parte outra parte. Nesse contexto, exsurge uma vinculação entre a resolução contratual e a suspensão do cumprimento contratual. A última geralmente funciona como uma medida preliminar da parte que, muitas vezes, resultaria na primeira.

Além disso, não é demais lembrar que, de acordo com o direito inglês, tanto a suspensão contratual quanto a resolução contratual podem ser exercidas unilateralmente pela parte adimplente frente a inadimplente, em muitos casos, até mesmo sem a concessão de qualquer espécie de aviso prévio[37].

Aproximando-se mais do tratamento visto na doutrina dos países de tradição romana, Donald Harris, David Campbell e Roger Halson dedicam em sua obra sobre *remedies* um capítulo específico aos chamados *self-help remedies*, já mencionados como remédios passíveis de exercício diretamente pela parte, dispensado o recurso à autoridade jurisdicional constituída, ou mais simplesmente remédios de autotutela. Nesse capítulo, tratam especificamente do remédio chamado *wittholding performance*:

---

[36] BEALE, Hugh, *et al, op. cit.*, p. 893.
[37] BEALE, Hugh, *et al, op. cit.*, p. 894.

> "In many contracts, C's duty to perform an obligation is made dependent on D's having completed performance of one of his obligations (or on D's ability to perform contemporaneously with C). For example, under 'staged payment' clauses in standard construction contracts, the client comes under an obligation to pay an instalment of the price only when the contractor has completed a specified stage of the building and this has been certified by a third party (usually an architecht). Until the contractor's completion of that stage is certified, the client's obligation to pay that instalment does not arise. He can withhold payment, which will act as a strong incentive to the contractor to complete that stage, and so amounts to a temporary 'remedy' for the contractor's breach (if that stage was to be completed by a certain date). Performance by the builder is not coerced by a court order, but by a type of extra-judicial, self-help remedy. The contractor knows that until he actually completes that stage he will receive no payment for any work done since the previous stage was completed. But by withholding performance, C is not terminating the contract. He merely is suspending his own performance."[38]

Os autores citados lembram, ainda, que outro exemplo do remédio chamado de *withholding of performance* consiste justamente no direito de o vendedor retomar a posse das mercadorias vendidas, caso tais mercadorias ainda estejam em trânsito, na hipótese de não pagamento do preço, de o comprador cair em insolvência ou, ainda, na hipótese de perda de linha de crédito pelo comprador[39]. Tal direito, previsto no Sale of Goods Act de 1979, possui o mesmo efeito dilatório e temporário, embora, no caso específico de compra e venda de mercadorias, seja admitida a retomada com a venda para terceiros, inclusive para efeito de mitigação de prejuízos (*mitigation*).

As lições acima transcritas deixam transparecer certa similaridade de tratamento escondida por trás da diversidade da abordagem do tema pela doutrina dos países de *Civil Law* e dos países de *Common Law*. A *suspension of performance* também vem calcada na ideia de sinalagma, isto é, na interdependência das obrigações, manifestando-se como *self-help remedy*[40], isto é,

---

[38] HARRIS, Donald; CAMPBELL, David; HALSON, Roger. "Remedies in Contract & Tort" 2ªed. Nova York: Cambridge University Press, 2005, p. 45.
[39] *Idem*, .pp. 49-50.
[40] BEAL, Hugh *et al.*, *op. cit.*, p. 895.

passível exercício direto pela parte, sem recurso à autoridade jurisdicional constituída, dotado de caráter dilatório e ao qual se reconhece o efeito de incentivo ao cumprimento[41].

Feitos esses breves comentários, interessa ao presente estudo analisar, mesmo que de forma passageira, os elementos primordiais autorizadores da suspensão do cumprimento contratual nos ordenamentos jurídicos regulados pela *Common Law*.

3.2.3. Condições interdependentes, precedentes e concorrentes

Nos países que adotam a *Common Law* como sistema jurídico, especialmente a Inglaterra, para que seja possível a suspensão do cumprimento contratual, é necessário que as obrigações das partes em análise constituam condições precedentes, concorrentes e/ou interdependentes entre si. Em outras palavras, a suspensão do cumprimento contratual no direito inglês deve dar-se no âmbito de obrigações condicionais das partes. Interessa notar que o conceito de condições precedentes interdependentes pode ser extraído do *leading case*, *Kingston v Preston*[42], no qual decidiu-se:

> *"A contractual obligation may be independent of the other party's obligation; or one party's obligation may be a condition precedent to, or a concurrent condition of the other's obligation."*

No caso em apreço, o autor, que trabalhou por pouco mais de um ano para o réu, requereu, conforme acordado em contrato, que este lhe entregasse o fundo de comércio e o estoque de sua atividade de comercialização de seda. Entretanto, para que o autor recebesse referida prestação contratual, ficou acordado que deveria apresentar uma garantia de pagamento ao réu, o que não ocorreu. Em virtude da ausência da apresentação da garantia acordada, o réu recusou-se a efetuar o pagamento perseguido pelo autor, que o demandou em juízo.

---

[41] BEAL, Hugh *et al.*, *op. cit.*, p. 895.
[42] (1773) 2 Doug KB 689.

Por ocasião do julgamento, Lord Mansfield consignou que a análise da dependência ou não das obrigações das partes, bem como a ordem cronológica da execução das obrigações das partes (*order of performance*) seriam questões essenciais para a autorização do exercício do direito de suspensão de cumprimento contratual (*withholding performance*) e deveriam ser aferidas a partir da análise dos fatos concretos do caso e da intenção das partes. No caso, entendeu tratar-se de evidente hipótese de cabimento do *withholding performance*, afigurando-se injusto exigir do réu a entrega do fundo de comércio e de seu estoque sem que o autor oferecesse garantias boas e válidas de pagamento, como fora contratado.

Como se nota, no caso sob espeque as obrigações das partes foram emolduradas como condições precedentes. A obrigação do réu em repassar o fundo de comércio e seu estoque ao autor era uma condição interdependente e precedente à obrigação do autor, que era a de apresentar garantias válidas para o pagamento.

Além dos conceitos de obrigações precedentes e interdependentes, o direito inglês traz o de obrigações concorrentes (*concurrent conditions*), que também podem ser aplicadas na teoria da suspensão do cumprimento contratual. Referido conceito pode ser extraído do Artigo 28 do *Sales of Goods Act*, que assim dispõe:

> "*28 Payment and delivery are concurrent conditions.*
> *Unless otherwise agreed, delivery of the goods and payment of the price are concurrent conditions, that is to say, the seller must be ready and willing to give possession of the goods to the buyer in exchange for the price and the buyer must be ready and willing to pay the price in exchange for possession of the goods.*"

Como se depreende do texto legal, as obrigações concorrentes pressupõem que uma parte deve cumprir a sua obrigação somente quando a outra parte também estiver pronta (*ready and willing*) para cumprir a sua. Nesses casos a *suspension of performance* seria autorizada, uma vez que a parte não é obrigada a cumprir sua obrigação se a outra não estiver, ao mesmo tempo, pronta para executar a dela.

3.2.4. *Contractual terms: condition, warranty* e *innominate terms* – distinção e definições[43]

Importa para fins do presente estudo tecer breves comentários sobre os *contractual terms* (termos contratuais) e suas classificação. Isso porque, a teoria do *withholding performance* em países operadores da *Common Law* exige a presença das condições precedentes ou concorrentes para que possa ser invocada pela parte inocente. Entretanto, diferentemente da tradição da teoria contratual de países *Civil Law*, como o Brasil, o estudo quanto à classificação, ao grau de validade e à vinculação dos termos contratuais, no âmbito do direito inglês, por exemplo, pode levar a conclusões diversas, inclusive, à impossibilidade de incidência da suspensão do cumprimento contratual.

Os termos contratuais (*terms*) no direito inglês correspondem às cláusulas contratuais que constituem um contrato do direito brasileiro, sendo vinculantes e devendo ser cumpridos pelas partes, sob pena de configuração de inadimplemento contratual. Portanto, no âmbito do direito inglês, a importância de se distinguir um *term* de uma mera declaração das partes, repousa no fato de que o *term* será vinculante entre as partes e poderá ser (e provavelmente será) assim declarado pelo Poder Judiciário.

Vale registrar que as cortes inglesas podem classificar uma mera representação contratual como um *term*, de acordo com a análise sistemática do contrato. Nesse caso, as partes ficariam obrigadas a cumpri-lo, sendo que seu descumprimento autorizará que o Judiciário reconheça o descumprimento em questão.

3.2.4.1. Classificação dos *terms*

Os *terms* podem ser classificados, basicamente, como *condition, warranty* e, mais recentemente, como *innominate term*. Tal classificação pode ser enquadrada de acordo com a força vinculante atribuída a cada um deles. Por exemplo, num contrato de compra e venda de um computador, o preço, a configuração e

---

[43] Ver mais em MCKENDRICK, Ewan. *Contract Law*. 9ªed. Palgrave Macmillan Law Masters, 2011, p 177-183.

qualidade do equipamento (*conditions*) são muito mais importantes e relevantes do que a cor do aparelho (*warranty*) na conclusão do contrato.

Nesse contexto, a *condition* constitui um *term* essencial do contrato, que está intimamente ligada ao âmago do objeto contratual em questão.

O direito inglês traz o conceito de diferentes tipos de *conditions* (*e.g. Precedents Conditions, Subsequent Conditions, Promissory Conditions*). Nada obstante, para fins do estudo objeto deste artigo, focaremos a atenção às condições precedentes. Trata-se de elemento que condiciona a própria existência do contrato. Segundo o precedente *Pym v Campbell*[44], a *condition precedent* condiciona a validade e eficácia do contrato à ocorrência de um determinado evento.

A *warranty*, por outro lado, pode ser considerada um *term* subsidiário, de menor importância para o programa contratual. Seria a cláusula descrevendo a cor do computador, no exemplo dado acima. Vale registrar que, no caso de descumprimento de uma mera *warranty*, o único remédio assegurado à parte consiste na apresentação de pleito de danos sofridos em decorrência de tal descumprimento.

3.2.4.2. *Innominate terms*

Os termos inominados (*innominate terms*) constituem um *Term* intermediário. Segundo o entendimento desenvolvido por LJ Diplock em *Hong Kong Fir Shipping CO Ltd v Kawasaki Kisen Kaisha Ltd*[45], um *innominate term* não pode ser considerado uma condição, pois seu descumprimento não necessariamente dá à parte inocente o direito de rescindir o contrato. Por outro lado, não pode ser classificado como uma *warranty*, pois não teria o condão de confinar a parte a perseguir somente os danos que experimentou em juízo.

Nesse contexto, vale frisar que a instituição dos termos inominados pelo precedente acima citado deu às cortes inglesas mais flexibilidade para aplicar o remédio contratual mais adequado ao caso sob análise, alterando o foco primário de atenção para as consequências infligidas à parte inocente, não mais ao tipo de disposição violada.

[44] (1856) 6E&B 370
[45] [1962] 2 QB 26, 70

Isso porque, no direito inglês, uma das formas de se constituir uma *condition* é através da aplicação de precedentes, especialmente, quando se trata de contratos cujas cláusulas e regulações advém de standard terms, isto é, de modelos contratuais amplamente empregados por outras partes. Ocorre que estipulações dessa natureza podem gerar situações artificiais nas quais a parte, mesmo que não seja prejudicada pelo descumprimento contratual, pode rescindir o contrato, como ocorreu em *Arcos Ltd. V E A Ronaasen & Son*[46].

Da mesma forma, a despeito de, em certos aspectos, retirar das partes a certeza de quando poderá o contrato ser rescindindo, o estabelecimento dos termos inominados dá às cortes a liberdade necessária para moldar a aplicação do remédio contratual mais adequado à situação fática. Inclui-se nesse rol de remédios a suspensão do cumprimento contratual (*withholding performance*), o que aproxima ambos os sistemas (*Common Law* e *Civil Law*) na aplicação de tal teoria.

Em última análise, pode-se afirmar que a criação do conceito de termos inominados, na prática, estabelece nos países adeptos à tradição da *Common Law*, a aplicação direta dos pressupostos ensejadores da teoria da suspensão do cumprimento contratual.

3.2.5. *Entire contracts rule* e *severable obligation*

A regra do *Entire Contract Rule*, também chamada de *Entire Obligation Rule*, típica de países adeptos ao *Common Law*, é deveras relevante ao estudo da exceção do contrato não cumprido (*withholding performance*) nesses países.

Em resumo, cuida-se de regra que determina que a parte deve cumprir inteiramente a obrigação contratada, antes de fazer jus à contraprestação. Portanto, somente após o cumprimento integral de sua obrigação contratual,

---

[46] [1933] AC 470. Nesse caso, o material entregue para construção de barris de cimento não possuía a espessura contratada, mas não traria nenhum prejuízo à parte que o recebeu. Nada obstante, a parte optou por não aceitar os bens, rescindindo o contrato supostamente pelo fato do material não atender aos requisitos necessários (*condition*). A crítica que se faz à solução dada ao caso é que o conceito de *condition* dado à cláusula possibilitou à parte a manipular o cumprimento contratual, mesmo sem ter sofrido nenhum prejuízo advindo do inadimplemento contratual da outra parte contratante.

à parte adimplente seria permitido arguir a exceção do contrato não cumprido (*withholding performance*) em face da parte inadimplente.

Para jogar mais luzes sobre o referido conceito, interessa a breve análise do precedente *Sumpter v Hedges*[47]. Nesse caso, A comprometeu-se a construir duas casas para B (*lump sum contract*). Entretanto, no decorrer do cumprimento contratual, A ficou sem recursos financeiros para concluir o trabalho a que se obrigou. B, aproveitando-se da situação financeira precária de A, terminou a construção das casas utilizando-se, inclusive, dos materiais deixados por A em sua propriedade. A processou B para receber, ao menos, compensação parcial pelo trabalho já executado (*quantum meruit*). Entretanto, a corte entendeu que A havia abandonado o contrato, pois se comprometeu a entregar duas casas prontas. Ato contínuo, determinou que A teria o direito de receber apenas a indenização referente aos materiais utilizados por B.

A partir de referido precedente, ao menos sob o olhar habituado aos ditames contratuais inerentes a sistemas jurídicos de *civil law*, parece nítida a 'injustiça' cometida contra A, que, a despeito de ter executado parte de seu trabalho, não cumpriu inteiramente a obrigação a que se obrigou contratualmente (*Entire Contract Rule*) e, por isso, não recebeu sequer compensação parcial pelo seu trabalho.

Para fins de mitigação do efeito abusivo da *Entire Contracts Rule*, as cortes inglesas vem se adaptando e estabelecendo que as obrigações contratuais, sempre que possível, podem ser consideradas divisíveis e cumpridas em partes (*Severable Obligations*), desde que as partes não tenham estipulado no contrato qualquer provisão contrariando referida conclusão. Nesse contexto, o caráter abusivo da *Entire Contract Rule* parece restar mitigado, ao menos nos casos onde é possível estabelecer a divisibilidade de uma determinada obrigação, uma vez que a parte, face a um inadimplemento parcial, pode suspender o cumprimento contratual de sua obrigação referente à parcela correspondente a tal inadimplemento. Entretanto, esse entendimento encontra resistência de parte dos doutrinadores e membros do Judiciário inglês, uma vez que a regra do *Entire Contract Rule* foi concebida justamente para se evitar situações

---

[47] [1898] 1 QB 673

onde uma parte escuse-se do adimplemento contratual completo e ainda seja remunerada por isso[48].

3.2.6. Suspensão do cumprimento contratual em contratos distintos

Os países de tradição *Civil Law*, como o Brasil, sustentam a tese acima relembrada, de cabimento da exceção entre contratos distintos, mas formadores de redes ou grupos contratuais. Não é comum na *Common Law* a possibilidade de arguição da exceção do contrato não cumprido em caso de contratos distintos celebrados entre as mesmas partes.

No direito inglês, por exemplo, não há uma regra geral dispondo sobre a possibilidade de se suspender o cumprimento de determinada obrigação contratual por conta da inadimplência da parte em outro contrato. Entretanto, tal obrigação pode ser criada pelas partes e é comum em contratos de compra e venda de bens[49].

Nada obstante as breves pinceladas dadas sobre o tema, pode-se notar que, apesar do estabelecimento de diversas condições criadas pelos diversos sistemas, sejam eles de *Civil Law* ou de *Common Law*, é amplamente aceito o conceito de suspensão do cumprimento contratual em virtude do inadimplemento, pela mesma parte, de um contrato distinto. O estabelecimento desse conceito, em nossa visão, facilita e amplifica as possibilidades das partes e dos operadores do direito em resolver eventuais disputas surgidas de instrumentos contratuais distintos.

3.2.7. Considerações finais sobre a suspensão do cumprimento contratual nos países de *Common Law*

Em síntese, admite-se a suspensão do cumprimento do contrato nos países de *Common Law* quando as obrigações forem consideradas interdependentes, isto é, quando forem condições precedentes umas das outras. Há, nesse caso, condições concorrentes, cujo inadimplemento pode autorizar a suspensão do contrato. A grande distinção entre Estados Unidos e Inglaterra, os grandes

---

[48] ver mais em HARRIS, Donald, *et al. op cit.* p. 46-48
[49] BEALE, Hugh, *et al, op. cit.*, p. 914.

expoentes do *Common Law*, consiste em que, naqueles, a interdependência das obrigações em contratos bilaterais é presumida, o que não ocorre na Inglaterra.

Sem embargo da aparente simplicidade da doutrina de *conditions* e *order of performance*, é possível verificar, na prática, certa dificuldade na aplicação da suspensão do cumprimento contratual nos países da tradição do *Common Law*. Isso ocorre em decorrência da desigualdade de distinção entre descumprimento de *contractual term*, isto é, do descumprimento de *warranty* ou *breach*. Tal distinção, levava em conta a relevância do dispositivo contratual violado para o fim de determinar a consequência jurídica, ao contrário do que ocorre na tradição de *Civil Law*, em que, como regra, a consequência jurídica vem ditada pela seriedade das consequências do descumprimento para a parte por ele vitimada. Ela vem sendo abandonada desde o precedente inglês firmado com *Hong Kong Fir Shipping Co v Kawasaki Kisen Kaisha*[50], em que a *Court of Appeal* preferiu tratar como inominados os dispositivos contratuais, salvo se de outra forma disciplinados no programa contratual. Levou-se, com isso, o foco da análise da seriedade do inadimplemento para as consequências da falta, avizinhando-se do que ocorre nos países de *Civil Law*.

4. Conclusões

Pouca relevância e utilidade teria apresentar, ao final do presente trabalho, conclusão que simplesmente contivesse o resumo de cada um dos principais tópicos objeto de análise nas páginas acima. Mais apropriado e produtivo parece tomar a oportunidade para dar um passo atrás e lançar um olhar panorâmico sobre toda a matéria, a fim de tentar verificar eventuais traços ou tendências comuns em cada uma das grandes tradições do direito, isto é, *Civil Law* e *Common Law*, a despeito das distintas raízes, origens culturais e perspectivas.

A esse respeito, salta aos olhos a universalidade do caráter intuitivo com que a solução da suspensão do cumprimento contratual, qualquer que seja o nome que se lhe atribua, quando uma parte depara-se com o inadimplemento,

---

[50] [1962] 2 QB 26 (CA).

efetivo ou provável, da outra. Seja como passo logicamente anterior à resolução, seja como forma de incentivo ao adimplemento, a suspensão constitui a forma instintiva de reação da parte não inadimplente.

Em ambos os sistemas pode-se perceber, também, uma umbilical relação entre a exceção de contrato não cumprido e a resolução contratual, a ponto de, na Inglaterra, haver quem equipara a exigência de seriedade do inadimplemento para incidência de ambos os remédios e, na França, a resolução contratual constituir o fundamento pelo qual a *exceptio* possui aplicação a qualquer contrato sinalagmático, a despeito da inexistência de um dispositivo legal no *Code* que lhe dê semelhante alcance.

Ademais, exsurge em ambas as culturas jurídicas enorme preocupação com a observância do equilíbrio ou da proporcionalidade, que também pode, em última análise, revelar um traço da boa-fé objetiva, ao menos nos países de *Civil Law*. Tal matéria é objeto de grande atenção seja na Alemanha e na França, quanto na Inglaterra, onde a rigorosa regra do *"entire obligation (contract) rule"* cedeu espaço à mais equânime *"several obligation rule"*, a fim de permitir, sempre que possível, reduzir a periodicidade ou a proporção da obrigação daquele que deve prestar primeiro, de modo a reduzir seu chamado risco de crédito.

Não menos evidente é a tendência verificável em ambas as tradições jurídicas, de tratar as obrigações principais de um contrato sinalagmático (ou *conditions*) como exigíveis simultaneamente, sempre que possível, de modo a garantir, tanto quanto admissível, o equilíbrio contratual.

Em suma, respeitadas as distintas formas de disciplinar o fenômeno jurídico e de desenvolver os respectivos institutos, *Civil Law* e *Common Law* oferecem um tratamento que, em termos gerais, pode-se dizer bastante semelhante em termos de disciplina do remédio contratual da suspensão do cumprimento contratual, o qual goza de uma difusão global incomum.

5. Referências Bibliográficas

BEALE, Hugh, FAUVARQUE-COSSON, Bénédicte, RUGTGERS, Jacobien, TALLON, Denis, VOGENAUER, Stefan. *Cases, materials and text on Contract Law*. 2ªed. Oxford: Hart, 2010.

CALVÃO DA SILVA, João. *Cumprimento e sanção pecuniária compulsória*. 4ª ed. Coimbra: Almedina, 2002.

CAMILLETTI, Francesco. *Profili del problema del equilibrio contrattuale*. Milano: Giuffrè, 2004.

CHIOVENDA, Giuseppe. *Instituições de direito processual civil*, v. 1. São Paulo: Saraiva, 1965.

GHESTIN, Jacques. *Traité de droit civil: les obligations. Les effets du contrat*. Paris: LGDJ, 1992.

HARRIS, Donald; CAMPBELL, David; HALSON, Roger. *Remedies in Contract & Tort*. 2ªed. Nova York: Cambridge University Press, 2005.

KARTON, Joshua. *The culture of International Arbitration and the evolution of Contract Law*. Oxford: Oxford University Press, 2013.

MCKENDRICK, Ewan. *Contract Law*. 9ªed. Palgrave Macmillan Law Masters, 2011.

NANNI, Goivanni Ettore. *A evolução do direito civil obrigacional: a concepção do direito civil constitucional e a transição da autonomia da vontade para a autonomia privada. In*: LOTUFO, Renan (Org.). *Direito civil constitucional – caderno 2*. Curitiba: Juruá, 2001.

NANNI, Goivanni Ettore. "*O dever de cooperação nas relações obrigacionais à luz do princípio constitucional da solidariedade*", *in* NANNI, Giovanni Ettore (coord.), "*Temas relevantes do direito civil contemporâneo: reflexões sobre os cinco anos do Código Civil – Estudos em homenagem ao Professor Renan Lotufo*". São Paulo: Atlas, 2008.

NORDMEIER, Karl Friedrich. "*O novo direito das obrigações no Código Civil alemão – a reforma de 2002*", *in* MARQUES, Cláudia Lima (coord.). "*A nova crise do contrato: estudos sobre a nova teoria contratual*". São Paulo: Revista dos Tribunais, 2007.

PEEL, Edwin. *The Law of Contract*. 12ed. (reimp.). Londres: Sweet & Maxwell, 2010.

REZZÓNICO, Juan Carlos. *Principios fundamentales de los contratos*. Buenos Aires: Astrea, 1999.

SERPA LOPES, Miguel Maria de. *Exceções substanciais*: exceção de contrato não cumprido *(exceptio non adimpleti contractus)*. Rio de Janeiro: Freitas Bastos, 1959.

_____. *Curso de direito civil*: fontes das obrigações – contratos. Atualiz. José Serpa Santa Maria. 6ª ed. Rio de Janeiro: Freitas Bastos, 1996. v. III.

TRABUCCHI, Alberto. Istituzioni di diritto civile. 39ªed. Padova: CEDAM, 1999.

Modelos de negócios eletrônicos: *click-wrap agreements* e *browse-wrap* termos e condições de uso

Cíntia Rosa Pereira de Lima

1. Introdução

O comércio eletrônico está estruturado nas vendas à distância, que utilizam a Internet como um eficiente meio de comunicação de massa.[1] Contudo este meio de comunicação, por vezes, tem sido explorado por oferecer rapidez e comodidade nas contratações.

Discute-se se os contratos eletrônicos seriam realmente uma categoria substancialmente inovadora ou se seriam os contratos típicos, já conhecidos, caracterizados pelo emprego das inovadoras tecnologias de comunicação.

Neste sentido distinguem-se contratos informáticos de contratos telemáticos. Os primeiros são aqueles que têm por objeto os bens e/ou serviços de informática, *e. g. software* por encomenda; os contratos telemáticos, por sua vez,

---

[1] GLANZ, Semy. Internet e Contrato Eletrônico. *In: Revista dos Tribunais*, Ano 87, v. 757, nov. 1998, pp. 70-75. p. 72; LORENZETTI, Ricardo Luis. *Comércio Eletrônico*. Tradução de Fabiano Menke. São Paulo: Revista dos Tribunais, 2004. p. 286.

são aqueles celebrados utilizando a informática como meio de comunicação.[2] Portanto, não se pode afirmar, a nosso ver exageradamente, de que o contrato de compra e venda em que se utilizam os meios tradicionais de comunicação como por carta, telefone ou pessoalmente seja diferente do mesmo contrato de compra e venda quando a Internet for a ferramenta de comunicação (ou seja, o contrato de compra e venda telemático, aquele que é celebrado com o auxílio de um *software* ligado à rede mundial de computadores).

Na verdade, quando se fala em "modelos de negócios eletrônicos" tem em mente a caracterização da contratação telemática, no sentido de investigar como este meio de comunicação pode interferir na manifestação de vontade das partes contratantes.

A primeira característica do *ecommerce* que se destaca é a contratação à distância, no sentido de que não há contato prévio com o produto ou contato imediato e pessoal com o fornecedor. Cláudia Lima Marques[3] ressalta esta característica, afirmando que, em sentido estrito, comércio eletrônico pode ser compreendido como "sendo uma das modalidades de contratação não--presencial ou à distância para a aquisição de produtos e serviços através de meio eletrônico ou via eletrônica."

Este entendimento vai ao encontro do que dispõe a Diretiva 97/7/CE, que defini contrato à distância (art. 2.1) como sendo o contrato entre consumidor e fornecedor, cujo objeto seja bens ou serviços, concluído por um meio organizado de venda à distância ou um esquema de prestação de serviços estruturados pelo fornecedor que utiliza, com exclusividade, um ou mais meios de comunicação à distância para a celebração do certame.[4]

Tal definição está incorporada no Projeto de Lei do Senado Federal n. 281/2012 incorpora esta definição propondo um acréscimo ao art. 49 do CDC

---

[2] DE LUCCA, Newton. *Aspectos Jurídicos da Contratação Informática e Telemática*. São Paulo: Saraiva, 2003. p. 19.

[3] *Confiança no comércio eletrônico e a proteção do consumidor:* um estudo dos negócios jurídicos de consumo no comércio eletrônico. São Paulo: Revista dos Tribunais, 2004. p. 35 - 38.

[4] "Article 2 - Definitions - For the purposes of this Directive: (1) 'distance contract' means any contract concerning goods or services concluded between a supplier and a consumer under an organized distance sales or service-provision scheme run by the supplier, who, for the purpose of the contract, makes exclusive use of one or more means of distance communication up to and including the moment at which the contract is concluded;" Official Journal L 144 , 04/06/1997 P. 0019 – 0027. Tradução livre.

(que trata do direito de arrependimento). A redação atual do referido dispsitivo legal restringia o direito de arrependimento apenas aqueles fora do estabelecimento do fornecedor, como aqueles *door-to-door* ou por telefone. Este era o conceito de contrato à distância proposto pela Diretiva 85/577/CEE (conhecida como *Door-to-Door Directive*), que também estabelece o direito de arrependimento de 07 (sete dias). Esta diretiva de 1985 inspirou o Legislador brasileiro do CDC de 1990. Contudo, tendo em vista as constantes inovações dos meios de comunicação, a Diretiva 97/7/CE (sete anos depois do CDC brasileiro) elaborou melhor a ideia de que os contratos à distância não se restringem às vendas fora do estabelecimento; mas se estende, também, aos contratos em que não tem contato prévio com o bem ou quando não há o contato físico e simultâneo entre as partes contratantes. Desta forma, este é o entendimento que deve prevalecer na doutrina e jurisprudencia brasileiras até que este PL 281/2012 seja aprovado.

Em linhas gerais, contrato eletrônico é definido como o contrato "celebrado por meio de programas de computador ou aparelhos com tais programas".[5] Estes contratos caracterizam-se pelo alto nível de despersonalização (*"many-to-many"*). Neste sentido a doutrina[6] ressalta que o fornecedor não aparece ou nem ao menos existe física ou territorialmente, "pois alguns fornecedores globais são redes de distribuição sem sede fixa."

Na definição de Maria Helena Diniz[7], "contrato eletrônico é uma modalidade de negócio a distância ou entre ausentes, efetivando-se via Internet por meio de instrumento eletrônico, no qual está consignado o consenso das partes contratantes."

Quanto ao consenso das partes, muito se discute sobre a existência, validade e eficácia da manifestação de vontade externada por um meio de comunicação telemático. Isto porque tal vontade é, geralmente, imposta pelo próprio estipulante (que estabelece unilateralmente não só as cláusulas contratuais, mas também, o próprio consentimento do aderente), quando, por exemplo, o aderente clica na caixa de diálogo que contém alguma expressão como "li e concordo com as cláusulas contratuais". Além disso, o consenso é inferido

---

[5] GLANZ, Semy. *Op. cit.*, p. 72; LORENZETTI, Ricardo Luis. *Comércio eletrônico. Op. cit.*, p. 285.
[6] MARQUES, Cláudia Lima. *Contratos no Código de Defesa do Consumidor*. 4. ed. São Paulo: Revista dos Tribunais, 2002. p. 99.
[7] *Tratado teórico e prático dos contratos*. Vol. 5. 6. ed., ampl. e atual. São Paulo: Saraiva, 2006. p. 755.

de uma conduta ou comportamento do aderente, *e. g.* o aderente, ao navegar em um determinado *site*, constata a informação clara de que exitem termos e condições de uso listados em *hyperlink* e que a navegação no referido *site* implica em anuência a estas regras unilateralmente impostas pelo estipulante.

Neste contexto, ainda é pertinente a análise sobre os contratos de adesão eletrônicos, denominados *click-wraps agreements;* e os termos e condições de uso, ou seja, os *browse-wraps*.

2. Planos da existência, validade e eficácia dos negócios telemáticos

Portanto, discute-se a necessidade de uma legislação específica sobre comércio eletrônico (contratos eletrônicos) ou se a legislação atual pode ser aplicada à contratação à distância em ambiente inteiramente eletrônico. Desta feita, importante analisar alguns modelos praticados no *ecommerce* a luz dos três planos do negócio jurídico, ou seja, o plano da existência, validade e eficácia.

A doutrina de Francisco Cavalcanti Pontes de Miranda[8] sobre a tripartição dos planos do mundo jurídico, em "plano da existência",[9] "plano da validade"[10] e "plano da eficácia",[11] é amplamente aceita no Brasil. Portanto, neste contexto

---

[8] PONTES DE MIRANDA, Francisco Cavalcanti. *Tratado de Direito Privado*. Parte Geral – Tomo II – Bens. Fatos jurídicos. 2. ed. Rio de Janeiro: Editor Borsoi, 1954. *Passim.*

[9] *Idem*, Parte Geral. Tomos I a III. Rio de Janeiro: Borsoi, 1954. A gradação entre estes três planos do mundo jurídico é sintetizado: _____. *Tratado de Direito Privado*. Tomo XXIV: Direito das obrigações: efeitos das dívidas e das obrigações. Juros. Extinção das dívidas e obrigações. Adimplemento. Arras. Liquidação. Depósito em consignação para adimplemento. Alienação para liberação. Adimplemento com sub-rogação. Imputação. Compensação. 3. ed. Reimp. Rio de Janeiro: Editor Borsoi, 1971. p. 05.

[10] *Idem, Tratado de Direito Privado*. Tomo IV: Validade. Nulidade. Anulabilidade. 2. ed. Rio de Janeiro: Editor Borsoi, 1954. p. 03: "O negócio jurídico ou o ato jurídico *stricto sensu* nulo é de suporte fáctico (sic) *deficiente*, e – de regra – é negócio jurídico, ou ato jurídico *stricto sensu* ineficaz; o negócio jurídico, ou ato jurídico *stricto sensu* anulável é de suporte fáctico (sic) deficiente, mas o negócio jurídico ou o ato jurídico *stricto sensu* é eficaz enquanto se não admite, em sentença, que não tenha eficácia."

[11] *Idem*, Tomo V: Eficácia jurídica. Determinações inexas (sic) e anexas. Direitos. Pretensões. Ações. Rio de Janeiro: Editor Borsoi, 1955.p. 03: "A eficácia jurídica é irradiação do fato jurídico; portanto, depois da incidência da regra jurídica no suporte fáctico (sic), que assim, e só assim, passa a pertencer ao mundo jurídico. Incidência é *prius;* e a incidência supõe a regra jurídica e o suporte fáctico (sic), sobre o qual ela *incida*. A eficácia é, pois, lògicamente, *posterius;*

o negócio jurídico, também, é analisado sob estes três planos de forma pacífica pela doutrina brasileira.[12]

Tal distinção foi elaborada a partir da seguinte comprovação: por vezes, um negócio jurídico existe validamente, porém ineficaz (*e. g.* testamento feito por pessoa capaz, observando-se todos os requisitos legais, antes da abertura da sucessão); ou um negócio jurídico existe, produzindo seus efeitos, ainda que seja inválido (*e. g.* a compra e venda celebrada por um relativamente incapaz, sem assistência, portanto, anulável, antes de ser decretada a anulação); ou, ainda, um negócio jurídico existente é inválido e ineficaz (*e. g.* a compra e venda celebrada entre agentes absolutamente incapazes, sem estarem devidamente representados) etc.[13] A partir destes exemplos, constata-se a completa separação entre os três planos que pode atingir um negócio jurídico. No entanto, o plano da existência é um estágio necessário, do qual dependem os demais.

Neste ponto, é preciso ressalvar as peculiaridades do mundo fático e do mundo jurídico. Em outras palavras, o Direito visa a regular os fatos e comportamentos juridicamente relevantes, por criarem, modificarem ou extinguirem direitos e obrigações. Neste sentido, Francisco Cavalcanti Pontes de Miranda[14] preleciona:

> Os fatos do mundo ou interessam ao direito, ou não interessam. Se interessam, entram no subconjunto do mundo a que se chama mundo jurídico e se tornam fatos jurídicos, pela incidência das regras jurídicas, que assim os assinalam.
> [...]
> Para que os fatos sejam jurídicos, é preciso que regras jurídicas – isto é, normas abstratas – *incidam* sôbre êles (sic), fazendo-os "jurídicos".

---

o que não exclui a produção posterior de eficácia *desde antes* ou *até antes* da incidência, ou da própria regra jurídica, ou da concepção e elaboração mesma da regra jurídica."

[12] AZEVEDO, *Antonio* Junqueira de. *Negócio Jurídico: existência, validade e eficácia*. 4. ed. atual. São Paulo: Saraiva, 2002. p. 23; cf. MELLO, Marcos Bernardes de. *Teoria do Fato Jurídico*: Plano da Existência. 12. ed. São Paulo: Saraiva, 2003. p. 95 – 101.

[13] *Idem ibidem.*

[14] *Op. cit.*, Tomo I. p. 06; 19. No mesmo sentido, MELLO, Marcos Bernardes de. *Teoria do Fato Jurídico*: Plano da Existência. *Op. cit.*, p. 08 – 09.

Em continuação, o jurista esclarece a pluralidade do suporte fático da regra jurídica (*Tatbestand*), entendido como o fato ou os fatos que compõe e sobre o qual incide a regra jurídica. Ressaltando ser incalculável o número de fatos do mundo sobre os quais ao incidir a regra jurídica, entram no mundo jurídico. Ao rol exemplificativo de Francisco Cavalcanti Pontes de Miranda podem-se acrescentar os contratos telemáticos; muito embora não haja legislação específica sobre o tema, as regras gerais dos contratos são aplicadas àqueles no que couber.

A doutrina italiana utiliza esta mesma idéia, contudo emprega terminologia diversa. Emílio Betti[15] fala em *fattispecie*[16] para designar a hipótese fática disciplinada em lei. A incidência da norma dá-se pelo nexo de "causalidade jurídica", desencadeando os efeitos jurídicos descrito na norma jurídica.

Esta análise é pertinente ao comércio eletrônico porque a compra e venda através da internet é muito comum no mundo fático; porém, o Direito não traz nenhuma regra específica sobre isto, devendo o intérprete proceder à analogia, como meio de integrar o sistema jurídico.[17]

Portanto, um negócio, ao entrar no mundo jurídico, deve ser analisado sob o plano da existência, da validade e da eficácia. O contrato é negócio jurídico bilateral por excelência, impondo seu estudo sob estes três planos.

Em suma, um contrato, para existir, deve ter sido formado mediante as declarações convergentes quanto aos fins e congruentes quanto aos meios de ambas as partes contratantes. É o que se denomina, também, "*meeting of the minds*" ou "*consensus ad idem*".[18] A doutrina do *Common Law* afirma que:

---

[15] *Teoria geral do negócio jurídico*. Tradução e anotação de Ricardo Rodrigues Gama. Tomo I. Campinas (SP): LZN Editora, 2003. p. 10 – 11.

[16] Termo originado do latim medieval "*facti species*", que traduzido literalmente significa *figura do fato*.

[17] CARVALHO, Ana Paula Gambogi. *Contratos via Internet*. Belo Horizonte: Del Rey, 2001. p. 59: "[...] as normas legais vigentes aplicam-se aos contratos eletrônicos basicamente da mesma forma que a quaisquer outros negócios jurídicos".

[18] BOYLE, Christine; PERCY, David R. *Contracts: cases and commentaries*. 7. ed. Toronto (Ont.): Thomson Carswell, 2004. p. 15.

The objective principle of contract Law requires not just inward concurrence of intention for the formation of a contract, but an outward manifestation of assent by each party such as to induce a reasonable expectation in the other.[19]

Portanto, o contrato deve observar este requisito para poder atingir o plano da existência. No mesmo sentido, Caio Mário da Silva Pereira[20] afirma que o acordo de vontade das partes ou consentimento não é apenas um requisito de validade; mas, antes, é verdadeiro pressuposto existencial do próprio negócio.

Sendo assim, urge revisitar a doutrina contratual sobre consentimento haja vista as variadas peculiaridades ensejadas pelas novas tecnologias, como a Internet. Em outras palavras, a Internet viabiliza a comunicação à distância quase que imediata e, muitas vezes, a exteriorização do consentimento do aderente da-se por meio de comportamento socialmente típicos.

A manifestação de vontade pode ser tácita, hipótese em que o consentimento é inferido da conduta das partes. Além disto, o próprio silêncio pode suprir a declaração de vontade expressa tendo em vista as circunstâncias do caso.[21]

Caio Mário da Silva Pereira[22] utiliza a expressão *"silêncio conclusivo"*, ou seja, o silêncio capaz de criar direitos e obrigações quando interpretado à luz da vontade e conduta das partes (art. 111 do CC/02).

Quanto a isto, Francisco Cavalcanti Pontes de Miranda[23] **já alertava para o fato de que ninguém é obrigado a responder a oferta que receba. Por esta razão, não se pode interpretar todo silêncio como manifestação tácita de vontade. Deve-se distinguir entre a "tacitude** *stricto sensu"* e o "silêncio". A

---

[19] WADDAMS, S. M. *The Law of Contracts*. 5. ed. Toronto: Canada Law Book Inc., 2005, p. 18, § 24. "O princípio objetivo do direito contratual requer não somente a convergência interior da intenção para fins de formação do contrato, mas a exteriorização da manifestação do consentimento por cada uma das partes de forma tal que possa induzir a uma expectativa razoável na parte contrária". [tradução livre]

[20] *Instituições de direito civil*. Vol. 3 - Contratos. 12. ed. rev. e atual. por Regis Fichtner. Rio de Janeiro: Forense, 2006., p. 36.

[21] MONTEIRO, Washington de Barros. *Curso de Direito Civil*. Vol. 5: Direito das obrigações 2ª parte. 34. ed. rev. e atual por DABUS MALUF, Carlos Alberto; SILVA, Regina Beatriz Tavares da. São Paulo: Saraiva, 2003. p. 14.

[22] *Op. cit.*, p. 36 - 37.

[23] *Tratado...*, Tomo XXXVIII. *Op. cit.*, p. 24 – 25.

primeira pressupõe atos dos quais se possa inferir a manifestação de vontade da parte; enquanto o silêncio é a ausência de tais atos.

No comércio eletrônico, é muito comum que o contrato seja aceito através de uma conduta incompatível com a recusa quando, por exemplo, o usuário instala o *software*. Tal conduta é incompatível com a recusa de eventual licença que subordina a utilização deste programa de computador.

Quanto à forma, a lei não faz nenhuma restrição genérica sobre a possibilidade de se concluir contratos através de comunicações telemáticas, ou seja, a forma desta manifestação de vontade está exteriorizada através de uma estrutura de telecomunicação (que sustenta o próprio funcionamento da Internet) e um *software* que viabiliza a tradução destas declarações de vontade em *bits* e vice-versa.

No entanto, a lei ressalva algumas hipóteses em que a forma passa ser da substância do negócio jurídico (*"ad substantia negotii"*); nestes casos, o contrato será inválido, se as partes não observarem a forma predeterminada em lei (art. 108 do CC).

Portanto, estas declarações de vontade não estão condicionadas à determinada forma (art. 107 do CC/02), podendo serem feitas por diversas maneiras, inclusive mediante o uso de *e-mails, chats, sites,* por exemplo.

Sendo assim, os contratos telemáticos têm base constitucional, pois é cediço que ninguém é obrigado a fazer ou deixar de fazer alguma coisa senão em virtude de lei (art. 5º, inc. III). Ora, não havendo nenhum dispositivo legal que proíba que se contrate através do uso conjugado da telecomunicação e da informática, as partes podem celebrar contratos desta forma. Portanto, a doutrina brasileira é favorável à validade destes contratos, muito embora não haja lei específica que os regule.[24]

É aconselhável que o Brasil adote legislação específica ressaltando a validade dos contratos telemáticos, através do princípio da não discriminação, segundo o qual não se deve negar validade aos contratos tão-somente por terem sido celebrados por meio eletrônico, como o fazem as legislações específicas,

---

[24] DE LUCCA, Newton. *Aspectos jurídicos...*, op. cit., p. 94; DINIZ, Maria Helena. *Tratado...*, op. cit., vol. 05, p. 756; LEAL, Sheila do Rocio Cercal Santos. *Op. cit.*, p. 129.

a saber: seção 202 (a) da UCITA,[25] seção 7 (b) da UETA,[26] seção 5 da UECA[27] e art. 5[28] da Lei Modelo da CNUDMI sobre comércio eletrônico.

Em suma, as declarações de vontade podem ser produzidas e/ou transmitidas eletronicamente. O declarante pode manifestar sua vontade através de *e-mails*, tratado pelo Direito alemão e pelo brasileiro como correspondência; o direito anglo-saxão opta por uma análise casuística para constatar no caso concreto se o contrato é entre presentes ou entre ausentes. O declarante pode, também, acessar a página do fornecedor, por exemplo, através do que se denomina *"World Wide Web" (www)*, manifestando sua vontade por cliques em ícones, sendo que os sítios eletrônicos assumem característica de verdadeira oferta ao público no sistema brasileiro; e um mero convite a ofertar, no sistema alemão e anglo-saxão. Por fim, as declarações de vontade podem, também, ser produzidas e transmitidas em tempo real (*Internet Relay Chats – IRC*), cujo tratamento é o mesmo dado à comunicação feita por aparelhos telefônicos.

Para fomentar o comércio eletrônico, consolidando o contrato eletrônico, a Lei Modelo da CNUDMI sobre comércio eletrônico determina o princípio da não-discriminação (art. 12), ou seja, não se pode negar validade à declaração tão-somente porque as partes tenham usado maios eletrônicos para exteriorizar sua vontade.

Neste sentido, o Tribunal de Justiça do Rio Grande do Sul decidiu que o *e-mail* enviado comunicando o cancelamento do contrato supre a exigência de se enviar uma correspondência para tanto:[29]

EMENTA: PRESTAÇÃO DE SERVIÇOS DE TV VIA CABO. RESILIÇÃO DO CONTRATO. DENÚNCIA FEITA ATRAVÉS DE E-MAIL.

---

[25] "(a) A contract may be formed in any manner sufficient to show agreement, including offer and acceptance or conduct of both parties or operations of electronic agents which recognize the existence of a contract".
[26] "(b) A contract may not be denied legal effect or enforceability solely because an electronic record was use in its formation".
[27] "Legal recognition – 5. Information shall not be denied legal effect or enforceability solely by reason that it is in electronic form".
[28] "Article 5 – Legal recognition of data messages – Information shall not be denied legal effect, validity or enforceability solely on the grounds that it is in the form of a data message".
[29] Recurso Cível Nº 71000729954, Primeira Turma Recursal Cível, Turmas Recursais, Relator: Ricardo Torres Hermann, Julgado em 29/09/2005.

VALIDADE. INEXIGIBILIDADE DE PRESTAÇÕES FUTURAS. INSCRIÇÃO INDEVIDA NO SPC. DANOS MORAIS. VALOR DA INDENIZAÇÃO. Dispondo as condições gerais do contrato que a resilição deva ser precedida de comunicação por escrito, com antecedência mínima de trinta dias, e tendo sido satisfeita tal condição, mediante missiva encaminhada por e-mail, não poderia a ré condicionar o cancelamento do contrato à entrega do aparelho decodificador em loja da ré. Sendo inexigíveis as parcelas cobradas posteriormente à denúncia, indevida também é a inscrição do nome do autor no SPC, a gerar danos morais exacerbados no caso em tela, pela extrema desconsideração ao Direito do Consumidor. Indenização reduzida em observância aos princípios da razoabilidade e proporcionalidade. Sentença confirmada por seus próprios fundamentos. Recurso improvido.

Aliás, a redação atual do inc. I do art. 428 do CC/02 menciona a equiparação à contratação entre presentes, qualquer outro *"meio de comunicação semelhante"* ao telefone. Assim, muitas vezes, o contrato formado, por exemplo, através de *chat*[30] ou pelo *Skype*[31] assemelha-se, em seus efeitos, aos contratos entre presentes dado à similaridade destes ao telefone; melhor falar-se em comunicação instantânea.

---

[30] **"chat.** [tSQt] [Ingl., 'conversa informal'.] 1.Inform. Forma de comunicação através de rede de computadores (ger. a Internet), similar a uma conversação, na qual se trocam, em tempo real, mensagens escritas; bate-papo on-line, bate-papo virtual, papo on-line, papo virtual." *In: Dicionário Aurélio* (CD- Rom), versão eletrônica.

[31] **"Skype** é um *software* que permite seus usuários fazerem ligações telefônicas pela internet. Ligações para outros usuários do serviço (Skype) e para números cuja ligação é gratuita são livres (gratuitas), enquanto ligações para telefones fixos e celulares podem ser cobradas. Há outras características incluídas, como envio de mensagens instantâneas, transferência de arquivo e vídeo-conferência". [tradução livre do texto: "Skype (IPA: [skaɪp]) is *software* that allows users to make telephone calls over the Internet. Calls to other users of the service and to free-of-charge numbers are free, while calls to other landlines and mobile phones can be made for a fee. Additional features include instant messaging, file transfer and video conferencing."] Disponível em: < http://en.wikipedia.org/wiki/Skype>. Acessado em 24 de set. de 2008.

Quanto à validade,[32] da qual decorre a força obrigatória dos contratos, destacam-se os elementos contratuais, tais como, capacidade das partes, possibilidade e licitude do objeto e forma prescrita em lei (quando for o caso), além dos vícios do consentimento (notadamente, o erro, a lesão, a coação, etc.). Quanto à eficácia, sobressaem-se suas categorias jurídicas, notadamente as situações jurídicas.[33] Ou, como prefere Antonio Junqueira de Azevedo,[34] *eficácia jurídica* e *eficácia própria* ou *típica*, ou seja, a produção dos efeitos conforme a vontade das partes.

No entanto, o corte epistemológico deste trabalho ressalta tão-somente a formação do contrato através do uso de novos meios de comunicação (*e. g.* contratos telemáticos). Portanto, este estudo concentra-se, apenas, nos elementos existenciais do contrato, em especial o consentimento. Não se aborda o plano da validade e da eficácia. Mesmo porque, uma análise desta envergadura demanda um estudo à parte.

O princípio da liberdade de formas foi estabelecido nas legislações de uma forma geral, existindo uma uniformidade quanto ao tema, que no âmbito do Direito Privado Internacional, tal regra está estabelecida nos princípios da UNIDROIT sobre contratos. Por exemplo, dentre estes princípios, está

---

[32] Seguindo a linha de raciocínio de: MELLO, Marcos Bernardes de. *Teoria do Fato Jurídico*: Plano da Validade. 6. ed. ref. São Paulo: Saraiva, 2004. p. 03: "*Plano de validade*, portanto, se refere à parte do mundo jurídico em que se apura a existência ou a inexistência de défice nos elementos nucleares do suporte fáctico dos atos jurídicos que influem na sua perfeição". Esta doutrina, por sua vez, segue as lições de PONTES DE MIRADA, Francisco Cavalcanti, expostas no *Tratado de Direito Privado*, que foram acima mencionadas cf. notas de rodapé 10 a 13 deste capítulo, *supra*.

[33] *Idem, Teoria do Fato Jurídico*: Plano da Eficácia. 1ª Parte. São Paulo: Saraiva, 2003. p. 78 – 79: "Em nosso entendimento, *situação jurídica* é expressão que tem duas acepções, a saber: *(a)* em sentido lato, designa toda e qualquer conseqüência que se produz no mundo jurídico em decorrência de fato jurídico, englobando todas as categorias eficaciais, desde os mínimos efeitos à mais complexa das relações jurídicas; define, portanto, qualquer posição em que se encontre o sujeito de direito no mundo jurídico; *(b)* em sentido estrito, nomeia, exclusivamente, os casos de eficácia jurídica em que não se concretiza uma relação jurídica, e, mesmo quando esta exista, os direitos subjetivos que dela emanam não implicam ônus e sujeição na posição passiva, porque seus efeitos se limitam a uma só esfera jurídica."

[34] *Negócio jurídico...*, op. cit., p. 49.

determinado que a oferta e a aceitação, entendidas como declarações de vontade receptícias, podem ser inferidas pelo comportamento das partes.[35]

Entretanto, quanto às regras de validade do negócio jurídico relacionada à incapacidade, à licitude ou aos bons costumes, por óbvio que os princípios do UNIDROIT não poderiam estabelecer um padrão uniforme porque há muita diferença entre os países. Assim, o capítulo 3 dos Princípios UNIDROIT sobre contratos internacionais, por sua vez, restinge sua aplicação quanto à invalidade do contrato com base na incapacidade das partes e imoralidade ou ilegalidade do contrato[36].

No entanto, quanto aos elementos de um contrato, as regras do *Common Law* distinguem-se do *Civil Law*. O primeiro sistema exige três elementos, a saber: a) oferta (*"offer"*); b) aceitação (*"acceptance"*); e c) consideração (*"consideration"*); enquanto no *Civil Law*, requer-se, tão-somente, a oferta e a aceitação; ressalvados os sistemas de origem francesa, como Québec, que além destes dois elementos, deve-se acrescentar mais um: a causa.

Cumpre destacar como esta teoria pode abarcar as práticas do *ecommerce* denominadas *click-wrap agreements* e *browse-wrap* (termos e condições de uso).

3. *Click-wrap* agreements sob o prisma da existência, validade e eficácia

Os *"click-wrap agreements"* oferecem muitas vantagens ao fornecedor, que os utiliza para impor cláusulas limitativas de sua responsabilidade pelo fato ou vício do produto ou do serviço, eleger o foro competente para o julgamento de eventuais litígios ou, estabelecer a cláusula compromissária obrigatória, determinar a lei que regulará a transação contratual, dentre outras.[37]

---

[35] "SECTION 1: FORMATION. ARTICLE 2.1.1 (Manner of formation) A contract may be concluded either by the acceptance of an offer or by conduct of the parties that is sufficient to show agreement." *UNIDROIT principles of international contracts*. Disponível em: <http://www.unidroit.org/english/principles/contracts/principles2004/blackletter2004.pdf>. Acesso em: 28 de nov. de 2008.

[36] "CHAPTER 3 — VALIDITY. ARTICLE 3.1 (Matters not covered) These Principles do not deal with invalidity arising from (a) lack of capacity; (b) immorality or illegality." *Idem ibidem*

[37] BUONO, Francis M.; FRIEDMAN, Jonathan A. Maximizing the enforceability of click-wrap agreements. In: *Journal of Technology Law and Policy*, vol. 4, "issue" 3, outono de 1999.

No caso canadense, *Rudder versus Microsoft Corp*,[38] o tribunal analisou a manifestação do consentimento nos *"click-wrap agreements"*. Neste caso, o fornecedor notificava o usuário, logo que ele tentasse se registrar, acerca das cláusulas contratuais a que ficaria obrigado; sendo que a conclusão do registro somente se concluiria mediante a expressa manifestação da concordância do usuário. Este fato foi observado pelo tribunal, que concluiu existir acordo de vontade válido nesta técnica contratual, haja vista uma parte da decisão:

> The entire agreement was readily viewable by using the scrolling function on the user's computer screen. There were no physical differences which made a particular term of the agreement more difficult to read than any other term. The structure of the sign-up procedure was such that the potential member was presented with the terms of membership twice during the process. The potential member was required to signify acceptance each time by clicking the "I Agree" button. A notice advised potential members that if they clicked the "I Agree" button without reading the agreement, they would nevertheless be bound by the agreement. The agreement provided that it was governed by the laws of the State of Washington and that the parties consented to the exclusive jurisdiction of the Washington courts over any disputes under the agreement.

Neste sentido, a doutrina anglo-saxã[39] sustenta a existência da manifestação de vontade por parte do aderente, cuja aceitação ocorre antes da conclusão do contrato, tendo a oportunidade de ler as cláusulas contratuais, para, só então, manifestar sua anuência.

A doutrina anglo-saxã inclina-se para a validade dos *"click-wrap agreements"*, desde que sejam observadas algumas exigências, a saber: 1) as cláusulas

---

[documento em meio eletrônico, sem paginação]. Disponível em: <http://journal.law.ufl.edu/~techlaw/4-3/friedman.html> acessado em 12/09/2004.

[38] Ontario Superior Court of Justice (1999) 2 C.P.R. (4th) 474. Cf. subcapítulo 4.7.4, pois houve discussão sobre a validade ou não da cláusula de eleição de foro, no caso, o estipulante elegia o foro do Estado de Washington.

[39] BUONO, Francis M.; FRIEDMAN, Jonathan. *Op. cit.*, [documento em meio eletrônico, sem paginação]; GATT, Adam. *Op. cit.*, p. 405.

contratuais devem estar dispostas de maneira que facilite sua visualização pelo aderente; 2) o adquirente deve ser indagado se aceita ou não tais cláusulas, a partir do clique no ícone correspondente ou digitando a expressão de anuência; 3) não se deve permitir o acesso ao *site* antes de se obter a expressa anuência do consumidor; caso contrário, o contrato torna-se inútil; 4) fazer com que o contratante indique, expressamente, a sua identificação pessoal, ou seja, garantindo que o aderente é realmente quem ele diz ser; 5) fazer menção sobre a aplicação das regras contratuais tradicionais (de acordo com o princípio da não-discriminação estabelecido nas legislações específicas).[40]

Estas observações coincidem com o elenco das 15 (quinze) medidas que devem ser tomadas na contratação telemática, desenvolvidas pelo Grupo de Estudos sobre as Práticas Contratuais Eletrônicas (*"Working Group on Electronic Contracting Practices"*) e o Subcomitê sobre Comércio Eletrônico do Comitê sobre Direito Ciberespacial (*"Electronic Commerce Subcommittee of the Cyberspace Law Committee"*) da seção de Direito Empresarial (*"Business Law Section"*) da Ordem dos Advogados dos Estados Unidos da América (*"American Bar Association"* - ABA).[41]

Este grupo desenvolveu algumas medidas a serem observadas pelos fornecedores ao contratar *online*, para garantir a validade dos contratos telemáticos. Estas medidas foram agrupadas em 5 (cinco) categorias: 1ª) medidas com

---

[40] GROSSMAN, Mark; HIFT, Allison Kimberly; ROTHMAN, Raquel. Click-Wrap Agreements – enforceable contracts or wasted words? Disponível em: <http://www.becker-poliakoff.com/publications/article_archive/click-wrap.html>. Acesso em: 12 de set. 2004. [documento em meio eletrônico, sem paginação].

[41] O grupo de estudos sobre "click-wrap" determinou as seguintes medidas, tradução livre: 1. Revisar os termos antes de concordar com eles; 2. Consentir antes de usufruir do objeto do contrato; 3. Oportunidade e facilidade em visualizar os termos do contrato; 4. Possibilidade de rever os termos do contrato; 5. O format e o conteúdo deve estar de acordo com as leis; 6. Consistencia no direito à informação; 7. Liberdade de escolher em contratar ou não; 8. Clareza na redação que indique anuência ou rejeição dos termos contratuais; 9. Clareza no método de anuir ou rejeitar os termos contratuais; 10. Definir as consequencias da anuência e da rejeição dos termos contratuais; 11. Aviso destas consequencias; 12. Possibilidade de corrigir erros no procedimento da transação eletrônica; 13. Informações corretas e adequadas; 14. Possibilidade de armazenar e executar os termos do contrato; 15. Clareza e possibilidade de acesso ao contrato mesmo após ter concordado com o contrato. Cf. KUNZ, Christina L.; DUCA, Maureen F. Del; THAYER, Heather; DEBROW, Jennifer. Click-through agreements: strategies for avoiding disputes on validity of assent. *In: The Business Lawyer*, vol. 57 (57 Bus. Law. 401), November, 2001. [documento eletrônico, sem paginação].

relação à oportunidade de rever as cláusulas contratuais (compostas por 4 diretrizes); 2ª) medidas com relação ao formato das cláusulas (compostas por 2 diretrizes); 3ª) medidas sobre aceitação ou rejeição dos termos (compostas por 5 diretrizes); 4ª) medida sobre oportunidade para corrigir eventuais erros (composta por uma única diretriz); 5ª) medidas sobre armazenamento de dados e comprovação da anuência do aderente (composta por 3 diretrizes).

A análise destas estratégias deve ser, cuidadosamente, feita e, também, aplicadas no Direito pátrio, consoante a Legislação brasileira aplicável em cada caso: o CDC ou o CC/02.

Consoante a Legislação brasileira, os contratos de adesão devem ser redigidos em letra do tipo *Times New Roman* e tamanho da fonte 12, nos termos da atual redação do § 3º do art. 54 do CDC. Além disso, as cláusulas que impliquem em restrição de direitos, como as que limitam a responsabilidade do fornecedor e elegem determinado foro, devem estar destacadas nos termos do § 4º do mesmo dispositivo legal.[42] Quanto às ambigüidades e contradições, as informações devem ser prestadas de forma clara; portanto, veda-se a redação confusa, que, muitas vezes, tem o fim de ludibriar o aderente, que desiste de entender a cláusula e acaba aceitando o contrato. De qualquer forma, o ônus da clareza cabe ao fornecedor, sob pena de sofrer os prejuízos da interpretação mais favorável ao consumidor, sempre (art. 47 do CDC) ou mais favorável ao aderente em caso de dúvida (art. 423 do CC/02).

Com relação à clareza e ao direito à informação, a Legislação brasileira resguarda estes atributos no art. 6º, inc. III do CDC, nas relações de consumo; e através dos deveres colaterais decorrentes da cláusula da boa-fé objetiva (art. 422 do CC/02). Devido às possíveis ocorrências de erro, deve-se garantir ao aderente a oportunidade de detectá-los e corrigi-los antes da conclusão do contrato. Para tanto, aconselha-se expor um resumo na finalização do pedido, para que o aderente possa fazer a avaliação adequadamente.

Estas diretrizes são perfeitamente transpostas para o Direito pátrio, porque o art. 6º, inc. VI do CDC, que garante como direito básico do consumidor a efetiva reparação do dano material ou moral, além da tutela da vida privada e intimidade como um direito básico de personalidade (art. 21 do CC/02).

---

[42] "§ 4º. As cláusulas que implicarem limitação de direito do consumidor deverão ser redigidas com destaque, permitindo sua imediata e fácil compreensão".

A obrigação em possibilitar o armazenamento da informação nos *click-wrap agreements* fundamenta-se como um direito colateral decorrente da cláusula geral da boa-fé objetiva (art. 4º, inc. III do CDC),[43] bem como do art. 422 do CC/02.

3.1. Conceito de *click-wrap* agreements

Click-wrap agreements podem ser conceituados como o contrato de adesão telemático, cujo objeto seja um bem imaterial (digitalizado) ou material, em que o fornecedor estabeleça unilateralmente as cláusulas contratuais, notificando o aderente sobre elas antes de obter a manifestação de vontade deste, que é exteriorizada mediante uma conduta socialmente típica (quando faz o *download* de um programa de computador, por exemplo), quer seja por meio de um clique em determinado ícone.

Neste sentido, a doutrina anglo-saxã o define nos seguintes termos:[44]

> A "click-wrap agreement" is an agreement, formed entirely in an on-line environment such as the Internet, which sets forth the rights and obligations between parties. The term "click-wrap" is derived from the fact that such online agreements often require clicking with a mouse on an on-screen icon or button to signal a party's acceptance of the contract. Among other things, click-wrap agreements are used to: (1) establish the terms for the download and use of software over the Internet; (2) set forth a Web site's Terms of Service, i.e., the rules by which users may access the Web site or a portion of the Web site such as a chat or message service; and (3) establish the terms for the sale of goods and services online.

---

[43] "III - harmonização dos interesses dos participantes das relações de consumo e compatibilização da proteção do consumidor com a necessidade de desenvolvimento econômico e tecnológico, de modo a viabilizar os princípios nos quais se funda a ordem econômica (art. 170, da Constituição Federal), sempre com base na boa-fé e equilíbrio nas relações entre consumidores e fornecedores;"

[44] BUONO, Francis M.; FRIEDMAN, Jonathan A. *Op. cit.*, [documento em meio eletrônico, sem paginação].

O *click-wrap* é realizado inteiramente *online*,[45] *e. g.* o consumidor, que compra certo produto ou serviço através da Internet, que pode ser "baixado" ou "carregado" ("*downloaded*") em seu computador pessoal ou pode ser enviado para sua residência depois da transação eletrônica, desde que o adquirente clique em uma caixa de diálogo que contenha a expressão que represente sua anuência, tais como "Eu aceito", "Eu concordo", etc.

3.2. Declarações de vontade pré-formulada e consentimento

Outrossim, Cláudia Lima Marques[46] entende que há acordo de vontade, mesmo nos contratos à distância no comércio eletrônico celebrados de maneira automatizada. Em outras palavras, o intérprete deve avaliar a existência ou não de consentimento não mais exclusivamente pela análise da linguagem; mas, em determinadas circunstâncias, deve-se buscá-lo no silêncio (contrato "sem diálogo") ou na conduta clicar em um ícone ou salvar um programa em seu computador, pautando esta análise em elementos de multimídia, quais sejam: imagens, sons, etc.

Entendemos que o consentimento eletrônico nos contratos do tipo "*click--wrap*" é manifestado de forma expressa no momento em que o adquirente clica no ícone referente à expressão de anuência, tais como "eu aceito", "eu concordo", "sim", etc. A partir deste instante, o adquirente está obrigado às cláusulas contratuais, com as quais concordou expressamente. Isto não significa, no entanto, a impossibilidade de se anular o contrato, em caso de vício do consentimento, ou algumas cláusulas consideradas abusivas, notadamente nas relações de consumo.

Portanto, não é pelo fato em si de estarem as declarações de anuência pré-formuladas que os negócios telemáticos possam ser descaracterizados como contratos. Isto porque ao clicar na caixa de diálogo com a expressão clara de anuência, o aderente concorda em bloco em estabelecer uma relação jurídicca contratual.

---

[45] *Idem ibidem*; no mesmo sentido: GATT, Adam. Electronic commerce - Click-wrap agreements: The enforceability of click-wrap agreements. *In: Computer Law & Security Report*, vol. 18, n. 6, p. 404 – 410, 2002. p. 406.
[46] *Contratos no Código de Defesa do Consumidor. Op. cit.*, p. 99.

4. Browse-wrap termos e condições de uso sob o prisma da existência, validade e eficácia

É muito comum, por exemplo, que os titulares de determinada página na Internet insiram, no canto inferior, um *hiperlink*, geralmente em letras muito pequenas e em cor que desaparece em contraste com o plano de fundo do *site*, contendo os termos e condições de uso do conteúdo da página ou, tão-somente, por ter acessado ou "navegado" (*"browse"*) no *site*.

Diante deste contexto, a doutrina e jurisprudência anglo-saxã entende que se o usuário realmente foi avisado da existência destes termos, ou seja, se há acordo mútuo nestas transações, se o usuário manifestou sua vontade, então existe uma relação jurídica contratual entre as partes.

O problema que surge dos *"browse-wraps"* é que estas práticas demandam pouca ou nenhuma interação do fornecedor com o usuário, que, usualmente, nem chega a tomar conhecimento de sua existência, haja vista o formato utilizado para a exposição do *hiperlink*, isto é, indicado com letras minúsculas, no canto inferior da página da internet (geralmente não visível quando se acessa o *site*) e com uma cor demasiadamente clara, a ponto de tornar-se imperceptível, tendo em vista a cor utilizada no plano de fundo da tela. Assim, o consumidor que, ingenuamente, acesse uma página na internet, poderá estar se vinculando a termos e condições que sequer tomou conhecimento de sua existência. Por isso, esta prática comercial telemática chama a atenção dos juristas, na busca incessante da justiça e equilíbrio contratual, ainda mais em se tratando de uma relação de consumo.

Esta prática comercial oferece muitas vantagens ao fornecedor (estipulante), tais como: a imposição unilateral destes termos e condições, sem dar oportunidade aos usuários para modificá-los, a vinculação automática dos usuários a tais termos de forma rápida (sem ter que rolar a barra para ler toda a licença ou clicar em uma seqüência de telas que apareçam), a conseqüente celeridade e redução dos custos das transações. Todas estas vantagens superam, inclusive, o risco com a invalidação judicial dos *"browse-wrap"*.[47]

---

[47] KUNZ, Christina L.; OTTAVIANI, John E.; ZIFF, Elaine D.; PORTER, Kathleen M. Porter; DEBROW, Jennifer C. Browse-Wrap Agreements: Validity of Implied Assent in Electronic Form Agreements. *In: The Business Lawyer*, vol. 59, p. 279 - 323, nov. 2003. [59 Bus. Law. 279 – documento em meio eletrônico, sem paginação]

O risco da invalidação judicial está vinculado à inexistência de acordo mútuo sobre tais termos e condições, o que significa a própria inexistência do contrato em si, dependendo das circunstâncias do caso concreto quando constatado o desconhecimento e a falta de informação sobre estes termos. Além disso, a utilização de *hiperlink* para indicar a existência de um contrato, nos moldes atuais, pode não ser aceito pelos tribunais, tendo em vista a dificuldade em percebê-los, constituindo, muitas vezes, uma prática desleal do proprietário do *site*.

Por fim, esta figura traz a discussão em torno da prática denominada *"deep-linking"*, entendida como a técnica que indica e leva o usuário a um *site* específico na internet, ou a um documento ou imagem, ao invés de conduzir à página principal ("home page").[48] Como o fato de existirem *"browse-wrap"* distintos em cada um dos *hiperlinks* acessados pelo usuário, havendo contradições e ambigüidades entre eles, quais deles devem prevalecer?[49]

Contudo há quem defenda a existência, validade e eficácia destes termos e condições de uso ainda que disponíveis em *deep linking*. A doutrina aponta a validação desta prática, consoante as legislações específicas, *e.g.* a UCITA.[50]

Para se chegar a um consenso, deve-se entender em que consiste os denominados *browse-wraps*.

4.1. Conceito de browse-wrap

"Browse-wrap", também denominado por *"Web-wrap"*,[51] designa a prática comercial em que o proprietário de uma página na Internet faça vincular os

---

[48] MARQUES, Cláudia Lima. *Confiança...*, op. cit., p. 183: "[...] permite entrar no site de um terceiro 'linkado' e visualizar só uma parte de seu site, sem ter que passar pelas páginas iniciais, logo, sem identificação, ficando uma aparência de 'domínio' da informação do site, que permite uma série de abusos perante consumidores de boa-fé".
[49] LEMLEY, Mark A. Terms of Use. *In: Minnesota Law Review*, vol. 91, dez. 2006. [*In: Quicklaw* documento em meio eletrônico, sem paginação]
[50] STREETER, Dan. Into Contract's Undiscovered Country: A Defense of Browse-Wrap Licenses. *In: San Diego Law Review*, vol. 39, n. 04, p. 1363 – 1393, inverno de 1986. [39 San Diego L. Rev. 1363 – documento em meio eletrônico, sem paginação]
[51] FEMMINELLA, Jennifer. Online Terms and Conditions Agreements: Bound by the Web. In: St. John's Journal of Legal Commentary, vol. 17 (17 St. John's J.L. Comm. 87), inverno de 2003. [documento em meio eletrônico, sem paginação]

termos e condições de uso e acesso do *site*, unilateralmente, impostos por ele, dispostos no canto inferior da página em um *hiperlink*, que deve ser acessado pelo usuário para tomar conhecimento do conteúdo destes termos.

Estes termos podem ser disponibilizados em outros formatos, mas geralmente é designado pelas expressões "acordo do usuário" (*"user agreement"*), "condições de uso" (*"conditions of use"*), "termos de uso" (*"terms of use"*), "avisos legais" (*"legal notices"*), "termos" (*"terms"*) ou "termos e condições de uso" (*"terms and conditions of use"*).

A doutrina[52] sobre *"browse-wrap"* foi estabelecida a partir do *leading case*, *Pollstar versus Gigmania Ltd.*[53] (julgado em 17 de outubro de 2000). Neste julgado, o tribunal norte-americano do Estado da Califórnia destacou que se tratava de uma figura distinta dos denominados *click-wraps*.

Neste caso, a empresa *Pollstar* prestava serviços de informação, sobre shows e concertos, *online* através do seu *site, pollstar.com*. Sendo que no canto inferior da página na internet, havia um *hiperlink* contendo os termos e condições de acesso às informações do *site*. Dentre outras cláusulas, veda-se a utilização de tais informações para fins comerciais.[54]

No entanto, *Pollstar* ingressou em juízo contra a empresa requerida, *Gigmania (www.gigmania.com)*, afirmando que esta teria violado esta cláusula ao baixar as informações do *site* da Requerente, inserindo-as em seu próprio *site*, desrespeitando os termos do *"browse-wrap"*.

Em sua defesa, *Gigmania* alegou o total desconhecimento destes termos, cuja indicação é feita em letras pequenas na cor cinza, sendo que o plano de fundo da página na Internet, também, é cinza, impossibilitando a constatação da existência destes termos e condições.

---

[52] BLOCK, Drew. *Op. cit.*, [documento em meio eletrônico, sem paginação]; MORINGIELLO, Juliet M. *et alli*. *Op. cit.*, [documento em meio eletrônico, sem paginação]; STREETER, Dan. *Op. cit.*, [documento em meio eletrônico, sem paginação]; FEMMINELLA, Jennifer. *Op. cit.*, [documento em meio eletrônico, sem paginação].

[53] No. CIV-F-00-5671 REC SMS, United States District Court for the Eastern District of California, 170 F. Supp. 2d 974; 2000 U.S. dist. LEXIS 21035; Copy. L. Rep. (CCH) P28, 329; 45 U.C.C., Rep. Serv. 2d (Callaghan).

[54] Os termos da licença são: "License Agreement: Any person using information from this web site hereby agrees to the following terms: 1. All documents and information may only be used for informational purposes. 2. All documents and information may only be used for non-commercial purposes. 3. Any copy of these documents or information or portions thereof must include the copyright notice and this License Agreement".

Com base neste fato, devidamente provado pela empresa Requerida, o tribunal desconsiderou a existência de qualquer relação contratual entre as empresas, tendo em vista o formato do *"browse-wrap"*, que não notifica de forma clara a existência dos termos, cujo acesso depende de se clicar no *hiperlink*, o que direciona o usuário à outra página na internet.

Em suma, a terminologia amplamente divulgada na doutrina anglo-saxã, que vem estudando o assunto, deriva dos termos utilizado neste julgado, ou seja, os termos "[...] *browsing of a Web site [...]*" e "[...] *in which the user can browse the terms [...]*".

A doutrina anglo-saxã os define como o acordo, geralmente, exposto em *hiperlink* grafado em letras pequenas no canto inferior do *site*, sendo que ao clicar no *hiperlink*, o usuário é reconduzido a uma página na internet específica, contendo os termos de uso e acesso à página na internet.[55]

4.2. Natureza jurídica dos browse-wraps

Quanto à natureza jurídica, a doutrina anglo-saxã define *browse-wrap* como "contratos de adesão";[56] no entanto, a melhor técnica jurídica impõe considerá-los como condições gerais dos contratos (também conhecidas por *cláusulas contratuais gerais*), desde que cumpram determinados requisitos.

Entende-se por *condições gerais dos contratos* a "lista de cláusulas contratuais pré-elaboradas unilateralmente para um número múltiplo de contratos, a qual pode estar ou não inserida no documento contratual e que um dos contraentes oferece para reger a relação contratual no momento de sua celebração".[57]

Portanto, as características destas condições são: a independência do tipo contratual que se pretende regular, podendo estar vinculada a passagens aéreas, a recibos ou a ordens de pedidos; a pré-elaboração de forma unilateral,

---

[55] BLOCK, Drew. 227 Caveat Surfer: Recent Developments in the Law Surrounding Browse-Wrap Agreements, and the Future of Consumer Interaction With Websites. *In: Loyola Consumer Law Review*, vol. 14 (14 Loy. Consumer L. Rev. 227), 2002. [documento em meio eletrônico, sem paginação]: "Generally, they are found in small print hyperlinks at the bottom of home pages, and these hyperlinks generally link to another page that lays out the terms of use for the particular website".
[56] FEMMINELLA, Jennifer. *Op. cit.*, [documento em meio eletrônico, sem paginação].
[57] MARQUES, Cláudia Lima. *Contratos no Código de Defesa do Consumidor. Op. cit.*, p. 66 – 67.

ou seja, pelo fornecedor ou prestador do serviço e destina-se a um número indeterminado de indivíduos.

Percebe-se que até então o *"browse-wrap"* possui todas estas características. No entanto, o princípio que deve regular a contratação mediante *condições gerais dos contratos* é o princípio da transparência,[58] ou seja, elas só integrarão o contrato se o "consumidor tiver conhecimento delas ou pelo menos tiver tido a oportunidade eficaz de ter conhecimento de sua inserção no contrato, antes ou durante a celebração do contrato, e aceitar o seu uso".

Ora, isto não ocorre nos formatos do *"browse-wrap"*, em que os proprietários da página na Internet não dá conhecimento aos usuários da existência dos termos e condições. Por exemplo, quando um indivíduo cria um perfil em determinada rede social, ele fornece alguns dados pessoais e antes de concluir o contrato de prestação de serviço, ele deve clicar em uma caixa de diálogo manifestando sua anuência aos termos contratuais, que o usuário pode ler antes de manifestar sua anuência ou discordância. Contudo, as denominadas "políticas de privacidade" estão estabelecidas através destes *browse-wraps*, que são condições gerais à contratação que gerou a criação da rede social. Ainda que o usuário não clique na caixa de diálogo manifestando sua anuência, pela conduta de criar um perfil, pratica uma conduta incompatível com a recusa podendo ser compreendida tal conduta como um silêncio conclusivo (comportamento socialmente típico ou tacitude *stricto sensu*). Porém, as políticas de privacidade, *e.g.*, estão em instrumento separado deste contrato de adesão firmado por ocasião da adesão à rede social.

A determinação da natureza jurídica do instituto implicará em conseqüências jurídicas específicas. No caso, aplica-se a regra da *interpretatio contra proferentem* por aplicação do art. 423 do CC/02, em se tratando de relação jurídica entre particulares ou empresas; e art. 47 do CDC, em se tratando de relação de consumo.

---

[58] *Idem ibidem*, p. 70.

4.3. Pressupostos e requisitos de validade dos *browse-wraps*

O grande obstáculo ao reconhecimento jurídico do *"browse-wrap"*, como um negócio jurídico bilateral, é justamente a ausência do consentimento do usuário, que nem chega a tomar conhecimento da existência destes termos e condições.

Diferentemente do que acontece *"click-wrap"*, em que tal manifestação é condição *sine qua non* para finalizar a transação, no *"browse-wrap"* não há tal cautela. Este fato tem influenciado a doutrina e jurisprudência estrangeira a sustentar a inexistência de consentimento do usuário no caso do *"browse-wrap"*.[59]

O *"Second Restatement of Contracts"* determina na seção 211[60] que a manifestação de consentimento da outra parte contratante é evidenciada pela assinatura dela ou por outra manifestação da qual se pode inferir a aceitação. No entanto, o formato do *"browse-wrap"* utilizado não exige nenhuma manifestação de anuência por parte do usuário. Por isso, a doutrina fundamenta a inexistência de consentimento nesta prática comercial nos moldes em que é usualmente praticada.[61]

Na verdade, o consentimento mútuo deve ser entendido como a convergência da intenção das partes (*"meeting of the minds"*), ou seja, ambas as partes devem ter a consciência do vínculo jurídico entre elas, bem como dos termos contratuais a que estão se vinculando.

De maneira que se distingue *"browse-wrap"* mediante aviso (*"browse-wrap with notice"*), em que o titular da página na internet chama a atenção do usuário acerca da existência dos termos disponibilizados no *hiperlink* de fácil constatação; e, ao contrário, *"browse-wrap"* sem aviso (*"browse-wrap without notice"*), em que se desconsidera o dever de informar, consoante o princípio da transparência. Esta última forma é a mais usual, em que o fornecedor apenas

---

[59] BLOCK, Drew. *Op. cit.*, [documento em meio eletrônico, sem paginação]; MANN, Winn. *Op. cit.*, p. 275.
[60] "(1) Except as stated in Subsection (3), where a party to an agreement signs or otherwise manifests assent to a writing and has reason to believe that like writings are regularly used to embody terms of agreements of the same type, he adopts the writing as an integrated agreement with respect to the terms included in the writing".
[61] MORINGIELLO, Juliet M., *et alli*. *Op. cit.*, [documento em meio eletrônico, sem paginação].

disponibiliza os termos em *hiperlink* discreto, imperceptível, inviabilizando o conhecimento pelo usuário de sua existência e a conseqüente ausência de seu consentimento.

Esta última hipótese não é suficiente para cumprir com o efetivo direito à informação do consumidor e os deveres anexos à cláusula geral da boa-fé objetiva. A jurisprudência reconhece a ausência de consentimento no *"browse--wrap"*, argumentando-se que o simples fato de se baixar um *software* não implica em aceitação aos termos, dos quais o usuário nem ao menos teve ciência.

Neste sentido, os tribunais norte-americanos reconhecem a fragilidade do *"browse-wrap"*, a exemplo do caso *Specht v. Netscape Comms. Corp.*,[62] em que o tribunal de Nova Iorque decidiu que o simples fato de realizar um *download* não significa anuência com os termos do contrato:

> Netscape argues that the mere act of downloading indicates assent. However, downloading is hardly an unambiguous indication of assent. The primary purpose of downloading is to obtain a product, not to assent to an agreement. In contrast, clicking on an icon stating "I assent" has no meaning or purpose other than to indicate such assent. Netscape's failure to require users of SmartDownload to indicate assent to its license as a precondition to downloading and using its *software* is fatal to its argument that a contract has been formed. Furthermore, unlike the user of Netscape Navigator or other click-wrap or shrink-wrap licensees, the individual obtaining SmartDownload is not made aware that he is entering into a contract.

No que tange ao posicionamento da doutrina, aqueles que sustentam a validade do *"browse-wrap"*, a condiciona à observância de certas circunstâncias, a saber:[63] "(i) O usuário deve ser notificado adequadamente acerca da existência dos termos; (ii) O usuário deve ter a oportunidade efetiva de rever os termos; (iii) O usuário deve ser notificado adequadamente sobre as conseqüências de

---

[62] 150 F. Supp. 2d 585 (S.D. NY 2001); 2001 U.S. Dist. LEXIS 9073; 45 U.C.C. Rep. Serv. 2d (Callaghan) 1.
[63] MORINGIELLO, Juliet M., *et alli. Op. cit.*, [documento em meio eletrônico, sem paginação]

suas ações (como o acesso ao *site*), o que equivale à anuência aos termos; (iv) O usuário deve então agir em conformidade com este último aviso".

No mesmo sentido, Dan Streeter[64] admite a validade do *"browse-wrap"* desde que seja dado conhecimento ao usuário da existência dos termos e que o fato de baixar o programa ou acessar as informações do *site* equivale à anuência aos termos e condições de uso unilateralmente impostas.

Com relação à doutrina brasileira, entendemos que o *"browse-wrap"* pode ser considerado existente e válido, como *condições gerais do contrato*, desde que o fornecedor observe alguns requisitos.[65] Primeiro, o usuário deve ser informado de forma clara e de fácil constatação da existência destes termos. Segundo, o fornecedor deve possibilitar o acesso aos termos, viabilizando o real conhecimento dos termos pelo usuário, sendo possível armazenar os termos e condições de uso, bem como acessá-las posteriormente. Terceiro, as cláusulas restritivas de direito devem ser, especialmente, destacadas, obtendo a anuência expressa com estes termos e condições que são contrários à justa expectativa do consumidor. E, por fim, o fornecedor deve obter o consentimento de forma expressa do usuário ou dando destaque para as consequencias de determinada conduta quanto à navegação em um *site* ou se utilizar um produto ou serviço subordinados a condições gerais de contratação.

5. Conclusões

Os contratos eletrônicos são divididos em duas espécies, a saber: os contratos informáticos (cujo objeto é um bem ou uma prestação de serviços relacionados à tecnologia da informação); e os contratos telemáticos, em que não se preocupa com o objeto em si (que é o mesmo da compra e venda tradicional) porém, o meio de comunicação empregado que os caracteriza.

Assim, entende-se por contratos telemáticos, os contratos celebrados a partir de um meio de comunicação que conjuga a infraestrutura das

---

[64] *Op. cit.*, [documento em meio eletrônico, sem paginação].
[65] Este posicionamento toma por base os requisitos a serem observados para a inclusão de condições gerais nos contratos consoante os ensinamentos de MARQUES, Cláudia Lima. *Contratos no Código de Defesa do Consumidor. Op. cit.*, p. 71 – 73.

telecomunicações e da informática conjuntamente. Sendo assim, as declarações de vontade são manifestadas a partir destas tecnologias de comunicação.

O ponto em comum destas práticas é a contratação à distância, ou seja, contratação sem a presença física e simultânea das partes contratantes e sem ter contato com o produto a ser adquirido. O *ecommerce* está baseado nas contratações à distância ou não presencial.

Dentre estas práticas, destacam-se os contratos denominados *click-wraps* em que a parte contratante (aderente) manifesta sua anuência clicando na caixa de diálogos que contenha a manifestação de vontade formulada anteriormente pela outra parte contratante (estipulante). Por isso, fala-se em consentimento pré-formulado.

O consentimento pré-formulado por si só não descaracteriza a relação contratual de adesão. No entanto, ainda que o contrato exista, pode-se questionar a validade de algumas cláusulas abusivas, por exemplo. Para que o consentimento pré-formulado seja considerado no plano da existência e da validade, deve-se dar efetiva oportunidade para o aderente em ler as cláusulas contratuais.

Diferentemente, os termos e condições de uso (*browse-wrap*) não exigem a manifestação de vontade expressa por quem acesse um determinado *site*. Por isso, questiona-se se existe ou não consentimento?

Conclui-se que a existência e a validade dos *browse-wrap* estão condicionadas ao efetivo conhecimento da outra parte. Em outras palavras, o estipulante destas condições gerais de contratação deve destaca-las e informar a consequencia jurídica das condutas desempenhadas pela outra parte contratante se continuar "navegando" em determinado *site*.

Em suma, os *browse-wraps* sem avisto são questionáveis porque não há consciência e conhecimento efetivo de que está contratando ao acessar um determinado *site*. Ao contrário, os *browse-wraps* com aviso são destacados pelo estipulante. Então, as declarações de vontade são consideradas existentes. Quanto à validade, o princípio da transparência e da boa-fé impõe que o estipulante ressalte os termos que restringem direitos e oneram as obrigações legalmente previstos.

6. Referências Bibliográficas

AZEVEDO, Antonio Junqueira de. *Negócio Jurídico: existência, validade e eficácia*. 4. ed. atual. São Paulo: Saraiva, 2002.

BETTI, Emilio. *Teoria geral do negócio jurídico*. Tradução e anotação de Ricardo Rodrigues Gama. Tomo I. Campinas (SP): LZN Editora, 2003.

_____. *Teoria geral do negócio jurídico*. Tradução e anotação de Ricardo Rodrigues Gama. Tomo II. Campinas (SP): LZN Editora, 2003.

_____. *Teoria geral do negócio jurídico*. Tradução e anotação de Ricardo Rodrigues Gama. Tomo III. Campinas (SP): LZN Editora, 2003.

BEVILÁQUA, Clóvis. *Teoria Geral do Direito Civil*. 2. ed. rev. e atual. por Cáio Mário da Silva Pereira. Rio de Janeiro: Livraria Francisco Alves, 1980.

_____. *Código Civil dos Estados Unidos do Brasil Comentado*. 2. ed. vol. IV. Rio de Janeiro: Livraria Francisco Alves, 1924.

BLOCK, Drew. 227 Caveat Surfer: Recent Developments in the Law Surrounding Browse--Wrap Agreements, and the Future of Consumer Interaction With Websites. *In: Loyola Consumer Law Review*, vol. 14 (14 Loy. Consumer L. Rev. 227), 2002. [documento em meio eletrônico, sem paginação]

BOYLE, Christine; PERCY, David R. *Contracts: cases and commentaries*. 7. ed. Toronto (Ont.): Thomson Carswell, 2004.

BUONO, Francis M.; FRIEDMAN, Jonathan A. Maximizing the enforceability of click-wrap agreements. *In: Journal of Technology Law and Policy*, vol. 4, "issue" 3, outono de 1999. [documento em meio eletrônico, sem paginação]. Disponível em: <http://journal.law.ufl.edu/~techlaw/4-3/friedman.html> acessado em 12/09/2004.

CARVALHO, Ana Paula Gambogi. *Contratos via Internet*. Belo Horizonte: Del Rey, 2001.

DE LUCCA, Newton. *Aspectos Jurídicos da Contratação Informática e Telemática*. São Paulo: Saraiva, 2003.

DINIZ, Maria Helena. *Tratado teórico e prático dos contratos*. 2. ed., ampl. e atual. São Paulo: Saraiva, 1996. 4 volumes.

_____. *Tratado teórico e prático dos contratos*. Vol. 5. 6. ed., ampl. e atual. São Paulo: Saraiva, 2006.

FEMMINELLA, Jennifer. Online Terms and Conditions Agreements: Bound by the Web. In: St. John's Journal of Legal Commentary, vol. 17 (17 St. John's J.L. Comm. 87), inverno de 2003. [documento em meio eletrônico, sem paginação]

GATT, Adam. Electronic commerce - Click-wrap agreements: The enforceability of click--wrap agreements. *In: Computer Law & Security Report*, vol. 18, n. 6, p. 404 – 410, 2002.

GLANZ, Semy. Internet e Contrato Eletrônico. *In: Revista dos Tribunais*, Ano 87, v. 757, nov. 1998, pp. 70 – 75.

GROSSMAN, Mark; HIFT, Allison Kimberly; ROTHMAN, Raquel. Click-Wrap Agreements – enforceable contracts or wasted words? Disponível em: <http://www.becker--poliakoff.com/publications/article_archive/click-wrap.html>. Acesso em: 12 de set. 2004. [documento em meio eletrônico, sem paginação].

KUNZ, Christina L.; DEBROW, Jennifer; DUCA, Maureen F. Del; THAYER, Heather. Click-through agreements: strategies for avoiding disputes on validity of assent. *In: The*

Business Lawyer, vol. 57 (57 Bus. Law. 401), November, 2001. [documento eletrônico, sem paginação].

_____; _____; OTTAVIANI, John E.; ZIFF, Elaine D.; PORTER, Kathleen M. Porter. Browse-Wrap Agreements: Validity of Implied Assent in Electronic Form Agreements. In: *The Business Lawyer*, vol. 59, p. 279 - 323, nov. 2003. [59 Bus. Law. 279 – documento em meio eletrônico, sem paginação]

LEMLEY, Mark A. Terms of Use. In: *Minnesota Law Review*, vol. 91, dez. 2006. [*In: Quicklaw* documento em meio eletrônico, sem paginação]

LORENZETTI, Ricardo Luís. *Comércio Eletrônico*. Tradução de Fabiano Menke. São Paulo: Revista dos Tribunais, 2004.

MARQUES, Cláudia Lima. *Confiança no comércio eletrônico e a proteção do consumidor:* um estudo dos negócios jurídicos de consumo no comércio eletrônico. São Paulo: Revista dos Tribunais, 2004.

_____. *Contratos no Código de Defesa do Consumidor*. 4. ed. São Paulo: *Revista dos Tribunais*, 2002.

MELLO, Marcos Bernardes de. *Teoria do Fato Jurídico*: Plano da Existência. 12. ed. São Paulo: Saraiva, 2003.

MONTEIRO, Washington de Barros. *Curso de Direito Civil*. Vol. 5: Direito das obrigações 2ª parte. 34. ed. rev. e atual por DABUS MALUF, Carlos Alberto; SILVA, Regina Beatriz Tavares da. São Paulo: Saraiva, 2003.

PEREIRA, Caio Mário da Silva. *Instituições de direito civil*. Vol. 3 - Contratos. 12. ed. rev. e atual. por Regis Fichtner. Rio de Janeiro: Forense, 2006.

PONTES DE MIRANDA, Francisco Cavalcanti. *Tratado de Direito Privado*. Parte Geral – Tomo II – Bens. Fatos jurídicos. 2. ed. Rio de Janeiro: Editor Borsoi, 1954.

_____. *Tratado de Direito Privado*. Parte Geral. Tomos I a III. Rio de Janeiro: Borsoi, 1954.

_____. *Tratado de Direito Privado*. Tomo XXIV: Direito das obrigações: efeitos das dívidas e das obrigações. Juros. Extinção das dívidas e obrigações. Adimplemento. Arras. Liquidação. Depósito em consignação para adimplemento. Alienação para liberação. Adimplemento com sub-rogação. Imputação. Compensação. 3. ed. Reimp. Rio de Janeiro: Editor Borsoi, 1971.

STREETER, Dan. Into Contract's Undiscovered Country: A Defense of Browse-Wrap Licenses. In: *San Diego Law Review*, vol. 39, n. 04, p. 1363 – 1393, inverno de 1986. [39 San Diego L. Rev. 1363 – documento em meio eletrônico, sem paginação]

WADDAMS, S. M. *The Law of Contracts*. 5. ed. Toronto: Canada Law Book Inc., 2005, p. 18, § 24.

Contornos Teóricos do Negócio Jurídico

Milton Flávio de A. C. Lautenschläger

1. Introdução

O homem é um ser gregário por natureza[1]. Vive em sociedade porque de forma instintiva e/ou racional concluiu assim melhor alcançar os seus objetivos.

De outra parte, é impossível conceber uma vida social sem normas destinadas a regular esta coexistência. Mesmo em estudos realizados sobre os agrupamentos humanos mais rudimentares[2], nota-se a presença de um conjunto

---

[1] DINIZ, Maria Helena. **Curso de Direito Civil Brasileiro.** 1º volume. 23ª edição. São Paulo: Editora Saraiva, 2006, p. 5.
[2] A esse propósito, **H. Lévy-Bruhl** escreveu: "Minha concepção de direito é decididamente sociológica. O direito não existe a não ser para os homens vivendo em sociedade, e não se pode conceber uma sociedade humana em que não haja ordem jurídica, mesmo em se tratando de um estado rudimentar. Isto se exprime em latim pelo adágio conhecido *Ubi societas, ibi jus* (Onde há sociedade, há direito). Insistamos um momento sobre esta idéia: É exato dizer que as sociedades arcaicas e rudimentares, que conhecemos pela etnografia ou pela tradição têm, na verdade, instituições jurídicas? Alguns o contestam. Todos sabem que, nesse estágio de civilização, as instituições são em grande parte indiferenciadas e mergulham numa atmosfera mística. Mas o fato de se apresentarem sob um aspecto sobrenatural, não retira das regras sociais o seu caráter jurídico, seja qual for a importância do processo de secularização de que elas serão objeto. O seu traço essencial é a obrigação que a sociedade impõe a seus membros.

de mandamentos direcionados a disciplinar o comportamento do indivíduo na sua coletividade.

Estas normas são, em geral, acompanhadas de uma sanção que se manifesta através da autoridade constituída. A autoridade "atribui à norma força coercitiva, impondo, por conseguinte, sua obediência"[3]. E a infração a um preceito cogente provoca uma reação do Poder Público. Nesse sentido, é possível conceituar[4] o direito como sendo "a norma das ações humanas na vida social, estabelecida por uma organização soberana e imposta coativamente à observância de todos"[5].[6]

Esta breve noção, contudo, confere uma visão parcial do problema jurídico, isto é, enfoca o direito sob o ângulo objetivo: como "um conjunto de normas que a todos se dirige e a todos vincula"[7]. É a chamada *norma agendi*. A outra face da questão consiste na análise deste fenômeno através da prerrogativa que para o indivíduo decorre da norma, vale dizer, o *direito subjetivo*. Como bem escreve o professor **Silvio Rodrigues**, direito subjetivo é a "faculdade

---

E é neste elemento obrigatório que consiste, em última análise, a natureza própria do direito. Toda sociedade, ainda mesmo que seja primitiva, comporta pois uma ordem jurídica (...)" (*Les sources du droit. Les Méthodes. Les Instruments du travail, in Introducion a l'étude du droit*, em colaboração com outros professores da Faculdade de Direito de Paris, Paris, ed. Rousseau, 1951, 1º v., p. 253, *apud* **MONTORO, André Franco. Introdução à ciência do direito.** 21ª edição, refundida. São Paulo: Editora Revista dos Tribunais, 1993, p. 54).

[3] **RODRIGUES, Silvio. Direito Civil – Parte Geral.** 1º volume. 32ª edição. São Paulo: Editora Saraiva, 2002, p. 4.

[4] Lembre-se dos ensinamentos do professor **Caio Mário da Silva Pereira**, *in* **Instituições de Direito Civil.** 1º volume. 19ª edição. São Paulo: Editora Forense, 2001, 1º volume, p. 4: "A plurivalência semântica do vocábulo *direito* comporta numerosas manifestações conceituais. Quando o indivíduo sustenta as suas faculdades e repele a agressão aos seus poderes, diz que afirma e defende o seu *direito*; quando o juiz dirime a controvérsia invocando a norma ditada pelo poder público, diz que aplica o *direito*; quando o professor se refere ao organismo jurídico nacional, denomina-o o *direito* de seu país; quando alguém alude aos princípios que compõem uma província institucional menciona o *direito civil*, ou o *direito penal*, ou o *direito administrativo*; quando o homem de pensamento analisa uma fase de crise da ordem jurídica e critica os mandamentos legislados em nome do ideal de justiça, fala que eles se afastam do *direito*".

[5] **Ruggiero e Maroi**, *Instituzioni di diritto privato*, § 2º, 8ª edição, Milão, 1955, 1º volume, *apud* **RODRIGUES, Silvio**, *Direito Civil*, cit., 1º volume, p. 6.

[6] O conceito de direito é um problema jusfilosófico, razão pela qual a inclusão deste tem por único objetivo servir de instrumento à melhor compreensão do capítulo.

[7] **RODRIGUES, Silvio, Direito Civil**, cit., 1º volume, p. 6.

conferida ao indivíduo de invocar a norma em seu favor", ou seja, a "faculdade de agir sob a sombra da regra"[8]. É a chamada *facultas agendi*.

O direito subjetivo origina-se do fato[9], uma vez que a lei se limita a definir uma hipótese ou possibilidade que se transmuta em direito mediante um acontecimento que suscita a conversão da potencialidade de um interesse, em direito individual. Portanto, o fato é o acontecimento que impulsiona a criação da relação jurídica.

Todavia, nem todo fato tem essa força jurígena, isto é, alguns fatos não são capazes de repercutir na órbita jurídica. O trovão, por exemplo, é um fato; um acontecimento com o qual nos deparamos rotineiramente, mas que, em geral, nenhuma diferença traz para a vida jurídica. O ato ordinário de alimentar-se ou vestir-se, da mesma forma, em regra não traz qualquer efeito jurídico. São fatos, pois, que independentemente da sua origem (natural ou humana) passam despercebidos pelo ordenamento legal.

De outro lado, existem fatos que produzem efeitos jurídicos. São eventos provenientes da natureza ou da atividade humana em virtude dos quais nascem, são adquiridos, resguardados, transferidos, modificados ou extintos direitos e obrigações[10].

---

[8] **Direito Civil**, cit., 1º volume, p. 7.
[9] Como no provérbio se dizia: *ex facto ius oritur*.
[10] Sobre a origem do conceito de fato jurídico, leciona com propriedade o professor **Caio Mário da Silva Pereira**, *in* **Instituições de Direito Civil**, cit., 1º volume, p. 291: "Quando o fato percute no campo do direito, qualquer que seja a sua origem, é que toma o conteúdo e a denominação de *fato jurídico*, definido por **Savigny** na forma usualmente registrada e freqüentemente repetida nos tratados e compêndios: *fato jurídico é o acontecimento em virtude do qual começam ou terminam as relações jurídicas*. Nem por ser geralmente adotado o conceito é imune à crítica: é que nem sempre o fato faz nascer ou perecer o direito. Às vezes atua sobre a relação jurídica já existente, para modificá-la. Mais completa seria, então, a definição de **Savigny** com este acréscimo. E se enunciaria: *fatos jurídicos são os acontecimentos em virtude dos quais começam, se modificam ou se extinguem as relações jurídicas*".

Independentemente da sua natureza intrínseca ou origem[11], o fato que não tem repercussão jurídica é chamado de *fato material*, e aquele que repercute juridicamente de *fato jurídico*[12].

Os fatos naturais ou da natureza são aqueles que independem da vontade humana para existir, mas que, ainda assim, atingem a sua esfera jurídica. Eles constituem espécie do gênero fatos jurídicos (p. ex. morte, nascimento, moléstia, idade, abandono do álveo, avulsão, deterioração, perecimento etc.)[13].

Dentre os fatos provenientes da atividade humana com repercussão no âmbito do direito - os denominados atos humanos -, tem-se, de uma parte, aqueles que se encontram de conformidade com o ordenamento legal, os chamados atos lícitos ou atos jurídicos; e, de outra parte, os atos humanos que carecem de liceidade, por isso mesmo denominados atos ilícitos.

Os atos lícitos merecem, ainda, outra divisão. Aqueles inspirados num propósito negocial, ou seja, realizados em função da concretização de um determinado efeito jurídico (*Rechtsgeschäft*), são os chamados *negócios jurídicos*; ao passo que os assim denominados atos meramente lícitos são aqueles cujos efeitos jurídicos alcançados não foram diretamente perseguidos pelo agente.

Aliás, no sistema do Código Civil de 1916, o legislador distinguia o ato ilícito do ato jurídico, mas não distinguia, na maneira de os disciplinar, o negócio jurídico do ato meramente lícito[14]. O Código Civil de 2002, a esse

---

[11] Um mesmo ato pode repercutir ou não juridicamente. Exemplo clássico é do raio que, em uma noite tempestuosa, se desprende e atinge uma casa residencial, causando consideráveis prejuízos de ordem material. Este evento natural pode ser um fato jurídico ou não. Se o proprietário precavido segurou sua casa contra danos resultantes de tais eventos, o acontecimento será um fato jurídico. Caso contrário, estaríamos diante de um fato sem qualquer repercussão jurídica.

[12] **ABREU FILHO, José. O negócio jurídico e sua teoria geral**. 4ª edição. São Paulo: Editora Saraiva, 1997, p. 4.

[13] Os fatos jurídicos naturais embora independam da vontade humana não são a ele estranhos, uma vez que atingem as relações jurídicas, das quais o homem é o sujeito e principal interessado.

[14] **José Abreu Filho** lembra que "a distinção entre *ato* e *negócio jurídico* teve sua origem nos *Pandectistas* alemães, dentre os quais destacamos o nome de **Hugo Thibaut** e **Savigny**, devendo-se a esta Escola a concepção do negócio jurídico como *figura autônoma*, com contornos definidos, perfeitamente distintos dos chamados atos jurídicos em sentido estrito ou *atos não-negociais* – esta última denominação preferida pelos autores germânicos, com evidente precisão terminológica. Esse movimento (...) encontrou tenaz resistência da doutrina e difícil acesso às legislações, uma vez que prevalecia, até então, a concepção unitarista. Da Alemanha,

propósito, muito bem substituiu a locução "ato jurídico", pela expressão "negócio jurídico", delimitando corretamente tais espécies.

Os negócios jurídicos, tal é a sua diversidade, não podem ser agrupados em uma só classificação, construída segundo um único critério. Os vários critérios utilizados para a sua classificação, ora dizem respeito à sua composição ou ao número de partes que os compõem ou integram[15], ora ao critério da causa[16], ora aos efeitos produzidos[17], ora ao momento ou tempo de produtividade destes efeitos[18], ora à causa de atribuição patrimonial[19], ora ao conteúdo[20], ora à composição estrutural[21], ora à forma[22], dentre diversos outros critérios adotados pela doutrina.

2. Definição de Negócio Jurídico

Ao definir o negócio jurídico, os doutrinadores têm apresentado três visões distintas sobre o tema, ora se prendendo à sua *gênese*, ora à sua *função*, ora à sua *estrutura*.

As definições *voluntaristas* do negócio jurídico são as mais antigas e também as mais comuns, inclusive nas doutrinas estrangeira e brasileira. De acordo com esta corrente, o negócio jurídico é o *ato de vontade* que visa a produção de efeitos jurídicos (autonomia da vontade como gênese do negócio). Voluntarista

---

vencendo estas resistências acentuadas, espraiou-se esta concepção para o mundo jurídico, sendo hoje quase que pacificamente aceito o posicionamento dualista como o mais correto" (**O negócio jurídico e sua teoria geral**, cit., p. 24).

[15] Com relação a este critério, podem ser unilaterais (unipessoais e plúrimos), bilaterais (contratos), que podem ser simples e sinalagmáticos, e, finalmente, os negócios chamados plurilaterais.

[16] Com relação a este critério, podem ser causais ou materiais, abstratos ou formais e típicos ou atípicos, subdividindo-se estes últimos em atípicos *stricto sensu* e mistos.

[17] Com relação a este critério, podem ser negócios de disposição (aquisitivos, modificativos e extintivos) e negócios declaratórios.

[18] Com relação a este critério, podem ser *inter vivos* ou *causa mortis*.

[19] Com relação a este critério, podem ser gratuitos ou onerosos, e estes últimos subdividem-se em comutativos ou aleatórios.

[20] Com relação a este critério, podem ser patrimoniais ou extrapatrimoniais.

[21] Com relação a este critério, podem ser simples, complexos ou coligados.

[22] Com relação a este critério, podem ser formais, não-formais e solenes.

tradicional, **Roberto de Ruggiero** define o negócio jurídico como "uma declaração de vontade do indivíduo tendente a um fim protegido pelo ordenamento jurídico"[23]. Para **Giuseppe Stolfi**, é a "manifestação de vontade de uma ou de algumas partes com o objetivo de produzir um efeito jurídico, ou seja, o nascimento ou a modificação de um direito subjetivo, sua garantia ou a sua extinção"[24]. Segundo **Duguit**, é *"um acte de volonté intervenant avec l'intention que se produise une modification de l'ordonnancement juridique"*[25]. Para **Vicente Ráo**[26], negócio jurídico é a "declaração dispositiva e preceptiva da vontade autônoma do agente, dirigida direta e imediatamente à consecução dos resultados práticos, individuais e sociais, produzidos pelos efeitos que o ordenamento lhe confere"[27].

Os *objetivistas*, por seu turno, definem o negócio jurídico como um *preceito* (norma jurídica concreta para auto-regramento da vontade) que retira a sua validade da norma abstrata imediatamente superior, dentro da concepção escalonada de normas jurídicas supra e infraordenadas[28]. Nesse sentido, **Federico de Castro y Bravo** conceitua o negócio jurídico como a "declaração ou acordo de vontades, com que os indivíduos se propõem a conseguir um resultado, que o Direito considera digno de sua especial tutela, seja com base na dita declaração ou acordo, seja complementado através de fatos e atos"[29]. Na mesma linha, **Emilio Betti** o define como o "ato pelo qual o indivíduo regula,

---

[23] **Instituições de direito civil.** Trad. Ary dos Santos. Volume 1. São Paulo: Editora Saraiva, 1957, p. 267, *apud* **ABREU FILHO, José de, O negócio jurídico e sua teoria geral,** cit., p. 26.
[24] **Teoria del negocio jurídico.** Madrid: Revista de Derecho Privado, 1959, p. 1, *apud* **ABREU FILHO, José, O negócio jurídico e sua teoria geral,** cit., p. 26.
[25] *Traité de Droit Const.*, v. I/326 *apud* **RÁO, Vicente. Ato Jurídico - Noção, pressupostos, elementos essenciais e acidentais. O problema do Conflito entre os elementos volitivos e a declaração.** 4ª edição, anotada, revista e atualizada por Ovídio Rocha Barros Sandoval. São Paulo: Editora Revista dos Tribunais, 1997, p. 37.
[26] Lembremos que **Vicente Ráo** é um dos mais ilustres representantes da concepção unitarista, segundo a qual o negócio jurídico não seria um instituto autônomo. Esta a razão porque utiliza, aqui, a expressão "ato jurídico" e não "negócio jurídico".
[27] **Ato Jurídico - Noção, pressupostos, elementos essenciais e acidentais. O problema do Conflito entre os elementos volitivos e a declaração,** cit., p. 37.
[28] V. **Antônio Junqueira de Azevedo. Negócio Jurídico: Existência, Validade e Eficácia.** 4ª edição, atualizada de acordo com o novo Código Civil. São Paulo: Saraiva, 2002, p. 2.
[29] **Federico de Castro y Bravo. El negocio jurídico.** Madri: Instituto Nacional de Estudios Jurídicos, 1971, p. 31, *apud* **ABREU FILHO, José. O negócio jurídico e sua teoria geral,** cit., p. 25.

por si, os seus interesses, nas relações com outros (ato de autonomia privada): ato ao qual o direito liga os efeitos mais conformes à função econômico-social que lhe caracteriza o tipo (típica neste sentido)"[30].

Em sua mais célebre obra[31], **Negócio Jurídico: Existência, Validade e Eficácia,** o eminente professor de direito civil da Faculdade de Direito da Universidade de São Paulo, **Antônio Junqueira de Azevedo,** critica ambas as posições. Quanto à concepção voluntarista, alega serem as suas definições imperfeitas, "na medida em que ora abrangem mais que o definido e ora deixam de abranger todo o definido". Quanto ao primeiro caso, menciona as hipóteses teóricas de *atos lícitos não negociais realizados por alguém que deseja exatamente os efeitos que a lei prevê.* Nesse caso, diz ele, "estaremos diante de um ato de vontade lícito que visa produzir efeitos, sem que estejamos diante de negócio jurídico". Como prova, cita o exemplo do caçador que, na vigência do Código Civil de 1916 e conhecendo o direito positivo, atingia a caça desejando, simultaneamente, os efeitos do art. 595 do antigo *Codex*[32] e tornar-se proprietário do animal, atirando com essa dupla intenção, mas, nem por isso, realizando um negócio jurídico. Quanto ao segundo caso, o de não abranger todo o definido, lembra a hipótese da *conversão substancial,* na qual, por definição, o negócio que dela resulta não era o desejado pelas partes. Nesta hipótese, diz o professor **Antônio Junqueira de Azevedo,** "o negócio resultante da conversão não foi previsto nem querido (essa situação é um pressuposto da conversão) e, ainda assim, ele é um negócio jurídico"[33]. Todavia, ressalva, muito mais grave que esses "defeitos lógicos" é a própria perspectiva através da qual a concepção tradicional examina o negócio jurídico. Cuida-se "de *perspectiva psicológica,* fundada no dogma de vontade, contra o qual se exerceu a incisiva crítica de **Betti,** em toda sua obra sobre o negócio jurídico e, ainda, no verbete 'negozio giuridico' do *Novíssimo Digesto Italiano*".

---

[30] **Teoria Geral do Negócio Jurídico.** Campinas: Editora Servanda, 2008, p. 88.
[31] Ao menos sob o enfoque científico.
[32] O texto do art. 595 do Código Civil de 1916 prescrevia: "Pertence ao caçador o animal por ele apreendido. Se o caçador for no encalço do animal e o tiver ferido, este lhe pertencerá, embora outrem o tenha apreendido". No atual Código Civil brasileiro, não há dispositivo específico sobre a aquisição de animais pela caça; há somente um dispositivo genérico que disciplina a ocupação. Cuida-se do artigo 1.263, que preceitua: "Quem se assenhorear de coisa sem dono para logo lhe adquire a propriedade, não sendo essa ocupação defesa por lei".
[33] **Negócio Jurídico: Existência, Validade e Eficácia,** cit., p. 7-8.

Relativamente à concepção dita objetiva do negócio jurídico, denominada por **Scognamiglio** de "teoria preceptiva", **Junqueira de Azevedo** afirma que ela peca pelo mesmo unilateralismo da concepção subjetiva. A transformação do negócio em norma jurídica concreta, diz ele, "é *artificial*, na medida em que a expressão *norma jurídica* implica sempre um *jubere* que o negócio jurídico não possui". Em outras palavras: embora o conteúdo do negócio seja "elevado a preceito jurídico" por um processo de recepção do ordenamento, tal conteúdo, por si só, não é preceito jurídico[34].

Antônio Junqueira de Azevedo prefere a definição de negócio jurídico pela estrutura. Segundo ele, o negócio jurídico, estruturalmente, pode ser definido ou como categoria, isto é, como fato jurídico abstrato, ou como fato, ou seja, como fato jurídico concreto. Como categoria, afirma, "ele é a hipótese de fato jurídico (às vezes dita 'suporte fático'), que consiste em uma manifestação de vontade cercada de certas circunstâncias (*as circunstâncias negociais*) que fazem com que *socialmente* essa manifestação seja vista como dirigida à produção de efeitos jurídicos; negócio jurídico, como categoria, é, pois, a hipótese normativa consistente em *declaração de vontade* (entendida esta expressão em sentido preciso, e não comum, isto é, entendida como manifestação de vontade, que, pelas suas circunstâncias, é vista socialmente como destinada à produção de efeitos jurídicos)"[35]. Por outro lado, como fato jurídico concreto, prossegue **Junqueira**, "negócio jurídico é todo fato jurídico consistente em declaração de vontade, a que o ordenamento jurídico atribui os efeitos designados como queridos, respeitados os pressupostos de existência, validade e eficácia impostos pela norma jurídica que sobre ele incide"[36].

---

[34] **Negócio Jurídico: Existência, Validade e Eficácia**, cit., p. 11-13. Os negócios nulos, por exemplo, porquanto irregulares, rompem com o encadeamento de normas superiores e inferiores, de modo a que este último elo normativo não se prenda e contamine toda a cadeia. Assim, ao contrário da doutrina e jurisprudência dominantes, **Junqueira de Azevedo** entende que os negócios nulos (ou os anuláveis, anulados) somente podem ser vistos como "simples fato", e não como norma ou negócio (**Negócio Jurídico: Existência, Validade e Eficácia**, cit., p. 14).

[35] "Ser declaração de vontade é a sua característica específica primária. Segue-se daí que o direito, acompanhando a visão social, atribui, à declaração, os efeitos que foram manifestados como queridos, isto é, atribui a ela efeitos constitutivos de direito – e esta é a sua característica específica secundária" (**Negócio Jurídico: Existência, Validade e Eficácia**, cit., p. 16).

[36] "Visto através do próprio ângulo do direito, estática, ou formalmente, se quiserem, o negócio, in abstrato ou in concreto, coloca-se portanto, antes de mais nada, debaixo da rubrica mais ampla do fato jurídico" (**Negócio Jurídico: Existência, Validade e Eficácia**, cit., p. 16).

Na concepção estrutural do negócio jurídico, portanto, o negócio deixa de ser o que o agente quer, para ser o que a sociedade vê como a declaração do agente. Nesse sentido, a perspectiva sobre ele muda radicalmente: deixa-se de examinar o negócio através da ótica estreita do seu autor (perspectiva psicológica) e passa-se a fazer o exame pelo amplo prisma social (perspectiva social)[37].

Por outro lado, se o direito reconhece em certas manifestações de vontade declarações destinadas a produzir efeitos jurídicos, é possível afirmar que, em geral, o negócio jurídico é um ato *lícito*. Todavia, **Junqueira** pondera que a caracterização do negócio como ato lícito, feita pela doutrina e pela legislação, também não estaria correta. Para ele, ser lícito ou ilícito "é *qualificação* que se dá a certos fatos jurídicos, conforme sejam aprovados ou reprovados pelo ordenamento jurídico". Sendo assim, conclui: "a qualificação dada a um fato não pode, evidentemente, fazer parte da sua estrutura; a qualificação é sempre extrínseca à composição interna do fato"[38].

3. Elementos de Existência, Requisitos de Validade e Fatores de Eficácia

Teoricamente, o exame de qualquer fato jurídico deve ser feito em dois planos: primeiramente, é preciso verificar se se reúnem os elementos de fato para que ele exista (*plano da existência*); depois, suposta a existência, verificar se ele passa a produzir efeitos (*plano da eficácia*).

O negócio jurídico, como espécie de fato jurídico, também deve ser examinado nesses dois planos. No entanto, sendo o negócio jurídico um "caso especial de fato jurídico", uma vez que os seus efeitos ficam na dependência dos efeitos que foram manifestados pelo agente como queridos, o direito exige que esta declaração do agente seja válida, isto é, que cumpra uma série de requisitos. Portanto, o *plano de validade* é um plano peculiar ao negócio jurídico, a se interpor entre o plano da existência e o plano da eficácia[39].

---

[37] AZEVEDO, Antônio Junqueira de. **Negócio Jurídico: Existência, Validade e Eficácia**, cit., p. 21.
[38] **Negócio Jurídico: Existência, Validade e Eficácia**, cit., p. 19-20.
[39] AZEVEDO, Antônio Junqueira de. **Negócio Jurídico: Existência, Validade e Eficácia**, cit., p. 23-24. Como exemplo do quanto exposto, o Autor dá o seguinte exemplo: "Se tomarmos,

A doutrina tradicional[40] subtrai os elementos dos negócios jurídicos e os classifica em três espécies: essenciais (*essentialia negotii*), naturais (*naturalia negotii*) e acidentais (*accidentalia negotii*).

Washington de Barros Monteiro denomina estes elementos de "elementos constitutivos". Segundo ele: "Os primeiros são os elementos essenciais, a estrutura do ato; que lhe formam a substância e sem os quais o ato não existe. Numa compra e venda, por exemplo, os elementos essenciais são a coisa, o preço e o consentimento (*res, pretium et consensus*). Faltando um deles, o ato não existe. Os segundos (*naturalia negotii*) são as consequências que decorrem do próprio ato, sem que haja necessidade de expressa menção. Na mesma compra e venda, por exemplo, são elementos naturais, resultantes do próprio negócio, a obrigação que tem o vendedor de responder pelos vícios redibitórios (art. 1.101) e pelos riscos da evicção (art. 1.107); a obrigação que tem o comprador de dar a garantia a que se refere o art. 1.092, 2ª alínea, caso lhe sobrevenha diminuição patrimonial, capaz de comprometer a prestação a seu cargo. Os terceiros (*accidentalia negotii*) são estipulações que facultativamente se adicionam ao ato para modificar-lhe uma ou algumas de suas consequências

---

a título de exemplo, um testamento, temos que, enquanto determinada pessoa apenas cogita de quais as disposições que gostaria de fazer para terem eficácia depois de sua morte, o testamento não existe; enquanto somente manifesta essa vontade, sem a declarar, conversando com amigos, parentes ou advogados, ou, mesmo, escrevendo em rascunho, na presença de muitas testemunhas, o que pretende que venha a ser sua última vontade, o testamento não existe. No momento, porém, em que a declaração se faz, isto é, no momento em que a manifestação, dotada de forma e conteúdo, se caracteriza como *declaração de vontade* (isto é, encerra em si não só uma forma e um conteúdo, como em qualquer manifestação, mas também as circunstâncias negociais, que fazem com que aquele ato seja visto socialmente como destinado a produzir efeitos jurídicos), o testamento entra no plano da existência; ele existe. Isso, porém, não significa que ele seja *válido*. Para que o negócio tenha essa qualidade, a lei exige requisitos: por exemplo, que o testador esteja no pleno gozo de suas faculdades mentais, que as disposições feitas sejam lícitas, que a forma utilizada seja a prescrita. Por fim, ainda que estejam preenchidos os requisitos e o testamento, portanto, seja válido, ele ainda não é *eficaz*. Será preciso, para a aquisição de sua eficácia (eficácia própria), que o testador mantenha sua declaração, sem revogação, até morrer; somente a morte dará eficácia ao testamento, projetado, então, o negócio jurídico, até aí limitado aos dois primeiros planos, no terceiro e último ciclo de sua realização" (**Negócio Jurídico: Existência, Validade e Eficácia**, cit., p. 24-25).
[40] Ler, a propósito, **Vicente Ráo**, *in* **Ato Jurídico - Noção, pressupostos, elementos essenciais e acidentais. O problema do Conflito entre os elementos volitivos e a declaração**, cit., p. 89-90; e **José Abreu Filho**, *in* **O negócio jurídico e sua teoria geral**, cit., p. 103 e seguintes.

naturais, como a condição, o termo e o modo, ou encargo (arts. 114, 123, 128), o prazo para entregar a coisa ou pagar o preço"[41].

Entretanto, pondera **Antônio Junqueira de Azevedo**:

> "(...) basta ter-se em mente que a categoria do negócio jurídico era estranha aos romanos, os quais, como diz **Biondo Biondi**, somente conheceram atos típicos, tendo cada um sua própria estrutura e regime jurídico, para se concluir que as fontes romanas ou os intérpretes mais antigos, quando falavam em elementos essenciais, naturais ou acidentais, não podiam estar referindo-se a elementos do negócio jurídico (visto que não conheciam essa categoria); referiam-se, na verdade, a elementos de *determinadas categorias* de negócio. Segue-se daí que não é possível, pura e simplesmente, transplantar esse esquema de classificação para o estudo do negócio jurídico"[42].

Para **Antônio Junqueira de Azevedo**, pois, o que a doutrina clássica chama, genericamente, de "elementos", na realidade são os "caracteres de que necessita o negócio jurídico para existir, valer e ser eficaz". Na sua opinião, com a qual concordamos inteiramente, devemos ter em mente "que o negócio jurídico deve ser examinado em três planos sucessivos de projeção (existência, validade e eficácia), que elementos, em seu sentido próprio, são, como diz (...) **Carnelutti**, *principia ominia rerum, ex quibus reliqua omnia componuntur et in quibus resolvuntur,* portanto, que elemento é tudo aquilo de que algo mais complexo se compõe (pense-se nos elementos simples, ou puros, da química), que, por outro lado, requisitos (de *requirere*, requerer, exigir) são condições, exigências, que se devem satisfazer para preencher certos fins, e, finalmente, que fatores é tudo que concorre para determinado resultado, sem propriamente dele fazer parte, temos que o negócio jurídico, examinado no plano da existência, precisa de *elementos*, para existir, no plano de validade, de *requisitos*, para ser válido; e no plano da eficácia, de *fatores de eficácia*, para ser eficaz"[43].

---

[41] **Curso de Direito Civil.** Parte Geral. 5ª edição, revista e aumentada. São Paulo: Saraiva, 1966, p.184.
[42] **Negócio Jurídico: Existência, Validade e Eficácia**, cit., p. 31.
[43] **Negócio Jurídico: Existência, Validade e Eficácia**, cit., p. 29-30.

Nessa linha de raciocínio, passaremos à análise, respectivamente, dos elementos do negócio jurídico, de seus requisitos e, por fim, dos fatores de sua eficácia, segundo a classificação proposta por **Antônio Junqueira de Azevedo**.

3.1. Plano de Existência: os Elementos do Negócio Jurídico

Como dito, elemento do negócio jurídico é tudo aquilo que compõe a sua existência no campo do direito. Por outro lado, ensina **Biondo Biondi**, "a noção de negócio jurídico é uma fase de abstração em matéria de atos jurídicos"[44]. Vale dizer, os negócios individualizados se enquadram em categorias intermediárias cada vez mais genéricas, até se atingir a categoria do negócio jurídico[45].

Considerando que elemento do negócio jurídico é tudo aquilo que compõe a sua existência no campo do direito, e que há diversos graus possíveis de abstração no tocante à noção de "negócio jurídico", **Antônio Junqueira de Azevedo** avaliou que a primeira classificação lógica dos elementos haveria de ser pelos *graus de abstração*, através da qual se vai do negócio jurídico, passa-se pelos tipos abaixo dele, e se atinge o negócio jurídico particular.

Assim, classifica os elementos do negócio jurídico em: a) elementos gerais, isto é, comuns a todos os negócios; b) elementos categoriais, ou seja, próprios de cada tipo de negócio; e c) elementos particulares, a significar aqueles que existem em um negócio determinado, sem serem comuns a todos os negócios ou a certos tipos de negócio.

Os elementos gerais, indispensáveis à existência de todo e qualquer negócio, podem ser, ainda: a) intrínsecos (constitutivos) ou b) extrínsecos (pressupostos).

Os elementos gerais intrínsecos são aqueles que efetivamente *constituem* o negócio, ou seja: a *forma* que a declaração toma (escrita, oral, mímica, silêncio etc.), o *objeto* (as diversas cláusulas de um contrato, as disposições testamentárias, o fim que se manifesta na própria declaração etc.) e as chamadas *circunstâncias negociais*, isto é, "aquele *quid*, irredutível à expressão e ao conteúdo,

---

[44] *Instituzioni di diritto romano*. 4ª edição. Milano: Giuffrè, 1965, p. 176, *apud* **Antônio Junqueira de Azevedo, Negócio Jurídico: Existência, Validade e Eficácia**, cit., p.31.
[45] Por exemplo: da compra e venda realizada entre X e Y, passa-se à compra e venda; desta, ao contrato em geral; e, do contrato em geral, finalmente, ao negócio jurídico.

que faz com que uma manifestação de vontade seja vista socialmente como destinada à produção de efeitos jurídicos"[46].

Além dos elementos gerais *intrínsecos*, ou *constitutivos*, ao menos outros três elementos existem, os quais, embora não integrem o negócio, são indispensáveis à sua existência. Tratam-se dos elementos comuns às categorias que se encontram, abstratamente, em grau superior ao negócio jurídico e que, por consequência lógica, estão presentes em todas as categorias inferiores. Assim, se o negócio jurídico é uma espécie de ato jurídico, evidentemente não há negócio sem *agente*[47]; e se o ato jurídico, por sua vez, é espécie de fato jurídico, como também já vimos, todo negócio jurídico ocorre em um determinado *lugar* e *tempo*. Portanto, os elementos gerais *extrínsecos* são: tempo, lugar e agente, dos quais os dois primeiros são comuns a todo fato jurídico e, o último, ao ato jurídico em sentido amplo. É preciso lembrar, ainda, que além de extrínsecos, tais elementos são também chamados "pressupostos", por existirem *antes* mesmo de o negócio ser feito[48].

Pois bem. Aos elementos gerais se somam os elementos próprios de cada categoria: os chamados *elementos categoriais*. Segundo **Junqueira**, os elementos categoriais são aqueles que caracterizam a *natureza jurídica* de cada tipo de negócio. São revelados pela análise doutrinária da estrutura normativa de cada categoria de negócio. Como exemplo, podemos citar: a compra e venda, a doação, a locação, o comodato, o mútuo, o depósito e os contratos

---

[46] Antônio Junqueira de Azevedo, Negócio Jurídico: Existência, Validade e Eficácia, cit., p.32.

[47] Do verbo *agere*, cujo particípio passado é *actum*. Ainda a esse propósito, o professor **Junqueira** ensina: "Quanto ao agente, cumpre dizer que ele é em ato o que a pessoa é em potência. Não é aqui o lugar apropriado para se desenvolver a teoria das pessoas, mas a personalidade, do ponto de vista jurídico, é justamente a possibilidade de agir no campo do direito, que a ordem jurídica atribui a certos entes. Por possibilidade de agir entende-se (é tautológico) a possibilidade de praticar atos jurídicos (negociais ou não negociais). É verdade que, em geral, define-se a personalidade, no direito brasileiro, como a aptidão para adquirir direitos (ou para ser sujeito de direitos, ou para ser sujeito de relação jurídica); entretanto, essa definição peca por ser excessivamente ampla, já que há sujeitos de direito que não são pessoas, como o nascituro, entre os entes assemelhados às pessoas físicas, e o condomínio em edificações, as sociedades de fato, e a própria família, entre os entes assemelhados às pessoas jurídicas. Pessoa, portanto, é o ente que pode praticar atos jurídicos, e não propriamente o sujeito de direito" (**Negócio Jurídico: Existência, Validade e Eficácia**, cit., p. 34).

[48] Antônio Junqueira de Azevedo, Negócio Jurídico: Existência, Validade e Eficácia, cit., p.33-34.

em geral; os distratos; o casamento; os pactos antenupciais; a emancipação; o reconhecimento de filho ilegítimo; as adoções; os testamentos; os codicilos; a aceitação e a abstenção de herança[49].

Uma análise mais profunda dos elementos categoriais revela, ainda, duas de suas espécies: os *elementos categoriais essenciais* ou *inderrogáveis*, que servem para definir cada categoria de negócio; e os *elementos categoriais naturais ou derrogáveis*, os quais, embora decorrentes da natureza do negócio, podem ser afastados pela vontade da parte, ou das partes, sem que, por isso, o negócio mude de tipo[50].

São exemplos dos elementos categoriais essenciais ou inderrogáveis: o consenso sobre coisa e preço, na compra e venda; a manifestação do *animus donandi* e o acordo sobre a transmissão de bens ou vantagens, na doação; o consenso sobre a entrega e a guarda de objeto móvel, no depósito; o acordo sobre a entrega e o uso gratuito de coisa infungível, no comodato; a declaração de comunidade de vida entre um homem e uma mulher com celebração pela autoridade, no casamento; a disposição de bens para depois da morte, no testamento etc.[51].

São exemplos de elementos categoriais naturais ou derrogáveis: a responsabilidade pela evicção, na compra e venda e nos contratos onerosos que envolvam a disposição de bens; a responsabilidade pelos vícios redibitórios, nos contratos comutativos; a gratuidade, no depósito, no mútuo e no mandato etc.[52].

Finalmente, quanto aos *elementos particulares*, **Junqueira** os define como aqueles que, apostos pelas partes, existem em um negócio concreto, sem serem próprios de todos os negócios ou de certos tipos de negócio. Distinguem-se dos elementos categoriais por serem sempre voluntários[53].

Embora não seja possível estudar todos os elementos particulares, por somarem um número de ocorrências indeterminado, ao menos três destes

---

[49] **Negócio Jurídico: Existência, Validade e Eficácia**, cit., p.35.
[50] **Antônio Junqueira de Azevedo, Negócio Jurídico: Existência, Validade e Eficácia**, cit., p.36.
[51] Exemplos trazidos pelo professor **Antônio Junqueira de Azevedo**, *in* **Negócio Jurídico: Existência, Validade e Eficácia**, cit., p. 35-36.
[52] Exemplos trazidos pelo professor **Antônio Junqueira de Azevedo**, *in* **Negócio Jurídico: Existência, Validade e Eficácia**, cit., p. 36.
[53] Idem, p. 38.

elementos, porquanto mais frequentes, acabaram bem sistematizados e regulados na doutrina e legislações de diversos países. São eles: a condição, o termo e o encargo[54].

Do ponto de vista desta obra, contudo, mais importante do que esgotar completamente o tema, é constatar a enorme relevância prática desta classificação. Assim, se em determinado negócio jurídico faltar um *elemento geral*, ele não existirá como negócio e, por conseguinte, as regras jurídicas a serem aplicadas não serão sequer aquelas aplicadas às nulidades. Ademais, se o elemento geral faltante for intrínseco (ou constitutivo), aquela "aparência de negócio" será, em verdade, um fato jurídico ou, na hipótese de existir um agente, um ato jurídico não negocial, correspondendo, a cada uma dessas situações, regras específicas. Por outro lado, a identificação do negócio, dentro de uma determinada categoria, é fundamental para se determinar qual o *regime jurídico* a ele aplicável. Ainda, se em determinado tipo de negócio, faltar um elemento categorial inderrogável, tal ato não existirá como negócio daquele tipo, mas há a possibilidade de convertê-lo em negócio de outro tipo (conversão substancial). Por fim, vale destacar que o estudo dos elementos particulares é indispensável para saber se o caso comporta, ou não, nulidade parcial, ineficácia etc.[55]

3.2. Plano de Validade: os Requisitos do Negócio Jurídico

Entre existir e produzir efeitos, interpõe-se o valer. A validade é um predicado específico do negócio jurídico, visto que, dentre todos os fatos jurídicos, é ele (o negócio jurídico) o único que se consubstancia em uma *declaração de vontade*, ou seja, em uma manifestação de vontade tida socialmente como destinada à produção de efeitos jurídicos[56].

Como dissemos alhures, os efeitos do negócio jurídico ficam na dependência dos efeitos que foram manifestados como queridos pelo agente, razão

---

[54] Idem, ibidem.
[55] Idem, p. 40.
[56] Idem, p. 41.

porque o direito exige que esta declaração seja válida, isto é, que esteja de acordo com as regras jurídicas vigentes.

Antônio Junqueira de Azevedo observa que há certo "paralelismo" entre o plano da existência e o plano da validade. Para ele, o plano da existência seria o "plano das substâncias": "o negócio existe e os elementos são". Já o plano da validade seria um "plano dos adjetivos": "o negócio é válido e os requisitos são as *qualidades que os elementos devem ter*"[57].

Se o negócio jurídico é declaração de vontade e se os elementos gerais intrínsecos, ou constitutivos, são essa mesma declaração tresdobrada em objeto, forma e circunstâncias negociais, e se os requisitos são qualidades dos elementos, então, para **Junqueira**, "a *declaração de vontade*, tomada primeiramente como um todo, deverá ser: a) *resultante de um processo volitivo*; b) *querida com plena consciência da realidade*; c) *escolhida com liberdade*; d) *deliberada sem má fé* (se não for assim, o negócio poderá ser nulo, por exemplo, no primeiro caso, por coação absoluta, ou falta de seriedade; anulável por erro ou dolo, no segundo; por coação relativa, no terceiro; e por simulação, no quarto)"[58]. O objeto, por seu turno, deverá ser *lícito, possível e determinado* ou *determinável*; e a *forma* será *livre* ou deverá ser *conforme a prescrição legal*. Relativamente às *circunstâncias negociais*, estas não têm requisitos exclusivamente seus, já que caracterizam a essência do próprio negócio, vale dizer, "são aquele *quid* que qualifica uma manifestação, transformando-a em declaração"[59].

Quanto aos elementos gerais extrínsecos, **Junqueira** afirma que: a) o *agente* deverá ser *capaz* e, em geral, *legitimado* para o negócio; b) o *tempo* deverá ser o *tempo útil*, caso haja imposição legal, em termos absolutos ou relativos (isto é, por relação a outro ato ou fato), de que o negócio se faça em um determinado momento; e c) o *lugar*, se houver algum requisito, deverá ser o *lugar apropriado*[60].

Relativamente aos *elementos categoriais*, somente os inderrogáveis (*essentialia negotii*) possuem requisitos. Ao escolherem determinado tipo de negócio, as partes se comprometem a seguir determinado regime jurídico. De outro lado, os elementos categoriais derrogáveis (*naturalia negotii*) não possuem requisitos,

---

[57] **Negócio Jurídico: Existência, Validade e Eficácia**, cit., p.42.
[58] Idem, ibidem.
[59] **Negócio Jurídico: Existência, Validade e Eficácia**, cit., p.42-43.
[60] Idem, ibidem.

por resultarem da própria expressão legal. É o próprio direito que integra tais elementos ao negócio, ainda que de forma implícita[61].

Finalmente, no que tange aos elementos particulares, **Junqueira** tratou apenas dos requisitos das condições, dos termos e dos encargos, fruto da impossibilidade, já mencionada, de abarcar todas as hipóteses de sua ocorrência. De todo modo, cuidando das condições, o referido Autor nos lembra de dois tipos diferentes de falta dos requisitos de validade: as condições que *vitiantur et vitiant* e as que *vitiantur sed non vitiant*. Estão entre as condições que contaminam de nulidade todo o negócio, segundo o nosso ordenamento, as que subordinam os efeitos do negócio a fato juridicamente impossível (por exemplo, se vender uma *res extra commercium*), e as chamadas condições ilícitas, ou seja, as que fazem a eficácia do negócio depender de fato contrário à lei ou aos bons costumes (por exemplo, se cometer crime ou se se prostituir etc)[62]. Por outro lado, estão entre as condições que *vitiantur sed non vitiant*, aquelas cujo evento consiste em fato fisicamente impossível e as de não fazer coisa impossível. Já o encargo, se ilícito ou impossível, será nulo. Entretanto, o ato de mera liberalidade será, em princípio, válido (*vitiatur se non vitiat*)[63].

3.3. Plano de Eficácia: os Fatores de Eficácia do Negócio Jurídico

Ao cuidar do plano da eficácia, **Antônio Junqueira de Azevedo** limitou-se à *eficácia jurídica* e, especialmente, à *eficácia própria* ou *típica*, isto é, a eficácia referente aos efeitos manifestados como queridos. Não tratou, naturalmente, de toda e qualquer possível eficácia prática do negócio, como é o caso dos chamados efeitos do nulo[64].

---

[61] Idem, ibidem.
[62] **Negócio Jurídico: Existência, Validade e Eficácia**, cit., p.46-47.
[63] **Negócio Jurídico: Existência, Validade e Eficácia**, cit., p.46-48.
[64] "Às vezes, pode ocorrer que, por exceção, um negócio nulo produza efeitos jurídicos (são os chamados efeitos do nulo), embora nem sempre esses efeitos sejam os efeitos próprios, ou típicos, como acima definidos. Exemplo conhecido é o do casamento putativo, que tem 'eficácia civil', em relação ao cônjuge de boa fé (ou aos dois se ambos estavam de boa fé) e em relação aos filhos" (**Negócio Jurídico: Existência, Validade e Eficácia**, cit., p.49).

Como se sabe, muitos negócios têm os seus efeitos subordinados a fatores de eficácia, entendida a palavra *fatores* como algo extrínseco ao negócio, mas que contribui para a obtenção do resultado visado.

Segundo **Junqueira**, são três as espécies de fatores de eficácia: a) *os fatores de atribuição da eficácia em geral*, que são aqueles sem os quais o ato praticamente nenhum efeito produz[65]; b) *os fatores de atribuição da eficácia diretamente visada*, que são aqueles indispensáveis para que um negócio, que já é de algum modo eficaz entre as partes, venha a produzir exatamente os efeitos por ele visados[66]; e c) *os fatores de atribuição de eficácia mais extensa*, que são aqueles indispensáveis para que um negócio, já com plena eficácia, produzindo exatamente os efeitos visados, dilate o seu campo de atuação, tornando-se oponível a terceiros ou, até mesmo, *erga omnes*[67].[68]

É importante ressalvar que os fatores mencionados se referem ao *início* da produção de efeitos. Portanto, nada impede que uma vez existindo, valendo e produzindo efeitos, o negócio venha, por causa superveniente, a se tornar ineficaz. Haverá, então, a chamada *ineficácia superveniente*. É o caso do contrato submetido à condição resolutiva que vem a se desfazer pelo advento de evento futuro e incerto, ou do contrato bilateral que se torna excessivamente oneroso e é desfeito, respeitados certos pressupostos. Nesses casos, **Junqueira** fala em *fatores de ineficácia*, os quais podem ser de dois tipos: a) os ligados à formação do negócio (por exemplo: o advento do evento futuro nos negócios sob condição resolutiva, ou nos submetidos a termo final); e b) os não ligados à formação do negócio (por exemplo: o distrato e a impossibilidade superveniente)[69].

---

[65] Seria o caso do ato sob condição suspensiva que, durante a ineficácia, está sujeito a eventuais medidas cautelares, mas, quanto aos efeitos do negócio, não necessariamente produzem os efeitos diretamente visados, nem outros, substitutivos deles.

[66] Vale dizer, antes do advento do fator de atribuição da eficácia diretamente visada, o negócio produz efeitos, mas não os efeitos normais. É o que ocorre no caso do negócio realizado entre o mandatário sem poderes e o terceiro. O negócio produz efeitos entre eles, porém, não são os efeitos diretamente visados.

[67] É o que ocorre no caso da cessão de crédito notificada ao devedor e registrada.

[68] V. **Negócio Jurídico: Existência, Validade e Eficácia**, cit., p. 57.

[69] V. **Negócio Jurídico: Existência, Validade e Eficácia**, cit., p. 60-61.

4. A Teoria da Vontade e a Teoria da Declaração

O ordenamento jurídico confere à atividade volitiva do homem o poder criador de efeitos no mundo do direito[70]. Nesse sentido, é importante compreender de que maneira atua a *vontade jurígena*.

No campo puramente psíquico, é possível distinguir três momentos: o da solicitação, o da deliberação e o da ação. Primeiramente, os centros cerebrais recebem um estímulo do meio exterior (atuação exógena sobre o psiquismo); em seguida, de acordo com as conveniências, resolve-se como proceder (elaboração interior); e, finalmente, a vontade reage à solicitação, levando ao mundo exterior o resultado deliberado (exteriorização do trabalho mental pela ação)[71].

O negócio jurídico, como filho da vontade humana, atravessa as mesmas fases, embora o direito cogite apenas da última, ou seja, da chamada *declaração de vontade*.

Há grande debate em torno da *apuração* do fator volitivo dos negócios. De um lado, estão os filiados à *teoria da vontade* (*Willenstheorie*), segundo a qual deve ser perquirida a *vontade real* do declarante (**Savigny, Windscheid, Dernburg, Unger, Oertmann, Enneccerus**); de outro lado, os partidários da *teoria da declaração* (*Erklärungstheorie*), para quem não é necessário cogitar do querer interior do agente, mas investigar a própria declaração (**Zittelmann**)[72].

Raymond Saleilles, comentando o § 116 do BGB diz:

> "O art. 116 abre a série de regras que tem por finalidade resolver, nos diferentes casos onde ele se põe, o delicado problema do conflito entre a vontade verdadeira e a vontade declarada, ou, dizendo de outra forma, da solução a admitir quando a vontade verdadeira não corresponde à vontade manifestada, ou seja, quando há desacordo entre a vontade interna e a declaração. Sobre essa questão, e como teoria geral, há oposição entre dois sistemas nitidamente diversos: um, colocado em relevo sobretudo por **Savigny**, que faz prevalecer, em todos os casos, a

---

[70] PEREIRA, Caio Mário da Silva. **Instituições de Direito Civil**, Volume I, cit., p. 481.
[71] Idem. Ibidem.
[72] Idem. Ibidem.

vontade verdadeira do declarante, de vez que é somente essa vontade que deve produzir os efeitos de direito que estão em causa, sistema designado pelo nome de teoria da vontade, ou seja, da predominância da vontade como dogma absoluto; o outro, que faz prevalecer a vontade, mesmo fictícia, que se infere da declaração, sobre a vontade verdadeira, seja porque o sentido normal da vontade somente existe, do ponto de vista do direito, por sua expressão externa e somente há lugar para se aplicarem, às disposições da vontade privada, as regras de interpretação admitidas para as normas legais e disposições de lei (Cf. **Danz**, *'Auslegung der Rechtsgeschafte'*, pág. 48), seja porque quem emite uma declaração jurídica aceita se prender, em face de quem ele se dirige, pelo sentido normal das expressões que emprega; do contrário, não haveria mais nenhuma segurança nas relações privadas, sistema conhecido pelo nome de sistema da declaração (sobre esses dois sistemas, v. **Planck**, págs. 165 e seguintes; **Endemann**, pág. 294, nota 5; **Regelsberger**, pág. 512, nota 3, e os autores aí citados em nota"[73].

A propósito das chamadas *teoria da vontade* e *teoria da declaração*, são tradicionais os escritos que evidenciam as diferenças entre o direito francês e o direito alemão, ao tratar do papel da vontade nos negócios jurídicos. De um modo geral, diz **Roger Perrot**, o direito francês se apresenta como um direito essencialmente psicológico, que dá, às menores nuances do foro íntimo, uma importância decisiva, ao passo que o BGB tem por preocupação maior a segurança das relações contratuais, ainda que "pagando o preço de uma cristalização mais ou menos forçada das vontades individuais"[74].

Antonio Junqueira de Azevedo, em seus estudos, contesta tanto a afirmação de que o direito francês e o alemão tenham visões diametralmente opostas a esse respeito[75], quanto o conceito "simplista", em sua opinião, de

---

[73] *De la déclaration de volonté: contribuition à l'étude de l'acte juridique dans le code civil allemand*. Paris, LGDJ, 1929, p. *apud* AZEVEDO, Antônio Junqueira de, Negócio Jurídico: Existência, Validade e Eficácia, cit., p. 74-75.

[74] PERROT, Roger, RIEG, Alfred, Prefácio, *in Le rôle de la volonté dans l'acte juridique em droit civil français et allemand*, cit., p. I *apud* AZEVEDO, Antônio Junqueira de, Negócio Jurídico: Existência, Validade e Eficácia, cit., p. 75.

[75] Vide, a esse respeito, **Antônio Junqueira de Azevedo, Negócio Jurídico: Existência, Validade e Eficácia**, cit., p. 75-80.

que a teoria da vontade é "individualista" e a teoria da declaração, "social". Diz ele, acerca da complexidade desta temática:

> "O sistema do predomínio da vontade interna parece, certamente, ao primeiro olhar, mais protetor da liberdade do indivíduo e pouco cioso do aspecto 'social', mas é preciso não esquecer que, por exemplo, quando se trata de um contrato, que põe em jogo dois sujeitos, beneficiar um é prejudicar o outro. Se imaginarmos um caso de erro (onde a questão se põe mais frequentemente), numa compra e venda, na qual as duas partes estejam de boa fé, a aplicação da teoria da declaração poderá levar, graças à manutenção do ato, a beneficiar o que *certat de lucro captando* e a prejudicar o que, já então, somente procura evitar um dano; a aplicação da teoria da vontade, porém, levando à anulação, isto é, à destruição do ato, que, por natureza, é especulativo, viria beneficiar o que *certat de damno vitando*. Ora, essa segunda solução nos parece muito mais de acordo com a *moral social*"[76].

A verdade, conclui **Junqueira de Azevedo**, "é que a teoria da vontade se apoia na fé da palavra dada, que está ligada ao princípio da autonomia da vontade e que constitui uma regra de moral social"[77].

Para o Professor da Universidade de São Paulo, tanto uma teoria quanto a outra apresenta um erro na sua formulação inicial: *ambas admitem a existência de dois elementos do negócio jurídico*, quais sejam, *a vontade e a declaração*, divergindo somente quanto à prevalência de um e de outro. No entanto, afirma **Junqueira de Azevedo**, não há dois elementos, mas apenas um: a declaração de vontade. E prossegue:

> "A nosso ver, *a vontade não é elemento do negócio jurídico*; o negócio é somente a declaração de vontade. Cronologicamente, ele surge, nasce, por ocasião da declaração; sua *existência* começa nesse momento; todo o processo volitivo anterior não faz parte dele; o negócio todo consiste na declaração. Certamente, a declaração é o resultado do processo

---

[76] **Negócio Jurídico: Existência, Validade e Eficácia**, cit., p. 80-81.
[77] **Negócio Jurídico: Existência, Validade e Eficácia**, cit., p. 81.

volitivo interno, mas, ao ser proferida, ela o incorpora, absorve-o, de forma que se pode afirmar que esse processo volitivo não é elemento do negócio. A vontade poderá, depois, influenciar a *validade* do negócio e às vezes também a *eficácia*, mas, tomada como *iter* do querer, ela não faz parte, *existencialmente*, do negócio jurídico; ela fica inteiramente absorvida pela declaração, que é o seu resultado. O fato de ela poder vir a influenciar a validade ou a eficácia do negócio não a transforma em parte dele, como, aliás, também ocorre com diversos outros requisitos e fatores de eficácia"[78].

Nesta mesma linha, **Emílio Betti** também impugna o *dogma da vontade*, com argumentos que merecem transcrição. Ele chama atenção ao fato de que, sendo o negócio um fato social, há uma *exigência de reconhecimento*, ou seja, é necessário que o negócio seja socialmente reconhecível:

"Na verdade, a 'vontade', como fato psicológico meramente interno, é qualquer coisa em si mesma incompreensível e incontrolável, e pertence, unicamente, ao foro íntimo da consciência individual. Só na medida em que se torna reconhecível no ambiente social, quer por declarações, quer por comportamentos, ela passa a ser um fato social, suscetível de interpretação e de valoração por parte dos consorciados. Somente declarações ou comportamentos são entidades socialmente reconhecíveis e, portanto, capazes de poder constituir objeto de interpretação, ou instrumento de autonomia privada. O fato de, na interpretação e valoração das declarações e comportamentos, não devemos deter-nos (sic) na forma exterior ou literal da conduta alheia, devendo, antes procurar descobrir a *mens* animadora, ou o sentido nela objetivado não significa que *mens* e sentido se possam adivinhar, prescindindo da forma sob que se tenham tornado reconhecíveis. Só um dado objetivo, uma entidade reconhecível, precisamente no ambiente social, pode ser objeto de interpretação e de valoração social. De resto, a exigência de recognoscibilidade, e se descobre na antinomia entre *mens* de forma representativa, esclarece, à luz de uma antítese dialética entre

---

[78] **Negócio Jurídico: Existência, Validade e Eficácia**, cit., p. 82-83.

ser íntimo imanente em si mesmo (*Nasich-sein*) e ser recognoscível por outros (*Sein-für-Anderes*), que a lógica moderna pôs em relevo, como uma posição necessária do pensamento especulativo"[79].

A despeito destas necessárias ponderações, é importante avaliar qual é a influência da vontade sobre a declaração no direito brasileiro.

4.1. A Influência da Vontade sobre a Declaração no Direito Brasileiro

O direito brasileiro apresenta uma interessante posição acerca da influência da vontade sobre a declaração, sobretudo em função do papel moderador desempenhado, a esse propósito, pela doutrina e jurisprudência. Isso porque, de uma forma geral, quando o Código Civil restringe o papel da vontade, a doutrina e jurisprudência o ampliam e, inversamente, quando o Código Civil o amplia (nos casos da interpretação e erro, por exemplo), doutrina e jurisprudência o restringem[80].

Costuma-se destacar que a vontade exerce especial influência em dois assuntos: *interpretação* e *erro*. Isso porque nos demais defeitos do negócio jurídico - nos quais também se cogita da vontade interna influenciando a declaração -, o ato ilícito, presente ao lado do vício do consentimento, acaba por encobrir o exato papel da vontade interna, decretando a anulação do negócio. Noutros casos, como os de *reserva mental*, não se cogita na irregularidade do processo volitivo como causa de nulidade ou anulabilidade (excetuada a situação na qual a reserva mental é conhecida da outra parte, o que resultaria em simulação[81]).

---

[79] **Teoria Geral do Negócio Jurídico**, cit., p. 89-90.
[80] **Negócio Jurídico: Existência, Validade e Eficácia**, cit., p. 88.
[81] Muito embora o Código Civil brasileiro de 1916 não dispusesse acerca da reserva mental, o atual Código Civil brasileiro houve por bem fazê-lo no artigo 110, cuja redação é: "Art. 110. A manifestação de vontade subsiste ainda que o seu autor haja feito a reserva mental de não querer o que manifestou, salvo se dela o destinatário tinha conhecimento". A simples leitura do referido dispositivo é suficiente para concluir que a reserva mental desconhecida da outra parte é irrelevante para o direito. Vale dizer, a despeito da divergência consciente entre o querer do declarante e a sua manifestação, a vontade declarada produzirá os seus normais efeitos. Entretanto, se o declaratório tem conhecimento da reserva mental, a vontade não subsistirá. Nesse caso, afirma **Nelson Nery Junior**, "a posição que se nos afigura como a melhor, dentre aquelas defendidas pela doutrina, é a que dá à reserva mental conhecida (e não

Embora também se discuta o papel da vontade nos regimes jurídicos da *causa ilícita*, da *simulação* e das *declarações não sérias* (aquelas feitas por brincadeira, para fins didáticos ou como representação teatral), é basicamente no tratamento do erro e da interpretação do negócio jurídico, como dissemos, que se nota uma maior ou menor influência da vontade.

O Código Civil foi tacanho na formulação de regras sobre interpretação dos negócios jurídicos. Há, no entanto, um importante artigo de caráter geral, o artigo 112, que diz: "Nas declarações de vontade se atenderá mais à intenção nelas consubstanciada do que ao sentido literal da linguagem". Mais do que uma regra de interpretação, tal dispositivo demonstra a importância nuclear que a vontade tem nos negócios jurídicos.

A discussão que se põe é: havendo dúvidas acerca da melhor intepretação do negócio jurídico, é a *vontade* (do declarante) ou a *boa fé* (objetivamente considerada) que deve conduzir a investigação?

Para **Antônio Junqueira de Azevedo**, a solução é, primeiramente, interpretar a declaração de *forma objetiva*; levando em conta não somente o seu texto, mas principalmente o contexto na qual foi emitida, respeitados a boa fé, os usos e os costumes. Apenas depois é que se deve passar à investigação da *vontade real* do declarante e, se necessário for, à *vontade presumida*, sempre na busca do que realmente se passou entre as partes (interpretação integrativa)[82].

---

comunicado, previamente, o conhecimento ao reservante) os efeitos da simulação, tornando o negócio assim realizado suscetível de ataque por invalidade" (**Vícios do ato jurídico e reserva mental**. São Paulo: Revista dos Tribunais, 1983, p. 80.). Assim, a reserva mental ilícita conhecida do declaratório seria uma espécie de vício social, cujos efeitos seriam equiparados àqueles destinados à simulação (art. 167 do Código Civil brasileiro).

[82] "A forma mais adequada para se solucionar o problema da interpretação do negócio jurídico, especialmente no direito brasileiro, onde, por lei, é inegável a primazia da vontade, é, simplesmente, *alargar-se aquele primeiro momento da operação interpretativa*, em que se parte da declaração. Deve-se entender por declaração, como temos insistido, não apenas o 'texto' do negócio, mas tudo aquilo que, pelas suas circunstâncias (pelo 'contexto'), surge aos olhos de uma pessoa normal, em virtude, principalmente da boa fé e dos usos e costumes, como sendo a declaração. A essência da declaração é dada por essas circunstâncias. Depois, então, pode-se passar a investigar a vontade real do declarante. A solução consiste, portanto, em primeiramente se interpretar a declaração, *objetivamente*, com base em *critério abstrato*, e, somente num segundo momento, investigar a intenção do declarante (*critério concreto*); parte-se, assim, do objetivo (a declaração como um todo) para o subjetivo (a vontade real do declarante). Com essas duas operações, uma boa parte das dúvidas estarão afastadas (especialmente se se tratar de atos unilaterais não receptícios). Entretanto, se ainda houver possibilidade (e isso em geral

No entanto, é no capítulo do erro que mais intensamente se pode observar a influência da vontade sobre a declaração.

Como se sabe, erro é a manifestação de vontade em desacordo com a realidade, ou porque o declarante a desconhece (ignorância), ou porque tem representação errônea dessa realidade (erro)[83]. Disso resulta a falta de concordância entre a vontade real e a vontade declarada.

Tal como o dolo, a coação, a lesão e o estado de perigo, o erro afeta a vontade intrínseca do agente[84]. Significa dizer, se não existisse uma dessas determinantes, o declarante teria agido de outro modo ou talvez nem mesmo teria realizado o negócio.

O problema do erro é, na opinião de **De Page**, um dos mais "delicados" do direito, principalmente porque envolve um conflito entre dois dos mais importantes princípios informativos da conduta humana nos negócios: um, individualista, assente no respeito à vontade real do agente; e outro, social, determinado pela necessidade da segurança do quanto acordado. Se o ato de *assegurar* a vontade real do agente, nas suas extremas consequências, pode constituir estímulo à imprudência, à imperícia e à negligência, com a consequente anulação de qualquer negócio em que o agente se engane; o extremo oposto, sacrificando a vontade individual, pode conduzir a uma inapropriada supervalorização da segurança social. No meio-termo está, pois, a virtude:

---

ocorrerá nos atos bilaterais e em atos unilaterais receptícios, já que, particularmente nos contratos, *as questões que normalmente dependem de interpretação são justamente aquelas que as partes não previram* e sobre as quais, portanto, rigorosamente falando, não há intenção a procurar), *deve-se utilizar, para complementar o processo interpretativo, da vontade presumida*, já, então, atendendo ao que *in concreto* se passou entre as partes e, principalmente, ao que razoavelmente se poderia supor que entre elas se passaria (interpretação integrativa)" (**Negócio Jurídico: Existência, Validade e Eficácia**, cit., p. 102-103).

[83] Embora ontologicamente não se confundam, o Código Civil brasileiro cogita, sob a mesma rubrica, do erro e da ignorância, conferindo-lhes os mesmos efeitos. Vale lembrar, nesse particular, que enquanto "no erro existe uma deformação do conhecimento relativamente às circunstâncias que revestem a manifestação da vontade", na ignorância há o "desconhecimento do que determina a declaração de vontade" (**PEREIRA, Caio Mário da Silva. Instituições de Direito Civil**, Volume I, cit., p.517).

[84] Por força do artigo 171 do Código Civil brasileiro, todos esses vícios conduzem ao mesmo fim: tornam o ato anulável.

deve-se levar em conta a vontade (tendência individualista), mas apenas quando o erro envolve o elemento principal da convenção[85].

Seguindo o princípio moderado, acima referido, o artigo 138 do Código Civil brasileiro dispõe: "São anuláveis os negócios jurídicos quando as declarações emanarem de erro substancial que poderia ser percebido por pessoa de diligência normal, em face das circunstâncias do negócio".

Resta evidente, portanto, que o legislador optou por sopesar a *escusabilidade* da conduta do agente com a da média das pessoas (*homo medius*), malgrado a jurisprudência, à época da promulgação do novo *Codex*, preferisse o critério do caso concreto[86].

Maria Helena Diniz define o *erro escusável*[87] como "aquele que é justificável, tendo-se em conta as circunstâncias do caso". E prossegue: "Depende a

---

[85] *Traité Élémentaire*, I, n° 38, a*pud* **PEREIRA, Caio Mário da Silva Pereira, Instituições de Direito Civil**, Volume I, cit., p.519.

[86] "Ato jurídico - Anulação de escritura - Pedido de indenização - Perdas e danos - Aquisição de um bem por outro mediante erro - Vício de vontade que não pode ser considerado como escusável, bem como de ser considerado como erro substancial a justificar o pedido de anulação do negócio pactuado pelas partes - Recurso não provido" (TJSP - Apelação Cível 48.115-4 - Atibaia - 7a Câmara de Direito Privado - Rel. Júlio Vidal - 2-9-98).
"Alienação fiduciária - Rescisão contratual - Sucessivos contratos firmados pelo devedor - Financiamento com garantia - Simulação e erro substancial alegados - Não reconhecimento - Exegese dos artigos 333, I, do Código de Processo Civil e 104 do Código Civil. Os sucessivos contratos firmados pelo autor, cujas assinaturas não são contestadas, podem induzir à conclusão de que as partes teriam simulado sucessivos financiamentos, lastreados em garantia fiduciária. Frágil, porém, a versão apresentada pelo apelante, advogado que atuava em outras instituições financeiras desde a época em que era estagiário, ao invocar erro substancial e simulação. Esta última, sequer pode ser invocada pelo fiduciante, tendo em vista o princípio moral que não admite prevalecer-se alguém de seu próprio ato ilegal - 'nemo auditur proprium turpitudinem allegans' -, e que informa a regra contida no artigo 104 da Lei Civil. Quanto à invocação de erro substancial sobre a natureza do ato, isto é, 'error in ipso negotio', igualmente não restou verificado nesta causa, de vez que, como se sabe, esse erro ocorre quando se tenciona praticar um ato e se pratica outro. Na espécie, em momento algum restou configurado esta situação. Acresça-se ainda, que, como fato constitutivo de seu direito, incumbiria ao autor fazer prova do alegado erro (Código de Processo Civil, artigo 333, inciso I), que restou não comprovado" (2o TACSP - Ap. c/ Rev. 613.287-00/9, 18-9-2001, 1a Câmara - Rel. Amorim Cantuária).

[87] "Depósito - Alienação fiduciária - Hipótese de consorciado que transfere a terceiro o veículo alienado - Negócio realizado na sede da administradora-autora, com pessoa tida como seu preposto - Impossibilidade do réu supor que tratava com funcionário já despedido da empresa - Erro escusável, comprovada a boa-fé - Aplicabilidade da teoria da aparência

escusabilidade da pessoa que a oferece, bastando mencionar, p. ex., que um técnico dificilmente pode escusar-se de erro por ele praticado, na área de sua especialidade"[88].

Ocorre que para parte da doutrina nacional, o novo Código Civil brasileiro teria adotado o princípio da *recognoscibilidade* ou *cognoscibilidade*, originário do Código Civil italiano, segundo o qual o negócio jurídico só seria anulado se presumível ou possível o reconhecimento do erro pelo outro contratante.

Maria Helena Diniz assim resume a questão:

> "Pouco importará averiguar se o autor do erro teve, ou não, alguma culpa por ele. O importante será perceber se a pessoa, a quem se dirigiu a declaração da vontade, tinha ou não condições de detectar o erro e de avisar o declarante de sua idéia equivocada. Isto é assim em razão do princípio da boa fé objetiva e da probidade, que deve nortear

---

- Responsabilidade do réu afastada - Ação procedente - Recurso improvido" (1o TACSP - Ap. Cível 0612030-1, 17-10-96, 11a Câmara Cível - Rel. Antônio Marson).
"Ação anulatória de negócio jurídico - Alegação de vício de consentimento - Erro inescusável. À luz da normalidade das coisas e da esperada compreensão e cautela do homem médio a respeito das particularidades dos atos jurídicos por eles praticados, considera-se erro inescusável a celebração de contrato sem o necessário conhecimento, pelo contratante, do conteúdo e alcance das cláusulas correspondentes" (TJSP - Ap. Cível 78.268-4, 5-8-99, 6a Câmara de Direito Privado - Rel. Antonio Carlos Marcato).
"Ação anulatória de ato jurídico - Contrato de locação - Alegação de erro substancial - Vício de consentimento - Inexistência - Inadmissibilidade. Anulação de ato jurídico. Contrato de locação. Erro substancial. Alegação dos locatários de que celebraram os contratos pensando que se tratava de um 'shopping center' e, na verdade, era apenas um centro comercial. Improcedência e apelação. Fatos incontestes que os contratos foram celebrados quando concluída a obra, ou quase, e que os locatários vistoriaram o empreendimento. Impossibilidade de não terem constatado, então, que o local não possuía vasta garagem, praça de alimentação, área de lazer, loja-âncora, escadas rolantes ou elevadores de acesso, para ficar na enumeração dos requisitos de 'shopping center' que os próprios autores mencionaram. Se erro tivesse havido, teria que ser: escusável, isto é, deveria ter por fundamento uma razão plausível ou ser tal que uma pessoa de inteligência comum e atenção ordinária o pudesse cometer; ser real, isto é, recair sobre o objeto do contrato e não simplesmente sobre o nome ou sobre qualificações; ser relevante, isto é, de tal importância que, segundo a concepção geral da vida e da experiência, possa admitir-se que o iludido não teria celebrado o negócio, se conhecesse a relação verdadeira. No caso, com a vistoria, se erro tivesse havido, não teria sido escusável, real e relevante, não existindo vício de consentimento apto a invalidar o negócio jurídico" (2o TACSP - Ap. c/ Rev. 637.807-00/5, 23-5-2002, 12a Câmara - Rel. Romeu Ricupero).
[88] **Curso de Direito Civil Brasileiro**, 1° Volume, cit., p. 452.

os partícipes do ato negocial. Se possível era a percepção do *erro cognoscível* pelo destinatário da declaração, anulável será o negócio, por ferir o princípio da confiança e da boa fé objetiva. O órgão judicante deverá analisar as circunstâncias do negócio, a omissão da cautela, tendo como padrão a pessoa de diligência normal, o objeto negocial e a qualidade de ambos os contratantes. Não se deverá mais, para essa corrente, averiguar se o erro é escusável, para que se opere a anulação do negócio jurídico. O critério de reconhecibilidade do erro pelo destinatário da declaração e o princípio da tutela da confiança deverão servir de diretrizes ao magistrado"[89].

José Carlos Moreira Alves, contudo, refuta a adoção do sistema italiano pelo legislador nacional e esclarece que a Comissão Elaborada e Revisora do Anteprojeto de 1972 chegou a rejeitar proposta para a adoção do aludido sistema.

O eminente professor acredita que o equívoco em que incidiram alguns doutrinadores se deve a erro datilográfico na publicação do art. 137 e parágrafo único do Anteprojeto de 1972, atual artigo 138, somente mais tarde corrigido. E conclui:

> "O art. 136, diversamente do que pareceu a alguns, não adotou – como adotava o Anteprojeto parcial originário – o critério da cognoscibilidade do erro pela outra parte, como se verifica no Código italiano (art. 1.428), seguido, nesse ponto, pelo Código Civil português de 1967 (art. 274). De fato, ao estabelecer o citado dispositivo que são anuláveis os negócios jurídicos quando as declarações de vontade emanarem de erro substancial que poderia ser percebido por pessoa de diligência normal, em face das circunstâncias do negócio, essa pessoa é a parte que erra. Explicitou-se, portanto, a necessidade de que o erro seja escusável, adotando-se um padrão abstrato – o *vir medius* – para a aferição da escusabilidade"[90].

---

[89] **Curso de Direito Civil Brasileiro**, 1º Volume, cit., p. 453.
[90] **A Parte Geral do Projeto de Código Civil brasileiro**, p. 110, *apud* GONÇALVES, Carlos Roberto. **Direito Civil Brasileiro**. 1º Volume. São Paulo: Editora Saraiva, 2003, p. 364.

Há, ainda, quem cogite na adoção do chamado *princípio da confiança*, segundo o qual bastaria o erro de uma das partes para que o negócio seja anulável, sendo irrelevante, na sistemática do art. 138 do Código Civil brasileiro, ser ou não escusável o erro[91]. Neste caso, entretanto, "o contratante que se achou em erro e promove a invalidade do contrato pode ser condenado a ressarcir os danos que causar à outra parte por não ter procedido com a diligência necessária ao prestar o seu consentimento"[92].

Em síntese, a posição do direito brasileiro a respeito da influência da vontade sobre a declaração é uma posição bastante moderada. Ainda que sobre as duas questões mais controvertidas (interpretação e erro) se possa dizer que o Código Civil adotou a teoria da vontade, a verdade é que a doutrina e jurisprudência se encarregaram de lhe diminuir os excessos.

5. A Causa no Negócio Jurídico

Ao longo do tempo, diversas correntes se desenvolveram com o objetivo de identificar a utilidade da *causa* no âmbito do negócio jurídico. São exemplos destas correntes: a causalista[93], a anticausalista[94] e as chamadas teorias mistas ou moderadas.

Representante brasileiro da corrente moderada, **Antônio Junqueira de Azevedo** define a *causa* como "a função prático-social, ou econômico-social do negócio"[95].

---

[91] Nesse sentido: Enunciado n. 12, aprovado na Jornada de Estudos Judiciários do Conselho da Justiça Federal.

[92] **DINIZ, Maria Helena. Curso de Direito Civil Brasileiro,** 1° Volume, cit., p. 453.

[93] Para os causalistas, a causa é a ultima *ratio* que leva o sujeito a realizar um negócio jurídico. Tiveram guarida na doutrina francesa e italiana, e foram representados especialmente por **Domat** e **Pothier** que influenciaram a consagração da causa como elemento essencial do negócio jurídico no Código de Napoleão e Italiano de 1865. A eles, seguiram-se **Ferrara, Ruggiero, Marabelti** e **Messineo**.

[94] Para os anticausalistas, o elemento causa é inútil e confunde-se com o objeto ou com o consentimento. Entre eles, destacaram-se **Larent, Planiol, Demogue, Dabin, Giorgio** e no Brasil, **Carvalho de Mendonça** e **Clóvis Bevilácqua**.

[95] "Há dois significados da palavra "causa" que estão hoje suficientemente esclarecidos e podem ser afastados sumariamente, nessa altura de exposição, por sua pouca pertinência ao que ora nos interessa: são eles o de causa-motivo (como na expressão "causa ilícita", que

O nosso Código Civil, inspirado no sistema germânico[96], praticamente ignora a causa. Ela apenas aparece em algumas circunstâncias, tais como, na distinção entre os negócios *causais* dos *abstratos*[97], ou quando o próprio legislador se refere à "justa causa", para a realização de certos negócios.

Muito embora não sirva para determinar o regime jurídico a ser obedecido pelo negócio, a causa pode agir tanto no *plano da validade,* quanto no *plano da eficácia* dos negócios. Como bem ensina **Antônio Junqueira de Azevedo**, nos *contratos causais bilaterais,* o elemento categorial inderrogável é a convenção da *prestação* como *causa* da *contraprestação,* e vice-versa. Segue-se daí que, uma vez formado o contrato bilateral (plano de existência) e se o mesmo for válido (plano de validade), "o não-cumprimento posterior da prestação (falta da causa referida na sua constituição) autoriza a resolução, evitando que a parte inocente seja obrigada a cumprir a sua prestação, que se tornou *sem causa*". Nessa hipótese, portanto, a causa funciona *a posteriori,* no *plano da eficácia;* vale dizer, a ausência da *causa final* gerará a *ineficácia superveniente* do negócio

---

somente pode ser entendida como o "motivo determinante ilícito", conforme já vimos) e o de causa-fato jurídico, (*causa efficiens*), como, por exemplo, na expressão *causa obligationis*, em que a palavra "causa" equivale ao fato jurídico que dá origem à obrigação. Esses sentidos são facilmente inteligíveis e dispensam maiores comentários. Predomina, atualmente, na verdade, o que se chama de sentido objetivo da causa, isto é, um terceiro sentido da palavra, pelo qual se vê, na causa, a função prático-social, ou econômico-social do negócio" (**AZEVEDO, Antônio Junqueira de, Negócio Jurídico: Existência, Validade e Eficácia**, cit., p.153.

[96] No âmbito das doutrinas estrangeiras, enquanto os franceses encaram a ideia de causa sob o ângulo da *validade,* para a doutrina alemã, a ideia de causa é vista como influenciando a *eficácia* do negócio jurídico.

[97] "Assim caracterizada, a causa tanto pode ser investigada nos negócios jurídicos bilaterais, e neles o é bilateralmente (na compra e venda, a causa da declaração de vontade do vendedor é trocar a coisa pela prestação pecuniária do comprador e, vice-versa, a deste receber do vendedor a coisa), quanto o pode ser unilateralmente, nos negócios jurídicos unilaterais (no testamento a causa da declaração de vontade do testador é a liberalidade ou o benefício para o legatário). Há, porém, negócios jurídicos e que não se cogita da causa, que deixa então de integrar a sua etiologia, enquanto em outros o fim determinante deve concorrer na verificação da validade da emissão de vontade, que se reputa articulada com ele. Considera-se, portanto, dispensável a indagação causal, quando o fim se situa fora de seus requisitos materiais, e, ao revés, é fundamental quando os integra. Tendo em vista essas considerações, os autores distinguem os negócios causais, também chamados materiais, que comportam a investigação da causa, daqueles outros negócios abstratos, também denominados formais; nos quais a declaração de vontade produz suas conseqüências jurídicas independentemente de se cogitar da razão determinante ou do fim a que visa o agente" (**PEREIRA, Caio Mário da Silva, Instituições de Direito Civil**, Volume I, cit., p.506).

(artigos 125, 476 e 477 do Código Civil brasileiro)[98]. Por outro lado, o papel da causa nos negócios com *causa pressuposta* é influenciá-los, não mais no plano da eficácia, mas no *plano da validade*. Nesse caso, ausente a causa pressuposta, *nulo* será considerado o negócio[99].

Na pesquisa das razões determinantes do negócio jurídico, é necessário, ainda, fazer uma distinção entre a causa do ato e os *motivos* que levaram o agente a praticá-lo.

Os *motivos* se apresentam como a "razão ocasional ou acidental do negócio", que nunca faltam como "impulso originário", mas que não têm relevância jurídica. Não por outra razão, **Caio Mário da Silva Pereira** afirma que "o jurista deve relegá-los para o plano psicológico"[100], devendo ater-se à investigação da *causa* propriamente dita, como última razão determinante para o negócio.

---

[98] **Negócio Jurídico: Existência, Validade e Eficácia**, cit, p.155.

[99] "Se, num mútuo, não houve a entrega da coisa, o negócio é nulo; nulo também se deverá considerar o reconhecimento do filho ilegítimo que, posteriormente, vem a saber não ser realmente filho; nula a fiança que garante débito inexistente; nula a dação em pagamento, sem débito anterior, etc. Em todos esses casos, o direito brasileiro procura atingir o mesmo resultado, por vias bem menos claras que a da nulidade por falta de causa. Assim, na hipótese de mútuo, em que não houve a entrega da coisa, ter-se-á que dizer que o negócio não se constituiu, que não houve contrato de empréstimo, apesar de acordo feito; na de reconhecimento de filho, ter-se-á que pedir a anulação do reconhecimento com base no erro; no caso da fiança, trar-se-á à colação o art. 1.488 do Código Civil, que fala em "obrigação nula" (isto é, obrigação que não surgiu, porque o negócio, do qual deveria surgir, era nulo), mas não, propriamente, em obrigação inexistente; no da dação, é possível que se queira obrigar o *solvens* a entrar com ação de pagamento indevido (*conditio indebiti*), quando, na verdade, a dação é venda (art. 996 do CC), e não as do pagamento. Tudo isso demonstra a necessidade, dizemos mais, a inexorabilidade do recurso à causa, até mesmo, *de lege lata* em países que, como o nosso, não a abrigam expressamente. Aliás, em outras inúmeras hipóteses, como as de confissão de dívida sem a dívida preexistente, de exercício de direito potestativo (por exemplo, o direito de dar por findo certos contratos, ou o direito de opção nas obrigações alternativas) sem que haja o direito potestativo, de novação sem a obrigação a ser novada, de transação sem lide ajuizada ou por ajuizar, de sub-rogação convencional sem o débito anterior, de contrato aleatório sem o risco que ele supõe etc., o direito brasileiro considera, mesmo sem o confessar, que a inexistência de causa pressuposta acarreta a nulidade do negócio jurídico" (AZEVEDO, **Antônio Junqueira de, Negócio Jurídico: Existência, Validade e Eficácia**, cit., p. 159-61).

[100] Para **Caio Mário da Silva Pereira**, "na caracterização da causa, portanto, é preciso expurgá-la do que sejam meros motivos, e isolar o que constitui a razão jurídica do fenômeno, para abandonar aqueles e atentar nesta. Na causa há, pois, um fim econômico ou social reconhecido e garantido pelo direito, uma finalidade objetiva e determinante do negócio que o agente busca além da realização do ato em si mesmo" (**Instituições de Direito Civil**, Volume I, cit., p.505).

Diversos podem ser os motivos da realização de um negócio, mas é a causa que gera, de fato, consequências jurídicas.

O Código Civil brasileiro de 1916 fazia referência à causa no artigo 90, que dispunha: "Só vicia o ato a falsa causa, quando expressa como razão determinante ou sob forma de condição." Entretanto, o termo "causa" estava ali disposto com o sentido de motivo, isto é, de impulso psíquico (subjetivo) determinante para a realização do negócio. Prova disso é que o artigo 140 do vigente Código Civil brasileiro corrige tal impropriedade ao dispor: "O falso motivo só vicia a declaração de vontade quando expresso como razão determinante."

Geralmente, os motivos de um negócio jurídico permanecem desconhecidos da contraparte, em nada interferindo no negócio jurídico. Apenas quando a parte erige determinado motivo em *razão de ser* do negócio, com fundamento no mencionado artigo 140, este passa a ser requisito de validade do negócio jurídico, podendo ensejar a sua anulação (no caso de erro sobre o motivo, por exemplo).

No sistema jurídico brasileiro, há sanção de invalidade para alguns casos de motivação ilícita (simulação e fraude contra credores), mas não há, como ocorre em outros países[101], uma norma que preveja, como regra geral, a nulidade para qualquer hipótese de *motivo ilícito*, nela englobados os casos com motivação ilícita em sentido estrito (contrários à lei) e os casos com motivação imoral (contrários à ordem pública e aos bons costumes). No Brasil, como vimos, o motivo, além de ilícito, deve mostrar-se como razão determinante da transação, de maneira que os negócios jurídicos com motivação ilícita que não estejam subsumidos a regras especiais ou que preencham os requisitos do artigo 140, são considerados válidos.

Jurisprudência e doutrina não se conformam com essa situação e, pelas vias transversas do "objeto ilícito", procuram apanhar os negócios com motivação ilícita. **Paulo Barbosa de Campos Filho**, a propósito, afirma:

> "*De lege condita*, anticausalista o nosso Código Civil, é através do 'objeto' que se há de proferir e afirmar esse mesmo juízo de mérito, como, aliás, se vem verificando em todas as legislações que da 'causa' prescindem

[101] França, Itália e Portugal, por exemplo.

como condição de validade dos atos. Daí a necessidade de se entender por 'objeto' tudo aquilo a que vise o agente, só se reputando lícitos aqueles atos que não visem à realização de interesses antissociais, tomada a expressão no seu mais amplo sentido"[102].

Não obstante a boa intenção do Autor, o fato é que, como bem salienta **Antônio Junqueira de Azevedo**, não há como se confundirem os motivos determinantes com o objeto do negócio:

> "Objeto do negócio é o seu conteúdo. O objeto faz parte do próprio negócio; é um dos seus elementos constitutivos. Os motivos, pelo contrário, estão no agente e, portanto, ficam na pessoa e fora do negócio. É claro, por outro lado, que os motivos poderão ser transpostos do agente para o próprio conteúdo do negócio e, então, naturalmente, passarão a fazer parte deste; nesse caso, se forem ilícitos, a ilicitude estará também no próprio objeto, e aí, como já há a regra específica da nulidade do negócio com objeto ilícito, não há mais necessidade de qualquer referência à causa ilícita. O problema da causa ilícita limita-se, portanto, exclusivamente, àqueles negócios, cuja motivação é ilícita e cujo objeto é lícito; ora, nesses casos, ainda que toda a jurisprudência e doutrina se decidam pela nulidade do negócio, *não há base legal para tal*"[103].

Por não parecer possível a confusão entre os motivos determinantes e o conteúdo do ato, entendemos não ser jurídica a solução encontrada pela jurisprudência e doutrina, no sentido de sustentar, nestes casos, a nulidade por ilicitude do objeto. Julgar sem amparo legal, baseado exclusivamente em sua própria ideologia[104], significa exercer de forma irregular a jurisdição, conforme veremos adiante.

---

[102] **O problema da causa no Código Civil brasileiro**. São Paulo: Max Limonad, s.d., p. 157 *apud* AZEVEDO, Antônio Junqueira de, **Negócio Jurídico: Existência, Validade e Eficácia**, p. 107.

[103] **Negócio Jurídico: Existência, Validade e Eficácia**, p. 107-108.

[104] "O perigo de ver um moralista vestido de juiz não é hipótese das mais atraentes para um jurista. Corre-se o risco de ver surgir a religião, ou, o que é pior, o preconceito religioso,

6. Os Defeitos dos Negócios Jurídicos

Vimos que o negócio jurídico tem como um de seus elementos gerais intrínsecos, ou constitutivos, a declaração de vontade tresdobrada em objeto, forma e circunstâncias negociais. Vimos, também, que esta declaração de vontade, tomada como um todo, deve ser: a) resultante de um processo volitivo; b) querida com plena consciência da realidade; c) escolhida com liberdade; e d) deliberada sem má-fé. Portanto, para produzir os efeitos queridos, deve ser uma declaração de vontade idônea, escorreita, livre de qualquer vício ou defeito. Se essa vontade não corresponder ao real desejo do agente ou o resultado por ele pretendido não encontrar guarida em nosso ordenamento, o negócio jurídico torna-se suscetível de invalidação[105].

É importante notar que, nos negócios defeituosos, não se nega a existência da declaração de vontade. Apenas a sua validade e efeitos que são recusados pelo ordenamento jurídico. Nisto, a declaração de vontade defeituosa difere de todas aquelas hipóteses em que há ausência de vontade relativamente ao resultado[106], casos nos quais o negócio, sob o aspecto jurídico, inexiste[107].

sob a capa da moral. Como diz Huc, 'uma invasão desse tipo na consciência é inadmissível numa 'sociedade laica'. Quer-nos parecer que isso não é conveniente nem a religião nem para o direito ('Dai, pois, a César o que é de César e a Deus o que é de Deus' – Mateus, 22, 21). Muito pior, porém não será essa invasão da religião, mas sim a possível invasão de ideologias substitutivas da religião. Será um risco muito grande o de ver surgir ideólogos, vestidos de juiz, a nos dizer quais os motivos que são, e quais os motivos que não são contrários aos bons costumes e à ordem pública" (AZEVEDO, Antônio Junqueira de, **Negócio Jurídico: Existência, Validade e Eficácia**, p. 109-110).

[105] Segundo **Caio Mário da Silva Pereira**: "O pressuposto do negócio jurídico é a declaração de vontade do agente, em conformidade com a norma legal, e visando a uma produção de efeitos jurídicos. Elemento específico é, então, a emissão da vontade. Se falta, ele não se constitui. Ao revés, se existe, origina o negócio jurídico. Mas o direito não cogita de uma declaração de vontade qualquer. Cuida de sua realidade, de sua consonância com o verdadeiro e íntimo querer do agente, e de sua submissão ao ordenamento jurídico. Na verificação do negócio jurídico, cumpre de início apurar se houve uma declaração de vontade. E, depois, indagar se ela foi escorreita" (**Instituições de Direito Civil**, Volume I, cit., p.513).

[106] O negócio que se constitua, por exemplo, pela violência física (vis absoluta), é negócio em que não há conturbação da vontade, mas ausência desta.

[107] Oertmann, *Introducción*, § 43 *apud* PEREIRA, Caio Mário da Silva, **Instituições de Direito Civil**, Volume I, cit., p.513. É o que ocorre quando o agente apenas parece ter realizado uma emissão de vontade sem tê-la feito ou sem ter capacidade para fazê-la, e nesses casos há um ato aparente e não verdadeiro.

Os defeitos que podem inquinar o ato negocial são de duas categorias. A primeira é daqueles que atingem a própria manifestação da vontade, comprometendo a sua elaboração, exteriorização e atuando sobre o consentimento. Por se consubstanciarem em influências exógenas que atuam sobre a vontade declarada, e por serem capazes de alterar o que seria ou deveria ser a vontade real, tais defeitos são chamados de *vícios de consentimento*. A segunda categoria é daqueles defeitos que atingem o próprio ato negocial, provocando uma distorção entre o resultado pretendido e o mandamento legal aplicável no caso concreto. Nestes casos, o negócio reflete a vontade real do agente, mas esta última é canalizada, desde a origem, em direção oposta ao imperativo legal. Justamente por não configurarem desarmonia entre o querer do agente e a manifestação externa, mas apenas uma insubordinação da vontade às exigências legais relacionadas ao resultado querido, tais defeitos são chamados de *vícios sociais*[108].

Embora distintos, os vícios do consentimento e os vícios sociais constituem os chamados *defeitos dos negócios jurídicos*, e resultam na sua invalidade.

Tradicionalmente, o nosso direito considerava, de um lado, como *vícios do consentimento*, o *erro*, o *dolo* e a *coação*, e de outro, como *vícios sociais*, a *simulação* e a *fraude contra credores*. Vizinhos dos vícios do consentimento, os institutos da *lesão* e do *estado de perigo*, introduzidos em nosso ordenamento jurídico pelo Código Civil de 2002, encontraram boa localização topográfica entre os defeitos do negócio jurídico.

Tantos os vícios do consentimento quanto os vícios sociais foram albergados no capítulo IV de nosso Código Civil, subdivididos em várias seções compreendendo o erro e a ignorância; o dolo; a coação; o estado de perigo; a lesão; e a fraude contra credores (art. 171, II do Código Civil). A simulação deixou de ser considerada como defeito que conduz à anulabilidade do negócio jurídico, sendo transformada em fundamento para a sua nulidade (art. 167 do Código Civil).

Em comum a todos os defeitos mencionados, o fato de serem corolários naturais do fundamento ético dos negócios jurídicos, ou seja, da conjugação entre a vontade e a lei. Acerca do equilíbrio que deve prosperar entre os elementos essenciais do negócio jurídico, **Caio Mário da Silva Pereira** afirma:

---

[108] PEREIRA, Caio Mário da Silva, **Instituições de Direito Civil**, Volume I, cit., p.514.

"Quando falta a vontade, ou falta o preceito autorizador das consequências, o negócio não chega a formar-se. Quando existe a vontade manifestada e o *placet* legal, constitui-se e produz seus efeitos regulares e queridos. Mas, quando é rompido o binômio vontade-norma legal, o negócio se forma, porém maculado ou inquinado de um defeito. O traço de comunicação entre todos os vícios (do consentimento e sociais), que atingem o ato negocial, situa-se na ruptura do equilíbrio de seus elementos essenciais."[109]

Como já dito neste texto, o direito brasileiro afirma a predominância da vontade sobre a declaração, sem, no entanto, deixar de admitir os casos em que prevalece a declaração sobre a vontade real (negócios abstratos). Isso não significa dizer que a vontade é soberana. Muito ao contrário. O próprio princípio da autonomia encontra-se confinado nos limites da disciplina social[110] e, nessa linha, se o negócio jurídico é o efeito de uma emissão volitiva, no sentido da produção de consequências queridas, tais consequências deverão subordinar-se à ordem legal, sob pena de restar comprometida a higidez do negócio jurídico pretendido[111].

7. Inexistência, Invalidade e Ineficácia dos Negócios Jurídicos

Se, no plano da existência, faltar um dos elementos gerais, próprios a todos os negócios jurídicos, negócio jurídico não haverá[112]. Por outro lado, se houver

---

[109] **Instituições de Direito Civil**, Volume I, cit., p.515-516.

[110] Ainda a esse propósito, **Antônio Junqueira de Azevedo** ressalva não ser, propriamente, "o respeito à vontade individual, ou uma proteção mítica ao querer consciente e livre, que leva a lei a sancionar com algum tipo de nulidade ou ato praticado com erro, ou sob coação, e sim, o fato de que, nessas situações, o errante, ou o coacto, deixa de estar em pé de igualdade, diante do declaratário" (**Negócio jurídico e declaração negocial – Noções gerais e formação da declaração negocial**. S.I., s.n, 1986, p. 138).

[111] "Conformidade da declaração de vontade com a vontade real e com o ordenamento jurídico produz o negócio escorreito; desconformidade com uma ou com outro gera o negócio defeituoso. A teoria dos defeitos dos negócios jurídicos tem, então, por fundamento o desequilíbrio na atuação da vontade relativamente à sua própria declaração ou às exigências da ordem legal" (PEREIRA, Caio Mário da Silva, **Instituições de Direito Civil**, Volume I, cit., p.516).

[112] Poderá haver um ato jurídico em sentido estrito ou um fato jurídico, mas não negócio jurídico.

os elementos, mas faltar um dos requisitos exigidos no plano da validade, o negócio existirá, mas não será válido. Finalmente, se houver os elementos e se os requisitos estiverem preenchidos, mas faltar um fator de eficácia, o negócio existirá, será válido, mas não será eficaz (ineficácia em sentido restrito).

Portanto, no plano da existência, o negócio será existente ou inexistente; no plano da validade, será válido ou inválido (subdividido em nulo e anulável); e no plano da eficácia, o negócio será eficaz ou ineficaz em sentido estrito.

O exame do negócio, sob o ângulo negativo, deve ser feito através do que **Antônio Junqueira de Azevedo** batizou de *técnica de eliminação progressiva*. Segundo ele, essa técnica consiste no seguinte: "primeiramente, há de se examinar o negócio jurídico no plano da existência e, aí, ou ele existe, ou não existe. Se não existe, não é negócio jurídico, é aparência de negócio (dito 'ato inexistente') e, então, essa aparência não passa, como negócio, para o plano seguinte, morre no plano da existência. No plano seguinte, o da validade, já não entram os negócios aparentes, mas sim somente os negócios existentes; nesse plano, os negócios existentes serão, ou válidos, ou inválidos; se forem inválidos, não passam para o plano da eficácia, ficam no plano da validade; somente os negócios válidos continuam e entram no plano da eficácia. Nesse último plano, por fim, esses negócios, existentes e válidos, serão ou eficazes ou ineficazes (ineficácia em sentido restrito)"[113].

Em geral, duas objeções são levantadas acerca deste posicionamento: a) os negócios nulos, que, por produzirem eventualmente efeitos, parecem passar para o plano da eficácia, quando deveriam ficar no plano da validade; e b) os negócios anuláveis, que, ao menos aparentemente, também passam para o plano da eficácia, quando deveriam, da mesma maneira, ficar no plano da validade. Contudo, acerca destes questionamentos, **Junqueira** esclarece:

> "(...) é inegável que os casos de efeitos do nulo são exceções no sistema de nulidades e como tais devem ser tratadas. (...) Quanto aos negócios anuláveis, sua situação não é muito diversa; no fundo, tais atos estão provisoriamente em situação indefinida: após certo tempo, ou estarão

---

[113] **Negócio Jurídico: Existência, Validade e Eficácia**, cit., p. 63-64.

definitivamente entre os nulos (foram anulados), ou se equipararão aos válidos como se nunca tivessem tido qualquer defeito"[114].

Introduzidos os contornos iniciais do tema, passemos a cuidar dos aspectos pertinentes à inexistência, à invalidade e à ineficácia dos negócios jurídicos, respectivamente.

7.1. A Inexistência do Negócio Jurídico

A natureza do conceito da inexistência do negócio jurídico é bastante polêmica. A sua origem remonta o século XIX, como resultado das indagações emergentes acerca do caráter restritivo, eminentemente textualista, das hipóteses de nulidades. Na prática, inúmeras situações graves que não haviam sido previstas pelo legislador, por esse motivo permaneciam sem qualquer sanção[115].

A teoria da inexistência foi tratada de maneira científica na obra de **Zachariae** e dizia respeito a situações pertinentes ao direito de família, mais especificamente ao casamento. O substrato doutrinário desta concepção encontrou raízes na interpretação literalista do *pás de nullité sans texte*, ou seja, na adoção do princípio de que inexiste nulidade sem que haja um texto legal que a consagre. Partindo desse pressuposto, acentuadamente restritivo, surgiram situações a desafiar soluções que se faziam necessárias, como a decorrente, por exemplo, do casamento de pessoas do mesmo sexo, cuja previsão não teria sido objeto de consagração nos textos legais.

Segundo **Juan Alfonso Santamaria Pastor**, **Zachariae** partiu do pressuposto de que o legislador - ao deixar de prever e catalogar textualmente, como causas de nulidade, alguns vícios de gravidade inconteste em matéria de casamento - não tinha como propósito se abster de sancionar tais vícios. Entre as condições fixadas pela lei para a concretização do matrimônio, estariam certos pressupostos que resultariam da ordem natural, como, por exemplo, a diferença de sexo entre os contraentes. Daí a diferenciação, de um lado,

---

[114] Negócio Jurídico: Existência, Validade e Eficácia, cit., p. 64.
[115] ABREU FILHO, José, O negócio jurídico e sua teoria geral, cit., p. 337.

entre as chamadas *condições de existência do ato* e, de outro, as suas *condições de validade*. As primeiras se vinculariam a uma questão de *ordem fática*, a de saber se o fato qualificado pela lei como matrimônio realmente ocorreu; as segundas se prendem a uma questão *de direito*, consistente na indagação sobre se o casamento consumado de fato pode se considerar como válido diante do direito. E conclui, lastreado no escólio de **Zachariae**: a ausência da primeira condição (fática) traz como consequência a *inexistência*; a segunda (indagação jurídica) produzirá a *invalidade*[116].

As reações da doutrina contra esta concepção da teoria da inexistência foram muitas. Juristas do porte de **Capitant, Planiol, Castro y Bravo**, dentre outros, apresentaram sérias objeções ao conceito de inexistência do negócio jurídico.

Na obra de **Capitant**, segundo **José Abreu Filho**, se contesta a viabilidade de uma diferenciação entre as figuras da nulidade absoluta e da inexistência. De acordo com o Autor francês, não existiria qualquer diferenciação entre uma e outra figura, sendo uma única coisa afirmar-se que um ato seja nulo ou que não exista[117]. **Castro y Bravo**, por sua vez, ressalta a dificuldade na diferenciação entre os atos inexistentes e nulos. No seu entender, não existiria um critério seguro que permitisse tal identificação[118].

Há quem, como **Santoro-Passarelli**, proponha a adoção de um critério diverso: segundo o seu alvitre, a diferenciação existiria e consistiria no fato de que, *na hipótese de invalidade*, a falta que a ensejaria *permitiria a identificação do negócio*; na hipótese de inexistência, entretanto, a falta *impediria a identificação do negócio*, que seria, por isso, *juridicamente inexistente*[119].

Para **José Abreu Filho**, na esteira daqueles que admitem esta concepção, o negócio inexistente seria aquele que "carece de elementos indispensáveis para sua própria configuração como uma figura negocial". Seriam dois, tais

---

[116] *La nulidad de pleno derecho de los actos administrativos.* Madrid: Instituto de Estúdios Administrativos, 1972, p. 144-145 *apud* **ABREU FILHO, José, O negócio jurídico e sua teoria geral**, cit., p. 338.
[117] *Introduction à l'étude du droit civil*, 5ª edição, 1929, t. 1, p. 187 *apud* **ABREU FILHO, José, O negócio jurídico e sua teoria geral**, cit., p. 339.
[118] *El negocio*, cit., p. 465, *apud* **ABREU FILHO, José, O negócio jurídico e sua teoria geral**, cit., p. 339.
[119] *Teoria Geral*, cit., p. 202 *apud* **ABREU FILHO, José, O negócio jurídico e sua teoria geral**, cit., p. 339.

elementos: a vontade e o objeto. Não se pode conceber, diz ele, "a existência de um negócio jurídico (...), se falta o elemento volitivo". Sem a manifestação de vontade, conclui, "o negócio não pode formar-se, evidentemente"[120].

A concepção de **José de Abreu Filho** se alinha, quase que inteiramente, às propaladas lições de **Antônio Junqueira de Azevedo**, com a qual concordamos. Para este último, se faltar um dos elementos gerais, próprios a todos os negócios jurídicos, não haverá negócio jurídico. Portanto, para o negócio existir, deve haver objeto, forma (no sentido de exteriorização da vontade dotada de forma) e circunstâncias negociais.

7.2. A Invalidade do Negócio Jurídico

O direito exige que o negócio jurídico seja válido, isto é, que esteja de acordo com as regras jurídicas vigentes. Será inválido, portanto, "o negócio desafinado ou destoante com as exigências legais, mercê da inobservância dos pressupostos, ou quando a vontade seja emitida defeituosamente ou, finalmente, quando violados princípios de proteção a certas pessoas"[121].

A invalidade será sempre um efeito resultante de circunstâncias diversas, de maior ou menor gravidade. Quanto mais grave a infração cometida, mais drástica será a conseqüência jurídica dela derivada[122].

Ao cuidar das invalidades dos negócios jurídicos, o novo Código Civil brasileiro, seguindo orientação do Código Civil de 1916, adotou a sistemática singela de colocar, de um lado, a chamada nulidade (*pleno iuri*), suscetível de proclamação por iniciativa de qualquer interessado ou do Ministério Público, e, de outro lado, a anulabilidade, passível de ser suscitada apenas pelo interesse privado.

Nesse particular, se a nulidade é a sanção do negócio jurídico que ofende a determinação legal pré-estabelecida, a anulabilidade é a pena para o negócio eivado de um vício não tão grave, porquanto que incapaz de atingir interesses sociais ou a ordem pública.

---

[120] ABREU FILHO, José, *O negócio jurídico e sua teoria geral*, cit., p. 339.
[121] ABREU FILHO, José, *O negócio jurídico e sua teoria geral*, cit., p. 335.
[122] V. ABREU FILHO, José, *O negócio jurídico e sua teoria geral*, cit., p. 340.

7.2.1. Nulidade

Segundo **Maria Helena Diniz**, nulidade é "a sanção, imposta pela norma jurídica, que determina a privação dos efeitos jurídicos do negócio praticado em desobediência ao que prescreve"[123].

A nulidade pode ser absoluta ou relativa, total ou parcial, textual ou virtual. Ela é absoluta se ofender preceitos de ordem pública. Pode ser suscitada por qualquer interessado ou pelo Ministério Público e deve ser reconhecida de ofício pelo juiz (art. 168 e parágrafo único do Código Civil brasileiro), produzindo efeitos *ex tunc*. A nulidade absoluta não pode ser suprida pelo juiz, nem mesmo a requerimento dos interessados. Também não pode ser ratificada, nem convalesce com o decurso do tempo ("quod ab initio vitiosum est non potest tractu temporis convalescere"). Por outro lado, a nulidade é relativa (anulabilidade) se o vício, embora existente, é incapaz de atingir interesses sociais. Esta última é passível de ser suscitada apenas pelo interesse privado e pode ser sanada ou afastada.

A nulidade é total se atinge toda a declaração da vontade e todo o negócio jurídico, e parcial se afeta somente parte dele. Neste último caso, a nulidade parcial de negócio não afeta a parte válida, se esta for separável (art. 184 do Código Civil brasileiro). É a aplicação do princípio *utile per inutile non vitiatur*.

Por fim, a nulidade é textual quando expressa em lei, que de forma explícita estabelece a sanção respectiva (por exemplo: arts. 489 e 548 do Código Civil brasileiro); e virtual ou implícita quando, embora não expressa, pode ser deduzida de expressões utilizadas pelo legislador (por exemplo: arts. 380 e 657 do Código Civil brasileiro)[124].

As causas capazes de gerar a nulidade do negócio jurídico estão disciplinadas nos artigos 166 e 167 do Código Civil brasileiro. De acordo com tais dispositivos, é nulo o negócio jurídico quando celebrado por pessoa absolutamente incapaz; for ilícito, impossível ou indeterminável o seu objeto; o motivo determinante, comum a ambas as partes, for ilícito; não revestir a forma prescrita em lei; for preterida alguma solenidade que a lei considere

---

[123] DINIZ, Maria Helena. **Curso de Direito Civil Brasileiro**, 1° Volume, cit., p. 537.
[124] Consoante assinala o professor **Orlando Gomes**, no direito de família somente se admitem nulidades textuais. Os atos que se praticam em outros domínios do direito civil podem ser virtualmente nulos (**Introdução ao direito civil**. 6ª edição. Rio de Janeiro: Forense, 1979, p. 401).

essencial para a sua validade; tiver por objetivo fraudar lei imperativa; a lei taxativamente o declarar nulo, ou proibir-lhe a prática, sem cominar sanção; e se for constatada eventual simulação.

7.2.2. Anulabilidade

O negócio é dito anulável se o vício do negócio jurídico atingir interesse particular, ou seja, se a mácula não ofender interesses sociais ou de ordem pública.

Preciosa é a lição de **J. M. de Carvalho Santos**, para quem "o ato anulável é aquele que *apresenta os elementos essenciais*, exigidos para a sua forma, mas que apresenta um vício que diz de perto à *proteção de interesses individuais*, distinguindo-se neste ponto do ato nulo, no qual há, em regra, ofensa a princípios básicos da ordem pública"[125].

De fato, o negócio anulável forma-se de maneira incensurável, exibindo, em sua estrutura, os elementos essenciais necessários à constituição de uma relação negocial. Não obstante isso, as causas de anulação visam a resguardar ou proteger determinadas pessoas que, por motivos peculiares, não estariam aptas a realizar determinados negócios, sem a observância de cautelas especiais, ou se, a despeito de aptas, manifestarem as suas vontades impregnadas por algum vício que lhe afetam o consentimento ou, ainda, porque imbuídas com o ânimo de vulnerar regras contidas no ordenamento.

Por conter um defeito de menor gravidade, o negócio é considerado válido se o interessado não o atacar tempestivamente ou confirmá-lo. Ademais, os efeitos de seu reconhecimento somente atingirão o próprio interessado, exceção feita aos casos de solidariedade e indivisibilidade (art. 177 do Código Civil brasileiro). Portanto, somente o interessado, e mais ninguém, pode decidir quanto à manutenção ou não do ato praticado.

As causas capazes de gerar a anulação do negócio jurídico estão disciplinadas no artigo 171 do Código Civil brasileiro. De acordo com o dispositivo, é anulável o negócio jurídico por incapacidade relativa do agente; por vício

---

[125] **Código civil brasileiro interpretado.** 4ª edição. Calvino Ed., 1953, v. 3, p. 258, *apud* **ABREU FILHO, José, O negócio jurídico e sua teoria geral**, cit., p. 348-349.

resultante de erro, dolo, coação, estado de perigo, lesão ou fraude contra credores.

Afora tais casos, a lei enuncia medidas que protegem certas pessoas e que propiciam a geração da chamada nulidade relativa. Como exemplo, podemos citar o art. 1.647 do Código Civil brasileiro, que em determinados casos faculta a anulação dos atos praticados por um dos cônjuges, sem o consentimento do outro, ou sem o suprimento do juiz.

As consequências resultantes dos negócios anuláveis são totalmente diferentes daquelas derivadas da nulidade absoluta. **Carlos Roberto Gonçalves** bem sintetiza algumas delas, abaixo reproduzidas[126]:

a) a anulabilidade é decretada no interesse privado da pessoa prejudicada, enquanto a nulidade em nome da ordem pública, da coletividade;
b) a anulabilidade pode ser suprida pelo juiz, a requerimento das partes (art. 168, parágrafo único do Código Civil brasileiro), ou sanada, expressa ou tacitamente, pela confirmação (art. 172), enquanto a nulidade não pode ser sanada pela confirmação, nem suprida pelo juiz;
c) a anulabilidade não pode ser pronunciada de ofício (art. 177 do Código Civil brasileiro) e não opera antes de julgada por sentença (efeito *ex nunc*), enquanto a nulidade deve ser pronunciada de ofício pelo juiz (art. 168, parágrafo único do Código Civil brasileiro) e seu efeito é *ex tunc*, pois retroage à data do negócio;
d) a anulabilidade só pode ser alegada pelos interessados e seus efeitos, em regra, só aproveitam aos que a alegaram (art. 177 do Código Civil brasileiro), enquanto a nulidade pode ser alegada por qualquer interessado ou pelo Ministério Público (art. 168 do Código Civil brasileiro); e
e) A anulabilidade decai em prazos relativamente curtos (art. 179 do Código Civil brasileiro), enquanto o negócio nulo não se valida com o decurso do tempo (art. 169 do Código Civil brasileiro).

---

[126] **Direito Civil Brasileiro**, 1° Volume, cit., p. 431-433.

8. O Princípio da Conservação

Antônio Junqueira de Azevedo nos lembra, ainda, que dentro de cada plano e nas relações entre um plano e outro, há um princípio fundamental que domina toda a matéria da inexistência, invalidade e ineficácia dos negócios jurídicos: o *princípio da conservação*[127].

O princípio da conservação, segundo **Junqueira**, consiste "em se procurar salvar tudo que é possível num negócio jurídico concreto, tanto no plano da existência, quanto da validade, quanto da eficácia"[128]. E o fundamento de tal princípio se prende à própria razão de ser do negócio jurídico, qual seja, a *utilidade econômica ou social de cada negócio*.

São inúmeras as aplicações do princípio da conservação, tanto no direito privado, quanto no direito público, sobretudo em matéria processual. A despeito disso, é preciso lembrar que os fundamentos que orientam a concepção da nulidade para o direito civil são muito diferentes daqueles que conduzem a nulidade no âmbito do direito processual civil. Se a nulidade, em direito civil, guarda relação com os princípios da ordem pública e interesses gerais; em matéria processual civil, a nulidade está vinculada ao conceito de *prejuízo*, sintetizado na máxima francesa do *pas de nullité sans grief*. Na seara processual, portanto, conservam-se os atos irregulares, procurando preservá-los o máximo possível. É o caso, por exemplo, do quanto disposto no artigo 244 do Código de Processo Civil, que reputa válido o ato praticado por outra forma, se inexistente cominação expressa de nulidade e a finalidade desejada for alcançada.

No campo do direito civil, da mesma forma, são várias as hipóteses de aplicação do princípio da conservação. Para ficar apenas naqueles que, em grande medida, dependem da atuação do juiz, é possível citar, no plano da existência, o caso da *conversão substancial*: na falta de um elemento categorial inderrogável, o próprio ordenamento autoriza o intérprete a convertê-lo em negócio de outro tipo, mediante o aproveitamento dos elementos prestantes. No plano da validade, é decorrência do princípio da conservação a divisão dos requisitos em mais ou menos graves, acarretando a nulidade ou anulabilidade do negócio jurídico, abrindo-se a possibilidade de *confirmação dos atos anuláveis*

---

[127] **Negócio Jurídico: Existência, Validade e Eficácia**, cit., p.66.
[128] **Negócio Jurídico: Existência, Validade e Eficácia**, cit., p.66.

(art. 172 do Código Civil brasileiro). Ainda no plano da validade, é exemplo da aplicação do referido princípio a *sanação do nulo*, cabível em casos excepcionais[129]. Por fim, no plano da eficácia, não se pode esquecer que o princípio da conservação é uma das regras de interpretação do negócio jurídico: *quotiens in stipulationibus ambígua oratio est, commodissimum est id accipi quo res, qua de agitur, in tuto sit.*

9. Referências Bibliográficas

ABREU FILHO, José. **O negócio jurídico e sua teoria geral**. 4ª edição. São Paulo: Editora Saraiva, 1997.

AZEVEDO, Antônio Junqueira de Azevedo. **Negócio Jurídico: Existência, Validade e Eficácia**. 4ª edição, atualizada de acordo com o novo Código Civil. São Paulo: Saraiva, 2002.

_____. **Negócio jurídico e declaração negocial – Noções gerais e formação da declaração negocial**. S.I., s.n, 1986.

BETTI, Emilio. **Teoria Geral do Negócio Jurídico**. Campinas: Editora Servanda, 2008.

CAMPOS FILHO. Paulo Barbosa de Campos Filho. **O problema da causa no Código Civil brasileiro**. São Paulo: Max Limonad, s.d.

DINIZ, Maria Helena. **Curso de Direito Civil Brasileiro**. 1º volume. 23ª edição. São Paulo: Editora Saraiva, 2006.

GOMES, Orlando. **Introdução ao direito civil**. 6ª edição. Rio de Janeiro: Forense, 1979.

GONÇALVES, Carlos Roberto. **Direito Civil Brasileiro**. 1° Volume. São Paulo: Editora Saraiva, 2003.

MONTEIRO, Washington de Barros. **Curso de Direito Civil. Parte Geral**. 5ª edição, revista e aumentada. São Paulo: Saraiva, 1966.

NERY JÚNIOR, NELSON. **Vícios do ato jurídico e reserva mental**. São Paulo: Revista dos Tribunais, 1983.

PEREIRA, Caio Mário da Silva Pereira. **Instituições de Direito Civil**. 1º volume. 19ª edição. São Paulo: Editora Forense, 2001.

RODRIGUES, Silvio. **Direito Civil – Parte Geral**. 1º volume. 32ª edição. São Paulo: Editora Saraiva, 2002.

RÁO, Vicente. **Ato Jurídico - Noção, pressupostos, elementos essenciais e acidentais. O problema do Conflito entre os elementos volitivos e a declaração**. 4ª edição, anotada, revista e atualizada por Ovídio Rocha Barros Sandoval. São Paulo: Editora Revista dos Tribunais, 1997.

---

[129] V. art. 1550, VI, do Código Civil brasileiro.

Responsabilidade do Conselho Consultivo nas Instituições Financeiras

Felipe Chagas Villasuso Lago

Resumo

O presente estudo pretende comprovar que a despeito de as atividades do Conselho Consultivo das Sociedades Anônimas terem a sua estrutura próxima à de um órgão societário, com a sua competência e funcionamento regulamentados em sede do Estatuto Social e/ou Acordo de Acionistas, conforme o caso, seus atos não necessariamente implicam ingerência sobre os negócios sociais e, portanto, tais conselheiros não se sujeitariam às penalidades típicas dos administradores das instituições financeiras como, por exemplo, a indisponibilidade de bens, cuja aplicação é característica dos processos de liquidação das instituições financeiras sujeitas ao crivo do Banco Central do Brasil. O assunto ainda não possui muitos casos judiciais, o que torna o estudo interessante.

Palavras chave: Instituições Financeiras. Responsabilidade. Membros do Conselho Consultivo. Lei das S.A. Direito Societário e Governança Corporativa. Aspectos Jurídicos. Diretores Não-Executivos

Abstract

The present study intends to prove that although the activities of Corporations' Advisory Board have structure similar to an administrative body, with powers and operations regulated through the Bylaws and/or the Shareholders Agreement, as the case may be, their actions do not necessarily result in interference of company business and, therefore, their members are supposed to not be subject to the typical penalties for administrators of financial institutions as an example of the freeze of assets, whose imposition is usual in the liquidation of financial institutions subject to the discretion of the Central Bank of Brazil. The matter does not yet has cases judged by the Courts which bring an interesting study to explore.

Keywords: Financial Institutions, Liabilities, Advisory Board Members, Corporation Law. Corporate Law and Corporate Governance. Legal Aspects. Non-Executive Directors.

Sumário

I.	Introdução
II.	Da Natureza da Atividade dos Membros do Conselho Consultivo
III.	Comparação com os Demais Órgãos Societários
III.I.	Diretoria
III.II.	Conselho de Administração
III.IV.	Conselho Fiscal
III.V.	Comitê de Auditoria
IV.	Responsabilidades
IV.I.	Questões Legais e Analogia Societária
IV.III	Jurisprudência
V.	Particularidades do Sistema Financeiro Nacional
VI.	Conclusão

I. Introdução

O presente estudo pretende abordar a natureza jurídica da responsabilidade dos membros do Conselho Consultivo em face dos demais órgãos societários na governança corporativa das Instituições Financeiras, que obrigatoriamente devem seguir o formato de Sociedade Anônima.

Almeja-se comprovar que, embora as atividades do Conselho Consultivo das Sociedades Anônimas tenham a sua estrutura próxima à de um órgão societário, com a sua competência e funcionamento regulamentados em sede do Estatuto Social e/ou Acordo de Acionistas, conforme o caso, seus atos não resultam em ingerência sobre os negócios sociais.

Nos termos do Código de Melhores Práticas do Instituto Brasileiro de Governança Corporativa - IBGC[1], este órgão societário é vinculado a uma boa prática de Governança Corporativa, senão vejamos:

> "2.27 - A existência de um Conselho Consultivo, formado, **preferencialmente**, por membros independentes, é uma boa prática, sobretudo para organizações em estágio inicial de adoção de boas práticas de Governança Corporativa. Permite que conselheiros independentes contribuam para a organização e melhorem gradualmente sua Governança Corporativa." (grifo nosso)

Diferentemente do direito brasileiro, aonde independência dos membros é facultativa, o direito alienígena também qualifica este órgão societário dentro da categoria de *Non-Executive Directors*, que necessariamente devem ser independentes, cuja definição[2] assim dispõe:

> "Truly independent directors are board members who are not strongly tied by high-powered financial incentives to any of the company's

---

[1] IBGC – Instituto Brasileiro de Governança Corporativa. Código de Melhores Práticas de Governança Corporativa. São Paulo, 4ª Edição, 2009. Disponível em: http://www.ibgc.org.br/CodigoMelhoresPraticas.aspx. Item 2.27

[2] ARMOUR, John, Henry Hansmann and Reiner Kraakman (2009) *The Anatomy of Corporate Law. A Comparative and Functional Approach* p. 65

constituencies but who are motivated principally by ethical and reputational concerns.".

Ressalta-se, contudo, que o conceito de independência pode variar de uma jurisdição para outra. Na verdade, a grande maioria das jurisdições segue o conceito de *Non-Executive Director* e *Independent Non-Executive Director*, pois, no primeiro caso, via de regra, consideram-se os conselheiros que sejam do mesmo grupo societário, mas não necessariamente da mesma pessoa jurídica.

Seguindo essa linha, Neville Bain e Roger Barker[3] assim prescrevem:

> "Not all non-executive directors are the same. There is a difference between non-executive director e independent non-executive director. The UK Corporate Governance Code sets out a number of tests for independence. Non-executives, for example, will normally "fail" if:
> – they've been appointed by a major shareholder;
> – they hold cross-directorships or have significant links with other directors (ie, they're part of an old boys' network);
> – they have close family ties to the business, including ties to its advisers;
> – they receive remuneration and rewards from the company other than their fees or have been an employee of the company within the past five years;
> – their term of office exceeds nine years."

Muito embora concorde com a necessária independência dos *Independent Non-Executive Directors*, vale dizer que nem sempre será possível atender a todos os requisitos indicados pelo autor acima, especialmente por que nem sempre haverá profissionais devidamente qualificados em determinadas jurisdições que não estejam indiretamente vinculados a outras atividades que possam ser consideradas relacionadas.

---

[3] BAIN, Neville. BARKER, Roger. *The Effective Board Building Individual and Board Success*. The Chartered Institute of Directors page 62

A segunda ressalva em relação ao conceito dos *Non-Executive Directors* e *Independents Non-Executive Directors* diz respeito a aplicação de seus princípios, na maioria das vezes aos membros do Conselho de Administração, cujos deveres e responsabilidades de administração efetiva dos negocio são muito maiores, como será demonstrado a seguir.

Neste diapasão, o Conselho Consultivo, também conhecido como *Advisory Board* no direito alienígena, poderá ser equiparado ao Conselho de Administração ou ao cargo de membro do Comitê de Auditoria[4].

Superados os conceitos introdutórios, a seguir serão esboçadas as principais características deste órgão societário, para que se possa chegar à conclusão quanto ao limite da sua responsabilidade em face dos órgãos de administração das Instituições Financeiras.

II. Da Natureza da Atividade dos Membros do Conselho Consultivo

Inicialmente, vale destacar o quanto dispõe o artigo 160 da Lei 6.404/76 ("Lei das S.A."):

> "Órgãos Técnicos e Consultivos
> Art. 160. As normas desta Seção aplicam-se aos membros de quaisquer órgãos, criados pelo estatuto, com **funções técnicas ou destinados a aconselhar os administradores**." (grifo nosso)

Com base no dispositivo acima transcrito, depreende-se que o Conselho Consultivo é um órgão com função meramente técnica e destinada a aconselhar os administradores no exercício de suas funções, se e quando solicitado, o que se pode considerar que não possuem tenham influência sobre o andamento dos negócios sociais.

Por esta razão, e como já asseverado na sessão introdutória, o Conselho Consultivo poderá se assemelhar ao Conselho Fiscal ou aos Comitês de Auditoria conforme será analisado na sessão a seguir.

---

[4] Usualmente as instituições financeiras possuem Comitês de Auditoria e de Risco, mas somente o Comitê de Auditoria possui regulamentação pelo Banco Central do Brasil.

Entende Carvalhosa[5], que "os membros do Conselho Consultivo não são administradores ou quase administradores, não tendo qualquer função ou poder que pudessem caracterizá-los como tais. Não praticam atos de gestão e, muito menos, de representação. Suas funções são as de orientar e, portanto, aconselhar os órgãos de administração – Diretoria e Conselho de Administração.".

No mesmo sentido, Lazzareschi Neto[6] defende que "os membros do Conselho Consultivo não são administradores e não praticam atos de gestão ou representação.".

Como já demonstrado, o legislador brasileiro optou por não atribuir os mesmos deveres e responsabilidades dos administradores aos membros do Conselho Consultivo, pois, caso contrário, teria mencionado que estes estariam sujeitos à Seção IV do Capítulo XII (artigos 153 a 157) da Lei das S.A

De toda sorte, embora a norma não seja expressa de que o Conselho Consultivo possui os mesmos deveres dos administradores, faz todo o sentido que possua, ao menos, parte destes conforme será analisado a seguir individualmente.

O primeiro dever previsto na lei é o Dever de Diligência, estabelecido no artigo 153, o qual dispõe:

"Art. 153. O administrador da companhia deve empregar, no exercício de suas funções, o cuidado e diligência que todo homem ativo e probo costuma empregar na administração dos seus próprios negócios."

Tal dever diz respeito às providências que o administrador deve tomar para que a sociedade atribua toda a sua capacidade operacional na busca de lucros, minimizando custos e riscos inerentes à atividade[7]. Em outras palavras, os administradores têm o dever de empregar certas técnicas – aceitas como adequadas pela ciência da administração – na condução dos negócios sociais, tendo em vista a realização dos fins da empresa[8].

---

[5] CARVALHOSA, Modesto. *Comentários à Lei de Sociedades Anônimas*. 3º Volume. p. 406-407.
[6] NETO, Alfredo Sérgio Lazzareschi. *Lei das Sociedades por Ações Anotada*. P-417.
[7] VERÇOSA, Haroldo Malheiros Duclerc. Direito Comercial – Sociedade por Ações. Volume 3. P-407-408.
[8] COELHO, Fábio Ulhoa. *Curso de Direito Comercial – Direito de Empresa*. P-254:

Ressalta-se, mais uma vez, que a norma foi editada visando atribuir um dever ao administrador. No entanto, é imperioso que tal dever seja empregado ao Conselho Consultivo, mas de maneira diferente. Isto porque as suas deliberações não são de gestão, mas sim de assessoria nas decisões dos administradores. Por esta razão, devem eles se utilizar de todos os métodos para que os seus pareceres endereçados aos administradores sejam completos.

O segundo dever previsto na Lei das S.A. é o dever de Finalidade das Atribuições e Desvio de Poder, estabelecido no artigo 154, o qual dispõe:

> "Art. 154. O administrador deve exercer as atribuições que a lei e o estatuto lhe conferem para lograr os fins e no interesse da companhia, satisfeitas as exigências do bem público e da função social da empresa. (...)"

Quando da emissão de seus pareceres, o Conselho Consultivo deverá observar os deveres de diligência, de uso regular de suas atribuições, lealdade, de informar e de não interferência em operações em que haja conflito de interesses previstos na Seção IV do Capítulo XII (artigos 153 a 157) da Lei das S.A.

III. Comparação com os Demais Órgãos Societários

Conforme já demonstrado, os membros do Conselho Consultivo estão sujeitos aos mesmos deveres, requisitos e condições básicas necessárias para o exercício de cargos em órgãos estatutários[9], assim como as formalidades a que está sujeita a sua investidura[10].

Inobstante estarem sujeitos aos mesmos deveres atribuídos aos administradores, não há que se falar em ingerência sobre a decisão acerca do andamento da Sociedade Anônima, mesmo porque, conforme já demonstrado, a decisão dos administradores não deve, necessariamente, ser vinculada ao parecer dos membros do Conselho Consultivo.

---

[9] NETO, Alfredo Sérgio Lazzareschi. *Lei das Sociedades por Ações Anotada*. P-417.
[10] Antiga Resolução CMN 1.021/85 e Circular BCB 1.105/87, que, embora revogadas pela Resolução 4.122/2012 que não trouxe disposição correspondente, a prática indica que tais condições, requisitos e formalidades permanecem exigidas pelo Banco Central.

– Diretoria

Este órgão societário é que menos se aproxima do Conselho Consultivo. Neste interregno, vale transcrever brilhante conclusão de Marcelo Vieira Von Adamek[11] sobre o tema:

> "Atuando isoladamente, submete-se o diretor a regime próprio de responsabilidade individual e, atuando coletivamente, são aplicados os seus atos e princípios de responsabilidade coletiva."

Depreende-se da citação acima que o diretor possui responsabilidade individual em relação aos seus atos praticados, aqui entendidos como atos de representação da sociedade, mas que também podem ser objeto de responsabilização coletiva quando conivente em relação aos atos praticados por outros diretores que sejam contrários à lei.

– Conselho de Administração

Os membros do Conselho Consultivo possuem os mesmos requisitos, deveres e condições básicas necessárias para o exercício do Conselho de Administração. Ocorre, entretanto, que a norma estabelece que a administração da Sociedade Anônima compete ao Conselho de Administração e Diretoria e que tal atribuição não pode ser delegada. Tratam-se dos artigos 138 e 139, que assim dispõem:

> "Art. 138. A administração da companhia competirá, conforme dispuser o estatuto, ao conselho de administração e à diretoria, ou somente à diretoria.
> (...)
> Art. 139. As atribuições e poderes conferidos por lei aos órgãos de administração **não podem ser outorgados a outro órgão, criado por lei ou pelo estatuto.**".
>
> (grifo nosso)

---

[11] ADAMEK, Marcelo Vieira Von. *Responsabilidade Civil dos Administradores de S/A e Ações Correlatas*. Pg 24.

Tanto são indelegáveis, que a eles compete fixar a orientação geral da Sociedade, bem como eleger e destituir a diretoria.[12]. Por essa razão, devem ser consideradas totalmente distintas as responsabilidades atribuídas a ambos os órgãos societários.

– **Conselho Fiscal**

Analisando-se a competência deste Conselho é cediço observar que este possui maiores poderes em relação ao Conselho Consultivo.

A título ilustrativo, pode-se mencionar mandatória de consulta prévia da administração quanto aos atos societários que deliberem sobre modificação do capital social, emissão de debêntures ou bônus de subscrição, planos de investimento ou orçamentos de capital, distribuição de dividendos, transformação, incorporação, fusão ou cisão[13].

Tamanho é o poder concedido ao Conselho Fiscal neste contexto, que é necessária a apresentação de todos os acionistas em assembleia justificando a dispensa da participação deste representante para que não haja invalidade da deliberação em sede de assembleia[14].

– **Comitês de Auditoria**

O comitê de Auditoria possui os seus deveres e responsabilidades previstos na Resolução nº 3.198[15] do Banco Central do Brasil.

Segundo tal norma os membros de tais Comitês visam, essencialmente, assessorar o Conselho de Administração ou Diretor Presidente da Sociedade, conforme o caso, a deliberar sobre a administração dos negócios sociais.

Tal assertiva pode ser corroborada por meio da seguinte definição do IBGC[16]:

---

[12] Artigo 142 da Lei das S.A.
[13] Artigo 163, III da Lei das S.A.
[14] CARVALHOSA, Modesto. *Comentários à Lei de Sociedades Anônimas*. 3º Volume. p. 464.
[15] Na prática, muitas instituições financeiras combinam as atividades de auditoria e risco num único Comitê. No entanto, o Comitê de risco não será analisado, pois não possui previsão legal no ordenamento jurídico brasileiro. brasileiro.
[16] IBGC – Instituto Brasileiro de Governança Corporativa. Código de Melhores Práticas de Governança Corporativa. São Paulo, 4ª Edição, 2009. Disponível em: http://www.ibgc.org.br/CodigoMelhoresPraticas.aspx. Item 2.4

"Aos comitês de auditoria estão afetas atividades próprias da função "administração": supervisão controles internos, avaliação dos riscos e supervisão de sua gestão, acompanhamento da atuação auditores independentes e supervisão dos trabalhos da auditoria interna. **O foco é o preparo das demonstrações e informações financeiras para os investidores e o mercado (sem prejuízo do papel de fiscalização, que também é atribuído ao Conselho de Administração pela Lei das S.A.).**". (grifo nosso)

IV. Responsabilidades

IV.I Questões Legais e Analogia Societária

A Lei societária é omissa quanto à atribuição de responsabilidade aos membros do Conselho Consultivo, limitando-se a dispor que se aplicam as normas relacionadas aos deveres dos administradores, o que não se deve ser igualmente atribuído haja vista a disparidade de atribuições já analisada no capítulo anterior.

Seguindo essa linha, pode-se trazer outras situações análogas no âmbito do direito societário, como por exemplo:

(i) O acionista, que não se enquadra no conceito de controlador, não deve ter os mesmos deveres e responsabilidades pela Lei das S.A.[17], pois se trata apenas de um investidor;

(ii) O sócio oculto (também chamado de participante) de uma sociedade em conta de participação tem o direito de fiscalizar, mas somente será solidariamente responsável se efetivamente participar da gestão[18];

Sendo assim, considerando as possibilidades de enquadramento, equiparação a outros órgãos e situações societárias que podem implicar na alteração

---

[17] Artigos 116 e 117 da Lei das S.A.
[18] Art. 993, parágrafo único, do Código Civil Brasileiro (Lei 10.406 de 2002).

de natureza jurídica do Conselho Consultivo, vale dizer que dependera da regulamentação estatutária e pratica que se vincular a tal órgão.

Seguindo o critério legislativo da Lei das S.A., e considerando a falta de previsão legal do Comitê de Auditoria naquela lei, poder-se-ia entender que a atribuição de responsabilidade deveria ter uma redação próxima daquela aplicável aos membros do Conselho Fiscal, muito embora tenham atividades diversas.

Isto porque o caput do artigo 165 e o parágrafo 1º da Lei das S.A. dispor os deveres aplicáveis aos administradores e demais órgãos societários da Sociedade Anônima, o que já foi deliberadamente aceito como aplicável aos membros do Conselho Consultivo no capítulo anterior.

Já o parágrafo 2º, atribui ao Conselho Fiscal a responsabilidade pelos atos em que tal órgão conivente ou concorra para a prática do ato.

O parágrafo 3º, por sua vez, atribui a responsabilidade entre os membros do Conselho Fiscal, salvo se consignado em ato ou notificação escrita da divergência em relação ao tema que propiciou o litígio.

Portanto, infere-se que os membros do Conselho Consultivo só poderão ser responsabilizados, nos termos da lei societária, na medida em que sua conduta contribua, efetivamente, para o ato lesivo praticado pelos administradores, ou caso os conselheiros sejam coniventes ou negligentes em relação a atos ilícitos praticados pela administração da Companhia de que tenham conhecimento.

No entendimento de Carvalhosa[19], destaca-se que, de modo excepcional, os membros do Conselho Consultivo responderão, em conjunto com os administradores, desde que: (i) os atos praticados pelos administradores tenham causado dano à companhia; e (ii) exista um nexo entre o ato lesivo praticado pelos administradores e as orientações ou conselhos dados pelo Conselho Consultivo.

IV.II Jurisprudência

Como já se afirmou no presente estudo, o tema não tem alcançado a atenção do judiciário, seja ele administrativo ou judicial.

---

[19] CARVALHOSA, Modesto. *Comentários à Lei de Sociedades Anônimas.* 3º Volume. p. 493-4.

No âmbito administrativo, destacam as seguintes decisões e respectivos comentários:

1. **EMENTA: RECURSOS VOLUNTÁRIOS – Empréstimo vedado – Operação de "vendor" – Simulação – Empresa ligada com atuação de interveniente garantidora -** (...) O tráfego dos recursos, independentemente da discussão sobre uso do crédito para pagamento dos insumos comprados, deu-se entre empresas com vínculos de interesse, mas formalmente sem as vicissitudes referidas na lei, pois o acionista detentor de mais de 10% (dez por cento) do capital da empresa interveniente garante desfrutava, consoante atestam os autos, **da condição de diretor presidente do conselho consultivo da instituição financeira mutuante, onde poderia, sim, exercer difusa influência**, distante no entanto de conferir à transação, no plano legal, características de empréstimo vedado. (Acordão do Conselho de Recursos do Sistema Financeiro Nacional nº 3160/01, de 29 de março de 2001. Recurso Administrativo nº 2977). (grifo nosso).

Cabe aqui comentar, que muito embora a decisão afirme que haja o exercício de "difusa influencia" por parte do Diretor Presidente do Conselho Consultivo, a comentada influência diria respeito ao preenchimento do requisito de administrador para fins de Operações Vedadas, as quais, segundo o artigo 34 da Lei 4.595 de 1964, proíbem que administradores ou seus parentes obtenham empréstimos ou adiantamentos nas instituições financeiras que atuem.

Desta forma, o julgador não conclui que os membros do Conselho Consultivo devam ser equiparados ao Conselho de Administração, por exemplo, mas que devem observar os princípios gerais do administrador[20].

De outra sorte, e como já exposto em diversos trechos do presente estudo, o Estatuto Social e as atividades do dia-a-dia poderão tipificar a atividade do Conselho Consultivo como órgão de administração,

---

[20] Dever de Diligencia, Lealdade, Comunicar Conflito de Interesses e de Informar, conforme artigos 154 a 157 da Lei das S.A.

desde que comprovado que se extrapolou o limite legal de órgão técnico consultivo e se passou a fazer a efetiva gestão da sociedade.

2. **Inquérito Administrativo da Comissão de Valores Mobiliários nº 04/2009**: (...) os documentos e informações colhidos na inspeção nos permitiram concluir que a atuação do Conselho Consultivo do Banco sempre esteve muito aquém do que se esperaria de um órgão estatutário de caráter técnico e consultivo, criado conforme o previsto no art. 160 da Lei 6.404/76. Além disso, a remuneração recebida por seus membros mostra-se exagerada face aos serviços por eles prestados, ao tempo dedicado às suas funções e à sua competência e reputação profissional. (...) foi alegado que os aconselhamentos eram feitos, por mais de quatro anos, **de maneira informal, não se lavrando ata das deliberações do Conselho** (....) **tudo leva a crer que a criação do Conselho Consultivo não foi motivada pela necessidade da administração do Banco em ter um órgão de aconselhamento que o auxiliasse tecnicamente na condução dos negócios sociais, mas, sim, pela necessidade de profissionalização da instituição e, ao mesmo tempo, para acomodar interesses e conveniências das famílias detentoras de seu controle acionário.**" (Processo de Termo de Compromisso CVM nº RJ2009/10254, de 02 de fevereiro de 2010) (Grifo nosso).

Como já asseverado no presente estudo, os membros do Conselho Consultivo serão equiparados como administradores quando extrapolarem os limites legais, aqui entendidos como o conflito de interesses de atribuir remuneração exacerbada aos integrantes da família dos controladores.

Como se vê, são esporádicos os casos litigiosos envolvendo o tema, mas que refletem o sentido aqui defendido, de que os membros do Conselho Consultivo não são considerados administradores, desde que observem os limites legais e estatutários para a sua atuação como órgão técnico e consultivo.

V. Particularidades do Sistema Financeiro Nacional

Inicialmente, e conforme já explicitado, o Conselho Consultivo possui os mesmos requisitos e formalidades para a sua investidura em relação ao Conselho de Administração[21].

Seguindo essa linha, e de acordo com o Art. 10, inciso XI da Lei nº 4.595/64, vale frisar que o Banco Central do Brasil tem competência para regular a posse e o exercício "de quaisquer cargos de administração de instituições financeiras privadas, assim como para o exercício de quaisquer funções em órgãos consultivos, fiscais e semelhantes", cuja eleição deverá ser comunicada ao BCB nos termos do Art. 33 da Lei nº 4.595/64.

No caso específico de decretação de intervenção e liquidação judicial, a Lei nº 6.024/74 determina expressamente a indisponibilidade dos bens dos administradores da instituição financeira (Art. 36, caput). A indisponibilidade dos bens dos administradores decorre automaticamente do ato que decreta a intervenção ou a falência (Art. 36, §1º).

Contudo, por proposta do Banco Central, aprovada pelo Conselho Monetário Nacional ("CMN"), tal indisponibilidade pode ser estendida pelo banco Central aos "bens de gerentes, conselheiros fiscais e aos de todos aqueles que, até o limite da responsabilidade estimada de cada um, tenham concorrido, nos últimos dozes meses, para a decretação da intervenção ou liquidação extrajudicial." (Art. 36, §2º, letra "a").

Na medida em que os efeitos da intervenção tenham que ser propostos pelo BCB e aprovados pelo CMN, e que a responsabilidade condiciona-se à concorrência do membro do Conselho Consultivo para a intervenção ou liquidação, pode ser considerado que a responsabilidade do membro do Conselho Consultivo pelas obrigações das instituições financeiras e os efeitos para esse membro da intervenção ou liquidação são substancialmente minimizados quando comparados às responsabilidades e aos efeitos aplicáveis ao membro do Conselho de Administração ("administrador").

---

[21] Antiga Resolução CMN 1.021/85 e Circular BCB 1.105/87, que, embora revogadas pela Resolução 4.122/2012 que não trouxe disposição correspondente, a prática indica que tais condições, requisitos e formalidades permanecem exigidas pelo Banco Central.

Seguindo esta lógica, Haroldo Verçosa[22] assim defende:

"Dessa maneira, penso que possa remanescer a **responsabilidade objetiva dos membros do Conselho de Administração**, nos moldes do artigo 40, como exercício da função preventiva de não permitir ao controlador levar a empresa para uma situação de insolvência, seja por cálculo, má gestão ou risco de mercado." (grifo nosso)

Como regra geral, a infração de norma legal ou regulamentar disciplinadora de atividade fiscalizada pelo Banco Central do Brasil sujeita, no âmbito administrativo, a pessoa física ou jurídica envolvida, sem prejuízo de outras sanções estabelecidas na legislação vigente, às seguintes penalidades (Resolução nº 1.065, de 5 de dezembro de 1985):

- advertência;
- multa pecuniária;
- suspensão do exercício de cargos;
- inabilitação, temporária ou permanente, para o exercício de cargos de direção na administração ou gerência de instituições financeiras ou de entidades integrantes do sistema de distribuição do mercado de capitais;
e
- cassação da autorização para funcionamento, de forma global ou parcial.

Ressalta-se, contudo, que embora não haja norma específica atribuindo responsabilidade geral aos membros do Conselho Consultivo, entendemos que os bens dos membros do Conselho Consultivo poderiam até mesmo ficar indisponíveis, caso se comprove que concorreram para os atos que levaram à intervenção.

---

[22] VERÇOSA, Haroldo Marlheiros D. *A Responsabilidade Civil Especial nas Instituições Financeiras Insolventes in: Intervenção e Liquidação Extrajudicial no Sistema Financeiro Nacional – 25 anos da Lei 6.024*. Jairo Saddi (Coord.) p. 163

Isso porque, nos termos da aliena (a) do §2º do artigo 36 da Lei nº 6.024, de 13 de março de 1974, a indisponibilidade de bens poderá ser estendida "aos bens de gerentes, conselheiros fiscais e aos de todos aqueles que, até o limite de responsabilidade estimada de cada uma, tenham concorrido, nos últimos doze meses, para a decretação da intervenção ou da liquidação extrajudicial".

VI. Conclusão

1. O Conselho Consultivo é um órgão com função meramente técnica e destinada a aconselhar os administradores no exercício de suas funções, haja vista que aqueles estão legalmente impedidos de delegar as suas funções e que os demais órgãos societários possuem poderes consideravelmente superiores àqueles que a lei outorgou ao Conselho Consultivo.
2. Ocorre, entrementes, que caso a Companhia atribua funções de gestão ao Conselho Consultivo que resultem danos, este poderá ser responsabilizado desde que devidamente comprovada a sua efetiva contribuição para aquele dano.
3. A jurisprudência não possui muitos casos julgados. Entretanto, os poucos existentes permitem compreender que os membros do Conselho Consultivo não são considerados administradores, desde que observem os limites legais e estatutários para a sua atuação como órgão técnico e consultivo.
4. No âmbito do Sistema Financeiro Nacional:
    4.1. O Conselho Consultivo deve observar os mesmos deveres, requisitos e princípios dos demais administradores.
    4.2. Embora se tenha atribuído responsabilidade objetiva ao Conselho de Administração, Diretoria e Controladores, deve-se atribuir responsabilidade subjetiva ao Conselho Consultivo, visto que será necessário comprovar que: (i) este extrapolou a sua função de órgão estritamente parecerista; e (ii) que este tenha contribuído para o dano causado à Companhia.
    4.3. Caso não se atribua função de gestão ao Conselho Consultivo, este devera ser equipado ao Comitê de Auditoria, que apesar de

não estar previsto na Lei das S.A., tem seus deveres e responsabilidade definidos pela Resolução nº 3.198 do Banco Central do Brasil, que visa dar suporte na elaboração, revisão e supervisão das demonstrações financeiras em prol dos investidores e mercado.

Bibliografia

1. ADAMEK, Marcelo Vieira Von. *Responsabilidade Civil dos Administradores de S/A e Ações Correlatas*. São Paulo, Editora Saraiva: 2009.
2. ARMOUR, John, Henry Hansmann and Reiner Kraakman (2009). *The Anatomy of Corporate Law. A Comparative and Functional Approach*, 2nd ed., Oxford University Press.
3. BAIN, Neville. BARKER, Roger. *The Effective Board Building Individual and Board Success*. The Chartered Institute of Directors P. 62, London: 2010.
4. CARVALHOSA, Modesto. *Comentários à Lei de Sociedades Anônimas*. vol. 3: Arts. 138 a 205. 5ª ed. rev. e atual. São Paulo: Saraiva, 2011, 3º Volume. pp. 493. 5. COELHO, Fábio Ulhoa. *Curso de Direito Comercial – Direito de Empresa*. 13ª edição. Volume 2. São Paulo. Editora Saraiva: 2009.
6. IBGC – Instituto Brasileiro de Governança Corporativa. *Código de Melhores Práticas de Governança Corporativa*. São Paulo, 4ª Edição, 2009. Disponível em: http://www.ibgc.org.br/CodigoMelhoresPraticas.aspx.
7. OLIVEIRA, Ana Carolina Rovida de. *A Implantação de Conselho Consultivo em Sociedades Limitadas como Forma de Governança Corporativa*. Disponível em http://www.marcosmartins.adv.br/artigos/170112.pdf. Acesso em 06/12/2013. p-3.
8. NETO, Alfredo Sérgio Lazzareschi. *Lei das Sociedades por Ações Anotada*. 3ª edição. São Paulo, Editora Saraiva: 2010.
9. VERÇOSA, Haroldo Malheiros Duclerc. *Direito Comercial*. Volume 3. 3ª edição. São Paulo, Editora Revista dos Tribunais: 2014.
10. VERÇOSA, Haroldo Malheiros D. *A Responsabilidade Civil Especial nas Instituições Financeiras Insolventes in: Intervenção e Liquidação Extrajudicial no Sistema Financeiro Nacional – 25 anos da Lei 6.024*. Jairo Saddi (Coord.). São Paulo: Editora Texto Novo. 1999.

NOTAS BIOGRÁFICAS

Adalberto Simão Filho
Mestre e Doutor em direito das relações sociais pela PUC/SP. Pós-doutor pela Faculdade de Direito da Universidade de Coimbra/Portugal. Professor Titular IV com grau de Professor Emérito e Chefe de Departamento de Direito Empresarial das Faculdades Metropolitanas Unidas - FMU/SP. Professor do programa de mestrado da Universidade de Ribeirão Preto-UNAERP/SP. Professor dos programas de pós graduação em direito empresarial e em direito dos contratos da PUC/SP. Acadêmico. Membro de número da Inter American Academy of International and Comparative Law. Árbitro membro do Conselho Arbitral do Estado de São Paulo. Sócio diretor de Simão Filho Advogados Associados em São Paulo.

Alexandre Couto Silva
Advogado. Doutor em Direito pela UFMG

Carlos Augusto Ferreira Alves Sobrinho
Advogado na Área Bancária e Professor de Direito na FMU – Faculdades Metropolitanas Unidas E na EPD – Escola Paulista de Direito.

Carlos Henrique Abrão
Desembargador do Tribunal de Justiça de São Paulo. Doutor em Direito Comercial pela Universidade de São Paulo. Especialização em Paris. Bolsista convidado pela Universidade de Coimbra, Portugal – Pesquisador pela Universidade de Heidelberg, Alemanha. Atividade docente na Escola da Magistratura e centro de extensão universitária. Agraciado com a medalha Rio Branco, relevantes serviços judiciários prestados, ano de 2007. Autor de 28 monografias e 500 artigos em revistas especializadas.

Charif Haissam Aoude
Graduado em Direito pela Universidade Católica Portuguesa (Lisboa), advogado em Portugal

Cíntia Rosa Pereira de Lima
Doutora em Direito Civil pela Faculdade de Direito da USP (2004 - 2009) com estágio na Universidade de Ottawa (Canadá) com bolsa CAPES - PDEE - Doutorado Sanduíche, Advogada, Professora de Direito Civil da Faculdade de Direito de Ribeirão Preto da Universidade de São Paulo e na pós-graduação da Faculdade de Direito da USP - Largo São Francisco.

Eduardo Ono Terashima
Mestre em Direito Comercial Internacional pela University College London - UCL. Mestrando em Direito das Relações Econômicas Internacionais pela PUC/SP. Especialista em Direito Administrativo pela PUC/SP. Membro do Grupo de Estudos da PUC/SP em Arbitragem Internacional e da CISG. *Coach* (Orientador) do time do Vis Moot da PUC/SP. Sócio do Setor Contencioso e de Arbitragem de Demarest Advogados. Advogado em São Paulo.

Elias Marques de Medeiros Neto
Possui graduação em Direito pela Universidade de São Paulo (2001). Especializações em Direito Processual Civil (2004) e em Direito dos Contratos

(2005) pelo IICS-Centro de Extensão Universitária. É Especialista em Direito da Economia e da Empresa pela Fundação Getúlio Vargas (2004/2006). É Mestre em Direito Processual Civil pela PUC-SP (2006/2009). MBA em Gestão Empresarial da Fundação Getúlio Vargas (2009/2012). Pós Graduação Executiva no Programa de Negociação da Harvard Law School (2013). Extensão em Direito de Energia pelo Instituto Brasileiro de Direito de Energia - IBDE (2013). Extensão em Direito da Regulação e da Infraestrutura pelo Instituto Brasileiro de Direito de Energia - IBDE (2014). É Doutor em Direito Processual Civil pela PUC-SP (2011/2014). Cursa o Pós Doutorado em Direito Processual Civil na Faculdade de Direito da Universidade de Lisboa (2014/2015). Professor na matéria de Direito Processual Civil no Curso de Mestrado da Unimar (desde 2014). Professor assistente convidado na matéria de Direito Processual Civil na graduação da PUC/SP (desde 2012). Professor Convidado na matéria de Direito Processual Civil em cursos de Pós Graduação e Atualização (desde 2009, destacando-se a Escola Paulista de Direito - EPD, Mackenzie, FAAP, ESA, AASP, OAB - SP, Faditu). Autor de livros e artigos no ramo do Direito Processual Civil. Membro do Instituto Brasileiro de Direito Processual (IBDP). Associado efetivo do Instituto dos Advogados de São Paulo (IASP). Presidente da Comissão de Direito Processual Civil da OAB/SP, Pinheiros (desde 2013). Presidente da Comissão de Energia do IASP (desde 2013). Membro da Comissão de Estudos do Judiciário do IASP (desde 2013). Membro da Comissão de Estudos de Processo Constitucional do IASP (desde 2013). Membro consultor da comissão especial de estudos do novo código de processo civil do conselho federal da OAB (desde 2013). Membro fundador e Diretor do Ceapro - Centro de Estudos Avançados de Processo (desde 2014).

Erik Frederico Oioli
Doutor e Mestre em Direito Comercial pela USP. Graduado pela USP. Professor dos cursos de pós-graduação em Direito Empresarial do Instituto Internacional de Ciências Sociais - IICS e Insper. Advogado em São Paulo.

Estêvão Augusto Bernardino
Advogado e sócio fundador da "Bernardino, Resende E Associados, Sociedade de Advogados RL". Licenciatura em Direito pela Faculdade de Direito da Universidade Lusíada de Lisboa. Pós-Graduação em Contabilidade e Finanças para Juristas pelo Instituto Superior de Gestão. Curso de Direito Bancário no Instituto de Gestão e Formação Bancária. Advogado em Portugal e no Brasil.

Fábio Ulhoa Coelho
Professor Titular de Direito Comercial da Pontifícia Universidade Católica de São Paulo

Felipe Chagas Villasuso Lago
Advogado em São Paulo, bacharel em direito pelo Centro Universitário das Faculdades Metropolitanas Unidas – UniFMU, com extensão em Fusões e Aquisições pelo GVPEC da Fundação Getúlio Vargas – FGV-SP, pós-graduado em Direito Empresarial pela Pontifícia Universidade Católica de São Paulo – PUC-SP e em Direito Societário pelo Insper – Instituto de Ensino e Pesquisa (IBMEC São Paulo), pós-graduando em direito do Mercado Financeiro e de Capitais pelo Insper – Instituto de Ensino e Pesquisa (IBMEC São Paulo).

Fernanda Ferraz Carolo
Advogada de litígios em São Paulo – PVG Advogados; pós-graduanda em Direito Societário na Escola de Direito de São Paulo da FGV.

Janahim Dias Figueira
LL.M em Direito Financeiro e do Mercado de Capitais pelo Insper/SP. Pós Graduado em Direito Empresarial pela FMU/SP. Graduado em Direito pela Universidade de Coimbra/Portugal. Professor de Direito Societário na FMU/SP e GVLaw/SP. Responsável pela área de direito societário e investimentos estrangeiros de CarvalhoTesta Advogados em São Paulo.

José Afonso Leirião Filho
Cursando pós-graduação em Direito Empresarial no Instituto Internacional de Ciências Sociais – ICCS. Graduado pelo Mackenzie. Advogado em São Paulo.

Luciano de Souza Godoy
Advogado de litígios em São Paulo - PVG Advogados; professor na Escola de Direito de São Paulo da FGV nos cursos de graduação e prós graduação; é mestre e doutor em Direito pela USP; foi Visiting Scholar na Columbia Law School; árbitro e membro do Conselho Consultivo do Centro de Arbitragem e Mediação da AMCHAM / Brasil.

Luís Rodolfo Cruz e Creuz
Advogado e Consultor em São Paulo. Sócio de Creuz e Villarreal Advogados. Bacharel em Direito pela Pontifícia Universidade Católica de São Paulo – PUC/SP, pós-graduado em Direito Societário, no curso LLM - Master of Laws, do IBMEC São Paulo; Mestre em Relações Internacionais pelo Programa Santiago Dantas, do convênio das Universidades UNESP/UNICAMP/PUC-SP; e Mestre pelo Programa de Pós-Graduação em Integração da América Latina da Universidade de São Paulo – USP.

Milton Flávio de A. C. Lautenschläger
Graduado em Direito pela PUC/SP. Mestre e Doutor em Direito pela PUC/SP. Sócio fundador de Queiroz e Lautenschläger Advogados.

Newton De Lucca
Mestre, Doutor, Livre-Docente, Adjunto e Titular pela Faculdade de Direito da Universidade de São Paulo. Professor do Corpo Permanente da Pós-Graduação *Stricto Sensu* da UNINOVE. Desembargador Federal do Tribunal Regional Federal da 3ª Região.

Nuno da Silva Vieira
Advogado, fundador de Vieira, Amílcar & Associados, Sociedade de Advogados em Portugal.

Paulo Fernando Campana Filho
Bacharel em Direito pela Universidade de São Paulo. Mestre em Ciências Jurídico-Civilísticas pela Universidade de Coimbra. Doutor em Direito Comercial pela Universidade de São Paulo. Membro do Conselho Fiscal do TMA Brasil. Membro do IBR. Advogado em São Paulo

Paulo Sergio Ferraz de Camargo
Advogado, formado pela Pontifícia Universidade Católica de São Paulo – PUC/SP, Especialista em Processo Civil, pelo COGEAE da PUC/SP. Mestre em Direito pela PUC/SP, Vice Presidente da OAB Pinheiros.

Rafael Villar Gagliardi
Doutorando e Mestre em Direito das Relações Sociais pela PUC/SP. Pesquisador Visitante na London School of Economics and Political Science - LSE. *Fellow* do Chartered Institute of Arbitrators - CIArb. Membro do quadro de árbitros da Câmara de Conciliação, Mediação e Arbitragem CIESP/FIESP e da Câmara de Conciliação, Mediação e Arbitragem FIEP. Membro do Internacional Council for Commercial Arbitration - ICCA. Membro do Comitê Brasileiro de Arbitragem – CBAR. Membro do Instituto de Direito Privado - IDP. Membro da Associação Latino-americana de Arbitragem - ALArb. Sócio do Setor Contencioso e de Arbitragem de Demarest Advogados. Advogado em São Paulo.

Rennan Faria Krüger Thamay
Pós-Doutorado pela Universidade de Lisboa. Doutor em Direito pela PUC/RS e Università degli Studi di Pavia. Mestre em Direito pela UNISINOS e pela PUC Minas. Especialista em Direito pela UFRGS. Professor de cursos

preparatórios para concursos públicos. É Professor do programa de graduação e pós-graduação (Doutorado, Mestrado e Especialização) da FADISP. É Professor assistente (visitante) do programa de graduação da USP. Foi Professor do programa de graduação e pós-graduação (lato sensu) da PUC/RS. Membro do IAPL (International Association of Procedural Law), do IIDP (Instituto Iberoamericano de Derecho Procesal), do IBDP (Instituto Brasileiro de Direito Processual), IASP (Instituto dos Advogados de São Paulo), da ABDPC (Academia Brasileira de Direito Processual Civil), do CEBEPEJ (Centro Brasileiro de Estudos e Pesquisas Judiciais). Membro do Grupo de Processo Constitucional do IASP. Membro do corpo editorial da Revista Opinião Jurídica da Unichristus de Fortaleza. Advogado, consultor jurídico e parecerista.

Rodrigo Baraldi dos Santos
Advogado sócio do escritório Baraldi e Bonassi Advocacia Empresarial. Graduado em Direito pela Faculdade de Direito de Mogi Mirim, Master of Law (LLM) com dupla titulação em Direito Societário e Direito Tributário pelo INSPER - Instituto de Ensino e Pesquisa (IBMEC/SP), Advanced Law Program (ALP) em Merger and Acquisitions (M&A) pelo IICS – Instituto Internacional de Ciências Sociais e Vanderbilt University Law School/USA e extensão em Contabilidade Societária pelo FIPECAFI – Fundação Instituto de Pesquisas Contábeis, Atuariais e Financeiras.

Thomas Benes Felsberg
Bacharel em Direito pela Universidade de São Paulo. LLM pela Columbia Law School. Ex-presidente do Conselho de Administração do Turnaround Management Association do Brasil – TMA Brasil. Membro do Conselho do International Insolvency Institute. Membro do American College of Bankruptcy e do American Bankruptcy Institute. Membro do Instituto Brasileiro de Estudos de Recuperação de Empresas (IBR). Presidente da Columbia University Alumni do Brasil. Advogado em São Paulo.

DIREITO DOS NEGÓCIOS APLICADO

Thyago Didini
Bacharel em Direito pela Pontifícia Universidade Católica do Rio de Janeiro (PUC-Rio). Pós-graduando em Direito Securitário pela FUNENSEG/ESNS. Advogado.

SUMÁRIO

Apresentação do Volume 7
Os Coordenadores

Prefácio 11
Mário Engler Pinto

Normas de interpretação contratual no Código Civil de 2002
e no Código de Defesa do Consumidor de 1990 15
Newton De Lucca

A sucessão empresarial no mercado de empresas 69
Fábio Ulhoa Coelho

A técnica de automediação aplicada aos negócios
e conflitos empresariais 93
Adalberto Simão Filho

Agências de Rating e Governança Corporativa 117
Janahim Dias Figueira

Questões Atuais da Recuperação Judicial de Sociedades Empresárias 129
Erik Frederico Oioli e José Afonso Leirião Filho

Artigo sobre Aspectos Fundamentais de Governança Corporativa
no Mercado de Capitais 153
Carlos Augusto Ferreira Alves Sobrinho

O Acordo de Quotistas e os Planejamentos Sucessórios 171
Luís Rodolfo Cruz e Creuz

A Desconsideração da Personalidade Jurídica 205
Rennan Faria Thamay

Lei Anticorrupção Empresarial (a ficha limpa da empresa) 221
Carlos Henrique Abrão

Resolução de Instituições de Crédito Na Europa
Do paradigma do To Big to Fail à proteção dos Stakeholders 241
Nuno da Silva Vieira

A produção antecipada de provas em litígios empresariais
– reflexões sobre a estratégia 257
Luciano de Souza Godoy e Fernanda Ferraz Carolo

O desafio do financiamento das empresas em recuperação judicial 273
Thomas Benes Felsberg e Paulo Fernando Campana Filho

O Regime Jurídico das Sociedades Anónimas
no Direito Português e Brasileiro 287
Estêvão Augusto Bernardino e Charif Haissam Aoude

As teorias da onerosidade excessiva e os contratos de seguro 309
Thyago Didini

Apontamentos ao Princípio Majoritário no Direito Societário 349
Alexandre Couto Silva

Principais Aspectos do Título de Crédito Eletrônico
– Duplicata Eletrônica 389
Paulo Sérgio Ferraz de Camargo

Da Possibilidade de Emissão de Debentures por Sociedades Limitadas 409
Rodrigo Baraldi dos Santos

Exceção de Contrato não Cumprido na Tradição do *Civil Law*
e Suspensão de Cumprimento Contratual nos Países de *Common Law* 429
Rafael Villar Gagliardi/Eduardo Ono Terashima

Modelos de negócios eletrônicos: *click-wrap agreements*
e *browse-wrap* termos e condições de uso 471
Cintia Rosa Pereira de Lima

Contornos teóricos do negócio jurídico 499
Milton Flávio Lautenschläger

Responsabilidade do Conselho Consultivo nas Instituições Financeiras ... 545
Felipe Chagas Villasuso Lago

Notas Biográficas 563

Sumário 571